Friedrich Lotz: Geschichte der Stadt Bad Homburg vor der Höhe

Geschichte
der Stadt Bad Homburg vor der Höhe

mit den Stadtteilen
KIRDORF, GONZENHEIM, DORNHOLZHAUSEN,
OBER-ERLENBACH und OBER-ESCHBACH

Zweite, verbesserte und erweiterte Auflage

Herausgegeben vom Magistrat der Stadt Bad Homburg v. d. Höhe

Band I

Begegnung mit Urkunden

von

FRIEDRICH LOTZ

1977

Verlag Waldemar Kramer Frankfurt am Main

Alle Rechte vorbehalten!
© 1964 Dr. Waldemar Kramer, Frankfurt am Main.
ISBN 3-7829-0198-3.
Zweite, neu durchgesehene Auflage 1977.
Druck von W. Kramer & Co. oHG., Frankfurt am Main.

Inhaltsverzeichnis

Erster Teil
Aus der alten Homburger Vergangenheit

I. Fränkische Zeit	13
1. Einleitendes	13
2. Ortsnamensbild	14
3. Die fränkische Zeit und unsere Heimat	18
4. Zwei Donationsurkunden	20
5. Der Hochstädter Hofverband	24
II. Königsgut in der Homburger Gemarkung	27
III. Die Wortwinforschung	31
1. Wenck und Schenk zu Schweinsberg	31
2. Ortwino de Hohenberch	32
3. Abstammung Wortwins (zu welchem Geschlecht gehört Wortwin?)	35
4. Die Kinder Wortwins	40
IV. Die Herren von Eppstein und ihr Lehensverzeichnis	46
V. Die Burg	57
1. Sage	57
2. Lage der Burg	58
3. Versuch einer Burgtopographie	62
VI. Die Burggrafen Brendel von Homburg	70
VII. Die Burg Homburg als pfalzgräfliches Lehen	77
VIII. Homburg wird hanauisch	79
IX. Eine Huldigung von Anno 1466	85
X. Das Amt Homburg	88
XI. Landesherrliche Beamtenschaft	94
1. Amtmann	94
2. Schultheiß und Schöffen	94
3. Die Keller des Amtes Homburg	96
4. Die Stadt-, Amts- und Gerichtsschreiber	101
XII. Gerichtswesen	108
1. Märkerding	109
2. Stadtgericht	113
3. Das älteste Stadtgerichtsbuch 1420–1531	114
4. Gerichtsordnung der Stadt von 1555	119
5. Das Niederstedter Gericht	120
XIII. Zunftwesen	122
1. Wollweber	122
2. Metzgerzunft	130

XIV.	Homburg unter den hessischen Landgrafen (1504-1622)	132
	1. Die Zeit Landgraf Philipp des Großmütigen (1518-1567)	132
	2. Die Reifenberger Fehde	136
	3. Die Sickingen'sche Fehde (1518-1523)	139
	4. Versteinerte Vergangenheit	141
	5. Der Stadtmauerbau wird fortgesetzt und vollendet	142
	6. Hanau kontra Hessen — Der Reichstag von 1521 zu Worms	146
	7. Homburg unter den Söhnen Landgraf Philipp des Großmütigen	154
XV.	Burg, Stadt und Amt Homburg als Unterpfand	156
XVI.	Wann erhielt Homburg Stadtrecht?	158
XVII.	Homburg im Spiegel der Bürgermeister-Rechnung vom Haushaltsjahr 1552/53	160
XVIII.	Die Stadt Homburg als Mitglied des hessischen Landtages	172
XIX.	Das Homburger Siegel- und Wappenbild	175´
XX.	Homburger Bürgermeister	184
XXI.	Bestallung der städtischen Diener	187
XXII.	Das Rathaus	191
XXIII.	Stadtbrunnen	195
XXIV.	Homburger Hausmarken	197
XXV.	Zur Geschichte des Gebäudes der Stadtbibliothek	201
XXVI.	Homburger Kirchengeschichte	205
XXVII.	Homburger Schulgeschichte	219
XXVIII.	Homburger Bürger von 1420 bis 1500	223

Zweiter Teil
Aus der alten Geschichte des Stadtteils Kirdorf

	Vorbemerkungen	229
I.	Einleitendes	230
	1. Eingemeindung	230
	2. Ortsname und Ersterwähnung	230
	3. Besiedlung des Taunusvorlandes	231
II.	Übersicht über die Kirdorfer Grundherren im Mittelalter	232
III.	Der erste bekannte Grundherr	234
IV.	Die Kirdorfer Hubenliste aus dem Lorscher Kodex	237
V.	Kloster Lorsch und Kirdorf	239

VI. Urkundliche Nachrichten über Kirdorf aus dem Mittelalter 241
  1. Elisabeth von Hohenberg schenkt dem Kloster Arnsburg vier Hufen in Kirdorf (1223) 241
  2. Die Kirche von Kirdorf wird mainzisch (1229) 242
  3. Der Lorscher Gutshof kommt 1232 an Mainz 243
  4. Kirdorf war im Mittelalter dreiherrisch 243
  5. Die Ganerben von Vilbel und Kirdorf 244
  6. Kirdorf im Besitz der Herren von Kronberg 246
  7. Kirdorf und die Herren von Eppstein 247
  8. Kirdorf und die Grafen von Sponheim, Walter von Londorf und Konrad von Eschbach 249
  9. Die Herren von Eppstein wieder im Besitz von Kirdorf 250

VII. Die ersten Kirdorfer Bauernfamilien, die namentlich bekannt sind 254

VIII. Kirdorf besaß bis 1438 in Frankfurt Burgrecht und gehörte seit 1493 zum Oberhof in Frankfurt 256

IX. Die Dorfbefestigung 258

X. Die Zeit der Landgrafen von Hessen (1504-1622) 259

XI. Die Flurnamen 260

XII. Kirdorfer Sagen 262

XIII. Hohe Mark und Hardtwald 264

XIV. Aus der Kirchengeschichte 268

Dritter Teil

Aus der alten Geschichte des Stadtteils Gonzenheim

Einleitendes 275

I. Das vor- und frühgeschichtliche Siedlungsbild 278

II. Die fränkischen Bodenfunde 281

III. Der Gonzenheimer Kartäuserhof 286
  1. Lage des Hofes 286
  2. Vorgeschichte 286
  3. Der Gonzenheimer Vogteihof 289
  4. Das Hubrecht oder Hofrecht 293
  5. Das älteste Urbar der Gonzenheimer Vogteigüter 296

IV. Aus der Geschichte der Pfarre 298

V. Einwohnerlisten 302

Vierter Teil
Aus der alten Geschichte der eingegliederten Stadtteile

Vorbemerkung 305
I. Alt-Dornholzhausen 307
II. Ober-Erlenbach 315
III. Ober-Eschbach 331

Laßt vergehen, was vergeht!
Es vergeht, um wiederzukehren,
es altert, um sich zu verjüngen,
es trennt sich, um sich inniger zu vereinigen,
es stirbt, um lebendiger zu werden.

FRIEDRICH HÖLDERLIN

Zum Geleit

Ich begrüße den lang erwarteten ersten Band unserer Geschichte, der die Entstehung und Entwicklung der Stadt Bad Homburg bis zur Zeit der Hessen-Homburger Landgrafen (bis 1622) behandelt.

Die Stadtgeschichte Bad Homburgs, aufgebaut auf nahezu restloser Ausschöpfung der vorhandenen Quellen, vom Forscher wissenschaftlich exakt bearbeitet, von Geschichtskennern geprüft und ergänzt, fast zwei Jahrtausende umschließend, ist vom Verfasser mit Fleiß und Können geschrieben worden und kann nun mit dem ersten Band als reich bebildertes Heimatbuch erscheinen.

Wir schulden ihm, der kein geborener Homburger, sondern Heimatvertriebener aus dem Südosten ist, herzlichen Dank.

Wir müssen hier auch dankbar der verdienten Bürger unserer Stadt gedenken, die sich schon früher forschend um die Geschichte der Heimat bemüht haben, denen das Schicksal aber die Vollendung ihrer Arbeit, besonders in der Erfassung der ersten Jahrhunderte, versagte. Sie haben auch Anstoß gegeben und mit Grundstein gelegt.

Mir selbst aber gereicht es zu ganz besonderer Freude, daß ich im Namen des Magistrats, der als Herausgeber zeichnet, die Heimatgeschichte in die Hand unserer Bürgerinnen und Bürger legen kann, gerade weil ich dieses Werk angeregt und von Anfang an gefördert habe. Dem Verfasser stellte ich die Aufgabe, aufgrund von Archivstudien ein heimatgeschichtliches Buch für Haus und Schule zu schreiben.

Nun liegt es an uns, daß wir es mit der Liebe und Hingabe lesen, mit der es geschrieben wurde, daß die ehrwürdige Vergangenheit unserer lieben Heimatstadt uns zum wohlvertrauten Eigentum werde.

Wer aus so ergiebigen Quellen schöpft, wer die urkundlichen Zeugnisse aus der Vergangenheit der Vaterstadt liest, wer sich an den Ereignissen längst verflossener Jahre zu erfreuen vermag, der fühlt sich bald verbunden mit den Vorfahren, die einst hier auf dem Grund und Boden des Stadtgebietes lebten, sich um das tägliche Brot mühten, sich sorgten und freuten, sich liebten und haßten.

Heute gibt nur noch das Heimatbuch Kunde von ihnen, denn die Spuren ihres Daseins sind fast verschwunden. Nichts als das ewige Gesetz des immerwährenden Wechsels, des Entstehens und Vergehens überdauert sie und auch uns. „Wer seine Heimat liebt, muß sie auch verstehen, wer sie aber verstehen will, muß überall in ihre Geschichte dringen!" (Jakob Grimm)

Das ist der Auftrag dieses geschichtlichen Heimatbuches, Alt-Homburgern und Neubürgern zugleich übergeben, daß sie aus dem erkennenden Verstehen die Heimat lieben und mitbauen an der Geschichte der Zukunft.

Bad Homburg, 31. Mai 1962
                                                    Horn
                                     Oberbürgermeister
                          der Stadt Bad Homburg v. d. H.

Zur Neuauflage

Es stellt eine wesentliche Bereicherung unserer Stadtgeschichte dar, daß nunmehr der inhaltsreiche I. Band der Chronik in einer verbesserten und erweiterten Neuauflage zur Verfügung steht.

Diese Neuauflage wurde deshalb erforderlich, weil einmal die Ausgabe von 1964 im Buchhandel vergriffen ist und zum anderen die alte Geschichte der neu zu Bad Homburg gekommenen Stadtteile Dornholzhausen, Ober-Eschbach und Ober-Erlenbach berücksichtigt werden sollte.

Mein herzliches Wort des Dankes und der Anerkennung gilt dem Verfasser dieses Werks, Herrn Friedrich Lotz, der sich mit großer Liebe und vielen Mühen seiner Aufgabe gewidmet hat und dessen reiche Erfahrungen der Arbeit zugute kamen.

Ich wünsche der neuen Chronik einen großen Leserkreis und hoffe, daß damit ein weiteres Stück Stadtgeschichte überliefert werden kann.

Bad Homburg v. d. H., 10. November 1977

Dr. Armin Klein
Bürgermeister
der Stadt Bad Homburg v. d. H.

Vorwort

Das Leben ist Entstehen und Vergehen, Wechsel und Wandel. Jahrhunderte verströmen, Macht und Glanz vergehen, Burgen, Rat- und Bürgerhäuser, Stadtmauern und Tortürme zerfallen in Trümmer, und Geschlecht um Geschlecht wird zu Grabe getragen. Und ist einmal hinter dem vergangenen Leben der Vorhang gefallen, so bleibt davon für die Zukunft nur das erhalten, was einst in stillen Schreibstuben dem Pergament oder Papier anvertraut wurde. Zwar steckt jeder Heimatwinkel voller Geschichtsgeheimnisse, die Straßen, Plätze, Kirchen, Grabdenkmäler, Bürgerhäuser und Amtsstuben sind jedoch stumme Zeugen und verschweigen uns die Vergangenheit. Nur die vergilbten Urkunden, verstaubten Aktenbündel, die ehrwürdigen Chroniken, Kirchenbücher, Ratsprotokolle und alten Landkarten hüten die geschichtliche Tradition, nur aus ihnen kann der historisch gewordene Alltag mit seinen Freuden und Sorgen zu neuem Leben erweckt werden.

Der nimmermüde Drang der Menschen nach Erkenntnis der Vergangenheit geht bis ins Unendliche. Der forschende Verstand durchbricht das Dunkel, das über den fernen Jahrhunderten lagert, und erforscht das Verborgenste. Dabei kommt die Geschichtsforschung nie zur Ruhe. Immer neue Quellen werden erschlossen, die umstrittenen Probleme von neuen Gesichtspunkten aus angefaßt, ins rechte Licht gerückt und neuen Lösungen zugeführt. Die Forschungsergebnisse unterliegen einer ständigen Revision. Was gestern noch als Wahrheit galt, kann heute schon angezweifelt und morgen als überholt abgetan werden. In diesem steten Wandel bedarf die Geschichtswissenschaft eines festen Haltes, den ihr allein die urkundlichen Zeugnisse der Vergangenheit geben. Die Geschichtsforschung muß auf dem gesicherten Tatsachenmaterial aufbauen, das die Urkunden belegen; leere Hypothesen nützen so wenig wie unsicheres Wissen.

Ich glaube jedoch, daß damit nicht genug getan ist, wenn wir bloß den Tatsachengehalt aus den Urkunden herausholen. Eine jede Urkunde ist ein Kind ihrer Entstehungszeit und trägt deren Merkmale. Jede Urkunde hat eine Seele, und diese darf der Forscher nicht außer acht lassen, denn eigentlich suchen wir den Menschen der Vergangenheit, von dem ein Stück in uns weiterlebt.

Es wäre wohl ein Fehler, stünde nicht bei der Behandlung der Geschichte unserer Stadt das gesamte Bad Homburger Stadtgebiet in seinem heutigen Umfang als Forschungsaufgabe im Blickfeld vor uns. Wir dürfen uns daher nicht bloß auf Diedigheim-Homburg beschränken, sondern müssen uns vielmehr neben der Vergangenheit der Stadtteile Gonzenheim und Kirdorf auch mit den ausgegangenen Siedlungen, mit dem alten Dornholzhausen, Heuchelheim und Niederstedten beschäftigen. Denn der geschichtliche Raumbegriff Homburg erfuhr stets Änderungen im Laufe der Jahrhunderte, sein Bereich erweiterte sich allmählich, Menschen und Dorfgemarkungen fielen ihm zu und wuchsen mit ihm zusammen. Die Vergangenheit aller genannten Siedlungen ist eng verknüpft, ihre Erstnennung, Grundherrschaft, Pfarrzugehörigkeit, ihre Rechts-, Wirtschafts- und Kulturgeschichte sind nicht voneinander zu trennen, sie bilden zusammen die Bad Homburger Stadtgeschichte.

Dieses historische Heimatbuch ist keine strenge wissenschaftliche Untersuchung. Im Gegenteil, es wendet sich in erster Linie an die Laien, an die Geschichtsfreunde, deren es gottlob unter der älteren Generation in Homburg noch viele gibt. Es will an die Zeugnisse der Vergangenheit heranführen, die alten Dokumente lesen, übersetzen und deuten. Daher kann die Arbeit durchaus mit Recht zu den popularwissenschaftlichen Büchern gezählt werden. Da Homburg kein Urkundenbuch hat, wie Frankfurt, Friedberg und andere Städte, soll dieser Band vorläufig auch das Urkundenbuch ersetzen.

Ich habe diesem geschichtlichen Heimatbuch den Untertitel „Begegnung mit Urkunden" gegeben. Das Buch hat einen neuen Weg eingeschlagen, den Weg der heimatgeschichtlichen Archivforschung, um auch den Forderungen der Wissenschaft gerecht zu werden. Die ganze Arbeit ist gerade aus der Beschäftigung mit urkundlichem Material herausgewachsen. Viel Gefallen fand ich an dieser Arbeit und viel innige Freude wurde mir zuteil. Ich ging stets vorurteilslos an die geschichtlichen Zeugnisse heran, um von außen nichts hineinzutragen und nichts herauszulesen, was nicht ausdrücklich darin steht. Aufmerksam und langsam las ich Wort um Wort, analysierte jeden Satz. War auch anfangs der Tatsachengehalt verschwommen und die handelnden Personen schattenhaft, durch Nachschlagen in Urkundenbüchern und in der Geschichtsliteratur wurden die Tatsachen und Personen immer deutlicher. Was in der Urkunde vorliegt, ist meistens irgendein rechtlicher Vorgang, den wir in seinen vielseitigen Beziehungen zur Umwelt verstehen müssen. Es ist mir bewußt, daß ich nichts Endgültiges und Abgeschlossenes biete, ich hoffe, wenn in einigen Jahren die erste Auflage vergriffen ist, eine erweiterte und verbesserte zweite Auflage herausgeben zu können.

Der II. Band wird die Zeit der hessischen Landgrafen bis 1866 umfassen und das Häuserverzeichnis der Neustadt bringen, der III. Band die Geschichte der neuesten Zeit bis zur Gegenwart bearbeiten und mit einem Sach-, Personen- und Ortsregister abschließen.

Mit aufrichtiger Dankbarkeit gedenke ich an dieser Stelle allen, die meine Arbeit mit Rat und Tat förderten. Ich danke vor allem Herrn Oberbürgermeister Horn, Herrn Bürgermeister Dr. Klein und Herrn Stadtrat Paesler. Für die Forschungshilfe sage ich Dank Herrn Stadtarchivdirektor Dr. D. Andernacht, Frankfurt, den Herren Regierungsarchivräten Dr. K. E. Demandt, Dr. H. Gensicke und Dr. W. A. Struck, Wiesbaden, ferner Herrn Stadtbibliothekar Böning, Herrn Direktor des Saalburgmuseums Dr. H. Schönberger, Herrn Pfarrer N. Bewerunge, Herrn Kustos Fuhrmann und Herrn Mittelschulrektor Denfeld, die mir Bücher, Archivalien, Kartenmaterial und Bilder zur Verfügung stellten.

Friedrich Lotz

Quellen

Das Homburger Urkunden-Material verbrannte im zweiten Weltkrieg

Im letzten Kriegsjahre brachen die Bombenangriffe immer häufiger und grausamer über die deutschen Städte herein. Sie lösten unermeßliches Leid aus, töteten Tausende und aber Tausende und vernichteten oft in einer einzigen Stunde, was Generationen in Jahrhunderte langer Arbeit geschaffen hatten. Auch viel Archivmaterial, in dem sich die deutsche Vergangenheit spiegelte, ging in Flammen auf. Die Direktion des Hessischen Hauptstaatsarchivs in Wiesbaden entschloß sich, die ältesten Archivbestände in Sicherheit zu bringen. So wurde eines Tages auch das reiche Urkundenmaterial zur mittelalterlichen Geschichte der Stadt und Burg Homburg auf dem Wiesbadener Hauptbahnhof einwaggoniert. Schon stand der Eisenbahnzug abfahrbereit, da ertönte die Sirene. Fliegerangriff! Wie eine Unwetterkatastrophe, die alle Naturgewalten entfesselt, ging der Bombenhagel nieder. Bald stand der Hauptbahnhof in Flammen, und der Waggon mit den ältesten Homburger Archivbeständen brannte lichterloh. Ein unwiederbringlicher schmerzhafter Verlust für jeden Geschichtsfreund. Was wir verloren haben, läßt sich genau feststellen; im Hessischen Haupt-Staatsarchiv in Wiesbaden blieb das zweibändige Hessen-Homburgische Repertorium 310, Ortschaftsarchiv, erhalten, im ersten Band sind von Seite 1 bis 68 — VIIc 20 — die verbrannten Urkunden verzeichnet.

Was aus dem Mittelalter auf uns gekommen ist, beherbergt das Marburger Staatsarchiv; es sind nur einige unbedeutende Burgmanns-Lehensreverse in der Abteilung Hanauer Urkunden, ein wichtiges Hohemark-Instrument, eine Hohemark-Karte und belangloses anderes Material. Die Bestände des Homburger Stadtarchivs reichen nur bis zum 15. Jahrhundert zurück. So sind die Quellen der mittelalterlichen Homburger Geschichte fast völlig versiegt. Wir haben zwar eine kleine Sammlung von Urkundenabschriften, teils vom Stadtarchivar Hamel, teils von Stadtarchivar Steinmetz besorgt, diese Abschriften sind aber leider weder überprüft noch beglaubigt. Sie können freilich die große Lücke bei weitem nicht ausfüllen. Was hätten uns die verlorenen Urkunden alles erzählen können! Als ich tief enttäuscht den umfangreichen Verlust feststellte, fragte ich mich: Kann man nach alledem noch die mittelalterliche Geschichte Homburgs schreiben? Jedenfalls versuchte ich das, was noch an Material auffindbar ist zu sammeln, in den Archiven in München, Würzburg, Karlsruhe, Frankfurt, Lich usw. chronologisch zu ordnen und aufzuarbeiten.

Darüber muß man sich aber klar sein: daß das gewonnene historische Bild immer lückenhaft und unser Wissen ungenau bleiben muß.

Altes Maß und Geld

Getreidemaß: 1 Achtel oder 1 Malter = 4 Simmer = 8 Metzen = 16 Sechter = 64 Gescheid
1 Zentner = 100 Pfd. Krämerwaage
1 Metze = 108 Pfund
1 Pfd. = 33 Lot
1 Pfd. = 4 Quint

Hohlmaß: 1 Fuder = 960 l = 6 Ohm
1 Ohm = 160 l = 20 Viertel
1 Viertel = 8 l = 4 Maß
1 Maß = 2 l = 4 Schoppen

Geld: 1 Silbergulden = 12 Tournos (Silbermünze) = 216 Pfennig
1 Tournos = 18 Pfennig
1 Silbergulden = 27 Albus = 216 Pfennig
1 Albus = 8 Pfennig
1 Pfund Heller = 22 Schilling (lat. solidus)
1 Schilling (ß) = 12 Pfennig (Denar = d)
1 Reichstaler = 45 Albus
5 Albus = 1 Kopfstück

ERSTER TEIL

Aus der alten Homburger Vergangenheit

I. Die fränkische Zeit

1. Einleitendes

Die schriftliche Tradition setzt in der Karolingerzeit ein. Die Dorfsiedlungen und Bauernsippen sind älter als Städte und ihre Bürgergeschlechter.

Am Anfang der Homburger Stadtgeschichte steht Diedigheim, das kleine Bachuferdorf im Tal, das im 14. Jahrhundert zur Vorstadt, Unterstadt (suburbs) aufgestiegen ist. Mit der Erstnennung des Dorfes „Tidenheim" im Lorscher Kodex am 20. März 782 beginnt die urkundliche Geschichte von Bad Homburg. Demnach führt uns das erste historische Quellenzeugnis in die Zeit Kaiser Karls des Großen zurück, aus der wir drei Diedigheimer Urkunden besitzen, die für unsere Heimatgeschichte bisher noch nicht ausgewertet sind. Hier sei kurz hinzugefügt, daß auf Diedigheimer Grund und Boden die mittelalterliche Ritterburg Hohenberg erbaut wurde, und im Schutz und Schirm der Burg entstand die obere Altstadt, auf die der Burgname Hohenberg überging. Die Stadt Bad Homburg verdankt demnach der Burg ihr Entstehen und nicht den Mineralquellen, wie mancher dem heutigen Stadtnamen nach leicht annehmen könnte.

Bevor wir mit der Deutung der schriftlichen Überlieferung beginnen, werfen wir zunächst einen Blick in die prähistorische Zeit zurück; denn die Vor- und Frühgeschichte von Diedigheim soll nicht übergangen werden. Zwei Karten geben uns Aufschluß, die „Archaeologische Fundkarte der Gegend von Frankfurt/M.", entworfen 1882 von *Dr. A. Hammeran* und die „Archäologische Fundkarte der nördlichen Wetterau", bearbeitet 1912 von Georg *Wolf*. Beide Karten weisen in Diedigheim und seiner Gemarkung keine besonderen vorgeschichtlichen Fundplätze auf. Es gibt hier keine so frühen neolithischen Siedlungsspuren wie auf dem Gonzenheimer Linsenberg, wo schon im dritten Jahrtausend v. Chr. bandkeramische Siedlungsspuren nachweisbar sind. Doch die Karte von Dr. Hammeran vertieft unsere Kenntnisse über das vorgeschichtliche Diedigheim; aus ihr ist ersichtlich, daß einst vom Diedigheimer Tal ein gerader vorrömischer Weg nach dem Ringwall auf den 480 m hohen Bleibeskopf führte. Diesem Weg, der etwas nördlich von der Großen Allee und der Elisabethen-Schneise verlief, kommt ein bedeutender Aussagewert zu, denn er datiert die Siedlung in vorrömische Zeit. Die Bewohner von Diedigheim suchten bei drohenden Gefahren mit Hab und Gut oben in der Fliehburg Schutz. Der Bleibeskopf-Ringwall ist ein Verteidigungswerk aus Trockenmauer von 1-3 m Höhe, die Bruchsteinmauer ist ohne Mörtel aufgeschichtet und zeigt im Abstand von etwa 1,50 m senkrechte Lücken, in die einst Holzstämme eingelassen waren. Welcher große Volksstamm diesen Schutzwall errichtet hat, ist nicht bekannt;

man vermutet, der Wall sei keltischer Herkunft. Kelten, Römer[1]), Alemannen[2]) und Franken lösten sich in der Herrschaft über unsere Heimat ab.

Hier wirft sich die Frage auf: Wann besetzten die Franken das Taunusvorland? Da es an urkundlicher Überlieferung fehlt, liegt der Zeitpunkt nicht genau fest. Keinesfalls zogen die Franken schon vor dem Sieg Chlodwigs über die Alemannen (496/497) in das rechtsrheinische Gebiet ein. Die Annahme von L. Schmidt[3]), daß die Franken schon Ende des 4. Jahrhunderts hier Fuß gefaßt hätten, haben E. Brenner[4]) und L. Wirtz[5]) als verfrüht abgelehnt. Ihnen schloß sich auch Böhmer[6]) an, der darauf hingewiesen hat, daß handgemachte alemannische Tongefäße in unserem Heimatraum, z. B. in Gonzenheim, im 6. Jahrhundert noch in Gebrauch waren.

Da die Franken 531 schon Thüringen besetzten, so wird die fränkische Landnahme im Taunusvorland in die Zeit nach 497 und vor 531 zu setzen sein.

Die fränkische Zeit unserer Heimatgeschichte ist bisher nicht erforscht. Ich versuche hier, diese Lücke zu schließen und zur Geschichte der fränkischen Frühzeit, auf der sich das Mittelalter unserer Heimat aufbaut, einen Beitrag zu leisten. Der historischen Forschung kommt es wesentlich darauf an, das urkundlich überlieferte Zeitgeschehen zu erfassen, in ursächlichen Zusammenhang zu bringen und einen Einblick in die Struktur der Zeit zu geben. Die Hauptzüge, die das Gesicht der fränkischen Epoche bestimmen, sind schon aus den wenigen Urkunden, die sich tatsächlich auf unseren Heimatboden beziehen, ziemlich deutlich erkennbar.

Die Franken unterwarfen die sitzengebliebene alte Bevölkerung der Alemannen, über die bisher Theoderich herrschte, und das Land wurde dem Frankenreich einverleibt. Die Franken überzogen unsere Heimat mit einem Netz von kleinen militärischen Ansiedlungen, sogenannten Königshöfen (curtis). Eine dünne kriegerische Herrenschicht diente als Besatzung, repräsentierte den fränkischen Staat und übte die Hoheitsrechte aus (Verwaltung, Gerichtsbarkeit usw.). Die zurückgebliebene Bevölkerungsschicht war geschwächt, beugte den Nacken vor der fränkischen Herrschaft, geriet völlig unter den weltlichen und kirchlichen Einfluß des Frankentums und ging in ihm allmählich auf.

2. Ortsnamensbild

Der fränkische Einfluß wirkte sich freilich auch auf die Ortsnamensgebung aus, und so kamen in unserer Heimat die -heim-Namen auf. Seit 12 Jahrhunderten gebrauchen die Bewohner die wohlvertrauten Dorfnamen, die Zeugnisse

---

[1]) Ich verweise hier auf den vom Direktor des Saalburgmuseums, Dr. Hans Schönberger verfaßten Führer durch das Römerkastell, 17. Auflage, 1953.
[2]) Aus der Zeit der Alemannen haben wir nur sehr wenige Bodenfunde.
[3]) Schmidt, L. Geschichte der deutschen Stämme, II. S. 13, Stengel E. E. Der Stamm der Hessen und das Herzogtum Franken.
[4]) Brenner, E. Nassauische Heimatblätter, Nr. 17 (1913/14) S. 121.
[5]) Wirtz, Bonner Jahrbücher, Nr. 122, (1912) S. 209.
[6]) Böhmer, Die merowingerzeitlichen Altertümer des Saalburgmuseums, in: Saalburg Jahrbuch 1956, S. 136, Anm. 102.

ältester Heimatgeschichte sind. Sie verdienen daher, daß über sie ein Wort gesagt werde.

Unter den Ortsnamen im Homburger Raum gibt es drei -heim-Namen: Diedigheim, Gonzenheim und Heuchelheim. Das am weitesten an den Taunus vorgerückte Heuchelheim ist früh eingegangen, wahrscheinlich schon im Hochmittelalter, nur die am Boden zäh haftenden Namen Heuchelheimer Feld, Heuchelheimer Bachwiesen, Heuchelheimer Bach, Heuchelheimer Hohl halten heute noch die Erinnerung an das ehemalige Dorf wach.

Die drei -heim-Orte lagen an einem Ost-Westweg, der aus dem Maintal kommend durch den Eisernen Schlag über den Taunus ins Usinger Becken führte.

Der Dorfname Diedigheim ist uns im Codex Laureshamensis viermal überliefert: am 20. März 782 „Tidenheim"[7]), am 4. April 782 „Ditincheim"[8]), undatiert „Titincheim"[9]) und 1013 „Tittingesheim"[10]). Aus den angeführten Namensformen geht hervor, daß wir es mit einem alten, vormerowingischen Ortsnamen auf -ing(en), lateinisch inc(en) geschrieben, zu tun haben. Der Name Dieting(en) (= Diet(rich) + ing(en) könnte alemannischen Ursprungs sein, dem die Franken die Endung -heim hinzufügten. Da uns keine schriftlichen Quellen aus dieser Zeit zur Verfügung stehen, können wir diesen Vorgang nicht genau erfassen. Er hat sich aber fast überall durchgesetzt, nur hie und da blieben -ingen-Ortsnamen bestehen, so z. B. Tulingen (Dillingen), ein in der Falkensteiner Fehde im 14. Jahrhundert eingegangener Ort bei Friedrichsdorf, der noch 1229 urkundlich erwähnt wird[11]). Nach Prof. Dr. Bach war die fränkische Ortsnamensgebung ein absichtlicher Vorgang, der einen gewissen amtlichen Beigeschmack besessen habe[12]).

Die Ortsnamen *Gonzenheim* und *Heuchelheim* können wir als typisch merowingische Bildungen ansprechen. Sie bestehen beide aus Personennamen und der Endung -heim, Gonzenheim, Guntzenheim, Gonzo, Gunzo + heim[13]) und Heuchelheim = Huchilo + heim[14]). Für die Personennamen fehlen uns die Quellenbelege, Gonzenheim aber ist durch seine fränkischen Reihengräber als merowingisch erwiesen.

---

[7]) Glöckner, K. Nr. 3405.
[8]) Ebenda, Nr. 3375.
[9]) Ebenda, Nr. 3660a.
[10]) Ebenda, Nr. 94, Königsurkunden.
[11]) Wagner, P., S. 91. Heinrich von Erlenbach hatte „in villa Dulingen" ein Allodialgut.
[12]) Bach, A., Probleme deutscher Ortsnamenforschung, in Rheinische Vierteljahresblätter, Jahrgang 15/16, (1950;51).
[13]) Wagner, P., Die Eppsteinischen Lebensverzeichnisse und Zinsregister des XIII. Jahrhunderts in der Schriftenreihe: Veröffentlichungen der Historischen Kommission für Nassau, VIII., Wiesbaden und München, 1927, S. 104.
[14]) Dr. Reidt. K., Heuchelheim bei Gießen, Heuchelheim, 1939, S. 9. „Heuchelheim bedeutet einfach: zum Wohnsitz des Huchilo". Der Verfasser der Ortsgeschichte weist auf einen Aufsatz von Prof. Weigandt hin, der im Archiv für hessische Geschichte, Jahrgang VII., S. 312 erschienen ist.

Wüstungen des Homburger Stadtgebietes

Wüstungsbegriff

Wüstungen sind ausgegangene Siedlungen. Man spricht von Ortswüstung, wenn der Wohnplatz des Dorfes verschwunden ist und von Flurwüstung, wenn das landwirtschaftlich genutzte Land verödet, verholzt oder verunkrautet ist. Die um Homburg liegenden Wüstungen sind Ortswüstungen, d. h. nur die Dörfer mit ihren Gerichtsplätzen, Kirchen, Friedhöfen, Brunnen, Bauernhäusern und Wirtschaftsgebäuden usw. sind verschwunden, ihre Feldfluren aber wurden nicht aufgegeben, sondern weiter bewirtschaftet von Homburg aus, wohin die Bevölkerung umgesiedelt war.

Im Mittelalter bestanden im Homburger Stadtgebiet mehr Dörfer als heute, neben Homburg, Diedigheim, Kirdorf und Gonzenheim wissen wir von drei ausgegangenen Siedlungen: Heuchelheim, das alte Dornholzhausen und Niederstedten.

Lokalisation der Ortswüstungen

Wo lagen die verschwundenen Dörfer? Die topographische Aufnahme muß einzeln durchgeführt werden.

Heuchelheim. Vom Hessenring führt die Heuchelheimer Straße in westlicher Richtung zum Heuchelheimer Hohlweg, der zwischen der Dornholzhäuser Chaussee und der Allee zur Hohenmark zieht. Der westliche Teil der ehemaligen Heuchelheimer Gemarkung wurde aufgeforstet, so haben wir es hier mit einer partiellen Feldwüstung zu tun. Das Heuchelheimerfeld grenzte im Osten an die Diedigheimer, im Süden an die Oberstedter und im Norden an die Dornholzhäuser Gemarkung. Die Dorfstelle kann bei der Wegkreuzung vermutet werden, an der die lange Gewann mit dem Heuchelheimerhohlfeld zusammentrifft. Feld-, Bach- und Wegenamen lassen auf das ehemalige Dorf schließen, dessen Gründung dem -heim-Namen nach in die fränkische Zeit zurückreichen dürfte. Es muß früh ausgegangen sein, denn es wird im Eppsteiner Lehensbuch nicht erwähnt.

Das alte Dornholzhausen. Dieses Dorf begegnet wiederholt in einigen Urkunden und im Eppsteiner Lehensbuch auch als „Holzhausen iuxta Hoenberch". 1401 versetzten Heilmann und sein Sohn Dieter von Praunheim 1/6 Teil des Dorfes und Gerichtes von Burgholzhausen und ihren Teil am Zehnten zu Dornholzhausen um 200 Gulden den Brüdern Konrad und Jorg Brendel von Homburg. Im Eppsteiner Teilungsvertrag von 1433 ist Dornholzhausen ebenfalls aufgezählt.

Das Homburger Saalbuch vom Jahre 1580 berichtet:

„Dornholzhausen ist ein eigen Dorf gewesen, hait ins Ampt Hombergk gehört, gleichwie Niderstedten, hait alle Gerechtigkeit in der hohen Mark gehapt gleich anderen Merkern, wird auch deswegen jerlich ufm Merkerding der Schulz beruffen, als aber zerstört haben die Nachpaurn in Hombergk zihn und daselbst wohnen müssen."[15]

Danach soll Alt-Dornholzhausen, vielleicht in einer Fehde, zerstört worden sein, und die Bauern mußten nach Homburg umsiedeln. Das Wichtigste

---

[15] Stadtarchiv, Copia Saalbuch, S. 47.

steht zwischen den Zeilen. Die Bewohner von Dornholzhausen wollten sicher ihr Heimatdorf wieder aufbauen, doch der Landesherr, der Eppsteiner, befahl die Umsiedlung. Bedenken wir, was dies bedeutete. Die Bauern mußten ihr Heimatdorf aufgeben, die noch bestehenden Häuser abbrechen und Baumaterial, Hausrat, Kind und Kegel nach Homburg überführen, um sich da häuslich niederzulassen. Sie waren daher von nun an gezwungen, ihren Grund und Boden in der verlassenen Gemarkung von Homburg aus zu bewirtschaften. Wahrlich, ein harter Befehl. Eine verrohte Zeit weht uns an. Wir gewinnen einen Einblick in das düstere Los der grundhörigen Bauern im mittelalterlichen Feudalsystem, in dem der Landesherr in seinem Herrschaftsgebiet die unumschränkte Macht besaß. Kraft des ihm zustehenden Befestigungsrechts ordnete er rücksichtslos die Umsiedlung an. So wurden Dorfbewohner zu städtischen Ackerbürgern. Sie hatten beim Aufbau der Stadt und Stadtmauern mitzuhelfen und im Falle einer Belagerung die Stadt zu verteidigen. Über dieses Ereignis ist längst Gras gewachsen. Nur im Saalbuch fand es einen knappen schriftlichen Niederschlag, der uns dazu anregte, hier kurz den geschichtlichen Hintergrund anzudeuten.

Das alte Dornholzhausen mußte sterben, damit die Stadt wachsen und gedeihen konnte. So verschwanden auch die Siedlungen Heuchelheim und Niederstedten. Ein Friedhof abgestorbener Dörfer liegt um Homburg. Dies war nicht nur in Homburg so, auch die Wüstungen um andere hessische Städte erklären uns das Geheimnis ihres Werdens und Wachsens.[16])

Auf ein eingegangenes Dorf in der Gemarkung sei noch hingewiesen:

Niederstedten. Die stetten-Namen haben nach Prof. Götze etwas mit dem lateinischen statio (= Aufenthaltsort, Posten, Wache) zu tun. Man bezeichnet die -stetten-Orte als Raststätten, denen, an Altwegen gelegen, einst eine militärische Bedeutung zukam. Niederstetten lag nahe bei der Römerstraße Nida—(Heddernheim — Römerstadt) — Saalburg. Im Reiche der Franken kam den Römerstraßen eine besondere Bedeutung zu. Hier, wo die Römerstraße über den Stedterbach (heute Dornbach) führt, könnte ein römisches oder fränkisches Rasthaus mit Wachposten gestanden haben. Eine archäologische Ausgrabung dürfte hier mit ziemlicher Sicherheit die noch im Boden steckenden Fundamentreste freilegen, denn im Bachknie, in sumpfiger Wiese erhob sich ein einsamer Hügel, an dem nachweisbar der Flurname „altenburgk" haftet. Später stand an dieser Stelle eine Ziegelhütte. Als die Ziegelei aufgelassen wurde, hat man die Lehmgruben zugeschüttet und den Hügel eingeebnet. Eine Grabung wurde bisher nicht durchgeführt. Das wüste Dorf Niederstedten ist während des Krieges 1552 eingegangen, nicht im Dreißigjährigen Krieg, wie allgemein angenommen wird. Seine ehemalige Gemarkung ist der Homburger Stadtmark einverleibt.

Wo lag Niederstedten? Wer von Homburg kommend auf der Chaussee in Richtung Oberursel wandert, der geht an den Fluren „Niederstedter Bachwiesen", „Kirchhofswiesen", „Niederstedter Kirchhof" vorbei, die alle zu rechter Hand nacheinander liegen; dann folgt die Flur „Niederstedter Feld", die sich

---

[16]) Das heutige Dornholzhausen wurde im Jahr 1699 von etwa 40 Waldenser Flüchtlingsfamilien neu gegründet. Die Gründer erhielten vom Landgrafen Friedrich II. das Gebiet am Reißberg, etwa 200 Morgen Land, die frühere Feldmark des alten Dornholzhausen.

zu beiden Seiten der Oberurseler Chaussee ausbreitet. Diese Flurnamen halten die Erinnerung an das ehemalige Dorf Niederstedten wach, dessen Geschichte in die fränkische und römische Zeit zurückreicht. Die Römerstraße Nida—Saalburg zog durch die Gemarkung. Durch das Niederstedter Gelände fließt der Dornbach, früher Niederstedter Bach genannt, der einst eine Mahlmühle trieb, nach der die Mühlwiese („moln wesen") ihren Namen hat. Unweit davon an einer Wegkreuzung beim Kirchhof lag das Dorf mit der dem hl. Remigius geweihten Kirche. Der Märtyrer Remigius war Bischof zu Reims, die Franken brachten den Remigius-Kult in unsere Heimat. Im Homburger Gerichtsbuch II. lesen wir folgenden Eintrag: „Item Schultheißen und Scheffen ist wyssentlich daz Gerlach pfaffenhenitze sone Clese hertterich uff hait gegebnn die moln wesen die gelegen ist unden an sant remigiam in der moln wesenn." Dieser Eintrag stammt aus dem Jahr 1466, damals bestand das Dorf noch. Das Saalbuch von 1580 berichtet, daß „nun so solch dorf vergangen". Im Jahre 1559 wurde die siedlungsleere Niederstedter Dorfgemarkung mit Homburg vereint und 1565 im Beisein der angrenzenden Gonzenheimer ausgesteint.

3. Die fränkische Zeit und unsere Heimat

Die urkundliche Geschichte Homburgs setzt in der Zeit der Karolinger im Jahre 782 mit Diedigheim ein.

Wenn wir von Franken und fränkischer Zeit sprechen, so denken wir an zwei verschiedene Zeitabschnitte, die sich in kultureller Hinsicht deutlich voneinander abheben: an die Merowinger- und Karolingerzeit. Die erste Zeit setzte die Kultur des Altertums fort, die zweite bedeutet einen tiefgreifenden Wandel, sie leitete das abendländische Mittelalter ein. Eine christliche Kultur strahlte von Rom aus über die Erzdiözesen Trier und Mainz in den hessischen Raum. Eine Reihe von Klöstern — Amöneburg, Fritzlar, Fulda, Lorsch usw. — und Kirchenprovinzen entstanden. Während die drei Dörfer Ober-, Mittel- und Niederstedten fuldisch waren, gehörten Diedigheim und Kirdorf zum Kloster Lorsch.

Der fränkische Staat der Karolingerzeit hatte ein ganz anderes Gefüge als der Staat heute. Entsprechend seiner naturalwirtschaftlichen Struktur funktionierte der Staatshaushalt auf eine andere Art und Weise als der der heutigen Staaten. Der fränkische Staat war bei der Bewältigung seiner mannigfachen Aufgaben in erster Linie auf das Reichsgut als Einnahmequelle angewiesen. Viele Posten des heutigen Staatshaushaltes fehlten, so die sozialen und militärischen Ausgaben, die Beamtengehälter usw. Die sozialen Aufgaben erfüllte die Kirche mit christlicher Mildtätigkeit. Die Wehrausgaben fehlten, weil jeder frei aufgebotene Krieger mit eigener Rüstung und eigenem Pferd in den Krieg ziehen mußte. Der fränkische Staat war ein Beamtenstaat, trotzdem gab es keine Beamtengehälter, ein jeder Staatsangestellter erhielt aus dem Reichsgut ein Besoldungsgut als Lehen zur Nutznießung.

Wir haben in der Schule gelernt, daß die Franken auf den Römerstraßen, die die Landschaft geradlinig durchliefen, eingezogen sind; da entstanden römische Gutshöfe und Herrenhäuser (villa rusticae), um die sich das Pflugland ausbreitete. Vermutlich haben die Alemannen nach den Römern das Ackerland weiter bestellt. Als dann die Franken das Land in Besitz nahmen, wurde es zum Königsgut erklärt. Das genutzte Feld wurde zu königlichen Fronhöfen zusammengefaßt. Diese Villagüter bestellten die Hörigen. Die Bewohner, die man bei der Landnahme vorfand, sanken in die Hörigkeit hinab, sie wurden zu recht- und besitzlosen Sklaven. Sie heißen in den Urkunden mancipia oder servi und ihre Häuser werden casa (Hütte) genannt.

Dr. W. *Görich,* der bekannte hessische Straßenforscher, schrieb eine Arbeit über „Taunus-Übergänge aus Wetterau-Straßen im Vorland von Frankfurt", die in den Mitteilungen des Vereins für Geschichte und Landeskunde zu Bad Homburg v. d. H., Heft 23, 1954 erschien. Görich will mit dieser Arbeit eine neue Forschungsgrundlage für die Frühgeschichtsforschung schaffen, da „die schriftliche Überlieferung des 8.-10. Jahrhunderts für die Ortsforschung allzu dürftig sei". Er besuchte auf seiner Forschungsreise auch Bad Homburg und vermutete, daß auf dem Homburger Schloßberg eine aus der Zeit Karls des Großen stammende Rechteck-Curtis gestanden haben könnte. In diesem fränkischen Königshof sieht er den Vorläufer der Homburger Burg.

Dazu sei folgendes vermerkt. Die Urkundenzeugnisse aus der Zeit Karls des Großen berichten von keinem Königshof. Solange die Grabungen im oberen und unteren Schloßhof keine fränkischen Fundamentmauern freilegen, muß die Curtisfrage wohl offen bleiben.

Prof. H. *Weigel* bezeichnet in seiner Arbeit „Zur Organisation des karolingischen Reichsgutes" den Raum Homburg kurz als „merowingisch besiedelt", geht aber auf die Frage nicht weiter ein[17]).

Unsere Kenntnisse über das Reichsgut sind leider recht beschränkt. Wir wissen nicht genau, wo die einzelnen Königshöfe standen, über ihre Verwaltung und Bewirtschaftung aber unterrichten uns die Capitulare de Villis ziemlich ausführlich.

Die Eingliederung des Taunusvorlandes in das fränkische Reich bedeutet in politischer, religiöser, sozialer, wirtschaftlicher und kultureller Hinsicht einen gründlichen Wandel. Über dieser Zeit liegt ein Schleier. Erst im 8. Jahrhundert beginnt die geschichtliche Überlieferung mit den Fuldaer Traditionen und dem Lorscher Kodex. Diese Quellen aber zeigen uns den vollzogenen Wandel, sie spiegeln das Geschichtsbild des 8.-9. Jahrhunderts und schweigen völlig darüber, auf welche Art und Weise sich die ganze Umwälzung im 6. und 7. Jahrhundert vollzogen hat. Über die wichtige Übergangszeit wissen wir aber nichts Genaues. Wir sind ohne Überlieferung bloß auf Folgerungen und Vermutungen angewiesen.

In vorfränkischer Zeit übte das Volk auf dem Ding politische Rechte aus, jetzt verlor das Volksrecht seine Geltung. Es herrschte Königsrecht. Der König mit seiner Gefolgschaft nahm die Staatsgewalt in die Hand. So war es auch in unserer Heimat, die zum Niddagau gehörte. Das Christentum wurde Staatsreligion; eine starke Welle der Christianisierung ging übers Land.

---

[17]) Nassauische Annalen, Bd. 68, 1957, S. 21.

4. Zwei Donationsurkunden

Geschichtsschreibung und historische Lektüre sind Begegnungen mit Urkunden. Seit jeher betrachtet der Mensch die mittelalterlichen Handschriften auf Pergament wie ihre ansprechenden Abbildungen mit neugierigem Interesse. Man bewundert das schöne Ebenmaß und die beschwingte Linienführung der Handschrift, buchstabiert ihren Text und deutet dessen Sinn.

[Abbildung einer mittelalterlichen Urkunde in frühgotischer Minuskelschrift mit Randnotizen: „Karoli reg̃", „bundel' att'", „karoli regis"]

Die Schenkungsurkunde Scerphuins. Original im Bayer. Hauptstaatsarchiv, München, Abt. I. Bestand: Handschriften, Mainz Lit. fol. 201, Nr. 19. Gekürzt gedruckt: Glöckner, K. Codex Laureshamensis, Bd. III. S. 129, Nr. 3405.

Die eindrucksvolle Abbildung zeigt in frühgotischer Minuskelschrift eine Schenkungsurkunde, die in lateinischer Sprache in der zweiten Hälfte des 12. Jahrhunderts im Kloster Lorsch geschrieben wurde. Die sorgfältige Schrift macht einen ruhigen Eindruck, die kräftigen, senkrechten Buchstaben sind eckig und schlank und recken die Köpfe in die Höhe. Diese Schriftform entsprach dem damaligen Zeitgeist, dem das Rittertum der Hohenstaufenzeit und die Gotik der Dombauten das Gepräge gaben.

Wer den Text liest, dem fallen die zahlreichen Abkürzungen (Abbreviaturen) auf, denen wir bei mittelalterlichen Urkunden, auch in deutscher Sprache, begegnen. Über oder unter den gekürzten Worten sind stets die ausgestoßenen Selbst- und Mitlaute oder Silben durch Zeichen angedeutet.

Die Urkunden sind nach dem Julianischen Kalender datiert; die XIII. Kl apl = die tertio decimo Kalendas aprilis — der 13. Tag vor dem 1. April, ist der 20. März, denn vom ersten Tag des Monats (calendae), der mitgezählt wird, werden 13 Tage zurückgerechnet.

Transkription

Donatio Scerphuini in villa Tidenheim. Ego in dei nomine Scerphuin dono ad Sanctum Nazarium martyrem, qui requiescit in corpore in monasterio Laurissamensi, ubi venerabilis Gundelandus abbas praeesse videtur, donatumque in perpetuum esse volo et promptissima voluntate confirmo in pago Nitachgowe in villa Tidenheim X (decem) iurnalia et tertiam partem ecclesie, que ibidem constructa est, stipulatione subnixa. Actum in monasterio Laurishamensi die XIII Kalendas aprilis anno XIIII Karoli regis.

Übersetzung

Schenkung des Scerphuin in dem Ort Tidenheim. Im Namen Gottes schenke ich Scerphuin dem hl. Nazarius, dem Märtyrer, dessen Körper im Kloster Lorsch ruht, wo der ehrwürdige Gundeland als Abt vorsteht, und will, daß die Schenkung in Ewigkeit bestehe, und bestätige sie mit meinem ausdrücklichen Willen: im Niddagau in dem Ort Tidenheim zehn Morgen und den 3. Teil der Kirche, die dort erbaut ist, durch Handauflegung bekräftigt. Geschehen im Kloster Lorsch am 20. März 782, im XIV. (Regierungsjahr) des Königs Karl.

Ich versuche die Urkunde in sinnvollen Zusammenhang mit dem Zeitgeist zu bringen.

Mit dieser Donationsurkunde treten wir in das 14. Regierungsjahr Karls des Großen (768—814) ein. Am 20. März 782 — genau 1182 Jahre sind seitdem verflossen — ereignete sich hier auf dem Diedigheimer Gutshof ein bemerkenswertes Ereignis: Ein gewisser Scerphuin, vermutlich ein fränkischer Edeling, schenkte dem Kloster Lorsch 10 Morgen Land und ein Drittel seiner Kirche. Zwei charakteristische Gestalten der fernen karolingischen Zeit, der Benediktinermönch aus Lorsch, ein sanfter, demütiger Diener Gottes, und ein kühner, tapferer Franke, ein Repräsentant jenes fränkischen Kriegertums, das das weiträumige Frankenreich gründete, begegneten sich an einem Vorfrühlingstag auf dem Diedigheimer Gutshof. Sie beide waren Bannerträger einer neuen Zeit unserer Heimat, sie setzten einen Strich unter die Vergangenheit. Von neuen Aufgaben und Ideen beseelt, waren sie Träger des christlichen Weltreiches, das damals als Nachfolger des römischen Imperiums neben dem arabisch-islamischen Kalifenstaat als zweite Macht bestand. Der Mönch als Abgesandter seiner Abtei nahm das geschenkte Land von 10 Morgen und die Kirche, deren Drittel seinem Kloster übertragen wurde, in Augenschein. Das Land war demnach Allod, Eigentum Scerphuins, kein Lehen (Feudum), und die Kirche war keine Dorfkirche, sondern Eigenkirche des Edelings. Wahrscheinlich hatte sie Scerphuin erbauen lassen, sie war sein Familieneigentum, vielleicht eine Begräbniskirche.

Kirchen waren damals keine Seltenheit mehr. Auch im benachbarten Eschbach (Aschenbach) bestand ein dem hl. Lambert geweihtes Gotteshaus, das ein gewisser Erschensuint schon am 18. September 774 dem Kloster Lorsch geschenkt hat[18]). Der Märtyrer Lambert war Bischof (672—705) von Maastricht in Belgien, von wo die Franken den Lambertkult in unsere Heimat brachten,

---

[18]) Glöckner, Bd. III. S. 212. Nr. 3334.

gleich wie den Remigiuskult aus Reims (Frankreich). Die Kirche des eingegangenen Dorfes Niederstedten war dem hl. Remigius geweiht[19]).

Dieses erste urkundliche Zeugnis, das uns im Jahre 782 das Bestehen des Dorfes bezeugt („villa Tidenheim"), berichtet zugleich von der hier erbauten Kirche.

Unter dem Dorf müssen wir uns wohl eine kleine bescheidene Bauernsiedlung der Karolingerzeit vorstellen, vielleicht ein Sippendorf, das wahrscheinlich aus einem ursprünglichen Einzelhof entstanden ist. Als Kern des Dorfes dürften die Musbach- und die Altgasse in Altdiedigheim angesprochen werden.

Die Ortsgründer suchten umsichtig den Platz aus, auf dem sie das Dorf anlegten. Unten im Mühlengrund drohte Überschwemmungsgefahr, oben auf der Anhöhe blies der Nordwind zu stark, war der Winter zu hart, und dort oben fehlte es auch an Wasser. So wählten sie unterhalb des Abhangs die geschützte Stelle, wo das Bächlein Musbach floß. Die Wassernähe bot so manche Vorteile. Ein Dorf braucht viel Wasser zum Trinken, Viehtränken, Kochen, Backen, Waschen usw., inmitten des Dorfes hatte man den Bach zu einem Teich erweitert. Brach ein Feuer aus, lieferte der Dorfteich (Weet) das Löschwasser. Die Häuser bauten die Dorfgründer zu beiden Seiten des Baches. Die Häuser des kleinen Bachuferortes reihten sich traufseitig nebeneinander an, mit der Giebelseite dem Bache zugewendet. Die Krümmung des Musbaches bestimmte den Verlauf der Gasse. Das Dorf paßte sich ganz den Eigentümlichkeiten der Natur an; die Dorfform wuchs gerade aus dem Gelände heraus.

Das alte Dorf Diedigheim lag unmittelbar unterhalb der Burg an der Nordseite des steilen Hügels, der „Schloßberg" genannt wird. „Zu hoenberg im alten tale gelegen", heißt es ausdrücklich in einem Gerichtsbucheintrag[20]) vom Jahr 1465, womit die topographische Lage eines Diedigheimer Hauses angegeben wird. Offenbar ist mit dem alten Tal Altdiedigheim gemeint. Wo der alte Dorfkern zu suchen ist, darüber gibt uns heute noch die „Alte Gasse" in Diedigheim einen klaren Hinweis. Im Spätmittelalter erweiterte sich die Siedlung und wurde vom Fuße des Schloßberges längs des Musbachtales gegen Norden hin allmählich ausgebaut. Es entstand das Neue Tal oder Neudiedigheim.

Transkription:

Don(atio) Hildegardis in Aschenbrunne:
  In Christi nomine.
  sub di II Nonasaprilis anno XIIII Karoli regis. Ego Hiltegart dono ad Sanctum Nazarium martyrem, qui requiescit in corpore in monasterio Laurissamensi, ubi venerabilis Helmericus abbas preesse videtur, donatumque in perpetuum esse volo et propmtissima voluntate confirmo in pago Nitachgowe in Aschenbrunnen et Ditincheim mansum I (unum) cum casa et mancipia III, stipulatione subnixa. Actum in monasterio Laurissamensi tempore quo supra.

---

[19]) Siehe das Kapitel Wüstungen.
[20]) Stadtarchiv, Homburg, G. B. I. fol. 17. Eintrag 62.

Die Schenkungsurkunde der Hildegard:

karoli regis.

karoli regis.

Helmric' abb.

In xp̄i nomine iunii · Anno · xiiii · karoli regis. Don̄ Hildegardis in Eschenbrunne: sub die · ii · Non̄ āplis · Anno · xiiii · karoli regis. Ego hiltegart dono ad · s · N · m̄rem qui requiēcit incorpe inmonast' laurissamensi ubi uenerabilis helmericus abb p̄eẽe uidet donatiq; inpetui ẽe uolo æ pmptissima uoluntate confirmo inpago Nitachgouue ind schenbrūnen æ duuncheim · mansū · i · cū casa æ mancipia · iii · stipulat̄ subnixa dctū inmonastio laurissamensi · т · q · s · Don Widrelris in

Schenkungsurkunde der Hildegard von Eschborn. Original im Bayer. Hauptstaatsarchiv, München, Abt. I, Handschriften, Mainz Lit. fol. 199, Nr. 19. Gekürzt gedruckt: Glöckner, K., Codex Laureshamensis, Bd. III, S. 125, Nr. 3375 vom 4. April 782.

Übersetzung:
Im Namen Christi.
Schenkung der Hildegardis in Eschborn am 4. April 782.
Ich Hiltegard schenke dem hl. Nazarius, dem Märtyrer, dessen Körper im Kloster Lorsch ruht, wo der ehrwürdige Abt Helmerich vorsteht, und will, daß diese Schenkung ewige Dauer habe, und bestätige sie mit meinem ausdrücklichen Willen: im Niddagau zu Eschborn und Ditincheim eine Hufe mit dem Hause (casa) und drei Hörigen, mit anschließendem Gelübde. Geschehen im Kloster Lorsch zu obigem Zeitpunkt.

Die Schenkungsurkunde der Hildegard hat fast denselben Wortlaut und dieselben Abkürzungen wie die Scerphuin-Urkunde. Die Datumreihe ist hier gleich am Anfang nach dem Titel eingefügt. Am zweiten Nona Aprilis im 14. Regierungsjahre Karls des Gr. Nonen nannte man nach dem Julianischen Kalender den 5. Monatstag, und zwar im Januar, Februar, April, Juni, August, September, November oder Dezember, hingegen den 9. Tag im März, Mai, Juli und Oktober, deshalb bedeutet zwei Tage vor Nona Aprilis den 4. April, denn der 5. April wird mitgezählt.
Hildegard ist ein alter Taufname, Familiennamen gab es damals noch keine. Der Gatte Hildegards kommt im Lorscher Kodex ebenfalls vor, er hieß Roinc. Die Familie war nicht nur in Eschborn und in unserem Ditincheim begütert, sondern auch in Steinbach und Rödelheim. Im Lorscher Totenbuch, von dem Teile in Würzburg, in Erlangen, in der Vaticana, ja auch in Paris liegen, kommt

Hildegard vor. Die Wohltäter des Klosters wurden nach ihrem Tode in das Meßbuch eingetragen, wo die Namen der ins Gebet empfohlenen (Commemorato de defunctio) stehen. Der Rotulus, ein Bote des Klosters, sammelte die Sterbefälle und brachte die Todesnachricht zur Abtei.

Hildegard schenkte dem Kloster eine Hube[21]), mansum unum, mit der Hütte, cum casa, die darauf stand und drei Hörigen, tria mancipia. Das Wort mansus hängt mit manere = bleiben zusammen und bedeutet neben Hufe auch Hofstätte, Wohnplatz. Es war mitunter nur ein Hausplatz. Die Fuldaer Urkunden gebrauchen für Hofstätte meistens den Ausdruck area, die Lorscher hingegen mansus. Die mansi waren mit Hörigen besetzt. Auf der geschenkten Hörigkeitshofstätte stand eine Hütte (casa). Die Hörigenmansen lagen in der Nähe des Gutshofes. Der Wohnsitz war von drei mancipien bewohnt, die mitgeschenkt wurden.

5. Der Hochstädter Hofverband

> De heckestat.
> H Heckestat st hube. viii. una indominico
> . vii. seruiles que soluunt pullu. i. oua. x.
> H vrsela. st hube. ii. una. De vrsela.
> indominico alia seruus. De suelebach.
> H Suelbach st hube. ii. quaru utraq; soluit
> H aschenbach [aschenbach] pullu. i. oua. x.
> st hube. v. una indominico. iiii. seruiles &
> soluunt quelibet pullu. i. oua. xii.
> H tittenchā huba. una. De tittingeim.
> soluit pullu. i. oua. xii.

Hofverband Höchstadt. Originalurkunde im Bayer. Hauptstaatsarchiv in München, Abt. I, Handschriften, Mainz Lit. 19 fol. 213. Glöckner, K., Codex Laureshamensis, Bd. III, S. 168, Nr. 3660a.

---

[21]) Die Hufen bildeten ein Stück zusammenhängendes Land. An einem Feldstück unserer Stadtgemarkung haftet heute noch der Name „Hub". Der Flurname „Auf der Hub" — im Volksmund abgekürzte Form — zwischen dem Stedter-Weg und der Gluckensteinerstraße ist uralt, stammt aus fränkischer Zeit. Der Weg, der zur Hufe führte, hieß Hubweg. Die Hufe war ein Feldmaß von etwa 30 Morgen Land.

Die abgebildete Hubenliste, die im Lorscher Kodex auf Folio 213 steht (und die Glöckner im Bd. III, S. 168 im Codex Laureshamensis unter Nr. 3660a abgedruckt hat), ist für unsere Heimat wirtschaftlich aufschlußreich. Der Text überliefert uns einen klösterlichen Hofverband. Es war in der karolingischen Zeit üblich, daß Klöster mit Staatsgut ausgestattet wurden und nebenbei auch zahlreiche fromme Stiftungen von privaten Grundherren erhielten; so dürfen wir wohl annehmen, daß der Grundbesitz des Hofverbandes z. T. aus Reichsgut und z. T. aus Privatgut stammt. Die einzelnen Hufen des Höchstädter Haupthofes, wie die Nebenhöfe Ursel, vermutlich Oberursel, Schwalbach, Eschbach (Ober- oder Niedereschbach) und Diedigheim — sind stückweise aus mehreren Schenkungen allmählich in die Hand des Klosters übergegangen und später zu einem Hofverband zusammengefaßt worden. Die Hubenliste ist undatiert; Glöckner zählt sie zu den ältesten Listen. Sie trägt die Überschrift „De heckestat". Es handelt sich um Ober- oder Nieder-Höchstadt am Westerbach, wie der obere Lauf des Eschbornbaches heißt. Der große Höchstädter Fronhof des Klosters Lorsch war nicht nur Oberhof, dem die wirtschaftliche Leitung des Hofverbandes oblag, sondern auch der Mutterhof, von dem aus die Zusammenfassung der Nebenhöfe nach dem Vorbild der staatlichen Domänen erfolgte. Der Haupthof umfaßte 8 Hufen (= 240 Morgen) und bestand aus einer grundherrlichen Hufe (uni in dominico) und 7 Zinshufen. In einer späteren Hubenliste umfaßte das Höchstädter Klostergut schon 10 Zinshufen als Pertinenz (Zubehör) des Herrenhofes (ad dominicam curtem pertinent hube servile). Glöckner fügt hinzu[22]): „Noch nach 1400 sagt ein Lehensverzeichnis der Herren von Kronberg: „Der Dinghoff tzu Obernhexstat unde die pastorye daselbst sint manlehen und rüren von dem probist zu lors"[23]).

Der Urseler Nebenhof bestand aus einer Doppelhufe, einer Herrenhufe, die in Eigenwirtschaft bearbeitet wurde, und einer Zinshufe. Der Zins, der davon ans Kloster fiel, ist nicht angegeben, er wird mit dem der anderen Hufen gleich gewesen sein. Auch der Schwalbacher Nebenhof umfaßte eine Doppelhufe, die Zinsland war. Die Pacht betrug je Hufe 1 Zinshuhn und 10 Eier.

Die Hörigen waren die einzigen Arbeitskräfte, die das Land der Freien bewirtschafteten. Sie waren anfangs völlig recht- und besitzlos. Mit der Zeit konnten sie Besitz erwerben, eine Kuh, ein Zinsgut erringen, Land roden mit Einwilligung des Gutsherrn und so zu Bauern werden.

Der Eschbacher Nebenhof war bedeutend größer als der Schwalbacher oder Urseler Hof. Der Klosterbesitz betrug 5 Hufen, eine grundherrliche und 4 verpachtete Hufen, auf jede Hufe entfielen ein Huhn und 12 Eier Zins. In Diedigheim besaß das Kloster Lorsch nur reine Zinshufe, die ebenfalls ein Zinshuhn und 12 Eier einbrachte. Wie wir sehen, waren die Abgaben ziemlich niedrig.

Der ganze Höchstädter Hofverband umfaßte 18 Hufen (= 540 Morgen). Davon wurden 3 Hufen in Eigenwirtschaft bebaut und 15 Hufen gegen Zins verpachtet. Die Gesamteinnahme aus den Zinshufen betrug 15 Zinshühner und 160 Eier.

Fassen wir zusammen: Im Homburger Becken setzt die urkundliche Überlieferung am Ende des 8. Jahrhunderts ein. Einige Dörfer und Höfe sind nach-

---

[22]) Glöckner, Bd. III, S. 179, Nr. 368, Anm. 7.
[23]) Nassauische Annalen, Jg. 1907, S. 219.

weisbar, deren Gründung 2-3 Jahrhunderte zurückgeht. Oft reichen die Anfänge sogar bis in die Römerzeit zurück, wie z. B. die Bodenfunde von Gonzenheim beweisen, die besonders in der Nähe der Saalburg keine Seltenheit sind.

Die Untersuchung an Hand der Lorscher Urkunden hat ergeben, daß im heutigen Stadtgebiet Bad Homburg v. d. H. der Staat, das Kloster Lorsch wie einige Vollfreie und Edelinge begütert waren.

Die Franken haben bei der Landnahme die alemannische Siedlung Diedigheim angetroffen und das vorhandene Pflugland mit Wiesen, Weiden und Wald zum Reichsgut erklärt. Der staatliche Grundbesitz zersplitterte sich allmählich und ging in die Hand der Klöster über. Die Königsurkunde Heinrichs II. zeigt, daß der letzte Rest 1013 in die Hand des Klosters Lorsch gelangt war.

Die grundherrlichen Siedlungen sind wohl aus Althöfen hervorgegangen. Die Eigentümer bebauten die Höfe nicht selbst. Die neuen Höfe sind an alten Straßen planmäßig angelegt. Sie verdanken ihr Entstehen dem staatlichen Kolonialsystem der Franken, soweit wir nach den Ergebnissen der Straßenforschung dies feststellen können. In den Urkunden wird eine dünne fränkische Oberschicht genannt. Von den fränkischen Siedlungen wissen wir, daß die alten Kirchendörfer (z. B. Diedigheim und Kirdorf) grundherrliche Eigenkirchen hatten.

II. Königsgut in der Homburger Gemarkung

Nach der fränkischen Landnahme in der ersten Hälfte des 6. Jahrhunderts gehörte unsere Heimat zum Verwaltungsbezirk Niddagau, in dem ein Graf die Hoheitsrechte als Vertreter des Königs wahrnahm; er leitete die Verwaltung, hegte das Gericht und hob den Heerbann auf. Im Laufe der Jahrhunderte wurde der Niddagau in kleinere Grafschaften zerstückelt und damit vermehrte sich die Zahl der Grafen. Das Reich zerfiel in West- und Ostfranken, zum letzteren gehörte das Taunusvorland.

Im 9. Jahrhundert traten in unserer Heimat die Konradiner auf, die mit den Karolingern blutsverwandt waren. Der angesehene Frankenherzog Konrad I. (911-918) wurde nach dem letzten Karolinger, Ludwig dem Kind, zum König des Ostfrankenreiches gewählt. Sein Bruder Eberhard, Erztruchseß und Pfalzgraf, wird in einer Urkunde von 919 Herzog von Franken und Graf von Hessen genannt. Die Konradiner waren im Homburger Becken begütert[24]. Nach ihnen bekleideten die Grafen von Nürings das Grafenamt; dieses Geschlecht stammte aus dem Taunus, die Burg Königstein soll ihre Stammburg gewesen sein.

Am Anfang des 11. Jahrhunderts lag in der Diedigheimer-, der heutigen Homburger Gemarkung, noch ein Stück vom alten Königsgut. In einer von Heinrich II. in Bamberg am 2. Oktober 1013 ausgestellten Königsurkunde wird im Niddagau das Komitat (Grafschaft) des Grafen Ricberti erwähnt, in dem das Dorf „villa Tittingesheim", unser Diedigheim, lag. Dieses Dokument ist die vierte Urkunde des Lorscher Kodex, die sich auf Diedigheim bezieht.

Lorscher Urkunden, die sich auf Diedigheim beziehen:

Datum	Dorfname	Geschenkte Güter	Name des Stifters	Nr. bei Glöckner
20. März 782	Tidenheim	10 Morgen und ein Drittel der Kirche	Scerphuin	3405
4. April 782	Ditincheim	1 Hofreite m. Hube und 3 Hörigen	Hildegart	3375
undatiert	Titincheim	1 Hube	—	3660a
2. Oktober 1013	Tittingesheim	bebautes und unbebautes Land u. Hofleute beiderlei Geschlechts	König Heinrich II.	94

Transkription:

Concambium Heinrici II. in Ditenesheim et Tittingesheim pro Honoldesbach.

In nomine sancte et individue trinitatis. Heinricus divina favente clementia rex. Si loca divinis obsequiis deputata debita devotione sublimare studuerimus,

---

[24]) Weirich, H. Urkundenbuch der Reichsabtei Hersfeld, Veröffentlichungen der Historischen Kommission für Hessen und Waldeck XIX, Bd. I. Marburg 1936, S. 87, Nr. 48, u. S. 89, Nr. 49.

ad utriusque vite profectum nobis prodesse non ambigimus. Ideo universitati fidelium nostrorum presentium ac futurorum patere volumus, qualiter nos interventu et petitione Bobbonis venerabilis abbatis sancte Laureshamensis ecclesie, cui ipse loco abbatis presidet, predium quoddam nostri iuris stabili traditione pro concambio in proprium concessimus. Quicquid enim in his locis usque modo proprietatis obtinuimus, id est in villa Ditinesheim in pago Moinekgowe in comitatu Gerlahi comitis sita et in reliqua villa Tittingesheim dicta que in pago Nitigowe in comitatu Ricberti comitis iacet, cum omnibus appertinentiis, manicipiis utriusque sexus, terris cultis et incultis, pascuis, pratis omnibusque acquisitis rel acquirendis deo sancteque predicte dei ecclesie devotione gratuita obtulimus, ea quidem ratione, quatinus predictus abbas eiusdem loci et reliqui sui successores idem predium ecclesiastico iure obtineant, et quod inde placuerit, ad usus ecclesie rationabiliter vertendi, nostro concessu libera facultate potiantur. Et pro hoc quoddam eiusdem ecclesie predium nomine Honoldesbach nobis mutuo concambivimus. Et ut hec nostre commutuationis auctoritas stabilis et inconvulsa permaneat, hanc regalis precepti paginam inde conscribi ac manu propria confirmantes, sigillo nostro precepimus insigniri. Signum domni Heinrici secundi regis invictissimi. Guntherius cancellarius, vice Ercambaldi archicapellani recognovi. Data VI Nonas Octobris indictione XI anno dominice incarnationis M° XIII°, anno vero domni Heinrici secundi regnantis XII°. Actum Babenberc, feliciter. Amen.

Übersetzung:
Tausch Heinrichs II. in Ditinesheim und Tittingesheim gegen Honoldesbach.
Im Namen der heiligen und unteilbaren Dreifaltigkeit. Heinrich, durch Gottes Gnaden König. Wenn wir uns bemüht haben, die dem Gottesdienst geweihten Orte in schuldiger Demut zu fördern, so zweifeln wir nicht, dem Vorteil dieses wie jenes Lebens zu nützen. Also wollen wir, daß der Gesamtheit unserer Getreuen, jetzt und in Zukunft, kund sei, daß wir auf Fürspruch und Bitte des ehrwürdigen Abtes Bobbo der heiligen Kirche von Lorsch, welchem Ort er als Abt vorsteht, ein uns zugehöriges Grundstück durch feste Übergabe in Tausches Weise als Eigentum vermacht haben. *Was wir nämlich in diesen Ort bis jetzt an Eigentum innehatten, d. h. in der Villa Ditinesheim im Gau Moinekgowe, in der Grafschaft des Grafen Gerlach, und in der anderen Villa, genannt Tittingesheim, die im Gau Nitigowe in der Grafschaft des Grafen Ricbert liegt, das haben wir mit allem Zubehör, Hörigen beiderlei Geschlechts, bebautem und unbebautem Land, Weiden, Wiesen und allem, was dazu erworben worden ist und noch dazu erworben werden wird, Gott und der vorgenannten Kirche Gottes in schuldiger Demut übertragen,* und zwar so, daß der vorgenannte Abt und seine Nachfolger dieses Grundstück nach kirchlichem Recht innehaben und, was daraus zum Nutzen der Kirche zu wenden ihnen gefällt, mit unserer Erlaubnis nach freiem Ermessen mächtig sind. Und dafür haben wir das Grundstück dieser Kirche mit Namen Honoldesbach in Wechsel eingetauscht. Und damit dieser Tausch fest und unangefochten in Kraft bleibe, haben wir diese Urkunde schreiben und, indem wir sie mit eigener Hand bestätigen, mit unserem Siegel siegeln lassen.

Der Dorfname Diedigheim begegnet im Lorscher Kodex in verschiedenen Schreibweisen. Schon Ernst Förstemann sagt in seinem Altdeutschen Namenbuch, daß Ditinesheim, Titincheim, Tidenheim und Tittingesheim im Niddagau ein und derselbe Ortsname seien, was auch die Historiker bestätigen. Karl Glöckner, der Bearbeiter des Codex Laureshamensis, setzt Diedi(n)gheim, Tit(t)incheim und Tidenheim gleich mit Diedigheim[25]) und sagt, das Königsgut zu Tittingesheim sei gleich mit „Dietigheim" und aufgegangen in Bad Homburg v. d. H.[26]).

Die Königsurkunde ist ein Tauschvertrag. Heinrich II. (1002-1024), der Fromme, war den Klöstern geneigt, er tauschte mit dem Abt des Klosters Lorsch Güter, gelegen in Ditinesheim im Maingau und in Tittingesheim im Niddagau, und bekam dafür als Gegenwert Honoldesbach. Die Urkunde trägt den Titel: „Concambium Heinrici II. in Ditenesheim et Tittingesheim pro Honoldesbach". Das Wort concambium wird im Sinne commutatio (= Tausch) gebraucht. Die römische Zahl II steht über Henrici. Ditenesheim ist Dietesheim östlich von Offenbach am Main[27]) und Honoldesbach ist Anspach im Taunus[28]). Die Urkunde beginnt mit der Anrufung der heiligen und unteilbaren Dreifaltigkeit, in der ersten Reihe steht In, in der zweiten nomine und in der dritten sancte et individue trinitatis.

Die Textstelle der Urkunde, die sich auf Diedigheim bezieht, lautet: „quicquid ... usque modo proprietatis obtinuimus, in reliqua villa Tittingesheim dicta que in pago Nitagowe in comitatu Ricberti comitis iacet, cum omnibus appertinentiis, mancipiis utriusque sexus, terris cultis et incultis, pascuis, pratis, omnibusque acquisitis vel acquirendis deo sancteque predicte dei ecclesie devotione gratuita obtulimus,".

Zu deutsch: „in der anderen Villa Tittingesheim genannt, die im Gau Niddagau im Komitate des Grafen Ricbert liegt, übertragen wir mit allem Zubehör, den Hörigen beiderlei Geschlechts, das bebaute und unbebaute Land, Weiden und Wiesen, mit allem was wir durch Kauf oder Erbschaft erworben haben, der heiligen vorgenannten Kirche Gottes zu eigen aus Erkenntlichkeit ...".

Wir haben aus den bereits besprochenen Lorscher Urkunden erfahren, daß das Kloster schon 782 in der Diedigheimer Gemarkung Fuß faßte. Dieser Tausch wird sicher auf Anregung des Abts und der Mönche, die hier ihren Besitz erweitern wollten, zustande gekommen sein. König Heinrich, der den Kirchen zugetan war, wird dem Tauschvertrag gern entsprochen haben. Bekanntlich stammten die beträchtlichen Klostergüter neben privaten Stiftungen vorwiegend aus geschenktem oder getauschtem Königsland.

Die Tatsache, daß König Heinrich 1013 Güter in Diedigheim tauschweise übereignet, ist ein klarer Beweis dafür, daß in unserer Heimat Königsgut lag. Der Ursprung des Königslandes reicht zweifellos in die Zeit der fränkischen Landnahme zurück. Diedigheim kam als Erbe mit einem größeren Komplex Fiskallandes von den Merowingern und Karolingern über die Konradiner an die Sachsenherrscher, deren Linie mit Heinrich II. erloschen ist. Diedigheim lag an bedeutenden Straßen in der Nähe des Eisernen Schlages, durch den der Verkehr aus dem Mainbecken ins Lahntal hinüberführte. Hier gingen römische Straßen vorbei, denen militärische Bedeutung zukam. Auch der strategisch

---

[25]) Glöckner, Codex Laureshamensis, Namenregister, S. 285, Spalte 2 u. 3.
[26]) Ebenda, Sach- und Wortregister, S. 358, Spalte 1, Königsgut.
[27]) Ebenda, S. 285.
[28]) Ebenda, S. 277.

bedeutende Burghügel, der sich über Diedigheim erhebt und das Homburger Becken beherrscht, hat in der Verteidigung eine Rolle gespielt, wie Görich vermutet. Nachdem das Kloster Lorsch in der Diedigheimer Feldmark seinen Besitz abgerundet hatte, wurde der Klosterhof, der zur umfangreichen Grundherrschaft der Abtei gehörte, vergrößert. Die Gutshofwirtschaft (villicatio) ist römischen Ursprungs. Die Verfassung des römischen Landguts (villa rustica) wurde vom fränkischen Staat übernommen und weiter ausgebaut. Der fränkische Herrenhof war agrarrechtlich gesehen ein Fronhof und wird in den Quellen curtis dominica genannt. Die Klosterhöfe übernahmen die Hofordnung der Staatsgüter, deren Agrarverfassung aus den Kapitularien de villis bekannt ist. Das Hofgut wurde an einzelne Bauernfamilien zu erblichem Lehen ausgegeben, hauptsächlich gegen Naturalabgaben (Getreide, Wein, Schweine, Geflügel, Eier, Leinwand, usw.) und Frondienst. Die Hofbauern waren in einem Fronhofverband mit Hofrecht und Dinggericht vereint. Der Meier (villicus) hegte im Namen des Klosters, dem die Vogtei zustand, das höfische Gericht.

III. Die Wortwinforschung

1. Wenck und Schenk zu Schweinsberg

Die Literatur über das Mittelalter von Bad Homburg ist sehr dürftig. Den Anstoß zur wissenschaftlichen Erforschung unserer mittelalterlichen Heimatgeschichte ging vom Altmeister der hessischen Geschichte Helfrich Bernhard *Wenck* aus, der in seiner hessischen Landesgeschichte[29]) eine Stelle aus dem Eppsteinschen Lehensbuch veröffentlichte, die sich auf den ersten urkundlich nachweisbaren Besitzer von Homburg, auf den Ministerialen Wortwin von Hohenberg, bezieht. Diese Lehensbuchstelle berichtet über das Dorf, Kirchenpatronatsrecht und den Zehnten in Reiskirchen bei Gießen, die Wortwin als Lehen vom Reich innehatte. Wenck zitierte diese Stelle in der lateinischen Fassung: „villam in Richolweskirchen cum jure patronatus et decima, et fuit olim feodum Wortwini de hoin".[30]) Daß er sie wortwörtlich anführte, bezeugt, daß sie ihm wichtig erschien, und gerade dies war ein Glück für die Homburger Geschichtsforschung. Die zitierte Lehensbuchnotiz konnte von nun an der Aufmerksamkeit der Historiker nicht mehr entgehen. Doch Wenck unterlief ein Fehler; die schwer lesbare lateinische Abkürzung „hoin" wurde falsch in „hominibus" aufgelöst. Diese Auflösung war freilich sinnlos und unhaltbar.

Der erste, der Bedenken hegte, war der ehemalige Darmstädter Staatsarchivdirektor Gustav Freiherr Schenk zu Schweinsberg. Er löste die Abbreviatur richtig in Hoinberg auf.[31])

Damit war Homburg und Wortwin in die Aufmerksamkeit der Historiker gerückt, und die Forschung setzte ein.

Mit der Person Wortwins von Homburg, des ersten urkundlich genannten und bezeugten Burgherren, haben sich mehrere Historiker mit vollem Interesse beschäftigt und die Ergebnisse ihrer wissenschaftlichen Forschung veröffentlicht. Eine Übersicht über die heute schon beinahe vergessene und zum Teil überholte, veraltete historische Literatur, die einen Zeitraum von etwa 140 Jahren (von 1787 bis 1927) überspannt, führt uns oft zu übereinstimmenden, doch mitunter auch weit auseinandergehenden Meinungen und Feststellungen. In einem Punkt aber stimmen sie fast alle überein: Wortwin von Homburg (Hoinberg, Hohenbergk usw.) war der erste genannte Besitzer der mittelalterlichen Ritterburg.

Es ist höchst merkwürdig, daß sich die Geschichtsforschung so viel mit dem nur ein einziges Mal in einer Zeugenreihe auftretenden Ministerialen beschäftigte, zumal die Quellen, die herangezogen werden konnten, leider sehr spärlich flossen. Es liegen nämlich über Wortwin keine weiteren direkten schriftlichen Überlieferungen vor. Er wird nur posthum in einigen Urkunden und einige Male in dem Eppsteiner Lehensbuch als Vorbesitzer von eppsteinischen Lehensgütern erwähnt, wie wir noch sehen werden.

---

[29]) Wenck, H. B., Hessische Landesgeschichte, Bd. 1-3, Darmstadt, Gießen, 1783-1803, Bd. 2, S. 112 u. S. 516: „Ich lasse das ganze Stück hier abdrucken, weil es zugleich mehrere Nidgauische Orte enthält, und ichs in Zukunft mehrmals brauchen werde." Er fügte am Ende des Zitats hinzu: „Falsche Lesarten mögen in diesem Extrakt genug seyn."

[30]) St. A. Wiesbaden, Eppsteiner Lehensbuch, Handschriften, S. 6.

[31]) Correspondenzblatt des Gesamtvereins der deutschen Geschichtsvereine, 1874, S. 68, und 1876, S. 13.

Daher ist auch seine Abstammung unbekannt und seine Persönlichkeit völlig rätselhaft geblieben. Anscheinend gab gerade dies den Anreiz zur Forschung, offensichtlich aber auch zu vagen Vermutungen und widersprechenden Fehlschlüssen. Es sei hier einleitend mit Nachdruck auf das ins Auge springende Hauptmerkmal der Wortwinforschung hingewiesen.

2. Ortwino de Hohenberch

Aus der Handschrift „Oculus memoriae" I. des Klosters Eberbach im Rheingau. Das Original wird im Staatsarchiv Wiesbaden, Abt. Kloster Eberbach, II. 13 aufbewahrt. Es handelt sich um eine für die Homburger Heimatgeschichte wichtige Quelle, da in der Zeugenreihe, in der Zeile 3 von unten, der für uns recht bedeutungsvolle Name „Ortwino de hohenberch" zu lesen ist. Am Rande steht die römische Zahl XCVI (96) der alten Foliierung; die Handschrift ist neufoliiert, das abgebildete Blatt trägt die Foliozahl 99.

Transkription:

„Christi et ecclesie fidelibus presens scriptum facit constare, quod dominus Eberhardus de Dornburch imminente sibi mortis articulo eo tempore, quo uxorem suam cum filiis commisit fidei et provisioni Cunradi filii sui senioris omne ius, quod habere videbatur in predio, quod frater suus Dragebodo nobis contradidit, absolute resignavit. Post sepulturam autem eius eadem die uxor sua, Conradus filius eius et Eberhardus, soror quoque ipsorum Adelheidis eamdem resignationem confessi sunt et renovantes iteraverunt coram domino Wernhero de Bonlanden, domino Cunone de Minzenberch, Dudone camerario de Moguntia, Gerhardo de Hagenhusen, Ortwino de Hohenberch, Albertho de Widerstad, Eberhardo Waren, Ortwino de Geraha, Aderat et Cunrad Zeiz, Cunrad Kisel, Cunrad Ungeloubo et alii plures."

Übersetzung:

Den Getreuen Christi und der Kirche macht gegenwärtige Schrift kund, daß Herr Eberhard von Dornburg im Angesicht des Todes zu der Zeit, als er seine Gattin mit den Kindern der Pietät und Fürsorge seines ältesten Sohnes Konrad anvertraute, auf alle Rechte, die er an dem Gut zu haben schien, das sein Bruder Dragebodo uns übertrug, voll und ganz verzichtete. Und nach seinem

Tauschurkunde des Königs Heinrich II., des Heiligen, Bamberg 1013 Oktober 2. Concambium Heinrici II. in Ditenesheim et Tittingesheim pro Honoldesbach. Mit Genehmigung des Bayer. Hauptstaatsarchivs München, Abt. I. Lorscher Kodex. Glöckner, Nr. 94, S. 375 (zu S. 28).

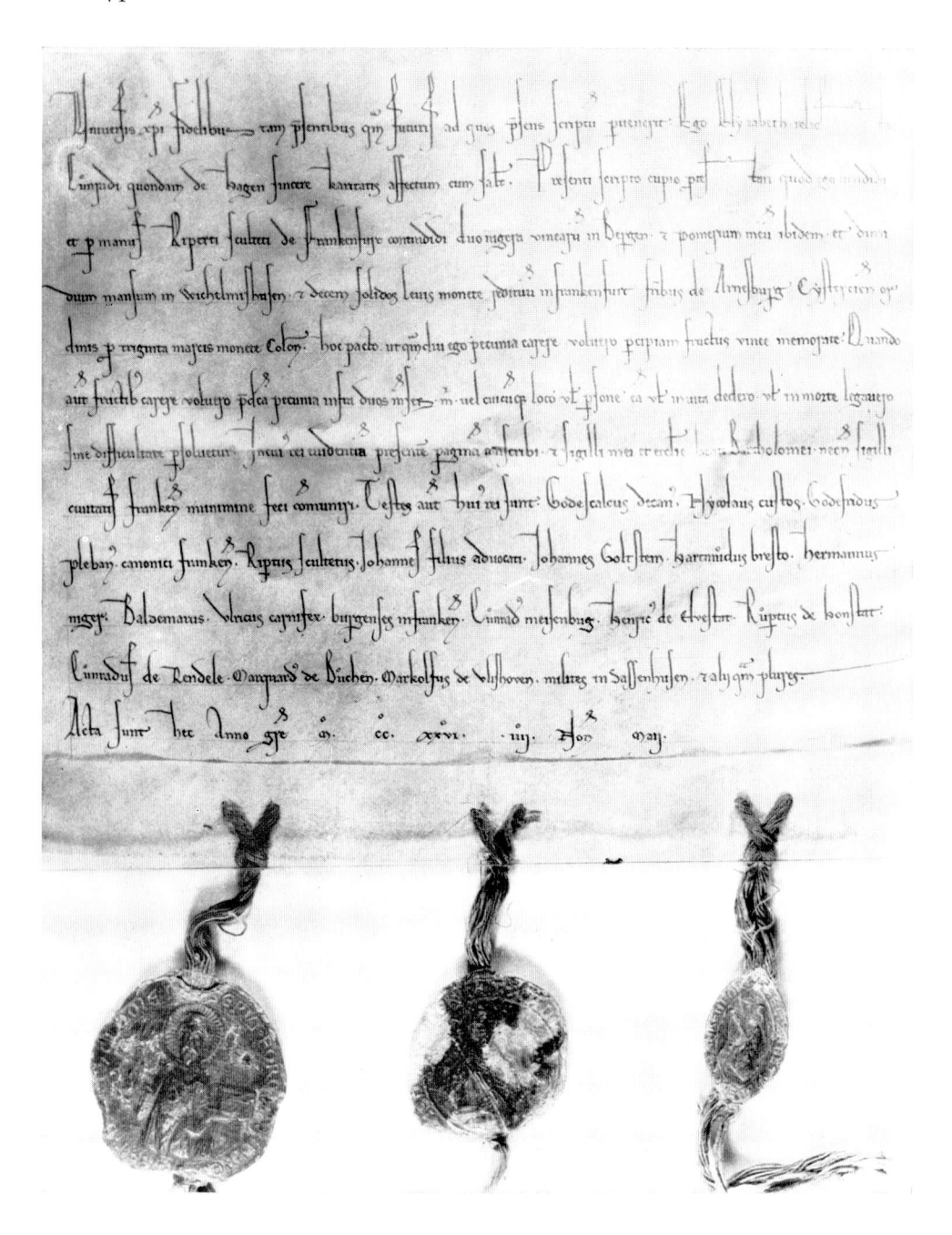

Elisabeth überträgt Güter dem Kloster Arnsburg. 4. Mai 1226. Originalpergament im Archiv des Fürsten Lich (zu S. 43).

Begräbnis am selben Tage erkannten seine Gattin, seine Söhne Konrad und Eberhard und deren Schwester Adelheid denselben Verzicht an und erneuerten ihn vor:

    Herrn Wernhero von Bolanden,
    Herrn Cuno von Minzenberch,
    Kämmerer Dudo von Mainz,
    Gerhard von Hagenhusen,
    Ortwin von Hohenberch,
    Albert von Widerstad,
    Eberhard Waren,
    Ortwin von Geraha,
    Aderat und Konrad Zeiz,
    Konrad Kisel,
    Konrad Ungeloubo,
    und vielen anderen.

Die früheste urkundliche Erwähnung des zum niederen Adel gehörenden Wortwin, „Ortwino de hohenberch", kommt in einer undatierten Zeugenreihe vor, die H. B. Wenck[32]) mit dem Jahr 1178 angesetzt hat. Es ist gleich die Erstnennung des alten Burgnamens Hohenberch, der später auch auf die Stadt überging. Diese Erwähnung findet sich im Kopialbuch „Oculus memoriae" des Eberbacher Klosters[33]). Nach Paul Wagner, der auf dem Gebiet der Wortwinforschung das Vortrefflichste geleistet hat, sei diese Erwähnung Ortwins von Hohenberg zwischen 1180-1185 zu setzen[34]).

Es besteht demnach zwischen der Datierung Wencks und Wagners kein großer Zeitunterschied. An anderer Stelle seines Buches nimmt P. Wagner als unterste und oberste Zeitgrenze die Jahre 1178-1196 an[35]). Demnach wurde „Hohenberch", der Name der Burg, und das Adelsprädikat ihres Besitzers erstmals im letzten Viertel des 12. Jahrhunderts erwähnt.

Neben dieser direkten urkundlichen Erwähnung bei Lebenszeit Wortwins weist Wagner noch auf eine frühere mittelbare Nennung von Hohenberg hin[36]), auf die Eppsteiner Lehensbuchnotiz, daß Gottfried III. v. Eppstein vom Grafen Gerhard von Nürings (gestorben 1171) die villa Reiskirchen mit Patronatsrecht und Zehnten zu Lehen trug, die vor ihm Wortwin von „Hoinberg" zu Lehen besessen hatte[37]). Er folgert ferner auf Grund textkritischer Erwägung, daß dieses Lehen schon vor 1171 Wortwin gehört haben muß, und daraus geht hervor, daß die Burg Homburg vor 1171 bestanden habe und Wortwin damals schon ihr Besitzer gewesen sei. Darin steckt allerdings ein wahrer Kern.

---

[32]) Wenck, H. B. Hessische Landesgeschichte, Bd. II. Urkundenbuch S. 111, Nr. 80 im folgenden zitiert als Wenck HLG.
[33]) St. A. Wiesbaden, Handschriften II. 13 Oculus memoriae.
[34]) Wagner P.: Die Eppst. Lehensverz. und Zinsregister, des XIII. Jh. Wiesbaden und München, 1927. S. 174. Fortan angeführt als Wagner Lehensbuch, siehe dort die einschlägige Literatur.
[35]) Ebenda, S. 132.
[36]) Ebenda, S. 174.
[37]) Ebenda, S. 85, Abschnitt 165: „... et fuit olim feodum Wortwini de Hoinberg."

Ortwin, oder wie er meistens mit anlautendem W Wortwin von Hohenberg genannt wird, steht in der Eberbacher Zeugenreihe mitten in einer Gesellschaft glänzender Adelsgeschlechter an fünfter Stelle. Die wichtigsten Zeugen lassen sich leicht identifizieren. Herr Werner von Bolanden, nachweisbar 1178-1196, eröffnet die Reihe, er ist Werner II. von Bolanden aus dem Geschlecht der Edelfreien von Falkenstein-Bolanden, das aus der Pfalz stammt, wo am Donnersberg ihre Burgen Bolanden, Falkenstein und Hohenfels standen. Werners Frau war Jutta (Judith), eine geborene Gräfin von Nürings, die ihrem Mann die Herrschaft Königstein in die Ehe mitbrachte[38].

An zweiter Stelle steht Herr Kuno I. von Münzenberg (nachweisbar 1125-1212), er ist der Erbauer der Burg Münzenberg, und er wurde 1194 von Heinrich IV. zum Reichskämmerer ernannt. Von ihm hat der steinerne Burgbau auf Bergeshöhen in der Wetterau einen Impuls erhalten. Das Geschlecht nannte sich ursprünglich von Hagen nach dem Reichsforst Dreieich. Eberhard von Hagen heiratete Gertrud von Arnsburg. Konrad I. von Hagen-Arnsburg tauschte den Berggrund vom Kloster Fulda, auf dem Kuno I. um 1160 die Burg Münzenberg erbaute. Auch Kunos Frau war eine geborene Gräfin von Nürings[39].

Dudo, der Mainzer Kämmerer, kommt in mehreren Mainzer Urkunden vor[40]. Von Gerhard von Hagenhusen (Hainhusen) sollen die Herren von Eppstein abstammen[41]. Nach Wortwin steht Alberto de Widerstadt, d. i. Weiterstadt bei Darmstadt. Dann folgt Eberhard Waren, der auch Eberhard Waro de Hagen genannt wird und Wortwins Schwiegervater ist, worauf wir noch zurückkommen.

Auch diese Zeugenreihe mit Ortwin von Hohenberch gab der Forschung einen Anstoß. Der Ritter Wortwin von Homburg, auch von Steden (Mittel- oder Niederstedten) genannt, wird zum ersten Male um 1180-85 in der Eberbacher Zeugenreihe in Beziehung zu Homburg erwähnt. Er war Mitzeuge bei dem Vergleich des Abts Arnold vom Kloster Eberbach im Rheingau mit der Witwe des Eberhard von Dornberg über den Gehaborner Hof bei Darmstadt. Da die Burg Homburg, wie man annimmt, wahrscheinlich erst zur Zeit Friedrichs I. Barbarossa erbaut wurde, muß Wortwin seinen Sitz vorher anderswo gehabt haben. Dieser ursprüngliche Herrensitz, wahrscheinlich eine Wasserburg oder eine burgähnliche Hofanlage, kann in der ehemaligen Niederstedter Gemarkung, die im Homburger Stadtgebiet aufging, gesucht werden, und zwar am Knie des Dornbaches, dort, wo der Flurname „Altenburg" an die Stelle erinnert, auf der die Burg gestanden haben konnte. Sollte diese Annahme sich bei einer Grabung als richtig erweisen, so wäre damit auch Wortwins zweites Prädikat „de Steden" geklärt. Der Vorname Ortwin-Wortwin erscheint im Eppsteiner Lehensbuch wiederholt: „Wortwin" (Abs. 79), „Wortwini de Stedin Henrici filius eius", (Abs. 81), „Ortwini de Hoinberch", (Abs. 146), „Ortwini

---

[38] Eigenbrodt, Diplomatische Geschichte der Dynastien von Falkenstein, Herren von und zu Münzenberg in: Archiv für hessische Geschichte und Altertumskunde, Bd. I., Darmstadt, 1835, S. 3 ff.
[39] Ebenda.
[40] z. B. Sauer, I. 286, S. 209.
[41] Wagner, Stammtafel, S. 148 und Beilage II. S. 134, über die Herkunft des Hauses Eppstein und seine Genealogie im 12. und 13. Jahrhundert.

de Hoenberch", (Abs. 147), „Wortwini de Hoinberg", (Abs. 165), „a domino Wor(t)wino de Hohenberch" (Abs. 217)[42]).

Wie die Entzifferung der Hieroglyphen mit der Erklärung der ägyptischen Königsnamen begann, so fand man den Schlüssel zum verschlossenen Tor der Homburger mittelalterlichen Vergangenheit mit dem Namen Wortwin von Homburg. Der Name eines Burgherren blitzte in der Zeugenreihe einer Urkunde aus der Zeit des Hohenstaufenkaisers Friedrich I. Barbarossa auf und erhellte für einen Augenblick das Dunkel, das über der Voreppsteiner Zeit Homburgs lagert. Dann setzte die Geschichtsforschung ein. Wer ist dieser Ortwin von Hohenberg? Welchem Geschlecht gehört er an? Wo lagen seine Stammgüter? Solche und ähnliche Fragen wurden gestellt, und allmählich entstand um den Namen eine Geschichtsliteratur.

Mehrere namhafte hessische Geschichtsforscher befaßten sich in ihren wissenschaftlichen Arbeiten mit der Homburger mittelalterlichen Burg und ihrem ersten Besitzer. Helfrich Bernhard Wenck, Freiherr Schenk zu Schweinsberg, Wilhelm Sauer, Walter Möller, Paul Wagner, Karl E. Demandt und Karl Dielmann fügten Baustein an Baustein und legten zur Homburger hochmittelalterlichen Burggeschichte ein zuverlässiges, festes Fundament, auf dem man heute weiterbauen kann. Der Weg der Forschung führte anfangs auch hier, wie oft beim Vorstoß in Neuland, über Fehler und Irrtümer zu klaren Erkenntnissen.

Der Anstoß zur Erforschung der Frühgeschichte der Homburger Burg ging vom Altmeister der hessischen Geschichtsforschung H. B. Wenck aus. Schon im ersten Band seiner Hessischen Landesgeschichte, der 1785 in Frankfurt erschien, nahm er an der Geschichte von Stadt und Schloß Homburg besonderen Anteil und veröffentlichte reiches historisches Material, das unsere Aufmerksamkeit verdient[43]). Wenck erwähnt die wichtigen Waldbotämter der Hohen Mark, der Seulberger oder Erlenbacher Mark, die an den Besitz von Schloß und Stadt Homburg gebunden waren; er weist ferner auf die alten Markinstrumente, auf die sogenannten Weistümer hin, die Grimm abgedruckt hat[44]). Sehr wichtig ist auch der Hinweis auf das umfangreiche Kammergericht-Prozeßmaterial über die Markwälder, das Ludolf veröffentlicht hat[45]). Nicht minder aufschlußreich ist das Material über die Beziehungen Graf Eberhards I. von Katzenelnbogen zu König Adolf und König Eduard I. von England, worüber K. E. Demandt eine vortreffliche historische Studie schrieb[46]).

3. Abstammung Wortwins (zu welchem Geschlecht gehört Wortwin?)

Schenk zu Schweinsberg beschäftigte sich mit dieser Frage, kam aber zu keinem Ergebnis; er sprach aber die schwankende Vermutung aus, daß „entweder neben den Linien Eppstein und Hanau noch ein anderer mitbesitzender Zweig existierte, oder daß sich ein Glied des Hauses Eppstein in der 2. Hälfte des

---

[42]) Wagner, P. S. 61, 62, 76, 85, 90 und 94.
[43]) Wenck, H. L., Bd. I. S. 93-94, S. 340, S. 359.
[44]) Grimm, Jakob, Weisthümer, 2. Auflage, Darmstadt, 1957, Bd. V, S. 316 ff.
[45]) Ludolf, Symphoremata consultationem ... (etwa sachliche Beratung).
[46]) Demandt, Die Anfänge des Katzenelnboger Grafenhauses und die reichsgeschichtlichen Grundlagen seines Aufstieges, Nassauische Annalen, Jg. 63 (1952) S. 17-71.

12. Jahrhunderts nach seinem Wohnsitze von Homburg nannte"[47]). Schenk glaubte noch an die Echtheit der von Sauer veröffentlichten Urkunde vom 9. August 1192, nach der Heinrich I. von Hanau sein Recht an der Burg Homburg an seinen Blutsverwandten Gottfried I. von Eppstein verkauft habe[48]). Wilhelm *Sauer* vertrat die Meinung, daß Wortwin von Homburg einer Seitenlinie der Eppsteiner entstammte[49]). Walter Möller bestritt die Verwandtschaft Wortwins mit den Geschlechtern von Eppstein und Hanau und versuchte Wortwin in die Stammtafel der Herren von Büdingen einzubauen[50]). Seiner Annahme nach sei Wortwin von Hohenberg personengleich mit Ortlieb von Büdingen, den er kurzerhand aus einer unechten Urkunde, aus Schotts berüchtigter „Diplomata Ringravia" hervorholte; doch diese Eingliederung Wortwins ist ganz willkürlich. Karl E. Demandt lehnt Möllers Hypothese, daß Wortwin zum Stamme der Büdinger gehöre, ab[51]).Auch K. *Dielmann* trat dieser abwegigen Ansicht mit Recht entgegen. Eine Eppsteiner Lehensbuchnotiz, in der Wortwin von Steden genannt wird, führte Möller zum Fehlschluß, Wortwin könnte mit Ortwin von Staden identisch sein. Diese Annahme widerlegte Dielmann mit dem Hinweis, daß Wortwin von Homburg zum niederen Adel, Ortwin von Staden aber zum edelfreien Geschlecht der Büdinger gehörte[52]).

Wortwins Abstammung ist bisher nicht geklärt, daher ist seine genealogische Einordnung auch nicht möglich. Sein Wappen, das für seine Herkunft uns einen Fingerzeig hätte geben können, blieb uns nicht erhalten. Das Geschlecht gehörte jedenfalls zum niederen Adel, zum Dienstadel, zum Stand der sogenannten Ministerialen. Einen deutlichen Beleg dafür finden wir in der Eberbacher Urkunde, in der Wortwin nicht mit „dominus" betitelt wird; die Ministerialen erhielten diesen Titel erst im 13. Jahrhundert. Er war jedoch Herr von Homburg, besaß die Lehenshoheit über die Burg, die sein Allod, sein freies Eigentum, war. War er der Erbauer der Burg Homburg? Oder trat er die Ritterburg als väterliches Erbe an? Diese Fragen müssen mangels einschlägiger Urkunden offen bleiben. Möglich ist aber auch, daß seine Frau ihm die Burg als Heiratsgut mit in die Ehe brachte. Sicher ist nur, daß die Burg sein Eigentum war, er verfügte darüber und verkaufte sie. Daß Gottfried I. von Eppstein von Wortwin selbst Homburg käuflich erworben hat, erfahren wir aus einer verläßlichen Stelle des Eppsteiner Lehensbuches, die lautet:

---

[47]) Schenk zu Schweinsberg, Beiträge zur Genealogie des nach Hanau benannten Herrengeschlechts, in: Mitteilungen des Hanauer Bezirksvereins für hessische Geschichte, Heft 6, S. 25, Anm. 1.
[48]) Sauer, W., Nassauisches Urkundenbuch, I. Nr. 294, S. 194.
[49]) Sauer, W., Zur älteren Geschichte der Herren von Eppstein und von Homburg, sowie ihrer Besitzungen Homburg und Braubach, in: Annalen des Vereins für Nass.-Altertumsforschung, Bd. 19, (1885/86), S. 55-58.
[50]) Möller, W., Die Familie Wortwins von Hohenberg, in: Quartalblätter des Historischen Vereins für das Großherzogtum Hessen, VI. N. F./(1916-1921), Nr. 5. S. 115-118.
[51]) Demandt, K., Die Herren von Büdingen und das Reich in Staufer Zeit. S. 52-53 und Anm. 19.
[52]) Dielmann, K., 650 Jahre Stadt Staden, Der Ursprung von Burg und Stadt, in: Wetterauer Geschichtsblätter, Bd. II. 1953, S. 64 ff.

Blatt 56 aus dem Eppsteinschen Lehensbuch. Wortwin verkaufte seine pfalzgräflichen Lehen mit der mittelalterlichen Rittersburg Homburg (castrum Hohenberg) an Gottfried I. von Eppstein.

Transkription:
　Item istud beneficium Wortwini est beneficium Wortwini, quod habuit a palentino comite: feodum, quod dominus Fridericus de Husen habuit a palentino comite; post obitum eiusdem palentinus concessit domino Wernero de Brunshorn illud et aliud feodum, quod idem Wernerus habuit a palentino comite situm sub castro Hohenberg; postmodum vendidit domino Godefrido de Eppenstein cum predicto castro, resignans in manus palentini, a quo statim recepit hoc antedictus dominus Godefridus de feodo, quod dominus Fridericus habuit a palentino.

Übersetzung:
　Desgleichen Lehen Wortwins. Dies sind die Lehen Wortwins, die er hatte vom Pfalzgrafen, ein Lehen, das Friedrich von Hausen hatte vom Pfalzgrafen, das nach dessen Tod der Pfalzgraf weitergab an Herrn Werner von Braunshorn, dieses und ein anderes Lehen, das ebenfalls Werner hatte vom Pfalzgrafen, gelegen unter der Burg Hohenberg, die er späterhin mit der vorgenannten Burg an Herrn Gottfried von Eppstein verkaufte, der sie dem Pfalzgrafen auftrug, von dem er sie sogleich zurückerhielt als Lehen, das Herr Friedrich hatte vom Pfalzgrafen.

Diese schwierige Textstelle, der gerade eine außerordentliche Bedeutung für die Homburger Burggeschichte zukommt, wurde von den Historikern unterschiedlich ausgelegt. Am eingehendsten hat sich Paul Wagner damit befaßt, der ihren wahren Sinn erfaßte und präzis erklärte. Er schrieb darüber eine gründliche Spezialarbeit, die er in seinem Buch über die Eppsteinschen Lehensverzeichnisse als Beilage V veröffentlichte[53]). Wagner sagt: „Die Worte cum predicto castro betreffen Homburg. Zwischen vendidit und resignans stehend, könnten sie zu jedem dieser Zeitworte gezogen werden, obwohl für die Ermittlung der Besitzer so viel darauf nicht ankommt. Da die Burg später freies Allod war, eine Auflassung an den Lehensherrn bei einer Veräußerung also nicht notwendig war, wird man wohl annehmen müssen, daß die Worte zu vendidit gehören, woraus dann folgen würde, daß Wortwin Homburg an Gottfried von Eppstein verkaufte, es also vorher zu eigen besessen hatte. So hat auch Frh. Schenk zu Schweinsberg die Worte verstanden, aber von anderen noch zu erwähnenden Voraussetzungen ausgehend, gefolgert, daß Wortwin nur seinen Anteil an der Burg dem Eppsteiner verkauft hat. Allein gegenüber dem klaren und bestimmten Wortlaut des Lehensverzeichnisses, das von der Burg und nicht von einem Anteil an der Burg spricht, vermag ich mich dieser Auslegung nicht anzuschließen, sondern meine berechtigt zu sein, Wortwin als den Besitzer der Burg anzusehen, der sie an Gottfried von Eppstein verkaufte, denselben Gottfried, an den er auch die von Werner von Braunshorn früher besessenen Lehen veräußerte, also Gottfried I. Hat Wortwin die Burg Homburg besessen, so erklärt sich damit am einfachsten und natürlichsten sein Name Wortwin de Hohenberch"[54]).

Wortwin von Homburg besaß Eigenbesitz und Lehensgüter. Wie bei den Adeligen der damaligen Zeit der Familienbesitz weit zerstreut lag, so bildeten auch Wortwins Allodialgüter kein zusammenhängendes oder abgerundetes Gebiet. Die Burg Homburg mit Zubehör und das Gut in Kirdorf lagen im Taunusvorland, Oppershofen lag in der Wetterau, Preungesheim bei Frankfurt und Erbenheim bei Wiesbaden. Ferner wird in den Quellen auch ein nicht näher bezeichnetes, daher unlokalisierbares Gut erwähnt. Die Wortwinischen Allodialgüter in Oppershofen und Preungesheim sind auch bei Reimer urkundlich belegt[55]).

Wortwins Gemahlin, Adelheid von Hagen, war die Tochter des Eberhard Waro von Hagen. Von den Gütern, die sie mit in die Ehe brachte, ist urkundlich nur der Wald, der Eberhard Waren-Bruch, genannt, der später in den Besitz des Klosters Eberbach gelangte. Adelheid, die nach dem Tode Wortwins in zweiter Ehe Konrad von Steinbach heiratete, überließ ihrer Tochter Elisabeth, der Alleinerbin, aus der Hinterlassenschaft ihres Mannes sämtliche Erbgüter[56]). Diese Urkunde führe ich im Wortlaut an. Daß Wortwin in Erbenheim ein Eigengut besaß, das er an Herbod von Praunheim verliehen hatte, geht aus

---
[53]) Wagner, P., Über Wortwin von Homburg, den ältesten bekannten Besitzer der Burg Homburg, S. 173-181.
[54]) Ebenda, S. 179.
[55]) Reimer, Heinrich, Hessisches Urkundenbuch, Nr. 161, S. 125.
[56]) Ebenda, Urkunde vom 29. 4. 1226.

dem Lehensverzeichnis Gerhards III. von Eppstein hervor[57]). Die Reichsgüter sind von dem Grafen L. Nürings an Wortwin gekommen, so der Hof zu Reiskirchen mit Patronatsrecht und Zehnten.

Seite 5 aus dem Eppsteinschen Lehensbuch. Staatsarchiv Wiesbaden, Handschriftensammlung C 23. Auf Seite 6 steht das Wort: Hoinberg.

Transkription:
Item ab L. Comite de Nuringes Gerardo dimidium comitatum inter Ruweneich et Crufthela et omnia thelonea et liberos homines, qui commorantur in eodem, Gathenhoven et advocatiam in Bonemese, decimam in Hergere et decimam aliam in Buckenheim et in Gambach quatuor mansus et homines aliquos, villam in Richolveskirchen cum jure patronatus et decima, et fuit olim feodum Wortwini de Hoinberg, prout jure feodum imperii connumeratur.

Übersetzung:
Desgleichen von L., Grafen von Nürings, dem Gerhard (kam an Gerhard) die halbe Grafschaft zwischen Ruweneich und Kriftel, alle Zölle und die freien Leute, die daselbst wohnen, Gattenhofen und die Vogtei in Bonames, den Zehnten in Hörgern und den Zehnten in Bockenheim, in Gambach vier Hufen und einige Eigenleute, den Hof Reiskirchen mit Patronatsrecht und Zehnten. Auch dies ist seinerzeit Lehen Wortwins von Homburg gewesen, wie es nämlich von Rechts wegen als Reichslehen gilt.

---

[57]) S. 17. Wagner P., S. 94 Abs. 217 „Erbenheim feodum, quod fuit, Herbordi de Prunheim (Praunheim) a domino Wor(t)wino de Hohenberch," und S. 85 „.villam in Richolveskirchen (Reiskirchen, bei Gießen) cum jure patronatus et decima; et fuit olim feodum Wortwini de Hoinberg ...".

39

4. Die Kinder Wortwins

Aus der Ehe Wortwins von Homburg mit Adelheid von Hagen, der Tochter des schon erwähnten Eberhard Waro von Hagen (Dreieich) und seiner Gemahlin Jutta, entstammen zwei Nachkommen: ein Sohn Heinrich und eine Tochter Elisabeth. Weitere Kinder des Geschlechts sind nicht nachweisbar.

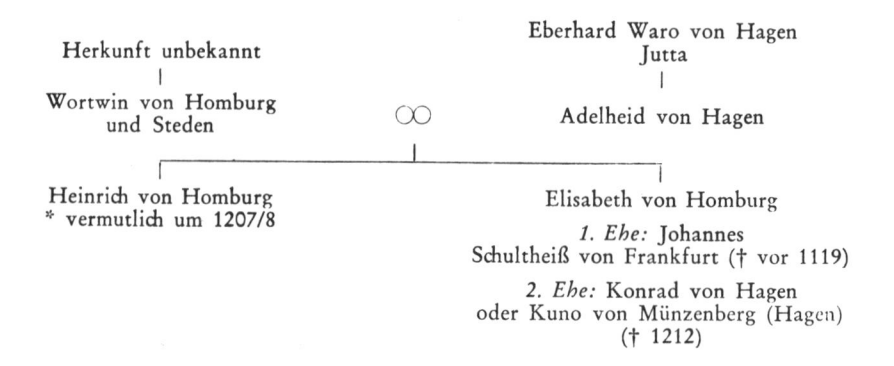

```
                                        Eberhard Waro von Hagen
    Herkunft unbekannt                          Jutta
            |                                     |
    Wortwin von Homburg            ∞       Adelheid von Hagen
        und Steden
    _____|_____
    |                               |
Heinrich von Homburg          Elisabeth von Homburg
* vermutlich um 1207/8         1. Ehe: Johannes
                          Schultheiß von Frankfurt († vor 1119)
                               2. Ehe: Konrad von Hagen
                              oder Kuno von Münzenberg (Hagen)
                                       († 1212)
```

Heinrich von Homburg

Heinrich wird im Eppsteiner Lehensbuch mit seinem Vater zweimal erwähnt. Zuerst im Lehensverzeichnis Gerhards III. von Eppstein: „Hec sunt nomina dominorum Wortwini de Stedin et Heinrici filius eius"[58]). Beide erscheinen als Mainzer Lehensträger. Zum zweiten Male treten sie im Lehensverzeichnis Gottfrieds III. von Eppstein auf: „Item qiucquid feodi habuerunt dominus Ulbertus et frater suus a domino Wortwino et domino Heinrico de Hoinberch"[59]). Wir lernen Heinrich von Homburg bei Lebzeiten des Vaters als Mitbesitzer der väterlichen Güter kennen. Nach gründlicher Sichtung des Quellenmaterials läßt sich feststellen, daß Heinrich von da an nirgends mehr urkundlich aufgetreten ist. Es ist kaum anzunehmen, daß er unter die Mönche gegangen sei, denn beim Eintritt ins Kloster hätte er sein Erbanteil mitgenommen. Sicher weilte er nicht mehr unter den Lebenden. Da die Brüder Sonnenberg, wie P. Wagner nachgewiesen hat, erst im Anfang des 13. Jahrhunderts auftauchen, dürfte Heinrich bis 1207-1208 gelebt haben. Er wird Heinrich IV. (1190-1197) als Anhänger gedient haben und unter den Gegenkönigen Philipp v. Schwaben (1198-1208) und Otto IV. (1198-1215) im unheilvollen Bürgerkrieg zwischen Staufen und Welfen ums Leben gekommen sein.

Es spricht alles dafür, daß Heinrich bereits vor dem Vater verstorben sei. Dieser frühe Tod des einzigen männlichen Erben gibt uns vielleicht die Erklärung, warum der betagte Wortwin resignierte und den namengebenden Stammsitz, die Homburger Ritterburg, an Gottfried I. von Eppstein verkaufte.

Das Geschlecht von Homburg blühte nur kurze Zeit. Wortwin von Hohenberg starb als letztes Glied der männlichen Linie.

---

[58]) Wagner, P., S. 62, Abs. 81.
[59]) Ebenda, S. 90, Abs. 196, „Ulbertus de Sunneberch" Ulbert v. Sonnenberg begegnet hier als Lehensträger Wortwins und Heinrichs.

Elisabeth von Homburg

Elisabeth, die Erbtochter Wortwins, wird auf der Homburger Ritterburg geboren worden sein und hier ihre fröhlich-glücklichen Kinder- und Jugendjahre verlebt haben. Dann heiratete sie den Frankfurter Schultheißen Johannes; diese Eheschließung läßt sich zeitlich nicht genau feststellen, dazu fehlen uns die Unterlagen. Nach der Heirat verließ sie Homburg, siedelte nach Frankfurt in die Königspfalz über, wo damals die Familien der Reichsschultheißen wohnten[60]).

Ihr Ehemann Johannes war der Sohn des Reichsschultheißen Wolfram, der dem kaiserlichen Gericht der Frankfurter Pfalz vorstand. Wolfram ist 1189, 1193, 1194 und 1196 urkundlich nachweisbar und entstammte dem Reichsministerialengeschlecht von Sachsenhausen-Praunheim, dem auch die späteren Homburger Burggrafen Brendel von Homburg angehörten. Johannes war ein treuer Anhänger der Hohenstaufen, er ist urkundlich 1207, als Schultheiß 1211 und 1216 bestätigt[61]). Er entfaltete eine rührige Tätigkeit, diente Kaiser Friedrich I. (1152-1190) und dessen Sohn Heinrich (1190-1197); letzterer schätzte seine Dienste hoch ein und belehnte am 13. Mai 1193 ihn, seine erste Frau Pauline und ihre Nachkommen mit dem Riederhof samt den zugehörigen Äckern, Wiesen, Weiden und Wäldern[62]). Dieser älteste burgartig befestigte Frankfurter Meierhof, ein angenehmer Landsitz, blieb mehr als 20 Jahre hindurch im Besitze der Schultheißenfamilie und wurde die zweite Heimat der Elisabeth von Homburg.

Aus der Ehe Johannes und Elisabeth stammte ein Söhnlein Johannes, das aber gestorben ist, wie Dr. Euler anhand des Nekrologs im Bartholomäusstift nachgewiesen hat. Von weiteren Nachkommen wissen wir nichts. Bald wird auch Johannes gestorben sein, denn er kommt in Urkunden nach 1216 nicht mehr vor, aber im Nekrolog des St. Bartholomäusstifts hat Euler auch ihn nachgewiesen als „Johannes scultetus"[63]).

Elisabeth war bereits 1219 mit Konrad von Hagen verheiratet, denn ihr Mann stellte Anspruch auf den Riederhof[64]), da er seine Güter bereits 1216 verloren hatte. Konrad ist identisch mit Kuno II. von Münzenberg. Die Herren von Münzenberg haben bis zur Ermordung Philipps von Schwaben (1198-1208) zu den Hohenstaufen gehalten; dann gingen sie zum Gegenkönig über. Kuno I. und sein Sohn Kuno II. von Münzenberg waren Gegner König Friedrichs II., deshalb konfiszierte Friedrich am 26. Oktober 1216 ihre Güter, die er Ulrich von Münzenberg, dem zweiten Sohn Kunos I. übergab, weil er zur staufischen Partei zurückkehrte[65]). Wenck bestätigt: „Cuno II. von Münzenberg hatte eine

---

[60]) *Schunder,* Fr., Das Reichsschultheißenamt in Frankfurt am Main bis 1372, in: Archiv für Frankfurts Geschichte und Kunst, Frankfurt/M. 1954, S. 11.
[61]) *Boehmer,* Nr. 21, Nr. 24.
[62]) *Boehmer-Lau,* I. Nr. 31. S. 15, vgl. *Scriba,* Hessisches Archiv, VI. S. 275, VII. S. 150, und *Euler,* Die Herren von Sachsenhausen und Praunheim, ein genealogischer Versuch, in: Archiv für Frankfurts Geschichte und Kunst, Heft 6, S. 1854, S. 44.
[63]) Ebenda, S. 42.
[64]) Böhmer-Lau, I. S. 23, Nr. 46 vom 11. August 1219.
[65]) Böhmer-Lau, I. S. 21, Nr. 44 vom 26. Oktober 1216.

bisher unbekannte Elisabeth zur Gemahlin"[66]). Es herrschten verschiedene Meinungen über die Person Elisabeths. Voigt hielt sie für die Witwe des Johannes von Hausenstamm[67]), Euler wies diese Annahme als falsch zurück, er wußte schon 1854 genau Bescheid[68]). Elisabeth tritt in einer Urkunde vom 1. März 1225 als „Elysabeth, relicta cunradi quondam de Hagen"[69]) und in einer Urkunde vom 29. April 1226 wird sie ausdrücklich als die Tochter Wortwins von Hohenberg bezeichnet. Konrad von Steinbach und seine Frau Adelheid, die in erster Ehe mit Wortwin verheiratet war, überlassen auf Wunsch der Frau Elisabeth alle Güter, die aus der Erbschaft ihres Vaters Wortwin von Hohenberg herrühren: „et allis bonis universis patris ipsius Elyzabeth, videlicet domini Wortwini de Hohenberg"[70]).

Elisabeth hat vier Urkunden ausgestellt und gesiegelt. Die Urkunden sind datiert vom Mai 1222, von 1223, vom 1. März 1225 und vom 4. Mai 1226; sie stammen alle demnach aus den dreißiger Jahren des 13. Jahrhunderts. Damals war Elisabeth schon zweifache Witwe.

In der ersten Urkunde nennt sie sich „Elisabeth, vidua et concivis in Frankenvort". Es handelt sich um eine Schenkungsurkunde, mit der sie gleichzeitig ein Seelgerät stiftete. Sie übereignete den Deutschen Ordensbrüdern zu Sachsenhausen ihre Allodialgüter, nämlich ihren Frankfurter Hof „voreverc" genannt mit sieben Huben, einen Hof in Bergen mit ebenfalls sieben Huben und vier Huben mit einem Hof und fünf Joch Weingarten in Preungesheim und stiftete eine Seelenmesse für sich, ihre verstorbenen Männer, Johannes und Konrad, und ihre Eltern. Mit einer langen Zeugenreihe schließt die Urkunde.

Datum: Acta sunt hec anno dominice incarnationis M°CC°XXII° mense maio. Original Pergament im Zentralarchiv des Deutschordens.

Siegel: 1 Siegel des Bartholomäusstifts, 2 Frankfurter Stadtsiegel, 3 Siegel der Elisabeth.

Gedruckt: Boehmer, S. 33, Boehmer-Lau, I. Nr. 57, S. 30, Reimer, I. Nr. 145.

Die zweite Urkunde von 1223 ist bei Kirdorf behandelt (S. 242) und dort in Faksimile in den Text eingefügt, da die Ausstellerin Liegenschaften in Kirdorf dem Kloster Arnsburg für eine Seelenmesse schenkte.

Mit der dritten Urkunde verkauft Elisabeth den Deutchordensbrüdern zu Sachsenhausen, „fratribus domus Theutonice in Sassenhusen" ihren Weinberg in Rode, in Nieder- oder Oberrad, um zwanzig Mark kölnische Währung. Die lange Zeugenreihe füllt vier Zeilen.

Datum: Actum anno graecie M°CC°XXV° kl. marcii.

Die vierte Urkunde ist ein wahres Prachtstück, das mit zierlichen Minuskeln geschrieben und gut erhalten ist; siehe das beigegebene Faksimile. Die Urkunde ist ein vom 4. Mai 1226 datierter Verkaufsbrief.

Elisabeth, die Witwe des Konrad von Hagen, überträgt durch den Frankfurter Schultheißen Ripertus dem Zisterzienserkloster zu Arnsburg folgende Liegenschaften: zwei Joch Weingarten in Wilhelmshausen (Rendele); ferner

---

[66]) Wenck, I. S. 655.
[67]) Voigt, Geschichte des Deutschen Ritterordens, I. S. 31. Thomas Annalen 78, 81.
[68]) Euler, S. 43/44.
[69]) Böhmer-Lau, I. S. 40, Nr. 76.
[70]) Böhmer-Lau, I. S. 39, Nr. 74.

einen Grundzins in Frankfurt von zehn leichten Schillingen um dreißig Mark Kölner Währung.

Zeugen waren mehrere Frankfurter Bürger und viele andere.

Datum: Acta sunt hec anno gratie M°CC°XXVI°, IIII. nonas maii.

Dorsalvermerk: De bonis Elyzabeth in Frankenfurt sitis in Bergun et in Rendele.

Originalpergament im Archiv des Fürsten Lich, Abteilung Arnsburger Urkunden.

Drei Siegel: die zwei ersten beschädigt, das dritte Siegel ist gut erhalten, es ist das Siegel der Ausstellerin Elisabeth und zeigt eine kniende, betende Frau.

Gedruckt: Boehmer, S. 46, Boehmer-Lau, I. Nr. 76, S. 41, Reimer, I. 125; Regest: Bauer, Arnsburger Urkundenbuch, Nr. 201.

Elisabeth von Homburg, die Tochter Wortwins, Bürgerin zu Frankfurt, Witwe des Johannes und Konrad, schenkte nach reiflicher Überlegung der Kirche des Zisterzienser Ordens zu Arnsburg einen Teil ihrer Allodialgüter (lehensfreier Eigenbesitz), nämlich vier Hufen zu Kirdorf mit allem Zubehör, zwei Morgen Weingarten in Bergen, die Hofgarten heißen und zwei Hufen in Rendel für ein Seelgerät (Seelenmesse) für sich, ihre verstorbenen Männer und ihre Eltern. Sie hatte mit den Mönchen, die in Not und Armut lebten, Mitleid, wie es in der Einleitung der Urkunde heißt, und wollte, daß das Kloster aufrecht erhalten bleibe zur Ehre Gottes. Dies bewog sie zur Schenkung. Und noch ein Grund gab dazu Anlaß. Das Kloster Arnsburg hatten die Vorfahren ihres zweiten Mannes, Kuno von Hagen-Münzenberg, gestiftet, auch deshalb lag ihr der Fortbestand des Klosters besonders am Herzen.

Die Urkunde lautet:

„In nomine Domini amen. Ego Elysabet vidua et concivis in Frankinvort considerans, breves esse dies hominis super terram, innotescere cupio universis hoc scriptum inspecturis, quod super egestate et penuria, quibus opprimitur ecclesia in Arnesburc Cisterciensis ordinis, spiritu mota pietatis ad sustentacionem fratrum deo et gloriose genitrici sue ibidem servientium partem allodii mei, videlicet quatuor mansos in Kirchdorf cum omnibus attinentiis suis, et duo iugera vinearum in Bergen, que dicuntur Hovegarto, et duos mansos in Rendelo, ob remedium anime mee et maritorum meorum Johannis et Cunradi necnon omnium parentum meorum libere et absolute contuli prenominate ecclesie nunc et in perpetuum, cum omni usu proprietatis possidenda. Ad sopiendum igitur tocius cavillationis et calumpnie malum et ut rata permaneat tam pia et deliberata donatio, presentem scedulam consribi et sigillis, videlicet ecclesie Frankinvordensis et civitatis eiusdem necnon meo, dignum duxi confirmari.

Testes huius rei sunt: Gotscalcus decanus, Gotfridus parrochianus, magister Nicholaus, Reinoldus, Cunradus de Fegenheim, Burchardus, Heinricus de Ditse, Harpernus, cononici, Heinricus sculthetus, Johannes filius advocati, Johannes Goltstein, Hermanus Niger, Hartmudus Bresto et filius suus Heinricus, Rukerus, Harpernus et frater suus Bertoldus, Ulricus, Guntramus, Heinricus de Langestad, Baldemarus, Wigandus de Askeburnen, Heinricus Storkelin, Stephanus servus meus et alii quam plures.

Acta sunt hec anno dominice incarnationis m° cc° XXIII°".

Die Siegel der Elisabeth

Elisabeth hat an die von ihr ausgestellten vier Urkunden ihre Siegel gehängt. Sie führte dreierlei Siegel. Das Siegel der vierten Urkunde von 1226 ist oben kurz beschrieben, die zwei anderen Siegel sind dem Text in getreuen Nachbildungen beigegeben.

Das 1222 und 1223 gebrauchte Siegel ist herzförmig und das Schild senkrecht in zwei Felder geteilt. Die linke Siegelhälfte ist schräg rautet und mit zwei waagrechten Balken in drei Felder geteilt. Es kann nicht der leiseste Zweifel bestehen, daß wir es hier mit dem Münzenberger Wappen zu tun haben, das Elisabeth nach ihrem Mann Kuno II. von Hagen-Münzenberg führte. Die andere Schildhälfte zeigt einen Schwan in einer Schleife, die in drei Kronenblättern endet. Bisher hat man allgemein angenommen, daß der Wappenvogel ein Adler sei, nicht der zweiköpfige Frankfurter Adler, der erst vom 14. Jahrhundert an begegnet, sondern der einköpfige Reichsadler, der aus dem Wappen von Elisabeths erstem Mann, dem Reichsschultheißen Johannes, herrühre. Da der Wappenvogel auch auf dem zweiten Siegel mit langem Hals vorkommt, neige ich der Annahme zu, daß es ein Schwan sein könnte. Meine Annahme stütze ich mit der Tatsache, daß Elisabeth in Frankfurt, in der Friedbergergasse, einen Hof zum goldenen Schwan besaß, den sie der Deutschordenskommende zu Sachsenhausen geschenkt hat. Der Wappenvogel stammte vielleicht aus ihrer Hausmarke. Das Schild des 1225 gebrauchten Siegels ist parabelförmig. Die Inschrift beider Siegel lautet fast ganz gleich: 1 ELIZABET VIDUA FRANKINVORT. 2. S I ELIZABET VIDUA FRANKENFURT.

Elisabeth wird nach 1226 urkundlich nicht mehr erwähnt, sie wird nach einiger Zeit gestorben sein.

Konrad von Steina, Adelheid, seine Frau, und ihre Kinder verzichten auf Ansprüche an Güter zu Preungesheim und Opershofen[70a].

„In nomine sancte et individue trinitatis amen. Notum sit omnibus tam futuris quam presentibus, quod nobilis vir *Conradus de Steina et uxor eius Adleidis* et eorum pueri renunciaverunt simpliciter ad petitionem *domine Elizabet dicti C. privigne* bonis in Bruningesheim et Hapirshove et allis bonis universis patris ipsius E., *videlicet domini Wortwini de Hoenberch*, quibus siquidem bonis memorata domina A. diebus vite sue gaudere debebat. Ut autem renunciatio facta in debito consistat vigore nec irritationis possit sentire calumpniam, presenti scripto capituli maiores ecclesie, civitatis quoque Wormatiensis et antedicti nobilis C. sigilla in testimonium sunt appensa. Testes sunt: Nibelungus maior prepositus, Ebelinus decanus, H. quondam decanus, C. de Elewangen, Landolfus Rapa, canonici Wormatienses, David et Conradus tunc temporis magistri civitatis, Cunradus et Rukerus frates, Dyrolfus, H. Militellus, Ebelinus et Henricus fratres, C. Voselin, Wernzo, Dimarus, Rupertus, Gernodus, Conradus Spain et alii quam plures tam de consilio quam de universitate civitatis. Actum anno domini M° CC ° XXVI° III. Kal. Mai.

Original Pergament im Staatsarchiv Stuttgart. Vollständig abgedruckt nach dem Original bei Reimer, Hessisches Urkundenbuch, Abt. II. Hanauer Urkunden, Band I. 125. Boehmer, Joh. Friedrich, Codex Moenofrancofurtanus I., Frankfurt 1836, Nr. 44, Boehmer-Lau, Urkundenbuch der Reichsstadt Frankfurt, I. 1901 Nr. 74, S. 39 bringt nur ein kurzes Regest, da es nach ihm keine

---

[70a] Reimer, Hessisches Urkundenbuch, Nr. 161, S. 125 vom 29. 4. 1226.

Frankfurter Urkunde sei. Auch I. G. Ch. Thomas: Der Oberhof zu Frankfurt am Main, 1841, Nr. 4, S. 432 druckt nur einen kurzen Auszug ab.

Elisabeth, Witwe Konrads von Hagen, verkauft dem Kloster Arnsburg Güter zu Bergen und Wichelmishusen (Rendel) und Einkünfte zu Frankfurt.
Universis Christi fidelibus tam presentibus quam futuris, ad quos presens scriptum pervenerit, ego Elyzabeth relicta Cunradi quondam de Hagen sincere karitatis affectum cum salute. Presenti scripto cupio protestari, quod ego vendidi et per manus Riperti sculteti de Frankenfurt contradidi duo iugera vinearum in Bergen et pomerium meum ibidem et dimidium mansum in Wichelmishusen et decem solidos levis monete redituum in Frankenfurt fratribus de Arnesburg Cysterciensis ordinis pro triginta marcis monete Coloniensis, hoc pacto, ut quamdiu ego pecunia carere voluero, percipiam fructus vinee memorate, quando autem fructibus carere voluero, predicta pecunia infra duos menses mihi vel cuicumque loco vel persone eam vel in vita dedero vel in morte legavero sine difficultate persolvetur. In cuius rei evidentiam presentem paginam conscribi et sigilli mei et ecclesie beati Bartholomei necnon sigilli civitatis Frankenfurtensis munimine feci communiri. Testes autem huius rei sunt: Godescalcus decanus, Nycolaus custos, Godefridus plebanus, canonici Frankenfurtenses; Ripertus scultetus, Johannes filius advocati, Johannes Goltstein, Hartmudus Bresto, Hermannus Niger, Baldemarus, Ulricus carnifex, burgenses in Frankenfurt; Cunradus Meisenbug, Henricus de Elvestat; Rupertus de Honstat, Cunradus de Rendele, Marquardus de Buchen, Markolfus de Vlishoven, milites in Sassenhusen, et alli quam plures.
Acta sunt hec anno gratie M°CC°XXVI, IIII. nonas maii.
Gedruckt: Boehmer, Nr. 46; Boehmer-Lau, Nr. 76; Reimer, I, 125.

IV. Die Herren von Eppstein und ihr Lehensverzeichnis

Auf die glanzvolle Stauferzeit (1138-1250) folgt eine traurige Epoche der Wirren, des Bürgerkrieges und des politischen Niedergangs. In dieser Zeit treten in den Urkunden neben der Burg Homburg die Dörfer Diedigheim, Gonzenheim, Kirdorf und Niederstedten nur ab und zu auf, doch immer wieder verlieren wir ihre Spur; die Erwähnung der Ortsnamen verrät bloß ihr Bestehen. Nur das Lehensverzeichnis Gottfrieds III. von Eppstein (nachweisbar von 1247 bis 1293) bietet uns einen reicheren heimatgeschichtlichen Stoff für die zweite Hälfte des 13. Jahrhunderts. Diese Quellen sind noch nicht erschlossen worden.

Mit einigen Tatsachen sei der geschichtliche Hintergrund gekennzeichnet. Das Staatsgut war zersplittert und die königliche Gewalt merklich geschwächt. Die Machtstellung der Territorialherren hingegen erstarkte immer mehr, seitdem der Status zugunsten der geistlichen Fürsten (1220) und das Privileg zugunsten der weltlichen Landesherren (1231) ihnen königliche Rechte verliehen hatte.

Noch unter Konrad IV. (1250-1254) rückt die Burg Homburg (Hohinberg) 1253/54 in den Gesichtskreis der Geschichte. Es ist ein höchst betrübliches, aber für die Zeit des Abstiegs charakteristisches Ereignis, das wir hier der Vergangenheit entreißen. Dürfte man der kulturhistorischen Verserzählung „Meier Helmbrecht" glauben, so wäre die Zeit der versinkenden Ritterherrschaft infernal gewesen. „Das Bauerngut wird alles mein, wo unser zehn reiten, überwinden wir zwanzig; es ist um alle sie getan." In der Faustrechtzeit waren Fehde, Raub und Gewalttaten an der Tagesordnung, auch Edelherren schreckten vor Überfällen und Plünderungen nicht zurück. Ein für die Zeit kennzeichnendes Ereignis sei kurz als Beispiel angeführt. Da begab es sich gegen Ende 1253 oder anfangs 1254, daß der junge Gottfried III. von Eppstein und der eppsteinsche Truchseß Godebold einen bei Bierstadt, östlich Wiesbaden, gelegenen Hof des Mainzer Domkapitulars überfielen, die Hofleute mißhandelten und Fastnachtshühner mitnahmen. Es ist selbstverständlich, daß die Sache ein sehr unangenehmes Nachspiel hatte. Der Fall kam vor den Erzbischof Gerhard I. von Mainz, der sich selbst der Angelegenheit annahm. In einer in Seligenstadt vom 22. Februar 1254 ausgestellten Urkunde befahl er entrüstet, daß der Dechant von St. Mauritius zu Mainz Gottfried II. von Eppstein, seinen Sohn und den Truchseß auffordern solle, die Hofbauern zu Bierstadt zu entschädigen. Sollte die Aufforderung in der gesetzten Frist keinen Erfolg zeitigen, seien alle drei zu exkommunizieren[71]. Anfangs März 1254 belegte der Dechant Hermann nicht nur die Verantwortlichen mit dem Kirchenbann, sondern auch die Burgen Eppstein, Homburg und Steinheim, ja sogar das ganze eppsteinsche Territorium (omnes villas ac totum terram)[72]. Dies war eine strenge Strafe. Es geht aus den Urkunden nicht hervor, was die Eppsteiner zu diesem Überfall bestimmt habe. Vermutlich, und dies sei zu ihrer Ehrenrettung angenommen, hatten sie als Lehnbesitzer des Mechthildhäuser Zentgerichts, in dem der Bierstädter Hof

---

[71] Sauer, Nass. Urkundenbuch I. 1 Nr. 584, S. 363-364.
[72] Sauer, I. 1, Nr. 592, S. 367.

lag[73]), einige gerechte Ansprüche an die Hofleute. Den Hofschultheißen, der die Niedergerichtsbarkeit ausübte, bestellte Mainz, doch den Zentgrafen, der das Blutgericht hegte, setzten die Eppsteiner ein. Sie müssen aber in ihren Forderungen zu weit gegangen sein und verfuhren viel zu grausam mit den Hörigen, weil Mainz sie mit ihrem stärksten Mittel so empfindlich strafte. Der Kirchenbann wurde erst am 20. Dezember 1254 aufgehoben, nachdem die Hofleute für den zugefügten Schaden vollauf entschädigt waren[74]).

Die Zeit Gerhards III. von Eppstein (nachweisbar 1222-1241, † vor 1249)

Die ergiebigste Quelle für die erste Hälfte des 13. Jahrhunderts ist das Lehensverzeichnis[75]) Gerhards III. von Eppstein. Hier tritt die ganze bestellte Burgmannschaft der Burg Homburg auf. Sie stammen aus Geschlechtern des niederen Adels und werden nach dem Antritt des Burgdienstes in Homburg, Diedigheim und der Umgebung seßhaft. Ihre Wappentafeln sind nicht bekannt. Die meisten legen ihren Stammnamen ab, nehmen nach dem Burgsitz das Adelsprädikat von Homburg an, und nennen sich „de Hoenberch", „de Hohenberg", oder „de Hoinberch"; so Swikerus de Hoenberch[76]), Fridericus de Hohenberg[77]), Burkardus et Swikerus de Hohenberg[78]), Hatradus de Hoinberg[79]), oder sie nennen sich nach ihrem Sitz in Diedigheim wie Gerhardus de Didenckheim[80]) und Heinricus de Didincheim[81]). Bei den zwei letzten Dienstleuten haben wir es mit zwei Generationen zu tun. Heinrichs Dienstzeit reicht in die erste Hälfte des 13. Jahrhunderts, die Gerhards in die Zeit Gottfrieds III. von Eppstein hinüber, und er erscheint in einer Urkunde von 1261 als Zeuge[82]). Die aufgezählten eppsteinschen Ministerialen bildeten den Homburger Ortsadel.

Die Herren von Eppstein und Homburg

Die Burg Homburg erlebte im Laufe der Jahrhunderte einen mannigfachen Besitzwechsel. Der erste urkundlich bezeugte Burgherr war Wortwin, der — wie schon erwähnt — um 1190-1200 Homburg an Gottfried I. von Eppstein

---

[73]) Daß Kaiser Heinrich VI. das Gericht Mechthildehusen Gottfried I. von Eppstein verlieh, beurkundet Erzbischof Konrad I. von Mainz in einer undatierten Urkunde, die nach Sauer zwischen dem 25. Dezember 1194 und 28. September 1197 anzusetzen sei. Sauer I, 1, Nr. 297. Gottfried II. von Eppstein beurkundet am 13. Dezember 1254, daß das Mainzer Domkapitel im Dorf Bierstadt den Schultheißen, er aber den Zentgrafen ernenne. Sauer I, 1, Nr. 614.

[74]) Sauer I. 1, Nr. 615, S. 379-380.

[75]) P. Wagner, Die eppsteinischen Lehensverzeichnisse und Zinsregister des XIII. Jahrhunderts, in den Veröffentlichungen der historischen Kommission für Nassau VIII. Wiesbaden und München, 1927, S. 51-72.

[76]) Ebenda, S. 52, Abschnitt 10.

[77]) Ebenda, S. 60, Abs. 66.

[78]) Ebenda, S. 61, Abs. 75.

[79]) Ebenda, S. 70, Abs. 119.

[80]) Ebenda, S. 60, Abs. 62.

[81]) Ebenda, S. 70, Abs. 122.

[82]) L. Baur, Urkundenbuch des Klosters Arnsburg in der Wetterau, Darmstadt, 1849, S. 61, Nr. 93.

(nachweisbar 1189-1220) verkaufte. Gottfried hat die Burg dem Pfalzgrafen zu Lehen aufgetragen, dieser Pfalzgraf war vermutlich Konrad, der Stiefbruder Kaiser Barbarossas. Da Konrad 1195 starb, wird die Burg vor seinem Tod an die Eppsteiner übergegangen sein.

Die Dynastie der Eppsteiner saß auf der Taunusburg Eppstein, die von Mainz zu Lehen ging. Der Machtbereich des Geschlechts erstreckte sich weit über den Taunus und hinauf in die Wetterau. Über ihre zerstreuten Besitzungen, Burgen, Schlösser, Dörfer, Güter berichten die Lehensverzeichnisse[83]). Im 13. Jahrhundert erlebten die Herren von Eppstein ihre Blüte, dann folgte der rasche Niedergang. Bedeutender als die weltlichen Edelherren waren die aus dem Geschlecht hervorgegangenen Mainzer Erzbischöfe: Siegfried II.[84]) (1200-1230), Siegfried III. (1230-1249), Werner (1260-1284) und Gerhard (1288-1305). Siegfried III. gelang es, das reiche Erbe des Klosters Lorsch in den Besitz des Erzbistums Mainz zu bringen. Damals waren zwischen Hessen und Thüringen scharfe Auseinandersetzungen im Gange, in die auch Erzbischof Siegfried III. eingriff. Zielbewußt verfolgte er die Mainzer Territorialpolitik, die bedeutende Erfolge verbuchen konnte; doch bald hatte auch Mainz den Höhepunkt seiner Macht überschritten.

Gottfried I. von Eppstein[85]) war mit einer Tochter des Grafen Theodorich von Wied verheiratet. Aus der Ehe entsprossen drei Söhne, Siegfried, Erzbischof von Mainz, Gerhard II. und Gottfried II. Die beiden letzten Söhne besaßen die Herrschaft gemeinsam und führten den Stamm fort. Sie waren die Begründer der Gerhardschen und Gottfriedschen Linie. Daß Gottfried I. die Burg Homburg käuflich erworben hat, ist im eppsteinschen Lehensbuch bezeugt. Die unechte Urkunde vom 9. August 1192, nach welcher Gottfried I. bekennt, daß ihm sein Verwandter Heinrich von Hanau die Burgen Eppstein und Homburg (Hoenberg) mit dem Markwaldrecht, Waldbotenamt und allem Zubehör verkauft hätte, gehört zu den Bleidenstätter Fälschungen Schotts und muß daher hier unberücksichtigt bleiben. Die Unechtheit der Urkunde hat der Wiesbadener Archivdirektor Paul Wagner nachgewiesen[86]).

Gerhard II. (nachweisbar 1222-1246) war mit Elisabeth von Nassau vermählt und hatte zwei Söhne: Gerhard III. und Werner, der obenerwähnte Mainzer Erzbischof, mit dem die Gerhardsche Linie 1289 im Mannesstamm erlosch. Erzbischof Werner übertrug mit einer am 28. November 1268 in Mainz

---

[83]) Wagner, Paul, Die Eppsteinischen Lehensverzeichnisse und Zinsregister des XIII. Jahrhunderts, Wiesbaden, München, 1927.

[84]) Es ist anzunehmen, daß der Mainzer Erzbischof Siegfried I. (1039-1084) ebenfalls ein Eppsteiner war.

[85]) Die Frage nach der Abstammung der Eppsteiner konnte bisher nicht befriedigend beantwortet werden, weil die Genealogie an Hand der Urkunden nicht zurückverfolgt werden kann bis auf den Grafen Udalrich von Idstein-Eppstein, in dem Gensicke den Ahnherrn des Geschlechts vermutet. Helmut Gensicke, Untersuchungen über die Anfänge des Hauses Laurenburg-Nassau, in: Nassauische Annalen, Bd. 66, 1955, S. 1 ff. Daher ist die Annahme W. Möllers über die Abstammung der Eppsteiner in Frage gestellt; Möller, Stamm-Tafeln westdeutscher Adelsgeschlechter im Mittelalter, I.-III. 1922-36, neue Folge, I.-II. 1950-51. Erwähnt sei, daß Paul Wagner in seiner Stammtafel die Eppsteiner von Gerhard von Hainhausen abzuleiten versucht.

[86]) Ebenda, Beilage VI. S. 182 ff.

Erstes Siegel der Witwe Elisabeth,
gebraucht 1222, 1223 (zu S. 44).

Zweites Siegel der Witwe Elisabeth,
gebraucht 1225 (zu S. 44).

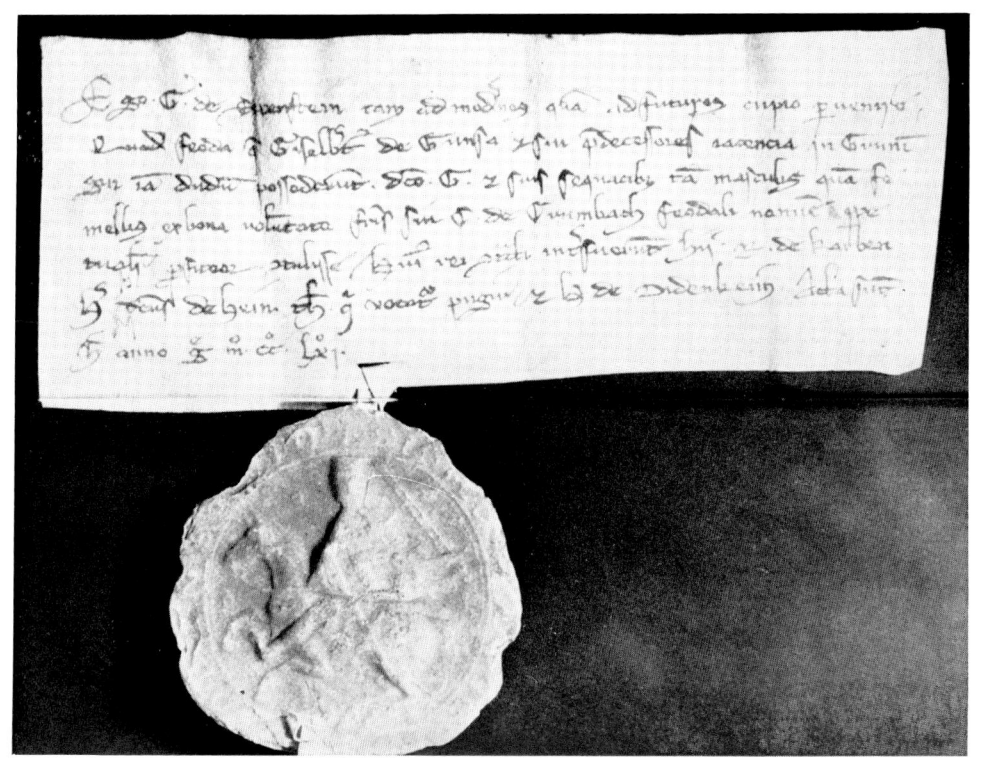

Urkunde Gottfried III. von Eppstein vom Jahre 1261, in der H. de Didenkeim als Zeuge vorkommt. Original Pergament mit gut erhaltenem kreisrundem Reitersiegel. Umschrift: SIGILLUM. GODE FRIDI. DE. EPPENSTEIN. Archiv des Fürsten Solms-Lich, L. Baur, Urkundenbuch des Klosters Arnsburg, Darmstadt, 1849, S. 61. Nr. 93 (zu S. 47).

VIII

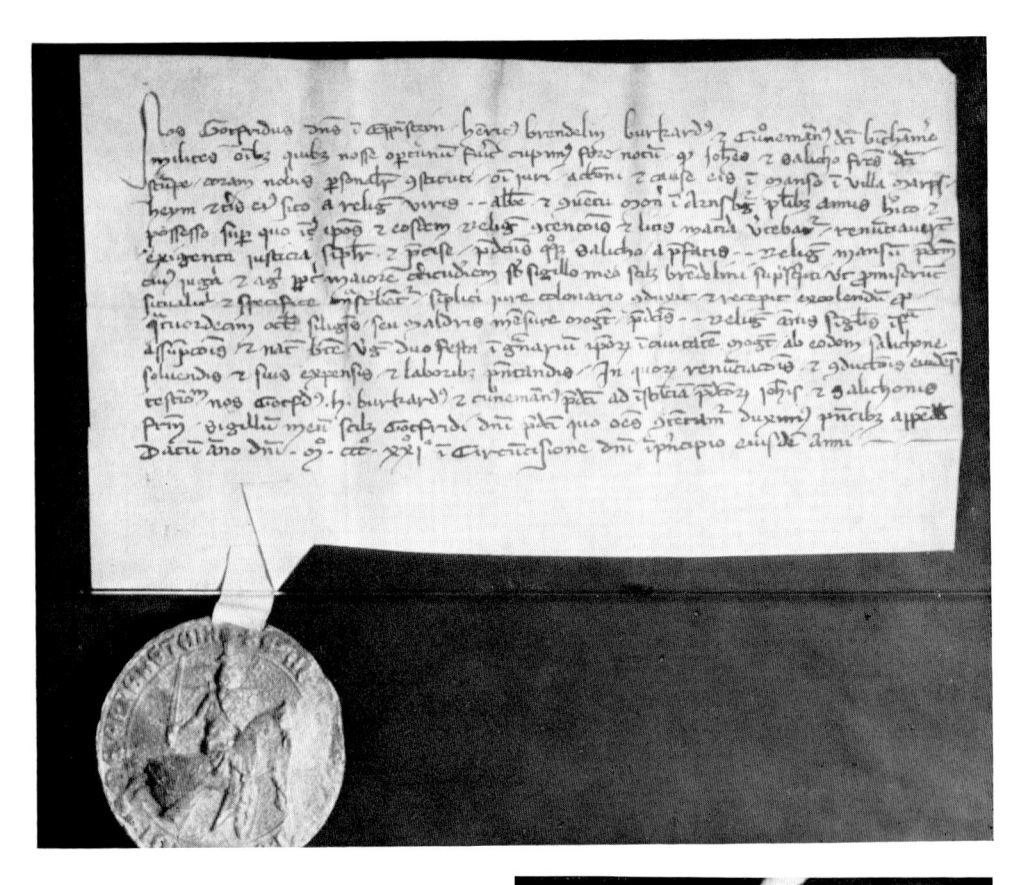

Fürstlich-Solms-Lichsches Archiv, Nr. 528. Aussteller der Urkunde ist Gottfried IV. von Eppstein (1298-1342), der 1334 Landvogt in der Wetterau war. Homburg gehörte damals zur Landvogtei Wetterau. Banz, Arnsburger Urkundenbuch, Nr. 528 vom 1. Januar 1321.
Gottfried IV. von Eppstein (1298-1342) und seine Frau Loretta von Daun zu Oberstein (1316-1351) haben am 29. August 1340 mit obigen Siegeln eine Arnsburger Urkunde gesiegelt, in der sie dem Kloster ihren Wald bei Obratshusen mit allem Zubehör, ausgenommen die darin liegenden Wiesen, übertragen haben. L. Baur, Arnsburger Urkundenbuch, Nr. 690, S. 436 (zu S. 52).

ausgestellten Urkunde seinen Anteil an der Burg Homburg mit allem Zubehör dem Erzstift zu Mainz[87]). Diese Schenkung blieb erfolglos, denn es handelte sich um ein Allodialgut der Familie, daher konnte auch die weibliche Linie Widerspruch erheben.

Nach dem Tode Gerhard III. erbte sein Sohn Gerhard IV. ein Viertel am eppsteinschen Hausgut, also auch an Homburg. Gerhard IV. starb ledig. Es erhoben Erbansprüche seine Mutter, Witwe Elisabeth, geborene Gräfin von Nassau, seine Schwester Elisabeth, die mit dem Grafen Eberhard I. von Katzenelnbogen verheiratet war, die jüngere Schwester Mechthilde, die Gemahlin des Grafen Poppo IV. von Wertheim, und Erzbischof Werner. Schiedsrichter in der Erbstreitigkeit waren Graf Diether von Katzenelnbogen und Wolfram, Schultheiß zu Frankfurt. Laut Schiedsspruch verzichteten die Schwestern Elisabeth und Mechthilde gegen 140 Mark jährliches Einkommen. Die Mutter Elisabeth erhielt lebenslänglich lehensfreie Güter zur Nutznießung. Nach dem Erbvergleich erhielt Graf Eberhard I. von Katzenelnbogen ein Viertel Anteil am Schloß und Amt Homburg.

Der Gottfriedschen Linie war eine längere Lebenszeit beschieden. Gottfried II., um 1200 geboren, erreichte ein hohes Alter, er starb 1278; seine Gemahlin war Elisabeth von Isenburg, eine Tochter Heinrich I. von Isenburg und seiner Gemahlin Irmgard v. Leiningen; durch diese Verwandtschaft fielen den Herren von Eppstein Anteile an dem leiningischen Erbe zu, wie z. B. die Herrschaft Cleeberg nordöstlich von Usingen. Gottfried II. hatte zwei Söhne: Gottfried III., der die Gottfriedsche Linie weiterführte, und Gerhard, der 1289 die erzbischöfliche Würde von Mainz erlangte.

Gottfried III. (nachweisbar 1247-1293) war zweimal verheiratet. Aus erster Ehe mit Mechthild von Isenburg-Wied stammten drei Söhne und zwei Töchter. Siegfried, der Irmgard von Falkenstein-Münzenberg heiratete, trat die Herrschaft nach seinem Vater an. Sein Bruder Gerhard V. war mit Elisabeth von Hessen vermählt und starb ohne männliche Nachkommen; sein jüngster Bruder Gottfried war Archidiakon von Trier. Die aus der morganatischen Ehe Gottfrieds III. mit Sezele, der Tochter des Ritters Heinrich von Fleming, stammenden Kinder wurden als nicht ebenbürtig anerkannt und aus der Erbfolge ausgeschlossen[88]).

Im Jahr 1254 war die ganze eppsteinsche Herrschaft dem Kirchenbann verfallen, worüber schon die Rede war[89]).

---

[87]) Sauer, W., Nassauisches Urkundenbuch I. 2, S. 464, Nr. 789 „conferimus et tradimus omnia iura nostra in castro Hoemburg et eius attinenciis, hominibus, bonis et pertinenciis universis hec omnia super altare beati Martine patroni nostri ..." Bayer. Staatsarchiv Würzburg, Signatur Mainzer Ingrossaturbuch 46, Blatt 5.

[88]) In der Oberurseler Gemarkung liegt ein Hügel, der auf der Karte des Amtes Homburg „Fleming" genannt wird. Die Fleming waren eppsteinsche Burgmannen auf der Burg Homburg. Heinrich Fleming kommt von 1270 bis 1279 in Urkunden vor. Die Fleming waren eingewanderte Flamen. Im 12. und 13. Jahrhundert wanderten viele Flamen als Wollweber ein. In Hersfeld bestand eine Fleminggasse. Auch in Goslar, Breslau, Frankfurt/M. und anderen Städten hatten sich flämische Weber niedergelassen. Vgl. Heß, W., Der Hersfelder Marktplatz, Hessisches Jahrbuch für Landesgeschichte, Bd. 4, 1954, S. 96/97. Aman, H., Hug an der Maas in der mittelalterlichen Wirtschaft, in: Gedächtnisschrift für Fritz Rörig, 1953, S. 377.

[89]) Sauer, W., Nassauisches Urkundenbuch, T. 1. Nr. 584, 592, 615.

Zur Zeit des Interregnums hat Eberhard I. von Katzenelnbogen, der damals Landvogt war und im Dienste König Eduards I. von England stand, die eppsteinschen Burgen Homburg und Steinheim dem König von England als Lehen aufgetragen, und da er die Burgen als englisches Lehen zurückbekam, schwor er dem Bevollmächtigten des Königs, dem Ritter Eustachius de Pomerio, den Lehenseid. Ein merkwürdiges Vorgehen, denn er besaß tatsächlich nur ein Viertel dieser Burgen. Doch Eberhard III. und seine Frau Agnes verpfändeten 1327 ihren Teil an den Burgen an Gottfried IV. von Eppstein; so gelangte Homburg wieder ganz in den Besitz der Eppsteiner[90]).

In Siegfrieds Sohn Gottfried V. von Eppstein verehren wir den Homburger Stadtgründer. Die Verleihung des Stadtrechts war königliches Regal. Der Kaiser oder König bewidmete auf Ansuchen des Territorialherrn die Siedlungen mit städtischen Privilegien und stellte über die Verleihung eine gesiegelte Urkunde aus. Doch eine Stadtrechtsurkunde liegt über Homburg nicht vor. Nicht einmal eine Kopie, geschweige das Original ist in einem Archiv vorhanden. Es könnte wohl angenommen werden, daß die Stadtrechtsurkunde verbrannte, doch müßten sich wenigstens in anderen urkundlichen Zeugnissen Spuren darüber finden, daß sie vorhanden war, aber in keiner Urkunde wurde jemals darauf Bezug genommen. Ein so wichtiges Dokument, wie die Stadtrechtsurkunde war sicher in mehreren Abschriften vorhanden. Es war auch üblich, daß die aufeinander folgenden Könige stets die Stadtrechte bestätigten. Im Falle Homburg ist uns darüber nichts bekannt. Da alle Quellen sich völlig ausschweigen, müssen wir annehmen, daß Homburg durch bloße mündliche Verleihung zur Stadt erhoben wurde. (Vgl. S. 158, Kap. XVI.)

Gottfried V. (1298-1342) stand sich gut mit Ludwig dem Bayer, der ihn am 31. Mai 1336 zum Landvogt der Wetterau ernannt hatte, Homburg gehörte damals zur Wetterau. In der Ernennungsurkunde heißt es unter anderm: „... dem ediln man Godfride von Eppinstain unsirm lantveyte ze Weytraybin ... haben yme gegebin ... unsir volle moge und macht ... "[90a]). Da Gottfried IV. damals volle kaiserliche Kraft (moge) und Macht besaß, ist wohl anzunehmen, daß er aus eigener Befugnis oder mit mündlicher Einwilligung des Kaisers die Oberstadt Homburg ummauern und die städtische Selbstverwaltung, das Stadtgericht, den Markt usw. einführen ließ. Auf das Problem der Stadtwerdung kommen wir noch zurück.

Mit Gottfried V. von Eppstein hat die weltliche Linie der Eppsteiner ihren Höhepunkt erreicht.

Gottfried V. von Eppstein und seine Gemahlin Luckarde von Breuberg hatten 2 Söhne, von denen Gottfried VI. unverheiratet blieb. Eberhard war zweimal verheiratet, in erster Ehe mit Luckarde von Falkenstein. Er starb 1391. Seine zwei Söhne Gottfried VII. und Eberhard II. teilten das Eppsteiner Erbe und gründeten zwei eppsteinsche Linien.

---

[90]) Siehe die einschlägigen Urkunden bei Demandt, K. E. Regesten der Grafen von Katzenelnbogen 1060-1486, Veröffentlichungen der Historischen Kommission für Nassau XI. Wiesbaden 1953. Bd. I. S. 152, Nr. 370, 371, 372, ferner Nr. 683 und 730. Vgl. Demandt, Anfänge und Aufstieg des Grafenhauses Katzenelnbogen, in: Nassauische Annalen, Jg. 63, (1952).

[90a]) Boehmer, J. F., Codex Diplomaticus, Frankfurt, 1836, S. 536.

Sie schlossen am 29. 9. 1409 einen Vertrag[91]), nach dem von allen anfallenden Erträgnissen der „manschafft und kirsetze", die zur ganzen Herrschaft Eppstein gehören, wie auch von allen Schlössern, Landgütern, Leuten und von aller Herrlichkeit und Herrschaft Gottfried zwei Drittel zustehen. Eberhard empfängt nur ein Drittel der Einkünfte. Die Burgmannen der Herrschaft huldigen beiden, was aber an Burglehen der Burghut jährlich gegeben werden muß, daran ist Gottfried mit zwei Dritteln und Eberhardt mit einem Drittel beteiligt. Im Schloß Eppstein sollte nur Gottfried haushalten, Eberhard hingegen in einem der anderen Schlösser wohnen. Falls letzterer doch in Eppstein wohnen wollte, dürfte er Gottfried nicht behindern. Eberhard könnte sich im Schloß Eppstein auf dem Kellergewölbe gegen die Kirche zu auch ein eigenes Haus erbauen. Die versetzten Schloßgebäude seien von beiden Brüdern in gutem Zustand zu erhalten, an Baukosten steuert Gottfried zwei und Eberhard ein Drittel bei. Zur Wiedereinlösung der versetzten Schlösser, Landgüter, Leute, Gerichte und Freiheiten tragen beide ebenfalls im Verhältnis 2:1 bei. Es liegt also hier klar, daß nach dem Vertrag die beiden Brüder keine gleichen Rechte besaßen. Gottfried hatte von allen eppsteinschen Rechten, Erträgnissen und Freiheiten zwei Drittel zu Händen, während Eberhard nur ein Drittel zugute kam.

Dieser Vertrag ist bruchstückhaft, er behandelt seltsamerweise nur einige Fragen; die vergessenen Artikel sollten zu späterer Zeit nachgeholt werden. Die Vorteile des Vertrages lagen klar auf Gottfrieds Seite. Dieser Vertrag war 24 Jahre hindurch, von 1409 bis 1433, in Kraft.

Im Jahre 1433 teilten dann die Brüder Gottfried VII. und Eberhard II. ihr Familienerbe unter sich auf. An Gottfried fiel Eppstein und an Eberhard Königstein als Burgsitz. Gottfried erhielt die Herrschaft Homburg: „zu loiß und teyl worden Hoenbergk das sloiß gantz mit Zinsen da inne und darumb mit der molen daselbs und mit dorffen gerichten zehenden eckern wiesen, renten und gefellen als hernach geschrieben steet mitnamen." Ferner was die Eppsteiner in den Dörfern Seulberg, Köppern, Oberstedten und Dornholzhausen an Rechten und Gefällen bisher besaßen, die Schäferei in Kirdorf („Kyrchdorff"), Gonzenheim mit aller Zubehör und die Rechte im Hardtwald, samt dem Drittel des Zehnten, schließlich das höfische Gericht zu Erlenbach. „Mere ist beredt was fryheit die burgere zu Hoenbergk an iren guden in den dorffen da umb gelegen zu disser zyt han, das wir sie auch da by forter sollen laissen bliben."[92])

Homburg verblieb noch 54 Jahre im Besitz der Linie Eppstein-Münzenberg. Diese Linie verschuldete unter Gottfried VIII. und Gottfried IX immer mehr, so daß das alte Familienerbe allmählich zerrann, Stück um Stück mußte veräußert werden. Gottfried IX. verkaufte 1487 auch die Herrschaft Homburg um 19 000 Gulden an die Grafen von Hanau (vgl. S. 79).

---

[91]) Universitätsbibliothek, Gießen, Handschriften, Nr. 563. Privilegia Pacta et alia Acta Dominorum in Eppstein. S. 196—200. C X III.

[92]) Bayer. Staatsarchiv Würzburg, Mainzer Bücher verschiedenen Inhalts, Königsteinsche Kopialbuch, Nr. 70, S. 29 ff.

Das Lehensverzeichnis Gottfrieds III. von Eppstein

Für die Homburger Heimatgeschichte soll auch dieses Lehensverzeichnis hier ausgewertet werden.

Von den alten eppsteinschen Lehensträgern begegnen uns zwei, die auch schon im Verzeichnis Gerhards III. vorkommen. Fridericus de Hoinberch und Hartradus de Hohenberg. Ersterer tritt mit seinem Bruder Burchardus auf; sie trugen 14 Hufen in Oberstedten, alle Rechte über zweieinhalb Hufen in Diedigheim, ferner die Vogtei in Reiskirchen und einige kleine Einkünfte gemeinsam zu Lehen von Gottfried III.[93]). Auch Hartradus de Hohenberg war alter eppsteinscher Lehensmann, ihm gehörten 5 Schilling in Oppershofen, 15 Schilling in Weißkirchen, 16 Unzen in Kloppenheim usw.[94]).

Als neue Lehensträger erscheinen Burkard Brendel, Heinrich Binthammer, Fridericus de Steden, Sigevin de Hoinberch, Anselmus de Kirchdorf, Heinrich Guncenheim und Heinrich Friz. Es kommen freilich im Lehensbuch Gottfrieds III. noch viele andere Lehensträger vor, wir greifen hier aus der langen Reihe nur jene heraus, die uns interessieren, weil sie für unsere Heimatgeschichte bedeutend sind oder etwas zu sagen haben.

Burkhard Brendel ist der erste aus dieser Familie, der eppsteinischer Vasall wurde und dessen Nachfahren Jahrhunderte hindurch das Homburger Burggrafenamt versahen[95]). Diesem Geschlecht ist ein eigenes Kapitel gewidmet.

Dem Ritter Burkhard Binthamer von Diedigheim verlieh Gottfried verschiedene Güter und Einkünfte, davon seien einige erwähnt: 22 Achtel Korn und Weizen von der Kirchhube in der Diedigheimer Gemarkung, 8 Achtel Korn, 11 leichte Schillinge und 6 Kapauner von der Mühle in Dorheim, 3 Morgen Weingarten in Hörstein bei Aschaffenburg zum Teil als Burglehen „in feodo castrensi apud Hohenberg", 1 Hube in Diedigheim, dazu kamen weitere kleine Einkünfte[96]).

Friedrich von Steden[97]) besaß ebenfalls ein Burglehen, „in feodo castrensi, quod dicitur burklehen in Hoenberch ... "[98]) (vgl. das beigegebene Faksimile). Sigewin von Homburg war Lehensträger Gottfrieds III. und erscheint im Eppsteiner Lehensbuch als Zeuge[99]). Eine mit den Burggrafen Brendel verwandte Familie namens Fritz, die Generationen hindurch als Burgmannen in Homburg diente, besaß in Lämmerspiel bei Offenbach den kleinen Zehnt[100]). „Henricus dictus Friz" wird 1280 auch in einer Eppsteiner Urkunde, die Gottfried in Frankfurt ausgestellt hat, als „milites castrenses nostri" in der Zeugenreihe erwähnt[101]).

---

[93]) Lehensbuch, S. 15, Wagner, S. 92, 98.
[94]) Lehensbuch, S. 15, 23, 25, Wagner, S. 92, 98, 100.
[95]) Lehensbuch, S. 31, 33, Wagner, S. 104, 106.
[96]) Lehensbuch, S. 32, Wagner, S. 105, 113.
[97]) Damals, in der zweiten Hälfte des 13. Jahrhunderts, bestanden noch alle drei Siedlungen: Ober-, Mittel- und Niederstedten, von denen die zwei letzten eingegangen sind.
[98]) Lehensbuch, S. 26, Wagner, S. 100.
[99]) Lehensbuch, S. 14, Wagner, S. 91.
[100]) Lehensbuch, S. 36, Wagner, S. 109.
[101]) Boehmer-Lau, I. S. 208, Nr. 430.

Aus dem Lehensverzeichnis Gottfrieds III. von Eppstein, S. 25.

In der zweiten Reihe von oben:
„istos denarios prescriptos habet dominus Fridericus de Steden in feodo castrensi, quod dicitur burklehen, in Hoenberch a domino G."
„dieselben vorgeschriebenen Denare hat Herr Friedrich von Steden in feodo castrensi, daß heißt Burglehen, in Homburg von Herrn Gottfried".

In der Reihe fünf von oben ist „Hartradus de Hoenberch" erwähnt.

Erwähnt seien noch zwei Eppsteiner Lehensträger, die sich nach Gonzenheim und Kirdorf nannten: „Heinricus de Guncenheim[102]), der zum Geschlecht derer von Rumpenheim gehörte, und „Anselmus de Kirchdorp", der in einer Zeugenreihe um 1280 vorkommt[103]).

Ulrich Korp (Korb, Korf), nachweisbar 1230 und 1242, der die Niedergerichtsbarkeit in Niederstedten innehatte, stammte nach Wagner[104]) von Braubach; auch diese Familie nahm später den Beinamen de Hohenberg an[105]). Andere Dienstleute haben ihren alten Beinamen beibehalten, so Richwinus Meisa[106]), Arnoldus Hasenauge[107]), Gerlacus de Bomersheim[108]), Emercho de Bo-

---

[102]) Lehensbuch, S. 30, Wagner, S. 104.
[103]) Lehensbuch, S. 15, Wagner, S. 92.
[104]) Wagner, S. 54, Abs. 27 und Anm. 5.
[105]) St.A.F. Reichssachen, Urkunden, Inventar II. 9, Nr. 107, Korb nahm mit kleiner Änderung das Homburger Stadtwappen an.
[106]) Wagner, S. 53, Abs. 11.
[107]) Ebenda, S. 54, Abs. 21.
[108]) Ebenda, S. 58, Abs. 48, Vgl. Abs. 74.

Aus dem Lehensverzeichnis Gerhards III. von Eppstein, S. 57.

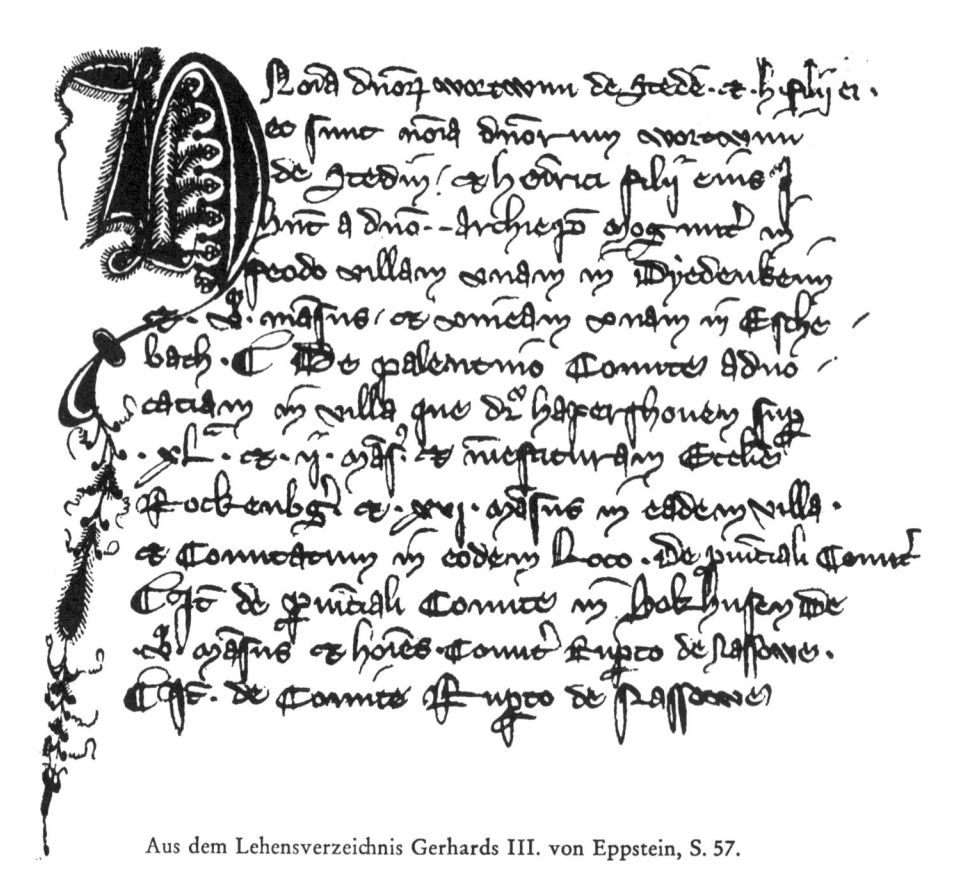

„Hec sunt nomina dominorum Wortwini de Stedin et Heinrici filii eius, qui habent a domino archiepiscopo Moguntino in feodo: villam unam in Dyedenkeim et V mansus et vineam unam in Eschebach."

Zu deutsch:

Dies sind die Besitztitel (nomina) der Herren Wortwin von Steden und dessen Sohnes Heinrich, die sie von dem Herrn Erzbischof von Mainz zu Lehen haben: einen Hof und 5 Hufen in Diedigheim und einen Weingarten in Eschebach.

mersheim[109]), Ebernandus de Rumpenheim[110]), Hartlibus Schwarz, genannt Niger[111]), und andere, die Güter, Einkünfte und Rechte in der Umgebung von Homburg zu Lehen trugen. Vermutlich dürfen die meisten dieser eppsteinschen

---

[109]) Ebenda, S. 58, Abs. 53, Vgl. Abs. 241.
[110]) Ebenda, S. 61, Abs. 78.
[111]) Ebenda, S. 57, Abs. 43.

Aus dem Lehensverzeichnis Gerhards III. von Eppstein, S. 54.

Reihe eins von oben: Gerhardus de Didenckheim.
„Item Gerhardus de Didenckheim habet a domino G. in Richolveskirchen XX denarios et porcum et II mansus in Didenckheim cum omnibus attinentibus et quicquid dominus G. habet in dimidio manso ibidem."

In der zweiten Reihe unten ist Fridericus de Hohenberg erwähnt als Lehensträger Gerhards III. von Eppstein.

Lehensträger auch zur Burghut Homburg gerechnet werden, wenn auch in den Lehensnotizen die Bezeichnung „milites" oder „in feodo castrensi" des öfteren fehlen. Freilich nicht alle standen gleichzeitig im Burgmannendienst, sondern einige früher und andere später, da aber die Einträge in das Lehensbuch undatiert sind, läßt sich eine genaue zeitliche Einordnung nicht bewerkstelligen.

Im Lehensverzeichnis Gerhards III. von Eppstein begegnet uns eine wahre Rentenwirtschaft. Die eppsteinschen Allodial- und Lehensgüter wurden nicht in Eigenwirtschaft bebaut, sondern von der Grundherrschaft meistens um jährliche Abgaben (Renten, Gülten, Zinsen) und Dienstleistungen ausgetan.

Der niedere Adel, der im Dienste der Edelherren von Eppstein stand, spielte im Mittelalter im Homburger Raum eine bedeutende Rolle. Er bildete den Landadel, den Homburger Ortsadel. Als Ritter, Burgmann, Wäppener und Armiger standen sie im Herrendienst, mitunter bekleideten sie das Amt des Rentmeisters oder des Schultheißen. Sie werden im 13. Jahrhundert schon mit dem Titel Herr (dominus) beehrt. So z. B. dominus Swiker von Homburg und dominus Ulrich Korb (Corp), die das Gericht in Niederstedten von Gerhard II. von Eppstein zu Lehen trugen („habet in feodo ... jurisdictionen in inferiori Steden .iuxta Homburg")[112]. Alle freien Grundbesitzer, die ohne bäuerliche Arbeit lebten und kein Handwerk oder Handel trieben, sondern eine ritterliche Lebensweise führten, als geharnischte Reiter Kriegsdienst leisteten und wenigstens vier freie Vorfahren nachweisen konnten, zählten zu den sogenannten ritterbürtigen Leuten. Der niedere Adel führte im Felde nur einen Wimpel an der Lanze und keinen viereckigen Banner wie der hohe Adel. Einige des niederen Adels oder Dienstadels gehörten zum Ritterstand. So führte z. B. Johann (Henne) Brendel von Homburg, der Burggraf auf der Homburger Burg war, den Titel Ritter, er hatte die Ritterwürde mit dem Ritterschlag empfangen. Der niedere Adel, der nicht zum Ritterstand gehörte, wird in den Urkunden Edelknecht, seltener Wäppener und Armiger genannt.

---

[112] Wagner, S. 52, S. 54.

V. Die Burg

1. Sage

Die Besucher des Homburger Schloßparkes erblicken das landgräfliche Schloß Friedrichsburg von Süden und Westen aus hoch über dem spiegelnden See, zwischen Baumkronen halb versteckt. Wie eine vollendete malerische Komposition von einmaliger Schönheit mutet das liebliche, imposante Landschaftsbild an. Der sogenannte Weiße Turm, ein mittelalterlicher Bergfried, überragt das reizvolle Bild. Um den stolzen Rundturm lebt und webt eine Fülle historischer Erinnerungen; Vergangenheit und Gegenwart reichen sich dort oben die Hand.

Dem heutigen Homburger Schloß ging eine mittelalterliche Ritterburg aus der Stauferzeit voraus. Die alte Feste mit Vor- und Oberburg stand genau an der Stelle, an der heute das stattliche, nüchterne Schloß aus der Barockzeit den Schloßhügel krönt.

Die Frühgeschichte der Ritterburg ist in Dunkel gehüllt. Weder über die Bauzeit noch über den Bauherrn liegen urkundliche Zeugnisse vor.

Sage

Eine alte Sage umrankt die Gründung der Burg. Georg Schudt[113]), der erste Homburger Lokalhistoriker, hat in seinem 1869 erschienenen Buch „Homburg und seine Umgebungen" die Gründungssage aufgezeichnet. Ein Ritter namens Beppo, ein Urenkel des Eppo, des Erbauers der Burg Eppstein, soll von seinem eifersüchtigen Bruder aus dem väterlichen Schloß vertrieben worden sein und mit Hilfe der Hirten sich auf den Trümmern eines Römerkastels die Burg Homburg erbaut haben. In jeder Sage vermutet man einen wahren historischen Kern. Auch diese Heimatsage verdient Beachtung. Es ist genealogisch interessant, daß die Sage den Gründer Beppo (Bernhard) mit dem Hause Eppstein in Blutsverwandtschaft bringt. Zum Namen Eppo schreibt H. Gensicke[114]): „Falls Vogels Vermutung, der jenen Eppo, nach dem Eppstein benannt ist, in dem Konradiner Eberhard, 927 Graf im Königsundergau, sieht, zutrifft, darf man auch in den folgenden Grafen dieses Gaues zugleich die Besitzer der Burg Eppstein sehen ... Udalrich von Idstein Eppstein († 1122/24) ist der älteste belegte Vorfahre der Eppsteiner[115])." Ob „Ortwin von Hohenberch", der erste bezeugte Besitzer der Burg Homburg, in den Verwandtschaftskreis der Herrn von Eppstein gehörte, ist sehr fraglich. Ortwins Abstammung ist ungeklärt und sein Wappen unbekannt. Gewisse Anhaltspunkte können uns die Tatsachen geben, daß Ortwin seine Burg Homburg an Gottfried I. von Eppstein verkauft hat und daß auch ein Teil seines Lehensbesitzes in die Hände der Herrn von Eppstein überging, doch genügt diese Besitzkontinuität als Verwandtschaftsbeweis der Geschlechter von Hohenberg und von Eppstein allein nicht.

---

[113]) G. Schudt, Homburg und seine Umgebungen, Homburg, Fr. Fraunholz'scher Verlag, 1868, S. 22.

[114]) Gensicke, H. Untersuchungen über die Anfänge des Hauses Laurenburg-Nassau, Nass. Anm. Bd. 66, 1955, S. 9.

[115]) Ders. Untersuchungen über Besitz und Rechtsstellung der Herren zu Lipporn und Grafen von Laurenburg, Nass. Anm. Bd. 65, 1954, S. 79.

2. Lage der Burg

In die reizvolle Landschaft des Homburger Beckens im Taunusvorland sind mehrere Bachtäler tief eingegraben, so der Kirdorfer-Bach, auch Audenbach genannt, der Heuchelheimerbach oder Altbach und der Stedterbach oder Dornbach. Altbach und Dornbach vereinigten sich früher unterhalb der Burg und speisten den Burg- und Stadtgraben. Das Quellengebiet dieser Bächlein liegt hoch oben im Taunus, von dort ziehen sie durch Nadel- und Laubwälder talwärts, eilen von Baumalleen begleitet in Windungen durch lichtgrüne Wiesen, rauschen an den Wehren der alten Wassermühlen vorbei und vereinigen sich in Gonzenheim zum Eschbach. Von ihrem Zusammenfluß an erhebt sich von Osten nach Westen sanft ansteigend eine langgestreckte Anhöhe, auf deren Rücken der Stadtteil Gonzenheim und die Homburger Neustadt liegen. Die Südwestecke dieser Anhöhe bildet ein tertiärer Serizitfels, der in den Schloßpark steil abfällt. Der höchste Punkt der Anhöhe trug etwa 500 Jahre hindurch die Homburger Ritterburg.

Der Burg, „castrum Hohenberg", wie sie in lateinischen Urkunden des Mittelalters genannt wird, kamen drei besondere lokale Aufgaben zu. Sie bildete einmal eine Verteidigungsposition des Taunusvorlandes und sperrte den Weg, der aus dem Maintal kommend an Homburg vorbei über den Taunus führte, er ging bei der Saalburg am Eisernen Steg über den Gebirgskamm hinüber in das Usinger Becken und weiter in das Lahntal. Diese viel begangene alte Straße wurde im Mittelalter weiter benutzt. Sie war nicht nur wirtschaftlich, sondern auch strategisch bedeutend; sie war Heerstraße, Vormarschweg, auf der der Feind von Norden und Süden vorstoßend ins Taunusvorland eindrang. Die Lage der Burg hat ihre Geschichte, wie sie auch die Geschicke der in ihrem Schutze gewachsenen Stadt Homburg im Mittelalter schicksalhaft mitbestimmt.

Die Burg war keine Reichsburg und kein Dynastensitz, sie war eine Territorialburg der Eppsteiner, sie setzten einen Burggrafen mit Burghut hinein, unter deren Schutz und Schirm standen Land und Leute. Doch die Burg war nicht nur militärischer Stützpunkt und Machtzentrum, sondern auch administrativer Mittelpunkt der Herrschaft Homburg. In der Burg hatte die Rentkammer (Kellerei) ihren Sitz, von da gingen die wirtschaftlichen Maßnahmen in die Burgdörfer hinaus, und da liefen die Fäden der Verwaltung des ganzen Homburger Amtsbezirks zusammen.

Auch eine dritte Aufgabe fiel der mittelalterlichen Burg „Hohenberg" zu; sie war Sitz dreier Waldbotenämter: der Hohenmark Waldgenossenschaft, der Seulberg-Erlenbacher und der Hardtwald Mark (Gonzenheim-Kirdorf-Obereschbach), wie die Weistümer (Markinstrumente) deutlich bezeugen. Die Burg war demnach auch Sitz der Forstverwaltung der umliegenden Wälder. Der Burgherr oder sein Stellvertreter, der Burggraf, übten die Verwaltung über die Hohe Mark aus. Wer als Herr auf der Burg saß, war erblehensrechtlich mit Waldamt und Waldrecht belehnt. Das Weistum der Hohen Mark besagt ausdrücklich:

„Des han sie eynmudelich gewist, das die marg der obgeschr. dörffer und mercker rechtlich eigen siy und darüber eyn oberster herrre und walpode sy ein herre von Eppstein oder wer Hoenberg von sinet wegen in habe..."[116].

---

[116] Wetteravia, Zeitschrift für Deutsche Geschichte und Rechts-Altertümer, herausgegeben von I. C. von Fischard, Frankfurt/M. 1888, Bd. I. S. 140.

Der Waldbot war das Oberhaupt der Markgenossenschaft. Seine forstrechtliche Verwaltungsgewalt bezeugt, daß er die von den Märkern gewählten Forstmeister und Märkermeister bestätigte, ihm leisteten sie Diensteid, er eröffnete und schloß den Wald- und Wildbann, führte den Vorsitz auf dem Märkerding usw.

Der Wildbann umfaßte ein weit ausgedehntes, zusammenhängendes Gebiet, das von dem Pfahlgraben (Limes) bis zum diesseitigen Niddaufer reichte. Diese alte Grenze war den Märkern seit jeher überliefert und bekannt bis herauf in die Zeit Landgraf Philipps des Großmütigen, der auch Waldbot in Homburg war. Dafür spricht folgender Vorfall. Als die Kupfermühlen bei Bonames Anspruch auf Holzkohlenlieferungen aus der Hohenmark erhoben, protestierten die Märker dagegen mit der Begründung, die Kupfermühlen stünden am jenseitigen Niddaufer und hätten daher kein Märkerrecht und keinen Anspruch auf Holzkohlen aus der Hohen Mark.

Auf den Homburger Stadtansichten von Eberhard Kieser[117]) und Matthäus Merian d. Ä.[118]) sehen wir auch die Burganlage dargestellt.

Kiesers Stich, der irrtümlich Daniel Meißner zugeschrieben wird, hat als Bildquelle einen Wert. Er stellt ganz nüchtern die Wirklichkeit dar und vermittelt uns vom kleinen mittelalterlichen Homburg eine reale Vorstellung, ist aber viel zu klein gezeichnet, daß er uns topographisch unterrichten könnte. Im Hintergrund erhebt sich der Nackberg, an dessen Fuß sich das Städtchen anzuschmiegen scheint. Die Mitte des Stadtbildes beherrscht das stattliche Rathaus, das aus dem Dachgewirr der eng zusammengedrängten niedrigen Bürgerhäuser mit seinem hohen Satteldach und dem zierlichen Dachreiter eindrucksvoll herausragt. Links erkennen wir die Diedigheimer Pforte mit der Wachstube, die vier Ecktürmchen zieren. Rechts vom Rathaus ist ein Mauerturm mit schlankem Kegeldach sichtbar, die anderen Mauertürme, die urkundlich belegt sind, suchen wir vergebens. Ebenso vermissen wir auf dem Stich die Kapelle in der Vorburg. Das Gelände vor der Stadt ist von einem dichten Hain bewachsen. Auffallend ist, daß Stadt und Burg getrennt sind, zwischen ihnen klafft ein tiefer Einschnitt. Die Ringmauer wie die Gebäude der Burg zeigen Bauschäden auf; die Burganlage mit ihren verfallenen Mauern hat ein etwas heruntergekommenes Aussehen. Eine Vergrößerung läßt uns dies deutlicher erkennen.

Zwischen Kiesers Stadtansicht, die 1623 in D. Daniel Meißners „Thesaurus Philopoliticus..." (Schatzkästlein) erschienen ist, und Matthäus Merians Stich (1655) besteht ein Zeitraum von 32 Jahren. Inzwischen wurde die Homburger Burg zur landgräflichen Residenz. Landgraf Friedrich I. war nämlich 1633 aus Darmstadt nach Homburg übersiedelt und hatte sich mit Familie und Hof in der Burg niedergelassen. Vergleicht man beide Stiche, so zeigt sich augenfällig, daß große Renovierungsarbeiten an der Burg durchgeführt wurden, für die keine schriftlichen Angaben vorliegen, besonders über die innere Ausgestaltung der Burg fehlt uns jeder Anhaltspunkt. Was an Merians Zeichnung wirklichkeitsgetreu ist und was künstlerisch frei gestaltet wurde, läßt sich heute nicht mehr genau sagen.

---

[117]) Meißner, D. D., Thesaurus Philopoliticus ... 1623.
[118]) Merian, M. d. Ä., Topographia Hassiae, 1655.

Merians trefflicher Kupferstich hat künstlerischen Rang. Den Vordergrund schmückt ein klassizistisches Gärtchen, ein kleiner Ausschnitt aus der französischen Gartenkunst des 17. Jahrhunderts, die damals europäische Gartenkunst war. Schnurgerade gezogene Wege schneiden sich rechtwinkelig und bilden mit den geometrischen Blumenanlagen und Grünflächen eine bunte linearische Symphonie, über der Harmonie und klassische Ausgeglichenheit liegen. Alles ist hier stilisiert, gestaltet und gekünstelt und die wildwachsende Mannigfaltigkeit der Natur gebändigt. Typisch für die Barock-Ziergärtchen ist der rundbogige Laubengang, den wir auch hier antreffen.

Auf beiden Stichen tritt uns an der Westseite der inneren Burg als Hauptgebäude das dreistöckige Steinhaus, das Herrenhaus samt Rittersaal (Palas), Kemenate und dem nördlichen runden Eckturm entgegen, der wohl vor der Erbauung des Weißen Turms als Warte diente. Er gehörte mit dem „steinernen hus" zu den ältesten Burgbauten. Getrennt vom Herrenhaus stehen im Burghof der Bergfried (Wartturm, Donjon) und zwei an der Südseite errichtete Gebäude. Neben dem Bergfried blieb von der alten Burganlage bloß noch das Kellergewölbe unter dem Archiv-Hirschgang-Bibliothekflügel erhalten.

Auf Merians Stich erhebt sich über die Hausdächer der Vorburg das einfache Satteldach eines Gotteshäuschens, das wir auf Kiesers Bild vermissen. Ich neige zu der Ansicht, daß dieses Kirchlein, das merkwürdigerweise in keiner Quelle als Burgkapelle erwähnt wird, jenes alte fränkische Gotteshaus sein könnte, wovon 782 Scerphuin 1 Drittel dem Kloster Lorsch geschenkt hat[119]). Demnach wäre die Kirche das älteste Gebäude der Burg. Über das Aussehen des Kirchenraumes, der Tür und Fenster erfahren wir leider aus Merians Darstellung so gut wie nichts, denn die davor stehenden Häuser bedecken völlig Schiff und Chor. Aus dem Satteldach steigt ein zierliches, sechseckiges Türmchen mit spitzem gotischem Kegeldach auf. Das Dach läßt die Vermutung zu, daß wir es mit einer einfachen Hallenkirche mit rechteckigem Grundriß zu tun haben.

Die Kirche, die ich für eine Missionskirche aus fränkischer Zeit halte, war keine Stadtkirche. Sie gehörte jedenfalls zur Diözese des Erzbistums Mainz, zum Archidiakonat St. Peter extra muros Moguntinos, führte aber in katholischer Zeit nie die Bezeichnung „ecclesia parochialis", sondern ist nur als „capella in opido Hoenberg situata" bezeugt. Sie besaß keine Pfarrrechte, d. h. kein Tauf-, Heirats- und Beerdigungsrecht und war nach Oberstedten eingepfarrt. Erst am 20. Mai 1423 konnte für sie auf Ansuchen der Stadt Homburg und des Ritters Johann Brendel III. und seiner Frau Anna geborene Löwenstein das Taufrecht erworben werden[120]).

Der Weiße Turm, ein runder Bergfried, ist 42,8 m hoch, die Höhe bis zur Wehrplatte beträgt 26,8 m, und der schmale Turm ist 16 m hoch. Bis zum 12. Jahrhundert baute man quadratische Türme und nachher Rundtürme. Die runden Burgtürme aus romanischer Zeit haben einen größeren Durchmesser als die der Gotik. Der alte Bergfried von Gelnhausen, der aus der ersten Hälfte des 12. Jahrhunderts stammt, hat einen Durchmesser von 17,20 m, von der alten Burg blieb nur mehr eine Ruine dieses Turmes erhalten; Friedrich Barbarossa ließ um 1180-1200 eine neue Kaiserpfalz erbauen. Die Grundrisse der

---

[119]) Siehe S. 20.
[120]) Siehe Kirchengeschichte, S. 210, Urkunde vom 20. Mai 1423, Clemm, Nr. 349.

Bergfriede haben sich im Laufe der Zeit gewandelt. Der durchschnittliche Durchmesser der alten, romanischen Rundtürme beträgt 12-14 m. Da der Durchmesser des Homburger Weißen Turms bei einer Mauerstärke von 4 m nur 10 m mißt, kann er wohl in die gotische Zeit datiert werden.

Der stolz aufragende Bergfried ist heute das Wahrzeichen der Stadt. Er beherrscht weit und breit die Umgebung, steht auf strategisch günstig gelegener Höhe, die naturgemäß der gegebene Platz für eine mittelalterliche Ritterburg in der zweiten Hälfte des 12. Jahrhunderts war, als man zur Stärkung eine mächtige Kette von Höhenburgen erbaute.

Dieser Anhöhe kam aber vermutlich eine ältere geschichtliche Bedeutung zu. Sie besaß wahrscheinlich vorher schon als Kirchberg und noch früher als heidnische Kultstätte eine sakrale Tradition, die, von der späteren Entwicklung überlagert, nicht mehr faßbar ist. Hier oben im inneren Schloßhof steht man Aug in Aug einem stimmungsvollen Gebirgspanorama gegenüber, das als Schaubild mit ungewöhnlicher Vielfalt seinesgleichen sucht. Daß sich der Mensch der germanisch-heidnischen Frühzeit diese Höhe als Opferstätte, Gerichtsplatz oder Fluchtburg auswählte, dürfen wir mit ziemlicher Sicherheit annehmen. Kultstätten auf Höhenlagen gab es in Hessen vielerorts. Karl E. Demand umreißt in seiner Arbeit „Hessische Frühzeit"[121]) das Problem der hessischen Kultstätten und gibt auch die einschlägige Literatur an. Die angenommene Homburger Kultstätte läßt sich nicht belegen. An ihrer Stelle wird man zur Zeit Karls des Großen eine Kirche erbaut haben und neben dieser um 1170-80 eine Burg, die 1679/80 dem heutigen Barockschloß weichen mußte.

Stadtarchivar G. E. Steinmetz beruft sich in seinen hinterlassenen geschichtlichen Notizen, leider ohne nähere Quellenangabe, auf eine Urkunde, nach welcher 1385 Italiener am Weißen Turm gebaut hätten, da sie aber mit ihrem Lohn unzufrieden gewesen sein sollen, stellten sie die Arbeit ein. Auf dem Weißen Turm wurde das Glockendach erst 1635 aufgesetzt. Über der Turmstube wendet sich erst seit 1704 die Windfahne, sie mußte im Laufe der Zeit wiederholt erneuert werden. Erst seit 1704 wurde die Wendeltreppe in den Turm eingebaut; vorher konnte der Turm nur mittels einer Leiter bestiegen werden.

Die Burg bestand aus der inneren Burg (Oberburg) und aus dem Vorhof (Vorburg, Zwinger, Unterburg). Von der heutigen Schloßgasse, der früheren Herrengasse, aus war die Vorburg über eine auf Pfeilern ruhende Holzbrücke zugänglich. Im Westen und Süden fiel der Burghügel steil ins Tal hinab. Von der flachen Nord- und Ostseite umgab ihn ein breiter Graben, den ein herbeigeleiteter Arm des Altbaches durchfloß. Unterhalb der Burg an der Westseite vereinigten sich früher der Heuchelheimer Bach (Altbach) und der Dornbach; letzterer floß von der Knobelsmühle her, dort ist das alte Bachbett heute noch sichtbar.

Der Burgzugang von Norden her ist urkundlich belegt, er führte ungefähr da über den breiten Burggraben, wo sich heute der Eingang zum Nordflügel des Schlosses befindet. Es wird eine Zugbrücke gewesen sein, in der Tormauer waren Rollen angebracht, über die die Ketten zur Brücke liefen.

Als 1680 das heutige landgräfliche Schloß an Stelle der Ritterburg erbaut wurde, ließ Landgraf Friedrich II. den Burggraben nicht zuschütten, sondern

---

[121]) Erschienen im: Hessischen Jahrbuch für Landesgeschichte, Bd. III. (1953) Marburg, S. 52 ff.

eine Brücke bauen. Der Baurat Andrich, der im Auftrage des Landgrafen die alte Burg abtragen ließ und den Bauplan zum heutigen Schloß entwarf, meldete in einem Brief vom 5. Oktober 1680 an Friedrich II., daß die Pfeiler zu der Brücke nach der Stadt aus Vilbeler Stein aufgemauert seien und die französischen Zimmerleute, gemeint sind die Hugenotten, über Winter die Brücke fertig zimmern würden[122]).

Das schöne, faszinierende Bild der Burg, das den Umschlag des Buches ziert, ist eine Kostbarkeit von Rang. Der bekannte Schweizer Künstler Matthäus Merian d. Ä. (1593-1650) hat es gezeichnet und gestochen; er lebte seit 1624 in Frankfurt am Main als Verleger, hat die mittelalterliche Festung und die Homburger Altstadt noch in gut erhaltenem Zustand gesehen und bestechend dargestellt, daß man leicht eine Idealisierung der Wirklichkeit vermuten könnte. Hoch und eindrucksvoll ragt der schlanke, runde Bergfried gegen den Himmel empor, er ist zweiteilig, stammt aus der gotischen Bauzeit und spielte im Mittelalter als Wachtturm eine strategische Rolle; eroberte der Feind die Burg, so flüchtete die Besatzung in den Turm. Der Bergfried bekam in der Barockzeit, als die Turmhauben aufkamen, einen gewölbten Helm, der den Hessen-Homburger Landgrafen als Familienarchiv diente. Der Turm war das Herzstück der Burg; er blieb uns von ihr allein erhalten, heißt heute der Weiße Turm und ist das Wahrzeichen der Stadt Bad Homburg vor der Höhe.

3. Versuch einer Burgtopographie

Urkundliche Nachrichten über die Burg sind spärlich. Im Urgangsbuch der Stadt steht ein Eintrag aus dem Jahre 1540, der uns über das in der Vorburg gelegene „fruohus" und seine Umgebung Auskunft gibt. Das fruohus ist identisch mit dem „fruo Althars hus", gemeint ist damit die Kapelle, die in katholischer Zeit Frühmesser genannt wurde. Dieses kleine Gotteshaus zeigt uns Merians Stich. Es stand bei dem Bau der Orangerie, in dem sich heute das Stadtmuseum und Stadtarchiv befinden. Hier lag einst der ummauerte Friedhof, an der Kirchhofmauer führte ein ausgesteinter Weg vorbei. Zur Kirche gehörte die „fruo Scheuer", die dazu bestimmt war, den Kirchenzehnt und die Pachtfrucht aufzunehmen.

„Anno funffzehnhundert vierzigk und sieben
Dienstags nach Galli haben die geschworn den
wegk zwischen der kirchmauern und des fruo
Althars hus ausgangen und ausgesteint wie volgt
Erstlich einen Stein gesetzt fornen gegen dem
fruohus und stehet der selbige Stein einer ruden
langk von der Kirchmauern und darnach ist ein Stein
gefunden gegen der fruo Scheuern und der Kirchhofsmauern
auch ruden brith von der Kirchmauern und ist solcher
wegk ausgesteint; der halb gesteht man dem fruo
Althar an solichem weg gar nichts[123]."

Drei Brendel-Urkunden geben uns zeitgenössische Anhaltspunkte aus der zweiten Hälfte des 14. Jahrhunderts zur Rekonstruktion einiger Bauteile der

---

[122]) Staatsarchiv Wiesbaden, Abt. 310, Gen. VIII/6, Nr. 26. Nachrichten über die Erbauung und Reparaturen einiger Schloß-Gebäude zu Homburg 1674-1694, Fol. 91.

inneren Burg. Die Originale der Urkunden, die wir hier auswerten, gehörten dem Staatsarchiv Wiesbaden und sind mit dem ältesten Bestand der Hessen-Homburger Archivbestände im zweiten Weltkrieg verbrannt. Die Kopien des Homburger Stadtarchivs hat noch Archivar Wyß für Schudt angefertigt. Der Einfachheit halber bezeichne ich fortan die erste Urkunde vom 25. 11. 1368 mit A, die zweite vom 10. 11. 1372 mit B und die dritte vom 25. 11. 1373 mit C. Beim Vergleich der Dokumente leuchtet auf den ersten Blick ohne weiteres ein, daß A und B zusammengehören, beide verrechnen Bauarbeiten, die einerseits an der Burg selbst, so an der Burgmauer wie an der Kemenate („stoben") und anderseits an der Stadtmauer ausgeführt wurden. Gemeinsam ist beiden noch, daß in ihnen neben Burgmannen auch Homburger Schöffen und Bürgermeister als Zeugen bei der Rechnungslegung vorkommen. Urkunde C unterrichtet hingegen nur über Bauarbeiten „an den bu in der innersten burg und an der uzzerstin burg zu Hohenberg" und führt daher bloß Burgmannen als Zeugen an. Formal betrachtet weisen alle drei Urkunden gewisse Ähnlichkeiten auf, sie beginnen mit der Zeugenreihe und die Zeugen sagen aus unter dem Eid, den sie dem Lehensherrn, dem Eppsteiner, geleistet haben. Burg und Stadt Homburg gehörten damals Eberhard von Eppstein-Königstein, der im Jahr 1366 Rechtsnachfolger seines Vaters Gottfried IV. wurde. Da die Homburger Burg kein Stammsitz der Eppsteiner war, führten sie hier keine Hofhaltung, die Burg diente bloß als vorübergehender Aufenthaltsort oder Witwensitz.

Die Kemenaten der Homburger Burg waren bewohnbar und heizbar, wie die Urkunde A berichtet: „Item die stoben zu binden und ein oben (Ofen) in der stoben uff der Burg, daz hat gekost zusammen zwei pund und funff schilling heller."

Zu dieser Zeit war Ritter Johann Brendel von Homburg Burggraf auf der Burg. Brendel ist ein vertrauter Name in unserer mittelalterlichen Burg- und Stadtgeschichte, viele historische Erinnerungen rankten sich Jahrhunderte hindurch um dieses Adelsgeschlecht, das eine einflußreiche Stellung in Homburg und den Burgdörfern in der Umgebung bekleidete. Den erfahrenen Rittern, die auch als Burgbaufachleute einen guten Namen hatten, oblag die Instandhaltung der Befestigungsanlagen und Verteidigung der Burg und Stadt.

Aus den Zeugenreihen der drei Urkunden jener Zeit (1368-1373) können insgesamt 8 Mitglieder der Burghut nachgewiesen werden. Diese sind der Ritter Burghard Binthammer (C) und 7 Edelknechte: Friedrich Clemm (A, B, C) und sein Bruder Hermann Clemm (A) von Homburg, Hentze von Eschbach (A), Johann Flemyng der Jüngste von Husen (A), Hartmut Husir (C) und Reyzil von Homburg (C). Bei der Abrechnung der Stadtmauerbauten sind im Jahre 1368 zum erstenmal quellenmäßig drei Homburger Gerichtsschöffen bezeugt: Hertewig Slinge, Tile Lange und Henze Schneider, und 1372 tauchten Dyle Lange und Fulcze auf, die „burger zu Hohenberg und der zyt burgermeyster waren zu Hohenberg".

Die Urkunde A, die vom Katharinentag, 25. November 1368, datiert ist, unterrichtet uns darüber, daß die Mauer zwischen der inneren Burg und Herrn Burghards Haus und zwischen der Burg und Lohners Haus mit Kalk und Sand „gemacht" wurde. Die Kosten des Baumaterials samt Arbeitslohn beliefen sich

---

[123]) Stadtarchiv, Urgangsbuch, Renoviert anno Tausent fünfhundert dreissig und sechs, Folio 49.

auf 119 ½ Pfund Heller. (1 Pfund Heller = 20 Schillinge = 240 Heller (Denar), 1 Schilling, lat. Solidus = 12 Heller.)

Die Burgmauer muß damals sehr schadhaft gewesen sein. Der alte Gottfried IV. († 1366) wird sich vor seinem Tode um die Wiederherstellung der verwitterten Burgmauer wenig gekümmert haben. Die Eppsteiner waren schon verschuldet, und die Burg Homburg, seit 1334 dem Pfalzgrafen verpfändet, konnte nicht mehr eingelöst werden. Als die Burgmauer schadhaft wurde, mußte der Burggraf seinen ganzen Einfluß einsetzen, um den neuen Burgherren von der dringlichen Notwendigkeit der Instandsetzung zu überzeugen. So machte Eberhard IV. zum Mauerbau Geld flüssig, auch die Stadt hat eine Bausumme aufgebracht.

Aus der ersten Hälfte des 14. Jahrhunderts, als Homburg v. d. H. zur Stadt erhoben wurde, ist uns für den Mauerbau noch keine urkundliche Nachricht erhalten. Die schriftliche Überlieferung reicht nur bis zur zweiten Hälfte des 14. Jahrhunderts zurück.

Die Urkunde A ist die ausführlichste und aufschlußreichste. Sie berichtet über den Stadtmauerbau: „die mure thuschen der burg und hern Burghard[124]) und thuschen Loner und der burg." Damals spielte die Wehrhaftigkeit eine ausschlaggebende Rolle. Der Ausdruck „mure gemacht" wird sich hier kaum nur auf Ausbesserungsarbeiten beziehen.

Die Urkunde berichtet: „Item die porte bie Loners hus und ein heilmelkeit und das gras und die thur ... gein dem eymmer man sees pund an sees schilling heller." Dieser Satz wartet mit einer Fülle topographischer Einzelheiten auf, er bietet uns über die „Schloß" genannte Marktsiedlung die ersten Nachrichten, die uns mitten in den Marktplatz und seine Umgebung führen.

Im Quellentext ist nach „eymmer" ein Komma zu setzen, und nach „man" ist wohl das Prädikat „hat ausgeben" zu ergänzen, zwischen „thur" und „gein" fehlt ein unleserliches Wort. Wir legen kein Gewicht auf beide Auslassungen, denn der Satz hat ohnehin einen guten Sinn. Lohners Haus stand an der Pforte. Wer war dieser Lohner? In Grimms Wörterbuch[125]) finden wir die genaue Erklärung. Der Lohner war eine Art Stadtbaurat, dessen Aufgabe es war, die städtischen Gebäude und Straßen instand zu halten; ihm waren Lohnarbeiter unterstellt. Lohners Haus ist nicht schwer zu lokalisieren, denn es gab um 1368 in Homburg nur eine Stadtpforte, das spätere Mitteltor, die Rathausdurchfahrt. Das mhd. Wort „heilmelkeit" bedeutete nach Grimm geheimer Ort, also Abtritt, wir gehen wohl kaum fehl, wenn wir im „heilmelkeit" den Abort der Marktleute vermuten[126]). Für den Ausdruck „das gras" im Sinne Rasenfläche kommt wohl der Marktplatz selbst in Betracht. Die „thur" führte zur Treppe der „Goldenen Pforte", die vom Marktplatz nach Diedigheim hinabführte. Der „eymmer", Brunneneimer, ist sicher der Ziehbrunnen, der Marktbrunnen, der später Oberborn genannt wird. (Siehe das Kapitel über die Stadtbrunnen S. 195.)

---

[124]) Burghard Binthamer war Burggraf, vgl. Fr. Schunder, Das Reichsschultheißenamt in Frankfurt/M. bis 1372. Archiv für Frankfurts Geschichte und Kunst, 5. Folge, 2. Bd., 2. Heft 1954. Boehmer-Lau, Bd. II. Nr. 233 von 1323 und Nr. 247 von 1324.

[125]) Grimm, Deutsches Wörterbuch Bd. 4, Abt. 2, Spalte 879: „Ehemals in manchen Städten ein Mitglied der Obrigkeit, das die Aufsicht über die Wege, Straßen, öffentliche Gebäude usw. führte."

[126]) Grimm, Dt. Wörterbuch, Bd. 6, Spalte 1141.

Eine nach Dilich (1605) angefertigte Zeichnung (zu S. 59).

Blick auf die Altstadt, Ausschnitt aus E. Kiesers Stich, 1627.

X

Blick auf die Burg, Ausschnitt aus Kiesers Stich, 1627.

Matthäus Merians Stich aus der „Topographia Hassiae" (zu S. 60).

Die Brendel Urkunde vom 10. November 1372 spricht schon eine deutlichere Sprache. Darin werden 66 Pfund Heller Mauerbaukosten verrechnet, die „han murren" (Maurer) und „andirn erbeydinden ludin dy iß vormuret und virerbeydit han an die burg und an dirs an rechtir noittorfft zu Hohenberg an dem slozze ...". Schloß bedeutet hier die Stadt, die obere Altstadt. Auch die mittelalterliche Ritterburg selbst wird in den Urkunden meistens Schloß genannt. Die Pfalzgrafen am Rhein und Herzöge von Bayern, Otto und Ludwig, gebrauchen in ihrem Homburger Lehensbrief (1437) das Wort Festung, „vesten Hoenberg"[127]. Auch Pfalzgraf Friedrich spricht in seinem Lehensbrief (1467) von der „vesten Hoenberg"[128]. Im Lehensbrief des Pfalzgrafen Philipp (1487) heißt es „Schloß und Stetlin Hohenburg"[129]. Der Name Schloß kommt 1521 im Vertrag Kaiser Karls V. vor[130].

Der Ausdruck „Schloß" blieb späterhin die übliche Bezeichnung für die Stadt, deren Grenze sich etwa mit Burg, Rathaus, Güldener Pforte und dem Schießberg abstecken ließe. Das Schloß war ein typischer Burgort, er entstand auf engem Raum, auf unbesiedeltem Boden, hatte mittelalterlichen Wehrcharakter und eine Form, die sich stark dem Oval näherte; diese Form war für die Befestigung und Verteidigung günstig. Der Verlauf der Stadtmauer läßt sich an Hand der bestehenden Mauer- und Turmreste und nach der ältesten Karte[131] nachzeichnen. Die Stadtmauer war im Westen und Osten an die Burgmauer angebaut, sowohl die westliche wie die östliche Mauer traf im Norden am Rathaus zusammen. Von der Rathausdurchfahrt führte ein ausgesteinter Weg am Marktplatz vorüber in die Vorburg hinauf. Zwischen der westlichen Stadtmauer und diesem Weg lag der Marktplatz im unmittelbaren Schutz der Burg. Im Osten säumten den Markt zwei Häuserblöcke, hier wohnten die Patrizier.

Wer in die Burg wollte, mußte den Weg durch die Stadt nehmen. Aus der Stadt gelangte er zuerst in die Vorburg über eine hölzerne Brücke, die den Burggraben überquerte. In der Vorburg standen rechter Hand bei der Kirche das Haus Clemen, neben der Brücke die Herrschaftsscheuer und daneben der Rehstall, der 1576 im Inventar der Kellers bezeugt ist. Das Haus Clemen war ein Burgmannshaus mit Wirtschaftshof, Stallung und Garten. In der Vorburg befanden sich noch mehrere Burgmannssitze. Das Haus Clemen, das die Eppsteiner käuflich erworben hatten, stieß an die Hofstatt der Frau Anna und an ihres Sohnes Stall, erwähnt ist auch das Tor von Johann (Henne) Brendels Haus. Diese Burgmannssitze waren größere, schönere Bauernhäuser.

Es handelt sich in dieser Urkunde um Jorg (Georg) Brendel II. den Alten, der Amtsmann zu Eppstein war. Frau Anna ist die Witwe von Henne (Johann) Brendel III. († 1428), sie war eine geborene von Oberstein; der in der Urkunde erwähnte Friedrich I. († 1475) war ihr Sohn. Wie aus mehreren Brendelschen

---

[127] Staatsarchiv Marburg, Hanauer Urkunden, Neues Saalbuch Nr. 3508 vom 17. 4. 1437.
[128] Ebenda, Nr. 3512.
[129] Ebenda, Nr. 1660.
[130] Ebenda, Altes Saalbuch, Bd. II. Nr. 43.
[131] Stadtarchiv „Grundt-Riesz der Hochfürstlichen Residenz-Stadt Homburg", den der Land-Renovator Bruch 1787 angelegt hat. Der Verlauf der Stadtmauer ist auch auf der Karte von Franz Lotz (1804) noch deutlich sichtbar, denn sie wurde erst um 1830 abgebrochen.

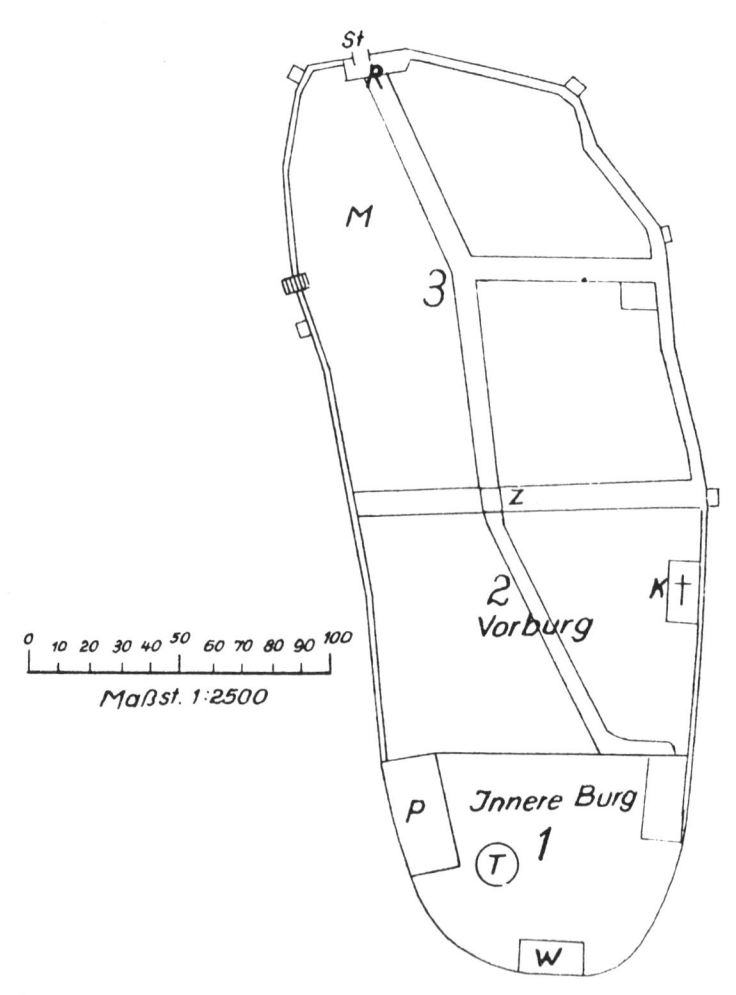

Skizze der ummauerten Ober-Stadt mit der Burg.

1 Innere Burg
2 Vorburg
3 Obere Altstadt oder Schloß
P Palas
T Weißer Turm
W Wirtschaftsgebäude
K Kapelle
Z Zugbrücke
R Rathaus
M Marktplatz
St Stadttor mit der Rathausdurchfahrt
□ Erker an der Stadtmauer

Lehensbriefen und -reversen hervorgeht, war Burghard Binthamers Haus zu rechtem Burglehen Generationen hindurch an die Brendel verliehen. Im Lehensrevers des Jorg Brendel vom Jahre 1452 heißt es: „huße und hobereyde mit irem zugehorde gelegen zu Hoenberg in der vorburgk, das vor tziyden hern Burghards Binthamerß seligen was". Der Lehensbrief Gottfrieds IX. von Eppstein und Münzenberg vom Jahre 1467 bestätigt die Lage des Binthammerschen Hauses in der Vorburg: „daß huß der Kirchen an dem selben begriff gelegen genant der Clemme". So standen in der Vorburg zwei eppsteinische Wohnhäuser, die als Burglehen an die Brendel verliehen waren.

Wie das Gelände um die Burg im Mittelalter ausgesehen haben mag, ist nicht mehr genau festzustellen, da im Laufe der Zeit durchgreifende Umgestaltungen vorgenommen wurden. Es ist bekannt, daß die mittelalterlichen Burgen von einem breiten und tiefen Burggraben umgeben waren. Hier ist das auch so gewesen. Dies findet seine Bestätigung in einem bisher nicht ausgewerteten Lehensbrief vom 2. Juni 1441, in dem Gottfried IX. von Eppstein Jorge Brendel, dem Alten, in der Homburger Vorburg ein Haus, „Clemen" genannt, mit Hofstätte und Stall verliehen hat. Da die Lage des Hauses in der Vorburg ausführlich beschrieben wird, verdient der Lehensbrief als Quelle zur Burgtopographie größtes Interesse.

Ich führe die aufschlußreiche Textstelle des Lehensbriefes im Wortlaut an:

„Wir Gotfrijt herre zu Eppenstein bekennen und thun kunt allermenlich in dissem briffe wer yne syhet adir horet lesen vor uns alle unser erben und nachkomen. Alsolich *hußdaz da gelegen ist zu Hoeberg in der vorburg* daz da steet und geheet uff den wegk alß man die *brucken uffenrijdt adir geheet zu der rechten hand* daz da gewest ist und waz der *Clemen* daz wir Gotfrijt herre zu Eppenstein umb sie gekaufft han mit allem syme begriffe und zugehorde mit wege und allen plachen und dar zu die hebestait die an frouwe Annen und ir sone stalle stossent geim irme dore und Hennen Brendels huß gene obir die auch allewege zu dem obgenatn huße gehoret und gehoret hait und den stal gein dem obgenanten huse obir den wir dar machten und machen lissen auch mit syme begriffe und zugehorde und hoffestadt daz da stosset uff unsern *burggraben* auch mit syme begriffe und zugehorde umb und umb und die hoffestait und placken der an dem obgenaten huse lijhet alsman auch die brucken uff rijt adir geheet zu der rechten hant und geheet biß uff den wegk und eynen *garten dar zu der da gelegen ist von der ussersten porten de ma ußenrijt adir geet gein dem heilgin huse* zu der rechte hant czuschen den czween graben an Clesgin Golopp auch mit syme begriffe als wir und die unsern uns dez gebruchet han mit syner zugehorde das obgenat huß stall hobestatt placken und gartten wie sij in dissem briffe begriffen und geschrebe sint erkenne wir Gotfrijt herr zu Eppenstein ebgenat vor uns unser erben und nachkomme daz wir daz allez als is oben benat ist und geschreben steet geben und gegeben han incrafft und macht disses briffes dem vesten Jorgen Brendeln von Hoenberg dem alden und synen libes leheens erben hette er nit libes lehens erben sust synen rechten nehsten erben diee ime von syme vatter die nehsten weren angueerde und sal und mag sich der obgenant Jorge und seine erben als vor underscheiden und geschreben steet des abgenanten

67

husses stalles hoffestat gartten mit ir zugehorde gebruchen und da midde thun nach allem iren besteem und sollen und wollen wir Gotfrijt herre zu Eppenstein unser erbin adir nachkomen adir nyment von unsernt wegen adir auch sust sie nit darane hindern irren adir bedrangen adir schaffen gethan werden sundern wir soln und woln sie getruwelichin da bie hanthaben und beschuren nach allem unsern vormogen an alle geuerde. Auch als Jorge obgenat Fredderich Brendeln syme vettern zuhait gesaget und gegeben den gangk und wegk der dann da gehet uß syner muter huß uff daz heymlichkeit und daz heymlichkeit dar zu sollen wir Fredderich lassen hindern gene dem obgenaten huß"[132]).

Wir erfahren hier aus der Urkunde von der Burgbrücke, vom Burggraben, vom äußersten Burgtor, vom Haus Clemen, Haus der Frau Anna, einem dritten Wohngebäude des Johann (Henne Brendel), einem vierten, das Friedrich Brendel gehört, ferner vom „heiligen huse", der Burgkapelle, von einer „heymlichkeit mit syme gange", Garten, Placken und Weg. Es handelt sich um wichtige Einzelheiten der Vorburg, für die uns keine anderen schriftlichen Nachrichten vorliegen. Erfreulicherweise können wir uns aus diesen Angaben ein ungefähres Bild von der Vorburg machen. Auf der linken Seite ist der ummauerte Friedhof, in dem beerdigt wurde, bis die Burg abgebrochen und das heutige Schloß erbaut wurde.

Ein genaueres Bild von der inneren Burg gewinnen wir erst aus den Archivalen der hessischen Landgrafenzeit aus der zweiten Hälfte des 16. Jahrhunderts. In der Rubrik Baukosten der jährlichen Kellereirechnungen beggenen mitunter kurze Einträge über Reparaturarbeiten an der Burg. Aufschlußreicher sind die Inventare der Burg, die der Keller seinen jährlichen Amtsrechnungen hinzufügte. Diese Inventare unterscheiden im inneren Burghof: Wohngebäude, Turm, Brunnen, Scheuer und Zehntscheuer, Marstall, Ochsenstall, des Kellers Pferdestall, Hundestall und die Kelter.

Im Erdgeschoß des Wohngebäudes, das dreistockhoch war, hausten die hessischen Landgrafen, wenn sie in Homburg auf der Jagd weilten. Im Jahr 1582 wird das neue Gemach erwähnt mit zwei Rehgeweihen, einem eisernen Ofen und acht Zinnschüsseln.

Im ersten Stockwerk befand sich die „Saalstube", der alte Rittersaal (Palas), in dem 1579 ein gußeiserner Ofen erwähnt wird. Im Saal stand ein Tisch, an den Wänden ringsum waren Bänke angebracht, und in der Wand befanden sich zwei eingemauerte Schenken und ein Glasschrank mit Trinkgefäßen.

Im obersten Stockwerk lagen die Frauengemächer, die schon im Mittelalter heizbar waren; eingemauerte offene Feuerstätten (Kamine) spendeten in früheren Jahrhunderten den Kemenaten Wärme. Eine Urkunde vom 25. November 1368 berichtet: „item die stoben zu binden (verputzen, einen Anstrich geben) un ein oben (Ofen) in den stoben un ein scank (wohl Schank) in der stoben uff der burg hat kost zu machen zwei pund und funft schilling heller". Im Jahr 1581 standen im Frauengemach an der Wand befestigte Bänke.

Die Burginventare unterscheiden Küche und Siedehaus. In der Küche befand sich eine Anrichte („anricht bangk") und im Siedehaus wird ein großer Rinn-

---

[132]) Stadtarchiv Homburg, Steinmetz Mappe, Urkunden, Regest im Staatsarchiv Wiesbaden, Abt. 310, Nr. 104 vom 2. Juni 1441.

stein („gossen steyn") erwähnt. In der Speisekammer, die zwischen Küche und Siedehaus lag, stand ein Schragen (Gestell aus gekreuzten Stangen), woran das Fleisch aufgehängt wurde. Zum Bestand des Kellerraumes gehörten zwei fünfohmige Bottiche („buedden"), zwei beschlagene alte Borneimer, vier hölzerne Schüsseln und ein Eichenzuber, von dem das Inventarverzeichnis bemerkt, daß er im Marstall benützt wird. Auf dem Fruchtboden werden an Geräten aufgezählt: 3 Kornschaufeln, an trockenen Hohlmaßen ein beschlagenes Simmer, eine beschlagene Meste und ein Gescheid. Erwähnt wird ferner ein Mehlschloß, das zum Verschließen der Mehlkiste diente.

Ein Kanzleigebäude für Verwaltungszwecke gab es auf der Burg nicht, nur eine Schreibstube, die erstmals in der Homburger Kellereirechnung vom Jahre 1570 belegt ist. Die Rechnung verbucht in der Ausgaberubrik „Baugeld" den Preis von 52 Paar Kacheln, die bei der Instandsetzung der Öfen in der Saalstube, Schreibstube und Badestube gebraucht wurden. Im täglichen Sprachgebrauch bedeutete der Name Schreibstube das Rentamt. Hier hatten die herrschaftlichen Beamten ihren Dienstsitz, hier amtierten Keller, Schultheiß und Amtsschreiber, hier führten sie die Bücher über alle Geld- und Naturaleinnahmen, die aus der Stadt Homburg und den Amtsdörfern einflossen, verbuchten alle Ausgaben, hier war das Archiv, und hier wurden in der Truhe die Gerichtsbücher und Urkunden aufbewahrt[133]).

Bemerkt sei noch, daß ein Doloritstein mit Inschrift 1723 an der Saalburg gefunden wurde. Das Original befindet sich heute im Saalburg Museum; in den Weißen Turm ist eine Nachahmung eingelassen.

P. CAES. M	Imperatori Caesari Marco Aurelio
ANTONINO PIO	Antonino, Pio Fe-
LIC. AVG. PONTI	lici Augusto, Pontifici
MAX. BRITAN. M	Maximo, Britannico maximo
PARTHICO, MA	Parthico maximo
TRIBUNIC. POT	Tribuniciae potes-
TATIS. XV. COS. T	tatis XV., consuli III
P. P.PROCOS. COH	patri patriae, proconsuli cohors VII.
ANTONINIA	Vindelicorum Antoniniana
DEVOA. NUM	eo devota
EIVS	numini ejus

„Dem Kaiser Marcus Aurelius Antoninus, dem frommen, glücklichen Augustus, obersten Priester, dem größten Brittanischen, dem größten Parthischen, im fünfzehnten Jahre seiner Tribunsgewalt, als er dreimal Consul war, dem Vater des Vaterlandes, dem Proconsul, seiner Göttlichkeit hat die ihm ergebene vierte Cohorte der Vindelicier, die Antoninianische genannt, diesen Denkstein geweiht"[134]).

---

[133]) Staatsarchiv Marburg, Gesamtarchiv, Kellereirechnungen des Amts Homburg.
[134]) Lehne, Schriften, I. Band, S. 378, Nr. 126, Lehne setzt die Schrift in das Jahr 212 nach dem dritten Consulat des Caracalla.
Römer, Die römische Grenzbefestigung des Taunus, im: Archiv für Frankfurts Geschichte und Kunst. 1847, 4. Heft, S. 91 und 92. Mit der Inschrift des Steines befaßten sich hervorragende Gelehrte wie Grotefend, Orelli, Kraus, Steiner und andere.

VI. Die Burggrafen Brendel von Homburg

Das Burggrafengeschlecht der Ritter Brendel von Homburg gehörte dem niederen Adel an, war im Spätmittelalter aber hochangesehen und trug das Homburger Burglehen drei Jahrhunderte hindurch als rechtes Mannlehen. Das Burggrafenamt vererbte sich vom Vater auf den Sohn; so sind die Brendel vom 14. bis zum 17. Jahrhundert mit der Homburger Burg- und Stadtgeschichte aufs engste verknüpft. Sie waren kraftvolle Haudegen, umworben von der Gunst der Territorialherren; sie dienten als Lehensträger den Herren von Eppstein, von Falkenstein-Münzenberg, dem Erzbistum von Mainz, den Grafen von Nassau und von Hanau. Im Erwerb von Grundbesitz besaßen sie lange eine glückliche Hand. Ihr Stern erblaßte unter Philipp dem Großmütigen. In ihrem tragischen Los spiegelt sich der Untergang der Ritterzeit im Taunusvorland.

Die Brendel verdienen in der Homburger Heimatgeschichte eine eigene historische Studie. An Hand des Urkundenmaterials, das hauptsächlich aus Lehensbriefen und -reversen, einigen Heiratsurkunden und Kaufbriefen besteht, ist die genaue biographische Erfassung der einzelnen Männer kaum möglich.

Die Brendel stammen aus der Ritterfamilie von Bommersheim-Praunheim. Sie waren auch verwandt mit den Familien Huser und Reyzel. Dies geht aus einer Urkunde vom 11. Oktober 1323 hervor, in der die Ritter Reyzel und Burghard Huser von Homburg bekennen, daß ihre Lehensgüter zu Bonames, Kalbach und Harheim dem Bruder und Vetter Heinrich Brendelin und den Ganerben gehören.

Die Brendel führten in ihrem Wappenschild einen goldenen Zickzackbalken auf rotem Grund, der Balken hat unten drei, oben zwei Zacken, über dem Schild befanden sich zwei rotgoldene Adlerflügel; auch die Reißel, Huser und Frizze führten dieses Wappen.

Burghard Brendel von Bommersheim

Die erste gesicherte Nachricht über die Brendel liegt erst aus der zweiten Hälfte des 13. Jahrhunderts vor.

Im eppsteinischen Lehensbuch erscheint „Burkardus dictus Brendelin"[135]) als Lehensmann Gottfrieds III. von Eppstein (nachweisbar 1247-1293). Burkhard hatte in Oppershofen, in Oberhessen, ein Zinsgefälle von 7 Solidus weniger 4 Denar, das vor ihm „Herbord de Hoinberch" als eppsteinscher Lehensträger innehatte. Ein Herbord wird im Lehensverzeichnis Gottfrieds III. von Eppstein „Herbordi de Prunheim" genannt und besaß in Erbenheim bei Wiesbaden ein Lehen, das von Wortwin von Homburg herrührte[136]). Dieser Herbord von Praunheim ist mit Herbord von Homburg nicht identisch, er kann aber sein Vorfahre gewesen sein; jedenfalls gehörte er zu dem Geschlecht Bommersheim-

---

[135]) Paul Wagner, Die Eppsteinschen Lehensverzeichnisse und Zinsregister des XIII. Jahrhunderts, Wiesbaden und München, 1927, S. 104, Abschnitt 289 „Item Burkardus dictus Brendelin habet in Hoppershoven 7 solidus preter 4 denarios in die beati Martini, et fuit dictum feodum Herbordi de Hoinberch".

[136]) Ebenda, S. 94, Abschn. 217, „Item Starcradus ... Erbenheim feodum, Quod fuit Herbordi de Prunheim a domino Wortwino de Hohenberch".

Praunheim, dem auch die Brendel angehörten. Anzunehmen ist, beide Herbord seien Homburger Burgmannen gewesen, und in Burkhard Brendel dürfen wir wohl ihren Nachfolger im Burgmannsamt sehen.

Obige Erwähnung Burkhards im eppsteinischen Lehensbuch zeigt die Brendel zum erstenmal in einer Lehensbeziehung zum Hause Eppstein. Sonst begegnet „Burkhardus Brendelin" zusammen mit einem gewissen „Theodoricus de Pruinheim" als Eppsteinscher Lehensträger; diese Urkundenstelle bezeichnet Burkhard als Oheim (patruus) des Diedrich[137]). Nach Paul Wagner ist „Dietrich gen. Zenichen" als Vertreter des Geschlechtes von Bommersheim-Praunheim anzusprechen[138]). Über dieses Geschlecht, das die Frankfurter Schultheißen Heinrich und Wolfram II. von Praunheim stellte, sind wir gut unterrichtet; Schenk zu Schweinsberg veröffentlichte darüber zwei Arbeiten[139]).

Heinrich Brendel (etwa 1300-1353)

Heinrich gehörte mit Sicherheit dem gemeinsamen Bommersheimer Verwandtschaftskreis der Brendel, Huser und Fritz an. Über seine Abstammung aber fehlen nähere Hinweise. Seine Eltern und seine Geburtsdaten sind nicht bekannt. Ob Heinrich ein Sohn des Burkhard Brendel oder des Johann Brendel war, bleibt dahingestellt. Heinrich kann daher in den genealogischen Aufbau des Geschlechtes nicht eingefügt werden. Er hatte einen Bruder Reyzel und einen Vetter Burkhard Huser, die sich beide 1323 Ritter von Hohinberch nennen[140]); daher sicher Homburger Burgmannen waren. Heinrich Brendels Gemahlin hieß Lisa[141]), (die in zweiter Ehe mit Konrad von Hattstein verheiratet war). Sein Sohn Burkhard war Mönch in Seligenstadt[142]). Zum letztenmal kommt er in einer Urkunde[143]) vom 14. 1. 1353 vor, in der er von sich sagt „Heinrich von Brendel Edelknecht und sin Erben", daraus müssen wir wohl annehmen, daß er Kinder hatte.

Sein erstes Auftreten im Falkenstein-Münzenberger Lehensverzeichnis im Jahre 1300, „in deme faste iare", zeigt ihn im Besitz eines recht umfangreichen Lehensbesitzes: 5 Morgen am Seulberger Weg, 6 Morgen am Kalbacherweg „an der werbe", 1 Morgen bei Eschbach und „an deme Setzlinde" 5 Morgen[144]).

---

[137]) Ebenda, S. 106, Abschn. 308, „Item habet ipse (Theodoricus de Pruinheim) et Burkardus Brendelin patruus eius duos mansos in Sindelingen".

[138]) Ebenda, S. 106, Anm. 1.

[139]) Dr. G. Schenk zu Schweinsberg, Beiträge zur Kenntnis der in Frankfurt begütert gewesenen Adelsfamilien, Neujahrsblätter des Vereins für Frankfurter Geschichte 1878, S. 11-15, und im Correspondenzblatt 1875.

[140]) Hessisches H. St. A. Wiesbaden, Repertorium 316, Nr. 7. Urkunde vom 11. 10. 1323.

[141]) Baur, Hessisches Urkundenbuch, Bd. I. Nr. 749, S. 521. „Heinrich Brendelin eym Ritther fon Hohinberg und Lysa myn Elich wirthin" — 14. 10. 1333.

[142]) Hessisches Staatsarchiv Wiesbaden, Repertorium 310, Nr. 7. „... sime sone hern Burcharde von Selegenstadt deme muncke ...".

[143]) Baur, Hessisches Urkundenbuch, Nr. 876, S. 594.

[144]) Staatsarchiv Würzburg, Falkensteiner Kopialbuch, Folio 72, Mainzer-Bücher verschiedenen Inhalts, Nr. 70.

Es ist aufschlußreich, daß sich dieser zerstreute Grundbesitz im Eppsteiner Lehensbuch schon sehr früh als altes Homburger Burggrafen- und Burgmannen-Lehensgut fassen läßt.

Johann Brendel (urkundlich nachweisbar 1350-1384)

Mit Johann Brendel, über den schon mehr Quellenmaterial vorliegt, beginnt ein rascher Aufstieg des Hauses Brendel von Homburg. Er begegnet am 5. Dezember 1350 zum erstenmal in einer eppsteinschen Urkunde[145]), mit der die Brüder Gottfried und Eberhard von Eppstein ihm und seinen Erben das Seltersgut zu Ruprechtshain, nördlich Eppstein, als Burglehen mit Vorbehalt des Wiedereinlösungsrechts verleihen. Der Lehensbrief setzt das Lösegeld mit 40 Mark fest und enthält noch die Versprechung, daß die Kosten der möglichenfalls eintretenden Besserungen nach Landesgewohnheit vergütet werden. Mit dieser Urkunde ist Ritter Johann Brendel als Eppsteiner Burgmann bestätigt, ob das Burglehen mit der Burg Eppstein oder der Burg Homburg verbunden war, ist nicht überliefert.

Erst eine andere eppsteinsche Lehensurkunde, datiert vom 23. April 1354, bezeugt „herre Johann Brendil von Hoinberg ritter"[146]). Die Brüder Gottfried und Eberhard von Eppstein sprechen anerkennend über den willigen Dienst und guten Nutzen, den sie Johann Brendel verdanken und bestätigen, daß weder ihnen noch ihren Erben an den drei Morgen Weingarten, gelegen beim Albanborn, kein Anteil zustehe, denn Johann Brendel habe den Weingarten von einem gewissen „Rutbehers" (Ruprecht?) von Steinheim als rechtliches Eigentum für sein Geld gekauft.

Die vorzügliche Führung seiner Amtsgeschäfte weisen Johann Brendel als trefflichen Ritter aus, daß er sich den Weingartenkauf bescheinigen läßt von seinem Lehensherrn, kennzeichnet ihn als einen vorsichtigen, klugen Mann. Johann erscheint in den bisherigen Urkunden in Lehensabhängigkeit zu den Herren von Eppstein. Er wird Ritter von Hohenberg genannt und aus dem als Burglehen verliehenen Selzergut kann man wohl den Schluß ziehen, daß er als Burggraf auf Burg Homburg saß. Er war verheiratet, seine Frau hieß Hebil (Hebele).

In der Seulberger Gemarkung hatten die Brendel ein Lehen von den Grafen von Veldenz. Das Lehensgut umfaßte 7½ Huben, und Johann hatte es nach dem Tode seines Vaters allein inne. Sein Stiefbruder Markolf, der sich von Hattstein nannte, erhob ebenfalls Anspruch auf das Lehen. Am 18. November 1354 schlichtete Graf Heinrich von Veldenz in Kreuznach den Streit zwischen den Brüdern[147]). Markolf zog den Kürzeren; der Lehensherr sprach die Nutznießung der Seulberger Huben — etwa 200 Morgen — allein Johann zu. Johann hatte einen guten Schuß Bauernschlauheit im Blut, war vorsichtig und

---

[145]) Hessisches Staatsarchiv Wiesbaden, Repertorium 310, Nr. 10.

[146]) In Ruppertshain waren die Herren von Eppstein schon lange begütert, ihr jährliches Einkommen betrug nach einem älteren Register 30 Malter Futterhafer, der nach der Geldbede entrichtet wurde als eine auf der Gerichtshoheit beruhende Abgabe. (Wagner, S. 168 und Anm. 1.)

[147]) Staatsarchiv Wiesbaden, Repertorium 310, Nr. 12.

selbst den Herren von Eppstein gegenüber mißtrauisch. Er trug das Lehen gleich nach dem Tode des Vaters, dessen Name in der Urkunde nicht genannt wird, dem Grafen von Veldenz auf und empfängt es als Lehen zurück. Es hat den Anschein, als ob sich Johann gewaltsam in den Besitz der Erbschaft gesetzt habe. Es verlief alles nach seinem Wunsch, er hatte seine Geschwister alle beiseite geschoben und mit dem Lehensbrief in den Händen konnte er sein Recht beweisen.

Der Erbstreit schleppte sich Jahre lang hin, denn Markolf wollte seinen Anteil am Besitz nicht fahren lassen. Nach Markolfs Tod verquickten sich die Erbstreitigkeiten mit der Erbschaft Markolfs. Johannes Schwester Adelheid, die mit Eberhard von Echzell verheiratet war, trat als Erbin auf und forderte von Johann vom Ertrag des Seulberger Gutes, von 28 Achtel Korn, die Hälfte. Am 15. 8. 1360, vor dem Rat zu Friedberg im Beisein des Burggrafen Johann von Bellersheim, des Ritters Gilbrecht von Löw, u. a. m. erklärte Johann, daß das Lehen zu Seulberg ihm und seinem gottseligen Bruder Markolf gehöre, Adelheid aber stehe von der Korngülte nichts zu. Gelegentlich einer Verhandlung in Seulberg erklären die Bauern, an die das Gut in Landsiedellehen ausgetan war, daß sie bisher Adelheid keine Korngülte geliefert hätten. Johann erklärte sich bereit, Markolfs Anteil mit Adelheid zu teilen[148]).

Die Brendel hatten auch in der Dillinger Gemarkung ein Gut, das mütterliches Erbe war. Auch hier mußte dasselbe Schiedsgericht am 20. 8. 1360 ein Urteil fällen. Johann wollte das Gut nicht teilen mit seiner Schwester, er mußte sich aber der Sentenz fügen, daß er an Adelheid alljährlich solange Korngülte abzuliefern habe, bis er die Hälfte des Gutes mit 200 Pfund eingelöst habe[149]).

Johann Brendel war auch Falkensteinscher Lehensmann. Philipp VI. von Falkenstein (1352-1378) machte am 31. Mai 1359 Johann zum Erbburgmann von Königstein und übertrug ihm das halbe Dorf Dillingen samt Gericht, Leuten, Wasser, Weide, Wald, Renten, Gütern, Gefällen, Nutzen und Freiheiten mit Widerruf; das Lösegeld betrug 120 Gulden[150]).

Am 8. Juni 1357 trugen Johann Brendel und seine Frau Hebil ihre Seulberger Allodialgüter Graf Ulrich von Hanau zu rechtem Burglehen auf. Die Urkunde zählt ausführlich den Brendelschen Familienbesitz mit der genauen Lagebezeichnung in der Seulberger Mark auf:

3½ Morgen auf dem Felde gegen Seulberg bei Hunenburg,
3½ Viertel an der anderen Hunenburg,
3 Viertel unter Herrn Burghardt,
5 Viertel „hinter dem Hallgarten" im obersten Felde,
3½ Morgen am Stein,
3½ Morgen „an der Lederzeychin" im Felde gegen Holzhausen,
3½ Morgen an den „Neunmorgen an deme obersten gewade",
½ Morgen auf dem Riedacker, und
2 Morgen am Kreuze.

---
[148]) H. H. Sta. A. Wiesbaden, Repertorium 310, Nr. 17.
[149]) Ebenda, Repertorium 310, 19.
[150]) Ebenda, Repertorium 310, Nr. 16.

Nach Aussagen der Ortsansässigen bestehen diese Flurnamen z. T. noch heute[131]).

Wann Johann gestorben ist, wissen wir nicht genau. Da die Familie von Sterzelheim am 5. März 1385 allen Ansprüchen an dem Erbe des verstorbenen Johann Brendel und seiner Frau Hebele entsagt, segnete er das Zeitliche vor 1385[152]).

Die Brüder Konrad, Johann und Jorge Brendel

In einer Urkunde (datiert vom April 1386) ist von den 3 Söhnen Johannes: Konrad, Johann (Henne † 1428) und Jorge (Georg) d. Ä., die Rede. Unter ihnen begann der Niedergang des Geschlechts. Das Rittertum hatte seine Rolle ausgespielt, es lag in Fehden mit Städten, wie Frankfurt, und schloß sich zu Raubritter Ganerbschaften zusammen. Die Brendel gehörten zu den Reiffenberger Ganerben. 1401 fand eine Erbverbrüderung der Geschwister Konrad, Henne und Jorge Brendel statt. Sollte einer von ihnen ohne Kinder sterben, so fällt das Vermögen an die anderen Brüder. Die hinterlassene Witwe aber verbleibt während ihrer Lebenszeit im Besitz des Vermögens[153]).

Konrad wurde Priester in Bergen[154]), er hatte keinen Nachkommen. Johann[155]) starb 1428, und Jorge (Georg II.)[156]) diente als Amtmann zu Eppstein, † 1442. Die Johann-Linie führte Friedrich († 1475), der Sohn Johanns, fort, der die Burg Gräveneck an der Lahn erbte[157]). Sein Bruder Johann war Schultheiß in Frankfurt. Friedrich II., Sohn Friedrichs I. († 1519), hatte zwei Brüder, Johann[158]) und Bernhard[159]), die ohne Erben früh starben.

Georg II. war Gründer einer Nebenlinie, in der Georg VI. († 1474) den Stamm weiter führte[160]). Er hatte vier Söhne: Rudolf d. Ä.[161]) (nachweisbar 1464-1491), Ebert (Eberhard, nachweisbar 1481-1519)[162]), Georg VI. und Johann[163]). Letzterer war Domherr zu Mainz und Chorherr zu St. Alban, der zu Gunsten seiner Brüder Jorg, Eberhard und Rudolf auf sein elterliches Erbteil verzichtete[164]).

---

[151]) Sta. A. M. Hanauer Lehensarchiv. Von den beiden Siegeln hängt nur noch das zweite an; es ist kreisrund und zeigt auf dreieckigem Schild eine Querbinde mit der Umschrift: S HEBELE. Gedruckt: Hanau Münzenberger Landesbeschreibung, S. 224, Kopp, De insigni diff. 432.
[152]) Ebenda, Repertorium 310, Nr. 48.
[153]) Ebenda, Repertorium 310, Nr. 60, vom 7. Mai 1401.
[154]) Ebenda, Repertorium 310, Nr. 50.
[155]) Repertorium 310, Nr. 80, 81, 82, 93.
[156]) Repertorium 310, Nr. 112, 113, 114, 117.
[157]) Repertorium 310, Nr. 92, 94, 95, 137, 139.
[158]) Repertorium 310, Nr. 149.
[159]) Repertorium 310, Nr. 60.
[160]) Repertorium 360, Nr. 112, 114 u. 117.
[161]) Repertorium 310, Nr. 182, 198.
[162]) Repertorium 310, Nr. 150.
[163]) Repertorium 310, Nr. 191.
[164]) Repertorium 310, Nr. 147.

Die Brendel-Brüder, Jorge, Eberhard und Rudolf, nehmen am 7. April 1474 eine Erbteilung ihres väterlichen und mütterlichen Erblehens vor, halten aber äußerlich weiterhin an der Ganerbschaft dieser Lehen fest[165]). Ihre Lehensbriefe werden in der Burg Friedberg in einer Kiste aufbewahrt[166]). In der Burg Friedberg steht heute noch das alte Brendelhaus. Johann Brendel († 1551) war Burggraf in Friedberg[167]).

In der Zeit Landgraf Philipps des Großmütigen erlosch der Stern der Brendel in Homburg mit ihrer Teilnahme an der Sickingischen Fehde und im Schmalkaldischen Krieg. In den dreißiger Jahren verkauften sie Liegenschaften, Äcker, Wiesen, Häuser[168]).

Johann Oiger Brendel heiratet Klara Riedesel, die Tochter des Johann Riedesel von Eisenbach[169]). Daniel Brendel wählt die Beamtenlaufbahn, wird fürstlich würzburgischer Oberkämmerer und Assessor am Landgericht[170]). Georg Oiger Brendel wirkt als kurmainzischer Amtmann zu Dieburg und heiratet Anna, geborene Bellersheim, aus der Ehe entsproß Johann Eitel Brendel[171]). Mit diesem bambergischen Rittmeister, der in Oberstedten wohnhaft war, starb die Homburger Linie des Geschlechts der Brendel im Jahre 1615 aus. Der letzte Stammesproß der GräveneckerLinie wurde mit Daniel Brendel im Jahr 1633 zu Grabe getragen.

Hier sollen einige stadtgeschichtlich interessante Einzelheiten über das Verhältnis der Brendel zur Stadt erwähnt werden. Ich entnehme der Stadtrechnung von 1552 einen Eintrag:

„Item 2 ß 6 h Jacob Vilwiln hat dem Burgräwen ein schrifft bracht welche Christoffel Kamberck und Caspar Schebolt bracht, die hirtenpfründ belangen[172]).

Bevor wir diesen Eintrag behandeln, müssen wir einige erklärende Bemerkungen vorausschicken.

Verehrende Bewunderung wurde dem Burggrafengeschlecht Brendel von Homburg von seiten der Stadtbürger niemals zu Teil. Im Gegenteil: man fügte sich der Willkürherrschaft der militärischen Machthaber, solange man eben mußte, und duldete ihre Eigenmächtigkeit. Die Burggrafenherrlichkeit erlosch aber in ihrer letzten Waffentat (Sickinger Fehde), in der sie sich gegen den Landgrafen auflehnten. Die Politik des Landgrafen war entschieden gegen alles Feudale und Veraltete gerichtet. Was sich überlebt hatte, stützte er nicht, es sollte fallen und untergehen. Im Laufe des 16. Jahrhunderts vollzog sich eine soziale Umschichtung des Rittertums. Der Adel verlor den Boden unter seinen Füßen. Die Einführung der Reformation, in Hessen 1526, verschärfte die Krise des hessischen Ritterstandes, die mit der Umwälzung im Heerwesen begonnen hatte. Die Klöster wurden aufgehoben. Wohin nun mit den überzähligen adeli-

---

[165]) Repertorium 310, Nr. 178.
[166]) Ebenda, Nr. 179.
[167]) Ebenda, Nr. 252, vom 8. Mai 1531.
[168]) Ebenda, Nr. 243, 249, 252 usw.
[169]) Ebenda, Nr. 262.
[170]) Ebenda, Nr. 421 vom 24. 9. 1602.
[171]) Ebenda, Nr. 424.
[172]) S. R. 1552, S. 51.

gen Söhnen und Töchtern? Bisher wurden sie Mönche und Nonnen. Von nun an aber mußten sie aus dem Adelsgut mit Erbschaft versehen werden. Dadurch zersplitterten sich die Rittergüter, die Ritter verarmten, und durch ihre wirtschaftliche Notlage verloren sie ihre gehobene soziale Stellung und ihr Ansehen.

Landgraf Philipp war städtefreundlich. Ihm verdanken die hessischen Städte ihren Aufstieg. Das Bürgertum lag ihm besonders am Herzen, er schätzte seine Bedeutung und Finanzkraft für den Territorialstaat hoch ein. In den Beschwerden der Städte gegen die Übergriffe der Ritter stand der Landgraf auf der Seite der Städte.

Kaum war der Streit wegen Überbauung städtischen Grundeigentums mit einer Scheune beigelegt, verweigerte der Burggraf die Hirtenpfründe. Er schickte seine Kühe auf die Allmende, auf den gemeinsamen Weideplatz in den Wald, zahlte aber den Hirtenlohn nicht. Die Hirtenpfründe wurde laut Homburger Bestallungsbuch dreimal im Jahr festgesetzt, für jedes Drittel Jahr mußten nach jeder Kuh eineinhalb Sechter Korn entrichtet werden. Die Pfründe sammelten die Hirten selbst ein. Brendel kam seiner Pflicht nicht nach. Man sandte im Auftrag der Stadt ein Ratsmitglied zu ihm, der um die Abgabe der Hirtenpfründe bat. Diese Anmaßung wies Brendel entrüstet zurück. Darauf beschloß der Stadtrat, daß Brendel seine Kühe nicht mehr mit dem Vieh der Bürger auf die Weide treiben dürfte. Die Stadt führte auch Klage auf der fürstlichen Kanzlei, die brieflich mitteilte, daß Brendel kein Vorrecht zustehe, er habe die Pfründe zu zahlen. Die Jahre 1553 und 1554 verliefen, ohne daß Brendel seiner Pflicht nachkam. Erst 1555 zahlte er endlich rückgängig den schuldigen Hirtenlohn, der schon über 5 Gulden angestiegen war.

Dieser Fall gewährt uns einen Einblick in die unerträglichen Verhältnisse, in denen der Burggraf mit der Bürgerschaft lebte. Kaum war ein Konflikt beigelegt, brach ein neuer los, die Gegensätze prallten in alter Feindschaft immer schärfer aufeinander. Die Differenzen lagen auf wirtschaftlichem Gebiet, hier war es die Allmende, an der Brendel sein Anteil ohne Entrichtung der Hirtenpfründe geltend machen wollte. Der Rat schritt dagegen energisch ein und drang mit Hilfe des Landgrafen auch durch.

Eine neue Zeit war angebrochen, die der Burggraf Brendel nicht verstehen wollte, denn er hielt blind an dem mittelalterlichen feudalen Standesrecht fest, das im demokratischen Gemeinwesen der Stadt längst außer Kraft war.

VII. Die Burg Homburg als pfalzgräfliches Lehen

Pfalzgraf Heinrich II. (1305-1339) gehörte der Landeshuter Linie der bayrischen Herzöge an, die alle gleichzeitig auch den Titel Pfalzgrafen am Rhein führten. Heinrich regierte anfangs mit seinem Bruder Otto IV., seinem Oheim Otto III. und seinem Vetter Heinrich III. Nach der vierten bayrischen Erbteilung im Jahr 1331 beherrschte er allein das ihm zugefallene Niederbayern[173]).

In dieser Zeit (1334) wandte sich Gottfried IV. von Eppstein in seiner finanziellen Not an den reichen Heinrich II. und nahm von ihm ein Darlehen von tausend Pfund Heller auf. Damals wurde das Geld tatsächlich noch mit der Waage gewogen. Als Bürgschaft hat Gottfried dem Pfalzgrafen die „veste Hohenburch" aufgetragen und erhielt von ihm die Burg als rechtmäßiges pfalzgräfliches Lehen zurück. Über das Leihgeschäft wurde eine Lehensurkunde[174]) von Heinrich ausgestellt, die ich in Faksimile veröffentliche und der ich eine Transkription und Erklärung hinzufüge. Im Lehensbrief ist die Lehensart deutlich angegeben: zu rechtem Lehen. Gottfried gab dem Pfalzgrafen einen Reversbrief, eine Gegenurkunde und leistete den Lehenseid mit Mund und Kuß, wie es damals üblich war. Damit war der Pfalzgraf der Lehensherr und Gottfried sein Vasall, sein Lehensträger.

Das Lehensdokument hat Gottfried von Eppstein-Münzenberg, als er Homburg dem Grafen Philipp von Hanau 1487 verkaufte, mit anderen Urkunden übergeben. So gelangte auch der Lehensbrief des Pfalzgrafen Friedrich von 1467 in den Besitz der Grafen von Hanau und kam mit dem alten Hanauer Archiv nach Marburg ins Staatsarchiv. Ich führe die Lehensurkunde im Wortlaut an:

„Wir Heinrich von Gots genaden pfallentzgraf ze Reyn und hertzog in Baiern verjehen[175]) offenbar an dem brief, daz wir unserm lieben getrewn Gotfriden von Eppenstain schuldich worden sein tausent pfunt haller guter werung. Auch sullen der vorgenant Gotfrid von Eppenstain und sein erben umb daz selb gelt uns ir veste ze Hohenburch aufgeben[176]). Diselben vesten sullen sie wider von uns ze rechtem lehen[177]) enpfahen. Auch sullen si uns davon dienen und warten[178] on gewaerde[179]) als pilleich[180]) und recht ist und ein man tun sol seinem rehten herren. Wer auch daz wir nicht sein solden, daz Got nicht geb, so sol der vorgenant Gotfried von Eppenstain und sein erben mit der selben veste unserm eltisten son warten und, ob der abgieng, daz got nicht enwell, so sullen si ewichleichen dem eltisten unsers Oheims davon dienen und warten als uns selben an gevaerde. Wir geloben auch, im und seinen erben bei unsern genaden dez obengeschriben geltes zu weren[181]) und ze richten helbs auf

---

[173]) Hätle, Chr., Genealogie des erlauchten Stammhauses Wittelsbach, München 1870, S. 105.
[174]) Staatsarchiv Marburg, Extradenda Wiesbaden, Hanauer Urkunden, Nr. 3502.
[175]) verjehen = bekennen.
[176]) auf geben = die Oberlehensherrschaft auftragen, damit wird der Pfalzgraf Lehensherr.
[177]) zu rechtem Lehen = dem Recht gemäß als Lehensträger.
[178]) dienen und warten = untergeben sein und gehorchen.
[179]) gevaerde = ohne Hinterlist.
[180]) als pilleich = billig, von rechts wegen.
[181]) zu weren = gewähren.

sand Marteins tag, di schirst choment, und halbs auf die nechsten Weinachten, die darnach chomet, gar und gentzleich. Daruber ze urchund geben wir in den brief versigelten mit unserm insigel, der geben ist ze Franchenfurt, da von Christes geburt waren dreutzehen hundert air und darnach in dem vier und dreizzigsten iar an sand Sebastians und Fabians tag."

Nach einmaligem Durchlesen der Urkunde ist uns ihr Sinn klar. Der Pfalzgraf borgte dem Eppsteiner 1000 Pfund Heller, zwar heißt es im Text ausdrücklich, „wir — der Pfalzgraf nämlich — unserm lieben getreun Gotfrieden von Eppenstain schuldich worden sein". Eigentlich ist der Pfalzgraf der Geldgeber, der Gläubiger und der Eppsteiner der Schuldner. Demnach wandelte sich der Sinn des Ausdrucks aus dem Aktiv ins Passiv. Dies geht aus dem weiteren Inhalt der Urkunde deutlich hervor. Denn der Eppsteiner gibt dem Pfalzgrafen seine Burg Homburg (Hohenburch) als Pfand, als Haftung für den Borg. In der Urkunde sind auch die Rückzahlungstermine festgelegt. Die Urkunde ist vom 20. Januar 1334 datiert. Der Eppsteiner sollte die erste Hälfte des Betrages am kommenden Martinstag, die zweite Rate zu Weihnachten 1334 zurückzahlen. Weder Gottfried IV. noch seine Nachkommen konnten dem Pfalzgrafen das geliehene Geld zurückerstatten. So blieb Homburg pfälzisches Lehen.

Man würde fehlgehen, betrachtet man diese Urkunde als einen bloßen Leihbrief oder einen trockenen Schuldschein. Sie ist viel mehr.

Wenn wir den Text eingehender studieren, verspüren wir etwas vom geheimnisvollen Leben der Sprache. Lautstand und Bedeutung der Wörter, Rechtschreibung und Satzbau haben sich seit 600 Jahren merklich gewandelt. Im Leben der Sprache walten Kräfte und Gesetze mit Urgewalt. Doch nicht nur das Leben der Sprache ist unendliche Entwicklung, sondern auch das Leben des Blutes ist ewig. In beiden waltet das Göttliche. Aus dem Text der Urkunde erhebt sich der Todesgedanke. „Wer auch, daz wir nicht sein solden, daz Got nicht geb." Gleichzeitig mit der Vergänglichkeit des irdischen Daseins taucht die Sorge um die Erbfolge auf, und die Reihenfolge der Erbberechtigung auf die Homburger Burg wird genau festgesetzt. Homburg geht nach dem Tode des Pfalzgrafen an seinen ältesten Sohn über, und nach dessen Ableben vererbt es sich auf den ältesten Oheim. So steht neben dem Tod das ewige Leben der Generationen, das in die uferlose Zukunft mündet. Die Urkunde läßt uns einen Blick in die Tiefe des Lebens werfen und wird uns so zum Seelenerlebnis.

VIII. Homburg wird hanauisch

Fast 300 Jahre hindurch war Homburg mit kleinen Unterbrechungen im Besitz der Herren von Eppstein geblieben. Am 10. Februar 1487 verkaufte Gottfried IX. von Eppstein Burg, Stadt und Amt an den Grafen Philipp von Hanau.

Vor allem muß auf die Frage der Datierung des Verkaufs eingegangen werden. Ist 1486 oder 1487 das Verkaufsjahr? Wann wurde die Verkaufsurkunde ausgestellt? Jahr, Monat, Tag? Wann sprach der Eppsteiner seine Untertanen in Stadt und Amt Homburg von ihrem Treueid los? Wann huldigten die Homburger dem Grafen von Hanau? Da in der Homburger lokalgeschichtlichen Literatur[182]) 1486 als das Verkaufsjahr angegeben wird, muß diese Frage genau beantwortet werden. Eine kleine Zeittafel gibt uns eine klare Übersicht über die Reihenfolge der typischen Vorgänge bei diesem Verkauf.

Am Abend des 30. November 1486 fand in Heidelberg eine Besprechung über den Verkauf statt[183]). Am 10. Februar 1487 wurde die Verkaufsurkunde ausgestellt[184]). Am 21. Februar 1487 sprach der Eppsteiner seine Homburger und andere Hintersassen von ihren Verpflichtungen und Treueid los und ledig[185]). Am 24. Februar 1487 huldigte Homburg Graf Reinhard IV. von Hanau-Münzenberg[186]).

Dem Leser ist sicher schon aufgefallen, daß ich die Homburger Urkunden, die ich in den verschiedenen Archiven zerstreut noch aufspüren konnte, in meiner Stadtgeschichte in getreuer Nachbildung wiedergebe, denn Geschichtsschreibung ist einmal Begegnung mit alten Handschriften. Auch bei der Behandlung der Fragen, wie, wann und warum die Grafen von Hanau von Burg, Stadt und Amt Homburg Besitz ergriffen, gehen wir von einer einschlägigen Urkunde aus.

Das nebenstehende Faksimile erzählt uns, daß der Hofmeister des Pfalzgrafen am Rhein und Graf Philipp von Hanau als Käufer, ferner Gottfried von Eppstein als Verkäufer am Abend des 30. November (St. Andreastag) 1486 zusammenkamen, um einen Handel abzuschließen. Da wir aber zunächst die drei Personen näher kennen lernen wollen, stellen wir vorläufig alle anderen Fragen zurück. Der Hofmeister, der in der Urkunde nicht beim Namen genannt wird, war als Vertreter seines Herrn, des Pfalzgrafen, anwesend. Was ging wohl den Pfalzgrafen der Verkauf von Homburg an? Sehr viel. Ich erinnere daran, daß der Pfalzgraf Lehensherr von Homburg war, d. h. daß von ihm die Herren von Eppstein Burg, Stadt und Amt Homburg mit allem Zubehör zu Lehen trugen. Graf Philipp d. Ä. von Hanau war der Sohn des Grafen Reinhard III. von Hanau († 1452) und der Katharina von Mosbach.

---

[182]) Schudt, Homburg und seine Umgebungen, Homburg 1896, S. 25.
Feigen, Geschichte der Stadt Homburg v. d. H., Ausgabe III. 1921, S. 25. Beide nehmen das Jahr der Besprechung (1486) als das Verkaufsjahr an.
[183]) Badenisches Generallandesarchiv Karlsruhe, Abt. 67, Kopialbücher, Bd. 816, fol. 338a und 339.
[184]) Staatsarchiv Marburg, Abt. Hanau, Auswärtige Beziehungen, Nr. 1659 vom 10. Februar 1487.
[185]) Staatsarchiv Marburg, vom 21. Februar 1487.
[186]) Stadtarchiv, Gerichtsbuch I., folio 18.

Philipp wurde 1449 geboren und heiratete 1468 Ariadne von Nassau-Dillenburg. Aus dieser Ehe stammte Graf Reinhard IV. (1473-1512), der Homburg bis 1504 besaß. Gottfried von Eppstein ist eigentlich Gottfried IX. und der letzte der Linie Eppstein-Münzenberg, die mit ihm im Mannesstamm erlosch.

Der Ausverkauf des eppstein-münzenbergischen Hausgutes begann schon unter Gottfried VII. († 1437) und setzte sich unter Gottfried VIII. († 1466) fort. Gottfried IX. trat ein schwer verschuldetes Erbe an und war in seiner Finanznot gezwungen, weiteren Besitz zu verkaufen, um die dringende Schuldenlast bei den Frankfurter Juden bezahlen zu können. Im Jahre 1486 mußte er auch Homburg zum Verkauf anbieten, und dieses Geschäft führte die drei Herren zusammen.

Bei dieser Besprechung am Andreastag wurde beschlossen, daß Homburg (Hohenberg), das vom Pfalzgraf zu Mannheim herrühre, mit Schloß, Stadt und Amt verkauft werden solle. Die Kaufsumme sei bis Petri Stuhlfeier (18. Januar 1487) zu entrichten. Da zwischen Homburg und Kirdorf Grenzstreitigkeiten bestanden, vereinbarte man einen Grenzumgang, um den Streit beizulegen. Die Übergabe von Homburg an Philipp von Hanau sollte in vier Wochen stattfinden.

„Beredung ain kouffs zuschen dem von Hanaw und dem von Epstain.

Uf sannt Anndreas abennt anno domini 1486 ist ein kouff beredt durch unnsers gnadigen hern pfalzgrafen hofmaister unnd ret mit wissen und willen siner gnaden zwuschen den wolgepornen und edeln Phillips grafen zu Hanaw kouffer eins und Gotfriden hern zu Epstain verkeuffer annders teyls umb Hohemburg schloß und stetlin mit siner gerechtikait und zugehorung, das von der Pfalltz zu manlehen ruret, also das der von Hanaw darumb geben und bezaln soll nunzehentusennt gulden und soll die bezalung und vernugung geschehen uf kathedra Petri schirst und sunst lut der zettelung vormals hievon begriffen. Mer soll in vier wochen, den nechsten nach ingeben des schloß und amptz mit der zugehorde, ein unndergang geschehen zwuschen baiden gemarcken zu Hohenburg unnd Kirtorf gehorig. Dartzu soll der von Eppstein auch den von Hanaw geben ein glouplichs vidimus der punten uß dem teylbrief uber Ortemburg und sin zugehord sagen und was zu demselben tail gehorig ist zum furderlchsten als in vierzehen tagen nechstfolgende und soll des kouffs ain verschribung ufgericht werden, darinn unser gnadiger herr der pfalzgraf verwilligen soll, die leutlich und notturftig versorgt, daran der von Hanaw habend sy. Actum et datum Haidelberg ut supra und sint diser keuffzettel zwen glich luttend geschriben und von ainander geschnitten jeder parthy ainen ubergeben."

Die Verkaufsurkunde ist vom Samstag nach Agathatag, 10. Februar 1487, datiert. Gottfried IX., Herr zu Eppstein und Münzenberg, Graf zu Dietz, verkauft mit Einwilligung des Pfalzgrafen Philipp an seinen Schwager Philipp, Graf zu Hanau, Schloß und Stadt Homburg, die Dörfer Seulberg, Gonzenheim, Niederstedten, Oberstedten, Dornholzhausen und Köppern, „die Oberkeit gantz und ein Teil mit Namen das beeste was wir daselbst am selben dorffe haben". Das Hofgericht zu Obererlenbach, die Gerechtigkeit auf alle Einwohner zu Obereschbach, die Schäferei, den Schutz und ein Teil der Bede zu Bommersheim und die Gerechtigkeit zu Heddernheim. Ferner alle Kellereien, Amtsge-

Blick auf die Burg, Ausschnitt aus M. Merians Stich 1655 (zu S. 62). — Vor dem Bergfried steht das stattliche Palasgebäude mit Herrenhaus, Kemenate (Frauenhaus) und Burgkapelle, flankiert von einem niederen Turm, den ebenfalls eine Haube krönt. Das Wohngebäude hat eine imposante Fassade. Links von der Burg, talwärts am Abhang, steht ein idyllischer Winkel der malerischen, verträumten Altstadt Diedigheim. Das hohe Satteldach der ehemaligen gotischen Stadtkirche hat ein spitzes Türmchen, zierlichen Dachreiter. Der Vordergrund des Merian-Bildes zeigt einen geometrisch angelegten Ziergarten. — Dieses Bild von einmaligem Reiz bleibt eine immerwährende Erinnerung an die mittelalterliche Bad Homburger Stadtgeschichte.

XII

Eberhard Kieser, Frankfurter Kupferstecher: Ansicht von Homburg vor der Höhe, Frankfurt a. M. 1627 (zu S. 59).

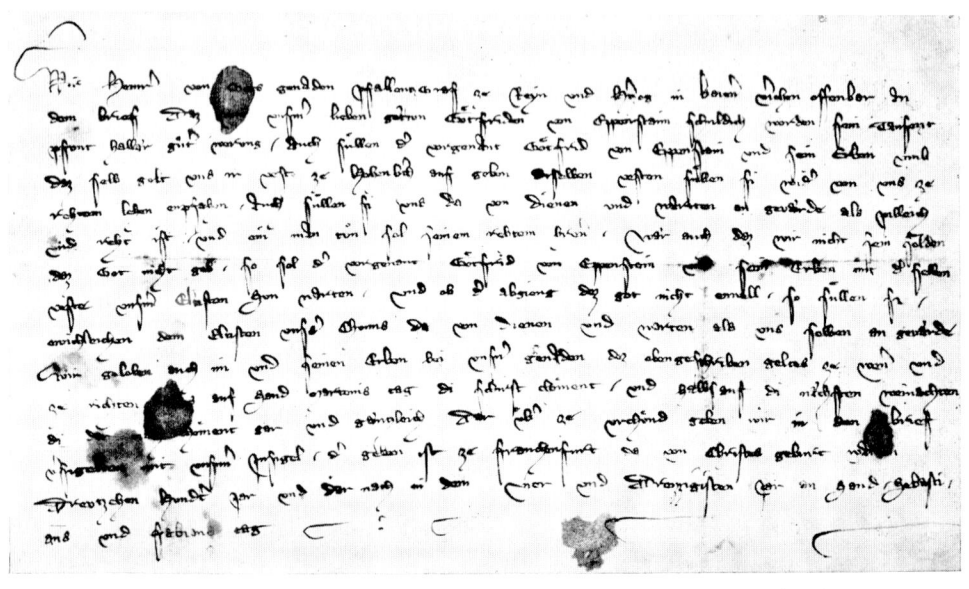

Original im Staatsarchiv Marburg. Extradenda Wiesbaden, Hanauer Urkunden, Nr. 3502 vom 20. Januar 1334. Pfälzischer Lehensbrief für die von Eppstein über die Feste Homburg (zu S. 77).

"Beredung ain kouffs zuschen dem von Hanaw und dem von Epstein" 1486 November 30. Bad. Generallandesarch. Karlsruhe, Abt. 67, Kopialbücher, Bd. 816, fol. 338a u. 339.

richte, Marktrechte mit allem was dazu gehört, In- und Zugehör, Wüstungen, Höfen, hohen und niederen Vogteien, die in das Amt Homburg gehören und mit allen Nutzungen und Gefällen, es seien Äcker, Wiesen, Weingärten, Zehnten, Mühlen und Wälder, sowie der Hohe Markwald mit aller Gerechtigkeit. Schließlich alles, das bisher von altersher zu Homburg und in das Amt gehört hat, Wasser, Fischerei, Weide, Wildbann, Zinsen, Dienste, Gülten, Beden, Geldstrafen hoch und nieder.

Die Verkaufsurkunde zählt in breiter Ausführung viele Einzelheiten mit den üblichen Formeln und Wiederholungen auf, was 1487 in das Amt Homburg gehörte. Der Wert des Dokuments ist, daß wir daraus ein ungefähres Bild vom Gesamtvermögen und den Einkünften der Herrschaft Homburg bekommen, die um 19 000 Gulden verkauft wurde. Der Vertrag nennt neben Burg und Stadt Homburg die 6 Amtsdörfer. An erster Stelle das größte Dorf Seulberg und zuletzt das zweiherrische Köppern, wo die Ritter von Reifenberg begütert waren.

In einer Urkunde[187]) vom 21. Februar 1487 erklärt Gottfried IX. von Eppstein, daß er spürbarer, lästiger Schulden wegen Homburg an seinen Schwager Graf Philipp von Hanau verkauft habe. Auf diesen „Kaufbrief" müssen wir kurz eingehen. Nach dem Wortlaut der Urkunde bedient sich der Eppsteiner des Verkaufs, um seiner Herrschaft keinen weiteren verderblichen Schaden zuzufügen. Dies wird ausdrücklich betont. Er konnte Homburg nicht halten und wird keinen anderen Ausweg aus der finanziellen Not gefunden haben. Gottfried von Eppstein spricht nun seine Leute, — „euch von Hoenburgk und alle anderen Hindersassen" — von dem ihm geleisteten Treueid „gantz quit ledig und losse". Er gebietet ihnen, dem Grafen von Hanau als ihrem rechten Grundherren zu huldigen. Eine neue Rechtslage war durch den Verkauf entstanden, diese zu klären und jedes Mißverständnis zu beseitigen, war Aufgabe der Urkunde. In dieser Hinsicht ist die Urkunde ganz typisch; jeweils bei Verkauf oder Verpfändungen wurden die Untertanen von ihren alten Verpflichtungen freigesprochen und ihnen gleichzeitig die Anerkennung des neuen Grundherren anbefohlen, die in der Huldigung ihren Ausdruck fand.

Der Verkauf von „Schloß und Stadt Hoenberg vor der Hoe gelegen mit siner zugehore" schließt eine Epoche 300jähriger Eppsteiner Landeshoheit ab.

Die Urkunde ist vom Aussteller besiegelt. Siehe die schön erhaltene Urkunde.

„Wir Gottfritt here zu Eppstein und zu Mintzenberg grave zu Ditz bekennen und ton kunt offentlich mit dissem briefe vor uns, unser erben und nachkommen, nach dem wir uns merglicher überlestiger schulde, auch unser und unser herschafft verderplichen zukunfftigen schaden derhalben zuvorkommen und wyteren nutz anzurichten willens und uß solicher bewegnis mit dem wolgebornen Phillipsen graben zu Hanau dem eltern unserm lieben swager eins kauffs umb unser sloß und stadt Hoenburg vor der Hoe gelegen mit siner zugehore inhalt des kaufbriefs eins kauffs vereynigt, der ursach wir den gemelten unsern swager des itzgerurten kauffs als billich uf hude anzeige diß briefes zu weren vorsatz haben. Heruff ist unser meynunge uch in crafft diß briefs ernstlich bii den pflichten und eyden ir uns verwant sint befellen, dass ir anfenglich samentlichen und iglicher besonder schultheiß, scheffen und gantz gemeyn gemeinlich des gemelten unsers flecken zu Hoenburg darzu alle ander inwoner, wo und an

---

[187]) St. A. M. Hanauer Urkunden Ämter und Orte, Nr. 3515 vom 21. 2. 1487—.

welchen enden in den bestimpten flecken inhalt des kauffbriefs die gesessen und in kauffe gehorig, dem obgenannten unserm swager von Hanau oder siner geschickten gewaltigen machtbotschafft glubde und als ewerm rechten hern schweren und huldunge ime, hienforters zugewarten thon wollent. Und so soliche huldunge also wie obgemelt von uch gescheen und von wegen unsers swagers von Hanau gnugsam huldunge und pflicht genommen sin, als dan und nit ehe sagen wir Gottfritt obgenant vor uns unser erben und herschafft euch von Hoenburgk und alle ander hindersassen, so in den gemelten kauff inhalt des kauffbriefes gehoren, ewer gelubde und eyde samentlichen und iglichen besonder in crafft diß brieffs gantz quit, ledig und loße. Und ob sich eynicher wyter befelle und uffgebunge der unsern oder gemelten unsers sloß und stat Hoenburg mitsampt siner zugehore inhalt des kauffebriefs uns von recht oder gewonhit zu thon geborte, wollen wir in crafft diß briefs auch herin gethan und vor uns, uńser erben und herrschafft der gemelten flecken und inwoner derselben gnugsamlichen verziegen und dem gedachten unserm swager von Hanau zu sinen handen in crafft diß briefs gestalt haben. Des zu urkunde uns obgeschriebener dinge damit zu bezugen unser eigen ingesiegel an dissen brieff thon hencken, der geben ist am mittwoch sant Peters abent ad cathedram anno domini tusent vierhundert achtzig und seven jare."

Die Huldigung des Grafen Reinhard von Hanau ist uns im Gerichtsbuch I überliefert. Sie bildet einmal eine Anerkennung der alten Stadtrechte von Seiten des neuen Landes- und Stadtherren. Es war oberste Pflicht des Stadtrates, die alten Freiheiten und Rechte, die die Homburger Bürger als Gewohnheitsrecht hergebracht hatten, sorgfältig zu hüten und zu wahren.

Zur Huldigung versammelten sich die Leute aus Stadt und Amtsdörfern auf dem Gerichtsplatz, wo die Ratsherren und Bürgermeister den Treueid leisteten. Die Huldigung endete in der Regel damit, daß der Bürgermeister dem neuen Herren ein Geschenk überreichte.

Transkription

Item ist komen unser gnediger herre von Hannawe grebe Reynhart[188]) von wegen sines vatters und hait begert eyn huldung von den burgern von Hoenberg; da han hen die burger geantwort und begert von unserm gnedigen herrn, daz ir sie wolle lassen en aller fryheit, wie sie dar uff sie komen ist von und zu man; dar uff hait unser gnediger herr der alde gesprochen er wolde sie layssen by aller fryheit und ene die bessern und nit argern. anno domini M° CCCC° LXXXVII° uff dornstag nach sant Mathiß dag[189]).

---

[188]) Hier ist Graf Reinhardt IV. (1473-1512), der Sohn Graf Philipp d. Ä., gemeint.
[189]) Stadtarchiv Homburg, Gerichtsbuch I., folio 18.

IX. Eine Huldigung von Anno 1466

Im Erbgang, durch Heirat wie auch durch Verkauf und Tausch fielen die Adelsgüter im Laufe der Jahrhunderte innerhalb eines Geschlechts von Generation an Generation; mitunter aber gingen sie auch in die Hände einer anderen adeligen Sippe über. So wechselten auch in Burg, Stadt und Amt Homburg stets die Grundherren, und bei jedem Besitzantritt mußten die Stadtbürger wie auch die Bewohner der Amtsdörfer seit alters her dem neuen Landesherren huldigen, mit anderen Worten: die Herrschaft des neuen Territorialherren feierlich anerkennen und den Huldigungseid leisten, d. h. ihm Treue schwören.

Es ist uns Nachricht überliefert von einer älteren Huldigung aus dem 15. Jahrhundert. Sie steht im ersten erhaltenen, 1420 angelegten Homburger Gerichtsbuch auf Blatt 17a unter der Eintragsnummer 63. Der Eintrag ist von Montag vor Sankt Georgstag 1466 datiert. Es handelt sich um ein wichtiges Dokument der Stadtgeschichte, das hier zum ersten Male veröffentlicht wird. Es dürfte jedem Geschichtsfreund willkommen sein, daß hier der Text nicht nur im Wortlaut der Urschrift abgedruckt, sondern auch in Faksimilien beigegeben ist.

Die Huldigungsurkunde ist inhaltlich überaus aufschlußreich, denn sie bildet die Anerkennung und Bestätigung der alten Stadtrechte von seiten der Landes- und Stadtherrn. Schon deshalb verdient sie eine besondere Beachtung. Es war nämlich oberste Pflicht der Ratsherren, das Stadtprivilegium, das die Homburger Bürger als Gewohnheitsrecht seit alters her von Generation zu Generation überliefert haben, sorgfältig zu bewahren und davon sich kein Jota nehmen zu lassen.

Es begab sich am Montag vor St. Georgstag (23. April) Anno 1466, daß der Junker Gottfried X. von Eppstein, aus der Linie Eppstein-Münzenberg, nach Homburg kam. Der Junker, der nach seinem verstorbenen Vater sein Erbe antrat, wollte als Landesfürst die übliche Huldigung den Homburgern abfordern. Der Stadtrat war selbstverständlich von dem hohen Besuch und dessen Zweck im voraus verständigt und hatte die Bürger nach altem Brauch auf dem Gerichtsplatz rechtzeitig versammeln können. Da Gottfried von Eppstein aber noch einen Bruder namens Johannes hatte, weigerten sich zunächst die Homburger, ihm allein zu huldigen, bis er erklärte, daß er auch im Namen seines Bruders den Treueid fordere. Da stellte jedoch der Bürgermeister noch eine Bedingung vor dem zeremoniellen Festakt. Er bat den Junker, daß er und sein Bruder den Bürgern alle Freiheiten und Rechte zusichern sollten, die sie unter ihrem seligen Vater besaßen. Dies versprach Gottfried und fügte hinzu, „er wolle iß yn bessern und nit ergeren" (verschlechtern). In der Huldigungsurkunde ist von den vorhandenen Stadtrechten nur zusammenfassend die Rede. Die überkommenen Rechte waren: Ratsverfassung, Befestigungsrecht, Stadtgericht, Marktrecht, das Recht, Siegel und Wappen zu führen, usw. In diesem Zusammenhang kann auf diese Rechte nicht einzeln eingegangen werden. Nachweisbar ist, daß Homburg diese Privilegien alle tatsächlich besaß, wenn sie von Junker Gottfried auch nur summarisch bestätigt wurden.

Es fand anscheinend keine schriftliche, sondern nur eine mündliche Bestätigung der Stadtrechte statt. Von einem Privilegbrief, einer vorhandenen

Huldigungsurkunde von 1466. Aus dem ältesten Gerichtsbuch, fol. 17a, Stadtarchiv Bad Homburg v. d. H.

Item ist komen myn gnediger jungherr vonn Eppenstein gein Hoenbergk jungherr Goitfrydt unnd hait begert eyn huldung von den burgern von Hoenbergk. Da hant die burger syner gnaden geantwert, hee habe noch eyn bruder, der sy auch eyn geborener herre als woil als hee. Daruff hait myn gnediger jungherr geantwert, hee begere huldung von synt wegen und von syns bruder wegen. Auch hant die burger begert von myn gnedigen jungherr, daz hee und sin bruder sie wolle laißen by aller fryhet und recht, die sie vor gehabt han by syme vatter seligen und von man zu man komen ist. Dar uff hait myn gnediger jungherr geantwert vor sych und vor syn bruder, hee wolle sie laißen by allem da by sie syn vatter seliger gelaißen habe und wolle yß yn beßern und nit ergern.
Actum anno domini. M° CCCC° LX sexto uff mantag vor sant Jorgentag.

Stadtrechtsurkunde ist auch keine Rede, wenigstens berief sich der Rat nicht darauf.

Die Bürgermeister und Ratsherren schworen wie üblich vor der versammelten Bürgerschaft den Treueid. Die Eidformel bei Huldigungen ist uns erst aus der Landgrafenzeit überliefert. Die feierliche Huldigung pflegte in der Regel damit zu enden, daß der Bürgermeister dem neuen Stadtherren ein Geschenk überreichte und die Bürgerschaft ihm freudig zujubelte. Doch darüber berichtet der Eintrag nicht mehr.

X. Das Amt Homburg

Über die geschichtliche Entwicklung des Amtes Homburg liegen aus ältester Zeit nur wenige Urkunden vor, die Forschung muß sich daher mit unvollständigen Ergebnissen begnügen. Wortwin von Hohenberg verkaufte die Burg Homburg mit Zubehör an Gottfried I. von Eppstein (1189-1220 nachweisbar), an den auch Wortwins Lehensgüter zum Teil übergingen[190]). Das eppsteinsche Territorium vor der Höhe, dessen Verwaltungszentrum die Burg Homburg war, bildete ein kleines Land für sich. Über diese Grundherrschaft geben uns die eppsteinschen Lehensverzeichnisse aus dem 13. Jahrhundert einige Aufschlüsse, so das Lehensverzeichnis Gerhards III. von Eppstein (nachweisbar 1222-1241) und Gottfrieds III. von Eppstein (bezeugt 1247-1293)[191]). Doch ist aus diesen Quellen noch kein klares Bild über den Umfang, über die rechtlichen und wirtschaftlichen Verhältnisse des Amtes Homburg zu gewinnen, es lassen sich nur einige Dörfer, Renten, Zinsen, Gerichte und Gerechtigkeiten nachweisen, die sich in den Händen eppsteinscher Lehensträger aus dem einheimischen niederen Adel befanden[192]). Auch die Teilungsurkunde der eppsteinschen Brüder Gottfried VII. und Eberhard II. vom Jahre 1433 gibt den Besitz und die Einnahmen des Amtes Homburg nur im großen und ganzen an[193]).

Das Amt in der zweiten Hälfte des 15. Jahrhunderts

Genauere Nachrichten haben wir erst aus dem Verzeichnis „Jerlich nutzunge des sloß Hoenburgs mit siner zugehore"[194]). Diese detaillierte Tabelle der Einkünfte ist undatiert. Sie wurde der Schrift nach gegen das Ende des 15. Jahrhunderts zusammengestellt. Das Verzeichnis stammt noch aus der Zeit Gottfrieds IX. von Eppstein, der kurz danach Burg, Stadt und Amt Homburg an die Grafen von Hanau verkaufte. Diese Annahme stützt eine Textstelle aus unserer Quelle, in der es ausdrücklich heißt: „Eschbach item gibt iglichs hußgeseß daselbs ein hern von Epstein zu Hoenberg ein hune zum halbenteil."

Die Zusammenstellung spiegelt zum ersten Male den vollständigen Güterstand des Amtes Homburg wider. Sie berücksichtigt neben den Einnahmen aus der Stadt Homburg und aus den Amtsdörfern (Dornholzhausen, Gonzenheim, Köppern, Niederstedten, Oberstedten und Seulberg) auch die Abgaben aus den homburgischen Exklaven (Bommersheim, Heddernheim, Obereschbach und Obererlenbach). Sie zählt zunächst Besitzstand und Befugnisse auf wie folgt:

1. Die Burg Homburg („sloß, thorn, kemnaden und muern")
2. Die Stadt „davor gelegen umbmauert"
3. Die Vorstadt „auch befestigt"
4. „burgeßman und burgman darin und dazu gehörig"

---

[190]) P. Wagner, Die Eppsteinschen Lehensverzeichnisse und Lehensregister des XIII. Jahrhunderts, Wiesbaden und München, 1927, S. 61, Abschn. 79.
[191]) Ebenda, S. 148, Abstammungstabelle und S. 134, Beilage II. Über die Herkunft des Hauses Eppstein und seine Genealogie im 12. und 13. Jahrhundert.
[192]) Ebenda, S. 53 ff.
[193]) Vgl. S. 51.
[194]) St. A. M. Handschriften, Neues Saalbuch, Nr. 4635.

5. Die Amtsdörfer:
   a) Seulberg
   b) Gonzenheim
   c) Niederstedten
   d) Oberstedten
   e) Dornholzhausen
   f) Köppern
6. Das „Hofgericht" (höfische Niedergerichtsbarkeit) zu Obererlenbach, die Hofsleute waren Jurisdiktionsuntertanen.
7. Die „Gerechtigkeit" (rechtlich begründeter Anspruch) auf alle Einwohner („hußgesessen") zu Obereschbach, die eppsteinsche Leibeigenen waren.
8. Die Schäferei, Geldabgabe ("schotz") und Steuer (Bede) zu Bommersheim.
9. Die „Gerechtigkeit" (rechtlich gebührende Abgaben) zu Heddernheim.
10. Das Waldbotamt („Oberhere") über die Hohemark („die Hoenberger und Urseler margk")
11. Das Waldbotamt über die Seulberger und Obererlenbacher Mark.
12. Das Waldbotamt über den Hardtwald, genannt die „Eschbachermarck".
13. In den Dörfern und im Taunus („Hoe") den Wildbann, Gebot und Verbot zur Hege und Holzung.

Obige Zusammenstellung beruht auf dem Eppsteiner Zinsregister und gibt ein vollständiges Bild vom geographischen Umfang des Amtes um 1480-1485.

Nach dieser allgemeinen Übersicht folgen bis ins einzelne gehende Angaben über die verschiedenen Einkünfte.

Rente zu Homburg

Der Ausdruck Rente ist hier ein Sammelwort für alle jährlichen Abgaben. Die landesherrliche Besteuerung der Stadt zeigt eine überaus bunte Struktur und setzte sich aus nachstehenden Posten zusammen: Zins 25 Gulden, Wiesenschar und Wiesenzins 34 G., Gänsezins 3 G., Hühnerzins 4 Schilling, Hühnerzins von Ausmärkern 3 G., Ungeld 40 G., Bannwein 30 G., Dienstgeld (Abgeltung des Frondienstes) 70 G., Walkmühlgeld 40 G., 7 G. für 14 Achtel Korn als Dienstgeldablös hinter dem Hain, 50 G. für 100 Achtel Korn herrschaftliches Eigengewächs, 25 G. für 100 Achtel Hafer, 35 G. für 65 Achtel Korn aus der Mühle, 25 G. für 3 Fuder Weinzehnt, 25 G. warf die Nutzung des Sees ab, 30 Gulden für die 100-150 Zeugen, die beim Märkerding erschienen; zusammen 441 Gulden und 4 Schilling. Bemerkt sei, daß Besthäupter, Bußen, Waldnutzung, Jagd, Gartenzins und andere Gefälle in dieses Verzeichnis nicht aufgenommen sind. Was an Bede, Herdschilling und dergleichen in der Stadt Homburg jährlich entfiel, blieb den Bürgern für den Stadtmauerbau und die Besoldung der Torwächter überlassen.

In den Amtsdörfern war die Steuerleistung bedeutend niedriger. Das Abgabenverzeichnis von *Seulberg* bestand aus folgenden Posten: 47 G. Bede, 43 G. Atzungsablös, 15 G. Maibede, 2 Turnos für eine Meste Nüsse, 5 Gulden für Kirchweihwein („Kirb win"), 5 G. Hühnerzins, 4 G. für 8 Achtel Bedekorn, 1 G. für 3 Achtel Gerste; zusammen 120 G. und 2 Turnos.

Von *Köppern*, das nur zum Teil eppsteinisch war, wurden nur 6 G. und 7 Turnos aufgebracht: 6 Gulden für 12 Malter Käse, 3 Turnos von der Walkmühle und 4 Turnos für 9 Hühner.

Der jährliche Betrag der Abgaben von *Gonzenheim* betrug 37 G. 8 T., 25 G. Bede, 1 G. Maibede, 2 G. für Atzungsablös, 6 G. für 12 Achtel Korn, 2 G. und 3 Turnos für 5 Achtel Weizen, 1 G. für 4 Achtel Hafer und 5 Schilling für 5 Hühner.

Oberstedten zahlte 13 Gulden; 8 Gulden für Bede, 2 G. für Atzung und 3 G. für 6 Achtel Korn.

Niederstedten: 4 G. Grundzins von den Hofgütern, 4 G. Weidezins, 9 G. für 18 Achtel Korn von den Hofgütern und 17 G. Pachtgeld für 34 Achtel Korn; zusammen 34 Gulden.

Dornholzhausen: 9 G., 6 Turnos Bede.

Bommersheim: 4 G. Bede, 4 G. Schotz, 2 G. nach der Schäferei, 2½ G. für 5 Achtel Korn und 3 G. für 3 Gerichtshühner; zusammen 15½ G.

Das „dorf gericht" zu *Obererlenbach*: 7 Turnos vom höfischen Gericht, 5 Schilling für 4 Kapauner, 4 Sch. und 4 Heller auf die Kapauner, 4 T. Gartenzins, und 2 G. für 3 Achtel Korn; zusammen 2 G., 11 T., 9 Sch. und 4 Heller.

Von *Heddernheim* entfielen 2 G. für 4 Achtel Korn.

Obereschbach leistete 1 G. Hühnerzins und jeder Einwohner gab ein halbes Huhn.

Sind summa summarum 580 Gulden; dieser Betrag floß jedoch nicht ganz in die Rentkammer ein, es wurden davon 80 G. für die Besoldung des Kellers, der Torhüter, Pförtner und Wächter auf dem Schloß verwendet.

Das Amt in der zweiten Hälfte des 16. Jahrhunderts

Weitere Nachrichten über das Amt, seine Einnahmen und Ausgaben, Administration, Beamtengehälter, usw. bieten die Kellereirechnungen. Die älteste Kellereirechnung, die uns erhalten blieb, stammt aus dem Jahr 1559[195]). Damals war das Amt an Friedrich von Reiffenberg verpfändet (vom 12. Juli 1559 bis 18. September 1568), daher läßt sich daraus kein vollständiges Bild über das Amt gewinnen[196]). Es fehlen die Rechnungen der Homburger Kellerei von 1560-1567. Von 1568-1575 sind die Amtsrechnungen im Staatsarchiv Marburg[197]) und von 1576-1622 im Staatsarchiv Wiesbaden[198]) aufbewahrt.

Im Jahr 1568 betrugen die jährlichen Geldeinnahmen insgesamt 644 Gulden, 14 Schilling und 5 Pfennig, denen 464 G., 19 ß, 5 Pf. an Geldausgaben gegenüberstanden. Die Leistungen der zinspflichtigen Stadt Homburg und der Amtsdörfer an Geld- und Naturalabgaben waren konstant. Vergleichen wir

---

[195]) H. H. St. A. W. Amt Homburg, Nr. 311, Kellerei Rechnungen, Nr. 26.
[196]) Über die Verpfändungen von 1528-1568 siehe das Kapitel Landgraf Philipp verpfändet Homburg, S. 156.
[197]) St. A. M. Samtarchiv, Nr. 101, Rechnungen des Kellners zu Homburg vor der Hoe 1568-1576.
[198]) H. H. St. A. W. Anm. 195.

die Zinssätze der Kellereirechnungen mit dem Eppsteiner Zinsregister, so zeigt sich, daß sie ganz unverändert geblieben sind. Da sie althergebracht sind, waren sie beständig, sowohl die Grundherrschaft wie die Zinsleute hielten daran Jahrhunderte hindurch starr fest. Das Altüberlieferte war dem Volk heilig. Selbst der Wechsel der Grundherren von den Eppsteinern über die Grafen von Hanau zu den Landgrafen von Hessen konnte den Zinssätzen nichts anhaben.

In den Kellereirechnungen erscheinen die jährlichen Bußgelder zum erstenmal, sie beliefen sich z. B. 1568 auf 116 G. 2 Pf. Auf die Bußgelder werden wir im Kapitel über das Gerichtswesen noch näher eingehen[199].

Die Jahresrechnungen der Kellerei geben uns einen Einblick in die Administration des Amtes und ihre Kosten. Die wirtschaftliche Verwaltung lag in den Händen des Kellers, der dem Amtmann von Eppstein untergeordnet war. Dem Keller stand der Schultheiß zur Seite. Im Jahr 1568 war Hans Scharf Homburger Keller. Die ganze Amtsbesoldung ist mit 50 Gulden Bargeld eingesetzt. Keller und Schultheiß erhielten ferner Amtskleider, je einen Winter- und Sommeranzug wie auch Naturalien. Bis 1579 war das Amt des Stadtschreibers mit dem des Amtsschreibers zusammengelegt. Erst in diesem Jahr erfahren wir aus der Amtsrechnung, daß dem Homburger Keller ein eigener Rentkammerschreiber namens Ludwig von Sparkswinkel beigegeben wurde[200]. Gleichfalls ist in diesem Jahr auch ein Zolleinnehmer nachweisbar, der in die fürstliche Rentkammer 69 Gulden Landzoll einlieferte[201]; er wird „Ludwig der Zöllner" genannt und dürfte mit dem Kammerschreiber Ludwig von Sparkswinkel identisch sein.

Besondere Beachtung verdient in den Kellereirechnungen die Rubrik *Botenlohn*. Allgemein verstand man unter Boten solche Diener, die von den Ämtern mit Dienstbriefen ausgesandt wurden. Sie erhielten einen kleinen Lohn für jeden Botengang. Diese Botengänge sind aufschlußreich, denn sie deuten oft das Amtsgeschäft an; es lohnt sich daher, sich mit ihnen eingehender zu beschäftigen. Ich greife hier einige interessante Botengänge aus den Rechnungen heraus.

„4 ß einem (Boten) der zum amptmann gein Epstein gieng wie brendeln in die hohe jagen wollten". 1. Januar 1568. Man gewinnt den Eindruck, als stimme da etwas nicht mit dem Jagdrecht der Brendel. Tatsächlich war es so. Der Wildbann befand sich in den Händen der Landgrafen als Waldboten. Schon Landgraf Philipp der Großmütige hat den Brendeln das Jagen in der Hohemark verboten.

„6 ß 2 Pf. einem bracht dem amptmann briew der schefferei halben zu Kirdorf." Die Landgrafen hatten in Kirdorf einen Schafhof. Die Schäferei hatte mit dem Rückgang des Wollweber- und Tuchmacherhandwerks ihren früheren Umfang und ihre Bedeutung längst verloren. Die Kirdorfer Schäferei brachte jährlich nur 3 Gulden Wiesengeld ein. Die Schafhaltung wurde nicht wegen der Wollgewinnung betrieben, sondern sie diente der Düngung der Felder. Der Kirdorfer Schäfer hatte fünf Morgen Acker zu „belegen", pferchen. Auch in Niederstedten, Bommersheim, Köppern und Dornholzhausen besaßen die Landgrafen Schafhöfe und den Schaftrieb.

---

[199] Vgl. S. 111.
[200] H. H. St. A. W. Abt. 311, Kellerei Rechnung vom Jahr 1579.
[201] Ebenda.

„5 ß 4 Pf. zalt dem babbirer zue Epstein hait brief von Epstein ghn Rosbach getragen, die zol stock in der hohen marck anlangende." 17. Mai 1570.

„3 ß 1 Pf. zalt Asmus Bommersheim die underthane im ampt zue erfordern uff g.f.u.h. bephelich die munzordnung anzuhören."

„4 ß 11 Pf. einem zalt, alle underthane im ampt ghn Homberg zue erfordern uf g.f.u.L. bephelich die Ordnung über die Straßenreuber anzuhoren." 14. April 1570.

„4 ß Pf. einem zalt, alle underthane im ampt einer musterung zue erfordern." 6. Juli 1572.

„4 ß 2 Pf. alle underthane zue erfordern die Kirchenordnung anzuhoren."

Es leuchtet ein, daß die Kundmachung der amtlichen Verordnungen die Voraussetzung für ihre Durchführung war. Da viele nicht lesen konnten, wurden die Bestimmungen und Vorschriften den Versammelten vorgelesen und erklärt. Münzwesen, Kirchenordnung, Räuberunwesen u.a.m. waren kardinale Probleme der Zeit.

„12 ß 7 Pf. zalt johann bendern hait an meinen g.f. und herrn brief ghn marpurg getragen die mast belangend," 1571.

„12 ß 7 Pf. peter schmitten geben, daß er von Joist schilling forster zum lanhain brief der wildschwein der hohe marck betreffend ghn marpurg überliefert," 15. Oktober 1753.

2 ß 2 Pf. zalt heinz konigstein hait uf die post brief getragen, daß die merker vor haben, den nehst nach michaelis in die mark zue schlagen,"" 15. August 1574.

Dieser Eintrag ist nicht ganz klar. Wahrscheinlich ist nicht von Holzschlag die Rede, sondern von der Eichelmast, das Vieh wurde in den Wald getrieben. Die mittelalterlichen Laubwälder wurden in erster Linie als Viehweide genutzt, das Vieh (Kühe, Schweine, Schafe, Ziegen und Pferde) weideten im Wald, bis man im 18. Jh. die Stallfütterung einführte. Bedeutend war auch die Waldbienenzucht. Der Landgraf in seiner Eigenschaft als oberster Waldherr der Hohenmark hatte über die gemeinsame Waldnutzung zu entscheiden.

Hier konnten nur einige Botengänge angeführt werden; dieses interessante und aufschlußreiche Thema fordert einmal eine ausführliche Einzeldarstellung.

Aus den Kellereirechnungen gewinnen wir zum erstenmal ein Bild über das ganze wirtschaftliche Leben des Amtes. Die Landwirtschaft bestimmte weitgehend den ökonomischen Charakter unserer Heimat im 15. und 16. Jahrhundert. Nicht nur in den ländlichen Siedlungen, sondern auch in der Stadt Homburg selbst waren Ackerbau und Viehzucht vorherrschend. Angebaut wurden an Getreide Korn, Hafer und Gerste. Das Korn war die Hauptbrotfrucht. Der Weizenbau war noch unbedeutend.

Ein klares Bild gewinnen wir nur über den Ackerbau der Grundherrschaft. Sie bebaute ihr Feld in Eigenwirtschaft, und die Kellerei führte genau Buch über das Getreide, das in die Herrschaftsscheune als Ernte einfloß und als Saatfrucht ausgegeben wurde. Auf dem Herrschaftsfeld waren z. B. 30 Morgen Acker mit Korn (Roggen) angebaut. Für die Aussaat waren 9 Achtel und

3 Simmer Saatgut nötig, auf einen Morgen entfielen daher 41 Liter. Ein Simmer gleich 32 Liter.

Die Kornernte auf den 30 Morgen betrug 58 Achtel und 3 Simmer, man erntete demnach das Sechsfache des Saatkorns. Daraus können wir uns vom bäuerlichen Einkommen ein ungefähres Bild machen. Die Einnahme der Grundherrschaft im Wirtschaftsjahr 1568 betrug an Eigengewächs und Zinskorn insgesamt 234 Achtel, 3 Simmer und 2 Sechter, dagegen belief sich die Weizeneinnahme bloß auf 10 Achtel und 1 Meste, wovon 5 Achtel 1 Simmer Eigengewächs war und nur 4 Achtel, 3 Simmer und 1 Meste als Zinsweizen verbucht wurden. Allein Gonzenheim zinste Weizen von den Amtsdörfern. Vom Jahr 1570 sind uns die Getreidepreise bekannt, für ein Achtel Korn zahlte man 1 G. 6 Albus, für Weizen 1 G. 13 Albus und für Gerste 1 G., 1 A. und 5 Pfennig.

Ganz wenig erfahren wir über die Löhne der Feldarbeiter. Im Jahr 1571 wurden 14 Albus an Ackerlohn pro Morgen gezahlt. Im Drusch betrug der Taglohn 3 Albus. Das Dreschen war damals eine langwierige Arbeit, in 66 Tagen wurden nur 75 Achtel Korn gedroschen.

XI. Landesherrliche Beamtenschaft

1. Amtmann

Die vom Landesherrn zur Territorialverwaltung eingesetzten Amtsleute waren: Amtmann, Burggraf, Keller und Schultheiß, später sind auch Zöllner und eigene Amtsschreiber nachweisbar.

Der Amtmann war oberster Verwaltungsbeamter und Stellvertreter des Landesherrn, besonders erfahrene und bewährte Persönlichkeiten bekleideten diese Stelle. Die Herrn von Eppstein hatten vom Ende des 12. Jahrhunderts bis 1487 im Amt Homburg keinen Amtmann ernannt. Homburg war unmittelbar dem Amtssitz zu Eppstein einverleibt. Erst unter den Grafen von Hanau-Münzenberg wurde für das Amt Homburg eigens ein Amtmann angestellt. Die Besitznahme erfolgte durch die neuen Landesherren 1487 und währte bis 1504. Am 28. August 1490 ist Johann Fryen von Dern nachweisbar, der sich in einem vom 2. September 1490 datierten Brief an den Frankfurter Stadtrat als: „ritter amptmann zu Hoemberg" unterschrieb.

Unter Landgraf Philipp dem Großmütigen wurde das Amt Homburg wieder dem Verwaltungssitz zu Eppstein unterstellt. Als Amtmann ist Helwig von Lauerbach Amtmann zu Eppstein, Kronberg und Homburg nachgewiesen.

1528 bis 1539, als das Amt Homburg an die Grafen von Hanau-Münzenberg verpfändet war, führte der Amtmann in Windecken oder Hanau die Aufsicht über Homburg. Als Amtmann ist in dieser Zeit Friedrich von Dorfelden bezeugt.

In der Zeit von 1539-1559, als die Grafen Stolberg-Königstein-Wernigerode Homburg pfandweise inne hatten, war Königstein der Amtssitz.

Von 1559-1568 übernahm Friedrich von Reiffenberg als Pfandherr die Verwaltung selbst. Nach dem Tode ihres Vaters lösten die Söhne Landgraf Philipp des Großmütigen die Pfandschaft auf, schlugen das Amt *Homburg* zu Eppstein und übertrugen dem Amtmann Hans Koch die Verwaltungsgeschäfte[202]). Auch die landgräflich-hessen-darmstädtischen Oberamtmänner der Obergrafschaft Katzenelnbogen hatten ein Wort in der Administration mitzureden. Hans Hermann von Buseck, genannt Münch (1585), und Philipp von Buseck[203]) (1595) überprüften die Homburger Amts- und Stadtrechnungen.

2. Schultheiß und Schöffen

Am 25. 11. 1368 treten zum erstenmal drei Homburger Gerichtsschöffen als Zeugen in einer Brendel-Urkunde[204]) auf. Es sind dies: „Hertwig Slinge[205]),

---

[202]) Stadtrechnung, 1585, S. 62.
[203]) Ebenda, 1594, S. 79, 1595, S. 81.
[204]) Das Original der Urkunde, das im Hessischen Hauptstaatsarchiv in Wiesbaden aufbewahrt war, ist im zweiten Weltkrieg verbrannt. Repertorium der Abt. 310, Urkunden, Nr. 28. Nur eine Abschrift von Archivar Dr. Wyss befindet sich im Stadtarchiv Homburg.
[205]) Zu den Familiennamen sei bemerkt: Hertwig Slinge, Schlinge, der Schlingenleger, der mit zuziehbarem Fanggerät das niedere Weidwerk betreibt. Die Familie schrieb sich später Schling.

Tile Lange, Hentze Snider scheffin zu Hoinberg," die gemeinsam mit fünf Edelknechten dem Ritter Johann Brendel die Richtigkeit einer Baurechnung von 120½ Pfund Heller in einem „uffen briffe" bestätigen. Schöffen kommen in Zeugenreihen der Urkunden häufig vor. Sie gehörten der gehobenen Schichte der Stadtbewohner an, den sogenannten Patriziern, wenn ich diesen Ausdruck für die wohlhabenden und angesehenen Alt-Homburger Bürger gebrauchen darf. Die Schöffen übten eine Doppelfunktion aus, sie saßen nämlich auch im amtierenden Stadtrat; die Ratsherren des großen Stadtrates bildeten das Schöffenkollegium. Sie wurden vom Landesherrn auf Lebenszeit in ihr verantwortungsvolles Amt eingesetzt, und die Mitglieder mancher Familie sind in der Geschlechtsfolge oft ein Jahrhundert hindurch als Schöffen nachweisbar.

In der mittelhochdeutschen Rechtssprache bedeutet das Wort Schöffe („scheffe wird in den Homburger Gerichtsbüchern gebraucht") den Rechts- oder Urteilsfinder im Gericht, von dem der Schultheiß, der die Gerichtsverhandlung leitet, das Urteil erfragt. In einer alten Homburger Rechtsmitteilung heißt es: „da hat der scholtheiß gefraget waz der verlorne hette der daz gedane hette". Dieses kurze Zitat läßt die Tätigkeit des Schultheißen und der Schöffen erkennen. Das mittellateinische Rechtswort für Schöffe war „scabinus", das uns in vielen Urkunden begegnet.

Vor 1368 sind die Homburger Gerichtsschöffen urkundlich nicht zu fassen. Wir können aber mit Sicherheit annehmen, daß das Homburger Stadtgericht wohl zur Zeit der Stadtgründung ins Leben gerufen wurde. Da die drei oben genannten Männer dem städtischen Gericht angehörten, so ist mit der Urkunde von 1368 auch der Bestand des Stadtgerichts einwandfrei belegt. Die Frage, ob das Homburger Stadtgericht damals schon Landgericht war, muß mangels Rechtsüberlieferungen offen bleiben.

Dem Stadtgericht stand als Vertreter des Stadtherrn, der Edelherrn von Eppstein, der Grafen von Hanau und der hessischen Landgrafen, der Schultheiß vor, der Richter, Urteilsverkünder war. Es könnte ein Leser die Frage stellen, warum hier nur drei der Schöffen als Zeugen in Erscheinung treten und der Schultheiß selbst nicht als Zeuge fungiere? Dies hat seine besondere Bewandtnis; der Stadtschultheiß nämlich sollte laut alter Rechtsmitteilung als Zeuge nicht tätig sein, dies war auch in anderen Städten so üblich. Der Schultheiß war kein Mitglied des Stadtrates, er stand über dem Stadtrat, als Bevollmächtigter des Stadtherrn führte er die Bürgermeister und Schöffen, die in seine Hand den Eid leisteten, in ihr Amt ein.

Homburger Schöffen:

1368 Herbert Schlinge, Tile Lange, Hentze Snider.
1453 Schultheiß Heyl Königstein, Schöffen Dietz Metzeler und Johann Pauli.
1481 Walter Rucker, Diezen Henne, Konz Heimburger, Henne Schebolt, Kune Schneider (Snider), Friedrich Schnitzer (Sniczer), Siffert Schmidt (Smit), Ewald Bumerman, Henne von Bergen, Heinzen Henn, Hartmund Grobe, Henricze Sulberger[206]).

---

[206]) G. II., fol. 103.

1515 Bergen Henne, Henne Meyenkrantz, Heile Königstein, **Henne Hertterich**, Henne Königstein, Kleß Schebold, Dietzen Henne, Peter von Eschpach, Heinz Mage, Hebbel Henn, Hermann Scharpp, Hanz Wagner, Kune Henne, Hermann Scharp. [207]).

1528 Henne Herterich, Henn Königstein, Hermann Scharpe, Veltin Weydmann, Hebeln Henne, Heinrich Bommersheim, Adam Meyenkrantz, Henne Kloppcapus, Heinz Flick, Hans Gynne, Henne Schebolt, Friedrich Becker.

1553 Henn Schebolt, Johann Bommersheim, Jakob Rißwolf, Jakob Krebs, Peter Conradt, Mebß Bender, Claß Becker, Henig Fluck, Johannes Weidmann.

1555 Johann Bommersheim, Jakob Rißwolf, Peter Schling, Endreß Molnhusen, Henig Fluck, Christoph Kemberg, Hermann Conradt, Mebß Bender, Claß Becker, Johannes Weidmann, Wendel Kranz, Heiln Henns Jorg.

1568 Endres Molnhusen, Christoph Kamberg, Claus Becker, Mebs Bender, Johannes Weidmann, Johannes Ep, Wendel Krantz, Johannes Groß, Veltin Heill, Emerich Fluck, Michel Steden.

1588 Christoph Kamberg, Johann Weidmann d. Ä., Johann Groß, Veltin Heill, Henn Diel, Kaspar Schönwaldt, Anton Molnhußen, Johann Wihrumb, Endres Heil, Johann Bommersheim, Hermann Monster, Landtvogt.

1589 Christoph Kamberger, Johannes Groß, Henn Biel, Velten Heyl, Antonius Mulhaißen, Andreas Heyl, Johann Bommersheim, Johann Wyrumb, Hermann Münster, Rudolf Landvogt, Caspar Schönwaldt, Caspar Jacobi.

1599 Johann Groß, Henn Biel d. Ä., Hermann Münster, Kaspar Schönwald, Johannes Knock, Endreß Scharpff, Kaspar Schling, Johann Kamberg, Heinrich Jäckel, Tönges Hain, Velter Steden, Kaspar Kaun.

3. Die Keller des Amtes Homburg

Der Kellermeister (cellarius), kurz Keller genannt, war Inhaber eines herrschaftlichen Amtes, der sogenannten Kellerei oder Rentkammer. Er war Finanzbeamter, dem die wirtschaftliche Verwaltung der Herrschaft Homburg oblag. Was die Stadt Homburg und die Amtsdörfer an üblichen grundherrlichen Natural- und Geldabgaben im Laufe eines Jahres zu entrichten verpflichtet waren, das zog er gewissenhaft ein und führte über alle Einnahmen genaue Register. Diese Einnahmen waren recht mannigfaltig, sie hier alle aufzuzählen, würde viel zu weit führen; es seien nur einige genannt: ständige und unständige Bede (Steuer), Pachtgelder, Wiesenzins, Zunftgelder, Bußen (Strafgelder), Judenschutzgelder, Besthäupter, Atzung, Früchte (Eigengewächse und Zehntfrucht), Bannweingeld, Weinzehnt, Kapaunen, Gänse, Fastnachtshühner u.a.m. Zur Erklärung sei hier folgendes eingeschaltet. Das Besthaupt ist das beste Stück aus dem Nachlaß eines verstorbenen Leibeigenen (ein neuer Anzug, gute Kuh,

---

[207]) Ebenda.

XIII

Blick auf die Stadt, Ausschnitt aus M. Merians Stich 1655.

Gottfried IX. von Eppstein verkauft Homburg an Graf Philipp von Hanau. Staatsarchiv Marburg, Hanauer Urkunden, Ämter u. Orte, Nr. 3519 vom 21. 2. 1487 (zu S. 82).

St. R. 1587, S. 78. Handschriften des Kellers Georg Vestenberg, Schultheißen, Philipp Wißbach und des Stadtschreibers Mendel (zu S. 100).

usw.), das dem Grundherrn gebührt. Die Atzung ist die Verköstigung des Grundherrn oder seiner Beamten samt Pferden auf Dienstreisen, wofür die betreffende Gemeinde aufkommen mußte. Die Gasthäuser einer Territorialherrschaft mußten den Wein des Grundherrn (Bannwein) ausschenken. In gleicher Weise wie die Einnahmen verzeichnete der Keller auch allen Aufwand der Herrschaft an Geld und Naturalien: Saatgut, Ausgab-Korn und -Hafer zur Jahresbestallung der Beamten und Diener, Arbeitslöhne, Wein usw. Anhand der Einnahme- und Ausgaberegister stellte er dann die umfangreichen Jahresrechnungen der herrschaftlichen Kellerei auf und zog die Bilanz.

Die Funktion des Kellers war aber mit der Erhebung und Verwaltung der Abgaben nicht erschöpft. Wir treffen ihn alljährlich im Rathaus bei der „Abhörung" (Überprüfung) der Stadtrechnung, die er als Vertreter des Landesherrn kontrollierte. Er war demnach auch Aufsichtsbeamter, der bei Verstößen gegen die wirtschaftlichen Interessen der Herrschaft oder der Stadtordnung mündliche und schriftliche Anweisungen gab und manche Mißstände abstellte[208]). Die Homburger Stadtrechnungen überliefern von 1516 an einige Nachrichten, aus denen wir uns über die Befugnisse der Keller ein annäherndes Bild machen können. Oft griffen sie energisch in die städtischen Innenangelegenheiten ein und führten radikale Reformen durch. Die Bürgermeister und der Stadtrat leistete ihnen Gehorsam, nur selten Widerstand. Durch die von den Kellern eingeführten Reformen wurde die Stadtverwaltung allmählich umgestaltet, aus ihrer mittelalterlichen Enge und Starrheit befreit, doch sie büßte durch die Bevormundung auch viel von der freien alten städtischen Autonomie ein.

Im Homburger Gerichtsbuch Nr. 3, das Einträge aus der Zeit von 1530-1596 enthält, befindet sich auf der Innenseite des vorderen Buchdeckels eine Aufstellung der Homburger Amtskeller und Schultheißen. Diese unvollständige Liste ist weder veröffentlicht noch bisher überprüft und richtig gestellt. Sie zählt in zwei Kolumnen bloß die Namen der Keller und Schultheißen der hessischen Landgrafen auf und ist daher noch mit den früheren Beamten unter den Herrn von Eppstein und den Grafen von Hanau zu ergänzen. Soweit Quellenangaben vorliegen, ist auch die genaue Dienstzeit oder wenigstens das Datum der ersten und letzten Erwähnung der Keller und Schultheißen zu ermitteln und zu belegen. Die Beamtenliste weist drei verschiedene Handschriften auf. Der erste Teil der linken senkrechten Reihe umfaßt von Dietrich Widdeling bis Georg Vestenberg 9 Keller und die rechte Spalte von Hebbel Henn bis Wilhelm Buch 7 Schultheißen, dieser Teil der Liste stammt von der Hand des Stadt-, Amts-

---

[208]) Vom Jahr 1585 an wurden die Stadtrechnungen vom Oberamtmann Hans Philipp von Buseck, genannt Münch, Hermann von Buseck, gen. Münch, Hofrat Johann Strupp von Gelnhausen oder dem Kanzler Johannes Pistorius von Nidda abgehört, denen die Stadt ein Weinpräsent verehrte.
Johann Strupp von Gelnhausen (1563-1617) war wirklicher Rat am Darmstädter Landgrafenhof unter der Regierung Georg I. Mit dem Titel eines Kanzlers übernahm er 1605 in Gießen die Verwaltung des oberhessischen Landes, zu dem auch Homburg damals gehörte. Strupp erwarb sich um die Gründung der Gießener Universität große Verdienste. Homburg leistete eine jährliche Beisteuer zur Erhaltung der Universität. Vgl. Ludwig Clemm, die Strupp v. Gelnhausen, in: Beiträge zur hessischen Kirchengeschichte Bd. XII. Darmstadt 1941, S. 477 ff.

und Gerichtsschreibers Johann Zangus. Eine zweite Feder, vermutlich die des Stadt- und Amtsschreibers Georg Schwarz, führte die Liste weiter, und „Johann Weber von Lauterbach Scriba" fügte die letzten Namen hinzu.

Ich führe die zwei Listen getreu so an, wie sie überliefert sind.

„Diese nach beschriebene haben die Kellerei versehen:

Keller	Stadtschultheißen
Dietrich Widdeling	Hebbel Henn
Heinz Seulberger	Peter Risch
Diez Gewende	Henn Krebs
Johann Apt	Endreß Müllhausen
Heinz Mollhausen	Caspar Schönwald
Jokob Praubach	Philipp Wißbach
Jakob Scharppf	Wilhelm Buch
Johann Mendel	Michael Roch, genannt Vaichinger
Georg Vestenberger	Urban Faber
Michell Rohn, genannt Vaichinger	Niklas Lungemeyer
Gebhardt Ellenburg	Ludwig Ferber,
Johann Waitz	Gerhardt Hundterstundt von Homburg in Hessen,
Gerhard Hunderstundt	Wilhelm Hauschell
	Johann Müller von Darmstadt
	Johannes Weber von Lauterbach Scriba."

Die chronologische Reihenfolge der in den Quellen mit Namen genannten Homburger Amtskeller setzt nach 1400 ein. Der erste Band des Stadtgerichtsbuches erwähnt kurz einen gewissen: „Baltasar *Feldener* etwan kelner zu hoimberg"[209]. Im Jahr 1420 begegnet Kaplan *Matern* (Madern, Maternus), der hier damals die wirtschaftliche Verwaltung übernahm, dem auf Veranlassung Eberhards II. von Eppstein († um 1443) Junker Walter von Londorff (Lundorff) sein Haus am Schlaggarten (Obertor) überlassen mußte[210]. Im Jahr 1425 wird Matern in einem Gerichtsbucheintrag ausdrücklich als Keller bezeichnet[211]. Er ist personengleich mit Kaplan Maternus, dies geht aus einem Brief an den Frankfurter Schultheiß Rudolf Geyling hervor, an den sich Matern am 24. Juni 1435 in einer Gerichtssache um Auskunft gewendet hatte[212]. Vermutlich versah Matern auch das Amt des Gerichtsschreibers. Seine Amtszeit läßt sich nicht genau abstecken; am 25. November 1438 (Katharinentag) leitet er noch

---

[209] G. I. E. 54, fol. 13a.

[210] G. I. E. 6, fol. 1: „Item daz gerichte tzu homberg bekennet, daz jungherr Walter von lundorff mit sinen erben uff hat geben sin huß zu homberg gelegen by dem slag garten mit siner zugehorde her madern von in unser gnedige jungherr herr jungherr eberharts wegen ...". Ein Gerlach von Londorf kommt als Eppsteiner Lehensträger schon in einer Urkunde vom 4. Oktober 1306 vor. Wagner S. 114.

[211] G. I. E. 20: „anno domini M° CCCC°XXV° tercia feria ante valentini als herr madern eyn Keller hie zu homberg waz."

[212] St. A. Frankfurt, Mgb. E. 29, tom II/ a fol 13b: „Maternus cappelane myne genedigen juncherrn Kelner zu Hoenberg."

das Märkerding der Hohemark[213]). Er überwarf sich mit Eberhard von Eppstein, verließ Homburg, ging in das Kurmainzische über und sagte seinem gewesenen Herrn die Fehde an.

Materns Nachfolger war *Kalthäuser* (Kalthusar), der zum erstenmal 1440 in einem Gerichtsbucheintrag mit dem Schultheißen Hermann Kuseler vorkommt[214]); letzterer wird aber nach 1443 schon als Keller (kelner) erwähnt[215]). Hermann Kuseler ist zum letzten Mal am 3. August 1458 nachweisbar[216]).

Ab 1458 werden in den Quellen zwei Keller erwähnt, neben dem eppsteinschen kommt auch ein Katzenelnbogener Keller vor, denn die Stadt Homburg (nicht die Burg) war in dieser Zeit zweiherrisch[217]), d. h. sie hatte zwei Grundherrn.

Heinrich *Seulberger* begegnet in den Urkunden von 1458 bis 1487 als Eppsteiner Keller in Homburg. Das alteingesessene Geschlecht der Seulberger, das dem Namen nach aus Seulberg stammen dürfte, spielte eine bedeutende Rolle in der Stadtgeschichte. Die Seulberger dienten den Landesherren und der Stadt als Keller, Schultheißen, Bürgermeister und Schöffen. Sie führten eine Hausmarke (Bauernwappen) mit einer Säule im Wappenbild. Während der Amtszeit Seulbergers waren folgende Katzenelnbogener Keller in Homburg tätig. Hermann Kuseler (1444-1458)[218]), Emmerich Ruddel (5. Mai 1462, 11. Mai 1462)[219]), Dietrich von Praunheim (19. August 1463)[220]), Henne Monczer (4. 8. 1469, 24. 8. 1469, 8. 9. 1469)[221]), Dietrich Greb (1473)[222]) und Heinrich Schmidt (24. 1. 1470, 9. 3. 1478)[223]).

In der Zeit von 1487-1504), in der die Grafen von Hanau-Münzenberg die Inhaber von Burg, Stadt und Amt Homburg waren, tritt Jakob Eschenreuder (auch Eschenröder geschrieben) als Keller hervor[224]), der später das Schultheißenamt bekleidete, er ist als Keller in den Jahren 1490-93 und 1499 bezeugt.

1504 wird das Amt von Kaiser Maximilian I. an Landgraf Wilhelm II. von Hessen verliehen. Fast 120 Jahre (1504-1622) blieb nun Homburg in der Hand der hessischen Landgrafen, bis Landgraf Ludwig von Hessen Darmstadt 1622 das Amt seinem Bruder Landgraf Friedrich I. Homburg überträgt. Homburg

---

[213]) Ebenda, fol. 99.
[214]) G. I. E. 44.
[215]) G. I. E-50 und 52.
[216]) St. A. Frankfurt, Mgl. E. 29 tim II/a fol. 14a.
[217]) St. A. Frankfurt, Mgb. E. 29, tom II/a, fol. 14 vom 2. August 1458. „Hirman Kuseler und Heinrice Sulberger, bede Kelner zu Hoemberg". „Unser gnedigen lieben hern zu Katzenenbogen und zu Eppstein ..." Vgl. S. 100.
[218]) Anm. 208 und 209.
[219]) St. A. Frankfurt, Mgb. E. 29 tim II/a fol. 15 und 16a.
[220]) Ebenda, fol. 16c.
[221]) Ebenda, fol. 18, 19, 19a und 20.
[222]) G. II. E. 66: „dietrich greben zu der zyt Kelner zu hoenberg."
[223]) St. A. Frankfurt, Mgb. E. 29 tom II/a fol. 21.a.
[224]) St. A. M. Brendel, Adelsarchiv. In einem Brief vom 26. Okt. 1610 schreibt Daniel Brendel von Hombergk an Graf Philipp Ludwig von Hanau-Münzenberg, daß er in seinen Familienpapieren vom Jahre 1490-1493 und 1499 ersehe, daß damals, als Jakob Eschenröder hanauischer Keller zu Homburg war, über die Homburger Schäfergerechtsame, über den Dornholzhäuser Pferch im „Frifeld" und das Heuchelheimer Feld mit Weide die Entscheidung ergangen sei.

wurde 1504 in die hessische Verwaltungsorganisation eingebaut. Als Keller treten Johann Ditwin[225]) (belegt 1507 und 1508), *Asmus Widdersheim*[226]) (belegt von 1514-1522) auf.

Landgraf Philipp der Großmütige verpachtet Homburg an Hanau- Münzenberg (1528-1539)[227]), in dieser Zeit ist Heinz Seulberger als Hanauischer Keller nachweisbar von 1533-1537. Keller Dietz Gewende (1537-1544) wird auch als Amtsmann und Befehlshaber („Beuelhaber") bezeichnet. Der Keller Johann Apt bekleidet sein Amt bis 1558. Im Jahr 1569 war Hans Scharpf Keller. Ihm folgt Jakob Dietrich von 1559-1561 und 1565; in den Jahren 1562, 1563 und 1566 ist Heinz Mollhausen als Verweser des Kellers nachweisbar in den Stadtrechnungen.

Die Söhne Landgraf Philipp des Großmütigen, Wilhelm, Ludwig, Philipp und Georg von Hessen, bestellen am 13. Januar 1570 Johann Mendel als „gemeinschaftlichen Keller" und Waldschreier. Mendel übernimmt das Stadtschreiberamt, und Landgraf Philipp ernennt am 1. Januar 1580 Georg Vestenberger zum Keller, der bis 1600 diente. Seine Amtsnachfolger waren Michael Roch, genannt Vaichinger (1601-1605) ,Eckhard Ellenberger (1606-1615) und Johann Waitz (1616-1624).

Homburger Keller

von 1420	Balthasar Feldener
1420-1439	Kaplan Madern (Maternus)
1446-1443	Junker Kalthäuser
1444-1458	Heinrich Seulberger
-1462	Emmerich Ruddel
1463-	Dietrich Prauheim
1469-1470	Henne Monczer
1473	Dietrich Greb(en), Graf
1478	Heinrich Schmidt
1490	Jakob Eschenreuder, Hanauer Keller
	Johann Dietwin
1514-1522	Asmus Widdersheim
	Dietrich Weidling
	Heinz Seulberger, hanauischer Keller
1537-1547	Dietz Gewende, Reifenberger Keller
1547-1559	Johann Schaffnus, genannt Roch, Amtsmann zu Königstein
1548-1559	Johann Apt
1560-1566	Jakob Dietrich, Reifenberger Keller
1566-1569	Endres Muhlhausen, Verweser des Kellers Homburg

---

[225] G. I. E. 86, fol. 31, 1507: „Auch ist by diessem gemechts ist gewest Johannes Ditwin Kelner, Jakob Eschenroder schultheis" G. I. E. 99, fol. 40, 1508: „By diessem heulich ist gewest Johann Dietwin Kelner, Jakob eschenrader schultheis."

[226]) G. II. E. 401, fol. 63, 1514: „... Asmus (Erasmus) Widderßheim dem kelner" G. I. E. 116, fol. 50a, 1515: „Item Schultheiß und Scheffen ist wissentlich wie das eyn vertrag gemacht ist durch her Johann bergen, Asmus Widderßheim kelner, Jakob Eschenraider Schultheiß.

[227]) Alle Keller sind von 1516 in den Stadtrechnungen nachweisbar.

1568-1576 Hans Jakob Scharpf, Amtmann zu Eppstein und Homburg
1570-1580 Johann Mendel, genannt Jordan
1581-1600 Georg Vestenberger
1601-1605 Michael Roth, genannt Vaichinger
1606-1615 Eckhardt Ellenberger
1616-1624 Johann Waitz
1625 Bernhard Hunderstund

4. Die Stadt-, Amts- und Gerichtsschreiber

Eine monographische Behandlung der Stadtgeschichte muß auch mit der Handschrift der Stadtschreiber bekannt machen. Ich stelle daher von den Schriftproben der Stadtschreiber eine kleine Sammlung von Faksimiles zusammen, die bei undatierten Schriftstücken eine Handhabe zur Feststellung ihrer Abfassungszeit zu bieten vermag.

Die Namen der Stadtschreiber, die alle gleichzeitig auch Amts- und Gerichtsschreiber waren, sind uns erst von 1481 an bekannt; der Grund dafür liegt in dem Quellenmaterial selbst, denn die Schreiber haben ihre Namen nur ganz selten angegeben. Von den ungedruckten Quellen benützte ich die Stadtgerichtsbücher, die von 1420 an vorliegen, ferner die Stadtrechnungen, die uns von 1516 an erhalten sind. Das ältere Quellenmaterial des Stadtarchivs ist verbrannt. Sind Angaben anderen Archivalien entnommen, so wird der Quellennachweis im Text erbracht.

1481 Handschrift des Heinrich Seulberger, Stadtarchiv, Gerichtsbuch II.
„Protocolle allerley Contracte, Kaufbriefe, Obligationes, etc. ab 1465."

„Anno domini LXXX primo (1481) sint scheffen gewest Walther Rucker, Dietzen Henne, Contz Heimburger, Henne Schebelt, Cune Snider, Friederich Snitzer, Siffert Smit, Ewalt Zymmerman, Henne von Bergen, Heintzen Hen, Hartmann Grobe, Henritze Sulberger und hait uff gezeuhennt und geschrebenn Heynritze."

Heinritze Seulberger

Der erste namentlich bekannte Gerichtsschreiber hieß „heinritze", der im zweiten Stadtgerichtsbuch auf der Innenseite des hinteren Einbanddeckels die Namen der von 1481 an amtierenden Schöffen aufzeichnete und dem Verzeichnis hinzufügte: „hat uff gezeichnet und geschrebenn heinritze". Sein Familienname ist unbekannt. Der Stadtschreiber Heinritze wird kaum mit „henrytze peter von steden" identisch sein, der zuerst 1467 im Gerichtsbuch II. begegnet[228]). Aller Wahrscheinlichkeit nach ist er mit Heinrich Seulberger personengleich, der 1476 als Baumeister zu Oberstedten im Gerichtsbuch erscheint[229]). Seulberger war Baumeister der Sankt-Nikolaus-Kirche zu Oberstedten, wohin Homburg damals eingepfarrt war. Später begegnet er uns als Gerichtsschöffe zu Homburg[230]). Heinritze schrieb eine kleine, gotische Kursive.

Handschrift des Stadtschreibers Kieberer G. II. Folio 103, Eintrag 484 vom Jahr 1515. Man beachte in der 3. Reihe von unten „hait Cristian Kieberer" geschrieben.

„Anno domini 1515 ist Jacob Eschenraider gewehest schultheiß und hernach dieße scheffen Bergen Henne, Henne Meyenkrantze, Heile Konigstein, Henne Herterich, Henne Konigstein, Cleß Schebolt, Dietzen Henne, Peter von Eschpach, Heintz Mage, Hebeln Henne, Hermann Scharppe, Hans Wagener, und obgemelter Jacob Eschenraider schultheiß hait uberlept sechzehn scheffen uß obgemelter summe mit verhencknlß und willen Gottes hait geredt Gott gebe ine alle guden nacht fur und nach kommen. Hait Cristian Kieberer geschriben mit wissen und willen der obgenannten in guter meynunge Actum ut supra."

---

[228]) H. A. Gerichtsbuch II. (fortan G. II. zitiert), Eintrag 13, Folio 3a.

[229]) Ebenda, G. II., Eintrag 99, F. 12. „Item ist schultheißen und scheffen wißentliche wie daß der buwemeyuster zue aber steden mit namen Henritze Suelberger hait gekaufft dem buwue zu abersteden ...". Unter Baumeister ist hier Kirchenkassier zu verstehen, siehe Lexer, Mittelhochdeutsches Handwörterbuch, Bd. I. Sp. 382.

[230]) Ebenda, G. II. E. 260, vom Jahr 1503: „Hanritze dem scheffe alß von dem buwemeister sant Nicolaus zu Oberstedten."

Christian Kieberer

Christian Kieberer ist von 1503 bis 1538 als Stadt- und Gerichtsschreiber nachweisbar. Er war ein Heimatsohn. Anfangs des 16. Jahrhunderts waren zwei Familien — Henne Kieberer und Dietze Kieberer — in Homburg ansässig. Als Stadtschreiber bekam er jährlich 4 Gulden Bargehalt, 16 Schilling für ein Reis Schreibpapier und 20 Heller Weinkauf. Er schrieb die Stadtprotokolle, Stadtrechnungen, führte den Briefverkehr der Stadt und stellte die Urkunden

Diese Seite 31 aus der Stadtrechnung vom Jahre 1538 zeigt uns die Schriftzüge des Stadtschreibers Molnhusen. Man beachte die Reihe 9 und 10 von oben: Kieberer, der alte Stadtschreiber, ist ausgeschieden und Molnhusen trat seinen Dienst an.

Ußgifft gelde diß Jare den Burgermeistern und diener der stadt
Item 4 Gulden dem newen stadtschreiber
Item 2 Gulden dem aldthen stadtschreiber
Item 3 ß dem schreiber für papeier
Item 20 heller fur weinkauff dem schreiber

und Quittungen aus. Kieberer legte 1536 das Homburger Urgangsbuch an. Ursprünglich war das Stadtschreiberamt mit dem Glöckner und Uhrstellerdienst verbunden[231]). Kieberer war auch Gerichtsschreiber. Seine kleine kräftige Handschrift ist leicht lesbar. Er nennt sich „Christian der schriber"[232]).

Solange Kieberer Stadtschreiber war, zeichnete er die alten Hausmarken der amtierenden Schultheißen und Bürgermeister auf die erste Seite der Stadtrechnungen. Dies sei hier besonders anerkennend hervorgehoben, denn die Homburger Hausmarken wurden von ihm allein überliefert[233]).

Heinz Molnhusen (Mühlhausen)

Molnhusen ist als Stadt- und Gerichtsschreiber von 1538 bis 1567 in dem Stadt- und Gerichtsbuch III. belegt. Die Molnhusen sind ein altes Homburger Bürgergeschlecht. Der Stadtschreiber Heinz Molnhusen schrieb eine klare schwunghafte Handschrift.

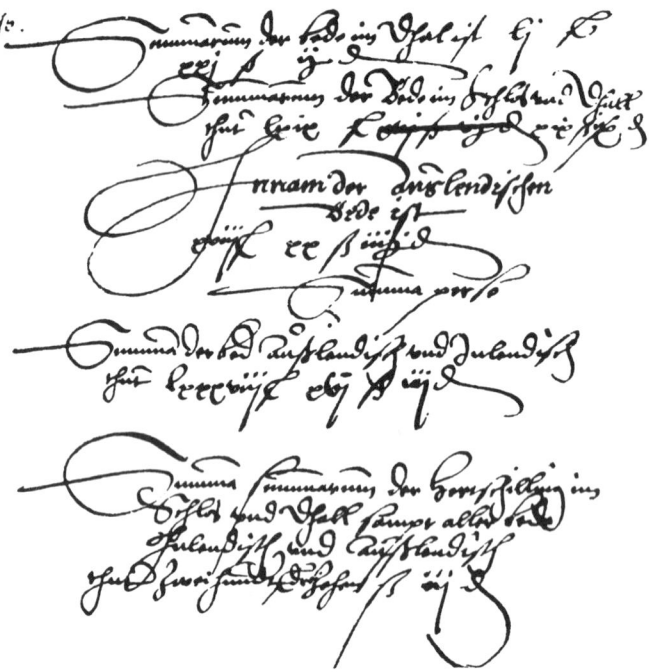

Handschrift des Stadtschreibers Jacob Scharpf. Stadtrechnung vom Jahr 1567, S. 16.

Summarum der bede im Dhal ist 51 gulden 21 ß 1½ d
Summarum der Bede im Schlos und Dhal thut 69 Gulden 19 ß 9 d
Innam der Auslendischen Bede ist 18 G., 20 ß 3½ d

---

[231]) Stadtarchiv, Stadtrechnung von 1516, S. 26,: „Item vier gulden 11 alte (Turnos) winkauff dem glockener von der euwer (Uhr) und schribe lone. Item 12 heller vor bappyer."
[232]) Stadtarchiv, St. R. von 1524, S. 43.
[233]) Siehe das Kapitel Homburger Hausmarken, S. 198, 199.

Jakob Scharpf

Scharpf stammte aus dem alten hanauischen Städtchen Windecken, das schon 1288 Stadtrecht erhielt. Scharpf bekleidete das Stadtschreiberamt von 1567-1574. Seine eindrucksvollen Schriftzüge zeigen eine launisch geschwungene Linienführung.

Johann Jäger

Der Stadtschreiber Jäger, genannt Butzbach, amtierte von 1578 bis 1586. Bei seinem Amtsantritt wurde das Gehalt des Schreibers um 2 Gulden erhöht. Jäger schrieb unter anderen das Protokoll der Absteinung der Homburger und Gonzenheimer Gemarkung vom 16. Mai 1579[234]. Als Butzbach 1586 aus dem Stadtdienst ausschied, wurde Johann Kamberg als Schreiber angestellt, der aber sein Amt nur 1 Jahr bekleidete[235].

Handschrift des Stadtschreibers Johann Jäger. St.R. 1582, S. 61.

„Zu wissen sey hiermitt, daß nechst dem Posten in der Außgab Armen Leuthen; die Außgab der Fütterung der dreyen Gemeinen Ochssen hatt sollen verrechnet werden, ist aber nitt geschehen, derhalben pillig daß solche neun gulden in künfftiger Stattrechnung Johannes Groissen und Heintz Stirstatts ingesetzt, verrechnet und durch Sie bezahlt werden."

---
[234] St. R. 1586, S. 67.
[235] Sta. H. Abt. AT. 8, Nr. 16.

105

Unterschriften des Kellers Michael Roth genannt Vaihinger des Schultheißen Urbanus Faber, der Schöffen Groß, Knak und Kamberg und des Stadtschreibers Johann Zangus. St.R. 1600, S. 115.

Handschrift des Stadtschreibers Georg Schwarz. Aus „Renovatio oder Erneuerung der houbischen Güther" 1618. St.A.W. Abt. 310, Gonzenheim, Nr. 2/2, Fol. 94b.

Johann Mendel

Johann Mendel, genannt Jordan, ist als Stadtschreiber von 1586 bis 1599 nachweisbar. Als er sein Amt antrat, verzehrte der Rat ihm zu Ehren 1 Gulden, 11 Schilling und 5 Heller[236]. Mendel war früher herrschaftlicher Keller und Waldschreier in Homburg[237]. Sein Jahreslohn betrug 8 Gulden. Mendel starb im Herbst 1599 in Homburg[238].

Johann Zangus

Johann Zangus, der aus Petterweil stammte, wurde auf der Frankfurter Frühjahrsmesse 1600 vom Schultheiß und einem Bürgermeister zum Stadtschreiber angeworben. An den Stadtrat stellte man immer höhere Ansprüche und verlangte juristische Kenntnisse, da er diesen nicht ganz gewachsen schien, sandte er den Stadtschreiber in Vertretung der Stadt und Amtsdörfer auf den hessischen Landtag[239]. Im Jahre 1600 wurde die Besoldung des Stadtschreibers auf 20 Gulden erhöht[240]. Zangus wirkte in Homburg bis 1607.

Der Nachfolger Zangus' war Johann Greue, der von Seulberg kam[241]. Bei seiner Präsentation verzehrte der Stadtrat 1 Gulden und 8 Schilling[242]. Ferner läßt sich noch vor dem 30jährigen Krieg der Stadt- und Amtsschreiber Georg Schwarz nachweisen.

Es konnte hier nur meine Aufgabe sein, lediglich die Namen, Amtszeit und Handschriften der Stadtschreiber festzuhalten. Über das Leben der Schreiber ist uns wenig bekannt. Sie waren geschulte Leute, Träger einer humanistischen Bildung, und ihre Person tritt uns aus dem Stadtleben in gehobener Stellung entgegen in einer Zeit, da Reformation und Gegenreformation landauf und landab die Gemüter weitgehend bewegten.

---

[236] St. R. 1587, S. 64: „1 fl. 11 Schillinge 5 heller der Rath zue liebnuß ufgewend, als Johann Mendel zue einem Stadtschreiber angenommen."

[237] Vgl. die Liste der Schultheißen, S.

[238] St. R. 1599, S. 69: „Item des abgelebten Stadtschreibers belohnung in drey viertel Jahren 6 fl."

[239] St. R. 1599, S. 97. 9.

[240] St. R. 1600, S. 74.

[241] St. R. 1607, S. 85.

[242] St. R. 1607, S. 86.

XII. Gerichtswesen

Vorbemerkung

Wir lernten auf der Schule im Geschichtsunterricht, daß die Germanen in Stämme gegliedert waren, solange sie ein Normadenleben führten. Als sie seßhaft wurden, teilten sie das Land in Gaue; wann dies geschah, wissen wir nicht genau, die Gaueinteilung bestand schon in vorrömischer Zeit. Es gab viele Gaue, Rheingau, Maingau, Lahngau usw., es gab ein pagus Hassorum, Hessengau. Eine Papsturkunde von 738 unterscheidet neben Hessen Lahngauleute und Wetterauer, womit die Bewohner der Gaue gemeint sind.

Unsere Heimat lag im „pagus Wetdereiba", der ein politischer Bezirk war. Als in der ersten Hälfte des 6. Jahrhunderts die Franken die Wetterau besetzten, zerfiel der Gau in Marken. Unter Mark verstehen wir aber nicht bloß eine Dorfgemarkung, sondern mehrere, eine Markgenossenschaft.

Bis zur fränkischen Landnahme dürfte in unserer Heimat das Gerichtswesen vom alten Stammesrecht abhängig gewesen sein. Das chattische oder hessische Volksrecht wurde aber nicht aufgezeichnet, es ist wahrscheinlich im Sturm der Völkerwanderung untergegangen.

Die Frankenzeit brachte dem Taunusvorland das salische Volksrecht. Die Lex Salica wird von Rudolf Buchner das „berühmteste aller germanischen Stammesrechte" genannt[243]), sie wurde in über 60 Handschriften überliefert und zeigt nur sehr geringen christlichen oder römischen Einfluß. Nach der fränkischen Landnahme gehörte unsere Heimat zur Niddagrafschaft, der Graf hegte das Gericht auf den alten Dingstätten, und jeder waffenfähige Mann war ursprünglich dingpflichtig. Erst Karl der Große beschränkte die Dingpflicht auf die ungebotenen Gerichtstage und führte das Schöffengericht ein[244]).

Die Schöffen (scabini), wohl aus den Reihen der angesehensten Männern erkoren, waren von nun an die Vertreter des Dingvolkes, in ihren Händen lag die Urteilsprechung in allen peinlichen Strafsachen; allgemein wird ihre Zahl mit 7 oder 12 angegeben. Der Gaugraf ritt mit dem Schöffenkollegium zur Gerichtsstätte, führte den Vorsitz im Namen des Königs an den Gerichtstagen und stellte die üblichen Hegungs- und Urteilsfragen. Zwischen den einzelnen Dingtagen lag stets eine Frist von etwa 6 Wochen[245]). Die Schöffen haben wir uns als begüterte Grundherren vorzustellen, deren Felder von den Untertanen bestellt wurden; so hatten die Schöffen Zeit, ihr Amt auszuüben.

Um die Mitte des 10. Jahrhunderts bahnte sich mit dem Entstehen der Landgerichte eine neue Entwicklung im Gerichtswesen an. Der Niddagau verschwand allmählich, er löste sich in mehrere kleinere Grafschaften auf. Jede neue Grafschaft bildete einen unabhängigen Gerichtsbezirk mit Blutbann und

---

[243]) Wattenbach-Levison, Deutschlands Gerichtsquellen im Mittelalter, Vorzeit und Karolinger, Beiheft: Die Rechtsquellen von Rudolf Buchner, Weimar 1953, S. 15.
[244]) Capitularia missorum von 803 und 809. Mon. Germ. Cap. 1, S. 116, 2, S. 15.
[245]) Schröder E. Frh. v. Künßberg, Deutsche Rechtsgeschichte, 1922. S. 180.

Blatt 3 aus dem Eppsteiner Lehensbuch, Reihe 6 von oben: et comitiam in Stulen sicut fuit Ortwini in Hoenberch ... Die Grafschaft in Stulen ist mit der Urseler Grafschaft identisch. Original im Hessischen Hauptstaatsarchiv in Wiesbaden, Abt. Handschriften.

eigener Gerichtsstätte. Eine neu eingerichtete Grafschaft war die des Grafen Ricbert, zu der Diedigheim am Anfang des 11. Jahrhunderts gehörte. In der Königsurkunde Heinrich II. vom Jahr 1013 haben wir einen urkundlichen Beleg für die Grafschaft Ricberts. Die Quellenstelle lautet: „in reliqua villa, Tittingesheim dicta que in pago Nitigowe in comitatu Ricberti comitis iacet"; deutsch: in der anderen villa Tittingesheim (Diedigheim) genannt, die im Niddagau, in Komitate des Grafen Ricbert liegt[246]).

1. Märkerding

Die Grafschaft Ricberts ist vermutlich mit der späteren Urseler Grafschaft identisch, die in der zweiten Hälfte des 12. Jahrhunderts im Eppsteiner Lehensbuch auch „comitia in Stulen" genannt wird, wohl nach den Gerichtsstühlen, und damals Wortwin von Hoenberg (Homburg) gehörte[247]). Mit der Graf-

---

[246]) Bayer. Hauptstaatsarchiv in München, Abt. I. Lorscher Kodex, vgl. S. 27.
[247]) H. H. Sta. A. Wiesbaden, Abt. Handschriften, Eppsteiner Lehensbuch, S. 2, vgl. Wagner, S. 77, Abs. 148 und Anm. 4.

schaftsbildung vollzog sich auch gleichzeitig eine Neubildung der Landgerichte. Die Grafschaft „von Stulen" hatte ihre Gerichtsstätte ursprünglich bei der hl. Kreuzkirche an der Bonifatiusquelle in der Kalbacher Gemarkung und später auf der Wiese von Ursel. Diese waren die Gerichtsorte der Hohe Mark Waldgenossenschaft. Noch im 14. Jahrhundert wurden bei der Bonifatiuskirche zu Cruzen Gerichtstage, Märkerdinge, abgehalten, die am Katharinatag (25. November) stattfanden. Am 25. November 1334 schenkten Gottfried V. von Eppstein und sein Sohn mit Einwilligung aller Märker sämtliche Rodungen der Hohen Mark für eine „Seelenmesse zu Cruzen in die Kirche, da sente Bonifatius in rest"[248]).

Die Gerichtsstätten lagen unter freiem Himmel, und dies entsprach ganz und gar dem alten Gerichtsherkommen, an dem man Jahrhunderte hindurch zäh festgehalten hat. Daß aber die Gerichtsversammlungen der Hohen Mark Waldgenossenschaft bei der bedeutenden Kreuzkirche, an einem vielbesuchten Wallfahrtsort, stattfanden, zeigt deutlich, wie christlicher Einfluß und heidnischgermanische Tradition ineinanderflossen.

Um die Mitte des 13. Jahrhunderts besaß Wortwin von Steinheim die Investitur der Pfarrkirche „zu Cruzen" als Lehen von Gerhard III. von Eppstein, der Waldbot, oberster Märker, der Hohen Mark war[249]). Auch das Gericht „in Stulen" bei Oberursel war in den Händen der Herren von Eppstein; eigentlich war es Eigentum des Pfalzgrafen am Rhein, von dem es Gottfried III. und die anderen Eppsteiner zu Lehen trugen[250]).

Gerichtsurkunden, Märkerding-Instrumente aus ältester Zeit sind uns keine überliefert. Aus dem 15. Jahrhundert blieb uns ein Weistum der Hohen Mark von 1401 erhalten, das ich nach Grimm hier abdrucke.

Eine schöne Märkerding-Urkunde, datiert vom Mittwoch nach St. Margarete (den 14. Juli) 1484, ist im Hessischen Staatsarchiv in Marburg aufbewahrt (siehe Tafel XVI); da sie bisher nicht veröffentlicht wurde, sei sie hier ausgewertet.

Das Märkergericht fand auf der Aue vor Oberursel von 9 bis 15 Uhr statt. Erschienen waren viele Adelige, Gottfried von Eppstein und Münzenberg, Graf Dietz mit Amtsleuten, Junker Philipp von Rödelheim d. J., Rudolf und Bernhard Brendel von Homburg, Gilbracht und Heinrich von Riedesel, die Vertreter der Grafen von Solms und Hanau, wie der Stadt Frankfurt, ferner zahlreiche Schultheißen, Bürgermeister und Märker.

Es ist Waldboten Herrlichkeit der Hohen Mark, ihr Recht und Rüge zu erweisen. Im Auftrage des Waldboten hegte sein Sekretär Walther von Isenburg das Märkerding, als Märkermeister fungierte Junker von Cronberg und als Untermärkermeister Bürgermeister Balthasar von Eschbach.

Henno Lamm, der Markschreier, rief mit lauter Stimme die Schultheißen auf aus Homburg, Oberstedten, Niederstedten, Dornholzhausen, Kirdorf, Gonzenheim, Obereschbach, Niedereschbach, Dortelweil, Vilbel, Massenheim, Steinbach, Stierstadt, Bommersheim, Oberursel, Reiffenberg, Hatstein, Arnoldshain, die Mühle und den Abthof zu Eschersheim, den Mönchhof zu Weißkirchen, den

---
[248]) Sauer, I. 3, S. 174, Nr. 2035.
[249]) Wagner, P., S. 69, Abs. 108.
[250]) Ebenda, S. 76-78, Abs. 148.

Hof zu Oberhöchststadt. Nicht alle Vertreter der aufgerufenen Dörfer waren vorgetreten, den nicht erschienenen wurde eine Rüge erteilt. Simon von Bensheim, wohnhaft in Oberursel, erklärte im Namen der Anwesenden, daß die Hohe Mark Eigentum der aufgerufenen Dörfer ist und Waldbot ist Gottfried von Eppstein und Münzenberg oder wer Homburg mit Recht innehat. Der Waldbot möge alljährlich auf Katharinentag auf der Aue vor Ursel mit Rat der Märker das Märkerding abhalten und die Hohe Mark bestellen. Das Wort bestellen bedeutet hier in Stand setzen, anordnen und einrichten, den Wald- und Wildbann öffnen und schließen, wie die Schuldigen strafen. Heuet jemand im Wald und verursacht Schaden in der gebückten Hege, der werde gerügt und ist den Waldboten mit zehn Gulden „zu pene" (Strafe) verfallen. Der Waldbot selbst darf keinen Schaden anrichten, täte er es, müßte er es den Märkern büßen. Heuet jemand in der neuen Hege, der ist den Märkermeistern 15 Turnos schuldig. Führt ein Märker Holz aus der Mark in ein anderes Gebiet und wird dabei gesehen und angezeigt, so hat er sein Märkerrecht verloren. Wer gerügt wird, hat 15 Turnos Buße zu entrichten, davon den Märkermeistern 20 und den Förstern 10 Schilling gebühren. Würde ein Ausmärker (der kein Märkerrecht besitzt) in der Hohen Mark, wo er Schaden verursachte, angetroffen, der habe sich mit Leib und Gut dem Waldboten in Homburg zu verantworten, der ihn nach seinem Willen bestrafen kann. Der Wagen und die Pferde des Ausmärkers gehören den Förstern, das Pferdegeschirr den Märkermeistern. Es wird durch die gemeinen Schreier verkündet, wenn man eckern darf, d. h. die Schweine zur Mast in den Wald treiben kann. Es wird in Ursel auf der Aue bestimmt, wieviel Schweine jeder Märker in den Wald lassen darf, der dies nicht beachtet, zahlt nach jedem überzähligen Schwein 8½ Schilling Buße. Fremde Schweine oder anderes Vieh, das nicht in die Mark gehöre, wird enteignet. Brutal klingt die Bestimmung, daß jenem, der in der Mark von Bäumen die Rinde abschält, der Nabel aus dem Bauch geschnitten und seine Gedärme um den Baum gewunden werden sollen.

Die Hohe Mark Waldgenossenschaft bestand bis 1813, dann wurde sie aufgehoben und der Wald zwischen Hessen-Homburg, Nassau und Frankfurt aufgeteilt.

Der Homburger Stadtwald, der im Nordwesten der Gemarkung gegen den Taunus angrenzt, lockt in seine stille, besinnliche Einsamkeit viele Spaziergänger, von denen sich nur selten einer daran erinnert, daß der Wald eine große Geschichte hat und ein Denkmal versunkener Zeiten ist.

„WEISTHUM VON OBERURSEL 1401[251]).

Anno dni MCCCC primo off sant Katharinen tag wirg. als eyn gemeyne merkerding off auwe vor Obernursel bescheiden was, und als man das gehalten hat, hat sich disz nachgeschrieben verhandelt.

Und als der schreier zu iglichem diesen nachgeschrieben dorffen und hoffen

---

[251]) „am Taunus, unweit Homburg; aus Fichards Wetteravia p. 139-143. nach späterer fassung in einem notarinstr. von 1484 in der deduction Ingenleim gegen Hessen-Homburg die Seulberger mark, betr., Giessen 1653, wonach es auch anderwärts verschiedentlich gedruckt steht. Die mark heißt auch die hohe mark."

geruffen hatte: N. bistu hute hie, als man dir geboten hat mit dinem lehenherren? nemelichen: Obernsteden, Nydernsteden, Dorreholczhusen, Kirchdorff, Gonzenheym, Obern Espach, Nydern Espach, Nydern Erlebach, Massenheim, Vilwel, Horeheim, Bonamese, Caldebach, Eschersheym, die mole zu Eschersheym, des apt hof zu Eschersheym, Hedernheym, Prunheym, Nydern Orsel, Wisenkirchen, Stierstat, Branbach, des jungen Franken hoff zu Heckstat, Obernursel, Gattenhofen, Rifemberg, Hatzstein, Arnstein, Forderwilen, Hinderwilen, Mittelnursel, Nydern Bomersheym.

Und sprache forther, obe eynche dorffe oder hoffe me weren, die er nit genant hette und doch in die marg gehorten, das das ungeuerlich gescheen were.

Da erezalte Schudreyne schultheisz zu Hoenberg zu Henne Clemme und Sybolt Heilebecher dem schulth. zu Horeheym: tredet usz und nemet den lantman zu uch, und wiset dem walpoden sine herlichkeit und der mag richte! Da sprache und anworte Henne Clemme, wisete jne der lantman ichtes, er wulte es gerne sagen; wiseten sie jne aber nichts, so sagete er yne auch nichts.

Des han sie eynmudeclich gewist, das die marg der obgeschr. dorffer und mercker rechtlich eigen sy, und daruber eyn oberster herre und walpode sy eyn herre von Eppenstein oder wer Hoenberg von sinetwegen in habe, und der walpode sulle jerlichs off sant Kathr. tag mit den merckern die marg bestellen, und wie die marg off sant Kathr. tag bestalt wirt, und was gebode der walpode uber den waltmache t, also sal auch halten. Verbrechet er aber, so sal der lantman nit buszen, obe er darnach auch verbrechet.

Wan auch eyn walpode den wiltpann offdut und darjnne jaget, so ist dem lantman soliches auch erleubet.

Auch heuwet eyn walpode oder die synen in der hegemarg, so sal der lantman nit buszen, ob er daraffter auch darynne heuwet. Heuwet aber eyn walpode in der gebuckten hegemarg, so sal er als wole buszen als der lantman, und der lantman als der walpode. Heuwet auch eyn mercker in der hegemarg, wirt er betreden, der verbuszet xv tornosze, komet er aber usz dem walde, so ist er nyment nichts schuldig.

Wurde auch eyn mercker begriffen, der die marg schedigte und usz der marg furete, den sulden die merckermeister oder furstere rugen und nit penden, und der sulle zu busz verloren han xv tornese, dauon den merckermeistern xx ß un den furstern x ß werden sullen.

Wurde aber eyn uszman in der marg begriffen, der da jnne gehauwen hette, der hette lip und gut verloren; und sulde man den manne antworten dem walpoden, der mit jme leben mag wie er will, ane den dot und lemede; die perde sollen werden dem lantman, und von den perden den merkermeistern viij ß heller, und wagen und geschirre den furstern.

Auch wa eicheln in der marg sin, so sal man die besehen laszen, und den lantman gemeynlich by eyn verboden, und dan zu rade werden, wieuiel der walpode, die merckermeister und eyn iglicher mercker swine in das eicheln triben, und wie man es damit halten sulle, und welcher in der marg geseßen ubertriebe, der sulte das verbuszen mit viij ß heller. Were aber, das imant swine in die marg triebe die nit dar jnne gehorten, da sal man die swine nemen, und der, der das also getan hette, sulte das verbuszen.

Auch abe imant einen baume schelete, wirt der betreden, so sal man jme einen darme usz sinem libe ziehen, und den an den baume binden, und jne

XV

Bildnis und Unterschrift Landgraf Philipp des Großmütigen. Das Porträt, das H. W. Ritter gezeichnet und gestochen hat, ist aus Dr. Chr. v. Rommels „Philipp der Großmütige, Landgraf von Hessen", Band I (Gießen 1830), entnommen (zu S. 133).

Märkerding-Instrument der Hohen Mark. Original im Staatsarchiv Marburg, Hanauer Urkunden. Ämter, Orte und Beamte, Bd. 4, S. 160, Nr. 549, vom 14. Juli 1484 (zu S. 110).

omb den baume furen, so lange der darme uszgeet.

Wer auch die marg freuelich anstiesze, den sal man drü mäle am dickesten in das fure werfen, komet er darusz, so hat er damit gebuszet.

Auch wer verbodet wirt, der marg vor fure zu huden, und des nit thut, der ist der marg zu ewigen tagen verschalden; doch mogen der walpode und der lantman das mildigen.

Auch sal man keynen eichen phale hauwen und auch hinsit des berges nit kolen, und sal man darzu keyne andere gehulcze nemen, dan ligende orholcze; by verluste xv torn. zu gefallende als vorgeschr. steet, so dicke des not geschee.

Wan und wie dicke auch den walpoden not bedunncket, so mag er durch den schreier eyn gemeyn merckerding verkonden lassen off. die auwe vor Ursel, und alsdan sal eyn iglicher lantsiedel mit sinem lehensherren da sin und darkommen, und weres, das die dan uszblieben, so verlure ire iglicher, der da uszbliebe, viij ß heller.

Auch wan man off sant Kathrinen tag merckermeister kuset, welcher mercker uszblieben were, der hette off den tag nit me verloren, dan sine kure. Und wen die etellute und der lantmann off sant Kathrinen tag zu merckermeistern kiesen, den hat der walpode zu bestedigen, und jme daruber lassen globen und schweren, der marg grtruwelich fur zu sin, die zu uersehen, zu schuren und zu schirmen, und glich damit umbzugeen den armen als den reichen, und des umb kenynerley willen zu lassen, alsferre jne crafft und macht getragen mag, und als ferre als yme der walpode auch nach siner vermogde darzu behulffen ist, das er auch also tun sal alles ungeuerlich. Und sal man kiesen zu merckermeistern usz den etelln; mag man der nit han, usz den priestern, mag man der auch nit han, usz den lantman, die darzu die besten und nutzen weren.

Und sind heute zu tage von den etelluten, dem burgermeister von Frankfurt und von dem lantman zu merckermeistern gekoren, eyn jare zu sin, als der marg recht ist: Henne Clemme von Hoenberg und Heinrich von Beldersheim; und dieselben Merckermeister han hute zu tage Conczchen Brendel von Hoenberg, als an eins walpoden stat, globet, der marg recht zu tun."

2. Stadtgericht

Das Homburger Stadtgericht war selbständig und übte so die hohe wie die niedrige Gerichtsbarkeit aus. Die Hochgerichtsbarkeit war vom Landesherrn dem Stadtgericht übertragen. Zu peinlichem Gerichtsverfahren ergänzte sich das Homburger Schöffenkollegium mit je einem Schöffen aus dem Seulberger und Köpperner Schöffenstuhl. Das so erweiterte Stadgericht war dann Landgericht (Zent) der Homburger Territorialherrschaft[252]).

„Die Gericht belangennt

Es stehen alle peinlichen und Bürgerliche Gericht der Statt und Amt Hombergk vor der Höhe unserm gn(ädigen) f(ürsten) und herrn allein ohne Mittel zue unnd gehören ahn das Stattgericht Gonzenheim unnd Oberstedten, ab aber wohl Coipfern unnd Seulbergk zwey eigenne Gericht seinn, haben sie doch Ihren Oberhoiff zu Hombergk. Hombergk hat sein Oberhoiff bißanhero zue frankfurth gehabt, statt jetzt bey unßerm gn. f. und hern zulaßen.

In peinlichen Sachenn werdenn zum Stattgericht weiter erfordert zween Scheffenn, einer aus dem Scheffenstuhl Seulbergk, der ander aus dem Gericht Coipfern.

---
[252]) Stadtarchiv Homburg, Saalbuch 1580, S. 12:

Dieselbigen müssen den Beamten anstatt u. g. f. und herrn besonders zum peinlichen Gericht so Eidt und Pflicht thuen und da jemandt der peinlichen Straf verdient im Ampt muß am Statgericht gerechtfertigt werden, doch alles uf der Obrigkeit Uncosten, welche dann dem Scharpfrichter auch lonen muß."

Nach altem Gerichtsbrauch fanden die Gerichtstage unter freiem Himmel vor dem Untertor statt. Der Schultheiß war Gerichtsvorsitzender, der das Urteil im Namen des Landesherrn verkündete und den Gerichtsstab über dem Verurteilten brach. Das Gericht verhandelte leichte und schwere Vergehen und übte auch die Blutgerichtbarkeit aus. Der zum Tode Verurteilte wurde am Galgenberg (Platzenberg) hingerichtet.

Homburg gehörte zur Frankfurter Stadtrechtsfamilie und zum Frankfurter Oberhof, d. i. Rechtsbezirk. Im Sinne der Urkunde Kaiser Ludwig des Bayern vom 3. März 1332 hatten die Städte mit Frankfurter Recht: „ihr urteil zu suchen nach der stat rechte, darnach wir in dan friheit haben gegeben"[253]. Dies bedeutet eine gewisse Rechtsabhängigkeit. In schwierigen Rechtsfällen hatte das Homburger Stadtgericht sich an den Gerichtshof der Stadt Frankfurt gewandt und Rechtsauskunft eingeholt.

Das Homburger Gericht selbst war Oberhof für die Niedergerichte der umliegenden Dörfer, die sich beim Stadtgericht Rat holten. Die früheste Einholung eines Rechtsbescheides finden wir im Gerichtsbuch I. S. 2, Eintrag Nr. 10 aus dem Jahr 1420. Der Rechtsbescheid, der viel Altüberliefertes enthält, gewährt uns einen interessanten Einblick in das Gerichtswesen, deshalb soll er hier im Wortlaut angeführt werden:

„Iß hat oin man geklaget zu Eschebach var gerichte: ym sy by nachte und by nebele gebrochen durch sin dach uff some huse daz sy ym oin male ader tzwei, vor auch gescheon des enkonne hee nomme gelyden da hat der scholtheiß gefraget waz der verlorne hette der daz gedane hette by nachte und by nebel. Des ensint die scheffen zu eschbach ni wise gewest und sint kommen gein honburg vor daz gerichte. Da hat daz selbe gerichte zu hoenburg sie gewyset: wer daz hette gethan der hette verlorne den herren, alle ime ein diep schilling als lange als hee lebete und den nachgebueren da selbes 30 ß eine male."

Für den Rechtsbescheid war eine Gebühr zu entrichten.

3. Das älteste Stadtgerichtsbuch 1420-1531

Das erste Homburger Gerichtsbuch umfaßt 126 Blätter in Oktavformat (15 — 21,5 cm) mit festem Holzdeckeleinband, der mit rotem Papier überzogen ist. Die rote Farbe wurde keinesfalls zufällig, sondern absichtlich gewählt, denn das Rot war seit altersher die Farbe des Blutgerichts, mit rotem Garn waren die Dingstätten unter den Dorflinden abgegrenzt. Das Buch ist auch mit Rotstift foliiert; auch das zweite Gerichtsbuch hat einen rotfarbigen Umschlag und rote Foliierung. Das dritte Gerichtsbuch ist in braunes Leder gebunden.

Auf der Innenseite des vorderen Deckels des ersten Gerichtsprotokolls steht geschrieben: „Item were ime diese buche begert zu schriben der sal dem gericht geben IIII ß." Für die Protokollierung des Gerichtsverfahrens war eine Ge-

---

[253]) Böhmer-Lau, Frankf. Urkundenbuch, Bd. II, Nr. 434, S. 331.

bühr von vier Schilling zu entrichten. Dies bedeutet, daß nur wenige Gerichtsverfahren ins Gerichtsbuch eingetragen wurden, und über jedes beschämende Gerichtsverfahren schweigt das Gerichtsbuch. Dies hat seine gute Seite, denn niemand wird vor der Nachwelt bloßgestellt. Freilich schmälert diese Einseitigkeit beträchtlich den Wert der Gerichtsbücher als historische Quellen, sie spiegeln das Auf und Ab des wirklichen Lebens nur mangelhaft wider. Trotzdem kommt ihnen ein Quellenwert zu, ihre Bedeutung reicht weit über das Rechtsgeschichtliche hinaus, halten sie doch ein Stück des Homburger Alltags des 15. und 16. Jahrhunderts fest, nämlich die Zeit der letzten Eppsteiner Landesherren (1420-1487), die 17 Jahre der Hanauer Herrschaft (1487-1504) und fast ein Jahrhundert der hessischen Landgrafen (bis 1591).

Alle drei Gerichtsbücher enthalten in der Hauptsache Einträge über den Liegenschaftsverkehr, sie sind eher Grundbücher, Erbbücher, eine Sammlung von Kaufverträgen als Gerichtsprotokolle. Der erste Band beginnt mit den Worten: „Dit ist das gerichts buche zu Homberg." Auf das erste Blatt des zweiten Bandes schrieb eine spätere Hand: „Protocolle allerley Contracte, Kaufbriefe, Obligationen etc." Dieser Titel trifft ganz und gar zu.

Die meisten Prozesse wurden vor Gericht mündlich erledigt. Aus dem mündlichen Verfahren, wurde erst nach der Einführung der „Peinlichen Gerichtsordnung" Kaiser Karl V. (1532) ein schriftliches Gerichtsverfahren. Damit war es um das alte Schöffengericht geschehen. Rechtsgelehrte Richter urteilten nach genauer Tatsachenermittlung durch Zeugenverhör. Der Reinigungseid der Eideshelfer war völlig hinfällig geworden. Ein eigentliches Beweisverfahren kannte das alte deutsche Gericht nicht. Der Kläger beeidete seine Anklage; leugnete der Beklagte, so mußte der Kläger mit sechs Eideshelfern, Freunden und Verwandten, schwören; man nannte dies Übersiebnungsverfahren. Darauf folgte der Schwur des Angeklagten mit 13 Eideshelfern, und nun mußte der Kläger mit 20 Eideshelfern auftrumpfen.

Der Schultheiß, der dem Gericht vorstand, war herrschaftlicher Beamter (Stadtrichter), der vom Landesherrn eingesetzt wurde, auch die 12 Schöffen, die Urteilsfinder, waren vom Landesherrn auf Lebenszeit ernannt. Der Stadtknecht war Gerichtsdiener, der Schöffen, Kläger und Angeklagte zu den anberaumten Gerichtssitzungen bestellte. Die Gerichtsverhandlungen fanden in der Regel an einem Dienstag statt, doch auch andere Gerichtstage lassen sich nachweisen. Für das Jahr 1557 konnten z. B. folgende neun Gerichtstermine, die in das Stadtbuch eingetragen sind, festgestellt werden: 2. Februar, 23. Februar, 23. März, 27. April (Dienstag nach Trinitatis = nach dem ersten Pfingsttag), 10. Juli (Samstag nach Kilian), 13. November, Dienstag nach Briccius und 8. Dezember. Sicher fanden im Jahr 1557 noch mehrere Gerichtssitzungen mit mündlichen Verhandlungen statt, doch wir haben keine Belege dafür, da die Einträge darüber im Gerichtsbuch fehlen.

Im ersten Gerichtsbuch blieben uns einige alte Gerichtsregeln aus dem reichen Schatz des althergebrachten Gewohnheitsrechts erhalten, nach dem das Homburger Stadtgericht Jahrhunderte hindurch seine Urteile fällte. Da die Wurzeln dieser Bruchstücke tief in die Vergangenheit zurückreichen, verdienen sie unsere Aufmerksamkeit. Sie stammen aus uralten Weistümern und sind in mittelhochdeutscher Sprache geschrieben, deren Kraft und Zauber uns in Bann schlägt. Ich gebe hier zwei Seiten in getreuer Abbildung der Originalfassung wieder.

Alte Gerichtsregeln aus dem ersten Stadtgerichtsbuch.
Transkription siehe S. 118 und 119.

Item eber geleyde kneth der sale an der hy gnade
heydunge vnd sale ene die herrn mit boden

Item eber geleyde hette vnd das selber kneth der
salde auch an der herrn gnade heydunge

Wer unrecht mag gebe der salauch an der hy gnade
heydingen

Item eber eyne blutrustig sluge der hait vloren viij ß
penge, die hant die herrn an zehen gult gemacht
vnd sale eme sine schaden keren

Wer eyne messer eber eyne man ruppet aber eyne
mit eyner fust sluge der hait xij pheninge vloren
die han die herrn ane viij ß penge gemacht
vnd sale geme sine schaden keren

Item eber eyne schaden thut in sine garten ader zu sine
wingarten an dem dage der hait den burger verloren
vß penige vnd sale geme sine schaden keren

Item eber eyne schaden thut in sine garten ader zu sine
wingarten in der nacht der hait den herrn verloren eyn
duppschilling alle ware als lange er lebet vnd den burger
ƒƒƒ ß ḡ vij male vnd sale geme sine schaden keren

Da die Schrift manchem nicht lesbar scheinen könnte, schreibe ich — um Kopfzerbrechen zu sparen — den Text um und ebne gleichzeitig mit Erklärungen den Weg zur textlichen Erschließung.

„Item wer eynem huß suchet[254]), der hait den heren virlorn[255]) LX ß[256]) heller und eyn helbeling[257]) und sale, heme sinen schaden keren[258]).

Item wer eyne selber pent[259]) hie[260]) inne myner junckern gericht aber[261]) sinen willen, der hait den hern virlorn LX ß heller und eyn helbelingk und sale heme sinen schaden keren.

Item wer eyner zoge[262]) und doüß uß unser hern gerichte in eyne ander gericht aber sine willen, der hait den hern virlorn LX ß heller und eynen helbeling und sale heme sin schaden keren. Item wer eynen heyßet lygen[263]) vor eynem gehegten[264]) gericht der hait den hern virlorn LX ß heller und eyn helbeling. Item wer eyn kommern wolde und mit recht zusprechen in unser hern gericht, und wolde derselbe mit beyden[265]) oder sich an des schultheißen geboit keren, wie hoch eine dan der schultheiß geboit[266]) das he[267]) blebe[268]) und thet he deß nit, so hette he die selbe bueß[269]) virlorn die der schultheiß genant hette."

„Item wer geleyde brech[270]), der sale an der hern gnade deydunge[271]) und soln ene die hern nit doden[272]). Item wer geleyde hette und das selber brech, der sulde auch an der hern gnade theydunge. Wer unrecht maß[273]) gebe, der sal auch an der hern gnade theydingen. Item wer eyne blutrustig[274]) sluge, der hait virlorn 7 1/2 ß penge[275]), die hant die heren an zehen gulden gemacht[276]) und sale eme sine schaden keren. Wer eyne messer ober eyne man reysset ader eyne

---

[254]) huß suchen = im Haus überfallen.
[255]) virlorn = hat Strafgeld zu entrichten.
[256]) ß = Schilling.
[257]) helbeling = 1/2 Pfennig.
[258]) heme sinen schaden keren = ihm seinen Schaden ersetzen.
[259]) selber pent = selber pfänden, strafen.
[260]) hie = hier.
[261]) aber = gegen.
[262]) zoge = fortzöge, auswandere.
[263]) heyßet lygen = zum Lügen verleiten, anstiften.
[264]) gericht hegen = Gericht halten.
[265]) beyden, beiten = die Frist abwarten.
[266]) geboit = Vorladung zum Gericht.
[267]) he = er.
[268]) blebe, blibe = verharre, von seinem Vorhaben nicht abstehe.
[269]) bueß = Strafe, Geldstrafe.
[270]) geleyde brech = Gleitbruch begehen, das Geleitrecht stand dem Landesherrn gegen eine Gebühr zu, er ließ die Reisenden oder Kaufleute mit bewaffneten Reitern begleiten.
[271]) deydingen = gerichtliche Verhandlung.
[272]) doden = töten.
[273]) unrecht maß = falsches Maß.
[274]) blutrustig = blutig wund.
[275]) penge = Pfennige.
[276]) an zehen gulden gemacht = auf zehn Gulden festgesetzt.

mit eyner fust slüge[277]), der hait 20 pfennige virlorn, die han die hern ane 7½ ß penge gemacht und sale heme sine schaden keren. Item wer eyme schaden thut in synem garten oder sinem wingarten an dem dage, der hait den burgern virlorn 5 ß pennige und sale heme sinen schaden keren. Item wer eyme schaden tut in sinem garten ader in sinem wingarten in der nacht, der hait den hern virloren eyn dieppschilling alle isare als lange er lebet und den burgern 30 ß heller eyn male und sole heme sinen schaden keren."

Die Gerichtstage fanden in älterer Zeit gewöhnlich an einem Donnerstag statt, später auch am Dienstag, Mittwoch oder Montag. Nach 1530 setzt sich der Dienstag durch. Der erste Eintrag im ältesten Gerichtsbuch lautet: „Da hat Cles große und sin wypp ir diethern geerbet mit gericht zu Homberg an ires Kindes stad des selben glichen hat cles und sin wypp daz selbe diethern auch also geerbet und ginge daz diethern an libes erben abe waz ym dan worden wer von sin anthen da sal yc daz weder hene fallen da es here ist kommen[278])."
Der Sinn des Eintrags in unserer Sprache: Nikolaus Groß und sein Weib haben ihr Enkelkind (Diethern) vor dem Gericht zu Homberg an Kindesstatt als Erbe folgendermaßen eingesetzt, stürbe der Enkel ohne Leibeserben, so soll das (großväterliche oder großmütterliche) Erbe dorthin zurückfallen, von wo es herkam. Dieser Erbvertrag wurde nach Stadtrecht und Gewohnheit abgeschlossen vor Gericht. Das Erbe oder verkaufte Gut wurde mit „Hand und Halm" übergeben, das bedeutet mit Handschlag und zugeworfenem Halm als Rechtssymbol des Verzichts auf das Eigentumsrecht. Der Handschlag ist eine sinnbildliche Bekräftigung des Kaufvertrages. Mitunter lautet die Rechtsformel auch „mit Hand und Mund", in diesem Falle wurde die Übergabe ausgesprochen.

Die meisten Einträge sind wortkarg, nur manchmal füllen sie 2 bis 3 Seiten. Aus dem Gerichtsbuch III führe ich noch folgenden Eintrag an. Im Jahr 1545 am Dienstag nach Michaelis haben Peter Koingis (Kungis) und Frau bei guter Vernunft, wohlbedachtem Sinn und gesunden Leib ihren „erwelthen" Sohn, Herrn Johann Grafschaft, Prädikant allhier zu Homburg, alle ihre Güter, Haus und Hof, Äcker und Wiesen, fahrende Habe ersucht und unersucht, alles was sie beide Eheleute an Erbgut erhalten und mit Gottes Hilfe durch Arbeit erworben haben, übergeben, „mit handt und halmen uff eynner fryen strossen under dem hymmel" mit der Bedingung, daß der Hilfsprediger sie ihr Leben lang erhalte. Dieser Vertrag zählt auf vier Folioseiten alle Einzelheiten über die Erbgüter auf[279]).

4. Gerichtsordnung der Stadt von 1555

Auf Folio 234-235 des III. Gerichtsbuches hat der Stadt- und Gerichtsschreiber Heinz Molnhusen im Jahr 1555 insgesamt 26 Gerichtsartikel aufgezeichnet, die Johann Jäger später mit vier Artikeln ergänzte. An dieser „Belehrung des Gerichts zu Hombergk vor der hoh" können wir nicht gleichgültig vorbeigehen. Ich greife die wichtigsten Regeln aus dieser Dienstvorschrift

---

[277]) fust = Faust.
[278]) Stadtarchiv Homburg, Gerichtsbuch I. S. 1.
[279]) Gerichtsbuch III. S. 47-50.

heraus. Dazu läßt sich so manches sagen, hier nur soviel: Die Belehrung regelt vor allem die Gerichtsgebühren. Zwölf Schilling zahlt jener dem Gericht, der Schultheiß und Schöffen zusammenkommen läßt, dem Schultheißen gebühren 3, dem Stadtknecht 6 Heller. Wer auf Erbe und Eigentum klagt, hat — bevor er die erste Klage eröffnet — dem Gericht einen halben Gulden und dem Schultheißen drei Heller zu geben. Jede Partei hatte Fürsprecher (Verteidiger) und Zeugen. Für jeden Eintrag ins Gerichtsbuch gebühren dem Gericht vier Schilling, läßt jemand einen Eintrag streichen, dafür zahlt er 20 Heller. Für einen Insatz (Einweisung in einen Besitz) erhält das Gericht ein halbes Viertel Wein vom besten Ausschank („höchst Zapp"). Ist das Gericht in einer Gerichtssache ratlos und muß sich an den Oberhof zu Frankfurt wenden, so haben beide Parteien alle Unkosten zu tragen. Das Gericht führt ein Bürger- und Gerichtssiegel. Von einem „Bekanntnis" (Gerichtsbescheid) gebührt dem Gericht ein halber Gulden und für das Siegel und den Schreiberlohn 12 Schilling. Für einen Geburtsbrief, den damals das Gericht ausstellte, sind ein Gulden dem Gericht und drei Heller dem Schreiber zu zahlen. Für jede ausgestellte Kopie bekam das Gericht drei Albus, davon gebührt dem Schreiber die Hälfte. Der neu eingesetzte Schöffe gab eine Mahlzeit, zu der er auch die Fürsprecher einladen konnte.

5. Das Niederstedter Gericht

Niederstedten hatte wie Gonzenheim ein höfisches Gericht. Am Hof, der den Eppsteinern gehörte, herrschte alte Gerichtsgewohnheit, die „von Mann zu Mann uf uns kommen ist"[280]. Die Hofverfassung schloß die Hofleute zu einer bäuerlichen Organisation zusammen. Da die Satzungen des Hofgerichts vom Jahr 1483 erhalten sind[281]), sollen sie im Zusammenhang mit dem Homburger Gerichtswesen hier kurz behandelt werden.

„Sind diese Statuta und recht des Niederstedter Gerichts", unter diesem Titel bietet das Saalbuch Aufschluß über die Gerichtsverhältnisse anhand einer aus dem Jahr 1483 erhaltenen Aufzeichnung. Damals war Johann Becker Hofschultheiß und Schöffen waren: Hartmann von Eschbach, Jakob Seulberg, Ewald Schling, Hollen N., Friedrich Schnitzer, Dietz von Steden und Hermann von Königstein. Demnach hat der Schultheiß mit den sieben Schöffen, die alle aus alteingesessenen Bauernfamilien stammten und vom Territorialherrn eingesetzt wurden, das Hofgericht abgehalten.

Die Hofgüter waren freie Bauerngüter der Hofgenossenschaft, die kein Geistlicher oder Edelmann besitzen sollte, sie vererbten sich von Bauer zu Bauer. Sollte sie ein Herr erwerben, müßte er einen „mandtbarnn" setzen, der dem Hof vorstehe. Hier dürfte in dem überlieferten Statut ein Schreibfehler unterlaufen sein; das Wort „mandtbarnn" ist verbalhornt, es sollte richtig muntbaren heißen. Ein Wort mandtbar gab es nicht, mannbar aber bedeutet nur männlich, das mittelhochdeutsche Rechtswort muntbar aber einen Vogt, Beschützer, und dies entspricht dem rechtlichen Sprachgebrauch der damaligen Zeit.

---

[280]) Stadtarchiv, Copie Saalbuch, S. 23.
[281]) Ebenda.

Die Niederstedter Hofgüter hatten die Herren von Eppstein als Grundherren inne. Ihnen huldigten die Hofleute, und sie versprachen, die „Hofgenossen" in ihrer alten Freiheit zu belassen. Die übliche Redensart, die in allen Huldigungen immer wieder vorkommt, besagt: „und das zue bessern unnd nit zue aergern."

Die Gerichtstage wurden stets Donnerstag abgehalten, so Donnerstag nach Maria Reinigung (5. Februar), nach Walpurgistag (30. April) und nach Remigiustag (3. Oktober). Besonders feierlich wurde der Gerichtstag zu Remigius begangen. Da wurde dem Grundherrn, „unserm genedigenn Junkern Herligkeit", d. i. sein Oberhoheitsrecht, erwiesen. Ich führe die bezügliche Textstelle im Wortlaut an: „Soll herkommen mit drithalben man und drithalben Pferdt, und ein Habich und zwen Fögel und 2 Hüner, Hundt und einen Windt dazu. So soll man unserm genedigen Junkern Herlichkeit kochen zwei Fleisch weisgesottenn und eines gebrathen, und sindt drey wirdt da, die dreyerlei schenkenn zum zapfenn ... " Freilich wurde der beste Wein, den es im Gericht gab, geschenkt. Auch die Pferdeknechte wurden bewirtet „bis an die oerenn" (Ohren). Der Habicht bekam ein Huhn und eine Ricke, auf der er saß. Die großen Kosten der Bewirtung wurden jedoch an den herrschaftlichen Gefällen abgezogen und der Rest abgeliefert. Jeder Hofmann hatte am Tag nach Remigius noch bei Sonnenschein seinen Grundzins zu geben. Wer dies versäumte, hatte 20 Pfennig Buße zu zahlen. Das Bedekorn war zwischen den Liebfrauentagen, zwischen dem Himmelfahrtstag (15. August) und Maria Geburt (8. September), an einem festgesetzten Tag nach Homburg in die Herrschaftsscheuer einzuliefern.

Wer die Gerichtstage nicht besuchte oder seine Bede (Steuer) nicht leisten sollte, zahlte 20 Pfennig Strafgeld. Verkaufte einer einen höfischen (hoibischen) Morgen, rügten das die Hofgenossen mit 14 Maß Wein, wovon dem Schultheißen vier und den Hofleuten zehn Maß gehörten[282].

---

[282] Ebenda, S. 20-23.

XIII. Zunftwesen

1. Wollweber

Über die Zeit der Entstehung und Blüte des Wollwebergewerbes im Hochmittelalter haben wir leider keine urkundlichen Zeugnisse. Die ersten Belege für die Wollweber- und Tuchmacherindustrie in Homburg und Umgebung stammen erst aus dem Spätmittelalter. Freilich reicht der Anfang des einst hier blühenden Handwerks in viel ältere Zeit zurück, aus der aber keine schriftlichen Nachrichten vorliegen.

Schon im 12. und 13. Jahrhundert war in der Wetterau, zu der damals auch Homburg gehörte, die wollverarbeitende Industrie heimisch und gelangte in mehreren Städten des Rhein-Main-Raumes zu einem wirtschaftlichen Aufschwung, der über die lokale Bedeutung weit hinausragte, wie der namhafte

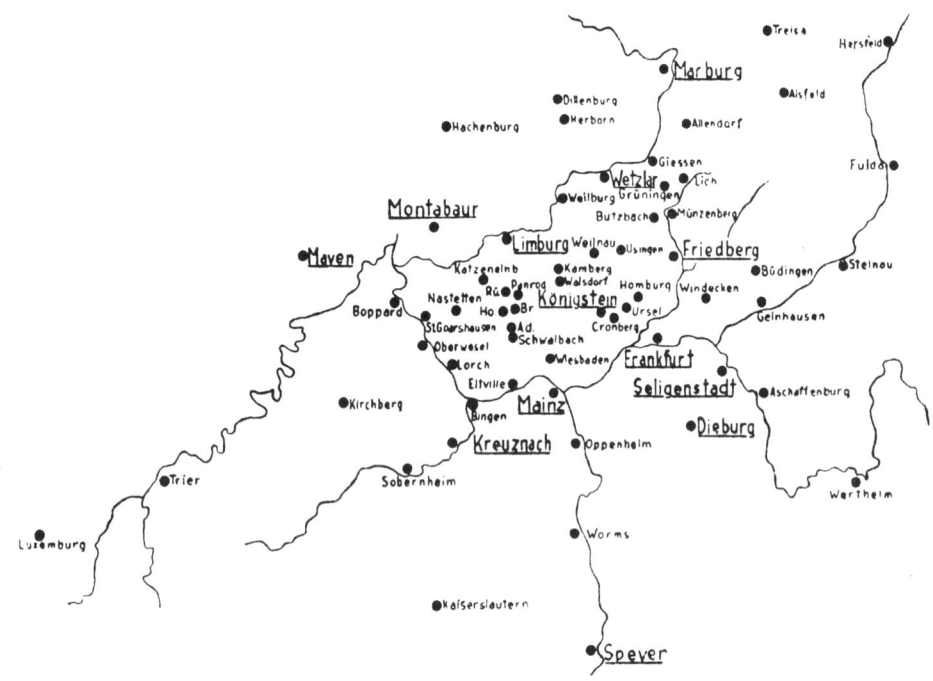

Der mittelrheinische Bezirk der Wollenindustrie im Mittelalter. Die bedeutenden Tuchstädte des 14. Jahrhunderts sind unterstrichen. Ammann, H.: Die Friedberger Messen, aus Rheinische Vierteljahrblätter, Jg. 15/16 (1950/51), S. 217.

Wirtschaftshistoriker Prof. Dr. Hektor Ammann nachgewiesen hat. Nach den Forschungsergebnissen Ammanns haben die Weberzünfte unserer Heimat für ihre Erzeugnisse zuerst auf den Friedberger Messen eine gewinnbringende Absatzbasis gefunden. Doch die Friedberger Märkte konnten ihre Vorrangstellung nicht lange behaupten. Sie wurden bald von den Frankfurter Frühjahrs- und Herbstmessen überflügelt, auf denen man Jahrhunderte hindurch schwunghaften Tuchhandel betrieben hat. Tuch bedeutet hier Kleiderstoffe aus Wolle.

Ammann bietet in seinem wirtschaftsgeschichtlichen Beitrag „Die Friedberger Messen"[283]) einen Überblick über das Tuchgewerbe der Wetterau. Er weist auf die Barbarossazeit hin, in der die Wetterau zu einer wichtigen politischen und wirtschaftlichen Stellung gelangte, und gibt einen lehrreichen Querschnitt durch die Messen und Wollindustrie des 13. und 14. Jahrhunderts. Dem Aufsatz sind drei Karten beigegeben. Die Karte „Der mittelrheinische Bezirk der Wollenindustrie im Mittelalter" zeigt unter den Tuchstädten des 14. Jahrhunderts auch Homburg auf[284]).

Das Wollweberhandwerk siedelte sich im Homburger Becken in den Tälern der Taunusbächlein an, wo es sich deren Wasserkraft nutzbar machen konnte. Die Wassergerechtsame gehörte als erbliches Privileg den Territorialherren. So mußten die Weber um die Verleihung des Wassernutzungsrechts und um die Erlaubnis zur Errichtung von Walkmühlen bei den Herren von Eppstein bittlich einkommen. Die Zünfte erhielten die Genehmigung, die im Laufe der Zeit immer wieder bestätigt wurde.

Die Homburger Territorialherren, die Edelherren von Eppstein, später die Grafen von Hanau und schließlich die Landgrafen von Hessen und von Hessen-Homburg, versprachen anläßlich der Huldigung feierlich, daß sie die Bürger der Stadt stets bei allen ihren althergebrachten Rechten und Gewohnheiten ungeschmälert belassen wollten. Unter diese summarisch genannten Rechte fiel auch das Wasserrecht der Wollweberzunft.

Doch die Landesherren verliehen keine Rechte umsonst, sie erhoben dafür jährlich eine Nutzungsgebühr. So erscheint im undatierten Eppsteiner „Einnahme- und Zinsregister", das aus der Zeit vor 1486 stammt, eine Abgabe von 40 Gulden Walkgeld. In der Rubrik „Rente zu Hoenburgk" lesen wir: „Item XL gulden ist jerlich zu achten zu gemeyn jaren die da gefallen zu welckgeldt"[285]). Diese Abgabe ist hier als altüberliefert zu betrachten, an der die urbariale Tradition Jahrhunderte hindurch festgehalten hat. Das Wort achten bedeutet berechnen, und das Wort gemein wird hier im Sinne gewöhnlich, allgemein gebraucht. Vermutlich richtete sich die Tucherzeugung nach den Absatzmöglichkeiten, und das Walkgeld stieg entsprechend an. Nähere Auskunft über das Walkgeld erfahren wir aus dem „Copia-Saal-Buch de 1580"[286]). Dort heißt es: „Aus der Walkmohlen gefallen vohn jederm Tuch, so durch den Walkern darin bereit wirdt, Unserem gnädigen fürsten und Herrn ein Albus zu Walkgeld. Dafür gibt die Herrschaft dem Walker auch Bauholtz von den Straßen"[287]).

Die mit der Wasserkraft des Heuchelheimerbaches getriebene Walkmühle lag oberhalb Dornholzhausen. G. Schudt sagt über ihre Lage: „In dieser Gegend (östliche Teil des Tannenwaldes, Brendels Busch) erscheint der Forellen-

---

[283]) Rheinische Vierteljahrsblätter, Jahrgang 15/16, 1950/51, S. 192-225.
[284]) Ebenda, S. 217.
[285]) St. A. Marburg, Neues Salbuch, Nr. 4635.
[286]) Stadt A. Homburg, Copia Saal Buch de 1580, Al. 4, Nr. 26.
[287]) Ebenda, S. 10.

teich und neben ihm, am Saum des Waldes die freundlich gelegene Walkmühle" (S. 108).

Das Wollweberhandwerk, das einheimische Wolle verarbeitete, fand seinen Absatz nicht mehr auf den Friedberger und Frankfurter Messen. Homburg beschickte im 15. Jahrhundert auch weitliegende Märkte mit Erzeugnissen der Wollweberzunft; so z. B. die Märkte von Deventer an der Issel, Holland, wie Z. W. Sneller nachgewiesen hat[288]). Auch mit Straßburg bestanden Handelsbeziehungen; so ist der Fernhandel mit Tuch 1461 nachweisbar[289]). Das Tuch wurde gefärbt; da in Hessen nur wenig Farbstoffpflanzen angebaut wurden, bezog man Blaufarbstoff (Waid) und Rotfarbstoff (Färberröte) aus dem Elsaß und der Pfalz.

Homburg war im Mittelalter ein Weberstädtchen. Seine Erhebung zur Stadt hängt wohl in erster Linie mit der Entwicklung des Wollweber- und Tuchmacherhandwerks zusammen. H. Ammann bringt in seiner Arbeit über die Friedberger Messen eine Karte über den mittelrheinischen Bezirk der Wollindustrie im Mittelalter, auf der er unter den Tuchstädten des 14. Jahrhunderts neben Frankfurt, Friedberg, Königstein ,Ursel, Kronberg und Usingen auch unser Homburg verzeichnet.

Wann die Wollenweber- und Tuchmacherzunft gegründet wurde, ist nicht bekannt. Eine Zunftordnung ist uns erst vom Jahr 1512 überliefert, die aber auf eine viel ältere Vorlage zurückgeht. Der Keller Mendel hat sie am 19. 8. 1587 abgeschrieben. Ihr Titel lautet: „Ordnung und gesetz über die zunfft des wollenwehebers-handwerdcks alhier zu Hoimberg vor der Hohe geordnet in anno XV^c XII." Das Zunftgesetz besteht aus 18 Artikeln. Die ersten vier Artikel befassen sich mit den Pflichten der „kertzenmeister oder handwerckmeister", die auf ein Jahr gewählt und von den herrschaftlichen Beamten in Eid genommen wurden. Ihre wichtigste Aufgabe bestand darin, die einzelnen Meister in ihren Werkstätten zu besuchen, ihre Arbeit und die hergestellten Waren zu überprüfen und die Rahmen abzumessen, ob sie 40 Ellen lang waren. Durch diese gründliche Kontrolle wurden aus den Homburger Erzeugnissen Marktartikel von hervorragender Qualität. Die Zunftmeister sollten auch stets auf Waage und Gewicht achthaben; ferner hatten sie zu überwachen, daß die Königsteinischen den Homburgern ihre Spinnerinnen nicht abwarben, denn kein fremder Meister durfte in Homburg spinnen lassen. Sicher ergaben sich mit Nachbarzünften Reibereien, die Bestimmungen waren aber bestrebt, das einheimische Handwerk zu schützen und zu stärken. Der Artikel fünf befaßt sich mit der Aufnahme der Lehrjungen und setzt die Lehrzeit auf zwei Jahre fest. Ein jeder Lehrjunge („Knap"), der nicht im Handwerk geboren war, gab bei der Aufnahme ein Pfund Wachs und ein Viertel Wein dem Handwerk. Jener Knappe, der seinen Meister verläßt, darf von keinem anderen Meister aufgenommen werden, er muß vielmehr auf Monatsfrist zum Stadttor hinausziehen und darf nie wiederkommen. Kein Meister soll einem anderen sein Gesinde abspannen. Die Meistersöhne werden unentgeltlich freigesprochen. Es könnte

---

[288]) Sneller, Z. W., Deventer, die Stadt der Jahrmärkte, in Pfingstblätter des Hansischen Geschichtsvereins, 25, 1936, S. 66, Tuch Handel mit Frankfurt ist 1381 belegt. Ammann, H., der hessische Raum in der mittelalterlichen Wirtschaft, in Hessisches Jahrbuch für Landesgeschichte, Bd. 8, Marburg 1958, S. 50.

[289]) Ebenda.

der Fall sein, daß ein fremder Geselle in den Flecken käme, um sich seßhaft zu machen, dieser muß dem Landesherren und dem Handwerk je 6 Gulden geben, seinen Lehrbrief und Geburtsschein vorlegen, wird er „tuglichen und genugsam" befunden, so kann er in die Zunft aufgenommen werden. Wenn ein Homburger Meister eine fremde, d. h. ausländische, kurmainzische oder hanau-münzenbergische Frau heiratet, so ist er verpflichtet, das Zeugnis ihrer ehelichen Geburt vorzuzeigen. Wäre es, daß ein fremder Meister die Tochter oder Witwe eines Homburger Meisters zur Ehefrau nähme, der gewönne das Handwerk nach altem Zunftbrauch. Zöge ein Homburger Meister aus der Stadt und hielte seine Bürgerschaft nicht aufrecht, der hätte das Handwerk verloren und müßte es bei Wiederkehr mit 12 Gulden erkaufen. Zunftmäßige Meister, die sich auf Messen und Märkte begeben und dort sich in Gezänk und Schlägerei verwickeln, verfallen einer Buße. Wer den Zunftgeboten nicht beiwohnt, gibt dem Handwerk ein Viertel Wein.

Die Kerzenmeister sollten darauf achten, daß jeder Meister seinen Rahmengarten umzäune. Bevor das Schnitt- oder Futtertuch aus der Werkstätte zur Walkmühle gebracht wurde, mußte es den Kerzenmeistern vorgezeigt werden. Die Zunftmeister standen unter ständiger Kontrolle, für jeden kleinen Fehltritt wurden Geldbußen und Strafen verhängt.

Die Erzeugung der verschiedenen Tuche war eingeschränkt. Jeder Meister konnte jährlich nur 38 Tuchstücke herstellen, 19 für die Frankfurter Frühjahrs- oder Fastenmesse und 19 für die Herbstmesse. Im Falle, daß ein Handwerker zum Bürger- oder Kerzenmeister gewählt wurde oder sein Sohn oder seine Tochter heiratete, wurden ihm für jede Messe zwei Tuchstücke mehr erlaubt. Kein Meister durfte bei einem Gulden Strafgeld bei einem fremden Meister färben lassen. Verboten war auch, einem Fremden sein Handwerkzeug („Gestell und Getzeug") auszuleihen[290]).

Erst vom 16. August 1468 liegt die erste urkundliche Nachricht über den Messebesuch der Homburger Wollweber vor, und zwar zunächst ein Brief des Homburger Kellers Heinrice Seulberger an die „ersamen und wyssen burgermesternn der stede Franckfurt", in dem er um ein Geleit bat, das die „gewender zu Hoenberg" zur Herbstmesse hin und zurück bringen sollte. Das Zeugnis lautet:

„Mynnen fruntlichenn dinst zuuor, ersamenn wysenn liebenn herrnn. Daz wolnhantwerck zu Hoennburgk synn vor mich komen und hann mich gebettenn, ich uwer ersamkeyt fruntlich bette, ene eynn geleyde ann uch erwerbee die messe uß und anne und achte oder fierechenn tage ungeuerlich noch uwer messe wollent thun gebenn etc., uff daz sie daz ir inne die messe brenngen mogen etc. So bitten ich uwer wyßheyt fruntlich, denn genannten eynn geleide zu gebenn nach uwer stede und messe gewonheyt, wille vonn mynem genedigen heren girne umb uch verdienn. Gebenn uff daenstag nach unser frauen tagk assomcionis anno domini etc. L XVIII (1468 August 16)[291]).

Heinrich Sulburger, kelner zu Hoenberg. Rückseitig: Denn ersamenn und wisenn burgermesternn der stede Franckfurt, mynnen liebenn hern etc. Verschlußsiegel unter Papierdecke. Das Siegel ist rund, Legende unleserlich. Siegelbild: Hand mit fünf gespreizten Fingern (oder Muschelschale?). Dorsalnotiz:

---

[290]) Stadtarchiv Homburg, Steinmetz Mappe.
[291]) Stadtarchiv Homburg.

„Heinrich Sulb(er)g(er), de(n) gewend(er)n zu Hoenb(er)g umb geleide, ist me(n)tlich zugesagt vur der h(er) s(chafft) und stede gemey(n) enspr(ach) d(er) messe fryh(eyt)."

Aus dem Jahr 1570 ist uns ein Verzeichnis[292]) erhalten, aus dem wir erfahren, wieviel an unständigem Tuchwalkgeld aus dem Amt Homburg in die Kellerei eingeflossen war. Aus dem Verzeichnis läßt sich für das Tuchmacherhandwerk einiges erschließen. Als Tuchmacherorte sind neben Homburg noch Kirdorf und Oberstedten erwähnt. Aus diesen drei Gemeinden wurden zusammen 30 Gulden, 2 Schilling und 6 Heller an Walkgeld entrichtet. Kirdorf hatte die Fasten- und Herbstmesse mit 286, Oberstedten mit 273 und Homburg mit 254 Stück Wolltuch beliefert; die Gesamtzahl belief sich auf 813. Es gab Gewandtuch, schwarzes Tuch, das auch schwarze Mohren genannt wurde, Hosentuch und Futtertuch. Aus dem Jahr 1570 sind uns auch die Namen der Zunftmeister, in Homburg Kerzenmeister genannt, bekannt; sie hießen „Cuntzen Jacob und Fritzen Johann" (Jakob Kunz und Johann Fritz). In Homburg lebten 1570 insgesamt 24 Tuchmacher, die im Verzeichnis namentlich aufgeführt sind. Damals hatte die Stadt 145 Bedezahler, davon 17% das Handwerk der Kleiderstofferzeugung aus Schafwolle ausübte und im Tal, in Diedigheim, wohnte[293]). Walker war Endreß (Andreas) Mühlhausen, den der Amtskeller Johann Mendel bat, — dies wird ausdrücklich vermerkt — sein „Pittschaft", d. h. seine Hausmarke unter das Verzeichnis zu setzen. Die Hausmarke soll vermutlich einen Tuchrahmen darstellen (vgl. S. 199).

Die Tuchmacherliste von 1570 nennt folgende Namen:

Name	Zahl der gelieferten Tuchstücke		
	Fastenmesse	Herbstmesse	zusammen
Velten Knock	14	3	17
Heinz Stierstadt	10	7	17
Reul Landvogt	14	3	17
Niklas Eberth	4	1	5
Kesselhen d. J.	7	3	10
Cuntzen Jakob	2	1	3
Caspar Sebolt	7	2	9
Hen Kloppenbusch Witwe	7	—	7
Johannes Kloppenbusch	17	5	22
Jakob Kloppenbusch	—	3	3
Endres Heil	15	4	19
Johann Weidmann d. J.	10	3	13
Kain Weidmann	5	—	5
Johannes Weidmann d. Ä.	10	7	17
Kain Schling	22	4	26
Johann Fritz	7	—	7
Johannes Findern	—	3	3
Johann Conradi	4	1	5

---

[292]) Staatsarchiv Marburg, Samtarchiv Nr. 101, Belege zur Rechnung des Kellers Johann Mendel zu Homburg v. d. H., 1570.

[293]) Dort standen die Farbhäuser.

Felix Kranz	5	—	5
Hans Groß	3	1	4
Endres Rodenberg	14	13	27
Thönges (Anton) Mülhaus	3	—	3
Hans Heinrich Heil	1	1	2
Stoffel Usingen	6	4	10
	187	69	256

„Ordnung unnd gesetz uber die zunfft deß wollenwehebers-handwercks alhier zue Hoimbergk vor der Hohe geordnett in anno XV^c XII etc.

Zum ersten Soll die gannze zunft under ihnen zwen kertzenmeister oder handwercksmeister neben den vorstehern einmuttiglichen erwehlen, die alwegen ein Jahr lang dem handwerck in allen iren sachen und anligen zum besten und getrewlichsten vorstehen. Solche ermelte zwen handwercks- oder kertzenmeister sollen durch die beampten, so iderzeit wegen unseres gnedigen fursten und hern uns vorgesetzt, angegeben und vorgesteldt, von inen ein aidt genommen werden, solchs ir ampt trewlichen zue verrichten.

Zum andern Sollen die kertzenmeister verpflicht sein, das sie idern monat im jar einsmol ader zwey noch gelegenheit in der meister haus undt werckstat gehen, iderm sein gewerck oder zettel zue besehen, ob derselbig auch an den haißduchern undt an den grohen duchern geworffen haib sieben gewond mit funffzehen und seine leisten doran acht recken lang. Item die schwartzen gemein duch, die schwarzen mohren genant, ob die geworffen seyen sieben gewont mit funffzehen acht recken lang ohne leisten. Item die futterduch zue besichtigen, das sie geworffen funff gewond und drei gen mit funffzehen und zehen recken lang, oder aber sex gewond mit viertzehen und seine leisten daran. Und welcher meister weniger wirft dan mit viertzehen, wanß schon die rechte breid hait, oder aber die hosenducher, schwartze ducher, die schwartze mohren oder futterduch iders noch seiner art wie vermeldt nit geweben hette, der soll von iderm gang, so oift er befunden, mit sex schilling hellern zur stroiff verfallen sein, halb unserm gnedigen fursten und hern und halb dem handwerck zue verbuessen. Es sollen die kertzenmeister diese ordnung vor sich selbst zu halten auch verpflichtet sein bei gleichmessiger poen und stroff.

Zum dritten Sollen die kertzenmeister eines iden meisters zettel rahmen besichtigen und messen, ob sie auch durchaus 40 ehelen lang seye, dormit eine so lang als die ander gehalten werde. Welcher dorin streffig befonden, soll dem handwerck ein Viertel weins geben.

Zum vierten Sollen die kretzenmeister diselbig oftzihen guth achtung haben uff des handwercks wagen, gewicht und balken, daß dieselbig ufrichung im baw ohnstrefflich gerecht iderzeit gehalten, domit iderm das recht gewicht alletzeit 18 pundt Homberger gewicht uf ein kleud wollen gewogen, dormit dem armen wie dem reichen und herwidderumb dem reichen wie dem armen durch den geschworen wiger die gekaufte oder verkaufte wollen in und ausgewigen werde bei straiff eins gulden unserm gnedigen fursten und hern. Und gebuert der wigerlohn halb dem gantzen handtwerck und halb dem wiger, des soll er ides jars von den beampten darunter beeidigt werden. Desgleichen soll es auch mit den spinspunden auszuwigen gehalten werden, derowegen sollen die kertzenmeister iderm meister sein gewicht und wogenbalcken besichtigen, daß keiner die armen spennerin verforteile. Wo einer oder mehr straffbar darin erfunden, den sollen die kertzenmeister vorm gantzen handwerck antzeigen, sollen inen mit zuthun der obrigkeit noch gestalt der verwirckung straffen, von iderm ib. 1 albus halb dem fursten und halb dem handwerck, und sollen die meister von iderm pund worff 1 albus und von iderm l b. websal 6 pfennig zu spinnen geben. Domit dan die Konigsteinischen den Homburgern ire spennerin nit abspannen oder das spinneb verteuern und ubersetzen, sol verbotten sein, das kein frembder meister wollen in Homburg spinnen sol lassen bei verlust der wollen und des garn, halb unserm gnedigen fursten und hern, halb den handtwerck. Da auch die kertzenmeister uber disser ordnung nit vleissig holten oder die farlessig ubersehen wurden, soltens unserm gnedigen fursten und hern idesmols ires verbruchs mit 2 fl. straff verfallen sein.

Zum funfften. Wen ein meister einen lehrjungen annimpt, so derselbig alwegen zwei jar lang sein handwerck lehren in maissen uff diesem handtwerck die gewohnheit ist, wan er an andere ort kompt, das handwerck erhalten konne. Und sal ein ider lehrjung, so nit im handtwerck geporen ist und die zunft nit ererbt hait, dem handwerck zue einem bekantnuß geben 1 lb. wachs und ein viertel weins, desgleichen ein gulden geldts, und bei verlust des handwercks die 2 jar volnkomblichen auslernen. Wurde aber ein meister einen lehrjungen kurtzer dan zwey jar leheren, der soll unserm gnedigen fursten und hern mit 2 fl. und dem handwerck mit 1 fl. straff verfallen sein.

Zum sexten. Wan die meister des gantzen handwercks beieinander sein in iren handwercks gebresten und noitturfften zu handeln und also dan ein trunck thun und zechen wurden und einer den andern mit unnutzen worten ubergee, so oft das geschicht, so er dem handwerck mit einem alten tornes zu straff verfallen sein. So aber einer den andern lugen straiffen oder sonsten mit groben ungeschickten worten unberginge oder miteinander reuffen oder schlagen wurden oder an seinen ehren verletzen wurde, soll dem handwerck ider mit einem viertel weins verfallen sein und unserm gnedigen fursten und hern in die rugen vorgetragen werden.

Zum siebenden! Wan einem meister oder meisterin wollen garn, das geschmeltzen werde, uberkome ader zue kauf gebracht wurde, das sal man behalten und vor das handwerck bringen und die person, so es verkauffen wolten, angeben, uf das man erfahre, von weme es herkompt und vorters unsers gnedigen fursten und hern beampten vorbringen moge. Wer solchs verschweigt, soo dasselbig dem handwerck mit 1 fl. verbussen und in unsers gnedigen fursten und hern gnad undt ungenad gerugt werden.

Zum achten. Wen ein knap von seinem meister mit unwillen uffbreche, denen sol kein ander meister ufnemmen noch ubernacht halten, sondern sal so balt zum thor hinaus zihen undt inwendig monatsfrist in flecken nit widder kommen, auch von keinem meister gesetzt werden. Es sal auch kein meister dem andern nach seinem gesindt sehen oder die abspannen. Welcher solches uberfuhre, der soll es jegen dem handwerck unablessig mit 1 fl. verbussen, und von iderm meister gesetzt werden.

Zum 9. Sol eines iden meisters soihn, der sich eherlich und redlich gehalten und ein undattelich weib zur ehe nimpt, und er sie auch vorhin selbsten nit geuneheret hette, das handtwerck one erlegung des zunftgelts frei gewinnen.

Wehre es aber sach, daß er in dissen stucken oder artickeln ruchbar wehre, sal er nach gelegenheit der beruchtigung unseres gnedigen fursten und hern beampten erkantnuß und wie es girin bei andern umbligenden der gleichen handwercksmeistern irer eherlichen gewoinheit nach gehalten wirdt zum handwerck oder (zunft) nit zuegelaissen werden. Da aber ein frembder gesell unsres gnedigen fursten und hern irer furstlichen genaden vorwissen und bewilligen sich alhier seßhaft machen und ins handwerck begeben solte, der sall unserm gnedigen fursten und hern sex gulden undt dem handwerck sex gulden geben, dormit und wie obstet sal das handwerck gewinnen, ydoch sal jener alwegen sein leher- und geburtsbrief, wie er sich uf dem handwerck gehalten, vorlegen. Wan die tuglichen und genugsam funden, alsdan und nit eher sol er wie gemeldt noch erstattung der 12 fl. zum handwerck zuegeloissen werden. Desgleichen ob auch einer eine frembde oder auselndische zur ehe neheme, die sal gleichergestalt ire eheliche geburtsbriue und zeugnus, daß sie ehelich geporendt (und) sich eherlichen gehalten, vorlegen, oder der sie nehme zum handwerck nicht zugeloissen werden. Wehere es auch, daß ein frembder, eines meisters dochter von gutem geruchte oder eine wittib des handwercks zue der ehe nehme, der gewint auch noch unserm alten geprauch das gantze handwerck und darfs nit kauffen. Da aber dargegen ein meister, so in unser zunft wehre und aus dieser sat zoge und kein burgerrecht hilte, er hette die burgerschaft ufgesagt oder nit, der hait das hantwerck verloren, wolte er aber darnach das handwerck widder in der stat brauchen, soll ers widder mit 12 fl. kauffen, halb unserm gnedigen fursten und hern und halb dem handwerck.

Zum 10. Welcher meister den andern an den orter, da sie in der meß oder merckten, wo auch das wehre, feil hetten, oder an welcher kauffmannschaft das geschehe, das zu irem handtwerck gehoeret, verhindern thete, der solls unserm gnedigen fursten und hern mit 1 fl. und dem handwerck mit 1 fl. verbuessen. Und ab sichs auch begebe, daß under inen uff dem land getzenck oder schlegerei sich zutruge, das sollen sie nichtsdestoweniger alsdan wie das im flecken oder ampt geschehen noch gelegneheit unserm gnedigen fursten und hern verbussen.

Zum 11. Wain die kertzenmeister und bawmeister von wegen des erbarn handwercks ein depot laissen machen, welcher meister uf die genante stund und zeit, so es das handwerck noit erfordert, nit erscheinet, sol alsbalt 1 virtel weins dem handwerck zuer buß erlegen. Desgleichen da die meister oder das gantze handtwerck beieinander wehren und einem aus uberflessigem essen oder trinken eine untzucht widderfuhre, der sol es den meistern mit 1 viertel weins verbuessen.

Zum 12. Wo ein meister mit dem andern des handwercks halben zue schaffen gewonne, die sollen es vor die kertzenmeister bringn, konnten sie dieselbigen nit entscheiden, so sollen sie es vor die gantze zal des handwercks bringen, da sie dieselbigen auch nicht alsdann vertragen konten, so sollen sie es vor unsers gnedigen fursten und hern beampten gelangen loissen, ydoch ob sich solche felle zuetrugen, die unserm gnedigen fursten und hern allein zue straffen gepuerten, solche sollen nit verschwigen sondern am statgericht offentlichen gerugt werden bei zwyfacher stroff.

Zum 13. Disser artickel ist in unsres gnedigen fursten und hern wollenordnung begriffen, mochten leiden, das die vorkeuffer uns dem handwerck, ehe und zuvor sie sie ingekaufte, wollen den außlendischen verkaufen, uns dieselbig zuvorderst anbieten und etwa ein halb jar umb zimblichen ufschlag und gewinn vorstrecken musten, wolten wier sie auch noch pillichheit gerne widder bezahlen.

Zum 14. Sol auch ein ide person, so sich des handwercks zue behelffen begehr und sich zum handwerck bekant, alle jer uf der heiligen drei konig tag, wan das gantze handwerck beieinander versamblet ist und daß ire ordnung verlesen und gemeine handwercksbawrechnung durch die beampten abgehort, erscheinen, es sei fraw oder man, kinder oder vormonder, den kertzmeistern bekandnusch thuen und das handwerck mit 8 pf. loesen. Welcher das nit thete, sol das handwerck verloren haben.

Zum 15. sollen die kertzenmeister vleissig ufsehens haben, das ein ider sein anteil an rahmengarten wohl befridige bei verlust 20 d. heller, halb dem handwerck und halb unserm gnedigen fursten und hern.

Zum 16. Daß auch unserm gnedigen fursten und hern das gepuerend walckgeldt nit underschlagen werde, soll ein ider meister den kertzenmeister sein gewebne duch, es seien schnit- oder futterduch, antzeigen ehe ehr sie in die walckmoln trage bei 1 fl. straff dem fursten halb dem handwerck.

Zum 17. Sol ein jeder meister zue seiner zahl den winther 19 duch machen, wo er kant, desgleichen den sommer auch soviel, wo ers ins werck setzen vermochte, und nit mehr. Wehr das uberfuhr, sal das gantz duch verloren haben, halb dem handwerck und halb unserm gnedigen fursten und hern. Im fal aber ein meister des handwercks zuem burgermeister oder kertzenmeister werwohlet oder aber ein sohn oder dochter ehelichen besat, demselbigen sol ide meß 2 duch weiter dan diß ordnung inhelt zu bereiten zugelassen sein.

Zum letzten sol auch kein meister einem frembden ausgesessenen meister frembde tuch ferben bei 1 fl. stroff, halb dem fursten und halb dem handwerck. Desgleichen sol er sein gestel und getzug keinem frembden meister lehen bei vorgeschriebener stroff.

Doch unserm gnedigen fursten und hern disse handwercksordnung zue mehren oder zue mindern iderzeit vorbehalten.

Johann Mendel, statschreiber.

Es konnt nitt schaden, daß man des handtwercks ordtnunge zu Urssel bekhommen mocht, konntt man sich auch desterbaiß darin versehen und sich ferner richten.

Das handwerck begert, das der 14. artickes mit den futterduchen geschriben werd, wie sie sich verglichen in der alten Homberger ordnung, geschehen den 19. t. august anno 87.

Die oberst der im obergericht begehren, da unser gnediger furst und her Homburg und Steden mit der wollenweberzonft belehen wurde, daß die Brendelischen underthanen auch in ir ordnung und zunfft."

2. Metzgerzunft

Die Gründungszeit der Metzgerzunft ist urkundlich nicht genau nachweisbar. Pfarrer Füllkrug, der sich mit den Homburger Zünften eingehend beschäftigt hat, sagt in seinem im Druck erschienenen Vortrag, es hätte ihm über die

Metzgerzunft kein Archivmaterial zur Verfügung[294]) gestanden. Aus dem Quellenmaterial im Staatsarchiv Wiesbaden geht hervor, daß die Zunft der Metzger im Jahr 1515 schon bestand. Aus diesem Jahr ist ein „Ordnungswesen für die Metzger" erhalten, eine Zusammenfassung der Regel: „wie sie sich hier verhalten sollen". Darin heißt es unter anderem, daß wer das Metzgerhandwerk betreiben will, soll Samstag und Mittwoch schlachten und das Fleisch auf der Schirn oder in seinem Hause feilbieten. Schon tags vorher sei das Vieh zu schlachten. Nur gesundes Fleisch darf ausgehackt werden. Es folgt auch eine Tabelle der zulässigen Fleischpreise:

gut reußen fleisch	10 d	schaffleisch	10 d
gut feist fleisch	9 d	hammelfleisch	40-30 d
gut stechochsen	8 d	kalbfleisch	9- 7 d
was mager ochs	7 d	lunge und leber	6 d
feist schweinefleisch	10 d	rindsleber	4 d
mager schweinefleisch	9 d	kalbskopf	20 d
		sülze	5 d

Füllkrug berichtet in seiner angeführten Arbeit (S. 14) allerdings ohne Quellenangabe von einer Bäckermeister-Ordnung, die vom 15. August 1580 datiert sei. Schriftliche Nachrichten über andere Zunftordnungen der älteren Zeit fehlen.

---

[294]) Füllkrug, Das Zunftwesen in Homburg v. d. H., erschien im 10. Heft der Mitteilungen des Vereins für Geschichte und Altertumskunde zu Homburg v. d. H. 1910.

XIV. Homburg unter den hessischen Landgrafen (1504-1622)

1504-1509 Wilhelm II. (1469-1509)
1509-1518 Vormundschaftsregierung
1518-1567 Landgraf Philipp der Großmütige
   Homburg v. d. H. verpfändet: 1528-1539 an die Grafen von Hanau
   1539-1559 an Graf von Stolberg-Königstein
   1559-1568 an Friedrich von Reifenberg
1568-1583 Landgraf Philipp d. J. von Rheinfels
1583-1596 Landgraf Georg I., der Fromme
1596-1626 Landgraf Ludwig V., der Getreue

Stammtafel der hessischen Landgrafen
von Wilhelm II., unter dem Homburg hessisch wurde, bis Friedrich I., dem Begründer der Linie Hessen-Homburg

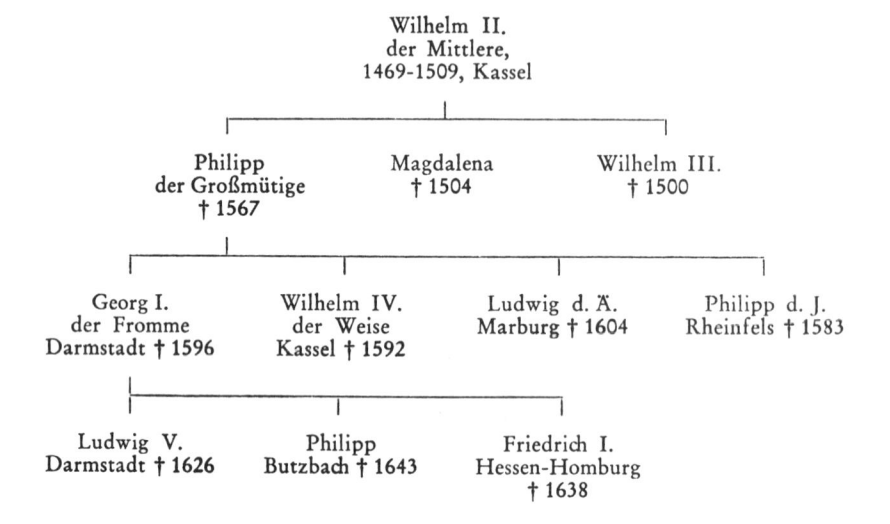

```
                    Wilhelm II.
                    der Mittlere,
                    1469-1509, Kassel
         ┌──────────────┼──────────────┐
    Philipp         Magdalena       Wilhelm III.
 der Großmütige      † 1504           † 1500
     † 1567
   ┌──────────────┬──────────────┬──────────────┐
  Georg I.     Wilhelm IV.    Ludwig d. Ä.   Philipp d. J.
 der Fromme    der Weise      Marburg † 1604  Rheinfels † 1583
 Darmstadt † 1596  Kassel † 1592
   ┌──────────────┬──────────────┐
  Ludwig V.      Philipp       Friedrich I.
 Darmstadt † 1626  Butzbach † 1643  Hessen-Homburg
                                    † 1638
```

1. Die Zeit Landgraf Philipp des Großmütigen (1518-1567)

Landgraf Philipp wurde auf dem über der Lahn sich hochaufbauenden Marburger Residenzschloß der hessischen Landgrafen am 13. November 1504 geboren. Er war der Sohn Wilhelms II., des Mittleren, der 1509 im Alter von 40 Jahren starb. Die Landgräfin Mutter Anna von Mecklenburg führte mit ihren Räten Balthasar Schrautenbach und Hermann von Riedesel die Regentschaft, bis ihr 13½ jähriger Sohn vom Kaiser Maximilian I. für mündig erklärt wurde und im Mai 1518 die Regierung übernahm.

Der junge Landgraf besaß eine hohe Vorstellung von seinen Herrscherpflichten und war ein vielseitig aufgeschlossener Geist. Mit Glauben und Wissenschaft seiner Zeit innig verbunden, wurde er zum Vorkämpfer der Reformation und Gründer der Marburger Universität. Viel Aufmerksamkeit widmete er den Städten und förderte angelegentlich ihre militärische, kulturelle und wirtschaftliche Entwicklung. In seinem wohlgeordneten Staat herrschte Ruhe und Ordnung. Die Geschichte ehrte ihn mit dem Beinamen „der Großmütige", magnaninus, was dem Wortsinn nach den Hochgemuten bedeutet. Zutreffend hat Martin Luther 1531 den 26jährigen Fürsten geschildert: „Der jetzige Landgraf ist ein Kriegsmann, von Person klein, aber im Rat und Verstand mächtig und glückselig. Nach seinem Alter, ein fürtrefflicher, freudiger Fürst, der ihm raten und sagen läßt, guten Räten bald weicht, stattgibt und folgt. Und wenn's beschlossen ist, so säumt er nicht lange und exegiert's mit Fleiß. Darum wird er auch um solcher fürstlichen Tugend willen von den Widersachern gefürcht. Er hat einen hessischen Kopf und kann nicht feiern, er muß etwas zu tun haben. So traut und glaubt er auch nicht leichtlich. Er führt viele Dinge an, und es geht ihm hinaus."[295])

Hier kann nur von den Beziehungen des Landgrafen zur Stadt Homburg die Rede sein, von Kontakten und Begegnungen, die, so geringfügig sie auch scheinen mögen, für unsere Stadtgeschichte einst von grundlegender Bedeutung waren. Dies mag vielleicht übertrieben klingen, doch es besteht kein Zweifel, daß aus den Briefen, Urkunden und Einträgen der Homburger Stadtrechnungen, die sich auf Landgraf Philipp beziehen, Heimatgeschichte spricht, die man bisher achtungslos überging.

Es darf wohl vorweggenommen werden, daß der blutjunge Landgraf ein Gönner unserer Heimatstadt war, nahm er doch selber innigen Anteil an der Entwicklung von Homburg Stadt und Land; ja, mehr als das: aus eigenen Mitteln unterstützte er das arme, in schläfriger Stille träumende Landstädtchen, das von bäuerlichem, wenn man so will von ackerbürgerlichem Leben geprägt war, um ihm vorwärts zu helfen. Für diese wohlwollende Gesinnung sollen wir späte Nachkommen ihm ein ehrendes Andenken bewahren.

Mit jugendfrischer Initiative griff der Fürst aktiv in die Geschichte der Stadt Homburg ein. Von der Aufmunterung des Landgrafen getragen, wurde von Jahr zu Jahr die Stadtbefestigung auch um Diedigheim ausgebaut, und mit der wachsenden wehrfähigen Stadtmauer stieg der Flecken Homburg zum Rang einer wehrhaften Stadt empor, erhielt 1526 den ständigen Dienstagmarkt, wurde damit zur kleinbürgerlichen Gewerbe- und Handelsstadt und rückte später auf zum Mitglied der hessischen Ständeversammlung, des Landtages also, der damaligen Volksvertretung.

Der äußere Ablauf dieser tiefgreifenden Entwicklung zeichnet sich in den Quellen klar ab. Philipp war ein Mitgestalter dieses Werdegangs. Sein Name bleibt mit der Entwicklung der Stadt Homburg im Anfang des 16. Jahrhunderts unlöslich verbunden.

---

[295]) Dr. Fr. Uhlhorn: Stamm der Mitte, Lebenszeugnis aus vergangenen Tagen, in: Merian, Kurhessen, Jahrgang 2, Heft 6, S. 83.

In den schriftlichen Geschichtsquellen unserer Stadt werden Philipp und seine Mutter Anna im Jahre 1517 zum ersten Male erwähnt. Die Stadtrechnung verbucht eine Ausgabe von 21. Turnos für Wein, der am Tag der hl. Anna (26. Juli) „u(nserm) g(nädigen) h(ern) und u(nserer) g(nädigen) f(rau)" verehrt wurde[296]. Anlaß zu diesem Weinpräsent gab wohl die Geldspende des minderjährigen Landgrafen, der 30 Gulden „zu stuer vor der muern" dem Homburger Stadtrat einhändigen ließ[297]. Für diese höchste Spende wollten sich die Stadtväter mit dem üblichen Weingeschenk erkenntlich zeigen. Mit diesen 30 Gulden gab der junge Fürst den Anstoß zum Wiederaufbau der alten verfallenen Stadtmauer, die den oberen Stadtteil umschloß, und gleichzeitig zur Erbauung der Diedigheimer Mauer[298]. Das „Tal", wie Diedigheim auch genannt wurde, besaß nämlich noch keine eigene Mauer, es war nur mit Planken umgeben.

In den Jahren 1511 und 1513 schloß die Stadt vor Schultheiß und Schöffen mit Hermann Feuerbach und Zolp Ebert Mietverträge ab über Baustellen auf dem Diedigheimer Graben. Als Zeugen wurden neben dem Amtskeller auch die Mitglieder des Stadtrates zugezogen und die getroffenen Vereinbarungen in den Gerichtsbüchern schriftlich festgelegt. Der Inhalt dieser Einträge ist insofern bemerkenswert, als die Stadtväter in beiden Fällen Bedenken gegen die Bebauung der vermieteten Plätze mit Wohnhäusern äußerten, da sie mit der Möglichkeit der Errichtung einer Diedigheimer Stadtmauer rechneten[299]. Ob der bevorstehende Mauerbau vor oder hinter den Häusern verlaufen werde, dafür übernahmen sie keine Gewähr. Weiter heißt es im Eintrag vom Jahre 1513, Feuerbach und Ebert hätten sich auch für ihre Erben zu verpflichten, die Hausplätze, falls man den Mauerbau durchführen sollte, auf ihre Kosten zu räumen.

Hier ist festzuhalten, daß man in Homburg mit dem Diedigheimer Mauerbau, der schon lange fällig war, in aller Bälde rechnete.

Nun wurde es auf einmal wirklich ernst in Homburg mit der bisher sehr lau genommenen Ummauerung. Eine ganze Anzahl von Ausgabeposten der Stadtrechnung schon von 1517 bezeugt deutlich, mit welch großem Eifer man damals den vernachlässigten Mauerbau in Angriff nahm und wie flott die Arbeit vonstatten ging[300]. Über den Aufwand an Geld für den Mauerbau orientiert uns genau die Stadtrechnung von 1517. Die verbuchten Ausgaben fallen im Vergleich zu dem Vorjahre durch ihre außergewöhnliche Höhe auf. Mit erheblichen Kosten wurde das erforderliche Baumaterial (Bausteine, Sand und Kalk) beigeschafft. So wurden allein für die Steinfuhren nach Ausweis der Jahresrechnung 94 Gulden, 1 Turnos und 9 Heller ausgegeben[301]. Über 500 Wagen Bruch- und Waldsteine hat man „zur muern" beigeführt; den weitaus

---

[296] Stadtrechnung (fortan St.R. zitiert).
[297] Ebenda, S. 21.
[298] Ebenda, S. 33: „Item 15 Schillinge, ist verzert worden als man den ersten steyn lacht zur muern."
[299] Stadtarchiv, Gerichtsbuch I., Nr. 124, fol. 57 b.
[300] St.R. 1517, S. 33, 34, 37, 40-43, 45-48.
[301] St. R. 1517, S. 40, 41, 42.

größten Teil holte man aus den Steinkauten („uß der kuten")[302]), aber auch aus dem Walde brachte man 27 Wagen „solsteyn" (Fundamentsteine), „Findlinge", sogenannte Katzenköpfe[303]).

Die abgerundeten Waldsteine verwendete man nicht nur zu den Grundmauern, sondern auch zum oberen Mauerkörper; sie sind an den noch bestehenden Stadtmauerresten sichtbar. Wir haben auch darüber Nachricht, daß in zwei Fällen „gancksteyn zur muern" geführt wurden, wobei die Fuhrleute 20 Männer mitnahmen, wohl zum Aufladen; es handelte sich offenbar um alte Mühlsteine, sogenannte Läufer[304]).

Die Kosten für 337 Karren Sand betrugen 19 Gulden, 5 Schilling[305]), und für Kalk — 3 Wagen und 150 Bottiche — zahlte man 29 Gulden; in dieser Summe ist auch die entrichtete Zollgebühr enthalten, denn man holte den Kalk von Offenbach[306]).

Ein Bild zeigt die steinerne Mainbrücke. Auf der Frankfurter Seite steht an der Metzgerpforte der hohe Brückenturm, durch seine Durchfahrt gelangte man in die Fahrgasse. Die Homburger Kalkwagen kamen auf dem Heimweg von Offenbach über Sachsenhausen (rechte Bildseite) zur Mainbrücke mit den 13 Pfeilern. Sie fuhren über die Brücke in die Fahrgasse, dann in die Friedberger-Gasse und verließen Frankfurt durch das Friedberger Tor.

Im Jahr 1517 erhielt Ludwig der Maurer, der mit seinen Gesellen (Knechten) die Stadtmauer aufführte, zweiundvierzig Gulden Arbeitslohn[307]), und die drei „Spißmacher" (Mörtelbereiter) bekamen an Taglohn 7$^1/_2$ Gulden, 2 Schilling[308]). Es gab noch einige kleine Unkosten, man zahlte den Maurern und Fuhrleuten Wein und Verzehrung[309]), ließ Geräte wie Zuber, Kasten (Kobel)[310]) und Bottiche[311]) anfertigen, entlohnte die Handlanger[312]) usw. Diese kleinen

---

[302]) Ebenda S. 42. Beispielsweise seien 2 Einträge angeführt: „Item 7$^1/_2$ v gulden III tornus VI heller vor LXXX wagen solsteyn die die bürger gefort han uß der Kuten." Bemerkenswert ist auch folgender Eintrag: „Item XVI gulden turnus lodewigen und Sinn bruder vor LXXXVIII wagen vol Stein jeclichen wagen vor v ß."

[303]) Ebenda S. 41,: „Item VI gulden III h Hermann Kunigsteyn vor XXV wagen voll Stein uß den wald." S. 46: „Item XVI Gulden III Turnos VI heller hat Hen Fluck gefurt LXII wagen foll Stein uß dem wald und VII aus der Kuten."

[304]) Ebenda, S. 37: „Item eyn gulden hait man den forluden (Fuhrleuten) geschenkt zu verdrincken als sie zweymal fortten gancksteyn zur muern, haben XX man mit inene gehapt."

[305]) Ebenda, S. 43.

[306]) Ebenda, S. 33: „Item ... die wagen mit kalck zu obenbach holten." S. 36-37, 45-48.

[307]) Ebenda, S. 42: „item fierziegk zwen gulden hat lodewigk maurer verdient an den langen Stuck muern." Die 1517 aufgebaute Mauer wurde zwar gemessen, doch die Länge ist nicht angegeben. Ebenda, S. 34: „Item eyn gulden III ß ist verzert wurden als man die muern gemessen hatte."

[308]) Ebenda, S. 42 und 43.

[309]) Ebenda, S. 33, 34 und 37, S. 39: „XIIIß II heller vor Schloiß wine den muern".

[310]) Ebenda, S. 37: „Item III thornus II heller hait Hans Bender verdient, hat gemacht zuber und Kobel zu muern."

[311]) Ebenda, S. 44: „Item XII heller von einer boidden zu binden hat man bi der Spiß genutzt."

[312]) Ebenda, S. 39: „Item 16 ß hait Hans Will verdient hait winkel heintz geandlagt zu gemelten erkern."

Ausgaben beliefen sich zusammen auf 5 Gulden. Wenn man von der gesamten Bausumme, die 196 Gulden, 10 Turnos und 11 Heller betrug, jene 30 Gulden des Landgrafen in Abzug bringt, so hat Homburg im Jahre 1517 für den Mauerbau insgesamt 166 G., 10 T. und 11 H. aufgebracht.

Mit der wirksamen Initiative, die unbestreitbar das Verdienst des frühreifen Landgrafen war, tritt Philipp der Großmütige in unsere Stadtgeschichte ein. Er, der schon früh abgefeimte Feinde hatte, lernte aus eigener Erfahrung den konkreten Sinn der harten Worte Kampf und Verteidigung kennen, die schon in seiner Jugend eine ausschlaggebende Bedeutung gewannen. Ist es da verwunderlich, wenn sich seine Erlebnisse so auswirkten, daß er auch in Homburg zum Ausbau der Stadtbefestigung anregte?

1518

1518 war ein Fehdejahr, in dem Unsicherheit und Unruhe herrschte; deshalb wurden die Befestigungsanlagen der Stadt verstärkt[313]). Contz Lewe (Kunz Löw) war in diesem Jahr hier als beauftragter Baumeister tätig[314]). Am Pfingstmittwoch führte man Holz „zum bulwerck"; offenbar baute man am Wehrgang[315]), der als Fachwerk aufgeführt wurde.

Es sind gleich zwei Fehden, über die wir im Zusammenhang mit unserer Stadtgeschichte zu berichten haben: die Reifenberger und Sickingen'sche Fehde. Für beide trägt die Landgräfin ihr gerüttelt Maß an Schuld; Anna hatte es mit der Ritterschaft verdorben, indem sie nur an die Stärkung der landgräflichen Macht denkend den Einfluß des Adels zu schwächen versuchte. Dies weckte selbstverständlich eine natürliche Reaktion in der Ritterschaft, die auf ihren alten Vorrechten bestand[316]).

2. Die Reifenberger Fehde

Die Burg Reifenberg beim Dorf Ober-Reifenberg gehörte einer Ganerbschaft von 28 Rittern und war zum Raubritternest herabgesunken. Der Ritter Johann von Breidenbach, der sich nach dem Stammsitz seiner Familie auch von Breidenstein nannte, war ebenfalls Mitbesitzer der Burg. Er war ein mutiger Haudegen, ein urwüchsiger Wüstling, den W. Matthäi „einen Mann vom Schlage Götz von Berlichingens" nennt[317]).

In diesem Zusammenhang muß ich einen Fall erzählen, der sich wie ein mittelalterlicher Raubritterstreich anhört, den sich Breidenstein schon 1515 leistete, und der den unmittelbaren Anlaß zur Reifenberger Fehde von 1518 gegeben hat, bei der auch Homburg in Mitleidenschaft gezogen wurde. Breidenstein trieb mit seinen Standesgenossen eine große Ochsenherde von der

---

[313]) St.R. 1518, S. 26, 27, 30, 34, 35 und 39.
[314]) Ebenda, S. 34 und 35.
[315]) Ebenda, S. 27 und 30.
[316]) Zu dieser Frage und zur Reifenberger Fehde vergleiche man die vorzügliche Arbeit Wilhelm Matthäi, Der Reuterhandel zwischen Mainz und Hessen im Jahre 1518, in: Philipp der Großmütige, Beiträge zur Geschichte seines Lebens und seiner Zeit, Marburg i. H., 1904, S. 21-56.
[317]) Ebenda, S. 23, Das landgräfliche Amt bezeichnete ihn in seiner Beschwerdeschrift an das Erzstift Mainz vom 31. Juli 1518 als „Straßenräuber und Friedensbrecher."

Landstraße weg zur Burg Reifenberg. Die Ochsen, die der Kurfürst von der Pfalz, mit dem Breidenstein in Fehde lag, von Hildesheimer Viehhändlern gekauft hatte, wurden unter den Reifenberger Rittern verteilt und dann veräußert. Da das Vieh unter hessischem Geleit stand, verlangten die Hildesheimer Schadenersatz von der Landgräfin, die die Ochsen bezahlen mußte. Nun forderte die Fürstin vom Baumeister der Burg Reifenberg die Herausgabe der Herde, und da dies abgelehnt wurde, beschlagnahmte sie die Güter des Ritters von Breidenstein. Vergeblich hielt er wiederholt um die Freigabe seiner konfiszierten Güter an. Endlich schrieb er am 6. Juli 1517 der Fürstin einen Warnungsbrief[318]) und nahm mehrere hessische Untertanen, darunter einen Müller aus Köppern gefangen. Noch ungestümer trieb er sein Unwesen, als Kurmainz, das auch Mitbesitzer der Burg Reifenberg war, einen Büchsenmeister, Büchsen, Pulver, Proviant und Fußsoldaten auf die Burg schickte[319]).

Nun braute sich das Unheil über Homburg v. d. H. zusammen. In dem Aufsatz von Wilhelm Matthäi „Der Reuterhandel zwischen Mainz und Hessen im Jahre 1518"[320]), in dem der Verfasser mit der Reifenberger Fehde auch den Homburger Kuhraub behandelt, lesen wir: „Im Mai 1518 zog er (Breidenstein) mit Reisigen und Fußknechten von Reifenberg aus, überfiel das im Walde weidende Vieh der hessischen Untertanen von Homburg vor der Höhe und trieb es weg. Als auf die Nachricht davon die Homburger den Räubern nacheilten, kam es zu einem Handgemenge, in dem die Homburger geschlagen und 3-4 von ihnen tot blieben. Johann von Breidenstein aber brachte seine Beute glücklich hinter die festen Mauern Reifenbergs"[321]). Schade, daß Matthäi keinen genauen Quellennachweis anführt, er bemerkt nur allgemein, er hätte seine Arbeit nach den Akten der Staatsarchive Marburg und Darmstadt verfaßt. Offenbar entnahm er den Viehdiebstahl der Meldung des Hauptmanns Sinolt an den Landgrafen vom 19. Mai 1518[322]). Der Hauptmann berichtete nur kurz über den Vorfall, aber das Wenige genügt, um die Richtigkeit der Angaben von W. Matthäi zu bestätigen. In diesem Bericht steckt aber auch etwas Neues. Er liefert uns einmal die Nachricht, daß der Hauptmann mit seinen Leuten eine Spähtruppe bildete, die den Auftrag hatte, auf der Straße vor Reifenberg zu patrouillieren. Neu ist auch, daß die Homburger, die Breidensteins Rotte verfolgten, unter dem Befehl des Kellers standen; der Keller war nachweisbar

---

[318]) Ebenda, S. 23.
[319]) Ebenda, S. 26.
[320]) Herausgegeben von dem Historischen Verein für das Großherzogtum Hessen, Elwert'sche Universitätsbuchhandlung, Marburg i. H. 1904, S. 21-56.
[321]) Ebenda, S. 25-26.
[322]) Staatsarchiv Marburg, Politisches Archiv der Landgrafen Philipp des Großmütigen, Nr. 86. 1518, Mai, Reifenberger Fehde. Scharmützel zwischen dem Hauptmann Sinolt gen. Schütz und den Bürgern von Homburg v. d. H. einerseits und den von Breidenstein zu Reifenberg andererseits. 1518 mai 19: „... auch gebe ich umch vor nu zit in erkennen das ich uff nist (nächst) vergangen montag vor ryffenbergk gehalten hab zu rues (Roß) und zu fus und als ich gegen dem obent ab gegangen byn, ich uff dinstagk vor tagk wider di vor gerugkt myt samt die fußknyechten und ist bey dinstern (in der Dunkelheit) die selbe nacht her us komen und uff obgenantem dinstagk das fyeh (Vieh) vor Hombergk an geschlagen und nach ryffenbergk gedryebene ist der keller daselbst myt den von hombergk (myt samt syn borgkern) uff komen und nach geylt also das er von synen borgkern hat dry doden gelassen ..."

Asmus Widdersheim, der einer Homburger Bürgersfamilie entstammte[323]). Die Zahl der Toten auf Homburger Seite wird verschiedentlich angegeben, Sinolt spricht von drei, die oben angeführte Stelle von W. Matthäi von 3-4 und Landgraf Philipp in seinem Schreiben vom 27. Juli an das Erzstift Mainz von 4 Toten[324]). Es ist anzunehmen, daß ein Schwerverwundeter später verstarb.

Der Viehraub fand auch in der Stadtrechnung 1518 mehrfachen Niederschlag: „Item III thornus II heller vor eyn firtel winß haben die Burger geryst (= sind zum Kriegsdienst ausgezogen) uff phingst mitwochen montag alß das geschrey was, alß die rutter solten gehalten haben uff der gollern ellern"[325]). Die alarmierende Nachricht, daß die feindlichen Reifenberger die Kuhherde vom Weidegang im Walde weggetrieben haben, schlug in Homburg wie eine Bombe ein. Sie jagte den Frauen und Kindern einen heftigen Schrecken ein, in ihrem Geschrei äußerte sich bange Sorge um das geraubte Vieh. Das Geschrei, von dem die Stadtrechnung berichtet, war verständlich, handelte es sich doch um die liebsten und wichtigsten Haustiere, um die Melkkühe, die ihnen die tägliche Milch gaben.

In der Stadtrechnung haben wir den Nachweis, daß die Reifenberger die Kühe den Homburgern in zweimaliger Abfolge zurückgaben. Wie die Homburger dies erlangten, durch Auslösung oder auf andere Weise, darüber schweigen die Quellen[326]).

Ungeklärt bleibt das genaue Datum des Ereignisses. Nach der Angabe der Stadtrechnung sei der Kuhraub „phingst mitwochen montag" geschehen, nach dem Zeugnis von Hauptmann Sinolt, gen. Schütz, hingegen wäre es am Dienstag gewesen.

Noch einige schriftliche Nachrichten vermittelt uns die Stadtrechnung über die Reifenberger Fehde. So berichtet ein Eintrag, daß man Fleisch „vor riffenberg" holte; wahrscheinlich mußten einige Kühe, die Schaden erlitten hatten, geschlachtet werden[327]). Ein anderer lakonischer Eintrag deutet an, daß die Homburger anscheinend für den Verlust Rache nahmen, indem sie die Mühle der Reifenberger in Brand steckten. Wer mochte es ihnen schon verdenken?

---

[323]) Stadtarchiv Gerichtsbuch I. Nr. 125, f. 58 b. Auch Usener, F. P. berichtet von 3 Toten: „So fiel Johann von Breidenstein in den Wald von Homburg an der Höhe und führte den Burgern ihre Kühe fort; zwar widersetzten sich die Bürger, sie wurden aber mit einem Verluste von drei Toten zurückgeschlagen. Beiträge zur Geschichte der Ritterburgen und Bergschlösser ..., 1852, S. 137.

[324]) Matthäi, S. 26. Aus dem Brief des Landgrafen sei die einschlägige Stelle angeführt. „Denn dieselbigen (mainzischen) Fußknecht sind verrückter (verflossener) Zeit mit Johann von Breidenbach, genannt von Breidenstein, unsern Straßrauber und Friedbrecher, aus Reiffenberg geloffen und haben unsern armen Unterthanen und Bürger zu Homburg v. d. H. ihr Vieh angeschlagen, hinweg nach Reiffenberg getrieben. Das die Unsern gewahr geworden, haben die Unsern in der Manglung zur Wiedererlangung ihres Viehs, vier Tote gelassen, die mainzischen Fußknecht samt den Reiffenbergischen ihnen mondlich ermordet und sein dernach wiederum nach in Reiffenberg eingeloffen."

[325]) St.R. 1518, S. 38.

[326]) Ebenda, S. 30: „Item eyn gulden III heller Adam Krantze (dem Wirt) vor wine als man die Kuhe holten vor Riffenberg." S. 25: „Item eyn gulden XVII ß II heller ist mit der gemeyn verdruncken worden als man die Kuhe wieder holt .

[327]) Ebenda, S. 28: „... die vor riffenberg waren als sie das fleisch brachten."

Jedenfalls feierte man das Ereignis auf Stadtkosten „als man die moln verbrandt zu riffenberg"[328]).

Alle die erwähnten freudigen und glücklichen Ereignisse wurden gewohnheitsmäßig gefeiert, indem die Stadtväter den Bürgern in den Gaststuben — bei Henne Dietz, Adam Krantz oder Henne Königstein — auf Kosten der Stadt einen Freitrunk ausschenken ließen. Da die Stadtrechnungen die Ausgaben „vor eyn firtel winß" stets mit Angabe des Anlasses verbuchten, so erfährt die Nachwelt Kunde über all das, was sich einst im eng begrenzten lokalgeschichtlichen Raum ereignete. Die Stadtrechnungen sind daher unsere wichtigsten heimatgeschichtlichen Quellen. Leider sind die Einträge stets sehr knapp und wortkarg gehalten, es wäre sehr unbillig, hier ausführliche Berichte zu verlangen.

Im Vorübergehen sei noch auf den Ort, wo der Kuhraub sich ereignete, hingewiesen! Die Stadtrechnung gibt diese Stelle so an: „uff der gollern ellern"[329]). Ich glaube kaum fehlzugehen, wenn ich annehme, daß hier die Kohlwiesen gemeint sind, die im Aussteinungsprotokoll des Viehtriebes vom Jahre 1536 belegt sind[330]). „Gollerßellern" wäre eine Köhler Wüstung, eine lichte Waldstelle, wo einst die Meiler der Köhler brannten. Um eine andere Stelle kann es sich kaum handeln. Es bleibt zu untersuchen, ob diese vermutete Deutung sprachgeschichtlich bestehen kann?

3. Die Sickingen'sche Fehde (1518-1523)

Die Auswirkungen dieses Kleinkrieges, der vorläufig an der hessischen Bergstraße und nur zwischen Landgraf Philipp und Sickingen geführt wurde, strömten durch ganz Hessen und gingen auch an Homburg nicht spurlos vorüber. Zwar wurde unsere Stadt weder geplündert noch zerstört, man lebte aber in Homburg ständig in Angst und Unruhe. Ein Aufgebot der Büchsenschützen zog 1518 dreimal zum Kriegsdienst aus[331]), die Stadt lieferte Kriegsgelder nach Marburg und Proviant in die Heereslager des Landgrafen.

Der Reichsritter Franz von Sickingen, der eine Art Schirmherrschaft über die Ritterschaft und alle verfolgten Vorkämpfer der Reformation ausüben wollte, nahm auch die Reifenberger Ganerben in Schutz und Schirm und sagte Landgraf Philipp von Hessen die Fehde an. Der Fehdebrief ist vom 8. September 1518 aus Metz datiert. Schon Mitte September setzte Sickingen ganz unerwartet oberhalb Worms über den Rhein mit seinem Heere, das aus 3000 Reitern und 10 000 Fußsoldaten bestanden haben soll. Er überfiel plündernd und brandschatzend die Siedlungen an der Bergstraße; dann zog er gegen Darm-

---

[328]) Ebenda, S. 29.
[329]) Siehe Anm. 28.
[330]) Stadtarchiv Homburg, „Urgangs/Buch Renovirt anno Tausent funfhundertdreißig." fol. 33: „Der Kuhe dripp by der Kohlwießen." Die Wiese lag vom Brendels Busch taunuswärts und dürfte mit der Viehwiese im Walddistrikt Güldenseller identisch sein. Siehe im Stadtmuseum die Pläne Güldenseller und Distrikt Güldenseller und Oberhainer Berg, Nr. 34, 35. Vgl. „eyn wesen gelegen im walde by der gollers ellern", G.I. Nr. 136, fol. 68, vom Jahre 1521.
[331]) St.R. 1518, S. 34: „Item ... schutzen vor II firtel wins, haben III mäle gereyst."

stadt, das er am 23. September mit Erfolg belagerte. Hier kämpfte die hessische Ritterschaft, die im geheimen zu Sickingen hielt absichtlich lau und verletzte mit dieser tückischen Haltung ihre Lehenspflicht. Der Schaden, den Sickingen Hessen zufügte, schätzte man auf etwa 300 000 Goldgulden.

Die Expedition Sickingens kam überraschend. Philipp war nicht gerüstet, und als Sickingen einen schmachvollen Friedensvertrag diktierte, nahmen ihn die hessischen Hauptleute und Räte mit wenig diplomatischem Geschick an. Der junge Landgraf, der sich in einer äußerst gefährlichen Lage befand, befriedigte den Hauptartikel, zahlte 35 000 Gulden an Sickingen, unterschrieb aber den Vertrag nicht und lehnte die demütigenden Forderungen ab. Sickingen erhob z. B. auch das Verlangen: der Landgraf solle sich mit den Ganerben von Reifenstein vertragen, und die Ansprüche der Ritter befriedigen, auch die Breidensteins. Was im Fehdebrief nur angedeutet war, wurde im Vertrag nun klar ausgesprochen.

Es kamen in dieser Zeit wilde Gerüchte nach Homburg. Man wollte wissen, daß Sickingen einen grausamen Krieg führe; man erzählte von verbrannten Dörfern und blutigen Kämpfen. Sorge und Angst schlich sich in die Herzen, man arbeitete ohne richtige Freude und bangte, ob die Kriegsnot auch unsere Stadt heimsuchen werde.

Auf den Landstraßen wimmelte es von Kriegsvolk. Die Homburger Bürger waren schon im Sommer, Sonntag nach St. Vitus, bewaffnet ausgezogen[332]). Bei drohender Gefahr besetzten sie die Schutzwehren an den Grenzen („letzen") zusammen mit Truppen von Kirchhain, Kronberg und Ziegenberg[333]). Dann war Homburg gefährdet, und von Kirchhain und Ziegenberg kam Besatzung in die Stadt[334]). Auch hanauische Truppen bedrohten in dieser Zeit Homburg. Hermann Rump meldete am 4. November 1518 dem Landgrafen, daß „die hanauischen under steen Hoenberg vor der Hoe zu überfallen", er habe unter diesen drohenden Anzeichen nicht nur vom Gießener Rentmeister 60-70 Mann, sondern auch von Rüsselsheim einige Reiter zur Verstärkung der Besatzung verlangt[335]).

Dann herrschte einige Jahre Ruhe bis zur Belagerung von Kronberg 1522. Die Ritterschaft hatte ein Schutz- und Trutzbündnis geschlossen, um ihre alten adeligen Vorrechte zu verteidigen. Das „ritterliche Kleeblatt", Hartmut von Kronberg, Franz von Sickingen und Ulrich von Hutten, stand an der Spitze der verbündeten Reichsritter, die sich gegen ihre Landesfürsten auflehnten. Hartmut von Kronberg, ein edler, humanistisch gebildeter Ritter, war das erste Opfer in dieser Fehde. Der Landgraf von Hessen, die Kurfürsten von Trier und der Pfalz belagerten im Oktober 1522 mit einer erdrückenden Übermacht Kronberg. Hartmut war allein auf sich gestellt, seine Lage war hoffnungslos; um sich, die Burg und Stadt vor dem gänzlichen Ruin zu retten, verließ er fluchtartig Kronberg, und die Besatzung kapitulierte

---

[332]) St.R. 1518, S. 30: „Item ... uff sontag post viti hatten die Burger gereyst."

[333]) Ebenda, S. 26: „Item XI ß VI heller vor weck und win ist verthan wurden als mir die letzten besatzten mit den von Kirchhain, Groneberg und Zicenberg."

[334]) Ebenda, S. 27: „Item III ß III heller vor III phont liecht hebbeln hen als die von Kirchhain und Zicenberg her kamen."

[335]) St.A.M. Politisches Archiv des Landgrafen Philipp des Großmütigen, Nr. 86, Bericht vom 4. Nov. 1518, Anschläge der Hanauischen gegen Homburg.

Die Belagerung von Kronberg berührte Homburg insofern, als die Bürger im Oktober Heereslieferungen leisteten. Sie verfertigten Schanzkörbe[336]), sandten Hafer ins Lager nach Rodheim v. d. H.[337]), und die Homburger Bäckermeister Zolp Ebert und Klaus Becker lieferten Brot ins landgräfliche Heereslager[338]).

Im Jahre 1522 ließ Landgraf Philipp Klotzbüchsen und metallene Geschützkugeln bei Nacht nach Homburg schicken[339]), damit gewann die bewaffnete Stadt militärische Bedeutung und wurde in den hessischen Verteidigungsgürtel einbezogen. Als sich der Landgraf 1522 im Butzbacher Lager aufhielt, benützten die Homburger Stadtväter die Gelegenheit und überbrachten ihm ein Weingeschenk[340]). Auch im Lager bei Wehrheim besuchten sie ihn und überreichten eine Bittschrift[341]).

In der Sickingen'schen Fehde bringt das Frühjahr 1523 die Entscheidung. Hessen, Kurpfalz und Kurtrier belagern mit vereinten Kräften die Burg Landstuhl, in die sich Sickingen eingeschlossen hat. Er wurde während der Belagerung schwer verwundet und starb am 7. Mai 1523.

Die Homburger Quellen spiegeln die letzten Kämpfe der Fehde wider. Die vorliegende Stadtrechnung gestattet eine genaue Angabe über die aufgebrachten Kriegsgelder von 216 Gulden, 11 Schilling und 4 Heller, die in zwei Raten — 72 Gulden[342]) und 144 G., 11 Sch. und 4 H. — nach Marburg geliefert wurden[343]).

4. Versteinerte Vergangenheit

Die alten Homburger Stadtrechnungen enthalten so manchen interessanten Vermerk, dem ein historischer Aussagewert zukommt. Diese Einträge sind Fingerzeige, sie weisen auf jene kleinen geschichtlichen Ereignisse hin, die von der Kausalität zu einer festen Reihenfolge aneinandergefügt das eigentliche Gerüst der Stadtchronik bilden, und darüber hinaus klare Zusammenhänge der historischen Entwicklung erkennen lassen. Es ist daher Aufgabe der städtischen Geschichtsschreibung, diese kurzen Aufzeichnungen auszuwerten.

1520 Auf Seite 34 der Stadtrechnung von 1520 lesen wir: „Item II gulden XI ß haben veltin weydeman und Kunne henne ver zert als sie zuu Giessen warn und unserm gnedigesten hern von Sachsen hultunge thetten uff samstags ante kyliani."

Weshalb Huldigung? Warum haben Bürgermeister Veltin (Valentin) Weydeman (heute Weidmann) und Ratsmitglied Henne Kuhn, die als Abgeordnete

---
[336]) St.R. 1522, S. 30.
[337]) Ebenda, S. 29.
[338]) Ebenda, S. 29: „XV thornis vor brot claus Beckern seint kommen in m.g.h. here." S. 30: „XVII ß VII heller vor brot Zolpp Eberten ins here."
[339]) St.R. 1522, S. 29: „III ß III heller vor liecht seint verthan als m.g.h. (mein gnädiger Herr) die Klosser und Buschen here bracht den obent."
[340]) Ebenda, S. 29.
[341]) Ebenda, S. 30.
[342]) St.R. 1523, S. 29.
[343]) Ebenda, S. 30.

der Stadt Homburg nach Gießen ritten[344]), den Sachsenherzog als ihren Herrn anerkannt? Dies bedarf einer kurzen Erklärung[345]). Man nennt die Geschichte „versteinerte Politik" und nicht ganz zu Unrecht, denn oft war es sogar bloße Hauspolitik, nur Kampf um Mein und Dein, um Macht und Titel.

Das kleine hessische Territorialgebiet wurde am Ende des 15. Jahrhunderts zum reichen und bedeutenden Staat durch den großen katzenelnbogischen Besitz, den Gräfin Anna von Katzenelnbogen ihrem Gemahl Landgraf Heinrich III. von Hessen nach dem Tode ihres Vaters (1457) als Erbe in die Ehe brachte. Als dann Landgraf Wilhelm d. J. von Hessen 1500 kinderlos starb, erhob seine Schwester, verehelichte Gräfin von Nassau-Dillenburg, Anspruch auf diese Erbschaft. Heftig entbrannte der Erbfolgestreit zwischen Hessen und Nassau unter Landgraf Philipp dem Großmütigen. Jahrzehnte lang lagen sich die Rivalen in den Haaren um das Recht auf Besitz, Titel und Wappen der Grafschaft Katzenelnbogen. Nassau verlangte vom Kaiser, er möge Landgraf Philipp den Besitz mit der Titular Graf von Katzenelnbogen, Dietz usw. aberkennen und nur den Titel Landgraf von Hessen belassen. Da erneuerte Philipp mit Sachsen-Meißen die alte Erbverbrüderung, laut welcher sein Besitz an Sachsen fallen solle, falls er ohne Nachkommen stürbe. Er rief seine Untertanen zur feierlichen Anerkennung des Erbvertrages auf und hieß sie, dem Hause Sachsen zu huldigen.

So kam es, daß Bürgermeister Weidmann und Ratsmitglied Kuhn aus Homburg v. d. H. in Gießen einem geschichtlichen Ereignis beiwohnen konnten.

5. Der Stadtmauerbau wird fortgesetzt und vollendet

Das Jahr 1520 bildet einen Markstein in der Baugeschichte der Stadtmauer. Ein Eintrag der Stadtrechnung, der uns einen recht anschaulichen Einblick in den Fortgang der Bauarbeiten zu geben vermag, besagt, daß Meister Jorge und Ludwig der Maurer mit ihren Knechten (Gesellen) das Mauerstück von Kasper Griffs Haus bis zum Erker am Schießberg erstellten[346]). Damit haben wir die erste sichere Kunde darüber, wo gebaut wurde und wie weit die Arbeit gediehen war. Aus dem Eintrag erfahren wir auch, daß die Länge der in diesem Jahr errichteten Mauer gemessen wurde und 165 Ruten betrug. Die Stadt bezahlte für jede Rute Mauer 17 Turnos Maurerlohn.

---

[344]) St.R. 1520, S. 34. Der nachfolgende Eintrag lautet: „Item IX ß han mir Bergen Henne, hait sein pherdt 5 dage geliehen," nähmlich für den Huldigungsritt nach Gießen.

[345]) Auf die Einzelheiten kann hier natürlich nicht eingegangen werden. Es sei auf die wichtigsten vorliegenden Arbeiten hingewiesen: O. *Meinardus*, Der Katzenelnbogensche Erbstreit, Veröffentlichungen der Historischen Kommission für Nassau, 2 Bände, 1899 und 1902. Neuere Arbeiten: Karl E. *Demand*, Die letzten Katzenelnboger Grafen und der Kampf um ihr Erbe, und Emil *Becker*, Beiträge zur Geschichte Graf Wilhelms des Reichen von Nassau-Dillenburg (1487-1559). Beide Arbeiten erschienen in den Nassauischen Annalen, Band 66, 1955.

[346]) St.R. 1520 S. 35: „Item XXIII gulden IXß hait meyster Jorge und Ludewig muerer verdient an der muern mit iren Knechten an dem stuck hinder Caspar Griffen hushs biß an den erker gein dem Schießberge. Ist gewehest die lenge der muer XVI $^{1}/_{2}$ rude und haben geben von iglichen ruden XVII Tornus."

Das 16.5 Ruten (= 56,925 m) lange Mauerstück begann an dem Hause des Kasper Griff und zog in Richtung auf den Erker am Schießberg hin. Griff wohnte auf dem Hebelsberg, zur genaueren Lagebestimmung seines Hauses fehlen uns nähere Anhaltspunkte; nach allem Anschein stand es hinter der 1517 aufgeführten Stadtmauer, die vom Obertor (an der Obergasse) in östlicher Richtung verlief. Dazu stimmt die Reihenfolge in der Aufzählung der Wächterstellen auf den Erkern, Pforten und Schildwachen in der Stadtrechnung, die uns einen Hinweis zur Orientierung gibt. Die Aufzählung von 1516 (S. 20 u. 27) beginnt mit dem untersten Erker Reifenberg, es folgen: Schildwache in Diedigheim, Erker bei den Farbhäusern, Unterpforte, Erker auf der Wede, *Oberpforte, Erker am Schießberg*, Schildwache im Schloß, Mittelpforte und Danberg. Diese aufschlußreiche Aufzählung in strengem räumlichen Nacheinander entlang des Mauerrings ist für uns wesentlich und beweist deutlich, daß der Erker am Schießberg als nächste Wächterstelle vom Obertor östlich zu suchen ist. Die Orientierung ist nun nicht mehr schwer. Ohne Zweifel handelt es sich hier um die nordöstliche Ummauerung des Hebelsberges. Diesen Teil der Stadterweiterung, der bis zum anstoßenden Schießberg reichte, später (1550) Friedhof, heute Areal des Städt. Elektrizitäts-Werkes, schützte damals noch keine Mauer. Hier begann man erst 1517 unter Landgraf Philipp dem Großmütigen mit dem Mauerbau[347]).

Wo lag damals der Homburger Schießberg, die Schießstätte der Schützengilden, der Armbrustschützen St. Sebastiani und der Büchsenschützen St. Antonii? Zur genaueren Orientierung in der Topographie des Hebelberges muß vor allem diese Frage beantwortet werden. Einen Bescheid gibt uns eine Gerichtsbucheintragung vom Jahr 1517: „ . . . ine sunderheit sol hebbeln henne den gartten neben der Schießhütten von der oberphorttenn haben"[348]). Dieses Zeugnis überliefert uns verläßlich die Lage des Schießberges. Allerdings ist hier unter Oberpforte nicht das alte Obertor bei der Rathausgasse (Rathaus Durchfahrt) zu verstehen, das infolge der Stadterweiterung zur Mittelpforte wurde, die schon 1516 in der Stadtrechnung (S. 27) bezeugt ist. Das Obertor als Außentor war in dieser Zeit schon an die neue Stadtmauer zur Obergasse vorgelegt. Vor dem neuen Obertor stand im breiten Stadtgraben die Schießhütte; wie das

---

[347]) Ebenda, S. 35: „Item III ß haben die murer ver zert inne Hebbel Hans huß als sie wißten den solmandt (Fundament) zu graben zu muren." Siehe auch St.R. 1517, S. 33, Anm. 4.

[348]) Gerichtsbuch I., f. 113 b, Nr. 22. Die Festschrift zur Feier ihres 500jährigen Bestehens und des 350jährigen Jubiläums der Einführung des Büchsenschießens, von M. Heinke, 1890, sagt ohne Quellenangabe, S. 6: „Die beiden Bruderschaften hielten ihre Schießen auf demselben Platz ab, nämlich „an der Oberpforten", erst im Jahre 1565 schlagen die Armbrustschützen einen Bau „an der Unterpforte" auf, während die Büchsenschützen an der Oberforte verbleiben. Doch schon im Jahre 1583 wird dieser Bau wieder verkauft, und die beiden Bruderschaften vereinigen sich wieder, wie aus einem im Besitz der Gesellschaft befindlichen Pacht-Kontrakt vom Jahre 1587 hervorgeht, in welchem die Schützenmeister „Beider Buxen- und Armbroist-Schützengesellschafften und Schießgesellen" einmuttiglich den Schießgarten verpachten. Hier ist zu berichten, daß die Büchsenschützen schon im Jahre 1517 ihren Schießplatz von der Oberforte verlegten.

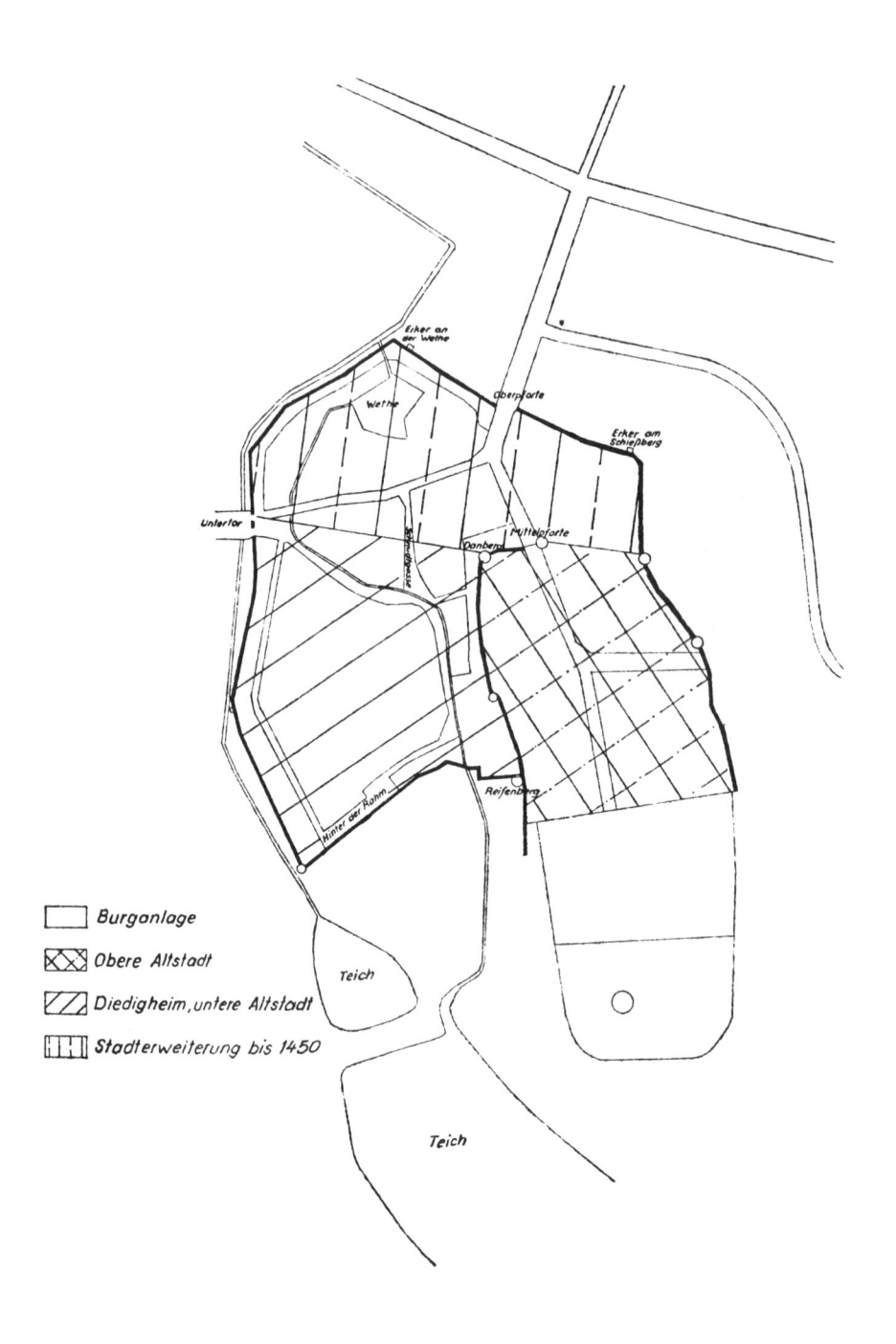

Das mittelalterliche Homburg.

XVII

Vertrag über Homburg v. d. H. zwischen Kaiser Karl V. und Landgraf Philipp von Hessen. Originalpergament im Staatsarchiv Marburg, Abt. Hanau, Auswärtige Beziehungen. Nr. 376, Worms, am 29. 4. 1521. Mit Genehmigung des Staatsarchivs (zu S. 146).

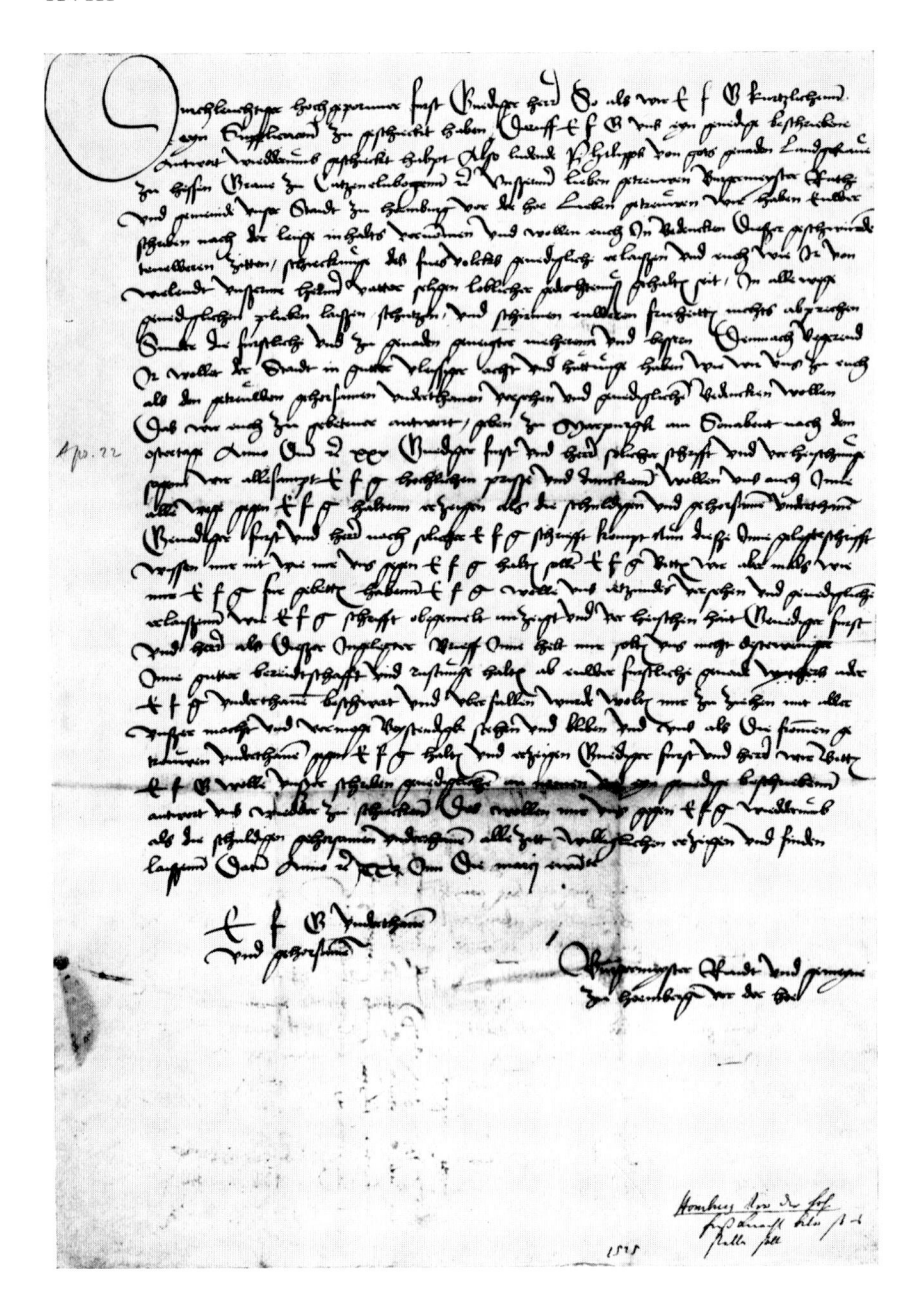

Der zweite Brief der Stadt an den Landgrafen, datiert vom 25. April 1525. Man beachte in Reihe drei von oben, wo nach: „Also ludende" das Schreiben des Landgrafen wortwörtlich angeführt wird bis Reihe vierzehn. Der Brief endet mit dem Datum: Anno Domini 1525 (zu S. 151).

auch in anderen Städten der Fall war, wofür sich neben Frankfurt/Main[349] noch viele Parallelen anführen ließen. Der Schießberg mußte in dieser Zeit der Stadterweiterung weichen und wurde in den Stadtgraben vor die Ostmauer (spätere Wallgasse) verlegt. Der alte Schießberg aber wurde umbenannt auf Hebelsberg. Da Henne Hebel hier eine Gastwirtschaft besaß und als Schöffe und später Stadtschultheiß eine bedeutende Rolle in Homburg spielte[350]), liegt die Vermutung nahe, daß man den mit Häusern bebauten Schießberg nach ihm benannte. In diesem Zusammenhang muß hervorgehoben werden, daß Philipp der Großmütige die Büchsenschützen besonders begünstigte, er übertrug ihnen die Verteidigung der Burg und Stadt und verwandte sie wiederholt während der Kriege, in welche er verwickelt war. (Fr. Kofler, Die Schützengesellschaft zu Homburg v. d. Höhe, während ihres 500jährigen Bestehens, Darmstadt, 1881, S. 14.)

Wir müssen hier kurz auch der Stadterweiterung gedenken. Da die Stadtbürgerschaft von Leibeigenschaft und Frondienst befreite, kamen aus den Dörfern Zuwanderer nach Homburg. Die Althomburger Familiennamen: Bergen, Bommersheim, Eschbach, Feuerbach, Karben, Klimbach, Kranzberg, Massenheim, Mühlhausen, Praunheim, Reifenberg, Rodheim Schwanheim, Seulberger, Wehrheim u. a. m. sind Herkunftsorte der Zuwanderer. Neben den aufgeführten Dorfnamen kommen auch Stadtnamen als Familiennamen der Einwanderer vor, wie Butzbach, Höchst, Königstein, Marburg, Vilbel usw., die Träger dieser Namen waren Handwerker und Handelsleute, die hier ein besseres Fortkommen suchten. Die Bevölkerungszunahme Diedigheims und der oberen Altstadt, des sogenannten Schlosses, im Laufe des 15. und im Anfang des 16. Jahrhunderts brachte allmählich eine Erweiterung des bewohnten Stadtgebietes. Das Weichbild wuchs zunächst im Tal (Diedigheim) gegen Norden hin, wo ein neues Wohnviertel, Neu-Diedigheim oder das neue Tal entstand. Das älteste Gerichtsbuch unterscheidet schon 1438: „... huß das gelegen ist in dem alden dale".[351]) Im Jahre 1473 wird die Neugasse[352]) und 1474 der neue Weg erwähnt[353]). Später griff die obere Altstadt auf den Hebelsberg über, der langsam mit Häusern bebaut wurde[354]).

Im Zusammenhang mit dem Mauerbau ist noch erwähnenswert, daß die Stadt im Jahre 1520 über 125 Gulden für Baumaterial und Arbeitslöhne aufbrachte; man verbrauchte 584 Wagen Steine, 386 Karren Sand und 126 Bottiche Kalk[355]). Die Stadtmauer wurde in Verteidigungszustand gesetzt, Maurer Ludwig haute die Schießschartensteine zu und setzte sie ein[356].

---

[349]) (St.R. 1517, S. 47.) J. G. Battonn, Historische Beschreibung ..., Bd. I. S. 104 Schießpforte, S. 128 Schießgraben, S. 90 Schießplatz beim Gänsegraben.
[350]) Siehe das Kapitel über die Stadtschultheißen.
[351]) G.I., Nr. 38, f. 7 b und G.I., Nr. 62, f. 17.
[352]) G.II., Nr. 69, f. 8 b: „... stoßet ane die nuwe gaßen."
[353]) Ebenda, Nr. 73, f. g.: „... gelegen ane dem nuwen wege."
[354]) Hier am Hebelsberg endeten die Namensverzeichnisse der Bederegister. Das Haus Griff stand 1520 am Ende des Bederegisters an 4. Stelle, 1525 an 6. und 1530 schon an 13. Stelle.
[355]) St.R. 1520, S. 26-38.
[356]) Ebenda, S. 36.

In den kommenden Jahren ruhte der Stadtmauerbau. 1521 wurden die Pfortenhäuser und Erker ausgebessert[357]), Öfen hineingesetzt[358]) und vor den Pforten die Schlagbäume errichtet[359]).

6. Hanau kontra Hessen — Der Reichstag von 1521 zu Worms

Zwischen den beiden Häusern Hessen und Hanau bestanden langwierige Streitigkeiten wegen Homburg v. d. H., das seit 1334 pfalzgräfliches Lehen war, 1487 durch Kauf an Hanau kam und 1504 im pfälzisch-bayerischen Erbfolgekrieg in den Besitz Hessens überging. Hanau erhob immer wieder Anspruch auf Homburg, verlangte es schon von Kaiser Maximilian I. zurück, da Hessen mit Unrecht in den Besitz gekommen sei. Hessen hingegen behauptete mit Recht, es sei vom Kaiser Maximilian I. als Entschädigung für die Kriegskosten im Dienste für Kaiser und Reich mit Homburg belehnt worden und sei damit rechtlich im Besitz. Maximilian I. und Karl V. schoben die Entscheidung stets hinaus. Erst auf dem Reichstag zu Worms am 28. April 1521 wurde der Streit vom Kaiser beigelegt.

Dietrich Butzbach, der sich zur Zeit des Reichstages von 1521 in Worms aufhielt, schildert in einem Brief vom 7. März die Situation wie folgt: „Es ist noch bisher nicht viel des reichs halben gehandelt, sondern alle handlung ist noch bisher gewest bei den churfürsten Martinus[360]) halb, ... auch hat man groß müh und arbeit alle tag offensichtlich in sachen des landgraffen belangen von Hessen, so wider inen sein, nemlich der von Nassau und Katzenelnbogen, der von Hanau von Honberg[361]), der Franciskus[362]) umb die brantschatzung, der pfalzgraff, die von Cronberg und viel ander sachen den landgraffen belangen; aber er hat großen anhang von den fürsten von Sachsen, Braunschweig und Brandenburg, welche ihme alle beistendig sein. Und deshalben hat gemelter von Hessen ein guten mutt und führet ein großen, merklichen, herrlichen fürstenstand. Er sticht und bricht, hat scharpf gerant und sehr wohl droffen"[363]).

Landgraf Philipp von Hessen kam am Donnerstag nach Okuli in Begleitung des Hofgesindes mit 60 Reitern und 277 Fußsoldaten, mit Trompetenbläsern und Trommelschlägern in Worms an. Sein Einzug in die Stadt bot sicher einen eindrucksvollen Anblick, da Dietrich Butzbach in seinem erwähnten Brief berichtet, der Landgraf „habe vor allen fürsten den preis und lob mit trompetern, Kleidern, hoffgesinde, Pferden ..." [364]). Laut der Präsenzliste des Wormser Reichstages von 1521 waren von Seiten des Hanauer Grafenhauses

---

[357]) St.R. 1521, S. 35-38.
[358]) Ebenda, S. 34, S. 37.
[359]) Ebenda, S. 32.
[360]) Gemeint ist Martin Luther.
[361]) Homburg.
[362]) Franz von Sickingen.
[363]) A. Wrede, Deutsche Reichsakten unter Kaiser Karl V., Gotha, 1896, Bd. II, Nr. 153, S. 815-817.
[364]) Dietrich Butzbachs Brief, Anm. 363.

4 Mitglieder anwesend, Graf Wilhelm von Nassau, der Vormund der Brüder Philipp II. und Balthasar, Grafen von Hanau-Münzenberg. Wie die Reiserechnung Graf Wilhelms von Nassau bezeugt, fand schon am 5. Februar, also vor der Ankunft des Landgrafen Philipp, eine Besprechung über Homburg statt[365]). Der Vergleich kam aber erst nach langen Verhandlungen am 24. April zustande. Der Landgraf vertrat seine Interessen tapfer und erreichte sein Ziel. Hanau mußte nachgeben, auf Stadt und Amt Homburg verzichten und erhielt als Entschädigung die Summe von 12 000 Gulden zugesprochen; so hatte es noch immer sehr günstig abgeschlossen. Die kaiserliche Vertragsurkunde (siehe Abb.) ist vom 29.. IV 1521 ausgestellt, vom Kaiser eigenhändig unterschrieben und gesiegelt, leider ist das Majestätssiegel schadhaft.

Die Kaiserurkunde ist in Steilschrift kalligraphisch geschrieben und mit der Lupe leicht lesbar. Die äußeren Merkmale seien kurz angedeutet: Den Schriftblock umrahmt ein breiter Rand. Die Urkunde beginnt mit einer Initiale, die erste Zeile schmücken sechs größere Zierbuchstaben, der aus 32 Zeilen bestehende Text wird durch die mit Schleifen gebildeten größeren Buchstaben gegliedert.

Inhalt der Urkunde. Die Einleitung zählt die ganze Titulatur Karl V. auf. Dann wird Zweck und Ziel der Urkunde angegeben; es heißt unter anderem, daß zwischen Hessen und Hanau „von wegen des Sloß und Statt Homberg vor der Hohe" Streitigkeiten („Irrung und Spann") entstanden und die Parteien auch vor dem kaiserlichen Kammergericht einen Rechtsstreit führten. Beide Parteien sind zur Genüge verhört und der Streit gütlich beigelegt; sie haben die Entscheidung angenommen und versprochen, sie zu halten. Es folgt das Urteil: Landgraf Philipp, seine Erben und Nachkommen verbleiben im Besitz des Schlosses und der Stadt Homburg" mit allen oberkeiten, gerechtigkeiten, zu und eingehorungen mit sambtden bisher davon eingenomen nutzungen," die Grafen von Hanau, Philipp und Balthasar, hingegen verzichten auf alle Rechte und Forderungen, wofür ihnen der Landgraf eine Ablösung von 12 000 Goldgulden zu zahlen habe. Dann befaßt sich die Urkunde mit den Möglichkeiten, wie der Landgraf seinen Zahlungspflichten nachzukommen habe. Im Schlußteil folgt die Ankündigung der Unterschrift und des Siegels Karl V. Die Zeugenreihe fehlt. Mit der Datumszeile: Worms, den 29. April 1521, endet die Urkunde.

Fortsetzung und Vollendung des Stadtmauerbaues

Über die Homburger Stadtmauer liegt bisher keine heimatgeschichtliche Arbeit vor. Die Erforschung der Baugeschichte der Stadtbefestigung stößt auf nicht geringe Schwierigkeiten, da das alte Archivmaterial, das zum Bestand des Stadtarchivs gehörte, in Wiesbaden durch Brand vernichtet wurde. Die alten Ratsprotokolle fehlen völlig, lediglich Gerichtsprotokolle, die mit dem Jahr 1420 einsetzen, Bürgermeisterrechnungen ab 1516 und das Urgangsbuch von 1536 sind uns erhalten geblieben. Diese Quellen bieten uns zerstreute urkundliche Belege, die uns an Hand des Kartenmaterials den Weg zur Stadtmauerforschung bereiten können. Die Stadtmauer ist heute schon fast ganz verschwunden, nur mehr dürftige Reste erinnern hie und da daran. In den Jahren

---

[365]) Ebenda.

1786/87, als Landesreservator *Bruch* das Stadtgebiet Homburg v. d. H. vermessen und einen Grundriß entworfen hat, stand die Mauer noch, und Bruch hat ihren Verlauf samt den damals noch bestehenden Mauertürmen in seinen Stadtplan genau eingezeichnet. Die Karte der Residenzstadt Homburg von Oberforstmeister Franz Lotz, die auf dem Bruch'schen Stadtplan fußt, hält den Mauerzug um 1804 fest.

Über die alte Mauer fehlt jede schriftliche Überlieferung. Als die Nachrichten mit den Protokollen des Stadtgerichts 1420 einsetzten, bestand längst die alte Stadtmauer, die das Schloß (obere Altstadt) umgab.

Im zweiten und dritten Jahrzehnt des 16. Jahrhunderts arbeiteten die Homburger tatkräftig am inneren Ausbau der Stadt und an der Vollendung des Mauerrings. Wir müssen den zielbewußten Eifer und die vitale Kraft, die sie beseelten, bewundern. Die Stadtväter nahmen glücklicherweise die Chance wahr, die ihnen Landgraf Philipp bot, und dem Städtchen öffnete sich eine schönere Zukunft.

So kam es im Jahr 1536, als das Urgangsbuch „des fleckens hoenbergk" von 1472 abgeschrieben, renoviert, also erneuert und verbessert wurde, daß man im Urtext der Einleitungsformel (S. 1) die Bezeichnung „des fleckens" durchstreichen und mit Recht und Stolz „der Stadt" darüber schreiben konnte. Die Siedlungen mit Stadtrecht doch ohne Ringmauer nannte man Flecken.

1524-1527

Die folgenden vier Jahre waren ausgefüllt mit verschiedenen Ausbauarbeiten und Anschaffungen, die allmählich ein städtisches Leben anbahnten. So wurden der neue Steinweg ausgepflastert[366]), über dem Bach eine Holzbrücke[367]) und bei der Weed (ummauertes Bassin) eine Steinbrücke[368] erbaut, vor den Erkern Stege errichtet[369]), vor den Toren die Verschanzungen (Zingeln) verstärkt[370] und der Diedigheimer Stadtmauerbau bei den Farbhäusern weitergeführt und vollendet[371]). Kurz registriere ich noch einige neue Anschaffungen wie Feuerhacken[372]), Leichenbahre[373]), Tortureisen für die Betzkammer (Gefängnis im Rathausturm)[374]), Brotwaage[375]), usw. Schon diese flüchtige Übersicht zeigt, daß man ernst bemüht war, im emporstrebenden städtischen Gemeinwesen alles aufs beste instandzusetzen.

Mit der Vollendung des Mauerbaues erhielt die Stadt als Mittelpunkt, Verwaltungs- und Gerichtsorganisation des Amtes Homburg, auch militärische Bedeutung. Im Zusammenhang mit dem Mauerbau bei den Farbhäusern ist zu beachten, daß der Arbeitslohn des Maurermeisters Matthias von 85 Gulden und 3 Turnos[376]) auf eine aufgeführte Mauerlänge von 21 m schließen läßt,

---

[366]) St.R. 1524, S. 29, 31, 44, 45, St.R. 1525, S. 29, 33, 37, 45, 46, St.R. 1527, S. 29.
[367]) St.R. 1524, S. 32, 33, 46.
[368]) St.R. 1526, S. 31, 44.
[369]) St.R. 1524, S. 32.
[370]) Ebenda, S. 32.
[371]) St.R. 1526, S. 34, 37, 42.
[372]) St.R. 1526, S. 49.
[373]) St.R. 1527, S. 34.
[374]) St.R. 1526, S. 42.
[375]) St.R. 1525, S. 37.
[376]) St.R. 1526, S. 34.

ALTE STADTMAUER IN HOMBURG V. D. HÖHE – OBERGASSE.

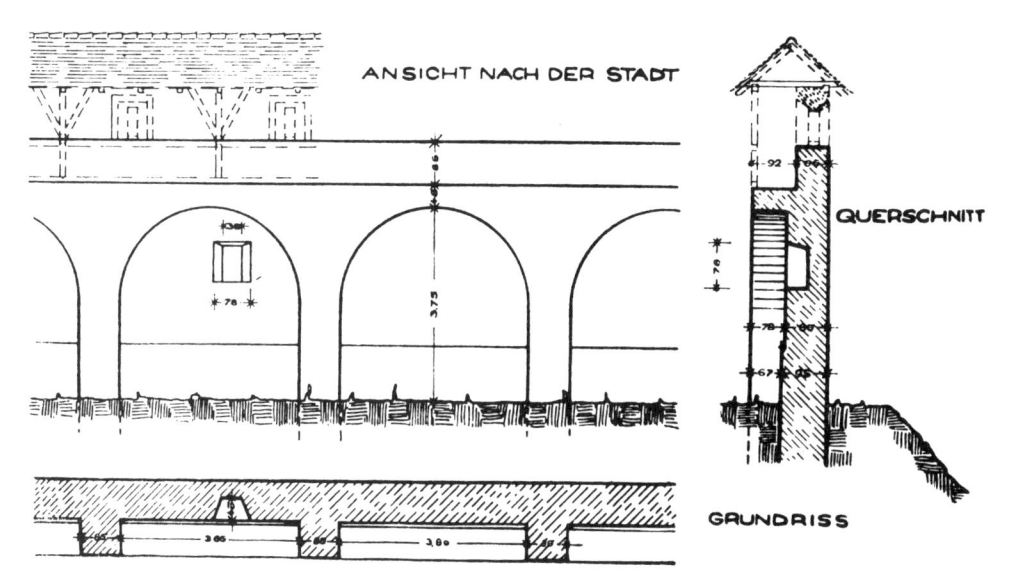

Ansicht, Grundriß und Querschnitt der Homburger Stadtmauer.

falls der übliche Lohnsatz von 17 Turnos pro Rute damals noch gültig war[377]). In einem Eintrag der Stadtrechnung von 1526 besitzen wir einen sicheren Anhaltspunkt dafür, daß die Stadtmauer auf der Innenseite durch Blendbögen gegliedert war. Der Beleg lautet: „XXI heller vor hultz ist komen zu den bogen zur muern bey den farbhusern"[378]). Das Holz diente zur Verschalung bei der Ausmauerung der Blendbögen. Man ahmte dabei sicher das Vorbild der Stadtmauer Frankfurt/M. nach[379]).

Die Skizze stellt die unter Landgraf Philipp erbaute Mauer am Obertor bei der Obergasse dar. Die Stadtmauer hatte zwei Gesichter. Die Außenseite der Bruchsteinmauer stieg ungegliedert empor und trug in einer Höhe von 5,08 m den in Fachwerk errichteten Wehrgang mit Schießscharten und Satteldach. Die Gesamthöhe kann etwa mit 7,5 m angegeben werden. Die Innenseite zeigte ein anderes Antlitz; nach der Stadt zu war die Mauer durch Blendbögen verschiedener Breite gegliedert, deren Durchmesser 3,6-3,8 m aufweisen. Die Höhe der Bögen betrug 3,75 m, ihre Tiefe 67 bzw. 72 cm, und die Mauerpfeiler zwischen den Blendbögen waren 85 cm stark. Der Wehrgang war nach der Stadtseite offen, nur Holzpfeiler mit Streben stützten das Dach.

[377]) St.R. 1526, S. 34: „VIII ½ gulden III thoriß mathiß murern und synem gesellen von dem stuck muern bey den farbhusern."
[378]) Ebenda, S. 42.
[379]) Battonn, I. S. 63, 80.

Matthäus Merian überlieferte uns in seiner „Topographia Hassiae" ein Bild von Homburg aus der Zeit um 1640 mit einem Stück der Dietigheimer Stadtmauer, das sich an die Westmauer der Burg anschloß. Merians Stich zeigt uns die Diedigheimer Stadtmauer mit Zinnen ohne Wehrgang. Damals hatte nämlich die Stadtmauer infolge der Entwicklung der Kriegstechnik ihre Wehrkraft längst eingebüßt.

Zwei Briefe der Stadt Homburg und ein Antwortschreiben
1525   des Landgrafen Philipp

Aus dem Jahr 1525 sind uns zwei Briefe erhalten geblieben, die Bürgermeister und Stadtrat im Namen der ganzen Homburger Gemeinde an Landgraf Philipp den Großmütigen gerichtet haben. Es sind stadtgeschichtliche Dokumente von bedeutendem historischen Inhalt. Sie beleuchten die politische Situation in Hessen im Jahr des Bauernaufstandes und setzen den Charakter des 20jährigen Landgrafen ins rechte Licht. Beide Briefe liegen im Staatsarchiv Marburg bei den Akten des Gesamtarchivs von 1525. Der Verfasser und Schreiber der wohlgesetzten Briefe war der Homburger Stadt- und Gerichtsschreiber Christian Kieberer; die Schrift der zwei Briefe stimmt in der Linienführung der Buchstaben mit der Schrift der Stadtrechnungen und Gerichtsbücher jener Zeit vollkommen überein.

Der erste Brief, eine Antwort auf ein dienstliches Schreiben, ist vom 20. April (Donnerstag nach Ostern) 1525, der zweite vom 25. April (Tag des Evangelisten Markus „in die marci evangelistae") datiert. Unmittelbaren Anlaß zum ersten Brief gab der Befehl des Landgrafen: Homburg habe einen Zug von 25 gerüsteten Kriegern auf Dienstag nach Misericordias Domini (2. Mai) nach Gießen abzufertigen. Das Frühjahr 1525 war nämlich eine unruhige Zeit, überall brodelte es und der Sturm hätte jeden Tag losbrechen können. Der gewaltige Bauernaufstand bedrohte Hessen. Da sah sich der Landgraf zu diesem Befehl veranlaßt. Die Lage forderte in dieser bewegten Zeit rasches Handeln. Mit dem Gießener Aufgebot schlug Philipp den Bauernaufstand, der in Hessen noch keine weiteren Kreise gezogen hatte, energisch nieder.

Die Stadt Homburg ist dem obigen Befehl nicht nachgekommen. Man gab zwar dem Landgrafen keine deutliche Absage, berief sich jedoch auf ein altes Privilegium, das Homburg noch von den Eppsteinern zuerkannt worden war. Laut diesem im Brief festgehaltenen Sonderrecht waren die Homburger Bürger nur tagsüber zum Kriegsdienst verpflichtet und konnten jeden Abend aus dem Lager heimziehen. Sie baten untertänig, der Landgraf möge sie bei ihrem alten Recht unverändert belassen, wie es die Grafen von Hanau-Münzenberg taten und auch Wilhelm II. von Hessen, Philipps Vater, „seliger loblicher gedechtenuß uns verheischen, versprochen, soliche unßere frieheit zu bessern und nit zu ergern, soliche biß am ende seins lebens auch gehalten" habe. Sie betonten ferner untertänig, es herrsche in den Nachbarterritorien überall „große uff rore", sie lägen als hessischer Ort allein und seien in der Verteidigung ganz auf sich selbst gestellt.

Natürlich war in Homburg die Spannung groß, bis die Antwort eintraf. Diese ließ nicht lange auf sich warten; schon am 23. April traf der an die Stadt gerichtete Brief ein. Die landgräfliche Korrespondenz liegt nicht bei den

Akten, doch die Antwort ist im zweiten Brief der Stadt wortwörtlich angeführt. Da der Landgraf den Homburgern nicht die mindesten Schwierigkeiten machte, waren die Dinge zu gegenseitiger Zufriedenheit gediehen.

Der Brief des Landgrafen hatte folgenden Wortlaut:

„... Philipps von gots genaden Landgrave zu Hessen, Grave zu Catzenelnbogenn, etc.

Unserenn lieben getreuwen Burgermeister Rathe und gemeinde unser Stadt zu Homburg vor der Hoe Lieben getreuwen. Wir haben Euwer schriben nach der lenge inhalts vernommen und wollen euch on Bedencken dießer geschwirden teuweren zitten, schieckunge des fues volcks genediglichen erlaißen und euch wie Ir von wielendt unßerme Herrn vatter seligen loblicher gedechtenuß gehalten seit, in alle wege genediglichen plieben laißen, schutzen und schirmen euweren frieheitten nichts abprechen sunder die furstliche und zu genaden geneigter meherenn und bessern. Demnach begerend ir wollet der Staidt in gutter vleißiger acht und huttunge haben wie vor uns zu euch als den getreuwen gehorsamen underthanen versprechen und gnediglichen bedencken wollen. Das wir euch zu gebeter antwort, geben zu Marpurgk am Sonabent nach dem ostertage.

Anno domini 1525."

Freudigen Herzens dankten die Homburger und versprachen im zweiten Brief, daß sie sich „inne gutter bereidtschafft und rustunge halten" werden. Sollten die Untertanen des Landgrafen „beschwert und überfalle" werden, so wollten sie zum Kampf ausziehen und mit ihrer ganzen Kraft den Bedrängten in der Not beistehen.

Doch dazu kam es nicht. Die Briefe, in denen sich ein interessantes Stück Heimatgeschichte spiegelt, sind bleibende Andenken an die Zeit des Bauernkrieges.

1525 fiel Ostern auf den 16. April. Der erste Brief wurde am 20. April, Donnerstag nach Ostern, geschrieben. Der Landgraf antwortete am 22. April, Sonnabend nach Ostern. Der zweite Brief ist vom Tag des Evangelisten Markus, vom 25. April datiert und enthält den Wortlaut des ganzen Briefes, den der Landgraf an die Stadt richtete.

Homburg im Schmalkaldischen Krieg 1546/47

Kaiser Karl V. wollte die Ausbreitung der Reformation verhindern und strebte die katholische Restauration an. Die protestantischen Fürsten hatten sich schon 1526 in Torgau und 1531 in Schmalkalden (Thüringen) zu einem Bund gegen den Kaiser zusammengeschlossen, um den evangelischen Glauben und ihre fürstliche Souveränität zu verteidigen. 1546 brach der Schmalkaldische Krieg aus, der auch für die Stadt Homburg bewegte Zeiten brachte.

Wie sich aus den Stadtrechnungen ergibt, beauftragte Landgraf Philipp den Obristen Reiffenberg mit der Anwerbung von Kriegsknechten. Homburg stellte 40 Mann, Seulberg 28, Oberstedten 6, Gonzenheim 5, zu denen sich aus Wehrheim noch einer gesellte[380]. Diese Söldner mußten bezahlt und

---

[380] St.R. 1546, S. 75-77, wo die Söldner dem Namen nach aufgezählt sind: „Außgifft hehrgeltß und besuldung den jhenigen so gezogen haben jedem uff wen monadt besuldung wie volgt."

verpflegt werden; daher wurden Heergelder eingehoben. Das Amt Homburg war hessisch, aber an Stolberg-Königstein verpfändet. Der Stadtrat war in größter Verlegenheit, als man den Satz von 150 Gulden auf die Stadt auswarf. Man sandte Mebs Bender und Christoph Kamberg nach Königstein, um „bey sein gnaden rad zu suchen, wie man es mit der Schatzung halten solle"[381]. Doch Königstein war selbst ratlos. Die Abgesandten kehrten mit der Antwort zurück: „man wolle es beratschlagen und als dan schriftliche bescheit geben"[382]. Als die Antwort lange ausblieb, ermahnte der Landgraf die Stadt, sie solle doch bedenken, „was wir itzo für ein Laßt Gefhar und Ebentheur uff uns nemen und all unser Vermögen dabey uffwenden, damit wir euch bey Gottes Wort, ewer Narung, Weib und Kinder fridlich handhaben und schutzen mogen". Wieder schickte man zwei Ratsmitglieder nach Königstein; diese brachten die zögernde Antwort: „man möge 14 tage gemach tun und danach wieder ansuchen". Dem bedrängten Stadtrat aber wurde die Angelegenheit immer unheimlicher. Die Mahnworte Lgf. Philipps warnten als Menetekel und man wollte endlich Licht in die Sache bringen. Da sandte man Henge Krebs zum Obristen Philipp von Reiffenberg, der als Beauftragter des Landgrafen Kriegsknechte anwarb. Auch einen gewissen Herrn Kolmar zu Frankfurt ging man noch um Rat an. Endlich lieferten Veltin Heinzelmann und Christoph von Kamberg die Kriegssteuer in Marburg ab. Außerdem wurden im Schloß und Tal 209 Gulden, 8 Schilling Heergelder eingehoben.

Es sollte aber den Bürgern noch viel schlimmer ergehen. Die Not und Kriegsdrangsal wuchs, als Graf von Büren mit kaiserlichen Truppen Frankfurt besetzte und Homburg 1000 Gulden Strafkontribution auferlegte. Man brachte in der Stadt 437 Gulden, 8 ß und 4 Heller auf. Woher das fehlende Geld nehmen? Boten liefen nach Frankfurt, Königstein, Bommersheim, um auf Zinsen den Restbetrag auszuleihen. Endlich trieb man das Geld in Pettersweil auf. Erleichtert atmete die Stadt auf, als die Brandschatzung bezahlt war[383].

Gefahrvoll wurde die Zeit nach Ostern. Um Himmelfahrt beobachtete man die Bewegungen der feindlichen kaiserlichen Truppen. Stets waren lauernde Kundschafter aus Homburg unterwegs, um auszuspionieren, wohin das kaiserliche Kriegsvolk ziehe. Es trafen alarmierende Nachrichten ein, als die Kaiserlichen bei Bergen standen; doch sie zogen bald ab.

Der Krieg war entschieden. Am 24. April 1546 in der Schlacht bei Mühlberg hatte das kaiserliche Heer die Macht des uneinigen und unentschlossenen Schmalkaldischen Bundes gebrochen. Landgraf Philipp zog zwar nochmals Truppen zusammen, doch zum Kampf kam es nicht mehr. Wie die Stadtrechnung berichtet, wurden anfangs Mai zwei Homburger Ratsmitglieder nach Rüsselsheim gesandt, um dem Grafen Reinhard von Solms anstatt des Kaisers den Treueid zu schwören. Dies sollte eine besondere Demütigung für den Landgrafen von Hessen sein, denn zwischen ihm und dem Hause Solms bestand eine alte verbitterte Feindschaft.

Landgraf Philipp selbst zog Ende 1546 nach Halle, um den Kaiser fußfällig um Verzeihung zu bitten. Nach der Abbitte führte Herzog Alba Philipp in

---

[381] St.R. 1546, S. 79. In der Stadtrechnung füllen 6 Seiten (79-84) die Ausgaben „Ausgifft der Zerunge, der Schatzung und hehrzugß halben uffgangen..."
[382] Ebenda.
[383] Stadtrechnung, 1546, S. 36, 39-46, 52, 54, 57, 58, 81, 83.

sein Quartier, wo ihm nach der Mahlzeit der Haftbefehl vorgezeigt wurde. Er geriet in fünfjährige Gefangenschaft in den Niederlanden, zu „Udenard in den Mauern bin ich im Elend mit Schwermut und Trauern", schrieb er selbst in einem Brief.

Im Jahr 1552 brachte Moritz von Sachsen ein Bündnis der protestantischen Fürsten zustande, man beschloß einen Freiheitskrieg zu führen und steckte sich zum Ziele: die Befreiung des Landgrafen Philipp aus der Gefangenschaft, die Aufrechterhaltung der Reichsfreiheit und evangelischen Religionsfreiheit.

Man griff auch in Hessen wieder zu den Waffen gegen den Kaiser. Die Stadt Frankfurt wurde zum Beitritt des Befreiungskrieges aufgefordert, doch sie wollte neutral bleiben. Hessen und Sachsen belagerten die Stadt, aus dieser Zeit stammt Konrad Fabers Belagerungsplan. Auch Homburg wurde in Mitleidenschaft gezogen, worüber die Einträge der Stadtrechnung vom Jahr 1552 berichten.

In dieser Zeit wurde in der ehemaligen Gonzenheimer Gemarkung, auf dem Gelände hinter der Gärtnerei Pippert eine Schanze aufgeworfen, denn man befürchtete von dieser Seite den Angriff des Feindes. Die Schanze war als militärisches Außenwerk der Stadt gedacht und diente zur Sicherung der Langen Meile, die von Frankfurt her zur Homburger Angriffsfront führte. Diese Fernstraße, ein alter Heerweg, hatte Homburg schon immer gefährdet. Daher mußte den Homburgern viel daran gelegen sein, die von hier drohende Gefahr durch ein Vorwerk zu bannen. Dazu war selbstverständlich vor allem die landesherrliche Genehmigung notwendig. Die Aushebung der Schanze war sehr kostspielig. Doch diesmal angesichts der drohenden Gefahr bot sich eine günstige Gelegenheit und die Homburger griffen zu. Die Stadtrechnung verbucht: „9 ß ist zu Roßbach durch Claß Beckern und Endreß molnhußen verzert alß sie vor die 80 Schanzengrebern gebethen haben."[384] Daß vom hessischen Keller ihre Bitte zum erstenmal abschlägig beschieden wurde, beweist ein späterer Eintrag: „3 ß 8 h haben Caspar Schebolt und Veltin Heinzelmann verthan sint ghein roßbach geschickt vor daß Schanzen graben zu bitten."[385] Nachdem der Keller an höherer Stelle die Aushebung der Schanze erwirkt hatte, schickte er Leute nach Homburg.

Daß der Schanzenbau in Angriff genommen wurde, beweisen mehrere Einträge in der Stadtrechnung. Zwei Söldnerfähnlein wurden nach Homburg beordert[386]. Die Stadt hatte die zwei Fähnlein — es waren 32 Mann — zu verpflegen[387]. Eine Schatzung wurde angesetzt und auf jede Familie ein Betrag ausgeworfen. Doch die Gefahr schwand, und die Fähnlein wurden zurückgezogen. Von dem Schatzungsgeld waren 38 Gulden, 6 ß und 4 d übriggeblieben.

Der Landgraf wurde aus der Gefangenschaft entlassen, doch an die Spitze der Evangelischen stellte er sich nicht mehr.

---

[384] Stadtrechnung, 1552, S. 44.
[385] Ebenda, S. 47.
[386] Ebenda, S. 44: „1 ß V h Heinz Laupfen ist in der Nacht ghein roßpach zu dem Keller geschickt alß die zwey fenlein knecht den andern tagk sint komen."
[387] St.R. 1552, S. 45: „VI gulden X ß 1 h hat der Obrist Proffoß mit XXXII reißgen dienern verzert im I", S. 38: „1 gulden XIIII ß V d von dem ochßen so man geschlachtet alß die zwey fenleinknecht hir gelegen haben."

7. Homburg unter den Söhnen Landgraf Philipp des Großmütigen

Graf Philipp von Diez war 1567 nach Homburg gekommen und während seines Besuches wurde hier das Testament des verstorbenen Landgrafen Philipp des Großmütigen von 1562 verkündet[388]. Das Amt Homburg gehörte dem Grafen Philipp von Diez, der ein Sohn des Landgrafen war und aus dessen Ehe mit Margarete von Saal stammte. Die Grafen von Diez starben 1603 aus.

Am 1. Mai 1567 trat Landgraf Wilhelm IV. von Hessen die Regierung an, dem nach dem Testament Nordhessen mit Kassel zugefallen war. Ludwig hatte Oberhessen mit Marburg und Gießen, Philipp d. J. Rheinfels und die Niedere-Grafschaft-Katzenelnbogen mit St. Goar und Georg die Obere Grafschaft mit Darmstadt geerbt[389]. Die Erbhuldigung haben die Bürger von Homburg und die Dörfer Seulberg, Gonzenheim, Köppern und Oberstedten statt den vier Landgrafen-Brüdern deren Vertretern Johann Clauer und Hermann Lersner geleistet. Die Stellvertreter der Landgrafen bestätigten, daß sie die Huldigung empfangen hätten, und versprachen im Namen ihrer Herren, daß sie Stadt und Amt bei ihren alten Freiheiten belassen würden, wie ihr „Ahnherr und Vater löblicher Gedächtnuß". Danach wurde der Wortlaut des Eides vorgelesen:

„Ir sollet geloben und schweren, das ir wollet den durchleuchtigen, hochgeborenen fürsten und hern hern Wilhelmen, hern Ludwigen, hern Philippen dem Jungern und hern Georgen landgraven zu Hessen, Grauen zu (etc.) und iren f. g. ehelichen manlichen leibs lehens erben und im fall der ganze manliche Stam der fürsten zu Hessen todts halben abgangen und verstorben were," den Kurfürsten zu Sachsen laut der Erbverbrüderung ... gehorsam zu sein."

Im Jahr 1577, als die hessischen Hausgüter unter den Gesamterben aufgeteilt wurden, kam Homburg an Landgraf Philipp von Hessen-Rheinfels, der es bis zu seinem Tode 1583 besaß.

Die Söhne Landgraf Philipp des Großmütigen besuchten wiederholt Homburg. Im Jahr 1570 beehrte Landgraf Wilhelm unsere Stadt mit seinem Besuch, damals zahlte die Stadt 13 ß 7 d ausländische Schatzung an die Marburger Kanzlei[390].

Landgraf Ludwig IV. kam 1571 nach Homburg[391], und 1578 besuchte er gemeinsam mit Philipp II. unsere Stadt. Philipp, der ein leidenschaftlicher Jäger war, hielt sich damals in Begleitung der Büchsenschützen zwei Tage im Hohemarkwald auf. Die Homburger glaubten, er hätte sich verirrt und suchten ihn in der Nacht mit Licht[392].

---

[388] St.R. 1567, S. 30, 31.
[389] Staatsarchiv Marburg, Politisches Archiv Lgr. Philipp des Großmütigen, 1568, Bericht der Abgesandten, fol. 17-18.
[390] St.R. 1570, S. 36, 38; S. 39: „11 Gulden 13 ß 1 d für 1½ ohm und ½ viertl Wein u. gn. f. und hern Wilhelm Landgraven geschenkt."
[391] St.R. 1571, S. 32, 37, 38, 43, 44.
[392] Ebenda, 1578, S. 39, 44, 47, 48. Über Philipp II. siehe die Abhandlung von Karl E. Demand, Landgraf Philipp der Jüngere von Hessen-Rheinfels, ein fürstliches Kultur- und Lebensbild aus der rheinischen Renaissance, in: Nassauische Annalen, Bd. 71, 1960, S. 58-112.

Aus der Zeit der Söhne des Landgrafen Philipp des Großmütigen liegt erfreulicherweise eine Abschrift des Saalbuches von 1580 vor[393]). Diese bedeutende handschriftliche Quelle enthält wertvollen und reichhaltigen Stoff zur Geschichte der Stadt wie des ganzen Amtes Homburg. Der Wert des Saalbuches als geschichtliche Quelle wird dadurch erhöht, daß es sich nicht nur auf 1580 beschränkt, sondern auch ältere Zeiträume umfaßt, wie z. B. das Jahr 1483, aus dem es über das eingegangene Dorf Niederstedten berichtet. Das Saalbuch entstand von 1578 bis 1580. Die Landgrafen Wilhelm und Philipp, die damals in Homburg waren, ließen es durch Befragen der ältesten Schultheißen und Schöffen vom Keller anlegen. Diese Quelle harrt noch weitgehend der Erschließung.

Im Jahr 1580 trat Georg Vestenberg seinen Dienst als landgräflich hessischer Amtskeller in Homburg an. Gleichzeitig erhielt er von den Landgrafen Wilhelm und Philipp den Auftrag ein Saalbuch „ufrichten und erneuern". Aus dem Wort erneuern darf man wohl mit Recht schließen, daß schon ein altes Saalbuch vorhanden war, das überprüft und richtig gestellt wurde. Zu diesem Zweck forderte Vestenberg — wie er in der Vorbemerkung sagt — die Schultheißen und ältesten Gerichtsschöffen in Stadt und Amt Homburg vor sich, beeidte sie und ließ sich von ihnen „Grentzen und anderer Dingen, alter Gelegenheit, Obrigkeit, Herlich- und Gerechtigkeiten, desgleichen in Holtz (Wald) und Velde, Wassern und Weiden, und sonderlich der Zeheden und aigentümlichen Zins oder Pacht Guetern anzeigen"[394]). Vestenberg schrieb die Aussagen der Gewährsmänner auf, so entstand das Saalbuch, das alle Liegenschaften, Rechte und Einkünfte der Landgrafen im Amt Homburg enthält. Das mittelhochdeutsche Wort „sal" bedeutet dem Grundherrn gehörig, in das „salbouch" wurden die herrschaftlichen „Grundstücke, Rechte und die daraus fließenden Einkünfte urkundlich eingetragen"[395]). Es war üblich, daß die Grundherren, um Ordnung in den Bestand ihres Besitzes und ihrer Einkünfte zu bringen, von Zeit zu Zeit neue Saalbücher anlegen ließen.

Die höchst wertvolle geschichtliche Quelle ist eine Abschrift und gehört zu den kostbarsten Homburgensia. Das Buch ist ungebunden und umfaßt 214 Seiten im Format von 20,5 × 34,5 cm.

Nach dem Tode Philipps II. kam Homburg im Erbgang an Georg I., den Frommen, von Hessen-Darmstadt, der mit seiner Gemahlin und seinem Kanzler am 12. Mai 1584 erschien, als Stadt und Amt ihm huldigte[396]).

Landgraf Georg starb 1596, er hinterließ drei Söhne: Ludwig V., Philipp von Butzbach und Friedrich I. von Hessen Homburg. Ludwig V. trat die Regierung an, zum Empfang der Huldigung kam er persönlich nach Homburg[397]). Während seiner Regierungszeit wurde 1622 die Landgrafschaft Hessen-Homburg errichtet.

---

[393]) Stadtarchiv, Homburg, A. I. I. 4. Nr. 26.

[394]) Stadtarchiv Homburg, A. I. 4, Nr. 26, Copia Saal-Buchs de 1580, S. 1.

[395]) Lexer, M. Mittelhochdeutsches Taschenwörterbuch, 21. Auflage, 1936, S. 175, Sp. 2.

[396]) St.R. 1584, S. 50: „1 fl. hait der rath den burgern zum besten gegeben uf der Huldigung 12. May 84." „14 ß VI d sind verzert worden als unsern gn. f. und hern erst mols der wein verehrt worden."

[397]) Stadtrechnung, 1596, S. 66.

XV. Burg, Stadt und Amt Homburg als Unterpfand

Während der Regierung Philipp des Großmütigen war Homburg dreimal verpfändet. Der Landgraf führte viele Kriege, die eine Stange Geld kosteten, so war er gezwungen, die Nutznießung seiner Güter auf längere Zeit leihweise abzutreten. Jede Verpfändung brachte ihm eine größere Summe ein.

Montag nach Cantate 1528 wurde das Nutzungsrecht von Schloß, Amt und Stadt Homburg pfandweise an den Grafen Philipp zu Hanau-Münzenberg übertragen[398]. Die Pfandschaft währte zwölf Jahre lang (1528-1539). Der Landgraf hatte sich die Obrigkeit, Steuer, Gefolge, Weinzoll, Religion und Jagd in der Höhe (Hohemarkwald) vorbehalten. Hinter dem vorbehaltenen Recht auf Folge oder Gefolge steckt der Zweck, bei Kriegszeit die Homburger Bürger, wie die Untertanen der Amtsdörfer zur Gefolgeleistung einziehen zu können. Der Weinzoll bedeutet hier, daß die Untertanen während der Zeit der Pfandschaft den Wein für den Haustrunk zollfrei einführen können, die Gastwirtschaften aber den Branntwein des Landgrafen ausschenken müssen. In Religionssache mußte alles beim alten bleiben, d. h. die Reformation durfte nicht angegriffen werden. Gelegentlich der Huldigung wurde dem neuen Landesherren ein Weingeschenk der Stadt überreicht.

Auch bei den anderen zwei Verpfändungen stellte Philipp von Hessen diese Vorbehalte.

Am Montag nach Viti 1539 kam laut Pfandbrief Homburg an den Grafen Stolberg-Königstein-Wernigerode, und Sonntag nach Johannes dem Täufer hat der hessische Amtmann zu Gießen Konrad Heß Schloß, Stadt und Amt auf zwanzig Jahre übergeben[399].

Am 11. Juli 1559 hat der königsteinische Rentmeister Balthasar Braunfels dem Keller zu Homburg Johann Abt und dem hessischen Rentmeister zu Gießen Wolf Butzbach das verpfändete Homburg zurückgestellt[400]. Gleich am nächsten Tag wurde es zum drittenmal an den Obristen von Reiffenberg verpfändet[401]; diese Pfandschaft dauerte bis zum Tode des Landgrafen. Am 18. September 1568 haben Jakob Dietrich und Jost von Dhaun in Vertretung des Obristen

---

[398] St.R. 1528, S. 31: „Item XV thornos vor vein han mir unßerm g. L. von Hanuwe geschenckt uff montag nach Cantate (4. Sonntag nach Ostern), Ebenda: Item III ß is verthan wurden, als mir die Brieff suchten ... die frey Brieffe unßerm g. hern." S. 32: „Item IIII ß Bottenlone; dem knecht alß er unserm g. h. den Brieff gen Hanauwe trug ..." Er wird sich um den Brief des Landgrafen vom 20. April 1525 handeln (siehe S. 150).

[399] St.R. 1539, S. 31: „Item I gulden X ß VIII heller vor rothen und weissen wein alß man u(nserm) g(nedigen) h(errn) zu Kunigstein die huldunge gethan geschenkt Samstagk nach Johannis Baptiste (= 24. Juni), Ebenda: „Item XIX ß V heller ist durch Burgermeister und Radt uff obgemelten tagk verzert ist der Bereither von kungistein dabei gewest."

[400] St.R. 1559, S. 40: „XVII ß I h vor XI maß weinß sint den königsteinischen Rethen geschenkt alß die Eid und gelubde ufgesagt haben."

[401] St.R. 1559, S. 39: „III gulden XX ß VII heller sint durch die gemein und den radt verthan alß man der neuwen oberkeit huldung gethan hat. Ebenda, S. 40: „XVII ß 1 h vor maß weinß sint juncker Johan von rifenbergk geschenkt alß er die huldung empfangen hat. Ebenda, S. 41: XII ß III h vor maß weinß sint unserm g hern dem obrsten geschenkt."

von Reiffenberg die verpfändete Stadt mit Burg und Amt an die Söhne des Landgrafen Philipp: Wilhelm, Ludwig, Philipp und Georg zurückerstattet. Der hessische Keller von Roßbach v. d. H. brachte die Nachricht nach Homburg, daß eine aus Marburg kommende Gesandtschaft die Huldigung abnehmen wird[402]). So gelangt Homburg wieder unter landgräflich hessische Verwaltung.

Marktprivilegium von 1611

Eine Urkunde des Landgrafen Ludwig vom 28. Juni 1611 brachte der Stadt Homburg eine bedeutsame Erweiterung des Marktprivilegs. Auf das Ansuchen des Bürgermeisters und des Rats vom 5. Mai 1611 verlieh der Landesherr der Stadt zwei Jahrmärkte und den Freitags-Wochenmarkt. Das mainzische Oberursel, das damals neben seinem alten Jahrmarkt zwei neue Jahrmärkte erhalten hatte, regte die Homburger an. Bürgermeister und Rat sandten eine Bittschrift an den Landgrafen und baten mit „untertänig pflichtschuldigem Gehorsame" um die Verleihung von zwei Jahrmärkten und einem Wochenmarkt. Der Marktverkehr, so argumentierten sie, werde nicht nur dem Landesherrn Zoll, Verzehrungssteuer und andere Einkünfte bringen, sondern auch der Stadt selbst nützen, die viele Lasten trage. Der Landgraf, der für Wirtschaftsreformen aufgeschlossen war, gab der Bitte gerne Raum und ließ die Markturkunde ausfertigen. Darin heißt es unter anderem: „Gönnen, erlauben ihnn und geben auch viell ernanten Bürgermeistern, Rath, Gemeinde undt allen einwohnern mehr bemelter unser Stadt Homburgk diese besondere gnad und freyheit, wißentlich in crafft dieses briefs also undt dergestaldt, waß sie nun hinfuro zu ewigen tagen uff allen und jeden freytag die wochen, undt jedes Jahres zwen Jahrmärkte, nemblich einen uff Sonntag nach Georgi und den anderen Sontags nach Martini Episkopi daselbsten zu hombergk aufrichten, machen, halten."

---

[402]) St.R. 1568, S. 33: „XIII ß II h Kellers von Roßbach wie er der huldung halben hier war." Ebenda, S. 32: „I G.XXII ß III h. wie die von Marpurg der huldigung halber hier waren durch den Rath geschehen. S. 33: „IIII G VII ß durch die heßische gesandten verthan wie man die huldigung hett."

XVI. Wann erhielt Homburg Stadtrecht?

Bad Homburg v. d. H. ist kein alter Badeort. Die Stadt verdankt ihre Entstehung nicht — wie man leicht annehmen könnte — den Heilquellen, sondern der mittelalterlichen Ritterburg Hohenberg. Die Priorität der Burg liegt auf der Hand; ihr kommt nämlich ein bedeutend höheres Alter zu als der Stadt. Die Burganlage bildete die Voraussetzung für das Entstehen der Stadt und blieb auch für deren mittelalterliche Entwicklung von ausschlaggebender Bedeutung.

Keine Burg konnte ohne Burghut (herrschaftlicher Burgvogt oder Burggraf und Burgmannen) und ohne Burgdörfer bestehen. Die Burghut (Besatzung, Bemannung) benötigte Wohnhäuser. Die innere Burg hatten sich die Eppsteiner als „Widdum" (Witwensitz) für die Frauen vorbehalten, und da es in der Vorburg nicht genügend Wohnplätze für alle Burgleute gab, erwuchs aus Notwendigkeit im Schutz und Schirm der Ritterburg allmählich eine Burgmannen Ansiedlung. Ein Teil der Burgbesatzung, die aus dem heimischen niederen Adel hervorgegangen war, wohnte in der Umgebung auf ihren Gütern, ein anderer Teil ließ sich vor der Burg häuslich nieder. Dazu kamen bald Handwerker, Kaufleute und Bauern. Als günstiger Siedlungsraum bot sich gerade das Gelände an, das auf dem Burghügel lag, unmittelbar vor der Burgbrücke, die über den Burggraben in die Vorburg führte. Aus den alten Homburger Stadtplänen geht hervor, daß diese kleine Ansiedlung mit der Burg durch eine oval verlaufende Mauerlinie zu einem größeren Wehrbau vereinigt war. Diese Siedlung wurde „Schloß" genannt. Das ummauerte Schloß (obere Altstadt) mit verschließbaren Toren blieb so mit der Ritterburg untrennbar verbunden.

Die meisten Städte Hessens sind im Schutze einer Burg entstanden; so auch Homburg. Die Burgsiedlung vor der Vorburg war zunächst ein offener Flecken, der eine Niederlassung von Bauhandwerkern (Maurer, Zimmerleute, Schlosser), Kaufleuten (Krämer), Handwerkern (Bäcker, Fleischer), Burgbediensteten (Burgmannen, Bogenspanner, Stallknechte), usw. bildete. Auf diese Siedlung überging der Burgname, doch sie war ohne Gemarkung, ohne Ernährungsraum, und die Bewohner konnten ihr Vieh nicht auf die Weide treiben. Erst durch die Einverleibung des Dorfes Diedigheim im Tal erhielt die Burgsiedlung eine Gemarkung. In diesem Siedlungsraum übte Homburg-Diedigheim das Recht der Polizeigewalt, der Gerichtsbarkeit und des Weideganges aus. Demnach erwuchs die Stadt aus einem topographischen Dualismus.

Alles, was einst Diedigheim gehörte an Ackerland, Wiese, Weidegrund, Wald, Mühle, Wasserrecht usw., ging in den gemeinsamen Besitz der vereinten Siedlungen über. Die Mühle wurde Bannmühle, d. h. alle Bewohner wurden gebannte Mahlgäste, die ihr Getreide hier mahlen lassen mußten.

Als man das Burgdorf zur Stadt erhob, wurde Diedigheim im Tal zur Unterstadt, Vorstadt.

Wann und wie Homburg Stadtrecht erhalten hat, entzieht sich unserer Kenntnis. Man nimmt an, daß, als König Ludwig der Bayer mit einer in Nürnberg am 5. August ausgestellten[403]) und am 5. 8. 1335 erneuerten Ur-

---

[403]) Gedruckt: Senckenberg, H. Chr., Selecta juris et Historiarum ... Bd. I. 203 Regest: Böhmer, Jo. Fr., Regesta Imperii, Die Regesten des Kaiserreiches unter Ludwig, Nr. I 695, Sauer, W., Nassauisches Urkundenbuch I. 3. Nr. 1943.

kunde[404]) Gottfried V. von Eppstein die Erlaubnis erteilte, auf seiner Burg zu Steinheim und im Tal und Burg zu Homburg (Hohenberg) und im Tal und Burg zu Eppstein je 10 Juden zu halten, Homburg schon im Besitz der Stadtrechte gewesen sei. Diese Annahme hat der ehemalige Stadtarchivar E. G. Steinmetz zuerst gehegt, und sie fand auch in dem Hessischen Städtebuch Aufnahme[405]). Sie stützt sich auf die Tatsache, daß nur Städte Judenprivilegien erhalten haben, denn die Juden standen unter Schutz und Schirm des Kaisers.

Das Dorf Eppstein wurde mit einer am 30. November 1318 in Oppenheim ausgestellten Urkunde des Königs Ludwig auf Ansuchen Gottfried V. von Eppstein zur Stadt erhoben. Dafür haben wir einen urkundlichen Beleg. Für Steinheim liegt ebenfalls eine Stadtrechturkunde vor. König Ludwig der Bayer erhob am 4. Dezember 1320 auf Bitten Gottfrieds V. von Eppstein die Dörfer Steinheim und Delkenheim zur Stadt und verlieh ihnen Frankfurter Recht[406]). Nur für Homburg haben wir über die Verleihung des Stadtrechts keinen sicheren Beweis, demnach bleibt es auch weiterhin problematisch, wann und welcher Eppsteiner das Frankfurter Stadtrecht für Homburg erwirkt hat.

Daß Homburg zur Frankfurter Stadtrechtsfamilie gehörte, darüber besteht kein Zweifel, denn dafür gibt es zahlreiche Belege. Der Hinweis, daß Homburg seinen Oberhof in Frankfurt hatte, genügt wohl.

Der Begriff „mittelalterliche Stadt" umfaßt eine mauerumwehrte Marktsiedlung mit Selbstverwaltung und Gerichtshoheit. Mit anderen Worten: die Stadt war ein mit Privilegien ausgestatteter Ort, der durch Bewidmung mit den Stadtrechten gegründet wurde. Der Stadtherr erwirkte beim König die Stadtprivilegien: Ratsverfassung, Marktrecht, Wehr- und Gerichtshoheit und das Recht, Wappen, Siegel und Fahne zu führen. All diese Privilegien hat Homburg Jahrhunderte hindurch genossen.

Es blieb uns keine Homburger Stadtrechtsurkunde erhalten, und es ist fraglich, ob eine solche überhaupt ausgestellt wurde, denn nirgends im Quellenmaterial findet sich ein schriftlicher Niederschlag darüber. Nicht ein einzigesmal wird die Stadtrechtsurkunde erwähnt. Wäre ein solches Dokument vorhanden gewesen, so hätte man sich sicherlich darauf berufen.

Es könnte auch sein, daß Gottfried IV. von Eppstein-Königstein, der Landvogt der Wetterau war[407]), laut dem Statutum in favorem principium von 1231 die Macht besaß, seinem Flecken Homburg die Stadtprivilegien zu verleihen.

---

[404]) Senckenberg, Siehe Anm. 1., Böhmer, Anm. 1.

[405]) Hessisches Städtebuch, S. 238, 4., 4) Böhmer, Regesta Imperii, Regesten des Kaiserreiches, VII, Nr. 342, Böhmer-Lau, Urkundenbuch der Reichsstadt Frankfurt, II. Nr. 120.

[406]) Boehmer, Regesta Imperii, Regesten des Kaiserreiches, VII. Nr. 436, Boehmer-Lau, Urkundenbuch der Reichsstadt Frankfurt, II. Nr. 157.

[407]) Boehmer-Lau, Frankfurter UB., II. S. 351, Nr. 464. Am 4. Juli 1333 hat Kaiser Ludwig Gottfried V. zum Landvogt ernannt.

[408]) St.R. 1558, S. 42: „1 gulden 2/3 d hat Meister Walther von Kalbach verzert in vier tagen alß er den ofhen uf der großen stuben gemacht hat."

XVII. Homburg im Spiegel der Bürgermeister-Rechnung vom Haushaltsjahr 1552/53

Der 21. Februar 1553

Es war am Dienstag nach Invocavit Anno Domini 1553. Invocavit nannte man den ersten Passionssonntag (Fastensonntag) des Kirchenjahres; heute bezeichnen wir kalendermäßig das Datum Dienstag nach Invocavit mit dem 21. Februar.

Aus den Schallfenstern des Homburger Rathausturmes ergossen sich die hellen Töne der Ratsglocke, schwebten nach allen Richtungen über dem engen Dach- und Giebelgewirr des malerischen Städtchens dahin und senkten sich dann ins Tal, wo sie breit auseinanderflossen. Die Homburger wußten Bescheid. Sie sagten: „Heut ist der Tag der Stadtrechnung; die Ratsglocke ruft den ganzen Stadtrat ein, denn die Bürgermeister-Rechnung des Haushaltsjahres 1552/53 soll abgehört werden." Manche fügten noch lächelnd hinzu: „Die Ratsherren essen heute mit dem großen Löffel." Sie meinten damit das leckere Ratsmahl, das der Amtshandlung folgte.

Der Tag der Stadtrechnung

Kurz nach dem Läuten der Ratsglocke sah man aus allen winkeligen Gassen und Gäßchen die stolzen Ratsherren in ihren pelzverbrämten Mänteln langsam und würdig dem Rathause zuschreiten. Aus der Rathausdurchfahrt führte eine Treppe in das Stockwerk hinauf, wo der Ratssaal lag[408]. Dort versammelten sich allmählich alle. Der Tag nahm, wie alljährlich, den althergebrachten Verlauf. Die hohen Herrschaften, Keller und Schultheiß, wurden von den alten und neuen Bürgermeistern und dem ganzen Rat untertänigst begrüßt. Die Herrschaften lächelten, wie hohe Herren bei solchen Gelegenheiten mit Distanz zu lächeln pflegen. Man nahm am großen Ratstisch Platz. Der Stadtschreiber las die einzelnen Einnahmen- und Ausgabeposten der sauber ins Reine geschriebenen Bürgermeister-Rechnung vor, man prüfte jeden Posten gründlich, stellte mitunter Fragen, und wurde die trockene Prüfung zu langwierig, so fielen Witzreden. Man lachte und kam endlich zum Schluß. Die Bürgermeister-Rechnung wurde gutgeheißen und den alten Bürgermeistern die Entlastung erteilt. Man sprach noch von den günstigen finanziellen Verhältnissen der Stadt. Die Einkünfte betrugen 378 Gulden, 2 Schilling (Albus) und 3,5 Heller (Pfennig), der Ausgabeetat aber belief sich auf nur 236 Gulden, 20 Schilling und 5 Pfennig. Als man dann am Ende der Finanzkontrolle nach Gegenüberstellung der Einnahmen und Ausgaben die Bilanz zog, stellte man freudig einen Überschuß von 141 Gulden, 5 Schilling und 7,5 Pfennig fest. Dem Schultheißen, der aus einer alten ratsfähigen Homburger Familie stammte, gewährte der Rat noch eine Unterstützung, die auch in der Stadtrechnung ihren Niederschlag fand. Auf Seite 61 der Rechnung lesen wir: „abgezogen neun gulden ßo man Hen Krebßen dem Schultheißen an seinem großen schaden des Krieges halber erlitten erstattung gethan." So verblieb ein Restbetrag von 132 Gulden, 3 Schil-

XIX

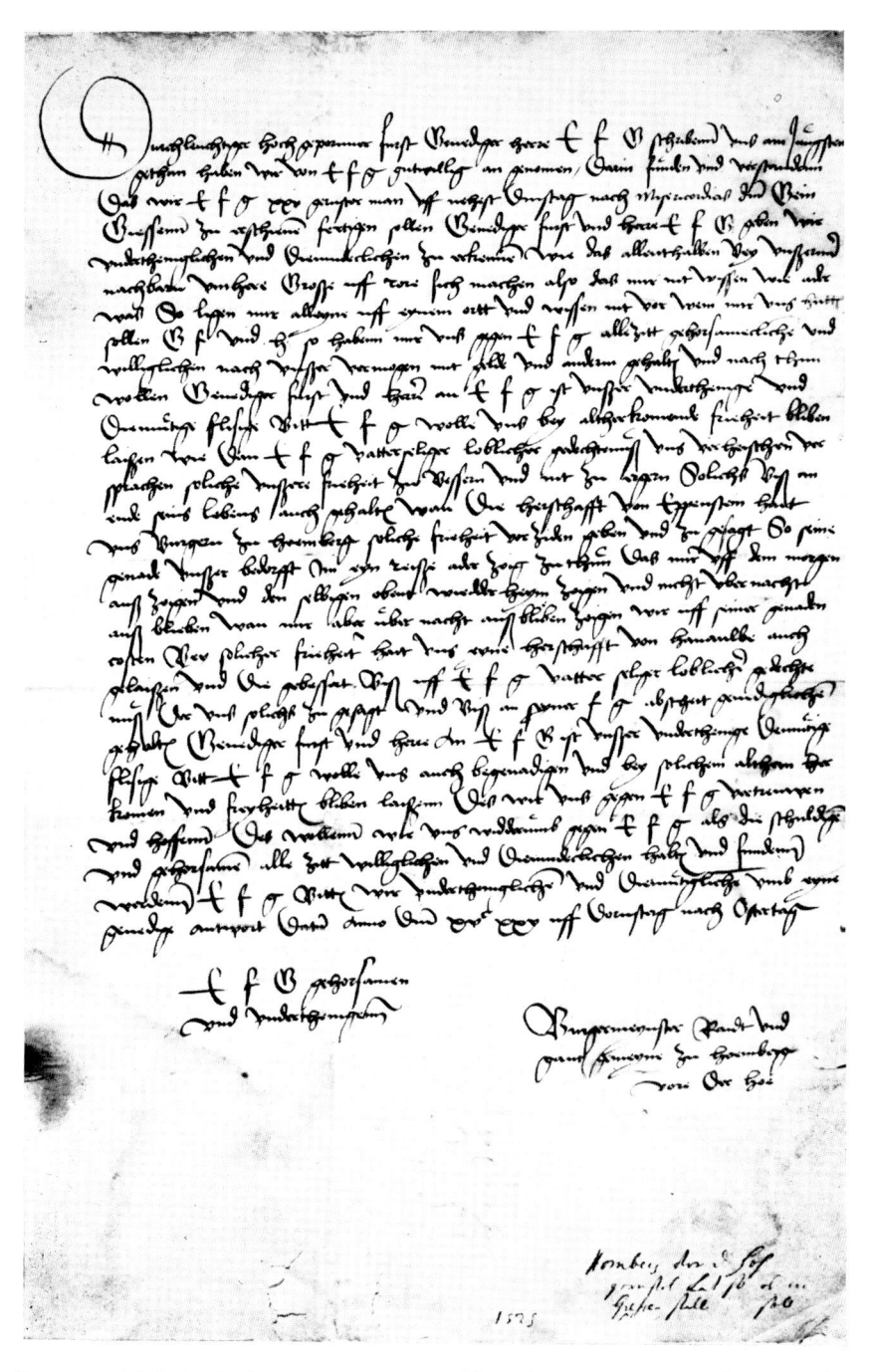

Der erste Brief der Stadt. „Burgermeyster Raidt und gemeyne zu Hoemberg vor der Hoe" an den Landgrafen Philipp; datiert vom 20. April 1525 (zu S. 151).

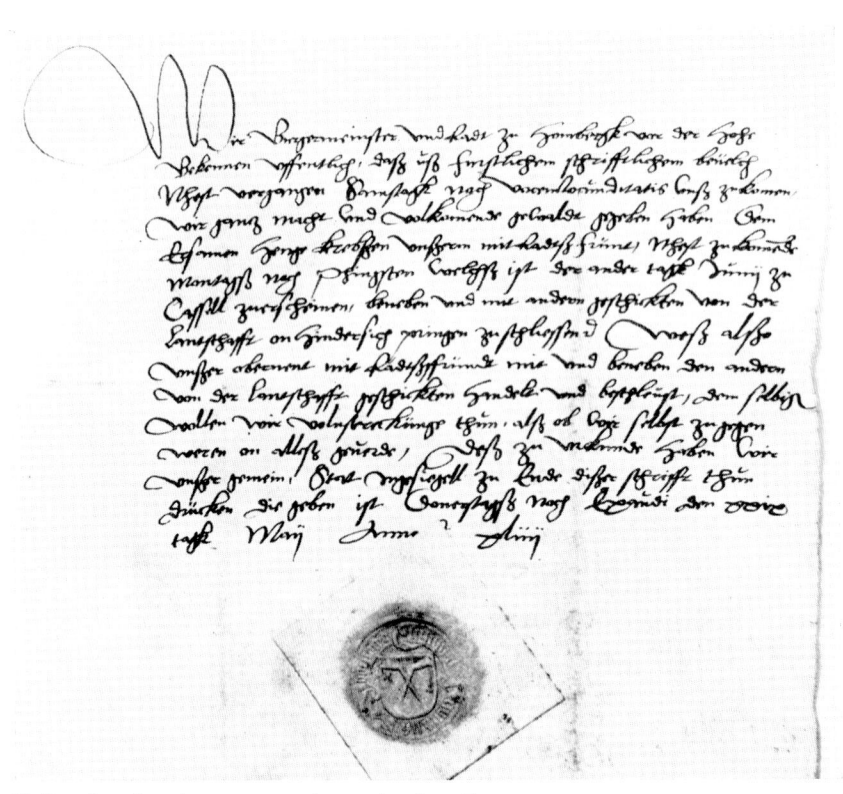

Vollmachtsurkunde vom 29. Mai 1544 (zu S. 172).

Aus dem Inhalt der Urkunde sei noch hervorgehoben, daß sie allen Krämern, Gewerbetreibenden und Handelsleuten ohne Unterschied das Recht zubilligte, den Markt zu besuchen und Handel zu treiben (zu S. 157).

ling und 7,5 Pfennig, der in die Rechnung des neuen Haushaltsjahres vorgetragen wurde.

Auf Seite 53 der Stadtrechnung vom Jahre 1552/53 steht folgender Eintrag: „Ausgifft geltß uff der Statrechnung V gulden XVIII Schilling dem Keller, Schultheiß Bürgermeistern und dem ganzen Radt jedem VI Schilling uff den tagk der Stadtrechnung sampt dem Knecht und Schreiber."

Der Tag der Stadtrechnung war seit altersher ein Feiertag im Homburger Rathaus; man verzehrte und vertrank auf Stadtkosten 5 Gulden 18 Schilling. Dies war damals vor 400 Jahren eine überaus große Summe. Der Zahlungs- und Rechnungsgulden wertete seit 1548 nur 24 Schilling (Weißpfennige) und 1 Schilling = 8 Pf. Zum Vergleich führe ich aus der Stadtrechnung kurz einige Löhne und Preise an. Der Taglohn der Maurer betrug damals 4 Schilling, ein Maurermeister hätte 34 1/2 Tage lang arbeiten müssen, um diese Summe zu verdienen, und ein Maurergehilfe 60 Tage lang. Um 5 Gulden kaufte die Stadt 1552 den Gemeindezuchtstier. Ein Maß (2 Liter) Wein kostete 14 Pfennig, ein Maß Bier 4 Pf. Um 6 Gulden kaufte die Stadt 1552 28 Achtel Kalk. 5 Gulden erhielt ein Scharwächter (Nachtwächter) als Jahreslohn.

Der Ratsschmaus und Freitrunk war eigentlich eine Amtshandlung, eine feierliche Betätigung, eine Beurkundung, ja ein Protokoll der gebilligten Stadtrechnung, und alle, die mittranken, waren Zeugen. Der Freitrunk war ein sehr alter deutscher Brauch. Wir begegnen ihm auf Schritt und Tritt im Gemeinschaftsleben des Mittelalters. Er spielte aber auch noch im öffentlichen Leben der Neuzeit lange eine bedeutende Rolle. Ein Weintrunk schloß jeden Kauf, jeden Vertrag ab. Weinkauf wurde das verpflichtende Angabegeld für den Freitrunk genannt. Das Wort tritt in Hessen urkundlich zuerst im Jahre 1256 auf; in einer Urkunde aus dieser Zeit lesen wir „biberunt vinum, quod vulgariter dicitur vincop." Alle Homburger Stadtangestellten — Schulmeister, Stadtschreiber, Stadtknecht, Glöckner, Uhrsteller, Ober- und Unterpförtner, die 4 Scharwächter, die Wächter auf den 2 Pforten, der Mehlwieger, Feldhüter, die Steinsetzer, die Kuh- und Schweinehirten u. a. — erhielten laut Stadtrechnung alljährlich beim Dienstantritt aus der Homburger Stadtkasse 2 Schilling und 2 Pfennig Weinkauf. Bei der Annahme der Stadtangestellten durch den Stadtschultheißen wurden in Homburg alljährlich 2 Gulden, 8 Schilling und 4 Pfennig auf Rechnung der Stadt verzehrt. Erst 1596 stellte der Oberamtmann den Freitrunk ab. In den alten Gonzenheimer Kirchenbüchern lesen wir von Weinkauf-Eheschließungen. Ja, die Vorfahren verstanden es auf ihre Weise, immer und überall Freude zu spenden, jeder Sache ihre Würze zu geben. Fröhlich und beschwingt sollte jeder sein Amt antreten, sollte jede Amtshandlung bestätigt werden.

Wir verweilen bei diesem unscheinbaren, aber sehr aufschlußreichen Eintrag noch ein wenig; denn über geschichtliche Ereignisse schreiben heißt nicht bloß Urkundliches flüchtig auftischen, es bedeutet vielmehr in Details eingehen, sich vertiefen, um das wahre Leben der Vergangenheit zu verstehen, neue Kenntnisse zu übermitteln, Irrtümer zu verbessern, Ungewisses zu klären und vor allem unsichere geschichtliche Begriffe zu verdeutlichen und zu befestigen. Wir müssen nach allen Regeln der strengen Forschung arbeiten, alles kritisch prüfen, und dabei dürfen wir freilich die kleinste und geringste Sache nicht leichtsinnig übergehen.

Die 23 Teilnehmer

Im oben angeführten Eintrag ist uns ein interessantes Rechenrätsel aufgegeben. Es lautet: Beim Freitrunk wurden 5 G., 18 Sch. vertan, auf jeden Mittrinkenden entfielen 6 Sch.; wieviele tranken mit? Wenn wir wissen, daß 1553 der Gulden 24 Schillinge wertete, so finden wir leicht heraus, daß die 138 Schillinge von 23 Anwesenden verzehrt wurden. Wer waren diese? Genannt sind uns insgesamt 8: Keller, Schultheiß, zwei alte und neue Bürgermeister, Stadtknecht und Schreiber, die anderen sind uns nur so weit bekannt, als der zitierte Eintrag über sie besagt „der ganze Radt". Dieser Ausdruck ist ein geschichtlicher Begriff, der sehr häufig in deutschen und lateinischen Urkunden vorkommt. Deutsch wird dafür auch „Radt, gemein Radt" gebraucht, so z. B. in der Einleitungsformel des ältesten Urgangsbuches der Stadt Homburg vom Jahre 1536. Lateinisch stehen für den Ausdruck die Worte „totum consilium" und „universitas consulum". Zu verstehen ist darunter der alte oder Schöffenrat und der kleine oder junge Rat. Der Schöffenrat zählte 12, der kleine Rat 6 Mitglieder. Des Rätsels Lösung lautet: 18 Ratsmitglieder, einbegriffen die zwei neugewählten Bürgermeister, ein alter Bürgermeister (der andere wurde zum Schultheißen ernannt), Schultheiß, Keller, Stadtschreiber und Stadtknecht, insgesamt 23.

Der Rat mit den zwei Bürgermeistern und dem Schultheiß an der Spitze verwaltete die Gemeindeangelegenheiten; er bildete die höchste Stadtbehörde. So erscheint der Wunsch nur zu gerechtfertigt, daß der Historiker auch ihre Namen feststellt. Der Keller hieß Johann Apt, der Schultheiß Hen (Heinrich) Krebs, er war der eine alte Bürgermeister, der andere hieß Endreß (Andreas) Molnhusin (Mühlhausen). Die neuen Bürgermeister waren Hermann Conrad und Dietrich Sommer; ersterer war dem Schöffenkollegium und letzerer dem demokratischen kleinen Rat entnommen. Auch die Namen der Schöffen sind uns vollkommen überliefert: Hen Schebolt, Johann Bommersheim, Jakob Rißwolf, Jakob Krebs, Peter Schling, Endres Molnhusin, Christof Kamberg, Hermann Conrad, Mebs Bender, Klas Becker, Henning Glück und Johann Weidmann. Aus dem kleinen Rat ist uns namentlich nur der Bürgermeister Sommer bekannt, die Namen der fünf anderen Ratsmitglieder konnte ich bisher nicht ermitteln.

Alle diese Menschen, die der Amtshandlung vor rund 410 Jahren beiwohnten, sind bereits 400 Jahre tot. Sie waren Bürger und Amtsträger dieser Stadt. Sie sind heute vergessen. Ihre Gräber sind nicht mehr auffindbar; die alten Friedhöfe wurden pietätlos geschleift. Das ist der Lauf der Welt. Das Leben strömt im drängenden Rhythmus der Freude und des Leids weiter. Es blieb von ihnen und ihrer Zeit nichts übrig als die vergilbte 64 Seiten umfassende Stadtrechnung. Eine dürftige Hinterlassenschaft! So könnte mancher voreilig urteilen. Studieren wir aber diese trockene Rechnung über den Stadthaushalt des Etatsjahres 1552/53 und enträtseln die stellenweise schwer leserlichen Zeilen, so öffnet sich uns leise ein Fenster, durch das wir die auflebende 400-jährige Vergangenheit, ihre Menschen und Ereignisse wiedererstehen sehen.

Quellenwert der Stadtrechnungen

Die Homburger Bürgermeister-Rechnungen oder Stadtrechnungen sind uns vom Jahre 1516 an erhalten und im Stadtarchiv unter Archivnummer AI. 36 aufbewahrt. Diese Rechnungen sammelte 1844 der damalige Stadtarchivar

Johann Georg Hamel und machte daraus einige Auszüge. Stadtarchivar Ernst Georg Steinmetz ordnete sie in wohlverschnürten Faszikeln neu ein. Das Stadtarchiv stellte sie mir bereitwillig zur Verfügung, wofür ich hier herzlich danke.

Das in den Rechnungen erhaltene reiche geschichtliche Material ist noch nicht ausgewertet und aufgearbeitet worden. Die Stadtrechnungen kommen unter den archivalischen Überlieferungen der Stadt als Geschichtsquellen in erster Linie in Betracht. Ihr Hauptwert liegt in der Verläßlichkeit und der mannigfachen Fülle des Materials. Sie bilden eine vorzügliche Grundlage zu allen Fragen der Stadtgeschichtsforschung. Denn sie sind nicht nur rein wissenschaftlicher Art; auch die religiösen, politischen und kulturellen Ereignisse der Stadt verspüren wir auf Schritt und Tritt beim Lesen der wortkargen, nüchternen, aber durchaus zuverlässigen Einträge. Wenn sie auch nicht allzuweit in die Vergangenheit zurückreichen, bieten sie uns doch immer ein klares Spiegelbild ihrer Zeit.

Die Stadtrechnungen bilden den rechten Maßstab, an dem wir die Richtigkeit der historischen Überlieferung überprüfen. Ohne sie könnte man z. B. die unverläßlichen Angaben der Chronik der Neustadt nicht richtigstellen.

Da die Homburger Stadtrechnungen mit dem Jahre 1516 beginnen, sind wir in glücklicherer Lage als z. B. Wiesbaden, das aus der ersten Hälfte des 16. Jahrhunderts bloß zwei Bürgermeister-Rechnungen besitzt. Die erste von 1524/25, die zweite von 1546/47, letztere ist nicht vollständig. Frankfurt hat von 1320 an mit geringen Unterbrechungen Bedebücher und Schatzungsregister, ab 1348 Stadt-Rechnungen, auch eine Fülle von Steuerverordnungen, von denen Professor Dr. Karl Bücher, ein Frankfurter Wirtschaftshistoriker, die wichtigsten in einem Band herausgab.

Die Homburger Stadtrechnung vom Haushaltsjahre 1552/53 ist uns vollständig erhalten. Sie zählt 64 beschriebene Seiten. Die Schrift ist nicht leicht lesbar, die Orthographie verwildert, wie die Rechtschreibung des 15. und 16. Jahrhunderts überhaupt.

Auf dem Titelblatt oben steht die Jahreszahl 1552 in arabischen Ziffern, in der ganzen Rechnung aber sind alle Geldbeträge mit römischen Zahlen eingetragen. Der Titel lautet: „Rechnung deß fleckenß Hombergk vor der hohe durch Henn Krebßen und Endreß Molnhußin Bürgermeister der Anno CVt funfzig zwey den neuren Bürgermeistern Hermannß Conrad und Dietrich Somern in bey sein der erßamen undwolerhporn Johann Aptß Keller, Henn Krebß schultheiß und deß ganzen Radtß da selbst uff dienstagk nach Invocavit den 21 februarii Anno 1553."

Das Rechnungsjahr fiel nicht mit dem Kalenderjahr zusammen; auch der Amtswechsel der Bürgermeister vollzog sich nicht am 1. Januar, sondern 1 bis 2 Monate später. Der Termin war nicht genau festgesetzt und wechselte von Jahr zu Jahr. 1538 begann das Rechnungsjahr Freitag nach Aschermittwoch, der Eschertag genannt wurde, 1539 Dienstag nach Margarete, 1541 Dienstag nach Reminiscere (zweite Fastensonntag), 1542 Montag nach hl. Dreikönig, 1543 Donnerstag nach Valentin, usw. Wir sehen, daß man damals die Zeit nach dem Kirchenjahr rechnete. Stadtrechner waren die Bürgermeister, die alljährlich aus dem Stadtrat gewählt und vom Schultheißen in ihr Amt eingesetzt wurden. Der Stadtschultheiß war Stadtrichter und Verwaltungsbeamter, seine Befugnisse als erster Stadtbeamter sind etwa mit denen des heutigen Oberbürgermeisters zu vergleichen. Er wurde vom Landesherrn bestellt und war bei allen wichtigen Begebenheiten der Stadt gegenwärtig. Alle Stadtbeamte und Stadtknechte leisteten ihm alljährlich das Handgelübde, das feierliche Versprechen, daß sie ihren Dienst treu, nach besten Kräften ausüben würden[409]. Dem Stadtschultheißen unterstanden zwei Bürgermeister, denen vor allem die Finanzverwaltung oblag; sie führten Buch über Einnahmen und Ausgaben und legten am Ende des Amtsjahres Rechenschaft ab. Die Bürgermeister wechselten von Jahr zu Jahr, der Schultheiß blieb oft lebenslänglich im Amt.

Auf dem Titelblatt steht noch: „Diße nach beschrieben sint bey unß obgedachten Bürgermeister zu Bürgern angenommen: Johann von Peterweil, Heinz von Wehrheim, Johann der Metzger, Kain Strohschneider." Die Erteilung des Bürgerrechts war von der Errichtung einer Aufnahmegebühr abhängig, die 1553 nur 1 Gulden betrug, später allmählich erhöht wurde; 1584 forderte man von den Neubürgern schon 5 Gulden „Einzugsgebühr". Die Einzugsgebühren fielen dem Landesherren zu, sind daher in der Stadtrechnung nicht verbucht. Auf das Rathaus gab jeder Neu-Bürger einen ledernen Eimer zu Löschzwecken. 1561 werden 31 lederne Eimer mit Bürgerwappen bezeichnet[410]. Im Jahre 1568 werden Harnische, lange Spieße oder auch Gewehre gefordert von den neuen Bürgern. Besondere Pflichten, die sich aus dem erworbenen Bürgerrecht ergaben, bildeten die persönlichen Dienstleistungen, Sicherheitsdienst, Hand- und Spanndienste. Der in das Bürgerverhältnis Aufgenommene mußte den Bürgereid leisten.

Wer sich mit den Rechnungen als Geschichtsquellen befaßt, also Quellenstudien betreibt, dem fällt bei der Lektüre die alte Sprache auf, die man vor 400 Jahren hier in Homburg gesprochen und geschrieben hat und die in der schriftlichen Überlieferung zu uns spricht. Um den Text der Einträge richtig zu verstehen, müssen wir uns zunächst mit der Sprache vertraut machen.

In den Stadtrechnungen, die der Homburger Stadtschreiber verfaßte, blieb uns eigentlich die volkstümliche Sprache Homburgs in reinster Form aus der Mitte des 16. Jahrhunderts erhalten. Diese frühneuhochdeutsche Sprache ist voll mit mundartlichem Reichtum, ja sie mutet fast als eine Dorfmundart an. Das darf uns nicht wundernehmen, denn Homburg war ein Ackerstädtchen. Die Sprache der Rechnungen zeigt den Übergang vom Dialekt zur Schriftsprache. Vergleichen wir die Sprache mit der der Hessischen Kanzlei Landgraf Philipps des Großmütigen, in der von 1550 bis in die 60er Jahre Heinrich Lersner Kanzler war, so zeigt sich, daß die Sprache des Homburger Stadtschreibers in Hinsicht des Lautbestandes und der Orthographie hinter der Kanzleisprache nicht zurück stand.

Eine kleine Auslese, nur eine Kostprobe ausgewählter Textproben, die nicht umgeschrieben sind, gebe ich hier wieder und erkläre aus dem Wortschatz einige Wörter, die heute nicht mehr gebräuchlich sind oder deren Form und Bedeutung sich gewandelt haben.

---

[409] „III ß I d vor virtil weinß alß die Knechte dem Schulthiß handgelubde gethan haben." St. R. S. 49.

[410] Stadtrechnung vom Jahr 1561: XII ß 1. d. den Spengler von Ursell geben die Bürger waphen an XXXI leddern Eimer zu machen vosten zwei ein halben batzen." S. 37, Unter Bürgerwappen sind die Hausmarken zu verstehen. Über die Homburger Hausmarken folgt ein Aufsatz.

Auwher = Auer, die Uhr, „VI ß VI d vor ein seil zu der Auwher dem seiler".

Eckern, Eckern lesen- Bucheckern sammeln. Hier bedeutet aber „das Eckern" die Eckermast. Die Schweinehirten, die „Eckern-Säuhirten", trieben Ende September die Schweine, wenn das Eckern sich lohnte, in den Wald, in die schon aufgeschlagenen Eckernställe. Das Eckern besichtigen bedeutet demnach festzustellen, ob im Jahre 1552 die Buchen reichlich ölhaltige Frucht getragen haben. „1 gulden IIII ß IIII d ist verthan, alß man daß Eckern in der hohe (Hohemarkwald) besichtigt hat deß morgenß und abendß."

Jakobs Schatzung, von schätzen, besteuern, die Bede ansetzen. Am 25. Juli, nach der Ernte, wurde die Steuer ausgeworfen, „gesatzt„, d. h. festgesetzt. „VIII ß vor virtil winß alß man die Jacobß Schatzungesatzt hat."

Almanach. „IIII d vor ein Almanach uff dieses hus." Almanach bedeutet hier Jahrbuch, Kalender, auf das Rathaus. Die vielbegehrten Kalender brachten Horoskope, die damas viel Glauben fanden. Die astrologische Literatur spielte nicht nur im Leben der Bauern, sondern auch in adeligen Kreisen eine Rolle. Es spukte damals noch viel Aberglaube. Andererseits dienten die Kalender auch der Reformation. Sie redeten aber auch der Quacksalberei, besonders dem Aderlaß, das Wort. Glaubte doch die Medizin der Paracelsisten, daß jedes Organ des menschlichen Körpers von einem bestimmten Stern beeinflußt sei.

„Hirthenphreund" — Hirtenpfründe, Hirtenlohn, Naturalabgabe für das Viehhüten. „II ß wigl Korbern ist einmal ghein Königstein geschickt, dem Keller ein briff zu bringen so Hen Krebß und Endreß Molnhusin bracht haben den Burgrawen mit des hirthen phreund belangen." Der Burggraf war Johann Brendel, der keinen Hirtenlohn geben wollte, sein Vieh aber auf die Gemeindeweide trieb. Auf diesen Fall, der das Verhältnis der Brendel zur Stadt in dieser Zeit charakterisiert, komme ich noch ausführlich zurück.

„Kranneling", von Kran, Schöpfvorrichtung für den Brunneneimer. „II gulden III ß ist uffgangen als man die Kranneling zu den zweien Born gehange und die Born gescheltz verdingt hat zu machen."

Leiendecker, Schieferdecker, Leie = Stein, Schieferstein. „VI gulden IV ß hat der Leiendecker an den dachen verdient alß der wint viel schadens gethan hat."

Schibberstein = Schieferstein, „III gulden vor X reist Schibberstein sampt der fhur".

Finsterplacken, einglasen der kleinen Butzenscheiben, III ß IIII d hat Jacob Scherer mit finsterplacken verdient in deß Statknechts stuben."

Die Reihe der Worterklärungen ließe sich noch beliebig fortsetzen. Doch genug davon. Die angeführten Beispiele sollten nur andeuten, wie auffallend sich die Sprache seit 400 Jahren verändert hat.

Die Stadtrechnungen zeigen keine verwickelte Rechentechnik. Die Aufgabe der Bürgermeister war, die Steuer- und andere Einnahmegelder einzuheben und zu verbuchen, alle Ausgaben mußten durch den Mehrheitsbeschluß des Stadtrats angewiesen werden.

Die erste und bedeutendste Einnahme erwuchs der Stadt Homburg aus dem Herdschilling. Jeder Familienhaushalt zahlte gleichmäßig 20 Albus jährlich. Der Herdschilling wurde demnach als Ehegeld gezahlt. Das alte Rauchgeld, der Herdzins, wurde aus einer dinglichen Last zur persönlichen Abgabe. Die ursprüngliche Bedeutung des Wortes Herdschilling verstehen wir nur dann richtig, wenn wir in die Gründungszeit der Stadt zurückgehen. Der Landesherr bestimmte den Platz der Stadt nördlich der Burg. Rechts und links des Burgweges, der vom Burgtor zum Gluckensteinweg führte, wurden die Hausstellen ausgemessen. Der Burgweg bestimmte den Grundriß der Stadt. Die Hausplätze, Herdstätten, wurden den Bürgern zugewiesen, blieben aber Eigentum des Landesherrn; später gingen sie in den Besitz der Stadt über. Die Bürger zahlten jährlich für die Hausplätze den Herdschilling.

Das Schloß (obere Altstadt) hatte 142 und das Tal (Diedigheim) rund 100 Haushaltungen. Homburg zählte demnach vor 400 Jahren insgesamt 242 Ehen. Nehmen wir die Familie durchschnittlich als vierköpfig, so können wir die ungefähre Bevölkerungszahl mit 968 errechnen.

Der Herdschilling betrug im Schloß 34 Gulden 4 Schilling, im Tal 82 Gulden 8 Schilling, zusammen 116 Gulden 12 Schilling.

Die Bürgermeisterrechnung vom Haushaltsjahr 1537/38 machte zum erstenmal Unterschied zwischen Schloß und Tal. Schloß kommt von schließen und bedeutet hier geschlossener, ummauerter Stadtraum mit verschließbaren Toren. Unter Schloß ist eigentlich die erste Stadt des 14. Jahrhunderts zu verstehen, auf die der Burgname Homberg-Homburg überging. Bekanntlich gab es ursprünglich kein Dorf und keine Gemarkung (Feldmark, Ernährungsraum) namens Homburg. Die Burg selbst wurde auf einem Hügel der Diedigheimer Gemarkung in der Stauferzeit, unter der Regierung des Kaisers Barbarossa, im Rahmen eines größeren Burgbauplanes als Sitz des Waldboten des Hohemarkwaldes erbaut. Im Schutze der Burg entwickelte sich der Herrenhof (Fronhof, Gutshof) mit allem Zubehör der Landwirtschaft und des Gewerbes. Leute von nah und fern siedelten sich hier an und legten den Grundstein zur späteren Stadt Homburg, für die der Landesherr in der ersten Hälfte des 14. Jahrhunderts das Stadtrecht erwirkte.

Da das alte Homburg (obere Altstadt) keine Gemarkung hatte, konnten die ersten Stadtbürger ihr Vieh nicht auf die Weide treiben. Erst durch die Einverleibung des Dorfes Diedigheim (untere Altstadt) samt seiner Feldflur erhielt die Stadt eine Gemarkung. In diesem neuen Stadtbann übte Homburg-Dietigheim das Recht der Polizeigewalt, der Gerichtbarkeit und des Weideganges aus. Die Diedigheimer wurden zu freien Stadtbürgern erhoben. Sie gehörten in Schutz und Schirm der Stadt. Alles, was einst Diedigheim gehörte an Ackerland, Wiesenland, Weidegrund und Wald, ging in den Besitz der Stadt über. Es wird wohl eine geraume Zeit gedauert haben, bis die neuen Besitz- und Rechtsverhältnisse, die begreiflich anfangs zu häufigen Streitigkeiten geführt haben mochten, geregelt wurden. Zweifelsohne geriet Diedigheim in ein gewisses Abhängigkeitsverhältnis. Neben den politischen und wirtschaftlichen Beziehungen kam noch das kirchliche Band dazu.

Die alte Dietigheimer Gemarkung, der Ernährungsraum der Dorfbewohner im Tal, ist das Herzstück der heutigen, umfangreichen Stadtgemarkung. Auch die Gemarkungen haben ihre Entwicklungsgeschichte. Wir können an Hand der alten Grenzumgangsprotokolle, die in der Stadtbibliothek aufbewahrt sind, die dörflichen Feldmarken von Diedigheim, Niederstedten und Heuchelheim annähernd feststellen. Die Diedigheimer Kernmark griff um sich, dehnte sich weit aus, die beraínten, besteinten, mit Grenzgraben umgebenen Gemarkungen wuchsen zusammen, die Grenzen verwischten sich, so entstand als Ergebnis einer langen geschichtlichen Entwicklung die alte Homburger Feldmark.

Ackerbau und Viehzucht überwogen damals in der Beschäftigung der Homburger Bürger. Gewerbe und Handel standen weit zurück. Die Einwohner der mittelalterlichen Städte waren Ackerbauern. Das war in Butzbach und Friedberg ebenso wie in Frankfurt der Fall. Selbst die Handwerker hatten vor den Stadtmauern etwas Garten- und Ackerland und ließen wenigstens eine Melkkuh und ein Schwein zum Weidegang und auf die Allmende gehen. Das Weideland nahm einen großen Teil der Stadtgemarkung ein. Das Homburger Urgangsbuch vom Jahr 1536 beschreibt die Hutwiesen, die im Gemeinnutzen der Stadtbürger standen.

Die städtischen Steuern — Bede

Die Homburger Bürger des 16. Jahrhunderts zahlten nur dreierlei städtische Steuern: Herdschilling, Bede und Ungeld. Wer geneigt wäre, vor der geringen Zahl der Steuerarten den Hut abzunehmen, der sei vorsichtig. Es sei ihm verraten, daß es auf diesem Gebiet vor 400 Jahren auch schon erfinderische Köpfe gab und die Steuerschraube beachtlich angezogen wurde. Man hatte nämlich neben den Stadtsteuern auch landesherrliche Abgaben zu leisten. Darüber gibt das „Saalbuch de 1580" (Homburger Stadtarchiv) Auskunft. An landesherrlichen Abgaben wurden entrichtet: Frucht- und Weizenzehent, Zins und Renten, Ungeld (Weinschankgebühr), Soldatensteuer, Zoll, Zunftgeld, Gerichtsbußen, usw.

Die Bede war die alte deutsche Vermögenssteuer, die nach der Ernte, am Jakobstag (25. Juli), festgesetzt wurde. Man vermutet, daß sie ursprünglich eine Hufen- (Hube-, Hof-) und Erntesteuer gewesen sei. Der alte deutsche Bauernhof umfaßte etwa eine Hube (= 30 Morgen) Ackerland, Wiese, Weide und Wald. Hier bedeutet Bede keine landesfürstliche Abgabe, sondern Stadtsteuer.

Auf dem Pergamentumschlag der Stadtrechnung vom Jahre 1587 steht ein Bedetarif, geschrieben vom Stadtschultheiß Philipp Wißbach. Es ist die älteste Homburger Stadtsteuergrundlage, die uns erhalten geblieben ist. Mit dieser Steuerbasis hat es eine eigentümliche Bewandtnis; sie verdient eine genauere Betrachtung, denn sie gibt uns Auskunft darüber, wie die Bürgerbede in der Stadt Homburg „gesetzt" wurde. Man ging damals bei der Steuererhebung nicht vom tatsächlichen Wert oder Ertrag der einzelnen Grundstücke aus, sondern setzte einfach ohne Unterschied einen allgemeinen Wert als Steuerkapital fest für den Morgen Ackerfeld, Wiesengrund und Weingarten oder das Viertel des Baumstückes, Kraut- und Grasgartens. Die Steuersätze waren demnach ganz gleich. Steuerklassen gab es nicht. Die mageren Äckerchen in schlechter Lage wurden ebenso hoch besteuert wie die roggenschweren Lößbodenfelder. Hier der Bedetarif von 1588:

„Verzeichnus der Bede wie hoch die morgen Zall in der Stadt Homberg und dero Grenzen gstzt a. d. 88 den Lezten Februarii: vom gulden wirt geben $^{1}/_{2}$ Heller.

Ein morgen Weingarten angeschlagen P(er)	30 fl.
Ein morgen Acker so Seyn vor	8 fl.
Ein morgen Lohn acker vor	4 fl.
Win morgen walt Wißen	6 fl.
Ein morgen Grumet Wißem	16 fl.
Ein Virtel Eygen Krautgarten	8 fl.
Ein Virtel Krautgarten der zinßbahr	6 fl.
Ein Virtel eygen Graßgarten	6 fl.
Ein Virtel Graßgarten zinßbahr	4 fl.
Ein Hoffreit nach dem Wert, das halbtheil zu verbeden	50 fl.
Die Fahrenthab nach ermeßigung zu schätzen	

Actum ut supra Philipp Wißbach schultheiß"

Wir müssen in den Stadtrechnungen zeitlich weiter vorgehen, um diese Angaben richtig werten zu können. Erst aus späteren Einträgen geht klar hervor, daß „1 morgen weingarten gut und bös" gemeint ist (Stadtrechnung vom Jahre 1599, S. 18). Gerade dies ist wesentlich, was im Bedetarif vom Jahre 1587 verwischt ist.

Mißstände in der Steuersetzung

Überhaupt war die Steuer ungerecht ausgeworfen. Die Steuersetzung lag beim Rat, bei der kommunalen Behörde. Es steht fest, daß die Ratsherren reiche Patrizier waren, die aus einigen verwandten Familien stammten. Diese schafften sich auch in wirtschaftlicher Hinsicht eine Vorrechtsstellung. Wir müssen leider über die Männer, die das Regiment in Homburg damals führten, den Stab brechen. Wir müssen offen aussagen, daß sie ihr Amt mißbrauchten und für soziale Gerechtigkeit keinen Sinn hatten. Ihre Herrschaft kennzeichnet schlimmste Willkür, Eigennutz und Selbstsucht. Besonders die Besteuerung hatte ganz unsoziale Formen angenommen.

Wir besitzen hierüber genaue Kunde aus amtlichen Quellen. Ich will hier nur einen Beleg anführen, der wie ein Blitzschein Licht in die Verworrenheit der Homburger Steuerverhältnisse am Ende des 16. Jahrhunderts wirft. Schlagen wir die Seite 100 der Homburger Bürgermeister-Rechnung vom Jahre 1598 auf. Dort lesen wir: „Die weil ein groß Ungleicheit mit sezung der Bed vorfelt, so wirt vor gutt angesehen in maßen es auch die hohe notturft erfordert, damit der Arme gehalten werde wie der Reiche, dann manchem Armen die beede also gesetzt, das ein ander burger, so des Armen gutt woll zwifach hat, dem Armen gleich gesetzt worden. Welches unbillich darumb hinforder besser daraufft gesehen und die billigkeit zwischen Armen und reich gehalten werden soll."

Der das geschrieben hat, war kein Geringerer als der damalige Amtskeller, Michael Roch genannt Vaihinger, dem die Kontrolle über die Finanzen der Stadt Homburg von Amts wegen oblag. Eben deshalb wiegen diese Zeilen sonderlich schwer. Sie sind ein kühnes, gerechtes Urteil. Damit ist die amtliche Tätigkeit der Stadtherrschaft in ihrer ganzen Fragwürdigkeit gebrandmarkt. Vaihinger hatte die Bederechnung gründlich überprüft und große Ungleichheit und Ungerechtigkeit zwischen reich und arm festgestellt. Er durchschaute das böse Spiel, das hier mit der Steuersetzung getrieben wurde.

Wie mußte diese Lektion auf die Ratsherren gewirkt haben? Sie wußten sich in ihrem Gewissen schuldig und halfen den Brand zu löschen, daß die Sache keine weiten Kreise ziehe. Denn die ungerechte Besteuerung mit ihren ungünstigen wirtschaftlichen und sozialen Folgen hatte zu Unzufriedenheit und Streit zwischen Rat und Bürgerschaft geführt. Die Lage spitzte sich allmählich zu. Die Kritik der Öffentlichkeit wurde immer schärfer und lauter. Es lag auf der Hand, daß die ratsfähigen Familien an der hergebrachten Steuersetzung, deren Nutznießer sie doch wohl waren, weiterhin nicht festhalten konnten. Vaihinger spricht von der „hohen notturft" und meint damit die Wirren und Nöte der Zeit. Diese waren freilich keine lokalen Erscheinungen. Die Verhältnisse lagen in anderen Städten ähnlich oder noch komplizierter und führten mitunter zu Gewalt, Aufruhr und Umsturz. Ich erinnere an den Umsturz in Mainz 1430, an die Auflehnung der Frankfurter Bürger gegen den Rat 1525 und an den Fettmilch-Aufstand.

Gerechte Steuergrundlage

Daß es in Homburg nicht zum Aufstand kam, verdanken wir dem Keller Vaihinger. Über die landgräflich-hessischen Keller, die ihren Dienstsitz in Homburg hatten, liegt noch keine Arbeit vor. Gundlachs Dienerbuch, diese ausgezeichnete Darstellung, erfaßt nicht alle Dienstleute in unserem Raum. Wir wissen über Wilhelm Roch, genannt Vaihinger, nichts Näheres. Seine Abstammung, Jugend und sein Bildungsgang sind unbekannt. Der Beiname deutet an, daß er vielleicht aus dem württemburgischen Städtchen Vaihingen einwanderte. Er trat seinen Dienst in Homburg 1596 an. Er diente einige Jahre unter dem Oberamtmann Johann Pistorius neben dem Keller Georg Vestenberg. Bereits am 6. Juni 1596 wohnte er im Homburger Rathaus der Abhörung der Stadtrechnung des Haushaltsjahres 1595/96 bei. Im Jahre 1598 wurde er als Keller ernannt und begann seine Amtstätigkeit mit der bedeutenden Staatssteuerreform. Klar sah er den Weg vor sich, auf dem sich die notwendige Reform durchführen ließ. In der Stadtrechnung vom Jahre 1598 forderte er die Anlegung eines Güterbuches als Steuerbasis. Er schreibt:

„Zu dem ende hat man sich ferner bedacht und vor gutt angesehen das man ein sonder buch ufrichten soll darinnen eines jeden burgers güter geschrieben werden, und man volgends zu solchem sehen möge, was ein jeder gutt und stück zur beede geben soll. Zu vollziehung dessen soll den burgern semptlich vorgehalten, und ein sonderer Tag hiezu bestimpt werden, da ein jeder burger seine gieter wo un wie die gelegen, treulich anzeige, damit gleichheit, under den burgern gehalten und niemand zu kurtz geschehen möge."

Was Vaihinger der Stadtrechnung anvertraute, geht uns grundsätzlich an, denn es ist ein Stück Homburger Steuergeschichte. Es schwebte ihm ein einem Saalbuch gleichendes Bürgergüterverzeichnis vor, in das alle Güter (Häuser, Äcker, Wiesen, Weingärten, Gärten usw.) der Lage und Größe nach genau einzutragen waren. Mit besonderer Energie machte er Ernst mit seiner Bedereform. Das von ihm befohlene Güterbuch, das künftig als verläßliche Steuerbasis dienen sollte, wurde angelegt und ein gerechter Bedetarif aufgestellt. Die

Stadtrechnung von 1600 verbucht auf Seite 106, unter der Rubrik „Ausgabgelt", 5 Gulden, 16 Schilling und 8 Heller, die in „ezlichen Tagen alle burger guter verzeichnett und ein ordentlich beed Register ufgerichtet und daruf aller dinges mit den leuten angerechnet worden an Zehrungen ufgangen." Dem Stadtschultheiß Urbanus Schmidt, der seinen Namen oft latinisiert als „Faber" unterschrieb, wirkte selbst mit, und es wurden ihm für seine Mühe 1 Gulden, 9 Schilling und 5 Heller verehrt. Der Stadtschreiber Johann Zangus erhielt für seine Arbeit und Papier 2 Gulden aus der Stadtkasse (Stadtrechnung 1600 S. 106).

Wenden wir uns zu Bederechnung vom Jahre 1552/53 zurück. Im Schloß (obere Altstadt) zahlten Henn Schebolt, Endreß Molhußen, Kaspar Braun und Johann Bommersheim die größte Bede, im Tal Kaspar Schebold, Johann Scharpf, Kain Schling, Jakob Rißwolf, Johann Groß und Heiln Hans Henrich. Es sind die Schöffenfamilien, die auch abwechselnd die Bürgermeister der Stadt stellten. 1 Gulden, 18 Schilling war die höchste und 1 Schilling die niedrigste Bede, die 1553 in Homburg gezahlt wurde.

Eine kleine Statistik, die man auf Grund der Beredung vom Jahre 1552/53 aufstellte, gibt uns einen Überblick über die Vermögensverhältnisse in Homburg vor 400 Jahren.

Es zahlten	Zahl der Bürger		
	im Schloß	im Tal	
1 Gulden oder mehr Bede	5	6	7,2%
23 bis 12 Schilling	7	20	17,1%
11 bis 6 Schilling	13	33	30,3%
5 bis 2 Schilling	25	33	38,9%
1 Schilling	2	8	6,5%

Diese Aufstellung beleuchtet das wirtschaftlich-soziale Gefüge der Stadt Homburg.

Die Bede betrug im Jahre 1553 im Schloß und Tal insgesamt 61 Gulden, 7 Schilling und 3,5 Heller (1 Gulden = 24 Schilling, 1 Schilling = 9 Heller).

Das Ungeld

Das Ungeld oder Ohmgeld war die Weinsteuer. Das Ungeld ist seit dem 12. Jahrhundert als landesherrliche Abgabe erhoben worden und wurde später für städtische Bedürfnisse entrichtet. Diese Verbrauchersteuer (Akzise) wurde nur für Wein gezahlt. Das Bier war im Mittelalter als Volksnahrungsmittel steuerfrei. Ein alter Reim besagt:

„Vor jaren schmeckt er (der Wein) wol
ee das in versalzet gar
das ungelt und der zol" (Wegegeld).

Nach dem Fuder Wein wurde 1 Gulden Ungeld bezahlt. Das Ungeld betrug 1516 in Homburg 59 Gulden, 1526 48 Gulden, 1540 48 Gulden, 1552 46 Gulden 10 Schilling. Bis zum Dreißigjährigen Krieg wurde viel Wein getrunken. In Homburg und Umgebung wurde viel Wein angebaut. Die Weinberge deckten aber den Bedarf nicht. Da der Weinschank landesherrliches Recht war, gaben die Landgrafen der Stadt Homburg jährlich 20 Fuder Bannwein, 10 Fuder zu Pfingsten und 10 Fuder zu Martini, also vor der Homburger Kirchweih.

Das Ungeld wurde in Homburg von 25 Personen erhoben. Einige waren ständige Wirte, die das ganze Jahr hindurch Wein ausschenkten, andere hatten nur auf den Jahrmärkten und zwischen Martini und Lichtmesse Zapfrecht. Die Weinstecher kontrollierten den Wein. Im Keller wurde der in geeichten Fässern befindliche Wein abgezählt, die Menge an der Kellertür vermerkt, im Herbst revidiert und so die verkaufte Menge festgestellt. Das bestgehende Wirtshaus hatte Johann Hofmann; er schenkte 1552/53 insgesamt 16 Fuder, 4 Ohm (160 hl) Wein aus und zahlte 16 Gulden 16 Schilling Ungeld. Nach ihm kam Heiln Hans Volk mit 16 Fuder. Weit hinter ihnen, an dritter Stelle, lag Dieln Henn mit 5 Fuder. Von den übrigen 22 Bürgern, die noch Schankrecht hatten, erreichte Johann Schmidt 6 Ohm, Veltin Kitsch 5 Ohm, die anderen aber nur 2 bis 3 Ohm.

Das Ungeld wurde später, im 17. Jahrhundert, für Bier, Most, Branntwein, Fleisch, Fische, Vieh, Korn, Mehl, Salz usw. entrichtet (1 Fuder = 960 l = 6 Ohm, 1 Ohm = 160 l = 20 Viertel, 1 Viertel = 8 l = 4 Maß, 1 Maß = 2 l = 4 Schoppen).

XVIII. Die Stadt Homburg als Mitglied des hessischen Landtages

Die Stadt Homburg gehörte zu den hessischen Landständen, und da sie die Landstandschaft besaß, war sie Mitglied des hessischen Landtages. Der erste Landtag, den Homburg mit einem Vertreter beschickte, fand unter Landgraf Philipp dem Großmütigen am 2. Juni 1544 in Kassel statt. Von da an war unsere Stadt auf den Landtagen stets vertreten. Durch ein fürstliches Schreiben wurden Bürgermeister und Rat aufgefordert, einen Vertreter mit schriftlicher Vollmacht zu entsenden. Der Stadtdeputierte vertrat auch die Amtsdörfer Oberstedten, Gonzenheim, Seulberg und Köppern, die zu den Unkosten beisteuerten. Auf den Landtagen wurden die Landsteuer, Türkenschatzung, Bausteuer, ausländische Bede usw. verhandelt und genehmigt und so mancher wichtige Beschluß gefaßt. Fast alljährlich wurde ein Landtag abgehalten, mitunter aber auch zwei, wie in den Jahren 1551, 1567, 1591 und 1603. Als Tagungsorte werden genannt Kassel (1544, 1550, 1551, 1555, 1556), Homberg in Hessen (1661, 1552, 1553), Treisa (1557, 1566, 1594, 1603), Marburg (1546, 1560, 1566, 1567, 1568, 1569, 1575, 1583, 1598), Darmstadt (1591, 1603) und Melsungen (1599).

Es sei das Faksimile der ersten Vollmachtsurkunde veröffentlicht, mit der das Ratsmitglied Henge Krebs im Jahre 1544 auf den Landtag nach Kassel entsandt wurde. Die Originalurkunde ist verschollen. Das Lichtbild befindet sich im Stadtarchiv in der Steinmetz-Sammlung. Die Signatur fehlt. Die Urkunde ist ungedruckt. Das Siegel mit den Gerichtsstäben ist gut erhalten.

Zur Datierung der Urkunde

Auf obiger Urkunde ist nach Anno die Jahrhundertzahl C^v (= 1500) überdeckt, nur 44 XLIIII ist deutlich lesbar. Das Ausstellungsdatum ist ohne Zweifel der 29. Mai 1554. Dies geht allein aus den bekannten Tatsachen hervor, daß Homburg 1444 noch eppsteinisch war und 1644 schon die Landgrafschaft Hessen-Homburg bestand; nur allein im Jahre 1544 war Homburg hessisch. Henge Krebs wurde unter der Regierung Philipps des Großmütigen 1544 nach Kassel als Deputierter auf den Landtag entsandt[411]).

Dies läßt sich aus der Stadtrechnung vom Jahre 1544 ganz genau nachweisen und mit zwei Einträgen doppelt belegen. Auf Seite 37 unter der Rubrik „Innam geldt außwendigk" steht folgender Eintrag: „IV gulden IIIß 6 Pf. geben die dorff in ampt zu halben deil an dem unkost uff den landtag zu Cassel gegangen die landsteuer zu bewilligen." Auf Seite 45 unter „Außgifft zerunge" lesen wir: „VI gulden ist uff zerunge und phreiß belangen ergangen alß Henge Krebß ghein Cassel geschickt ist worden mit der lantschafft der handsteier zu bewilligen"[412]).

„Wir Burgermeister und Radt zu Hombergk vor der Hohe Bekennen offentlich, daß uß furstlichem schriftlichem brüvlich nhest vergangen Samstagk nach

---

[411]) Stadtarchiv Homburg, I. A. 36, 1516-1546.
[412]) Stadtrechnungen, Jahrgang 1544, S. 37 und S. 45.

vocem jocunditatis⁴¹³) unß zu komen wir ganz macht und volkomends gewaldt gegeben haben dem Ersamen Henge krebßen unsern mit Radtß fründt, nhest zu kommende Montagß nach Pfingsten welchß ist der ander tagk Junii zu Cassell zuerscheinen, beneben und mit andren geschickten von der Lantschafft on Hinder sich springen zu schliessend. Weß also unser obernent mit Radtßfründt mit und beneben den andren von der lantschafft geschickten handelt und beschleust, dem selbigen wolten wir volnstrekunge thun, alß ob wir selbst zu gegen weren on alleß geuerde⁴¹⁴), deß zu urkunde haben wir unser gemein Statt ingesiegell zu Ende dißer schrifft thun drücken die geben ist Donnerstag nach Exaudi den XXIX tagk May Anno 1544."

Vollmachtsurkunde vom 29. Mai 1544

Mit dieser Vollmacht wurde vom Stadtrat das Ratsmitglied Henge Krebs auf den hessischen Landtag nach Kassel entsandt.

Die Stadtrechnungen enthalten die Namen der Abgeordneten mit Vollmacht. Zu den Landtagen waren folgende entsandt:

1544 Landtag zu Kassel,⁴¹⁵)	Henge Krebs, Ratsherr
1546 Landtag zu Marburg,⁴¹⁶)	Christophel v. Kamberg, Ratsherr
1550 Landtag zu Kassel,⁴¹⁷)	Volko Heinzelmann, Bürgermeister
	Klas Becker, Ratsherr
	Velten Heinzelmann, Ratsherr
1551 Landtag zu Homburg in Hessen,⁴¹⁸)	Christophel Kamberg, Ratsherr
	Johannes Weidmann, Bürgermeister
1551 Landtag zu Kassel,⁴¹⁹)	Nikolaus Becker, Ratsherr
	Veltin Heinzelmann, Ratsherr
1552 Landtag zu Homberg in Hessen,⁴²⁰)	Christophel Kamberg, Ratsherr
	Kasper Schebold, Ratsherr
1552 Landtag zu Homberg in Hessen,⁴²¹)	Hen Decker, Ratsherr
1553 Landtag zu Homberg,⁴²²)	Jacob Bin, Ratsherr
1555 Landtag zu Kassel,⁴²³)	Wendel Kranz, Bürgermeister
1556 Landtag zu Kassel,⁴²⁴)	Christoph Kamberg, Ratsherr
	Mebs Bender, Bürgermeister
1557 Landtag zu Treisa,⁴²⁵)	Nikolaus Becker, Bürgermeister
1558 Landtag zu Kassel,⁴²⁶)	Ludwig Brül, Ratsherr
1560 Landtag zu Marburg,⁴²⁷)	Heinz Rumpel, Bürgermeister
1566 Landtag zu Treisa,⁴²⁸)	Hans Veltin Heil, Ratsherr
1566 Landtag zu Marburg,⁴²⁹)	Hans Veltin Heil, Ratsherr
1569 Landtag zu Marburg,⁴³⁰)	Johann Gros, Ratsherr
1583 Landtag zu Marburg,⁴³¹)	Johann Wehrheim, Bürgermeister
1591 Landtag zu Darmstadt,⁴³²)	Johann Mendel, Stadtschreiber
	Johann Groß, Ratsmitglied
	Veltin Steden
1591 Landtag zu Darmstadt,⁴³³)	Johann Groß, Ratsmitglied
	Rühl Landvogt, Ratsmitglied
1594 Landtag zu Treisa,⁴³⁴)	Johann Groß, Bürgermeister
1598 Landtag zu Marburg,⁴³⁵)	Kaspar Schling, Bürgermeister

---
⁴¹³) Vocem jocunditatis ist der 5. Sonntag nach Ostern.
⁴¹⁴) on geuerde, gevaerde = ohne Hinterlist.

1599 Landtag zu Melsungen,[436]	Vertrat Stadt und Amt der Stadtschreiber von Darmstadt, wofür er belohnt wurde.
1603 Landtag zu Treisa,[437] Landtag zu Darmstadt,	Hartmann Rosenberger, Ratsherr Johann Zanges, Stadtschreiber.

[415] Siehe Anm. 411.
hat da Amt zu zahlen und wird 1547 nach Marburg geliefert, ein phertß belagne als
[416] St.R.R. 1546, S. 44, St.R. 1547, S. 48. Das Schatzgeld 3000 Kriegsschatzung Christoffel von Kambergk mit seinem pferd zu Marpurgk ist gewest das Schatzgelt der entledigunge unserß g. f. und hern zu liebern. Das mittelhochdeutsche Wort entledigunge bedeutet Befreiung; Landgraf Philipp der Großmütige war in kaiserlicher Gefangenschaft.
[417] St.R. 1550, S. 46, „sint gheim Cassel uff den tagk by andren geschickten zu erscheinen freitagk den obent Anthonia."
[418] St.R. 1551, S. 31, „Vgulden XVIII ß haben die dorff an Unkosten der zweier gehalten landttagen zu hombergk in Hessen und Cassel erlegt, nemlich Seulbergk Gulden XIII ß, Gonzenheim 1 Gulden XIX ß, Köppern XIX ß und obersteden XV ß.
[419] St.R. 1551, S. 39.
[420] St.R. 1552, S. 46: „IX gulden XIII ß Pf. vor zerunge und perthß belang uff dem landttage zu hombergk in Hessen solicher sum ist 11 gulden perthß belang und VI ß Pf. in die cantzeley."
[421] St.R. 1552, S. 47: „III ßV Pf. vor III maß weinß Decker zu zweier moln alß man innen ghein hombergk in Hessen geschickt hat." „XXI ß 7 Pf. hat Hen Decker verdient ist ghein hombergk in Hessen geschickt, als man den verdragk siegeln soll." In diesem Eintrag dürfte es sich um den Passauer Friedensvertrag handeln.
[422] St.R. 1553, S. 41: „XII ß hat Jacob Bin von dem abscheit des lanttagß zu Hombergk der dranksteuer halben gegeben." Das Wort abscheit bedeutet Bescheid, Entscheidung.
[423] St.R. 1555, S. 49: VI gulden X VI Pf. zu halben deil der zerung sampt phertß und manß belang ufgangen alß Wendel Kranz und christophell Kamberg uff dem lanttag zu Cassel sint gewest, hat daß ampt auch so vil geben."
[424] St.R. 1556, S. 41: „1 gulden XVß V Pf. vor zerunge und lone zu halben deil als mebß Bender uf dem landtag zu Cassel gewest."
[425] St.R. 1557, S. 39, 41.
[426] St.R. 1558, S. 43: „XIX gulden, VI ß 2 Pf. ghein Caßell mit Ludwigk Bruln geschickt zu 27 albus lauth der quitanz"/Quittung.
[427] St.R. S. 43.
[428] St.R. 1566, S. 38, Auf dem Landtag zu Treisa wurde die Türkensteuer verhandelt.
[429] St.R. 1566, S. 41.
[430] St.R. 1569, S. 36.
[431] St.R. 1583, S. 39.
[432] St.R. 1591, S. 54.
[433] St.R. 1591, S. 76.
[434] St.R. 1594, S. 60.
[435] St.R. 1598, S. 72, In Überschickung des Raths uff die Landtage XI Gulden, 16 Schilling 2 denar Casper Schling so wegen der Statt uf den gemelten Ladtag abgesand.
[436] 1599, S. 58, 75.
[437] St.R. 1603, S. 72: 20 Gulden, 2 Schilling 7 denar Hartmann Rosenburger und der Stadtschreiber uf den beiden Landtagen zu Treysa undt Darmbstadt.

XIX. Das Homburger Siegel- und Wappenbild

Keine Rodehacken oder Runen, sondern Gerichtstäbe

Schon seit langem rätselt man über Wesen und Sinn des Homburger Wappen- und Siegelbildes. Die Frage wurde immer wieder von neuem gestellt und diskutiert, ohne daß man zu einer befriedigenden Lösung gelangte. Die unterschiedlichen Meinungen gehen heute so auffallend weit auseinander, daß sie kaum mehr auf einen gemeinsamen Nenner gebracht werden können. Die Ursache des ganzen heillosen Wirrwarrs liegt eigentlich in einem methodischen Fehler. Anstatt die ältesten erhaltenen Homburger Wappen- und Siegelbilder aus dem 15. und 16. Jahrhundert als einwandfreie Zeugen zur Klärung der Frage heranzuziehen, begnügte man sich mit unzuverlässigen Texten und Abbildungen aus der Literatur des 17. Jahrhunderts.

Das erste Stadtwappen, das uns in der Literatur begegnet, stammt von E. Kieser. Es steht über der in Dichter Daniel Meißners „Thesaurus Philopoliticus" erschienenen Stadtansicht aus dem Jahre 1623 (siehe S. 60). Nach welcher Vorlage Kieser es gezeichnet hat, ist nicht bekannt. Es ist keine getreue Wiedergabe der historischen Homburger Wappensymbole. Kieser stilisierte das Wappenbild völlig um und ließ wichtige Merkmale weg. Eine Beschreibung des Wappens ist der Abbildung nicht beigegeben.

In dieser Zeit erschien Wessels „Hessisches Wappenbuch"[438], in dem das Homburger Wappenbild ebenfalls dargestellt ist. Kieser und Wessels Abbildungen liegen zeitlich nicht weit voneinander. Es liegt die Vermutung nahe, Wessel habe sein Homburger Wappen nach Kiesers Bild entworfen. Beide decken sich im großen und ganzen. Beide lassen nämlich das spitzzulaufende Stabende weg und ändern willkürlich die Form des Griffes in ein Hackenblatt.

Man übernahm in Homburg kritiklos Wessels Deutung der Wappenzeichen, die man als unbedingt echt erachtete, und nahm sogar die bedenkliche Umstilisierung hin, weil man die ursprünglichen Embleme nicht kannte. Man behauptete mit Überzeugung: das Homburger Wappenbild weise zwei schräggekreuzte silberne Rodehacken in blauem Feld auf. Die Romantiker, die schon so manches Problem mit Sagen zu klären versuchten, hatten freilich auch diesmal flink eine „alte" Sage bei der Hand: Homburg wurde auf waldigem Boden angelegt, die Rodehacken sind daher Symbole der mit Rodung verbundenen Stadtgründung[439]. Überzeugend klingende „alte" Wappensprüche in deutscher und lateinischer Sprache sollten beweiskräftig alle weiteren Zweifel ausräumen.

Ich führe das vielzitierte Verslein, mit dem sich Wessels Deutungsversuch durchgesetzt hat, hier im Wortlaut an:

„Hombergk die Stadt zwo Hacken hat
In ihrem Wappen stehen,
Wer Nutz begehrt von seiner Erd,
Dieselb muß auch beseen."

In diesem Verslein, ein falscher Wappenspruch, der von Hermann Fabronius, Prediger zu Eschwege, stammt, werden die Homburger Wappen- und

---
[438] Kassel, I. Teil 1621, II. Teil 1625.
[439] Schudt, S. 19.

Siegelbilder zum ersten Male als Hacken bezeichnet und auf der beigegebenen Abbildung erstmals auch als Hacken dargestellt. Bis zu dieser Zeit spielten die Hacken in unserer Stadtheraldik überhaupt keine Rolle. Die alten Homburger Symbole sind — um es gleich vorwegzunehmen — Stäbe, und zwar Gerichtsstäbe, die auf sämtlichen früheren Wappen- und Siegelbildern deutlichen Niederschlag gefunden haben. Dafür sollen in diesem Kapitel die Belege erbracht werden.

In Johann Just *Winkelmanns* „Gründliche und Warhafte Beschreibung der Fürstenthümer Hessen und Hersfeld", die 1697 zu Bremen erschienen ist, finden wir einen lateinischen Zweizeiler und eine erweiterte Übersetzung des obigen Wappenspruchs. Die Beschreibung führt unter „Homberg v. d. H. Hessisches Amt, Schloß, Statt" auf Seite 184 an:

„Sic excelsa duos perfert Homberga ligones,
Qui fructum cupit, is plantet ab ista manu."
„Stadt Homberg hat im Schild zwo starke Hacken stehen
Wer Frucht vom Land begehrt, der muß es auch besäen.
Nichts hat man ohne Müh; auch fliehet keine Taub
Dem Müßigen ins Maul, das jederman nur glaub."

Vergleichen wir jedoch diese aus dem 17. Jahrhundert stammende gereimte Spielerei mit den alten, aus dem 15. und 16. Jahrhundert in Homburg gebrauchten Wappen- und Siegelbildern, so werden wir erstaunt feststellen müssen, daß sie von der geschichtlichen Wirklichkeit weit entfernt sind. Die Forschung widerlegt die vage Hypothese von den Hacken.

Die städtischen Wappen und Siegel sind alte geschichtliche Denkmäler und ehrwürdige heraldische Sinnbilder. Beide gehören zur Stadt fast von ihrer Geburtsstunde an, nur können wir sie urkundlich nicht immer gleich fassen. Stadtwappen und -siegel sind Geschwister, die einst ganz verschiedenen Zwecken dienten. Sie haben einen gemeinsamen Weg durch die ferne Stadtvergangenheit zurückgelegt, glänzten oft in Ehren, hatten es mitunter auch recht schwer, denn sie wurden in Zeiten des Niedergangs und der Belagerung vom Feind geschändet.

Ursprünglich entstanden Wappen und Siegel aus rein praktischen Gründen. Das Siegel ist uralt. Schon bei hethitischen Ausgrabungen in der Nähe von Boghàzköy, in Kleinasien, wurden Siegelstöcke zutage gefördert. Das deutsche Wort Siegel ist ein lateinisches Lehnwort, das vom eingedeutschten „sigillum" (= Bildchen) abgeleitet wird. Im Mittelalter drückte man Metallstempel in erweichtes Wachs, und das so entstandene Siegel hängte man anstatt einer Unterschrift als Zeichen der Beglaubigung an die Urkunden oder man verschloß, versiegelte damit die Briefe.

Das Wappenbild im Schild diente ursprünglich militärischen Zwecken; es war ein Kennzeichen des geharnischten Ritters, vor dem der Knappe vom Wappen, der Wäppner, auf Turnieren und im Krieg den Wappenschild hertrug.

Erst im 13. Jahrhundert wurden dann Wappen und Siegel allmählich große Mode, auch bei den Stadtgemeinden und Schöffengerichten. Bad Homburg vor der Höhe gehört zur Gruppe der spätmittelalterlichen Städte, die wahrscheinlich nicht durch kaiserlichen Brief und Siegel mit Stadtrecht bewidmet wurden, sondern sich vermutlich nur durch landesherrliche Verleihung der Stadtrechte zur civitas entwickelten. Die Gründungsfrage steht bei vielen Städten offen,

34. Wapen der Stadt Homberg vor der Höhe.

Sic excelsa duos perfert Homberga ligones,
Qui fructum cupit, is plantet ob ista manu.

Homberg die Stadt zwo Hacken hat
In ihrem Wapen steben.
Wer Nutz begert von seiner Erd/
Dieselb muß auch beseen.

Ee iij

Aus Wessel: „Hessisches Wappenbuch", Bd. II, Nr. 34 (zu S. 175).

XXII

Urkunde mit dem ersterhaltenen Stadtsiegel. Urkunde des Schultheißen, der Schöffen und der ganzen Stadt Homburg (Hoenberg) vom 6. März 1471. Das Originalpergament ist verbrannt. Nur ein Regest ist im Staatsarchiv Wiesbaden, Abt. 310, Rep. Urk. Nr. 138 vorhanden. Vergrößerte Aufnahme nach dem Lichtbild aus dem Steinmetz-Album im Stadtarchiv Homburg. Der Text der Urkunde ist auf dem vorzüglichen Photo deutlich lesbar. Siehe das vergrößerte Siegel rechts unten (zu S. 179).

Stark vergrößertes Siegel vom 24. 8. 1393. Siegel des Wortwin Korp von Homburg. Umschrift: † S WORTWIN KORP. Originalurkunde im Frankfurter Stadtarchiv, Reichssachen. Urkunden, Inventar II., 9, Nr. 107 (zu S. 177).

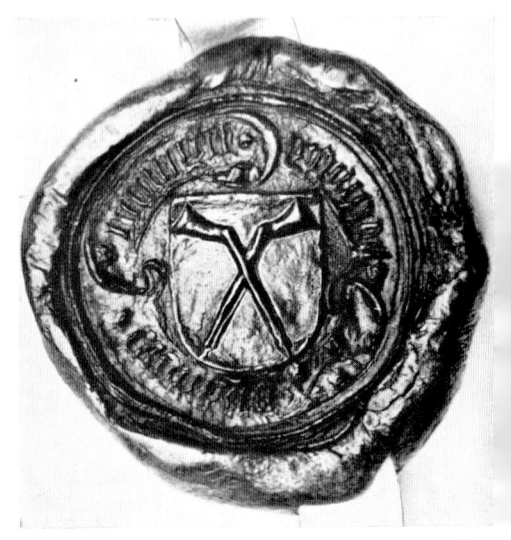

Stadtsiegel 1. Urkunde vom 6. März 1471. Umschrift: SIGILLUM CIVITATIS HOENBERG Das Siegel wird in der Urkunde von 1471 als „unser der stadt Hoenbergk Ingesiegel" bezeichne (zu S. 179).

die Geschichtsforschung hat dieses bedeutsame Problem noch zu klären. Mit dem Stadtrecht erhielt Homburg neben Befestigungsrecht, Selbstverwaltung, Marktrecht und eigener Gerichtsbarkeit auch das Recht, Wappen und Siegel zu führen.

Das älteste überlieferte Wappen- und Siegelbild ist zum ersten Male auf dem persönlichen Siegel des Wortwin Korp von Homburg überliefert. Das Siegel hängt an einer vom 24. 8. 1397 datierten Urkunde. Das Original befindet sich im Frankfurter Stadtarchiv, Reichssachen, Urkunden, Inventar II/9, Nr. 107. Es handelt sich um eine Bürgschaftsurkunde. Zwei Bürgen, Ulrich Fuhrholz von Arheilgen und Wortwin Korp von Homburg (Hoenberch), legen ein schriftliches Gelübde ab und verpflichten sich, daß, falls Contz von Breitenbach sich dem Frankfurter Rat am nächsten Sonntag als Gefangener nicht stellen sollte, sie beide für seine Verbindlichkeit eintreten und sich an seiner Stelle in Holz und Eisen schließen lassen werden als rechte Gefangene der Stadt. Am umgeschlagenen unteren Rand des Pergaments sind drei Siegel angehängt, das dritte Siegel von links nach rechts ist das von Wortwin Korp aus Homburg. Es ist ein kleines Siegel von 25 mm Durchmesser mit der Umschrift + WORTWIN KORP. Das Siegel zeigt im Schild deutlich die alten Homburger Embleme: zwei schräg gekreuzte Stäbe, die oben einen Griff und unten ein spitz zulaufendes Ende aufweisen.

Korp nahm jedoch die Homburger Sinnbilder nicht unverändert in sein Siegelbild auf. Wie die alten Homburger Bürgergeschlechter ihre Hausmarken mit kleiner Formänderung vererbten, so nahm auch Korp an den Griffen der Stäbe eine kleine Umbildung vor. Auf seinem Siegel erscheinen die Stäbe T-förmig, während die Homburger Stäbe in den Siegelbildern einen einseitigen Griff aufzeigen.

Da Wortwin Korp das Adelsprädikat „von Hoenberch" (Homburg) führte, Burgmann auf der Homburger Burg war und in Homburg wohnte, liegt die Vermutung nahe, er habe das Wappenbild der Stadt angenommen[440]). Es ist aber auch möglich, daß die Stadt Korps Siegel übernahm.

Damit wäre auch die Frage angeschnitten, ob die Stadt Homburg des 14. Jahrhunderts schon ein Wappen oder ein Siegel geführt habe? Dies darf man wohl vermuten, wenn auch kein einziger Siegelabdruck aus dieser Zeit erhalten blieb, denn das Siegel war im Verkehr nach außen hin unentbehrlich, die Stadtverwaltung mußte sich notgedrungen ein Siegel anschaffen.

Allem Anschein nach besaß am Anfang des 15. Jahrhunderts das Homburger *Schöffengericht* noch kein eigenes Gerichtssiegel. Dies schließen wir aus einer vom 21. Februar („am suntage alz man ... singet Invocavit") 1412 datierten Urkunde, deren Original verbrannte; nur ein Regest blieb im Staatsarchiv Wiesbaden, Repertorium Hessen-Homburg, Urkunden, Abt. 310, Nr. 73 erhalten. Dieser Auszug gilt freilich als echt. Ich gebe hier eine kurze Inhaltsangabe an Hand des Regesten. Konrad von Selbach, genannt Schuderein, überläßt dem Ritter Johann Brendel vor dem Homburger Gericht von seinem Besitz am Platzenberg 3½ Morgen und 8 Ruten Ackerland um geliehene 11 Gulden und 4 Achtel Weizen unter Vorbehalt der Wiedereinlösung. Zeugen:

---

[440]) Die Familie Korp (Korf, Corp, Korb) kommt schon im Eppsteiner Lehensbuch vor. Ein Ulricus Corp wird um 1230-1242 als eppsteiner Lehensträger des Niederstedter Ortsgerichts genannt. Die Gemarkung von Niederstedten ist dem Homburger Stadtgebiet einverleibt.

Henne Hochschutz Schultheiß zu Homburg und 6 Schöffen. An der Pergament-Ausfertigung hängt bloß das Siegel des Homburger Altaristen Johannes von Herbistein. Das Homburger Gericht führte wahrscheinlich noch kein Siegel, weil es die vom Gericht ausgestellte Urkunde nicht gesiegelt hat. Es ist aber auch möglich, daß man das Siegelgeld ersparen wollte und deshalb die Urkunde vom Gericht nicht siegeln ließ.

Das Stadtwappen

Über dem Eingang des Homburger Rathausturms ist ein Wappenstein aus dunkelgrauem Basalt mit zwei gotischen Wappenschildern angebracht. Es handelt sich um einen Wappenstein, wie er über mittelalterlichen Stadttoren heute nur noch selten zu sehen ist. Die schon etwas lose gewordene Vermauerung um den Wappenstein scheint darauf zu deuten, daß der Stein erst später in die Turmmauer eingefügt wurde. Vermutlich war er ursprünglich über der Außenseite der Rathausdurchfahrt am ältesten Stadttor (Obertor) angebracht und dürfte erst nach Abbruch des Rathauses (1820) über dem Turmeingang eingemauert worden sein.

Der Wappenstein trägt keine Inschrift oder Jahreszahl. Er stammt entweder aus der eppsteinschen Zeit Homburgs, die bis 1487 währte, oder aus der darauffolgenden hanauischen Zeit. Bekanntlich führten nicht nur die Herren von Eppstein, sondern auch das Grafenhaus von Hanau-Münzenberg bis 1496 drei Sparren im Wappenschild.

Die beiden Wappenschilder sind gleich groß, ihre Höhe beträgt 19 cm und die obere Breite 13 cm. Das rechte Schild trägt das Wappen des Stadtherrn und soll das landesherrliche Hoheitsrecht zum Ausdruck bringen. Dieses Wappenbild zeigt so starke Verwitterungsspuren, daß die drei Sparren kaum mehr erkennbar sind.

Das linke Wappenschild ist das Homburger Stadtwappen, das sehr gut erhalten ist und deutlich zwei schräg gekreuzte Stäbe mit dicken Griffen und ganz spitz zulaufenden Enden aufzeigt.

Die Spitzen an den Stabenden wurden bei der Deutung des Wappenbildes übersehen. Diese Stäbe können kaum als Hacken, Rodehacken, Kärste, Äxte, Lilienstengel, Runenstäbe usw., usw. angesprochen werden. Das spitze Fußende der Stäbe schließt diese Deutung völlig aus. Die Embleme sind vielmehr, wenn sie überhaupt einen stadtgeschichtlichen Sinn haben sollten, Gerichtsstäbe, Symbole der Gerichtsbarkeit, des städtischen Schöffengerichts. Aber das Stadtgericht war gleichzeitig Landesgericht der Herrschaft Homburg, wenn es sich mit einem Schöffen aus dem Seulberger und einem aus dem Köppener Gerichtsstuhl ergänzte. Das Stadtgericht war auch identisch mit der Stadtverwaltung. Im Mittelalter waren Stadtgericht und Stadtverwaltung keine getrennten Behörden, sondern die 12 Schöffen, die im Stadtgericht saßen, bildeten den inneren Rat der Stadt, der Verwaltungsbehörde war. So blieb es in Homburg, bis die Stadt 1866 preußisch wurde. Erst nach der Bildung des Obertaunuskreises trennte man die Justiz von der Verwaltung.

Aus der unzertrennbaren Einheit der mittelalterlichen Homburger Stadt- und Gerichtsbehörde läßt sich erklären, daß die ältesten Stadtwappen und Gerichtssiegel die gleichen Symbole im Bilde aufweisen. Dies war auch anderwärts so. Renkhoff sagt mit Recht: „Wenn auch Wappen und Siegel verschiedenen Ursprungs sind, so zeigt sich in ihren Bildern ein Hinüber und Herüber doch allerorten"[441]).

Das älteste Stadtsiegel (das erste Vorkommen 1471)

Das erste bekannte Homburger Stadtsiegel hing wohlerhalten einer Urkunde an, die Schultheiß, Schöffen und Gemeinde Homburg am 6. März 1471 ausstellten. Die Originalurkunde verbrannte, doch neben dem Regest im Staatsarchiv Wiesbaden (Abt 310, Repertorium Urkunden, Nr. 138) blieb uns auch ein Lichtbild erhalten. Der verstorbene Homburger Stadtarchivar E. G. Steinmetz, der die Bedeutung der Urkunde mit dem ersterhaltenen Siegel erkannte, ließ sie photographieren. Neben dem Siegel verdient auch der sachliche Inhalt der Urkunde ein besonderes Interesse. Die Aussteller, Schultheiß, Schöffen und die ganze Gemeinde Homburg (Hoenberg) bekennen: Junker Gottfried von Eppstein und Münzenberg, dem Gott gnädig, habe dem seligen Herrn Johann Neuenhofer, gewesenen Kanoniker und Sänger des Stifts auf dem Liebfrauenberg zu Frankfurt, eine Jahresgülte von 25 Gulden verkauft. Das Geld, je 12½ Gulden, sei zur Zeit der Frankfurter Messen an die Jungfrauen des Klosters zu St. Katharina in Frankfurt zu bezahlen. Dem Eid gemäß, den sie Gottfried noch bei Lebzeiten leisteten, versprechen die Aussteller, auch für ihre Erben das Jahresgeld nach den im Hauptbrief festgesetzten Bestimmungen zu entrichten. „Des zu warem orkunde, hain wir egenannten Schultheiß und Scheffene und gemeynde zu Hoenberg gar Bedechtiglichen und mit unser aller wisen, unser der stad Hoenbergk Insiegel an diesen brieff gehangen." Datum Anno domini millesimo quadringentesimo septuagesimo primo feria quarta post dominicam Invocavit (= 6. März 1471).

Das Siegel dieser ersten bekannten, von der Stadt gesiegelten Urkunde ist ganz unbeschädigt, und das Siegelbild daher deutlich erkennbar. Es zeigt zwei schräggekreuzte starke Stäbe, die unten nadelspitz zulaufen und oben einen sehr dicken Griff haben. Es sind ganz ähnliche Embleme, wie wir sie schon beim Wappenschild kennen gelernt haben. Homburg gehört demnach zu jenen Städten, die das Wappenbild in ihr Siegel übernommen haben.

Der Richterstab

Schon im Altertum galt der Stab als Symbol der Macht und der Zucht. Der Stab beherrschte seit jeher die Vorstellungswelt des Glaubens, Brauchtums, des weltlichen und geistlichen Regiments. Kaiser, Könige, Marschälle, kirchliche Würdenträger und Richer werden mit Zepter und Stab abgebildet. Der Richterstab war ein bekanntes Rechtssymbol des Mittelalters, ein Sinnbild der Gerichtsvollmacht.

Der eigentliche Stabherr war der Territorialherr, von dem der Stab später auf den Schultheißen überging, der im Namen des Landesherrn das Urteil fällte.

---

[441]) Renkhoff, O., Die Ortssiegel und Ortswappen des Rheingaues, in: „Nassauischen Annalen, 61. 1950, S. 115.

Der Gerichtsstab, der unser Thema besonders angeht, steht daher hier vor allem zur Erörterung.

Das Problem des Richterstabes hat der bekannte Rechtshistoriker und um die „Rechtsarchäologie" besonders verdiente Prof. Dr. *Amira* vor 50 Jahren in einer vortrefflichen wissenschaftlichen Arbeit eingehend behandelt. Diese Arbeit bietet eine überwältigende Fülle von wertvollem internationalem Material und gehört heute noch zu den führenden Fachwerken. Dieses Standardwerk erschien unter dem Titel „Der Stab in der germanischen Rechtssymbolik" im XXV. Bd. der Philosophisch-philologischen Abhandlungen der Kgl. Bayrischen Akademie der Wissenschaften, München, 1909. Aus der Arbeit geht hervor, daß der Gerichtsstab ursprünglich ein Botenstab und der Richter ein Bote des Gerichtsherrn war[442]). In der Übergabe des Richterstabes sieht Amira die „Form eines Auftrages und der darin liegenden Vollmachterteilung"[443]). Über das Aussehen des Gerichtsstabes erfahren wir, daß der Stab in den meisten Fällen eine schlichte geschälte Rute war[444]).

Doch gab es auch verschiedene lokale Abarten. So wird z. B. der Blutvogt mit Gehstock, „der am Griff einen Knopf, am Fuß einen Stachel hat", dargestellt auf einem Stich nach Büchel bei Massmann, Baseler Totentänze, Atlas Nr. 29[445]). Ebenso auf einem Stich bei Merians Totentanz S. 61, und auf dem Holzschnitt bei P. Lacroix, Maers, Fig. 343[446]). Während die Miniaturen auf der Berliner Bamanoir-Handschrift, folio 58 und 143, den Richterstab am oberen Ende keulenartig verdickt zeigen[447]), finden wir auf einem Bild der Hedwiglegende aus Schlesien, wo die Heilige die Landespatronin war, einen Knüppel mit etwas gekrümmtem Oberende[448]).

Zu diesen angeführten Beispielen für die Abarten der Richterstäbe gehören auch die auf den ältesten Homburger Wappen- und Siegelbildern dargestellten Gerichtsstäbe, die man fälschlich bisher allgemein als Hacken oder hackenähnliche Gebilde angesprochen hat.

Ich will noch einmal auf zwei Merkmale, zwei wichtige Details der Stäbe aufmerksam machen: auf die Spitze am Fußende und den Griff am oberen Ende. Sowohl im ältesten Wappenbild auf dem Wappenstein am Rathausturm wie im ersterhaltenen Siegelbild von 1471 hat der Stab am unteren Ende eine deutlich erkennbare Spitze. Diese erinnert auf dem Wappen an eine lange, ausgesprochene Stachelspitze und auf dem Siegel an eine kurze Nagelspitze, die wir auf mittelalterlichen Bildwerken an Bischofsstäben häufig sehen können[449]). Einen spitz zulaufenden Hackenstiel können wir nirgends nachweisen. Es ist ferner auch deutlich zu beobachten, daß die Stäbe auf unseren Abbildungen einen starken Griff haben, der mit keiner Spitz-, Breit- oder Platthacke

---

[442]) Amira, S. 110: „Trotz aller dieser Umdeutungen erinnern aber seine in vielen und von einander unabhängigen Rechtsgebieten erhaltenen älteren Typen daran, daß der Gerichtsstab von Haus aus nichts anderes als ein Botenstab ist."
[443]) Ebenda, S. 87.
[444]) Ebenda, S. 105.
[445]) Ebenda, S. 105, 106.
[446]) Ebenda, S. 105, Anh. S. 178, Nr. 274.
[447]) Ebenda, S. 106, Anh. S. 170, Nr. 95, S. 171, Nr. 98.
[448]) Ebenda, S. 106, Anh. S. 165.
[449]) Zum Beispiel auf der Hedwigstafel aus Schlesien.

Der Vogt mit dem Tod auf den Baseler Totentänzen. Stich nach Büchel bei Massmann im Atlas, Nr. 29. Der Richterstab des Vogts zeigt deutlich eine Spitze am Stabende, wie die Stäbe im Siegelbild des Homburger Stadtsiegels.

noch einem anderen landwirtschaftlichen Gerät vergleichbar ist. Der Griff des Stabes ist so massig und verrät so deutlich eine Rundung, daß man ihn kaum für ein Hackenblatt ansehen kann. Bei den oben erwähnten Abarten der Gerichtsstäbe finden sich Parallelen zu unseren Stäben. Es scheint, daß hier ein Graveur am Werk war, der noch alte Gerichtsstäbe sah, die sich aus dem Botenstock entwickelten, und sich eng an das alte Formgut dieser Vorbilder anlehnte, von denen Künßberg in seiner „Rechtlichen Volkskunde" sagt: „Vor allem wurde der Stock verkürzt, wurde zu einer gedrungenen Keule, einem Schlegel, Knüppel, Pflock, Kolben"[450], die dem Zweck dienten, „das Anklopfen an den Haustüren vernehmlicher zu machen"[451].

Das zweite Homburger Siegel 1525

Das abgebildete zweite Stadt- und Gerichtssiegel wurde vom Bürgermeister und Stadtrat im Jahre 1525 gebraucht. Das Original befindet sich im Staatsarchiv Marburg, Politisches Archiv des Landgrafen Philipp, Nr. 191, Sicherheitsmaßregeln, März, April 1525.

Ich fand das in Homburg bisher unbekannte Stadtsiegel auf einem vergilbten, doch leserlichen Brief in Großfolioformat, den die Homburger Stadt-

---

[450] Künßberg, Eberhard, Rechtliche Volkskunde, Halle Saale, 1936, S. 135.
[451] Ebenda, S. 136.

väter ihrem Landesherren, „Dem Duchleuchtigenn hochgespornnen fürstenn und herrenn hernn philips Landtgrauen zu hessen, Graue zu Catzenelnbogen", usw. sandten. Der Brief hat einen stadtgeschichtlichen Wert, ist ein Zeuge der 437 Jahre zurückliegenden stürmischen Vergangenheit, der Zeit der Reformation und des Bauernkrieges.

Das aufgedrückte Siegel unter Papier diente als Beglaubigung des Briefinhalts. Durchmesser: 33 mm. Umschrift: hoeberg vor der hoe. Das Siegelbild stellt die Justitia dar, in der erhobenen Linken das Schwert, in der gesenkten Rechten die Waage haltend. Schwert und Waage sind in der Sprache der Siegelkunde Gerichtssymbole; das Schwert ist hier das Sinnbild der Urteilsvollstreckung, der Strafe, die Waage das Zeichen der Gerechtigkeit. In dieser Hinsicht darf das Siegelbild wohl als redendes angesprochen werden. Das Stadt- und Gerichtssiegel mit seinen Symbolen gibt der Umwelt ein ausdrucksvolles Kennzeichen des Stadtgerichts, der städtischen Selbstverwaltung, der Stadteigenschaft überhaupt.

Der Stempel ist verschollen, nur Abdrücke sind erhalten. Wann die Verwendung begann und wie weit sie reicht, läßt sich nicht genau festsetzen. Die Stadtrechnungen beginnen mit 1516, da in den Rechnungen von 1516-1525 kein Anschaffungspreis verbucht ist, wird das Siegel schon vor 1516 in Gebrauch gewesen sein.

Abdrücke: 1525 April 20 und 25 (erstmals belegt) und 1526.

„Wir Hanß Gros unndt Heintz Rumpell bürgermeister alhir zu Hombergk, bekennen hiermitt, das wir den Erbar Johan Wendel Keller zu Hombergk gütlich vergnugt unndtt bezalt hat, 4 fl. zu funffzehen batzen, zinße vom Rathaus darauf unser g.f. undherren frucht leiget, welche 4 fl. wir ihnen gnugsamlichen von wegen gemeiner Stadt Hombergk quitiren, zu urkund haben wir der Stat Insiegel heran wissentlich getruckt, geschehen den Letzten Decemb. Anno 1570."

Stadtsiegel 1570

Im Jahr 1570 stellten die Homburger Bürgermeister Hans Gros und Heintz Rumpell eine Rechnung über 4 Gulden, 15 Batzen Zinsgeld aus, das der Keller Johann Mendel in die Stadtkasse eingezahlt hatte. Es handelte sich um Rathauszins; der Landgraf hatte Getreide auf dem Rathausboden eingelagert. Die Quittung schließt: „Zu urkund haben wir den Stat Insiegel hieran wissentlich getruck. Geschehen den Letzten Dezember Anno 1570"[452].

Das gebrauchte Siegel zeigt das Gerichtsstäbeschild.
Umschrift: HOMBURGK VOR DER HOHE.

Die Wappenzeichnung des Schultheißen Wispach

Es ist vor allem das vom Stadtschultheiß Philipp Wispach eigenhändig gezeichnete Homburger Wappen, dem bei der Enträtselung der Bedeutung des Wappenschildes ein großer Quellenwert zukommt. Wispach, der über das Wap-

---

[452]) Staatsarchiv Marburg, Samtarchiv 101, Rechnungen, Weitere Belege Samtarchiv 102, 1569-1576. Mendel war von 1568-1576 Homburger Keller.

pen sicher Bescheid wußte, da er es mehrfach gebrauchte, zeichnete selbst auf die Außenseite des hinteren Pergamentumschlagblattes der Stadtrechnung von 1587 das Homburger Wappen. Ihm war die Homburger Heraldik in den Jahren seines Dienstes vertraut geworden. Über das Wappen schrieb er „Stadt Hombergk", und darunter setzte er den Wunsch als Wappenspruch:

„ach gott beware diße Stadt
vor feuer und allem unrat"[453]).

Neben das Wappen rechts und links schrieb er getrennt die Jahreszahl 15 — 87. Damals war Johann Mendel, der frühere Schultheiß, Stadtschreiber in Homburg, er legte die Stadtrechnung an, und Wispach überprüfte die Rechnung. Das Wappen mit dem Text stammt nicht von der Hand des Stadtschreibers, sondern von der des Schultheißen. Für die Richtigkeit dieser Behauptung gibt es einen schlagenden Beweis: Wispachs Handschrift. Der Schultheiß hat auf der Innenseite des vorderen Umschlagblattes der Stadtrechnung vom Jahr 1587 einen Bedetarif aufgezeichnet und seinen Namenszug daruntergesetzt. Der Ductus seiner Unterschrift stimmt genau mit dem des Wappenspruches überein. Nach sorgfältigem Vergleich der Schriftzüge ist es zweifellos, daß der Spruch von seiner Hand stammt, er hat demnach wahrscheinlich auch das Wappen gezeichnet. Dies erhöht beträchtlich die Beweiskraft der Zeichnung, die klar und eindeutig belegt, daß wir es im Wappenbild mit Gerichtsstäben und keinen Hacken, Runen oder Lilienstengeln zu tun haben.

Das Wappenschild der Gerichtsstäbe kann daher bis zum Ende des 16. Jahrhunderts zurückverfolgt werden.

Wir haben die alten Homburger Siegel und Wappen eingehend studiert und Belege, soweit solche uns erhalten geblieben sind, aus den verschiedenen Jahrhunderten zusammengetragen. Wann die Stadt das erste Stadt- oder Gerichtssiegel stechen ließ, wissen wir nicht genau. Die erste gesiegelte Urkunde ist aus dem Jahr 1471 erhalten. Es ist auch nicht zu ermitteln, wann das Stadtwappen mit dem landesherrlichen Wappen über dem Rathausturmeingang angebracht wurde, es läßt sich auch nicht mehr feststellen, ob Homburg damals unter hessischer oder hanau-münzenbergischer Landeshoheit stand.

Genau wissen wir aber Bescheid über den Sinn des Siegel- und Wappenbildes, worüber bisher Unklarheit herrschte. Im Siegel- und Wappenbild stehen als bedeutungsvolles Zeichen der Gerichtsbarkeit: zwei Gerichtsstäbe. Diese Symbole sind aus der Funktion des Stadtgerichts erwachsen, das gleichzeitig auch Landgericht war. Das zweite Stadtsiegel zeigt im Schild als Symbol der Gerechtigkeit die Göttin Justitia mit Schwert und Waage.

---

[453]) Das Wort Unrat hat seit Ende des 16. Jahrhunderts einen Bedeutungswandel durchgemacht; im mittelhochdeutschen bedeutete „unrat" soviel wie Not, Unheil, Verrat (siehe Lexer).

XX. Homburger Bürgermeister

1372 „Dyle Lange und Fulcze"
1434 Ewald und Heintz Rucker
      „bede burgermeister zu der zyt"

1515	Kune Hen	Herman Scharppf
1516	Heinz v. Widdersheim	Heinz Molnhusin
1517	Henne Konigstein	Henne Kieber
1518	Hermann Konigstein	Heinrich von Bomersheim
1519	Hebbel Henne	Hans Schmidt
1520	Veltin Weidmann	Adam Kranz
1521	Heil Konigstein	Heinz Floek
1522	Heinz Mage	Diedrich Meyenkranz
1523	Henne Kloppenpus	Johann Bommersheim
1524	Henne Hertterich	Thyß Konigstein (= Matthias)
1525	Niklas Konigstein	Peter Niclaiß
1526	Henne Schebolt	Johann Decker
1527	Heinz Stoiß	Henne Krebs
1528	Hen Kune	Hans von Kebel
1529	Heinrich Bommersheim	Johann Schewalt
1530	Hermann Scharpp	Peter Schling
1531	Veltin Weidmann	Henne Born
1532	Hermann Konigstein	Adam Meyenkranz
1533	Henne Hebel	Friedrich Becker
1534	Jacob Rißvolf	Peter Niclaß
1535	Jacob Krebs	Diederich Meyenkranz
1536	Johann Bomersheim	Herman Conrad
1537	Henne Krebs	Heinz Erlebach
1538	Henne Schebolt	Hans Bender, Hermann Konrad
1539	Peter Schling	Velten Heinzelmann
1540	Heinz Flick	Johann Scharpp
1541	Endres Molnhusen	Diedrich Sommer
1542	Hermann Conrat	Christoffel von Kamberg
1543	Hen Hebel	Henge Krebß
1544	Jacob Rißwolf	Casper Schebolt
1545	Jacob Krebß	Hen Decker
1546	Veltin Heinzelmann	Mebß Bender
1547	Johann Bommersheim	Claß Becker
1548	Hen Schenwalt	Thongis Molnhusin
1549	Peter Schling	Johann Scharph
1550	Heinz Fluck	Hen Kessel
1551	Heinz Molnhusin	Johann Weidmann
1552	Hen Krebß	Enders Molnhusen
1553	Hermann Conrat	Dietrich Sommer
1554	Chrostoffel v. Kamberg	Henß Jorg Heil
1555	Jacob Bißwolf	Wendel Kranz
1556	Mebß Bender	Caspar Schebolt
1557	Veltin Heinzelmann	Claß Becker

1558	Johann Bommersheim	Kon Schling (= Konrad)
1559	Johann Weidmann	Johann Groß
1560	Johann Epp	Heinz Rumpel
1561	Endres Molnhusen	Hanß Veltin Heil
1562	Melchior Fackenberg	Thönges Molnhusen
1563	Christoffel Kamberg	Michel Steden
1564	Emmerich Fluck	Fricz Johann
1565	Mebß Bender	Peter Sommer
1566	Hen Diel	Caspar Schebalt
1567	Wendel Kranz	Jacob Ginn
1568	Claus Becker	Cun Schling
1569	Johann Weidmann d. Ä.	Johann Schmid
		Johann Lauffenberg
1570	Johann Groß	Heinz Rumpel
1571	Velten Heil	Jacob Vielbel
1572	Johann Wirheim	Johann Fricz d. Ä.
1573	Jacob Kunges	Felix Kranz
1574	Thonges Mulhausen	Hermann Munster
1575	Michel Steden	Johann Jeckel
1576	Jacob Ginn	Henrich Rumpel
1577		
1578	Henn Diel	Johann Mörlen
1579	Johann Bommersheim	Asmus Rumpel
1580	Ruel Lantvogt	Velten Knock
1581	Johann Groiß	Heinz Stierstätter
1582	Velten Heyl	Enders Scharpf
1583	Johann Wirheim	Hans Schling
1584	Christoff Camburg	Kaun Schling
1585	Johann Weidmann d. Ä.	Hensel Diel
1586	Thönges Mulhausen	Kaun Weidmann
1587	Caspar Schoenwalt	Hermann Mönster
1588	Endres Heil	Claus Erben
1589	Henn Diel	Cunrat Becker
1590	Johann Bommersheim	Peter Sommer
1591	Ruel Lantvogt	Velten Steden
1592	Johann Knack	Rudolf Worzum
1593	Velten Heil	Veltin Heß
1594	Johann Groiß	Tönges vom Hain
1595	Caspar Jacobi	Johann Camburger
1596		
1597	Endres Scharpf	Caspar Kaun
1598	Caspar Schling	Georg Schnitzer
1599	Heinrich Jeckel	Philip Conradi
1600	Hermann Munster	Hartmann Rosenberger
1601	Thonges von Haihn	Caspar Schönwald d. J.
1602	Henn Dielnn	Valentin Heylln
1603	Hanns Knock	Jacob Zwieck
1604	Valentin Steden	Hannß Wentzel

1605 Johannes Camburger   Hannß Horreß
1606 Andreaß Scharpf   Caspar Wenix
1607 Casper Schönwalt d. J. Heinrich Schmidt
1608 Hermann Münster   Georg Camberger
1609
1610
1611
1612
1613
1614
1615   (Belege im 30jährigen Krieg verbrannt)
1616
1617
1618
1619
1620
1621
1622 Anthoni Friederici   Hanß Sultz

XXI. Bestallung der städtischen Diener

Stadtknecht, Glöckner, Scharwache, Pförtner, Hirten und Feldschützen

Es ist unbedingt erforderlich, die Bestallungsbüchlein, die von den Stadtschreibern alljährlich geführt wurden, einzusehen, wenn wir uns ein genaues Bild über die städtischen Bediensteten und ihre Besoldung machen wollen. Leider liegen aus dem Mittelalter keine Bestallungsbüchlein vor. Erst aus dem 16. Jahrhundert sind uns insgesamt sieben solche Büchlein erhalten, die aus den Jahren 1537, 1565, 1568, 1569, 1577, 1581 und 1587 stammen[454]). Es sind wertvolle Quellen, sie bieten bedeutendes Material zur Geschichte der Stadtverwaltung. Reichen diese Archivalien auch nicht weit in die Vergangenheit zurück, so ist beim beharrlichen Festhalten am Hergebrachten doch mit Sicherheit anzunehmen, daß die Stadtverwaltung und ihre Organe im Laufe der Zeit ziemlich gleich geblieben sind.

Die Bestallungsbüchlein sind kleine Hefte in Oktavformat, die aus 6 bis 16 Blättern bestehen, von denen 6 bis 14 Seiten ganz oder nur teilweise beschrieben sind. Die vier ältesten sind „Bestellunge" oder „Bestellung" betitelt, erst ab 1577 wird das Wort Bestallung gebraucht. Ich brauche kaum zu sagen, daß Bestellung hier Anstellung bedeutet.

Die Anstellung der städtischen Diener geschah im Beisein des Stadtschultheißen und der Bürgermeister. Die „Bestellunge der Stadt Hombergk vor der hohe" vom Jahr 1537 zählt zunächst auf Seite 2 die angenommenen Neubürger auf: Henn Mor, Mathern Gauß, Hartmann von Nauheim und Johannes Conradi, die „uff Suntagk zu Burgern gemacht" wurden.

Stadtknecht

Die schriftliche Überlieferung berichtet vom städtischen Knechtamt. Im Mittelhochdeutschen bedeutete Amt soviel wie Dienst. Der Stadtknecht versah den Knechtdienst, er war Stadt- und Gerichtsdiener, der alle niederen Amtsgelegenheiten besorgte und dem Stadtrat und Gericht Gehorsam und Verschwiegenheit schuldig war. Vom Schultheiß und Bürgermeister alljährlich neu angestellt bekam er seinen Weinkauf, d. h. Bestallungstrunk. Laut Bürgermeisterrechnung erhielt er drei Gulden Jahreslohn und ein Kleidergeld von 3½ Gulden; das Kleidergeld für das Amtskleid war in jener Zeit gang und gebe. Seit 1572 zierte den Amtsrock das Stadtwappen. Der fürstlich hessische Keller Johann Mendel verfügte: „sollen furters die burgermeister dem knecht ein Kleid mit dem Stadtwappen zue richten lassen"[455]).

Der Stadtknecht hatte im Rathaus freie Wohnung, denn er mußte stets bei der Hand sein. Er rief die Ratsherren zu den Stadtratssitzungen ein, wie die Schöffen zu den Gerichtsverhandlungen und bestellte die Parteien aufs Rathaus und vor Gericht. Mit lautem Schellenklang verkündete er öffentlich die Ratsbeschlüsse. Zu seinen Pflichten gehörte ferner das Öffnen und Schließen der Mittelpforte, wofür ihm ein Extralohn von 1½ Gulden mit Weinkauf gebührte. Überdies hatte ihm auch der Bütteldienst am Gericht etwas eingebracht.

[454]) Stadtarchiv Homburg, Abt. A I. 6 1.
[455]) Stadtarchiv, Stadtrechnung von 1572, S. 31, 42 und 54.

Glöckner

Der Glöckner hatte das Glockamt treulich zu bekleiden, er war Kirchendiener, hatte dem Pfarrer zu gehorchen, die Glocken zu läuten, die Kirche zu öffnen und zu schließen und die Uhr zu stellen. Anfangs war das Glöckneramt mit dem Schuldienst verbunden. Später gab es eigene Glöckner. Als Glöckner werden genannt 1565 Heinz Weidmann, 1568, 1569, 1577, 1581 und 1587 Johann Schmidt, der 1581 auch Hans Faber genannt wird.

Scharwache

In der Friedenszeit sorgte die Scharwache für die nächtliche Sicherheit der Stadt. Nach der ständigen Rubrik „Außgifft geldes der gemein diener" in der Stadtrechnung hatte Homburg vier Scharwächter, von denen zwei vor Mitternacht und zwei nach Mitternacht Wachdienst hielten. Jeder der vier Scharwächter hatte 5 Gulden Lohn und 2 Albus 2 Heller Weinkauf. Jeden Abend, wenn nach dem Abendgeläute auf der Unterpforte das Wachhorn geblasen wurde, traten die Scharwächter ihren Dienst an. Sie bildeten eine Streifwache, zogen mit der geschulterten Hellebarde durch die finsteren Gassen und begegnete ihnen jemand ohne Licht, so hielten sie ihn an; nächsten Morgen hatte derjenige auf dem Rathaus ein Bußgeld zu entrichten. War der Angehaltene unbekannt, so führten sie ihn auf das Rathaus, wo er in Haft genommen und am nächsten Tag dem Bürgermeister vorgeführt, verhört und abgeurteilt wurde. Die Scharwächter riefen an den Straßenecken die Stunde ab.

> „Höret ihr Leute, was will ich euch sagen,
> Die Glocke die hat zehne geschlagen!
> Löschet das Feuer und Licht,
> Daß niemand ein Schaden geschicht!
> Nehmet das Feuer und Licht wohl in Acht,
> Gott gebe Euch allen eine gute Nacht!"

Pförtner

Je zwei Wächter hielten stets Wache an den Stadttoren, an der Ober- und Unterpforte; sie wurden Pförtner genannt; auch sie wechselten um Mitternacht. Demnach hatte Homburg acht Torwächter. Ihr Jahreslohn betrug zusammen nur 24 Gulden, jeder erhielt jährlich 4 Schilling 4 Heller Weinkauf. Während der Kriegszeit hielten auch auf dem Weißen Turm Tag- und Nachtwächter Wache.

Hirten und Viehzucht

Viel wurde darüber geschrieben, daß der Charakter der mittelalterlichen Städte vorwiegend agrarisch war. Dies galt ganz besonders für Homburg und spiegelt sich deutlich im Bestallungsbüchlein wider. Unsere älteste Quelle weiß gleich am Anfang darüber zu berichten, daß die Bürgermeister für das Wirtschaftsjahr 1537/38 von Kathedra Petri (Petri Stuhlfeier, vom 22. Februar

1537) bis Kathedra Petri 1538 vier Kuhhirten und einen Schweinehirt angestellt haben. Ackerbau und Viehzucht spielte im Homburg des 16. Jahrhunderts eine bedeutende Rolle. Die Zahl der Kühe betrug 448, die der Schweine 325[456]). Diese hohe Viehzahl bei 152 Haushaltungen, 49 in der Oberstadt und 103 im Tal, in Diedigheim, ist auffallend, und daß 3 Kühe und 2 Schweine durchschnittlich auf ein Haus entfielen, ist besonders charakteristisch. Es ist ein Beweis dafür, daß die bäuerliche Dorfwirtschaft in der Stadt weiterlebte, und damit zeigt sich die Struktur Homburgs in klarem Licht. Unsere Heimatstadt besaß große Hutwiesen und der „Kuhedripp"[457] (Viehtrieb, Viehweg), der in die Hohemark führte, war etwas ganz besonderes, worüber ich noch ausführlich berichte. Es lag viel Land brach und gestattete eine ausgedehnte Viehzucht. Neben dem gemeinsamen Weideland war die Weide im Laubwald bedeutend. Der Wald diente in erster Linie zur Viehmast. Nicht das Holz, sondern die Eichelmast und das Eckern waren geschätzt.

Kehren wir zu den Hirten zurück.

Der jährliche Lohn der Hirten wurde Pfründe genannt. Die Hirtenpfründe der Kuhhirten war mit je 20 und die des Schweinehirten mit 18 Achtel Korn festgesetzt. Nach einer Kuh entfielen 2 Sechter 1 Gescheid, nach einem Schwein ein halbes Sechter Korn. Die Hirtenpfründe wurde in drei regelmäßigen Raten gesetzt und eingehoben, die in der damaligen Amtssprache erste, zweite und dritte Pfründsatzung genannt wurden. Für das Jahr 1537 lassen sich folgende Termine nachweisen: Freitag nach dem Sonntag Vocem iucunditatis, Montag nach Jacobi Apostel und Donnerstag nach Elisabeth. Im allgemeinen läßt sich sagen, daß die Pfrundsatzungen in 3-4 monatlichen Abständen anfangs Mai, anfangs August und Ende November anberaumt und abgehalten wurden. Die Pfründe konnte in Natura oder Geld entrichtet werden. Das Achtel Korn kostete 1537 $1/2$ Gulden, 1565 1 Gulden, 1568 14 Turnos, 1569 16 Turnos

An Hand der Pfrundsatzungen läßt sich folgender Viehbestand festsetzen.

Jahr	Kühe			Schweine		
	Mai	August	November	Mai	August	November
1537	385	342	342	325	336	421
1565	219	213	205	306	308	304
1568	217	207	206	227	258	343
1569	215	213	211	307	321	357
1577	202	202	204	198	231	222
1581	205	206	207	110 alte 25 junge	214	264
1587	173	167	178	162	270	285

[456]) Stadtarchiv Bestallungsbüchlein von 1537, S. 7.
[457]) Stadtarchiv Urgangsbuch, Folio 30-34.

(Kieberer), 1577 und 1581 2 Gulden und 1587 sogar 4 Gulden (Molnhusen); im Bestallungsbüchlein vom Jahre 1587 hat der Stadtschreiber Jordan vermerkt: „Diesweil aber gewisse theuerung vorgefallen"[458]).

„Kuhe dripp"

Der alte Homburger Viehweg nach der Hohenmark ist im Urgangsbuch auf Folio 30-34 ausführlich beschrieben. Es war ein langer, breiter Weg, auf dem die Kühe zur Tag- und Nachtweide in den Wald getrieben wurden. Er kam von Niederstedten her, ließ die Stadt Homburg rechts liegen, folgte ein Wegstück dem Lorbachtal (Heuchelheimerhohl), zog am Triebfeld nach Nordwesten hin, an Dornholzhausen vorbei nach dem Reißberg, wo er sich gabelte. Hier am Reißberg war der Viehtrieb 9 Ruten breit, dann verbreiterte er sich allmählich, oben am Kesseler-Grund betrug seine Breite schon 15 Ruten. Das Urgangsbuch berichtet, daß ober- und unterhalb des Kesselergrundes sich mehrere Bauern im Viehtrieb Rodungen angeeignet hatten, deren Nutzung verboten wurde, denn der Viehweg gehörte der ganzen Gemeinde. Vom Reißberg lief ein Weg nach links zum Brendelbusch und der Viehtrieb zog über die Röderwiesen, die damals (1472) als „newen roider", d. h. neue Rodungen, bezeichnet werden.

Gesetzte Wegsteine und gelachte (gekerbte) Bäume säumten den Weg. Von der breiten Eichenhohl führte der Viehtrieb bis zum Pfahlgraben, wo er an der Hege endete.

Feldschütz

Der Feldschütz überwachte auf seinen Rundgängen die Felder, Wiesen, Gärten, Weingärten und den Wald. Er hatte auch eine halbe Nacht auf der Oberpforte Wachtdienst zu halten. Sein Jahreslohn ist in keiner Bestallung angegeben, die Stadtschreiber begnügen sich ein Jahrhundert hindurch mit dem Eintrag „ist seine belonung wie von altherß hehr".

---

[458]) „Bestallungsbuch" 1587, S. 8, Mendel. Die Kuhhirten hatten im Sommer um 6 Uhr morgens auszutreiben mit ihren Gesellen, das Vieh zu überwachen und treulich zu weiden. Sie hatten Mittagsruhe zu halten und das Vieh zu tränken. Bis 1596 erhielten die Kuhhirten für das Abschneiden der Kuhhörner auf Fastnacht ein Viertel Wein auf Stadtrechnung. Ab 1596 wurde diese Ausgabe nicht mehr in Rechnung gestellt; das Abschneiden der Kuhhörner fiel weg.
Der Schweinehirt hatte die Schweine der Bürger zu rechter Zeit in den Wald zutreiben, zu weiden und bestmöglich zu versorgen.

XXII. Das Rathaus

Das wald- und holzreiche Hessenland kann viele schöne alte Fachwerkbauten aufzeigen, darunter einige prächtige alte Rathäuser in Holzarchitektur. Holz war der einheimische Baustoff, und hessische Zimmerleute hatten eine bodenständige Baukunst entwickelt. Die Bauart war überliefert. Der Werkstoff — fast durchweg Eichenholz — wurde mit Beil und Axt bearbeitet, die Pfosten aus eichenen Stämmen herausgearbeitet, in die Schwellen eingezapft und mitunter verziert. Die Zierformen, alte Ornamente und Sinnbilder, die einst dem Volke viel bedeuteten, von denen viel geheime Kraft ausging, waren mit Hohlmeißel, Schlageisen, Zirkel und anderen Werkzeugen geschnitzt und oft meisterhaft ausgeführt. Die Zimmermeister pflegten alte handwerkliche Überlieferung, das Handwerk wurde in den Meisterfamilien Generationen hindurch ausgeübt. Schlicht war diese Architektur, sie wirkte eben durch ihre Schlichtheit, durch den einfachen, doch künstlerischen Heimatsinn, aus dem sie geboren war.

Wohl gleich nach der Erhebung zur Stadt, schon in der ersten Hälfte des 14. Jahrhunderts, erbaute Homburg sein erstes Rathaus; hatte man doch damals den Versammlungsort der Städte längst aus dem Freien in ein öffentliches Gebäude verlegt.

Das Rathaus tritt in der Stadtrechnung zum ersten Male 1516 auf. Es wird „dieß stoben (Ratsstube) uff dießem huße" und „Spill huß" genannt[459]). Auf Seite 30 und Seite 46 finden sich unter der Rubrik „Uß geben" einige Posten für Brennmaterial aufs Rathaus. Auf Seite 53 unter der Rubrik „Überlieberunge der bossen" steht ein Eintrag „Item x Bushen ime den Kammern groß und klein uff dießem huße".

In der Stadtrechnung vom Jahr 1517 unter der Rubrik „Auß gebenn", Seite 33, lesen wir den Eintrag: „Item III ß, 1 h vor Schlouß und Schlossel uff dießem huße zum Schencken". Hier haben wir den Beweis dafür, daß schon im alten Rathaus eine Wirtsstube war. So diente das Rathaus nicht nur Verwaltungszwecken, sondern auch als Trinkstube, in der man Bacchus huldigte. Es ist anzunehmen, daß die Rathausschenke schon damals den Namen „Zum Rothen Ochsen" führte. Wer Schankwirt war in dieser Zeit, wissen wir nicht; ich vermute, es war der Stadtknecht Nikolaus, denn er schenkte den Büchsenschützen auf Antoni 1 Viertel Wein aus.

Im Jahre 1517 wurde ein Glockenhäuschen auf dem Dache des Rathauses errichtet. Die Bauarbeit fand ihren Niederschlag in der Stadtrechnung, in der mehrere Ausgaben verbucht sind. Auf Seite 33 „die glocken dielle" (auf Seite 36 „1 Thurnos für lathenn den von Kirtorff zum glock hußn"). Ein gewisser Regl Hut verdiente 3 Gulden, er arbeitete selbdritt 6 Tage am Glockenhaus. Für 5 Turnos wird Blech verwendet, das Aufschlagen des Türmchens kostete 15 Albus 3 Heller, 3 Gulden Arbeitslohn erhielt der Zimmermann Kunz Leve („kointz lobe") für den Glockenhelm; und als die Glocke im Turm hing, verzehrte man auf Stadtkosten 10 Albus. Diese Ratsglocke berief den Stadtrat zu den Ratssitzungen. Ertönte das Glockenzeichen, so hatten sich alle Ratsmitglieder im Ratssaal einzufinden.

Im Jahre 1518 wurde das Rathaus mit einem neuen Uhrwerk versehen.

---
[459]) Stadtrechnung 1517, S. 47.

Ein Zeichen dafür, daß die Stadtbürger schon die Wichtigkeit der Zeit fühlten. Die alte Stadtuhr wird schon in der Stadtrechnung von 1516, Seite 26, erwähnt: „Item VIII gulden 2 altturnos Weinkauf dem glockner von der euwer und schribelone". Die „euwer" ist die Uhr. Der Glöckner, der gleichzeitig Stadtschreiber war, hatte die Uhr aufzuziehen und zu ölen. Die Rathausuhr war aber schon altersschwach. Eines Tages blieb sie stehen. Man unterzog sie einer gründlichen Reinigung, ölte sie reichlich, ließ einen Fachmann kommen; der feststellte, das Uhrwerk sei ausgelaufen. So entschloß man sich zum Ankauf einer neuen Uhr. Ein Frankfurter Uhrmachermeister übernahm das alte Uhrwerk, und die Stadt zahlte für die neue Uhr einen Kaufpreis von 15 Gulden drauf. Jost Christ trug das neue Uhrwerk von Frankfurt nach Homburg. Man ließ ein Uhrhäuschen errichten und ein neues Zifferblatt malen. Regel Hut verdiente „am dach bey der euwer und beym zeyger mit neyln (Nägeln) und seiner arbeyt 13 Turnos. (Stadtrechnung 1518 Seite 25, 26, 27, 34 und 35.)

Da auf dem Rathaus bei feierlichen Anlässen gesellige Ratsessen stattfanden, so bei der Aufnahme eines neuen Ratsherren, beim Amtsantritt der Bürgermeister, am Tag der Stadtrechnung usw., wurde vor dem Stadthaus gegen den Rathausplatz ein Küchenhaus erbaut, in dem man die Speisen für die Ratsmahlzeiten zubereitete. Im Jahre 1520 ließ man vom Meister Ludwig ein neues Küchenhaus erbauen. (St.R. 1520 S. 33, 35, 38-41, 44.)

Die Häuser der Stadtbürger waren damals noch mit Stroh bedeckt. Selbst das Rathaus hatte ein Strohdach, das 1521 erneuert wurde. Das alte Stroh wurde verkauft. Die Stadtrechnung verbuchte: „Item 4 ß hait geben Buern Peter vor das alte Dache stro am Spielhußhß." Das Stroh zum Dachdecken kaufte die Stadt von 4 Bauern; es kostete 3 G. 11 Turnos und 3 Heller. „Item 1 Gulden, 1 Turnos Dreher Henne vor 57 gewent schaube seint zum spiel huß kommen." Für einen Strohbündel zahlte man 3 h. Man benötigte 280 Schaub. Fast jedes 4. Jahr war das Strohdach so schadhaft, daß es neu eingedeckt werden mußte. In diesen Einträgen wird das Rathaus zum erstenmal Spielhaus genannt. Im Rathaus wurden Hochzeiten, Fastnacht und Tanzabende abgehalten, zu diesen spielte die Musik auf. Die damalige Zeit war lebensfroh und genußfreudig. Im Rathaus führten die fahrenden Spielleute ihre Künste auf. Akrobaten, Gaukler, Tänzer, Tänzerinnen, Volkssänger, Taschenspieler, Jongleure, Dresseure, Feuerfresser, Possenreißer und allerlei Tausendkünstler gaben im Rathaus ihre Vorstellung. Das niedere Volk ebenso wie die höhere Gesellschaft bildeten ihr dankbares Publikum. Die Kulturgeschichte nennt die fahrenden Spielleute die „Freudenbringer des Volkes". Es waren heimatlose Menschen, denen die Rechtsbücher keinen Schutz gewährten, sie spielten aber in Stadt und Dorf eine bedeutende Rolle.

Im Jahre 1525 hören wir zum erstenmal von der Brotwaage, die im Rathaus aufgestellt wurde, das Brot wurde geweiht, und der Rat verzehrte auf Stadtkosten 19 Turnos 2 h. Im 16. Jahrhundert, als man die Kartoffel noch nicht kannte, war das Brot die wichtigste Volksnahrung. Die Brotversorgung der Stadt war durch Bestimmungen geregelt, die Backtage waren festgesetzt, eine Brottaxe wurde erhoben. Die Brotschau kontrollierte Gewicht und Güte des Weizen-, des Schönroggen- und Grobroggenbrotes und der Brötchen. Es war Aufgabe des Stadtrates zu sorgen, daß genügend gutgebackenes Brot stets vorhanden war. Wenn die Bürgermeister Brotschau hielten, stand ihnen das Recht

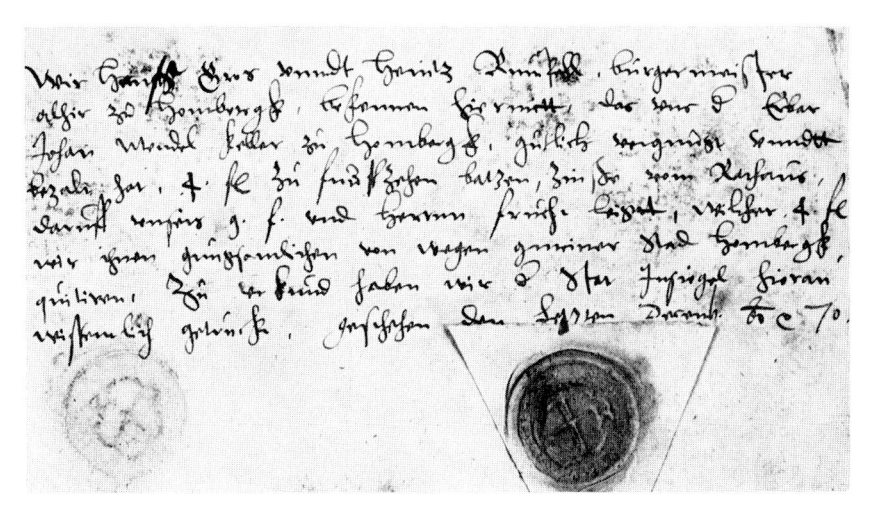

Stadtsiegel 1570 (zu S. 182).

Das vergrößerte Siegel.
Umschrift: HOMBURGK VOR DER HOHE.
(zu S. 182).

Siegel 2. Homburger Stadt- und Gerichtssiegel von 1525. Umschrift: hoeberg vor / der hoe. 33 mm ⌀. Staatsarchiv Marburg, Politisches Archiv des Landgrafen Philipp, Nr. 191, Sicherheitsmaßregeln, März-April 1525 (zu S. 181 f.).

Wappenstein über dem Eingang des Rathausturms. Links das Homburger Stadtwappen, rechts das verwitterte Wappen des Landesherren mit den eppsteinsch. oder den hanau-münzenberg. Sparren (zu S. 178).

Stadtwappen. Gezeichnet vom Stadtschultheiß Philipp Wispach auf die Außenseite des hinteren Umschlagblattes der Stadtrechnung vom Jahre 1587. Die primitive, etwas ungelenk ausgeführte Zeichnung zeigt im gotischen Wappenschild zwei schräggekreuzte Stäbe. Die Wappenzeichen haben eine regelmäßige Stabform, das untere Ende ist nagelförmig zugespitzt, während das obere Ende einen Griff aufzeigt (zu S. 182).

zu, für ihre Mühe auf Stadtkosten zu zehren. In den Stadtrechnungen finden wir öfters derartige Einträge. (Neben der Brotwaage hatte das Rathaus auch eine Mehlwaage.) Auf der Stadtwaage wurden alle verkauften Waren gewogen, wofür eine kleine Gebühr zu entrichten war. Die Waage brachte z. B. 1537 8 G. 15 h. der Stadt ein. Der Lohn des Wiegers betrug 4 G. und 20 h. Weinkauf.

Im Jahre 1534 wurde das alte, baufällige Waaghaus abgebrochen, das Baumaterial verkauft und ein neues Waaghaus errichtet.

Im Mittelalter hing an der Nordseite des Homburger Rathauses, also gegen den Mittelborn, ein Halseisen. In diesem „hals ysen" erkennen wir den mittelalterlichen Pranger, an dem der Verurteilte mit dem Eisenring um den Hals zum Spott ausgestellt wurde. In späterer Zeit — so auch 1553 — stehen vor dem Rathaus gegen den Mittelborn zwei freistehende Steinsäulen; die eine

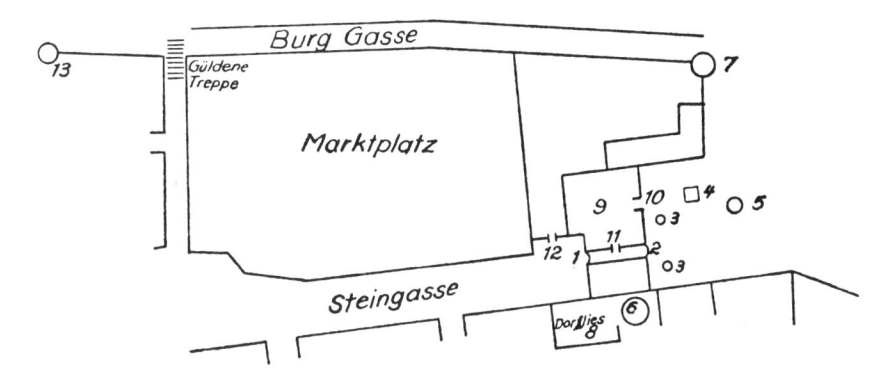

Plan und Beschreibung des alten Rathauses zu Homburg v. d. H. (Aus dem Jacobi-Archiv, vermutlich von Stadtarchivar J. G. Hamel.)

1-2 Durchfahrt (Bogengang) durch das Rathaus; über der Einfahrt (2) war das Bild der Gerechtigkeit angebracht
3 Beiderseits der Durchfahrt (2) waren steinerne Säulen mit Halseisen und Pranger aufgestellt; hier vor dem Stadttor war die Gerichtsstätte unter der Linde (Gerichtsbaum)
4 Drille(r), drehbares Narrenhäuschen, Drehkäfig, die darin zum Spott Ausgestellten wurden von den vorübergehenden Erwachsenen und Kindern gewirbelt
5 Brunnen, Rathausborn genannt, im Mittelalter Ziehbrunnen, später Pumpbrunnen
6 Rathausturm, der heute noch steht
7 Stumpfe Turm, 1821 wurde auf dem Fundament eines alten Turmes, der im Zuge der Stadtmauer stand, ein neuer Turm errichtet
8 „Dort Liese", Gefängnis, Anbau an den Rathausturm; eine Frau „namens Liese Dorth war darin zuerst eingesperrt, daher der Name im Volksmund
9 Wirtsstube „zum Rothen Ochsen"
10 Eingang zur Wirtsstube
11 Toreingang zur Treppe, die in das Stockwerk des Rathauses führte, wo der Ratssaal lag
12 Eingang zum Hof des Rathauses
13 Hexenturm

Säule hatte bloß ein Halseisen, die andere einen erhöhten Auftritt, Halseisen und Handfesseln. Hier stand auch der Triller, ein drehbares Narrenhäuschen. In den Homburger Prangerformen erkennen wir die Stufen der niederen Gerichtsbarkeit, die nach dem Unterschied des Vergehens und der Bestrafung verwendet wurden. Der einfache Pranger diente zur Ahndung leichterer Verstöße, wie Beschimpfung, Feldfrevel, Obstdiebstahl u. a. m. Am zweiten Schandpfahl büßten die Missetäter eine schwerere Strafe. Der Triller bildete den Übergang zur Hochgerichtsbarkeit und wurde bei rückfälligen Vergehen angewandt.

Versuchen wir das Bild der Stadtmitte, die Umgebung des Rathauses, darzustellen. Wie sah es damals vor 400 Jahren hier aus, wo der Rathausturm als einziger Zeuge heute noch steht? In der Stadt erinnert sich niemand mehr daran, die mündliche Überlieferung hat uns darüber nichts aufbewahrt. 400 Jahre sind nur eine kurze Zeitspanne, und doch ist aus dem Gedächtnisse der Stadtbewohner jede Erinnerung spurlos verschwunden. Wie war dies wohl möglich? Die Entwicklung der Stadt hat eben hier gar heftig eingegriffen.

Oft gehen wir hier vorüber, schreiten vom Oberborn kommend die alte Steingasse (heute Rathausgasse) entlang über den ehemaligen Rathausplatz. Das ist ein Weg, den die Vorfahren oft gegangen sind. In diesem Raum schlug von allem Anfang an das Herz der Stadt. Und eben deshalb nimmt uns, trotz des Wandels, doch hier an dieser heiligen Stätte das Alte, Ehrwürdige zuerst gefangen.

XXIII. Stadtbrunnen

Die Stadtrechnungen berichten von drei öffentlichen Brunnen, die anfangs des 16. Jahrhunderts die Stadt mit Wasser versorgt haben[460]). Die in den Rechnungen verbuchten Ausgaben für verschiedene Arbeiten an den drei Brunnen sagen uns so manches, sie bilden zur Brunnenforschung die ergiebigste Quelle. Des öfteren wurden die drei Born geplackt, gefegt, das Brunnengestell instandgesetzt und die Zuber ausgebessert[461]).

Die drei Brunnen hießen nach ihrer Lage: Ober-, Mittel- und Unterborn. Homburg hatte in jedem der drei Stadtteile einen Brunnen: im Schloß, in der Stadt am Hebelberg und in Diedigheim im Tal. Es ist wohl anzunehmen, daß es auch einige private Hof- und Küchenbrunnen gegeben habe, doch über diese liegen keine Nachrichten vor.

Alle drei Stadtbrunnen waren mit beträchtlichen Kosten erstellte Ziehbrunnen, die aus dem Grundwasser gespeist wurden. Keiner hatte gefaßte, laufende Quellen.

Der Oberborn befand sich in der Oberstadt auf dem Marktplatze, dort, wo die Steingasse und Schießgasse zusammentrafen. Die Oberstadt wurde Schloß genannt, so führt auch der Oberborn in den Stadtrechnungen den Namen Schloßborn[462]). Der Oberborn war der Marktbrunnen, der schon 1368 in einer Brendel Urkunde vorkommt und „eymmer" (Eimer) genannt wird. Es war ein Ziehbrunnen, aus dem das Wasser mit einem Eimer geschöpft wurde. Von ihm holte sich die Burg und Oberstadt mit Kannen, Eimern und Kesseln das Wasser für den Hausbedarf. Diese Brunnenstelle ist heute ganz verschwunden. Die alten Stadtbrunnen hatten schönen bildhauerischen Schmuck und waren eine Zierde der Straßen und Plätze.

Der Mittelborn lag vor der Rathausdurchfahrt außerhalb der inneren Stadtmauer am sogenannten Hebelberg und wurde 1522 in der Stadtrechnung „Born Bym Bucher" bezeichnet[463]). 1547, Seite 50 verbucht die Rechnung: „6 ß ein lorlen mit zweien stangen an den mittelborn." Lorlen war eine Rolle, über die das Brunnenseil lief.

Der Unterborn oder Diedigheimer Born lag beim Untertor. Im Jahr 1527 wurde der Brunnen ausgebessert, Sand, Kalk und Steine wurden geführt, die Einfassung wurde aufgemauert, der Platz vor dem Brunnen gepflastert und das Brunnengestell erneuert. Zwei eiserne Kreuzbogen bildeten das Tragwerk, an

---

[460]) Schon in der Stadtrechnung von 1516 bezeugt, S. 39: Item X ß costen Cristen von drien Born zu fegen". 1½ Gulden 3 ß haben die drei Born mit uncosten zerunge gecost zu fegen ..." S. 44: „4 ß Hans Wanner vor 3 Born schyben und 3 thornos Hanß Bendern vor eyn zuber die Born zu fegenn."

[461]) Stadtrechnung, 1530, S. 32: „Hans Bender hait die Born zober gebunden." 1527, S. 33: „2 gulden 3 thorniß heller hait Hans Schmidt verdient mit den drien Born zu placken und mit allem dinge an dem Didekeimer Born zu machen." 1545, S. 50: „ß vor einer lorlen an den oberborn.

[462]) Stadtrechnung 1550, S. 28: „Item mathiß murer hait am Born im schloß verdient 3 ß." S. 30: „ein ober hultze am schloß Born ..."

[463]) Stadtrechnung 1522, S. 28: „4 thornuß 4 heller cost der Born Bym Bucher zu fegen."

dem die eiserne Scheiberolle, über die das Brunnenseil lief, angebracht war[464]).
1565 wurde an der Unterpforte ein neuer Brunnen gegraben[465]).

In der Stadtrechnung von 1570 ordnete der Keller Mendel an, daß auch der Brunnen bei der Pfarrkirche gefegt werden müsse (S. 53).

Die Stadtbrunnen sollten jährlich mehrmals, in der Regel zu Ostern und am Michaelistag, gefegt werden. Das Wasser wurde mit einem hänfenen Brunnenseil gepeitscht und dadurch gelüftet; mehr erfahren wir aus den knappen Einträgen der Rechnungen nicht. Oft haben die Bürgermeister das Brunnenfegen vergessen, dann mahnte sie der Keller an ihre Pflicht.

Mühlen

Homburg hatte im Mittelalter mehrere Mahlmühlen: die Stadtmühle, Ober- und Untermühle und die Götzenmühle. Die Stadtmühle stand in Diedigheim am Mußbach bei der Weed; sie wurde frühzeitig abgebrochen. Die Ober- und Untermühle lagen im Mühlgrund, am Mühlgraben unterhalb des Mühlberges und gehörten dem Grundherrn. Die Götzenmühle lag oberhalb von Diedigheim gegen Kirdorf, doch noch in der Homburger Gemarkung; sie gehörte der Familie Brendel. Alle Mahlmühlen waren unterschlägige Wassermühlen und waren verpachtet; die Pächter zahlten Mühlenzins. Die Walkmühle stand am Heuchelheimer Bach, oberhalb Dornholzhausen, und diente dem Wollweberhandwerk (s. S. 123).

---

[464]) Stadtrechnung, 1527, S. 29: „8 ß den furluden zume drincken als sie stein furtten zum Diedekeim Born. S. 31: 3 gulden han mir geben von dem Diedekeimer Born lewen zu muern und umb den Born zu plastern. 19 thornuß Contz lewen von dem gesteltz und ober hultz und Krutz bugen." „X 2 gulden 4 ß vor ysen werck und vor bussen zum Born." II 12 albus vor vier ysern lorley."

[465]) Stadtrechnung, 1565,, S. 33: „6 ß 6 heller vor 3 maß weinß als man den Born vor der underpforten gegraben hat sei hat bei Johann Christiann Hofmann."

XXIV. Homburger Hausmarken

Im Nachfolgenden veröffentliche ich eine kleine Sammlung von Homburger Hausmarken, deren heimatgeschichtlicher und volkskundlicher Wert sowie deren familiengeschichtliche Bedeutung nicht gering zu veranschlagen ist.

Die Hausmarken waren gleichzeitig auch Märker- und Handwerkszeichen. Die Burg Bad Homburg v. d. H. war im Mittelalter und in der Neuzeit bis ins 19. Jahrhundert herauf Sitz der Waldboten der Hohen Mark. Die Hohe Mark war eine große Waldgenossenschaft am Südabhange des Taunus. Dazu gehörten etwa 30 Dörfer, die alle eine gemeinsame Geschichte haben. Der ausgedehnte Markwald reichte hinauf bis zum Limes, der auf dem Bergkamm in ost-westlicher Richtung dahinzieht und lange Zeit auch die Gaugrenze bildete; die untere Waldgrenze verlief an der Homburger und Ober-Urseler Gemarkungsgrenze. Wer auf der turmbewehrten Burg Homburg als Herr saß, war seit altersher oberster Märker, Waldbot, d. h. Gebieter der Waldgenossenschaft. Das Geschlecht der Eppsteiner bewachte Jahrhunderte hindurch die Hohe Mark und führte den Vorsitz auf dem Märkerding, das alljährlich auf der Aue vor Ober-Ursel stattfand. War der Eppsteiner selbst verhindert, den Vorsitz zu führen, so mußte er einen Vertreter entsenden, dann wurden die Märker vorher befragt, ob dieser wohl als Waldbot anerkannt werde. Die Hohe Mark hatte nämlich eine Verfassung, in der ein Rest der alten germanischen Volksherrschaft weiterlebte. Die Märker waren demnach nicht rechtlos, sondern gleichberechtigt, das machte sie stolz und selbstbewußt.

Die Bewohner der zur Hohen Mark gehörenden Dörfer, Bauern und Handwerker, die „eigenen Rauch" hatten, erhielten alljährlich ihren Holzanteil aus dem Markwald. Jeder Märker hatte sein eigenes Märkerzeichen, das in die Stämme und Scheite des ihm zugeteilten Holzes als Eigentumsmal eingeschnitten wurde. Daher die einfache, geradlinige Form der Märkerzeichen. Das Einbrennen der Marken ist neuen Datums. Jede Familie hatte ihre Hausmarke. Sie diente in erster Linie zur Kennzeichnung des Holzanteils, daneben war sie auch als Hausmarke und Handwerkszeichen gang und gäbe, ja sie fand sogar, da das Schreiben damals noch eine seltene Kunst war, oft als Namensunterschrift Verwendung.

Auf dem Märkerding am 14. Juli 1484 verfaßten zwei Markschreiber über die Verhandlungen ein langes Protokoll, „offen Instrument", das uns im Staatsarchiv Marburg unter den Hanauer Urkunden, Abteilung Ämter, Orte und Beamte erhalten blieb. Die Schreiber, Philipus von *Kynheim* und Petrus *Schickedantz* von Prendlingen, nennen sich „Bede uffenschriber von Keyserlicher gewalt". Sie unterzeichneten den Märkerding-Bericht und setzten zur Bekräftigung ihrer Unterschrift auch noch ihr „gewenliches Zeychen", d. h. ihre gewohnte, althergebrachte Hausmarke darunter; daß sie sich auf die Kunst des Schönschreibens und Zeichnens vorzüglich verstanden, dafür zeugen ihre zierlichen Hausmarken.

Die Homburger Hausmarken blieben uns auf den Titelblättern der Stadtrechnungen von 1516-1537 erhalten; sie werden im Stadtarchiv Bad Homburg v. d. H. unter Nr. I. A 36 aufbewahrt.

Diese ehrwürdigen Symbole der Vorfahren wurden bisher nicht veröffentlicht.

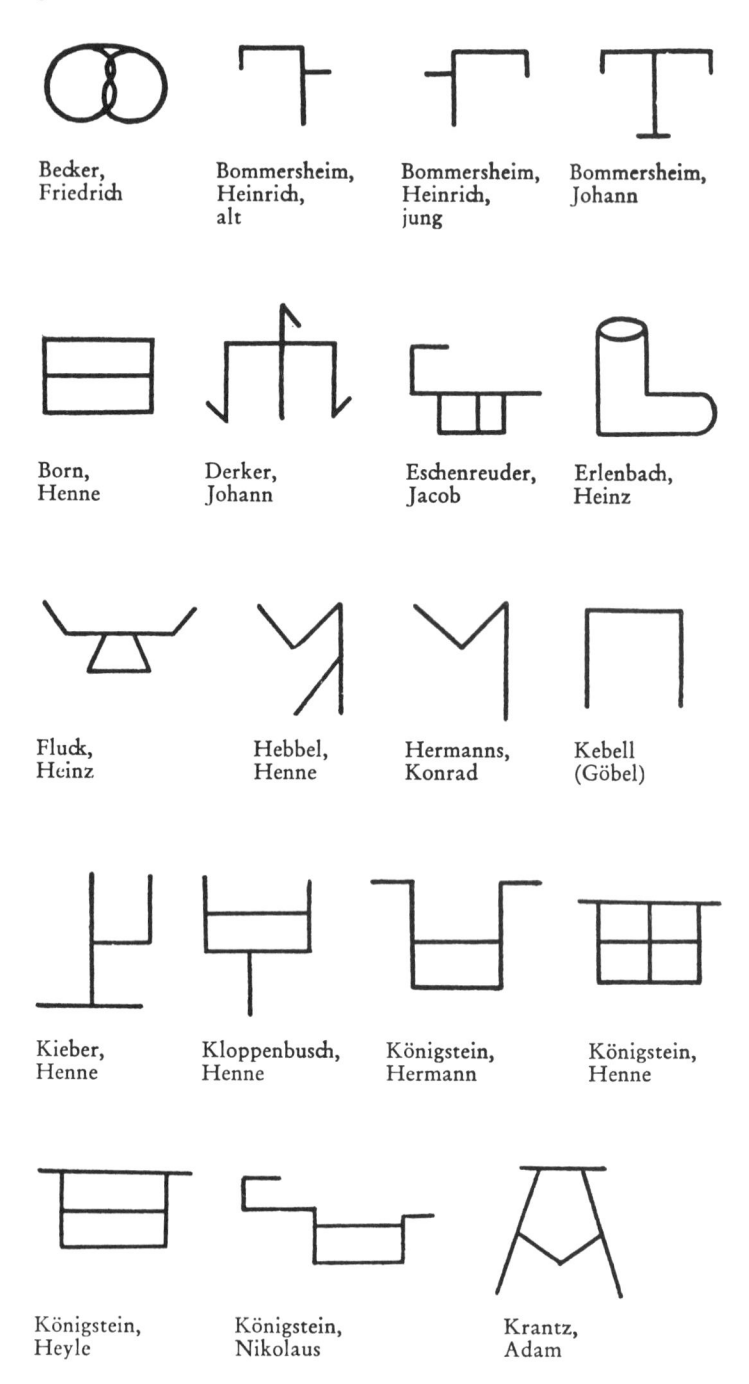

Homburger Hausmarken.

Becker, Friedrich

Bommersheim, Heinrich, alt

Bommersheim, Heinrich, jung

Bommersheim, Johann

Born, Henne

Derker, Johann

Eschenreuder, Jacob

Erlenbach, Heinz

Fluck, Heinz

Hebbel, Henne

Hermanns, Konrad

Kebell (Göbel)

Kieber, Henne

Kloppenbusch, Henne

Königstein, Hermann

Königstein, Henne

Königstein, Heyle

Königstein, Nikolaus

Krantz, Adam

Homburger Hausmarken.

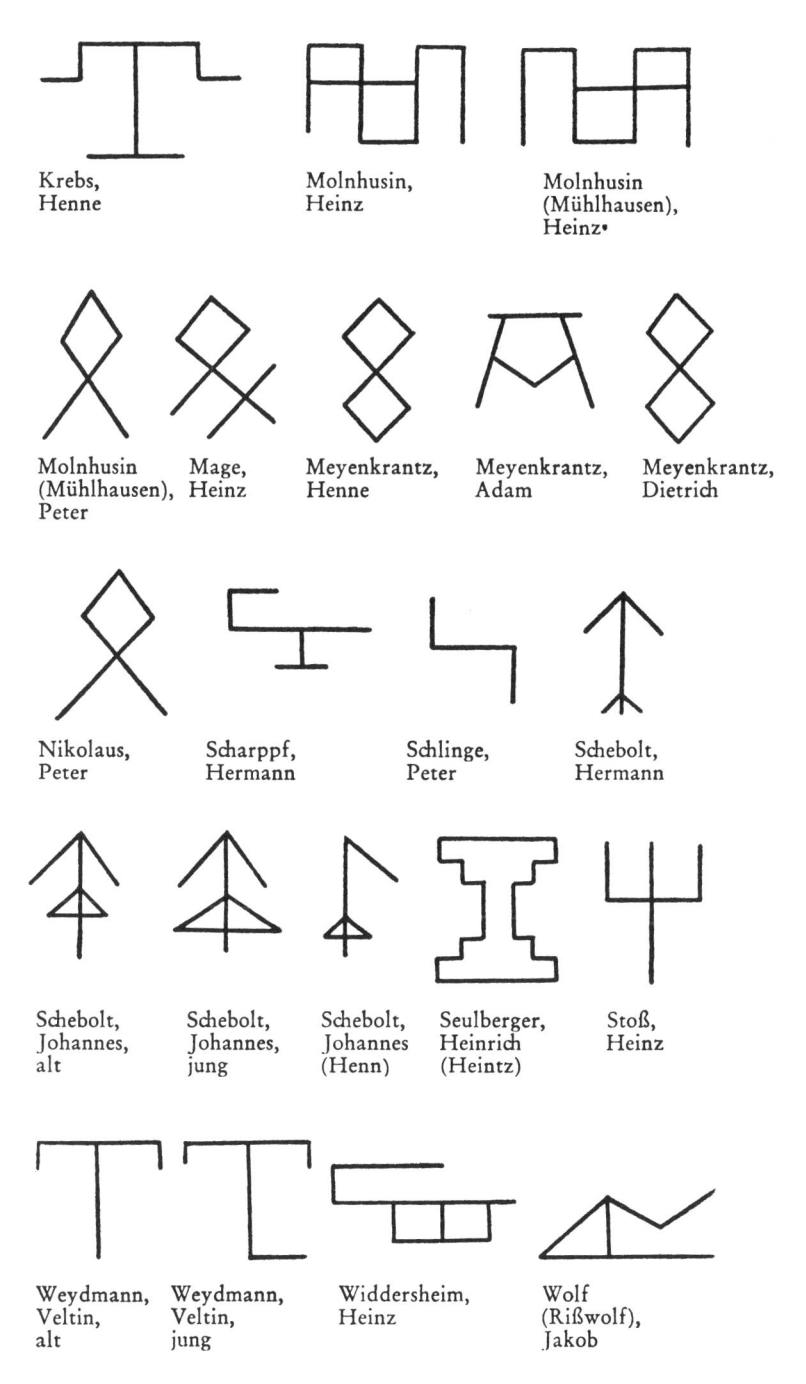

Krebs, Henne

Molnhusin, Heinz

Molnhusin (Mühlhausen), Heinz.

Molnhusin (Mühlhausen), Peter

Mage, Heinz

Meyenkrantz, Henne

Meyenkrantz, Adam

Meyenkrantz, Dietrich

Nikolaus, Peter

Scharppf, Hermann

Schlinge, Peter

Schebolt, Hermann

Schebolt, Johannes, alt

Schebolt, Johannes, jung

Schebolt, Johannes (Henn)

Seulberger, Heinrich (Heintz)

Stoß, Heinz

Weydmann, Veltin, alt

Weydmann, Veltin, jung

Widdersheim, Heinz

Wolf (Rißwolf), Jakob

Hausmarken begegnen uns überall in der Geschichte. Sowohl in jungsteinzeitlichen Grabfunden und nordischen Hünengräbern, in welchen den Hausmarken ähnliche Zeichen festgestellt wurden, als auch in den frühmittelalterlichen Rechtsquellen (alemannische und fränkische Gesetzgebung), in denen sie als Sippe- und Hauszeichen eine Rolle spielten, bis zu den Hausmarken des Hoch- und Spätmittelalters, wo sie in ganz Deutschland als Namensunterschriften verwendet wurden. Sie sind Symbole der Urahnen, der Sippe, des Hauses, sie sind Besitzzeichen, rechtliche Eigentumsmale. Es steht fest, daß jedes rechtsfähige freie germanische Geschlecht eine Hausmarke führte, die auf den ältesten Sohn unverändert überging, während die Nebenlinien dasselbe Zeichen mit kleinen Abänderungen gebrauchten. So weisen die Hausmarken der Homburger Geschlechter reiche Variationen auf; z. B. die Hausmarken der Familien Schebolt, Weidmann, Bommersheim, Königstein, usw. Der Unterschied sticht ins Auge.

Hessen hat in Probst Hermann Knodt (Bad Nauheim) einen eifrigen Hausmarkenforscher. Seinen Veröffentlichungen über die Butzbacher, Friedberger und Gambacher Hausmarken in der Zeitschrift „Volk und Scholle" schließt sich meine Arbeit über die Bad Homburger Hausmarken an. Wenn heute im hessischen Raum die vernachlässigte Hausmarkenforschung wieder in Angriff genommen wird, so hat die bahnbrechende Forschung von H. Knodt daran starken Anteil.

XXV. Zur Geschichte des Gebäudes der Stadtbibliothek

Unser Wissen über das alte Homburg ist gering; besonders über die alten Gebäude sind wir dürftig unterrichtet. Das Haus der Stadtbibliothek, aus der die Bücherei 1975 in das alte Amtsgericht übersiedelte, war Stadtschule, die 1736 bis 1738 erbaut wurde. Vor dem Schulgebäude stand an dieser Stelle ein Haus der Burggrafen Brendel, das 1702 in den Besitz der Stadt kam. Landgraf Friedrich II. schenkte es der Stadt, weil er das alte Schulhaus in der Orangeriegasse abbrechen ließ. Das Brendel'sche Haus stammte aus dem Mittelalter; die älteste urkundliche Nachricht datiert aus dem Jahr 1539[466]).

Die Stadtbibliothek ist ein Brendelsches Haus

Im Marburger Staatsarchiv liegt unter den hessischen Lehensurkunden ein Lehensbrief Landgraf Philipps des Großmütigen aus dem Jahre 1539. Laut diesem Pergament haben die Brüder Johann und Jorg (Georg) Brendel „ain behausung in unser stadt zu Hombergk vor der hohe an der Stadtmauer neben Johann Brendeln des jüngeren haus gelegen", von Dietrich Weidling, dem gewesenen Keller erkauft, dem Landgrafen als Lehen aufgetragen und von ihm als Burglehen wieder zurückempfangen. Auch der Gegenbrief (Lehensrevers) der Brüder Brendel, datiert vom 25. 3. 1539, ist im Staatsarchiv Marburg erhalten; es war nämlich üblich, daß der Lehensmann dem Lehensherrn einen Revers ausstellte.

Danach war der erste bekannte Besitzer des Hauses der Keller Dietrich Weidling, der die Homburger Stadtrechnung 1538 am Eschertag (Aschermittwoch) abhörte und unterschrieb: „vor mir Dietterich Gewende dieser Zeit Keller"[467]). Über diesen Gewende, genannt Weidling, wissen wir noch, daß er auch die Stadtrechnung des Jahres 1540 überprüfte, doch damals schon den Titel Amtmann führte.

Die Geschichte des Hauses ist mit den Brendeln verknüpft

Die Lage des Hauses geht aus den Herdschilling- und Bedeverzeichnissen der Stadtrechnungen einwandfrei hervor. Freilich waren die adeligen Wohnsitze damals steuerfrei, da aber das von den Brüdern Brendel käuflich erworbene Gebäude ursprünglich ein bürgerliches Haus war, blieb es auch weiterhin steuerpflichtig und wurde in den Steuerregistern stets aufgezählt. Als die Brendel nach dem Hauskauf von der Stadt Homburg aufgefordert wurden, den Herdschilling zu bezahlen, weigerten sie sich. Darauf sandte die Stadt eine vom Amtmann verfaßte Bittschrift an den Landgrafen, der anordnete: die Brendel haben den Herdschilling zu entrichten. (Stadtrechnung vom Jahre 1539, Seite

---

[466]) Siehe F. Lotz, Geschichte der Stadt Bad Homburg v. d. Höhe, Bd. II, S. 366.
[467]) Stadtrechnung 1538, S. 1.

30 und 31.) Von dieser Zeit an verbuchte die Bürgermeisterrechnung regelmäßig zwei Herdschillinge auf Johann Brendels Namen. (Stadtrechnung 1541, S. 41.)

Die Herdschillingsverzeichnisse der oberen Altstadt („im Schloß") beginnen im 16. Jahrhundert mit der Aufzählung der Hausbesitzer meistens am Rathausturm, führen zunächst an der Ostseite der Gemeingasse (heute Rathaus- und Obergasse) zum Obertor, gehen dann an der östlichen Stadtmauer entlang über das Brendelsche Haus zur Burg und kehren auf der anderen Seite über den Hebelberg zum Obertor zurück. Mitunter bieten diese Verzeichnisse eine ganz lückenlose Reihenfolge der Häuser, indem sie auch die steuerfreien Häuser aufzählen. Diese vollständigen Hauslisten sind für die Lokalisierung des Brendelschen Anwesens aufschlußreich.

Der Amtsmann Gewende bewohnte das große Haus nicht allein, er hatte stets Mieter darin. Er selbst war steuerfrei, wurde daher vom Stadtschreiber in das Steuerregister nicht eingetragen. An Hand der erhaltenen Herdschilling- und Bederegister können wir von 1516 an die Bewohner des Hauses, das zwischen den Nachbarhäusern Konz Kitsch und Hen Harpen lag, namentlich feststellen. 1516 saß Moln Henn darin, 1525 neben Moln Henn auch Veltin Goldmann, zu denen 1528 als dritter Hans Knoblauch einzog. 1539 zeigt das Bederegister folgende Reihenfolge: Kontz Kitsch, Veltin Goldmann und Moln Henn, Hen Harpen. Auch Wendel von Gettenbach und Endres von Usingen wohnten vorübergehend hier. Im Jahre 1539 kaufen dann die Brendel das Haus.

Die Brüder Johann und Jorg Brendel, die das Haus 1539 erworben haben, waren Söhne Georg Brendels IV. und seiner Gemahlin Florina, Tochter des Johann von Ebersberg. Da Johann Brendel V., Amtmann zu Bonames und später Burggraf zu Friedberg und Georg Brendel Amtmann zu Büdingen war, bewohnten sie nicht selbst das Haus. Um die Mitte des 16. Jahrhunderts hat es Junker Bernhard Brendel, aus der Friedrich-Linie der Brendel von Homburg, inne, der ein Sohn Friedrich Brendels II. war. 1541 zeigt das Steuerregister folgende Reihenfolge: Kontz Kitsch, Bernhard Brendel, Henn Harpen. Nach dem Tode Bernhard Brendels wird das Haus vermietet. Das obere Nachbarhaus geht in der Zeit in den Besitz der Familie Hamel über, und das untere (gegen die Burg) kauft Heinz von Stierstadt. 1554 verbucht die Stadtrechnung den Herdschilling in folgender Reihe: Hamel Henn, Kasper der Hutmacher und Wigl Körber (beide im Brendelschen Haus), Nachbar: Heinz Stierstadt. 1570: Hamel Henn, Hans von Seulberg und Johann von Guttenberg, Heinz Stierstadt. 1573 saß die Schreinerzunft darin neben Johann von Guttenberg und Asmus von Bonn. Da die Familie Guttenberg das Haus längere Zeit bewohnte, nennen die späteren Register das Haus mitunter als Guttenberg-Haus. Von 1575 an hauste hier Johann Brendel VI., Kurmainzischer Amtmann und spanischer Oberst. 1575: Hamel Henn, Johann Brendel, Heinz Stierstadt. Aufschlußreich ist der Eintrag von 1594: „1 Gulden 16 Albus J(unker) Johann brendel oberster von 2 Herdschilling, welche er umb die Burger gekauft. Der Adelssitz und Wohnung ist sonst frey." Johann Brendel ist bis 1603 nachweisbar. Nach ihm steht das Haus Jahre lang auf dem Namen „Johann Brendels Erben". 1622 gelangte das Haus in den Besitz Johann Gottfried Riedesels, der Anna Felicitas Brendel, die Tochter des Daniel Brendel und der Margarete von Reifenberg, heiratete; sie brachte das Haus mit in die Ehe, und so bekam es den später geläufigen Namen „das Riedeselsche Haus". Anna Felicitas war die letzte Brendel von Homburg; mit ihr erlosch das alte Burggrafen-Geschlecht in der weiblichen Linie.

Das Brendelsche Haus als Riedeselsches Haus im Besitz der Landgrafen und der Stadt Homburg

Nach dem Aussterben der Brendel erscheinen in den Herdschillingsregistern die Landgrafen Hessen-Homburg, „Unsere hohe und gnädige Herrschaft", als Besitzer des Hauses.

Einen neuen Abschnitt in der Geschichte des Gebäudes bildet das Jahr 1702. Am 23. Februar tauscht Landgraf Friedrich II. das Riedeselsche Haus am Neuen Tor für die Stadtschule ein, die unten am neuerbauten Schloß, der Reitschule gegenüber an der Orangeriegasse stand. Die alte Schule wurde abgebrochen. Laut Tauschvertrag wurde die Stadt verpflichtet, als Zugabe Bauholz (Eichenstämme) für den Landgrafen aus dem Wald zu führen und die beschädigte Stadtmauer an der Stelle, wo das abgebrochene Schulhaus stand, neu aufzubauen. Darüber berichtet die Stadtrechnung vom Jahre 1702, Seite 35:

„Einnahme Geldt aus gemein an Unterschiedenen Baukosten, Register Sub. Lit. A.: 30 Gulden 5 Albus den 13 Febr. An Bauholz fahrden welche Sr. Hochfüstl. Durchlaucht gegen Vertauschung der alten bey der Mauer unten an dem Schloß stehenden Schule gegen das am Neu Thor und so genanndte alte Ried Eselische Hauß von der Stadt zu thun und alß eine Zugabe versprochen und gehoben worden laut Register."

Aus diesem, im Wortlaut angeführten Zitat der Stadtrechnung geht einwandfrei hervor, daß das Haus nicht als Schulhaus erbaut wurde. Das Haus bestand schon 1539, kam damals in den Besitz der Familie Brendel, ging 1622 an Riedesel über und von diesem an die Landgrafen, die es für die abgebrochene Schule eintauschten. So zog die Schule erst 1702 ein.

Die falsche Inschrift müßte daher beseitigt, an der Giebelseite der Stadtbibliothek die Wappen der Brendel, der von Riedesel und der Stadt Homburg angebracht werden.

Damit wären die wichtigsten Fragen unseres Themas kurz behandelt. Hier wollen wir noch zu der Annahme Stellung nehmen, daß das Haus der Stadtbibliothek das ehemalige Geismarsche Haus sei. Diese Annahme, die von Hamel überliefert ist, trifft nicht zu.

Für unsere Forschung sind die Akten über das Geißmar'sche Haus in dem Archiv der evangelischen Kirchengemeinde in der Erlöserkirche äußerst wichtig. Gerade für die Antwort auf die Frage, ob das ehemalige Geißmar'sche Haus mit dem Schulhaus, also mit dem Gebäude der heutigen Stadtbibliothek, identisch sei, sind diese zeitgenössischen Zeugnisse aufschlußreich. Unter Nr. I/17 liegt die Kopie des Protokolls über „Die Übergabe- und Zumessung des Geißmar'schen Hauses an die Oberpfarrei allhier betreffend de Anno 1703". Aus diesem Aktenstück geht einwandfrei hervor, daß das Geißmarsche Haus der evangelischen Kirchengemeinde, dem damaligen Oberpfarrer Weber, übergeben wurde. Landgraf Friedrich hatte nämlich das alte Pfarrhaus, das nahe beim Schloß, an der Orangerie stand, abbrechen lassen und übergab als Gegenwert das Geißmar'sche Haus, in dem sich die ev. Pfarrkanzlei und die Pfarrwohnung noch heute befinden. Lesen wir dann noch die zahlreichen Akten, die im ev. Kirchenarchiv unter Nr. I 16 und I 18 aufbewahrt sind, und sich ebenfalls auf das Geißmar'sche Haus und die Oberpfarrei beziehen, so wird die bedenkenlos übernommene Annahme hinfällig. Die Akten eröffnen dem Heimatforscher einen lebendigen Einblick in die damalige Zeit, erwähnen alle benachbarten Häuser, auch die Schule (heutige Stadtbibliothek), und bieten verläßliche Anhaltspunkte zur genauen topographischen Orientierung.

XXVI. Homburger Kirchengeschichte

Die Kirche Scerphuins in Diedigheim

Schon in vorkarolingischer Zeit fand das Christentum, das die römischen Legionen verbreiteten, Eingang in unsere Heimat, sie brachte aber auch den Mithraskult, der unter Kaiser Aurelian Staatsreligion wurde. Zur Zeit der Völkerwanderung faßte die christliche Sekte des Arianismus Fuß. Nach der fränkischen Landnahme wurde die Bevölkerung des Taunusvorlandes dem Christentum zugeführt.

Diedigheim war schon in fränkischer Zeit Kirchendorf. Die erste Kirche, die hier erbaut wurde, wird 782 im Lorscher Kodex in einer Schenkungsurkunde erwähnt („ecclesia, qui ibidem constructa est"). Scerphuin, vermutlich ein fränkischer Edeling, übertrug am 20. März ein Drittel der Kirche mit 10 Morgen Land in der Gemarkung „Tidenheim" dem Benediktinerkloster Lorsch[468]).

Über das Diedigheimer Kirchlein blieb uns keine weitere Nachricht erhalten. Es wird ein kleines, schmuckloses Gotteshaus gewesen sein, das Eigenkirche Scerphuins war; er oder einer seiner Vorfahren ließ es wahrcheinlich erbauen, offenbar als Begräbniskirche der Familie. Da Scerphuin ein Drittel der Kirche dem Kloster übereignete, muß sie ihm selbst gehört haben. Sie war demnach eine Adelskirche, wie sie damals ansässige Grundherren in der Nähe ihres Herrenhofes erbauen ließen.

Das Martin-Patrozinium

Als den ersten nachweisbaren Kirchenheiligen können wir wohl den hl. Martin, den Schutzpatron des fränkischen Herrscherhauses, annehmen, denn die Homburger feierten seit altersher am Sonntag und Montag nach dem Martinstag (11. November) das Kirchweihfest. Dazu geben uns mehrere Einträge der Stadtrechnungen von 1516 an[469]) laufend verläßliche Anhaltspunkte. Eine Notiz vom Jahre 1583, die von der Hand des damaligen Stadtschreibers Mendel stammt, ist besonders aufschlußreich; sie lautet: „IIII ß und IIII d vor 4 mais (Maß Wein) als die Buxen schutzen ausgeschossen ufen Kirbsontag und montag den 17ten und 18ten Nr."[470]). Aus dieser Textstelle geht eindeutig hervor, daß Homburg noch 1583 das Kirchweihfest am Sonntag nach Martini, am 17. und 18. November, feierte. Der Martinstag fiel 1583 auf einen Montag, daher wurde das Fest der Kirchweihe am darauffolgenden Sonntag abgehalten.

Im Jahr 1582 war Martini auf Sonntag gefallen. Die Stadtrechnung verbucht in der Rubrik „Buxen Schutzen festwein und Sontags wein", die üblichen: IIII ß IIII d, den 11ten Novembris" und „V schilling IIII d vor 4 mais uff dem homberger Kirb sontag als sie ausgeschossen[471]).

Aus den beiden in Wortlaut angeführten Zeugnissen ergibt sich der vollschlüssige Beweis dafür, daß die alte Homburger Kirchweih in der vorreformatorischen Zeit auf den Martinstag fiel. Die Kirche wird demnach dem hl. Martin geweiht gewesen sein.

---

[468]) Glöckner, K. Codex Laureshamensis, Nr. 3405.
[469]) Die älteren Stadtrechnungen sind verschollen.
[470]) Stadtarchiv Homburg, Bürgermeister Rechnung von 1583, S. 57.
[471]) Ebenda, Rechnung von 1582, 60.

Wo stand die erste Kirche?

Das fränkische Gotteshaus hat keine Bauspuren oder Architekturreste hinterlassen. Vielleicht stecken die Fundamente noch irgendwo im Heimatboden.

Die Frage, wo die Kirche lag, stellt uns vor ein schwieriges Problem. Da die schriftliche Überlieferung jeden Hinweis über den Standort der Kirche vermissen läßt, begegnen wir in der spärlichen Literatur verschiedenen Vermutungen, die der ehemalige Stadtarchivar E. G. Steinmetz folgenderweise zusammenfaßt: „Ob die 782 in villa Tidenheim (Diedigheim) erwähnte ecclesia mit der Kirche St. Georg identisch sein kann, wird wohl nur noch durch Ausgrabungen festzustellen sein. Die Diedigkeimer Kirche kann auch auf oder am Schloßberg oder sogar im Tal „Diedigheim" (später untere Altstadt) gestanden haben"[472]).

Ich nehme an, daß die Kirche auf dem Schloßberg stand. Die älteren Dorfkirchen Hessens wurden meistens auf Anhöhen (Kirchbergen) erbaut, wenn in unmittelbarer Nähe der Taldörfer sich ein Hügel erhob. Die Kirche sollte weit sichtbar sein, und der Wind sollte das Glockengeläute in die umliegenden Dörfer tragen. Um die Kirche lag der Friedhof, der ummauert war. Als im Mittelalter die Kirche zur Burgkapelle herabsank, brachte die Stadt Homburg ihre Toten weiter oben in der Vorburg zu Grabe. Altes Gewohnheitsrecht lebte hier fort. Der Weg, der zum Friedhof führte, gehörte laut einem Eintrag des Urgangbuches vom Jahre 1547 der Stadt. Dienstag nach Galli haben die Geschworenen den Weg zwischen den Kirchenmauern und dem „fruo Altharß huß" (Frühmessekapelle) ausgesteint wie folgt: „Erstlich einen Stein gesatzt fornen gegen dem fruohuß, und steht der selbige Stein eine ruden langk von der Kirch mauern und danach ist ein Stein gefunden gegen der fruo Scheuern und Kirchhofß mäuern auch ruden breith von der Kirchmauern und ist solche wegk ausgesteint der halb gesteht man dem truo althar an solchem Weg gar nichts"[473]).

In den staufischen Burgen befand sich die Burgkapelle gewöhnlich über dem tonnengewölbten inneren Toreingang, so z. B. in Münzenberg, Friedberg und Kronberg. Daß die Kirche isoliert in der Vorburg stand, stützt die Annahme, daß der Kapelle ein höheres Alter zukommt als der Burg, also schon vor der Burggründung hier stand und wahrscheinlich mit der um 782 im Lorscher Kodex erwähnten Diedigheimer Kirche aus der fränkischen Zeit identisch sein dürfte. Ich halte diesen Schluß fast für zwingend. Man bekommt den Eindruck, als sei zur Zeit des Burgbaues das alte Diedigheimer Gotteshäuschen zur Burgkapelle degradiert worden und hätte daher das Tauf-, Trau- und Beerdigungsrecht eingebüßt.

Dem Burgberg kommt m. E. eine ältere geschichtliche Bedeutung zu. Die Anhöhe, die aus dem tiefeingeschnittenen Bachtal steil emporragt und weit und breit die Umgebung beherrscht, hatte vermutlich schon in vorfränkischer Zeit als militärischer Stützpunkt eine Bedeutung. Selbstverständlich läßt sich dies heute nicht mehr beweisen, denn eben dort oben hat der Schutt der Zeit alles überdeckt und die frühere Entwicklung überlagert.

---

[472]) Steinmetz, E. G. Das Kircheninventar der Ämter Eppstein, Cronberg und Homburg von 1525 und die Einführung der Reformation in Homburg v. d. H. Mitteilungen des Vereins für Geschichte und Altertumskunde zu Bad Homburg v. d. H, XVII, Heft 1932, S. 182.

[473]) Stadtarchiv Homburg, Urgangbuch.

Dieser Anhöhe aber, so dürfen wir annehmen, kommt möglicherweise als einer germanisch-heidnischen Kultstätte, Opferstätte, als Gerichtsplatz und Fluchtburg auch eine sakrale Tradition zu. Der Anordnung des Konzils von Orleans (511), daß heidnische Kultstätten nach Säuberung und Einweihung für christlichen Gottesdienst benutzt werden sollten, folgte i. J. 601 eine weitere Verfügung von Papst Gregor I. über die Indienstnahme heidnischer Opferstätten. Ich erinnere daran, daß nicht nur an Stelle eines Apollo-Heiligtums auf dem Monte Casino Benedikt 529 sein berühmtes Kloster gründete, sondern auch in Mainz und Umgebung, wo man germanische Götter in römischem Gewande auf Bergeshöhen verehrte, überall Kirchen erbaut wurden. In Hessen können mehrere Kirchen, die auf ehemaligen heidnischen Kultplätzen in Höhenlagen stehen, nachgewiesen werden, so z. B. auf dem Johannisberg bei Bad Nauheim, die Kiliankapelle am römischen Limeskastell Heftrich, auf dem Christenberg im Burgwald bei Wetter, weiter bei Amöneburg, Limburg usw.

Das Bonifatius-Kreuz

ist ein 1200 Jahre altes Steinkreuz, das 754 dort aufgestellt wurde, wo die Prozession mit dem Leichnam des Apostels der Deutschen auf dem Weg nach Fulda Rast machte. Es wurde 1933 beim Bau der Autostraße Frankfurt—Wiesbaden gefunden und im Frankfurter Dom aufgestellt. Es trägt die Inschrift in merowingischen Schriftzeichen: „H B qt" Hic Bonifatius quievit", — hier ruhte Bonifatius.

„Ecclesia in Cruze"

Wo von Niederursel her die „Kreuzer Hohl" und der „Kreuzer Pfad" zur Nordgrenze des Frankfurter Stadtgebietes führen, liegt am Stadtrande der Kalbacher Gemarkung an einem Abhang im „Kreuzerfeld", westlich von der Frankfurt—Homburger-Straßenbahnlinie 25, eine verkümmerte Quelle, die heute noch im Volksmund und auf Karten allgemein als „Bonifatius-Brunnen" bezeichnet wird. Georg Wolf stellte 1912 fest, daß die ursprüngliche Quelle sich etwa 30 m hügelaufwärts unter einem alten Baum befand. Als die obere Quelle versiegte, ist tiefer am Hang die heutige aufgebrochen.

Wir stehen hier auf uraltem historischen Boden. Im Jahr 754 hielt der Leichenkondukt des Bonifatius auf dem Wege nach Fulda hier Nachtrast. An der oberen Quellenstelle stand die Bahre mit dem Leichnam. Man setzte an dieser Stätte zunächst ein Steinkreuz, später erbaute man eine Kirche, die hl. Kreuzkirche „ecclesia ad crucem", die Bonifatius geweiht war. Dem Quellwasser hat man Wunderkraft beigemessen, und der Ruf der Kirche war weit in die Wetterau und ins Taunusland vorgedrungen. Ein ausgedehnter Friedhof lag um die Kirche, denn Jahrhunderte hindurch wurden die Toten hier zu Grabe getragen[474].

Was wurde im Laufe der Zeit aus dieser Gedenkstätte? Von der Kirche ist heute keine Spur mehr da, sie hat einem Acker Platz gemacht. Geht aber der

---

[474] Vogel, Literatur über die Kirche, S. 858.

Pflug tiefer über das Feld, so fördert er Steine, Mörtelbrocken und **Knochen** zutage.

Die hl. Kreuzkirche war die Pfarrkirche des ehemaligen Kirchspiels **Weiß**kirchen bei Frankfurt[475]).

Man wird fragen, was sie mit Bad Homburg zu tun hat? Hier bei der Bonifatiuskirche war die älteste Gerichtsstätte der Hohen Mark. Sie wird so im Eppsteiner Lehensbuche erwähnt als „comitiam in Stule" und war ein Lehen Wortwins von Homburg, der Waldbot der Hohen Mark war[476]). Schon im 13. Jahrhundert wurde die Gerichtsstätte nach Oberursel verlegt, aber die Waldboten der Hohenmark hielten noch im 14. Jahrhundert an der Kirche „zu Cruzen" fest. So haben Gottfried IV. von Eppstein und sein Sohn am 25. November 1334 für ihn und für das Seelenheil aller adeligen und bäuerlichen Märker sämtliche Hohemark-Rodungen der Bonifatius-Kirche geschenkt. „Wir Gotfrit herre zu Eppinstein und Gotfrit unser sun bekennen in diesin uffin briefe und´dun kunt allin, die in sehin und horen lesin, das wir eindrechtlich und mit guden willen alle der merker, edel und unedel ... gemeinlich han gegebin un gebin luterlich durch got um unser selin heilis willen alle die roder, die in der marka ligent, die zu den hugen horent und die gerait sint zu einre ewigin missen zu Cruzen in die kirche, da sente Bonifacius in rest, also das man alle dage ein ewege misse da habe"[477]).

Die Patrozinienforschung unserer mittelalterlichen Gotteshäuser ist eine wichtige kirchengeschichtliche Aufgabe. Nicht alle Patrone oder Patroninnen der alten Kirchen sind urkundlich bezeugt. Die Kirchen wechselten öfter ihren Schutzpatron, manche verehrten neben ihren Haupt- auch Nebenpatrozinien. Für die alten Dörfer sind mitunter fränkische Schutzheilige nachweisbar.

In manchen Gerichtsbucheinträgen haben wir aufschlußreiche Hinweise auf die Patrozinien. Niederstedten hatte eine dem St. Remigius geweihte Kirche. „Item Schultheiß und scheffen ist wissentlichen wie das Hirmann von Konse und Katherine sin ehlich hußfrauwe han geben und gesatzt dem buwe zu nedern steden sant Remigii VII ß heller franckfurter werung ..."[478]). Mit dem Bau St. Remigius zu Niederstedten ist ohne Zweifel die Kirche gemeint. Das Wort „buwe" bedeutet Bau, Gebäude und wurde von den Homburger Stadt- und Gerichtsschreibern wiederholt gebraucht für Kapelle oder Kirche[479]). Der Name des Reimser Bischofs Remigius, der den Frankenkönig Chlodwig taufte, wurde

---

[475]) Boehmer-Büchner, Frankfurter Archiv, N. F. II. S. 169.
Nassauische Annalen Jg. XIII S. 50.
Johannes Spic, Tabularium, literarumque spicilegium, Frankfurt 1724, S. 283.
[476]) Wagner, P. S. a 69, 77, 165, auch Anm. 4 auf S. 77.
[477]) Sauer, I. 3 S. 174, Nr. 2035.
[478]) Gerichtsbuch II, Eintrag 269, fol. 30 a.
[479]) Die Homburger Kapelle erscheint 1474 im Gerichtsbuch II., Folio 9, Eintrag Nr. 71 und 72. Dort lesen wir: „Item schultheiß und scheffen wissentlich, das Hartmudt von Eschbach dieße nach geschreben ecker mit gericht und recht in pontschaff wise ingesatzt und uffgeben hait vor LXVI Lulden und XII heller dem buwe der Capellen zu Honenberger."
72: „Item ... daz der buwe der obgenannten capellen zu Hoenberg gekaufft hait umb Elsche ruckern XIII ß heller jelrchier Zinß.

von den Franken hierhergebracht; 1945 stand die Niederstedter Kirche noch; im Schmalkaldischen Kriege wurde sie zerstört und das Dorf eingeäschert.

Das mittelalterliche Amt Homburg zerfiel in vier Kirchspiele. Mutterkirchen waren Kirdorf, Oberstedten, Seulberg und Obereschbach, das nicht zur Herrschaft Homburg gehörte, wo aber Gonzenheim zeitweise eingepfarrt war. Mit der Pfarrei Oberstedten waren Homburg und Niederstedten und mit der Pfarrei Seulberg Dillingen, Willkomshausen und Köppern vereinigt[480]).

Homburg hatte demnach keine Pfarrei, es wurde von der Mutterkirche Oberstedten versehen bis herauf zur Reformation. Der Kirchensprengel Oberstedten unterstand der Diözese Mainz, dem Archidiakonat des Peterstifts. Das Patronatsrecht der Kirche von Oberstedten und seiner Filialen besaßen nicht wie üblich die Grundherren, sondern das Prämonstratenserstift zu Ilbenstadt. Die Kirchen und Kapellen waren pleno jure nach Ilbenstadt incorporiert, d. h. sowohl das Präsentationsrecht des Pfarrers wie der Kirchensatz lagen in den Händen des Propstes von Ilbenstadt. Die Präsentation bedeutet das Recht, den zu ernennenden Pfarrer dem Archidiakonat vorzuschlagen, und der Kirchensatz ist die Pfarrpfründe, die der Propst bei der Amtseinführung dem Pfarrer übergab.

Die frühesten Nachrichten über die Geistlichen, die in Oberstedten und Homburg im Kirchendienst gestanden haben, finden wir daher in dem Ilbenstädter Stiftsarchiv. Die Urkunden des Stiftsarchivs hat Staatsarchivdirektor Dr. Ludwig Clemm herausgegeben[481]).

Der erste nachweisbare Geistliche der Pfarrkirche zu Oberstedten ist ein „Fridericus capellanus in Steden", der als Zeuge bei einem Mühlenverkauf in einer Ilbenstädter Urkunde vom 20. November 1229 vorkommt[482]). Die weiteren schriftlichen Nachrichten, die sich auf Homburg beziehen, sind dürftig. Erst am 11. November 1361 in einem Brief des Propstes zu Ilbenstadt begegnet uns der „frater Henricus plebanus in ecclesia nostra Stedin superior", der davon in Kenntnis gesetzt wird, daß die Priester der Mainzer Diözese, wenn sie auch keine Prämonstratenser wären, in den Kirchen und Kapellen des Sprengels den Seelsorgedienst versehen dürfen[483]). Im Jahr 1366 tritt Pfarrer Hermann von Oberstedten in einer Urkunde des Frankfurter St. Bartholomäus-Stiftes als Siegler auf[484]).

Im Jahre 1383 wird das Homburger Frühmesseamt zum erstenmal erwähnt in der Ilbenstädter Stiftschronik, die Abt Kaspar Lauer anhand der Archivalien des Stiftsarchivs 1772 verfaßt hat[485]). Der Chronist betont, das Patronatsrecht sei an das Kloster gebunden, und es habe den Frühmesser in diesem Jahr mit einer Pfründe ausgestattet[486]).

---

[480]) Kleinfeld Weirich. Die Mittelalterliche Kirchenorganisation im oberhessisch-nassauischen Raum. 1937.

[481]) Clemm, L. Die Urkunden der Ilbenstädter Prämonstratenserstifter Ober- und Nieder-Ilbenstadt, Hessische Regestenz 2, Darmstadt 1927 (fortan zitiert Clemm, mit Urkundennummer und Seitenangabe).

[482]) Clemm, L. Nr. 46, S. 178.

[483]) Clemm, L. Nr. 224, S. 225 und 226.

[484]) Korf, S. 15.

[485]) Stiftsarchiv Ilbenstadt „Commentarius historico diplomaticus de orto et progressa .."

[486]) Ebenda, S, 213.

Das alte Martinpatrozinium wurde vermutlich beim Übergang der Homburger Kapelle an das Stift Ilbenstadt geändert und „Unser lieben Frau" geweiht, denn die Ilbenstädter Stiftskirche selbst war der hl. Maria gewidmet.

Eine weitere Urkunde vom 31. August 1391 besagt, daß damals Herr Euchardus de Lychnawe in Gegenwart des Priors von Ilbenstadt, des Notars und anderen Zeugen feierlich in sein Amt eingeführt wurde. Er mußte die Zusicherung geben, daß er die Pfarrei ohne Zustimmung des Priors nicht abtreten werde[487].

Im Homburger Gerichtsbuch I begegnet uns 1420 der Kaplan Matern (Maternus), der sich in einer Frankfurter Urkunde „Maternus cappelane myne gnedigen juncherrn kelner zu Hoenberg" nennt. Vgl. das Kapitel die Keller des Amtes Homburg, S. 100.

Die Homburger Kirche besaß bis 1423 keinerlei Pfarreirechte, vermutlich deshalb, weil sie zur Burgkapelle degradiert war. Eine Stadtkirche fehlte. Das Bedürfnis nach einem eigenen Gotteshaus war sicher stark, doch die Stadt war arm, an einen Kirchenbau war nicht zu denken. Da die Burggrafen Brendel in Oberstedten begütert waren, dort auf ihrem Hof wohnten und den Pfarrer stellten, so traten sie in erster Linie für die dortige Pfarrei ein. Sie haben allerdings die Homburger Kirche nicht ganz vernachlässigt. Die Brüder Johann und Jorge Brendel stifteten am 3. August 1417 in der Kapelle auf dem Altar des hl. Kreuzes, des Apostels Petrus, Johannes und der St. Margarete ein Seelgerät. In der Urkunde[488] heißt es unter anderem: „ich Petrus Pistorius von Hoenberg eyn priester Mentzer bistoms zu dieß zyd des egenannten altaris". Am 20. Mai 1423 gestattete der Mainzer Erzbischof Konrad auf Ansuchen der Stadt Homburg und Unterstützung des Ritters Johann Brendel und seiner Gemahlin Anna, daß die „oppidani" von Homburg in der Kapelle taufen lassen können, weil im Winter bei Frost der Weg nach Oberstedten das Leben der Täuflinge gefährdete. Die Taufe aber mußte der Priester von Oberstedten oder sein Stellvertreter vollziehen. Der Erzbischof versprach jedem, der die „Antiphona sollemnis videlicet salve regina" in der Homburger Kapelle singen lasse, einen Ablaß von 40 Tagen[489]. Pfarrer Johann Lesche und die Altaristen Johann Herbstein und Andreas Hunhan von Ranßdorff waren in dieser Zeit bekannt.

Am 16. Juni 1445 stiftete Wigand von Buchis in der Kapelle zu Homburg „unseren liewen frauwe" eine Seelenmesse für sich und seine Eltern[490].

Im Jahr 1470 wurde Johannes Hartrudt, Pastor zu Gonzenheim, vom Ilbenstädter Propst als Altarist des hl. Kreuzaltars in sein Amt eingesetzt und verpflichtet, falls er den Dienst nicht mehr versehen könnte, dem Propst zu resignieren[491].

Im Frankfurter Keppeler Hof, der hinter der Pfarre St. Bartholomäus lag und nach der angesehenen Familie Keppeler benannt war, wohnte der kaiserliche Notar Johannes. Ihn suchte der Junker Burghard Huser Edelknecht von

---

[487] Clemm, Nr. 224.
[488] Staatsarchiv, Wiesbaden Abt. 310, Nr. 75.
[489] Clemm, Nr. 349.
[490] Clemm, 349 a.
[491] Clemm, 349 b.

Transkription:

„Iß ist zu wissen, daz dez jungen hanriczen sulbergerß dachter katherina hait gesatz eyn paternoster an sant jacobß altare zu hoenbergk daz selbe paternoster hait fierhalphundert pater noster korner die da sint dez guden rodeß und der korner der kaczendony wyß groe und gele groß und kleyn sint funffzigk und ein und eyne silbern agnus dei daz do henget an dem selben paternoster ist in der groß und in der gestalt alß diß figure ußwiset und johannes kaffeger hoit gegebn an daz pater noster eyn melaner der in silber ist gefast myt dissem obgenanten pater noster sol man unser lieben frauwen bilde uf dem obgenanten altare und sant jacobß bilde mitzeren."

Homburg am 22. April 1476 auf, um über seine kirchliche Schenkung eine Urkunde ausfertigen zu lassen. Huser schenkte seine zu Burgholzhausen gelegenen Güter, Zinsen, Renten, Äcker, Wiesen, Gärten, Nutzen und Gefälle, sowie 5 Gulden, fällig am Martinstag, der „capellen zu Hoenberg vor der hoe", zu seinem und seiner Eltern Seelenheil mit dem Vorbehalt, daß er alljährlich zu Ostern, solange er lebt, 4½ Gulden Frankfurter Währung erhält. Huser erteilte dem Homburger Keller Dietrich Graf (Greffe) die Vollmacht, die Homburger Kapelle durch das Gericht zu Burgholzhausen in die geschenkten Güter einsetzen zu lassen.

---
[493]) Staatsarchiv Marburg, Hanauer Konsistorium.

Anwesend waren in Vertretung der Homburger Kapelle Johann Hartrudt, Pfarrer zu Gonzenheim und Altarist des Kreuzaltars, Dietrich Meyenkranz, Altarist des Liebfrauenaltars, als Vertreter des Pfarrers zu Oberstedten Johann Hoenberg und Eberhard Erlenbach, der Frühmesser zu Homburg. Als Zeugen fungierten zwei Vikare des St. Bartholomäusstiftes zu Frankfurt: Hermann Carnificis von Homburg und Peter Henner von Lorch am Rhein[492]).

Die Frühmesse wurde außer dem Hauptgottesdienst in den frühen Morgenstunden vor der Arbeit gelesen. Bei genügender Dotation wurde ein eigener Priester investiert.

1476 wird ein „pferner zu hoenberg her Johan Clare" erwähnt. Gerichtsbuch I. Eintrag 89.

Im Jahr 1487 verkaufte Gottfried IX. von Eppstein-Münzenberg Burg, Stadt und Amt Homburg mit allem Zubehör an die Grafen von Hanau. Damals und schon lange vorher war die Pfarrstelle Oberstedten-Homburg Jahre hindurch vakant geblieben.

Am 8. Juni 1498 stiftete der Homburger Bürger Dietz von Steden und seine Frau Else einen neuen Altar in der Homburger Kapelle. Die Einwilligung zu dieser Stiftung hatte Dietz nicht nur vom neuen Landesherren, vom Grafen Philipp I. d. Ä. von Hanau erhalten, dem das Patronatsrecht des Altars zustand, sondern auch von Bürgermeistern, Stadtrat, Schultheiß und Schöffen zu Homburg und von der Gemeinde Kirdorf. Was wohl Kirdorf damit zu tun hatte? — man mag sich fragen. Der Altar wurde neben 21 Morgen Ackerland in Homburg auch mit 8 1/2 Morgen Äckern, Wiesen, Gärten und Ellern zu Kirdorf und mit 100 Gulden Bargeld ausgestattet. Dietz verschrieb ferner Haus, Hof, Scheuer mit allem Zubehör, gelegen beim Rathaus in Homburg, 1/2 Krautgarten bei der Engelwiese und 1 1/2 Morgen Wiesen, die nach seinem Tode in den Besitz des Altars, zur Nutznießung des Altaristen übergehen sollten[494]).

Dieser neugestiftete Altar war dem Apostel Jacob, dem hl. Erasmus und Christophorus, wie den 14 Nothelfern und 10 000 Märtyrern gewidmet, er wurde am 14. April 1499 vom Mainzer Weihbischof Erhardus[495]) geweiht. Es war der vorderste Altar und stand zur Linken, „als man inne geht in den Kore". Demnach bestanden vier Altäre in der kleinen Liebfrauen-Kirche. Der älteste hieß Frühmesser(altare primissare), gestiftet 1383. Er wird auch „altare sanctorum Valentini, Urbani, Huperti, Andreae et Ottilie virginis" (1522) genannt. Als Altaristen sind uns namentlich bekannt Eberhart Erlenbach (1476), Johann Kroll (1522), dann folgen zwei Mainzer Kleriker: Johann Gewenner und sein Bruder Balthasar Gewenner (1525); beide waren Söhne des Schultheißen zu Berstadt Seyp Gewenner und vermutlich Verwandte des Ilbenstädter Propstes Johann VI. Gewenner (1521-1536)[496]).

---

[492]) Clemm, 349 c.

[494]) Staatsarchiv Marburg, Extradenda Wiesbaden, 1498, Juni 8.

[495]) Erhard von Redwitz, O. Cip. Ep. Vicecomponensis (+30. 9. 1502) Handbuch der Diözese Mainz, 1931, S. 32. — Valentini ist der hl. Wendelin, der Viehpatron, dem in Kirdorf ein Kapellchen gewidmet ist. Urbani ist der hl. Urban, der Märtyrer (26. Mai). Hupertus wurde als Beschützer gegen Jagdgefahren angerufen, und Ottilie war die Stadtpatronin, ihr Bildstock stand vor dem Stadttor.

[496]) Freundliche Mitteilung des Herrn Pfarrer Norbert Bewerungen, der der beste Kenner der Ilbenstädter Klostergeschichte ist.

„1525, Dezember 27

Seyn Gewenner Schultheiß zu Berstadt bezeugt, daß sein Sohn Johann Gewenner mit Einwilligung des Propstes und des Konvents des Prämonstratenser-Ordens zu Ilbenstadt, als Patron der Pfarrkirche zu Homburg („Homberg bey Ursel"), verzichtet hat auf die Frühmesse und den Altar der Heiligen Valentin, Hupert, Urban, Andree und Ottilie in gemeldter Pfarrkirche gelegen. Die Altäre wurden am 17. Oktober 1524 seinem zweiten Sohne, dem leiblichen Bruder des Johann Gewenner, Balthasar Gewenner Mainzer Kleriker übertragen. Sollte daraus ein Nachteil erstehen, wird er Propst und Konvent schadlos halten. Im Fall es käme ein Altarist, der besseres Recht auf die Stelle zu haben glaube, werde sein Sohn von den Altären abstehen.

Als Zeugen waren gegenwärtig Contz Keyp, Salzsieder zu Nauheim, Fried-Theyß und Friedrich Hemd, Einwohner zu Wolfersheim.

Philipp Habber, Schreiber." Regest: Clemm, 349 k.

Für die Homburger Kirchengeschichte bilden die Urkunden des Hanauer Consistoriums im Staatsarchiv Marburg eine wichtige Quelle. Neben Ilbenstädter Urkunden befinden sich dort einige Homburger kirchengeschichtliche Notizen, die uns so manches Zeitgeschehen überliefern. Drei der Aufzeichnungen beziehen sich auf den St. Jakobs Altar, auf einiges sei hier kurz hingewiesen. Wir erfahren Einzelheiten über die Einweihung des St. Jakobs-Altars durch den Mainzer Weihbischof Erhard am Sonntag Misericordia 1499, über den Standort des Altars und über einen 40-tägigen Ablaß. Eine andere „Nota" berichtet, daß jener, der den Altar zu eigen hat, am Jakobstag den Armen ein Achtel Brot geben soll. Der Schreiber bemerkt noch, daß die 10 Gulden, die dem Altar gehören, derzeit der Seulberger Schultheiß Hans Boneacker innehabe. Eine andere Notiz beschreibt den Paternoster („Katzendoni"), den Heinrich Seulbergers junge Tochter Katharina dem Altar gespendet hat und der das Bild unserer Liebenfrau und das St. Jakobsbild zieren soll.

Der *Kreuzaltar* wurde vor 1403 gestiftet, zum ersten Male 1403 genannt. Er wurde als Christi Opferaltar auf Golgatha verehrt, das Altarkreuz ist demnach im übertragenen Sinne zu verstehen, und ist auch den Aposteln Peter und Paul, wie auch St. Wendelin, dem Viehpatron, geweiht. In lateinischen Urkunden als „s. crucis Christi. s. Petri et Pauli apostolorum necnon s. Wendelini" erwähnt, (1470). Altaristen: Johann Hartrudt Pastor zu Gonzenheim (1476); Johann Cleburg, Vikar vom St. Bartholomäus Stift in Frankfurt, der 1513 resignierte; sein Nachfolger war der Mainzer Diözesanpriester Caspar Brun (Braun).

1513 April 18 Ilbenstadt

Der Probst von Ilbenstadt, Philipp von Karben (Carben), verständigt den Vertreter des Offizialrats von St. Peter vor den Mauern zu Mainz, daß der Altarist des Kreuzaltars der Kapelle der seligen Jungfrau (capella beatae virginis) in Homburg Hirmandus Cleburg, Vikar der St. Bartholomäus Kirche zu Frankfurt, in die Hand des Propstes verzichtet habe, und da die Präsentation und Kollation seiner Propstei zustehe, schlägt er den Mainzer Diözesanpriester Kaspar Brun zur feierlichen Einführung vor.

Der Hauptaltar war der *Liebfrauenaltar*. Das Homburger Gotteshaus wird wiederholt Liebfrauenkapelle genannt[497]. 1476 ist in der Schenkungsurkunde des Edelknechtes Burghart Huser als Altarist des „lieben frauwen altars" Diedrich Meyenkranz erwähnt.

Der erste Altarist des von Dietz gestifteten Jakobi-Altars war der Sohn des Stifters Dietrich, der geistesgestört um 1517 starb; sein Nachfolger wurde ein Verwandter namens Jakob Gryff.

Propst und Konvent zu Ilbenstadt haben sich in einer Urkunde vom 1. Dezember 1497 das Recht vorbehalten, falls sie die Pfarrkirche zu Homburg einverleibten, auch den von Dietz gestifteten Altar mit einzugliedern[498].

1497 Dezember 1

Ruprecht, Propst des Prämonstratenser Klosters zu Ilbenstadt, sowie Prior und Konvent bekennen, daß ihr Kloster den Kirchensatz[499] zu Homburg (Hoenburgk) mit allen geistlichen Lehen zu vergeben hat. Dietz von Steden, Bürger von Homburg hat nun in der Pfarrkirche zu Homburg einen neuen Altar gestiftet mit der Bedingung, daß der Sohn des Stifters, der Priester Dietrich, auf Lebenszeit den Altar besitzen soll. Nach dessen Tod möge jener Graf zyu Hanau, der Homburg inne hat, den Altar verleihen. Dies ist ein Nachteil für ihr Kloster, das als Patron den ganzen Kirchensatz in Homburg zu eigen hat. Doch zu Ehren der Herren von Hanau und ihrer Grafschaft hätten sie jetzt verzichtet. Für den Fall, daß ihr Kloster kurz oder lang die Homburger Pfarre mit allen Altären inkorporiere, wird auch der neue Altar mit einbegriffen, und sie werden dann die Stelle des Altaristen mit einem Mönch ihres Ordens besetzten. Die Fundation des Altars verbleibt ohne Hinterlist den Herren Grafen von Hanau.

---

[497] „Capelle unser lieben Frauwen" 1445; „capella beate Virginis" 1513.
[498] Staatsarchiv Marburg, Extradenda Wiesbaden, Abt. Hanauer Urkunden.
[499] Recht eine Pfarrstelle zu besetzen und die Pfründe zu verleihen.

Siegler: Der Propst und der Konvent des Prämonstratenser-Klosters. Datum: „Der da geben ist uff den fritage nach Sant Enderstagk in dem jare nach der geburt unsers herren Jhesu cristi viertzehnhundertnuntzigk und sieben jare."

Eine Registratur der Urkunden über alle hanauischen Kirchen, Kapellen und Altäre, über die den Grafen von Hanau das Patronatsrecht zusteht, zählt 1498 auf Seite 50 Homburg v. d. Höhe mit dem St. Jakobsaltar auf[500]).

Papst Alexander VI. überträgt 1498 die Pfarrei Oberstedten und Homburg dem ehrwürdigen und tugendsamen Mainzer Domstiftspriester Johannes Althen von Oberursel[501]). Da damals um die Besetzung der Pfarrstelle Streitigkeiten ausbrachen, wandte sich der Propst Ruprecht Durrheimer, auch Dauerheimer (1487-1502), nach Rom und bat um eine päpstliche Entscheidung, die zu Gunsten Althens ausfiel. Ein seltener Fall in der Kirchengeschichte, daß der Papst selbst einen Pfarrer ernannte. Althen wurde am 22. März 1499 vom päpstlichen Protonotar und Scholastikus an St. Stephan zu Mainz, Bernhardus Greiß de Morden, in sein Amt eingeführt. Althen war Mitglied der Schützenbrüder St. Sebastian zu Homburg[502]).

Reformation

Hier schalten wir zur Orientierung einen Satz politischer Geschichte ein. In der bayerischen Fehde besetzte Landgraf Wilhelm II. von Hessen das Amt Homburg (1504), und auf dem Reichstag zu Worms 1521 wird Homburg erblich Landgraf Philipp dem Großmütigen zugesprochen. In Homburg wurde 1525-1527 die Reformation eingeführt, damit bricht eine neue Epoche in der Kirchengeschichte an.

In den Stadtrechnungen sind die Einzelheiten dieses Ereignisses angedeutet. Es begann mit einer Reihe von Botengängen, die Einträge, die sich auf die Einführung der Reformation beziehen, füllen ganze Seiten in der Stadtrechnung von 1525. Keller, Bürgermeister, einige Bürger und der Stadtschreiber waren siebenmal in Kronberg beim Amtmann Helwig von Lauerbach „unsers phernes halber"[503]). Der Stadtknecht wurde nach Ilbenstadt zum Propst gesandt[504]), und der Propst Johann VI. Gewenner (Gewende) kam nach Homburg, „der phar halber"[505]). Der angesehene Bürger Heintz Weidmann war beim Landgrafen „des pherners halber"[506]). Es ging um den Pfarrer von Oberstedten-Homburg, Johann Bergen, der seine Stelle einbüßte. Als dann 1527 zum letzten Male 4 Albus für ein Viertel Messewein in die Stadtrechnung gestellt wurden[507]), war die Reformation in Homburg eingeführt, der die Homberger Synode vom Oktober 1526 und das Marburger Reformationsprogramm in Hessen die Wege ebneten.

---

[500]) St. A. Marburg, Hanauische Consistorium Lade 2995.
[501]) Clemm, 349 e.
[502]) Korf, S. 25.
[503]) St.R. 1525, S. 33, 34, 35 und 44.
[504]) Ebenda, S. 35.
[505]) Ebenda, S. 35.
[506]) Ebenda, S. 34.
[507]) St.R. 1527, S. 37.

Als die Einführung der lutherischen Lehre im Gange war, ordnete Landgraf Philipp am 24. Februar 1525 die Bestandaufnahme des Kirchenvermögens in Hessen an, um das Abhandenkommen wertvoller Kirchengeräte zu verhindern. In Homburg hat der eppsteinische Amtsmann Lauerbach im März 1526 im Beisein kirchlicher und weltlicher Angestellter das Kirchengut inventarisiert. Das Register, das im Staatsarchiv Marburg unter der Signatur Extradenda Wiesbaden aufbewahrt wird, hat E. G. Steinmetz veröffentlicht[508]). Diese Quellenpublikation bildet nicht nur einen bedeutenden Beitrag zur katholischen Kirchengeschichte der Ämter Eppstein, Kronberg und Homburg, sondern ist auch ein Beleg dafür, daß die Reformation ohne Ausschreitungen verlief.

„Hoennberg vor der Hoe"

Ein silbern creutz, ist ziemlich groß.
Ein silbern monstrantz, ubergult.
7 lang corellen paternoster mit katzendonien sambt zweien agnus dei, ist eins silberin und das ander ubergult[509]).
Ein koppern kilch mit einer paten[510]), ubergult.
5 silbern kilch ubergult mit iren patenen und corporall[511]).
Zwen zynn kelch viaticum[512]), ist ubergult.
Ein silbern oleibuchsen, ubergult.
Ein rot syden viereckichttuch mit perlin gestickt.
Ein blahe sameth viereckicht tuch, daruff zwen engel und ein monstrantz mit perlin gestickt.
Ein blahe new samath chorkappen.
Ein rot dammasten viereckicht tuch, umgher ein corellen paternoster und midten auch paternoster.
Ein handtzwell[513] mit syden gestickt und an beiden orten syden traddeln.
Ein rott sammet corporalhauß.
Ein rott und grun syden corporalhuß.
Ein blahe samet casell[514]) mit aller zugehörde, ist das humerall mit perlin gestickt.
Ein grun sameth casell mit aller zugehör und das humeral mit perlin gestickt.
Ein swartz sammeth casell und das umberal dazu mit perlin gestickt.
Ein rott umberal mit perlin gestickt.
Ein blahe schamlotten[515]) cassell mit aller zugehörde.
Dry new weiß cassell schechtern mit all irer zugehörde.

---

[508]) Steinmetz, E. G. Das Kircheninventar der Ämter Eppstein, Cronberg und Homburg von 1525 und die Einführung der Reformation in Homburg vor der Höhe, in: Verein für Geschichte und Altertumskunde in Bad Homburg v. d. H., XVII. Heft der Mitteilungen, 1932, S. 155-186.
[509]) Siehe die Abbildung und den Text dazu auf Seite 211.
[510]) Oblatentellerchen.
[511]) Corporale ist ein Tuch mit dem der Kelch und die Hostien zugedeckt werden.
[512]) Viaticum, Behälter für die letzte Wegzehrung.
[513]) Handtuch.
[514]) Meßgewand.
[515]) Aus Kamelhaaren gewebtes Meßgewand.

Ein rot zendeln[516]) cassell mit aller zugehörde.
Dry syden gefögelt casel mit aller zugehörde.
Ein rot arreß casell, ist mit syden gestickt.
Ein swartz lundisch mit aller zugehör.
Ein grün syden gevogelt cassel.
Ein grün zendeln cassel.
Ein alt weys wölln casell mit ir zugehörde.
Zwo alt weiß zendeln casell.
3 rot lundisch casell und eyn humerall darzu.
Ein alt eyßgrahe wolln casell.
Ein brun lundisch casell.
Vier blahe vollen gemengt casell mit aller zugehör.
Dry alt swartz wollen casell mit aller zugehör.
Ein alt alban[517]) mit irer zugehör.
Zwo knabenalben.
Ein rot arres chorcap.
Zehen handtzwelln.
Vier gewirckte tucher mit wapen.
41 schleyher.
Echt alt und neu geweben altartucher.
Zwei gemalt wandtucher.
Ein ledern gemalten vorhangk an den hoen altar.
Zwolff alt und new altartucher.
Dry groß kussen und ein cleins.
Zwen new atlaß levitenrogk.
Zwen weychkessel.
Sunst vill ander leyen tucher, damit man die helgen vermumbdt.
20 versiegelter heubtbrif uber 13 gulden 3 schilling 2 heller und ein malder
    korns, so die presentz fallen hat, besagen.
12 versiegelt gultbriff, lutende (uber) 12 gulden 21 schilling 6 heller jerlicher
    renten und zins.
Unser lieben Frawen capell zu Hoenberg vor der underpforten hat an barem
    gelt fallen 16 gulden 1 schilling 4 heller, ist darzu geopfert worden.
In sanct Jorgen capell by Hoembergk[518]).
Ein kellich, ist silbern und ubergult.
Zwo alt casseln mit irer zugehor.
Zwei clein glöcklin.
Ein weichkeßell.
20 schilling zins gefallen jerlich in die kirche ungeverlich.
2 morgen landes stet der kirchen zu, hat der glockner underhanden."

---

[516]) Eine Art Taft.
[517]) Weißes Chorhemd.
[518]) Die St. Georg Kapelle auf dem Georgenfeld kann die Kapelle der Dorfadeligen im Mittelalter gewesen sein. Später war hier der Pestfriedhof, hier wurden auch die Hingerichteten begraben. Vgl. Steinmetz, Das Kircheninventar der Ämter Eppstein, Cronberg und Homburg von 1525 und die Einführung der Reformation in Homburg vor der Höhe, Anm. 54.

Lutherische Pfarrer

1. Oberpfarrer:
Anton Fabricius, von Oberursel, er war noch 1576 im Dienst.
Johann Sarff, von Homburg, 1584-1611.
Heinrich Seulberger, 1611-1637.

2. Diakone:
Johannes Grafschaft, †1573.
Kaspar Kahl, 1573-1577.
Georg Scharff (auch Scharffuis), 1577-1588.
Johann Horres (auch Horresius), von Kirdorf, 1588-1598.
Heinrich Seulberger, 1599-1611.
Laurentius Breusching, von Bromskirchen, 1613-1638[519]).

---

[519]) Diehl, Hassia sacra, Bd. IV. Pfarrer- und Schulmeisterbuch.

XXVII. Homburger Schulgeschichte

Bei der Durchsicht der Homburger Stadtrechnungen, die von 1516 an fast lückenlos erhalten sind, läßt sich einwandfrei feststellen, daß in Homburg schon eine Stadtschule bestand, als Luther seine Schrift verfaßte „An die Ratsherrn aller Städte deutschen Landes, daß sie christliche Schulen aufrichten und halten sollen." Ein Magister Johann Happel(onis) von Homburg wird als Zeuge in einer Mainzer Urkunde, 25. 10. 1386, erwähnt[520]). Wann aber die erste Schule hier in der Vorreformationszeit ins Leben gerufen wurde, läßt sich beim Mangel an einschlägigen Quellen nicht mehr nachweisen.

Die erste Erwähnung eines Schulmeisters in Homburg finden wir in der Stadtrechnung vom Jahr 1516: „Item 1½ gulden dem Schulmeister". Der Eintrag ist unter der Rubrik „Salve gelt" verbucht[521]). Diese Ersterwähnung eines Lehrers in Homburg ist ein ausreichender Beleg für das Bestehen der Schule. Freilich ist die Schule älter, ihre Entstehung können wir in das 15. Jahrhundert zurückverlegen; auf ein viel höheres Alter kann sie kaum Anspruch erheben, denn erst im 14. Jahrhundert entstanden die ersten deutschen Hochschulen und Lateinschulen.

Der Lehrer zählte zu den Stadtdienern, er wurde vom Stadtrat angestellt und aus der Stadt- und Kirchenkasse wie aus der Kellerei besoldet, er bekam wie alle Stadtangestellten 4 Schilling 4 Heller Weinkauf. Seine Besoldung bestand bis 1539 in Bargeld, Naturalien und Dienstwohnung. Da erst seit 1516 die Stadtrechnungen vorliegen, ist über die Lehrer und ihre Gehälter im Mittelalter nichts bekannt. Der Lehrer bekam 1517 nur 1½, später 3 Gulden Fixum aus dem Salvegeld, er hatte ferner das Schulfeld, das hinter dem Hain lag, in Nutznießung. Der Lehrer war auch Kantor und Pfarrgehilfe[522]).

1527 wurde die Reformation in Homburg eingeführt, die eine Protestantische Volksschule schuf, die neben Lesen, Schreiben, Rechnen den Katechismus lehrte und das Kirchenlied pflegte. Die Reformation förderte den Schulzwang und die Errichtung von abgesonderten Knaben- und Mädchenschulen, wodurch die allgemeine Volksbildung eine wesentliche Förderung erhielt. Trotzdem lag das Schulwesen noch lange im argen.

Schule und Kirche blieben miteinander innig verbunden und dies hatte zur Folge, daß die Schule ganz unter den Einfluß der Pfarrer kam, in deren Händen die Schulaufsicht lag. Im Mittelpunkt der Schularbeit stand der Religionsunterricht, der mit großer Stundenzahl sorgfältig gepflegt wurde.

Die Homburger Stadtschule besuchten auch die Schulkinder aus Niederstedten und Dornholzhausen. Dies geht aus einem Eintrag der Stadtrechnung von 1544 deutlich hervor: „11 gulden 14 Schilling 3 Heller dem Schulmeister und Glöckner iber das glockgeldt geben und was man an den vier achtel korns von nidder steden, dem zinß besunder XII. ß hinder dem haun, und die VIII ß

---

[520]) Vogt-Otto-Viganer, Regesten der Erzbischöfe von Mainz, I. S. 670.
[521]) Stadtrechnung 1516, S. 47.
[522]) Ebenda, 1517, S. 44: „Item 1½ gulden dem Schulmeister". Der Lehrer wurde deshalb vom Salvegeld bezahlt, weil er in der Kirche als Vorsänger mitwirkte und Kirchendiener war. Für das Läuten der Glocke bekam er den Glöcknerlohn.

zins zu holzhusen empfangen fint man in der innam"[523]). In diesem Jahr wurde dem Lehrer vom Salvegeld nichts gegeben[524]). Von 1540 an sind die Naturalien schon in Geld umgewandelt und die Bürgermeisterrechnung verbucht jährlich 20 Gulden Lehrergehalt in Bar. Doch erhielt der Lehrer in Wirklichkeit 30 Gulden. Dies geht aus folgendem Eintrag hervor: „Item III gulden dem Schulmeister auß der gemein damit die XXX gulden erffolgt werden"[525]); 3 Gulden aus dem Salvegeld und 6 Schilling Glöcknerlohn werden laufend verbucht[526]). Im Jahr 1548 verbucht die Stadtrechnung unter der Rubrik „Aussgifft geltß der gemein Diener: „IIII gulden dem Schulmeister uber unsser frauwen Altar inkommens, deß sollen die Kastenmeister auch VI gulden dem Schulmeister liebern, daß damit die XL gulden bezalt sint"[527]). Der Kastenmeister war der Rentmeister, der Keller; hier sind zwei erwähnt, nämlich der hessische und der Stolberg-Königsteinische. Demnach erhielt der Lehrer vom Einkommen des Liebfrauenaltars vier Gulden und von den Kellereien sechs Gulden. Im Jahr 1553 wird ein neuer Schulmeister auf ein Jahr angenommen, ohne Angabe des Namens; die Amtseinführung wird mit einem Ehrenmahl auf Stadtkosten gefeiert[528]). 1566 wird Valentin Flick, ein Heimatsohn, als Lehrer angestellt. Das Bestallungsbüchlein von 1568 besagt: „ein jhar lang angenommen die Schull mit allem vleiß und die Jung nach allem besten underweißen das ist sein belohnung wie vormals"[529]). Flick, der in Marburg Theologie studiert hat, diente von 1566-1570 als Lehrer und ging nach Okarben als Pfarrer[530]). Sein Nachfolger war Peter Glypurg von Treysa, der nach einem Jahr Schuldienst die Seelsorge in Gonzenheim übernahm[531]). Nach Glypurg unterrichtete Kaspar Kahl von Grünberg von 1571-1573, der nachher die zweite Pfarrstelle in Homburg bekleidete[532]). 1577 ist Georg Scharpf als Lehrer tätig, das Bestallungsbuch zählt seine Pflichten folgenderweise auf: Unterricht, Kirchengesang, Kirchendienst, Läuten und „dem regiment vor Obrigkeit furer gehorsam zu sein"[533]).

Im Jahre 1580 wurde Johann Bender vom Stadtrat in die Gegend von Rheinfels entsandt, um einen Lehrer zu holen[534]). In diesem Jahr wurde Johann Brust zum ersten Male angestellt. Bei seiner Amtseinführung wurden 2 Gulden 6 Heller verzehrt[535]). Nach einem Eintrag im Bestallungsbuch wurde er 1581 wieder auf ein Jahr angenommen.

Johann Brust kam 1582 wegen Sodomie mit zweien seiner Schüler vor das peinliche Gericht und wurde, nachdem er 146 Tage im Gefängnis gesessen hatte, zum Tode verurteilt und mit dem Schwert hingerichtet, da der Galgen damals

---

[523]) Stadtrechnung 1544, S. 42.
[524]) Ebenda, S. 43.
[525]) Ebenda, 1540, S. 28.
[526]) Ebenda, 1547, S. 37, 1548, S. 37.
[527]) Ebenda, 1547, S. 36, 1548.
[528]) Ebenda, 1553, S. 45: XVIII ß VI h. ist verthan alß man den neuwen Schulmeister angenommen hat.
[529]) Bestallungsbuch, 1568, S. 3.
[530]) Diehl, Hassia Sacra, Bd. IV. S. 245.
[531]) Ebenda.
[532]) Diehl, Hassia Sacra.
[533]) Bestallungsbuch 1577, S. 3.
[534]) Die Stadtrechnung 1580, S. 39, verbucht 10 Schilling Ausgabe für Botenlohn.
[535]) Ebenda, 1580, S. 51.

schon abgeschafft war. Die zwei Schüler, die auch der Unzucht beschuldigt waren, wurden „ausgestaupt".

Nach Brust wirkte bis 1585 Reinhard Oberhin, Sohn des Pfarrers Christoph Oberhin zu Oberursel. Er war 1581 an der Universität Wittenberg immatrikuliert und wurde Diakon zu Königstein[536]).

Im Jahr 1585 übernahm der aus Kirdorf stammende Johann Horreß (Horresius) den Schuldienst bis 1588[537]). Das Bestallungsbuch von 1587 besagt: „Johannes horres ist ein jarlang widderumb zue einem Schulmeister angenommen die bluehende junge manschaft treulichen zue instruiren und zue lehren wie solches sein dienst und die notturfft erfordern, daß deswegen in vorstehender visitation kein clag vorfallen mochte"[538]). Horreß wirkte von 1588 an als Diakon in Homburg. Die Stadt hatte bei der Anstellung eines Lehrers vorher die Einwilligung des Landesherren einzuholen. Die Schule unterstand der Aufsichtspflicht des Superintendenten zu Darmstadt, der die Schulvisitation durchführte.

Die erste Mädchenschule wurde 1588 in Homburg errichtet. Der Glöckner Johann Schmidt versah den Unterricht und bekam aus der Stadtkasse einen Lohn von 2 Gulden[539]). Schmidt stand noch 1608 im Schuldienst.

Nach Horres wurde *Matthias Drost* (auch Trossius) als Lehrer angenommen[540]). Diehl führt ihn als Trossius, Sohn des Darmstädter Bürgers Troß, an, sagt von ihm, er sei in Marburg immatrikuliert gewesen und sei 1595 als Lehrer abgesetzt worden[541]).

Im Jahr 1591 wurde ein neues Schulhaus in Homburg erbaut. Während der Bauzeit hielt der Lehrer den Unterricht in einem Zimmer des Rathauses. Die Ausgaben für den Schulbau sind in der Stadtrechnung 1591 unter der Rubrik Baugeld von Seite 67-74 eingetragen. Die Baukosten beliefen sich insgesamt auf 242 Gulden 11 Schilling und 6 Denar. Die Stadt nahm vom Keller zu Petterweil ein Darlehen von 100 Gulden auf. Von Köppern wurden 6600 Ziegel gekauft, das Tausend um 4 Gulden 16 Schilling, und 500 Backsteine um 2 G. 12 Sch. In der Hohen Mark fällte man das Bauholz. Viel Baumaterial wurde von Frankfurt herbeigeführt. Der Baumeister Peter Friedmann leitete die Bauarbeiten. Erwähnt sei, daß der Superintendent Angelus zu Darmstadt aus der Homburger Kirchenkasse 40 und aus der Gonzenheimer 5 Gulden zum Schulbau bewilligte[542]).

In der neuen Schule, die in der Orangeriegasse stand, wirkten folgende Lehrer: 1. *Sebastian Pistorius* von Windecken (1595-1596). Drei Einträge in der Stadtrechnung berichten über seine Anstellung. Ein Bote bringt einen Brief nach Darmstadt zur landgräflichen Kanzlei, wegen der Genehmigung[543]), dann holt Valentin Steden den Hausrat des Lehrers von Windecken[544]), und Bürger-

---

[536]) Diehl, Hassia Sacra, Schulmeisterbuch.
[537]) Stadtrechnung 1585, S. 51.
[538]) Bestallungsbuch 1587, S. 5 und 6.
[539]) Stadtrechnung 1588, S. 44.
[540]) Stadtrechnung, 1591, S. 44.
[541]) Diehl, Hassia Sacra, S. 243.
[542]) Stadtrechnung, 1591, S. 67-74.
[543]) Stadtrechnung, S. 60.
[544]) Ebenda, S. 65.

meister und Rat geben dem neuen Lehrer ein Ehrenmahl[545]). 2. *Heinrich Seulberger* (1596-1598)[546]), nach seiner Lehrtätigkeit trat er in Homburg den Diakon- und später den Pfarrdienst an. 3. *Sylvester Marius* von Neuenkirchen 1598-1614. Die Stadtrechnung verbucht zweimal Botenlohn nach Darmstadt zum Superintendenten wegen des Lehrers und der Gemeindeschule, wie auch die Zehrung für das Ehrenmahl gelegentlich der Amtseinführung[547]).

---

[545]) Ebenda, S. 26.
[546]) Diehl, S. 243.
[547]) Stadtrechnung, 1599, S. 71 und 88.

XXVIII. Homburger Bürger von 1420 bis 1500

In den Homburger Gerichtsbüchern treten in der ersten Hälfte des 15. Jahrhunderts von 1420-1450 folgende Bürger auf:
Cles Becker, Henne Bluer, Henne Decker (Deckerhen), Friedrich Ferbir, Hermann Flick, Cles Gelube (Kaloppe), Cles Groß, Henne Gut, Contze Heymberger, Elsin Hohutz, Henne Hus (Husehen), Hilchin Isenbacher, Contzgin Keffenberger, Heintz Kiefferer, Henne Knack, Clauß Koch, Heile Königstein, Hailwe Kinz, Johann Lesche, Syfridt Loener, Peter von Marburg, Henchin Metzeler, Henn Mumme, Peder Rade, Henne Sibolt, Hermann Schebold, Hartmann Snider, Dine und Hebel Sterczelheim.

In der Zeit von 1450-1500 begegnen folgende Bürger in den Gerichtsbüchern:
Johann Becker „Kertzenmeister" (Zunftmeister), Heilmann Bender, Henne und Sanne Berg(en), Heintz Bingel, Heintz vom Born, Peter Brunhenn, Henne Dietz „Kertzenmeister", Henne von Dreyßberg, Peter Eckert, Henn Finken, Henne Gracker, Cles Gebhard, Hans Greff, Heintz Gutjar, Eltshin Harper, Peter Hartrudt, Henne Hartten, Henne Hartten, Johannes Hoenberg, Henne Jost, Cles Kesseler, Kunz Keynberger, Cles Kitsch, Peter Krantz, Peter Madis, Henne Mage, Fritz Mayer, Dietrich Meyenkrantz, Lisge Moller, Peter Malgin, Johannes Lauel, Gerlach Pfaffenhentze, Henne Ryßen, Heintz Sanger, Hermann Schebeling, Heintz Scheffer, Henne Schalbach, Peter Scherer, Heintz Seulberger, Henne Schlingen, Syfrit Smidt, Bernhard Snode, Henne Steden, Hentschin Schwartz, Fritz Wagner, Peter Witz, Jakob Zimmer, Cles Zimmermann.

Im 15. Jahrhundert tritt in den Gerichtsbüchern auch der Ortsadel auf:
der Edelknecht Friedrich, die Junker: Henne Brendel, Wigand Buches, Junker Burghardt, Junker Clemme, Gottfried Delkenheim, Bernhard von Hauptbach, Walter von Londorf und Eberhard Riedesel.

Die bürgerlichen Geschlechter der Stadt Homburg-Diedigheim tauchen auch in Urkunden der Prämonstratenserstifter Ober- und Nieder-Ilbenstadt im 15. Jahrhundert auf. So werden in einer Stiftungsurkunde[548]) vom 16. Juni 1445 erwähnt: der damalige Pfarrer von Oberstedten und Homburg, Johann Lesche, mit den Altaristen Johannes Herbstein und Andreas Hunhan von Ransdorf, der Stifter Wigand von Buchis, dessen Vater Herdan und Mutter Altheit, ferner Nikolaus (Cleß) Groß, Hans Wiese, Locchin Becker, Arnold Becker, Henchin Metzeler und Henn Croll. Am 3. Februar 1570 wird der Gonzenheimer Pfarrer Johannes Hartrudt mit dem Armiger Johann Brendel genannt. Am 22. April 1476 tauchen neben Junker Burghardt Huser, Edelknecht von Hoenberg, Johann Hoenberg, Pfarrer zu Oberstedten und Homburg, wie Dietrich Meyenkrantz, Altarist des Liebfrauenaltars, auf, ferner Eberhard Erlenbach de Frühmesser, Hermann von Homburg, der Vikar an dem Bartholomäusstift zu Frankfurt. Im Jahr 1497 stiftet Dietz von Stedten, Bürger zu Homburg, einen neuen Altar in der Kirche. 1498 treten der Homburger Schultheiß Heinz Seulberger und die Schöffen Henne Herterich, Henne Krantz, Henne Heintz, Siegfried Schmidt,

---

[548]) Clemm, Ludwig, Hessische Regesten, Heft 2, Die Urkunden der Prämonstratenserstifter, Ober- und Nieder-Ilbenstadt, Darmstadt, 1927.

Kunz Holler, Henne von Bergen, Heile Königstein, Heinz Bender, Ewald Zimmermann, Henze von Königstein auf. Hier wird uns eine ziemlich vollständige Liste der Schöffen überliefert. Diese Schöffen sind aus dem Homburger Patriziat, — wenn ich den Ausdruck hier gebrauchen darf — aus dem wohlhabenden und führenden Bürgerstand, hervorgegangen. In dieser Urkunde werden noch folgende Homburger als Angrenzer der geschenkten Äcker, Wiesen, Gärten, Eller usw. genannt. Konrad Becker, Peter Schuchert, Junker Jorg Brendel, Henne Dietz, die Jungfrau Kunigunde, Heinz Bender, Adam Zimmermann und Fritz Kloppenbusch.

Bederegister 1516 und Herdschillingsliste 1600

Es ist etwas Eigenes um die nüchternen Stadtrechnungen, in ihnen finden wir den Niederschlag der wichtigen politischen, religiösen und wirtschaftlichen Ereignisse der Zeit. Da treten alle Männer der Stadt auf: landgräfliche Keller, die Bürgermeister und ihre Gesellen, der ganze Rat, jedes Familienhaupt, das Herdschilling und Bede zahlt im Schloß und Tal, Schulmeister, Stadtknecht, zunftmäßige Meister, Pförtner, Wächter usw.; doch von den Frauen werden nur die Witwen und die 10 Kammerfrauen genannt.

Ein Teil der Familiennamen ist eigentlich den Herkunftsorten, aus denen die Bürger zugezogen waren, entlehnt. Diese Namensgebung war sehr beliebt. Ich führe als Beispiele an: Heinrich von Bommersheim, Henne Königstein, Jakob Bergen, Dietz von Steden, Peter von Butzbach, Konrad von Feuerbach, Wendel von Gettenbach, Hans Erlebach, Peter von Eschbach, Peter von Wehrheim, Ludwig von Marburg, Ludwig von Usingen, Henne von Vilbel, Peter von Reifenberg, Peter Camberg, Cles Rosbach, Heinz von Ortenberg, Heinz von Widdersheim, Krine von Karben.

Diese Familiennamen verraten uns, von wo die zugewanderte Homburger Bürgerschaft herstammte.

In anderen Fällen ist dem Taufnamen, der allein nicht mehr genügte, das Handwerk als Beiname zugefügt, der sich vom Vater auf den Sohn vererbte, und so zum Familiennamen wurde. Solche Namen sind: Hermann Becker, Heinz Bender, Johann Decker, Henne Moln (Müller), Christen Mule (Mühle), Peter Schneider, Dietrich Schmidt, Tyß (Mattheis) Schäfer, Rulmann Schreiner, Girlach Muerer, Ludwig der Muerer (Maurer), Hans Wagner, Kune Kremer, Hans Schumacher, Hans Scherer, Niklas Roidtleder (wohl ein Gerber), Girlach Metzeler, Niklas der Stadtknecht, Jakob Weidmann (Jäger), Peter Schlinge, (Schlingenleger), Henne Hirt(en).

Einige Familiennamen bezeichnen eine Eigenschaft oder sind Spitznamen: Klein, Groß, Prun (Braun), Scharpf, Probst, Herr, Kloppenbusch, Buckeler, Krebs, Kitsch, Hochhut.

Die im Bederegister aufgezählten 171 Familiennamen gehörten 117 Sippen an. Die Sippennamen zähle ich in alphabetischer Reihenfolge auf, die neben dem Namen stehende Ziffer gibt die Zahl der zur Sippe gehörenden Familien an:

Adam, Baltzen, Becker (9), Bender (3), Bergen (2), Bommersheim, Born (2), Butzbach, Buern (3), Buckeler, Christen, Decker, Dietz, Drumpeter, Ebert(2), Effelerbach, Eles, Endres, Eschbach, Feuerbach (3), Fluock, Geruß, Geltmann,

Umgebung des Rathausturms heute. Rathausturm in der alten Steingasse (Rathausgasse). Der lauschige Gasseneinblick zeigt ein Stück Altstadt im geschichtlichen Wandel. Das Straßenbild ist nicht einheitlich: Das Haus links ist eines der ältesten erhaltenen Häuser, erbaut 1585. Auf die neuere Architektur weisen die Mansardendächer hin. Heute ist es eine stille Gasse, früher durchfloß sie der Wagenverkehr zum Schloß. Der Rathausturm überragt beherrschend die Runde, hier war einst ein zentraler Platz, in dem das Herz der Stadt schlug. Werden wir den malerischen Reiz des Bildes bewahren und als historisches Erbe den Nachfahren hinterlassen können? Wird der Fortschritt alles zerstören? Hat der Wandel nur sich selbst zum Zweck? — Zu Seite 160, 178, 193 f.

Erhardus von gots gnade bischoff zu vicecomponet
und weybischoff zu mentz hoit den fortersten
altare zu der brucken hant als man yne geyt
yne den kor gewigen yn der Ere der xiiii
nothelffer und yn der Ere der x tusent
marteler und yn der Ere sant iacobs des
apostels den man nennet den grossen sant
iacob vf sondag misericordia dñi der do
was vf dem firzeen dagk des aprelles und
hoit dar zu gegeben xl dage applaß vf
gesatzter buß Anno dñi m cccc xc ix

Nota

Eyn besitzer sant jacobs altare zu hoenbergk
sol gerlichs geben eyn achtel brotes umb
gottes willen arme luden vf sant jacobs dag
der helgen apostels alß van x gulden die
sant jacobs sint und aneygelacht sint yn die
faran gulde des altares sant jacobs Und die
zheken gulden hoit lemßboyencafker schultet zu
sullebu[r]gk yme ietzet zu disser zyt jn ou

Zwei kirchengeschichtliche Notizen über den St. Jakobs-Altar (zu S. 213).

Gettenbach, Gilbrecht, Gillmann, Gutjahr, Gyne, Gybel, Hain, Hamel Harppen, Hartrud, Hebel, Heilmann, Heimberger, Heinzelmann, Hermann, Herre, Hertterich, Hirten, Hochhut, Hochst, Holler, Irlebach, Jeckel, Kamberg, Karben, Kappes, Kebel, Kessel, Kieberer (2), Kitsch, Klein (2), Klumpach (2), Kloppenbusch, Knack (3), Köngstein (7), Kontz, Korber, Krantz (2), Krebs, Kremer (2), Kroll (3), Kun (2), Kunge (2), Lenegin, Machleydt, Mage (2), Marburg, Maurer, Meckel, Metzeler (2), Meyenkrantz, Molges, Mollhusen, Mole, Mule, Niklas, Nultz, Oepel, Orlenberg, Paulus, Probst, Prun, Praunheim, Rietsch (4), Rosbach, Rucker, Scharpf, Schebolt (5), Schelbach, Scherer, Schlinge (3), Schmied (3), Schneider (3), Schriner, Schuhmacher, Schwartz, Stadtknecht, Steden (2), Sybel, Syfer, Thomas, Usinger, Vilbel, Vogel, Wagner, Wall, Wehrheim, Weidmann (4), Wentzel, Widdersheim, Zolp.

Bedeverzeichnis 1516

Aus der Stadtrechnung, 1516, Seite 3-19

Heintz Bender
Anna Molnartz
Hans Gutjare
Hermann Klimpach
Henne Becker
Haurtt von Hohest
Johann Decker
Peter Nultze Sprankert
Heinrich von Bommersheim
Henne Königstein
Jacob Bergen
Heile Königstein
Adam Krantz
Wiln Meckel
Josten Cristen
Diederich Königstein
Dietz von Steden
Niclaß Konigstein
Peter von Butzbach
Heinricze Elß
Peter Hamel
Johann von Stedenn
Hermann Becker
Henne Bergen
Conraidt von Fuerbach
Hermann Scharppf
Henne Klimpach
Wendel von Gettenbach
Henne Vogel
Peter Schnyder (Schneider)
Diederich Krantze

Contze Schnyder
Contze Kitsche
Henne Moln
Hen Harppen
Ebert Wentzel
Clesin von Roesbach (Rosbach)
Thomas Henchin
Hansin Heilmanß
Diederich Schmydt (Schmidt)
Peter Riesche
Die Klobseddeln
Heintz von Widderßheim
Hartmann Becker
Cleß Schebolts Elße
Conraidt Beckers Husfrau
Anthonius Becker
Hans vor Irlepach (Erlebach)
Hans Schmydt (Schmidt)
Thyß Syfer
Wendel Herre
Peter von Eschbach
Henne Hertterich
Henne Probst
Hans Bender
Hans von Kebel
Hans Wagener
Kune Kremer
Hans Schuchmecher
Henchin Schebolt
Henne Schmydt
Heintze von Orttenberg

Frederich Becker
Veltin Knack
Henchin Kremer
Peter von Wereheim (Wehrheim)
Lodewig Muerer
Henne Kloppenpus
Syfer Cleßin
Drumpeter
Veltin Becker
Henne Eberts
Veltin Heintzelmann
Henchin Knacken
Lodewig von Marpurg
Lentze Buern
Anna Buern
Peter Buern
Johannes Heilenhens
Peter Oepel
Johannes Molge
Pauel Wall
Henne von Vilwill
Veltin Riesch d. J.
Veltin Riesche d. Ä.
Ewald Clein
Contze Becker
Lodewig von Usingen
Peter Konigstein
Jacob Endres
Peter Kampperg
Hen Dietz
Wentzel Geruß
Henne Hirtten
Hermann Konigstein Sohn
Gutgin Born
Henne Born
Hermann Knack
Rulman Schriner
Henchin Kontzen
Veltin Machleydt
Henne Clein
Hartmann Paulus Eydam
Cilian Holler Husfrau
Conitz Rucker
Henne Kieberer
Wendel Prum
Krine Schling
Peter Niclaiß
Peter Mage Gele

Conitz Liest
Hans Gyne
Hermann Königstein
Hans Scherer
Diederich Baltzen
Johannes Schebolt
Aule Schebolt
Peter Harttrudt
Henne Kune d J.
Peter Hochhuts seligen Husfrau
Heintz Krolle
Peter von Ryffenbergk
Henne Kroß
Fritz Syfer
Hermann von Fuerbach
Ruetzen Ebert
Peter Schlinge
Henne Kitsch
Jakob Kroll
Ebert Zolpp
Elsse Adam
Conraidt Hermanß Hen
Girlach Muerer
Frietz Noiß Jeckel
Hen Schlinge d. J.
Henchin Krebs
Wendl Becker
Heintz Flueck
Gredgin Gilbrachts
Peter Kunge
Heintz Weydmann d. J.
Heintz Mage
Thomas Metzeler
Endres Kunge
Heintz Molhusin
Peter Schelbach
Hans von Fuerbach
Dietze Kieberer
Diederich Schnyder
Krine von Karbenn
Wendel Korber
Hen Meyenkrantz
Hen Hebbeln
Veltin Bender
Cristen Mule
Cristen Krollen Husfrau
Cleß Geltman
Henchin von Effelerbach

Henne Kappis
Peter Bucckeler
Girlach Metzeler
Henchin vom Hain
Hen Schwartz
Heinz Stadtknecht Husfrau
Heintz Weydemann d. Ä.
Anna Weydemann
Heintz Gybel
Niclaiß Roidtleder
Henchin Herman
Hen Heiln

Hen Prum d. J.
Henne Kun
Henne Flueck
Veltin Weydemann
Hermann Schebolt
Veltins Gretgin
Aule Grippen
Krine Frietz
Heymbergers selige Husfrau
Lenegin
Heinrich Kesseler

Herdschillings-Liste 1600
In Schloß und Stadt Homburg vor der Höhe, Seite 4-8 der Stadtrechnung 1600

Henn Diel d. Ä.
Hermann Mann
Johann Petri
Felix Krantzen Witwe
Johann Rörich
Hanns Schmied Glöckner
Jacob Gymen Witwe
Hanns Solz
Hartmann Zolpphen Witwe
Laurenz Bruckmann
Hartmann Rosenberger
Andreas Roht
Johann Ziegenberger
Hanns Wagener
Matthias Beuchling
Dietherich Balthasar
Jakob Zwieck
Reitz von Laaß
Hanns Sporer
Bernhard Liendenn
Peter von Bornn
Valentin Dreisenrohdes Frau

Chun Verborn
Dieterich Klompff
Katharina Hamel d. Ä.
Georg Rompell
Johann Brendel
Claus Fried
Hans Wagener
Johann Scherer
Johann Bender
Jacob Nauheim
Mardoch Jud
Claus Diel
Kaspar Jakobi
Hans Bez
Kaspar Wenix
Johann Bommersheim
Johann Wißbachs Kinder
Johann Kummers
Claus Erben
Johannes Scharpff d. J.
Hanns Bommersheim

Im Tal
Diedigheim („Dythicumb") Seite 8-16 der Stadtrechnung

Conrad Becker
Rudolf Diell
Martin Bauer
Jost Heß
Georg Schnitzer

Philipp Beckers Witwe
Valentin Heß
Hanns Schneider
Thönges von Haihn
Kaspar Schönwald

Heinrich Schneider
Johann Friedmann
Philipp Kappell
Hanns Blorock
Johann Groß
Valentin Heyl d. Ä. Witwe
Merg die Hebamme
Johannes Münster
Johann Münster
Dietherich Bosßen Witwe
Johann Dey
Hanns Thomas
Hanns Schmiedts Witwe
Wendel Strauchen Witwe
Johannes Niederursel
Johannes Knork
Else Kessell
Konrad Funken Erben
Johann Funken Witwe
Dietherich Mullnhausen
Johann Friederici
Johann Bernhard
Jaoob Lienden
Hermann Münster
Jacob Vilbell
Caspar Kuhn
Johann Scharpff
Hanns Krantzen
Hanns Horres
Thomas Holl
Lentz Liempach
Hanns Krantz
Reitz Ermell
Wendel Kesell
Johnn Graibe
Christiph Schoeffers Witwe
Hanns Hamel
Heinrich Efforn
Johann Brammen Erben
Valentin Müller
Jacob Kloppenbusch
Andreas Heyll d. J.
Christian Naumann

Dietherich Eullner
Hanns Schloeng
Andreas Scharpff
Johann Weydmann
Helene Stuckhardt
Valentin Steden
Heintz Rosbach
Wolff Schuchbaard
Peter Sommer
Daniel Braun
Johann Rosenchall
Hartmann Fiensel
Jacob Stamm
Hanns Conrad
Jacob Stamm
Heinrich Molz
Thönges Heyll
Claus Rode
Caspar Eberhardt
Johann Rosenthall
Hanns Archelgen
Caspar Schling
Matthias Kracker
Johann Wyrheymb
Georg Lamburger
Heinrich Jeckell
Paul Faber
Hensel Diehl
Michael Rompell
Johann Graunschafft
Samuel Diel
Rudolf Wortz
Kylian Deisenrohd
Samuel Diel
Johann Camburger
Phlipp Conradi
Rudolf Roßbach
Hans Rohr
Johannes Wörtz
Salomon Jud
Georg Bender
Christoph Eberhard
Kaspar Schönwald d. J.

ZWEITER TEIL

Aus der alten Geschichte des Stadtteils Kirdorf

Vorbemerkungen

Im Jahre 892 wird Kirdorf zum ersten Male urkundlich erwähnt, seitdem sind rund 1072 Jahre verflossen.

Ich gebe hier eine Rückschau auf die wechselvollen Jahrhunderte der ältesten Kirdorfer Geschichte, die heute fast völlig vergessen ist. Meine Ausführungen, die von 892 bis 1622 reichen, gründen sich auf die Auswertung der einschlägigen urkundlichen Quellen in den Hessischen Staatsarchiven Wiesbaden, Marburg und Darmstadt, in den Bayer. Staatsarchiven München und Würzburg, der Stadtarchiven Bad Homburg v. d. H. und Frankfurt/M, wie in dem Privatarchiv des Fürsten Solms zu Lich. So mancher wertvolle Hinweis auf örtliche Verhältnisse bei Geländebegehungen stammt aus mündlicher Überlieferung. Eine heimatgeschichtliche Literatur über Kirdorf liegt im Druck nicht vor. Mit Veröffentlichungen steht Kirdorf ebenso wie der Stadtteil Gonzenheim hinter Bad Homburg weit zurück. Die rührigen Heimatforscher, Stadtarchivar E. G. Steinmetz und Baurat Dr. H. Jacobi, unter denen die Homburger Heimatgeschichte einen erfreulichen Aufschwung nahm, haben ihre Forschungsarbeit noch nicht auf die eingemeindeten Dörfer Kirdorf und Gonzenheim ausgedehnt. Was an kurzen Aufsätzen bisher meistens ohne Quellen- und Literaturnachweis veröffentlicht wurde, ist sehr wenig und bald aufgezählt[1]).

Erwähnt sei noch, daß mir beim Abschluß der älteren Kirdorfer Geschichte für den vorliegenden I. Band meiner Stadtgeschichte von Herrn Mittelschulrektor Heinrich Denfeld dankenswerterweise eine umfassende und beachtenswerte heimatgeschichtliche Arbeit über Kirdorf im Manuskript zur Einsicht vorgelegt wurde. Sie trägt den Titel: „Der Ort und die Pfarrei Kirdorf im Taunus — Geschichtliche Notizen" und ist von 2 Söhnen Kirdorfs, Pfarrer Albert Wohlrabe und Pater Bernhardin Bender verfaßt. Der Tod des Paters Bender und die Versetzung des Geistlichen Wohlrabe trugen Schuld daran, daß die Arbeit unfertig liegen blieb.

---

[1]) Denfeld, H. Aus Kirdorfs Vergangenheit, in der Jubiläumsschrift des Männergesangsvereins Concordia Kirdorf, 1933.
Ders. 75 Jahre Kolpingfamilie „Sankt Johannes" Bad Homburg-Kirdorf.
Heibel, Allerlei Geschichtliches aus dem Stadtteil Kirdorf, Taunusbote vom 5. 1. 1926.
Korf, A., Aus der Kirchengeschichte Kirdorfs, erschienen in der Broschüre: Die Grundsteinlegung der Evangelischen Gedächtniskirche zu Homburg v. d. H., Kirdorf 1912.
Lotz, Fr., Ehemalige Bildstöcke und Flurkreuze in der Homburger Gemarkung, Festschrift zur Erneuerung der St. Wendelin-Kapelle, Bad Homburg v. d. H., 1960.

I. Einleitendes

1. Eingemeindung

Im Jahre 1900, als Frankfurt/M die Vororte Seckbach, Ober- und Niederrad eingliederte, wurde Kirdorf von der Stadt Bad Homburg v. d. H. eingemeindet. Seit dem 1. April 1900 bildet es einen Stadtteil von Bad Homburg v. d. H. Der Eingemeindungsvertrag — datiert vom 1. Februar 1900 — wurde am 15. Februar 1900 von der Gemeindevertretung Kirdorf und am 16. Februar 1900 vom Magistrat der Stadt Bad Homburg v. d. H. angenommen und unterfertigt; am 1. April 1900 trat der Vertrag in Kraft[2]). Am Rande sei noch vermerkt, daß schon im Jahre 1858 die Stadt Bad Homburg ein Stück der oberen Promenade von Kirdorf eigentümlich erworben hatte.

2. Ortsname und Ersterwähnung

Der mundartliche Ortsname Kirdorf ist aus Kirchdorf entstanden. Die ursprüngliche Namensform Kirchdorf tritt in lateinischer Schreibweise als „Kirchdorph" zum ersten Male im Lorscher Kodex, in einer Schenkungsurkunde vom 17. November 892, auf[3]) und begegnet etwas später ebenda nochmals in einer undatierten Hubenliste[4]). In den verschiedenen mittelalterlichen lateinischen und deutschen Urkunden und Kopialbüchern kommen die Namensformen „Kirchdorff", „Kyrchdorff", usw. ab 1223 bis in die Neuzeit herauf vor[5]), doch schon im Jahre 1290 taucht die gekürzte Ortsnamenform Kirrtorf zum erstenmal urkundlich auf, aber Kirchdorf wird noch öfters gebraucht, so in der Schenkungsurkunde des Johannes und der Hildegundis von Kirchdorf von 1290 (Sauer, Nassauisches Urkundenbuch, Nr. 1120, S. 664/665).

Der zusammengesetzte Name, der aus dem Grundwort -dorf und dem Bestimmungswort Kirch- besteht, weist deutlich auf eine Kirche hin. Mit Kirch- zusammengesetzte Dorfnamen wurden auch anderwärts geprägt, sie sind keine Seltenheiten. Als Beispiel hierfür sind zu nennen: Kirtorf (westlich Alsfeld), das ursprünglich ebenfalls Kirchdorf hieß, Kirchdorf am Inn, Niederbayern, Kirchgöns, Kirchberg, Kirchhain, Kirchheim, usw. Wie aus der oben erwähnten Donationsurkunde des Lorscher Kodex hervorgeht, führte der Ort bereits den Namen Kirchdorf, bevor er in den Besitz des Lorscher Benediktinerklosters

---

[2]) Der Titel des Vertrages lautet „Vereinbarung die Vereinigung der Landgemeinde Kirdorf mit der Stadt Bad Homburg v. d. H. betreffend". Bürgermeister Feigen hat den Vertrag in vollem Wortlaut abgedruckt in seiner „Geschichte der Stadt Bad Homburg v. d. H.", III. Ausgabe, 1921, S. 66-73.

[3]) Bayer. Hauptstaatsarchiv München, Abt. I. Hochstift Mainz Lit. Nr. 19. — K. Glöckner, Codex Laureshamensis, Nr. 3325, Bd. III. S. 120; fortan Glöckner mit Nr. zitiert.

[4]) Ebenda, Glöckner, Nr. 3678. Die von Schudt geäußerte Meinung: „... der Ort erscheint unseres Wissens nicht in älteren Urkunden und wird erst seit dem 14. Jahrhundert häufiger als Kirdorph erwähnt", ist daher heute unhaltbar. G. Schudt, Homburg und seine Umgebungen, Homburg 1869, S. 102.

[5]) H. Reimer, Hessisches Urkundenbuch, I. Nr. 158.

[6]) Ebenda, Nr. 707.

kam. Die Ortsgründung reicht daher mindestens ins 8. Jahrhundert zurück, so kann die Ersterwähnung im Jahre 892 nicht als das Gründungsjahr angesetzt werden. Kirdorf ist älter, es dürfte wohl schon unter dem christlichen Einfluß der bonifatianischen Glaubensboten oder etwas später, unter der Missionstätigkeit der Lorscher Mönche im Taunusvorland, entstanden sein. Vermutlich wurde hier zur Zeit der Ortsgründung eine Kirche erbaut, die wohl dem Dorf den Namen gab, wenn auch die Kirche selbst urkundlich aus dieser Zeit noch nicht bezeugt ist (vgl. S. 234). So macht der Ortsname selbst über die Gründung des Dorfes eine glaubwürdige Aussage.

Prof. Adolf Bach setzt die Entstehungszeit der Siedlungen mit Namen auf -dorf für den Taunus zeitlich zwischen die -heim und -hausen-Orte. Daraus ist zu schließen, daß Kirdorf die jüngste fränkische Ortsgründung auf dem heutigen Homburger Stadtgebiet ist. (Bach, A., die Siedlungsnamen des Taunusgebietes in ihrer Bedeutung für die Siedlungsgeschichte, Bonn 1927). In Rodungsgebieten wurden in karolingischer Zeit Ortsnamen mit den Grundworten -reut, -rod und -dorf gebildet.

3. Besiedlung des Taunusvorlandes

In fränkischer Zeit hatte sich die Besiedlung des Taunusvorlandes aus dem Maintal vordringend allmählich in die Täler des Eschbachs und seiner Nebenbäche vorgeschoben. Im Eschbachtal entstanden die ländlichen Siedlungen Nieder- und Ober-Eschbach. Der Eschbach vereint den Kirdorfer, Heuchelheimer (Altbach) und Stedter Bach (Dornbach). Diese Bachtäler waren die Leitlinien der Besiedlung und haben die topographische Lage der Dörfer weitgehend mitbestimmt. Die Wasser- und Waldnähe und der fruchtbare Lößboden boten so manche Vorteile. Zwischen dem Kirdorfer Bach und dem Dornbach, auf einem von Westen her sanft abfallenden Hang, wurde Gonzenheim gegründet, ein ehemaliger, wasserumwehrter Gutshof bildete die Keimzelle des Dorfes. Am Mußbach, einem Nebenbächlein des Altbaches, entstand unterhalb des Homburger Burgberges das alte Diedigheim als typisches Bachuferdorf. Der Altbach, der den Burgberg im Halbkreis umfließt, nahm früher beim Burgberg den Stedter Bach auf, und beide speisten im Mittelalter den Burggraben. Im breiten Talgrunde des Stedter Baches lagen die ausgegangenen Siedlungen Nieder- und Mittelstedten und liegt das noch bestehende Oberstedten. Im weiteren Gange der Besiedlung wurden am Heuchelheimer Bach das früh eingegangene Heuchelheim dicht an den Taunus herangerückt und das alte Dornholzhausen angelegt. Im alluvialen Tal des Kirdorfer Baches, zwischen dem linken Bachufer und dem Hardtwald, finden wir Kirdorf, das, wie G. Schudt bemerkt, früher nördlicher, d. h. nicht im flachen Überschwemmungsbereich des Baches gestanden haben soll, sondern auf einer trockenen Terrasse[7]).

Mit Kirdorf ist die Siedlungsgrenze hart vor dem Taunus erreicht.

---

[7]) Schudt, S. 103: „Man sagt auch, der Ort habe vordem weiter nördlich gelegen."

II. Übersicht über die Kirdorfer Grundherren im Mittelalter

Die grundherrlichen Verhältnisse in Kirdorf sind ziemlich verworren. Ein kurzer heimatgeschichtlicher Überblick über die kleineren und größeren Grundherrschaften zeigt deutlich, daß sich die Gemarkung und das Dorf zeitweilig in den Händen verschiedener Grundherren und Lehensleute, meist mainzischer Dienstleute, befanden. Eine Darstellung der Besitzgeschichte bildet die Grundlage zur Erforschung der Dorfgeschichte. Wer die Herrschaft über Land und Leute besaß, der übte die Hoheitsrechte aus, die an Grund und Boden hafteten, lenkte das Schicksal der Einwohner und spielte in der Geschichte der Siedlung eine besondere Rolle.

Der erste nachweisbare Grundherr war Alolf, der im Lorscher Kodex bezeugt ist. Alolf und seine Gemahlin Huda schenkten am 17. November 892 dem Kloster Lorsch ihren gesamten Besitz in Kirdorf; so folgte ihnen in der Grundherrschaft die Lorscher Benediktiner-Abtei[8]).

Die weiteren Nachrichten über die frühesten Grundbesitzer sind uns nicht immer direkt überliefert. So lag in Kirdorf im 11. und 12. Jahrhundert Hausgut der berühmten Grafen von Nürings. Darüber berichtet mittelbar eine spätere Urkunde vom 19. September 1333, mit der Gottfried V. von Eppstein seinen Gutshof, der ehemals den Grafen Nürings gehört hatte, an den Ritter Burkhard Huser verpfändete.

Auch Wortwin von Hohenberg (Homburg) war in Kirdorf begütert. Dies erfahren wir wieder nur indirekt aus jener Schenkungsurkunde, nach welcher Wortwins Tochter und Alleinerbin, Elisabeth, 1223 das Allodialgut ihres Vaters in Kirdorf an das Kloster Arnsburg übertrug. Demnach war auch das Zisterzienserkloster Arnsburg in der ersten Hälfte des 13. Jahrhunderts in der Kirdorfer Feldmark kurze Zeit Grundherr.

Im Jahre 1232 ging der Lorscher Gutshof an das Erzstift Mainz über, das ihn bis zur Säkularisation 1803 inne hatte.

Die Ganerben von Kronberg besaßen als Mainzer Lehen die Hälfte des Dorfgerichts in Kirdorf, mit dem Erzbischof Matthias von Mainz 1326 Heinrich Brendel belehnte. 1356 verlieh Erzbischof Gerlach von Mainz dem Ritter Frank von Kronberg Dorf und Gericht Kirdorf, das 1445 an Gottfried von Eppstein kam. Nach dem Tode Eberhards IV. von Eppstein-Königstein erhielt Graf Ludwig von Stolberg-Königstein Kirdorf, und im Jahr 1581, nach dem Ableben der Grafen von Stolberg-Königstein, fiel es an Mainz zurück.

Die andere Hälfte des Dorfgerichts gehörte den Ganerben von Vilbel, die ihren Gerichtsanteil und die alte Kirdorfer Burg 1327 an Gottfried V. von Eppstein und ihre Rente von der Mühlhube 1359 an Frank von Kronberg verkauften.

Graf Heinrich von Sponheim (Spahnheim) hatte in Kirdorf den Pfaffenberg („Affinberg") zu eigen, den er am 21. April 1386 an die Brüder Konrad, Henne und Johann Brendel veräußerte.

Walter von Londorf war Inhaber einer Wiese, gelegen in der Kirdorfer

---

[8]) Literatur und Quellennachweis zur Besitzgeschichte siehe in der nachfolgenden Behandlung der einzelnen Grundherrschaften.

Salzwiese, die am 18. September 1398 ebenfalls die drei Brendel Brüder käuflich erwarben.

Im Laufe des 15. Jahrhunderts waren die Brendel stets bestrebt, ihren Grundbesitz weiter auszudehnen. Sie statteten die Kirdorfer Kirche mit einem Gut aus und erwarben das Patronatsrecht, das sie über die Reformationszeit hinaus ausübten.

Freilich füllte diese äußere Geschichte des Besitzwechsels bei weitem nicht das ganze vergangene Leben aus, doch eben durch das ständige Hin und Her der Höfe, Äcker, Wiesen, Weingärten, Rechte und Einkünfte wird es besonders sinnfällig, daß es einst, ebenso wie in unserem Jahrhundert, vornehmlich um das Dein und Mein der materiellen Güter ging. Der Mensch liebt das Eigentum mehr als alles andere auf der Welt, er strebt nach Besitz, kämpft darum, und dieser Kampf bildete auch in der Vergangenheit in erster Linie seinen Lebensinhalt.

Doch dies war nur der eine Pol der Lebensachse. Es gab auch eine entgegengesetzt wirkende Polarisation, die das allgemein geliebte irdische Hab und Gut verachtete und das Seelenheil, das himmlische Glück, in glühender Sehnsucht anstrebte. Dies steht außer Zweifel; die reichen Stiftungen an Kirchen und Klöster beweisen es überzeugend. Mensch und Leben waren und bleiben doppelpolig.

Wir wollen nun die erwähnten Grund- und Lehnsherren einzeln erfassen und anhand der Quellen ihre Bedeutung für die Kirdorfer Geschichte herausstellen.

Bei der Betrachtung der Geschichte des Stadtteils Kirdorf seien jedoch die arbeitenden Bauern, die Leibeigenen, keineswegs vergessen, denn sie haben durch ihre produktive Arbeit ihre Grundherren mit allem reichlich versorgt. Die Abgabepflicht war ihrem bäuerlichen Bewußtsein tief und unverlöschlich eingegraben. Sie haben ihren Herren mit Korngülte, Bedhafer, Zehnt und allen anderen Abgaben die adelige Lebensführung gesichert.

III. Der erste bekannte Grundherr

Im Lorscher Kodex wird die „villa Kirchdorph" zweimal erwähnt, und diese beiden ältesten Belege der Existenz des Dorfes sind in Faksimilen nach den Originalen beigegeben samt der Transkription des lateinischen Textes und der deutschen Übersetzung. Die Leser mögen die Urkunden nicht nur betrachten, sondern auch selbst lesen, sie sollen von den Aussagen des Urkundentextes gepackt und mit den handelnden Personen bekannt werden. Dies regt an, weckt Interesse, führt zum Nachdenken und Vertiefen. Nicht nur die Geschichtsschreibung, sondern auch die historische Lektüre soll eine Begegnung mit Urkunden sein.

Die Schenkungsurkunde Alolfs und seiner Frau Huda rückt Kirdorf am Ende des 9. Jahrhunderts in das Licht der Geschichte.

Schenkungsurkunde

des Alolf und seiner Frau Huda, die am 17. November 892 ihren ganzen Besitz, den sie in der Kirdorfer Gemarkung besaßen, dem Lorscher Klosterheiligen Nazarius übertragen haben. In der obersten Reihe gehören die Worte „Karoli regis — Kl febr. Anno IIII Karoli regis" noch zur vorigen Urkunde. „Don (atio) Alolfi in villa Kirchdo(r)pf" ist der Titel der Donations-(Schenkungs-)Urkunde, die mit „Ego in dei nomine Alolf ..." beginnt. Kichdorpf ist ein Schreibfehler, vergleiche weiter unten in Reihe 8 „Kirchdorph". Siehe die Transkription und Übersetzung.

Die Urkunde befindet sich im Lorscher Kodex, im Bayerischen Hauptstaatsarchiv München, Abt.-I., Bestand: Handschriften, Mainz, Lit. Nr. 19. — Druck: Glöckner, K., Codex Laureshamensis, Darmstadt, 1929-1936. Bd. III., S. 120, Nr. 3325.

Transkription:

Donatio Alolfi in villa Ki(r)chdorpf. Ego in dei nomine Alolf et coniux mea Huda donamus ad sanctum Nazarium martyrem, qui requiescit in corpore in monasterio Laurissamensi, ubi venerabilis Gerhart abbas preesse videtur, donatumque in perpetuum esse volo et promptissima voluntate confirmo in pago Nitachgowe in villa Kirchdorph, quidquid ibidem habere videmur, et mancipia LVIII stipulatione subnixa. Actum in monasterio Laurissamensi die XV kalendas Decembris anno incarnationis DCCCXII Arnolfi regis V.

Übersetzung:

Die Schenkung Alolfs in der villa Kirchdorph
Im Namen Gottes
Ich Alolf und meine Frau Huda schenken dem hl. Nazarius, dem Märtyrer, dessen Körper im Kloster Lorsch ruht, wo der ehrwürdige Abt Gerhart vorsteht, und will, daß diese Schenkung ewige Dauer habe, und bestätige sie mit meinem ausdrücklichen Willen: im Niddagau in der villa Kirchdorph alles, was wir da besitzen, samt 58 Hörigen, mit anschließendem Gelübde. Geschehen

im Kloster Lorsch 15 Tage vor dem 1. Dezember. Im Jahre D CCC XC II, im 5 Regierungsjahr Arnulfs.

(Arnulf von Kärnten war ostfränkischer König seit 887 und regierte als Kaiser von 896 bis 899.)

Alolf ist der erste nachweisbare Gutsherr von Kirdorf. Er wandte dem Kloster Lorsch, genauer gesagt dem Schutzpatron des Klosters, dem hl. Nazarius, alles zu, was er an Gütern in Kirdorf besaß, samt 58 Hörigen. Alolf muß demnach ein vermögender Mann gewesen sein, der sicher auch andere Güter besaß, daß er sein ganzes Hab und Gut in Kirchdorf verschenken konnte. Die über die Schenkung vom Kloster ausgestellte Originalurkunde ist längst nicht mehr vorhanden, nur ein Auszug der Urkunde (Regest) ist uns im Lorscher Kodex überliefert. Leider sind in diesem Urkundenauszug die geschenkten Güter nicht mehr einzeln aufgezählt, es heißt da nur summarisch: „quid quid ibidem habere videmur et mancipia LVIII". Diese zusammenfassende Formel wurde leider von den Kopisten des Lorscher Kodex häufig angewandt. Der Ausdruck: „alles was wir da besitzen" bedeutet, wie wir noch hören werden, einen fast 300 Morgen umfassenden Gutshof, also das ganze Kirdorfer Allodialgut des Stifterpaares, wohl mit lebendem und totem Inventar, Wohnhaus, Wirtschaftsgebäuden, Vieh, Acker- und Hausgeräten und 58 Hörigen.

Eine Frage drängt sich uns hier auf.

Was mag wohl Alolf und seine Frau zu dieser beträchtlichen Schenkung bewogen haben? Rufen wir uns ins Gedächtnis zurück, was wir auf der Schulbank in den Geschichtsstunden vom Mittelalter gelernt haben. Es wurde uns erklärt, daß das Mittelalter eine durch und durch religiöse Zeit gewesen sei, in der viele Menschen für ihr Seelenheil fromme Stiftungen gemacht hätten. Dies stimmt völlig, gerade unsere Urkunde liefert dafür einen überzeugenden Beweis.

Reiche Schenkungen an Klöster und Kirchen waren damals nichts Besonderes, im Gegenteil, eben etwas ganz Alltägliches. So soll es uns auch nicht in Erstaunen setzen, daß Alolf und Frau Huda ihre Güter in Kirdorf mit allen Rechten, Einkünften und den Leibeigenen an Lorsch eigentümlich übertragen, ja, den hl. Nazarius selbst als ihren Erben eingesetzt haben. Hinter dieser Donation steht freilich eine zuversichtliche Erwartung der Schenkenden: der Klosterheilige möge im Himmel für sie beten, daß ihnen nach dem Tode die ewige Seligkeit zuteil werde. Es ist kaum zu leugnen, daß diese Hoffnung bei dem Entschluß zur Stiftung entscheidend mitgespielt hat.

Im Zusammenhang mit dem Namen des hl. Nazarius sei noch eine interessante Einzelheit erwähnt, die den Flurnamen „Nazarius" betrifft. Im Steinbuch des Hohenmark-Waldes vom Jahre 1547 wird in der Grenzbeschreibung des Kirdorfer Gerichts ein ausgedehnter Waldbezirk mit dem recht merkwürdigen Namen „Nazarius" bezeichnet: „herab 10 ruden biß an waldt genannt der nazariuß stehett der 40."[9]) (nämlich der 40. Grenzstein). Zweifellos war dieser Wald dem Lorscher Kloster überlassen worden, mutmaßlich schon von Alolf und Huda. Dieser Klosterwald hieß noch nach 655 Jahren „Nazarius"; manche Flurnamen erweisen eine auffallende Langlebigkeit. Der Wald wurde später gerodet; wann die Rodung durchgeführt wurde, liegt urkundlich nicht fest. Auf

---

[9]) Hessisches Hauptstaatsarchiv, Wiesbaden, XVIII, gen. IV c/2, Nr. 102. Aus dem Steinbuch der Hohemark 1547.

der undatierten Stumpfschen Karte (die um 1825 angesetzt werden kann) steht schon an Stelle des Waldes der Flurname „Lazariusfeld". Kein Wunder, wenn sich im Laufe der Jahrhunderte der Flurname „Nazarius" im Volksmund in „Lazarius" wandelte, war doch das Andenken an den Klosterheiligen längst geschwunden, der Name des armen Lazarus aber durch den Einfluß des Religionsunterrichts geläufig geblieben. Das Lazariusfeld liegt nördlich von Kirdorf, zwischen den Tiefenbachwiesen und dem Landwehrgraben; der Flurname ist heute noch lebendig.

Zur Datierung der Urkunde sei noch kurz bemerkt, daß sie nach der alten julianischen Zeitrechnung datiert ist. Beachten wir die Datierungsreihe, die dritte Zeile von unten, da heißt es: „die XV K (alendas) Dec(embris)", d. h. 15 Tage vor dem Monatsersten (= Kalenden) Dezember. Da der 1. Dezember mitgezählt wird, so ist der 17. November der 15. Tag vor dem 1. Dezember.

IV. Die Kirdorfer Hubenliste aus dem Lorscher Kodex

Die Mönche des Lorscher Klosters führten schon im 9. Jahrhundert genaue Bücher über ihre alljährlichen regelmäßigen Einkünfte, solche Verzeichnisse nennt man Urbarien, Huben- oder Zinslisten. Es sind wortkarge, trockene wirtschaftliche Aufzeichnungen über den Klosterbesitz und über die von den Zinsbauern zu leistenden Abgaben.

Über Kirdorf blieb uns eine undatierte „Notitiae hubarum" genannte Hubenliste im Lorscher Kodex erhalten, die vermutlich, wie die Schenkungsurkunde Alolfs, ebenfalls aus der Zeit Kaiser Arnulfs von Kärnten (887–899) stammen dürfte. Die Liste gibt uns keinen klaren Einblick in die damaligen landwirtschaftlichen Zustände unserer Heimat, dazu ist diese Quelle nicht ausreichend. Man ersieht aus der Hubenliste, daß der ganze Lorscher Klosterbesitz in Kirdorf 9 Hufen (1 Hufe = 30 Morgen) und 20 Morgen, insgesamt 290 Morgen, betrug. Dies war ein ansehnliches Hofgut. Das Kloster betrieb keine Eigenwirtschaft, die Hufen waren Zinsland und in Leihform an die Hofbauern ausgetan. Die Hübner bestellten die Felder, nutzten Wiese, Weide, Wasser und Wald und leisteten Abgaben. Wo die Mönche einen Klosterhof (curia) hatten und einen Teil des Klostergutes selbst bebauten, da ist dies in den Zinsregistern eigens verzeichnet. Es heißt z. B. in der Urseler Hubenliste: „In Ursela sunt hube duae, una in dominico alia servilis", d. h. in Ursel besaß das Kloster zwei Hufen, eine grundherrliche und eine Zinshufe. Da in der Kirdorfer Zinsliste kein Unterschied zwischen Herren- und Zinshufen gemacht wird, können wir mit ziemlicher Sicherheit annehmen, daß das ganze Klostergut aus servilen Hufen bestand.

Die undatierte „Kirchdorpher" Hubenliste aus dem Lorscher Kodex

Bayer. Hauptstaatsarchiv München, Abt. I. Handschriften, Mainz. Lit. 19. Glöckner, Bd. II. Nr. 3678, jüngere Hubenlisten (mit Genehmigung des Bayer. Hauptstaatsarchivs München).

Transkription: De Ki(r)chdorph

In villa Kirchdorph
sunt hube VIIII et XX iurnalia unaqueque solvit camisile I sive solidum I pullum I oua XXII.

Übersetzung des Textes: Von (Ki(r)chdorph

In der villa Kirchdorph sind 9 Huben und 20 Morgen, die 1 camisile, 1 leichten Solidus, 1 Huhn und 22 Eier liefern.

Schließlich vernimmt man aus der Quelle, daß der Zins sehr niedrig war, die 9 Hufen lieferten nur 1 Kamisile, 1 leichten Solidus, 1 Huhn und 22 Eier. Diese minimalen Abgaben verraten uns, daß der größte Teil der Kirdorfer Gemarkung sich noch nicht unter dem Pflug befand. Vermutlich lagen nur kleine Ackerstreifen inselartig zerstreut zwischen den Waldstücken und dem ausgedehnten Weiden- und Wiesenland, denn das Hauptgewicht der Landwirtschaft lag damals noch auf der Viehzucht.

Kamisile bedeutet Leinenzeug, dessen Größe hier nicht angegeben wird. An anderen Stellen des Lorscher Kodex aber finden sich genaue Maßangaben, so bei der Urkunde Nr. 3654, wo es heißt: eine Kamisile ist 10 Ellen lang und 5 Ellen breit, und Nr. 3655 gibt die Größe der von Hausfrauen verfertigten Kamisile mit 10 Ellen Länge und 4 Ellen Breite an. — Der römische Geschichtsschreiber Cornelius Tacitus, der am Ende des 1. nachchristlichen Jahrhunderts seine Germania, ein kultur- und wirtschaftsgeschichtlich überaus wertvolles Werk, verfaßte, schrieb im Kapitel 25, daß der germanische Pächter dem Grundherrn Abgaben an Getreide, Vieh und Gewebe leistete. Die Germanen trugen Kleider aus Linnengewebe oder hänfenem Tuch, sie bauten Flachs und Hanf. An diese Tacitusstelle erinnert uns der Eintrag über die Kamisile in der Lorscher Hubenliste. Aus dieser Nachricht erfahren wir, daß in der Kirdorfer Flurmark damals Flachs gebaut wurde und die Hausfrauen gesponnen und gewebt haben.

Solidus, deutsch Schilling, ist ein Geldstück, das 9 Pfennige wertete. Wir sehen, daß damals neben Naturalabgaben auch schon Geldabgaben gereicht wurden; es dauerte freilich noch Jahrhunderte, bis wir von einer Geldwirtschaft reden können, denn erst das 13. Jahrhundert schuf durchgreifenden Wandel. Ob das Zinshuhn damals schon Leibhuhn, also Zeichen der Leibeigenschaft war, oder als Gerichtshuhn (Rauchhuhn oder Vogthuhn) anzusprechen ist, läßt sich nicht feststellen. Geflügel und Ei waren für unsere Vorfahren Fruchtbarkeitssymbole, denen man einen magischen Zauber zuschrieb, sie waren nicht nur bloße Abgaben, sondern auch uralte Glückwünsche und Kindersegen bringende Sinnbilder, die schon vor dem Christentum an die Grundherren als Bodenzins entrichtet wurden.

V. Kloster Lorsch und Kirdorf

Das Lorscher Benediktinerkloster, gegründet 768 auf dem gaugräflichen Gutshof Lauresham an der Weschnitz und daher lateinisch „monasterium Lauresham" genannt, wurde schnell berühmt und von weit und breit mit zahlreichen frommen Stiftungen bedacht. Über den Kirdorfer Gutshof Alolfs, der 892 dem Kloster geschenkt wurde, wissen wir aus der Donationsurkunde Bescheid (siehe S. 234). Allein im Niddagau fielen dem Kloster im Zeitraum von 770 bis 892 insgesamt 92 Schenkungen zu, von denen 67 in die drei letzten Jahrzehnte des 8. Jahrhunderts und 25 in das 9. Jahrhundert gehören[10]). Die Donation von Kirdorf ist die letzte, sie fällt in die Zeit Arnulfs von Kärnten. Die meisten Schenkungen im Niddagau, 79 an der Zahl, stammen aus der Regierungszeit Karl des Großen, der Lorsch 772 zum Reichskloster mit freier Abtwahl erhob.

Die Reichsabtei erlebte ihre Blütezeit unter Abt Udalrich († 1075). Der Niedergang setzte mit der großen Brandkatastrophe von 1090 ein, als am Tag des hl. Benedikt (21. März) das Frühlingsfest nach uraltem Brauch mit brennendem Scheibenwerfen feierlich abgehalten wurde. Das Schindeldach der Klosterkirche hatte Feuer gefangen und das Kloster in Brand gesetzt. Viele Kostbarkeiten fielen den Flammen zum Opfer, nur die reiche Bibliothek blieb unversehrt. Mit zahlreichen Opfergaben konnte die Kirche wieder aufgebaut werden, aber der Verfall des Klosters war nicht mehr aufzuhalten, denn allzu tief hatten sich die Mißstände eingefressen[11]). Papst Gregor IX. (1227-1241) beauftragte im Jahre 1229 den Erzbischof und Kurfürsten von Mainz, Siegfried II. von Eppstein, mit der Reform der Abtei und der wirtschaftlichen Verwaltung der Klostergüter[12]).

Kaiser Friedrich II. übertrug den ganzen Lorscher Besitz mit einer Urkunde von 1232 dem Mainzer Erzbistum. Diese Übertragung bestätigte der Papst erst 1238 mit der Bulle „Religiosam vitam eligentibus ..."[13]). Dies war vor allem das Werk des Erzbischofs Siegfried III. von Eppstein (1230-1249), ihm gelang es, das damals schon ziemlich zusammengeschmolzene Klostergut, das immerhin noch 49 Dörfer umfaßte, an das Erzbistum zu bringen.

Doch kaum hatte Mainz das reiche Klostererbe angetreten, so erhob der Pfalzgraf am Rhein Anspruch auf einen Anteil, wobei er sich auf sein altes erbliches Vogteirecht berief. Der Streit um das Klostergut zwischen Mainz und Kurpfalz währte über 200 Jahre[14]).

---

[10]) Glöckner, Karl, Codex Laureshamensis, Darmstadt, 1929-1936, von Nr. 3315 (S. 118) bis Nr. 3407 (S. 129).
[11]) Selzer, Wilhelm, Das Karolingische Reichskloster Lorsch, Kassel, 1955, S. 10. Siehe auch auf S. 43 das Literaturverzeichnis.
[12]) Dahl, Konrad, Historisch-Topographisch-statistische Beschreibung des Fürstenthums Lorsch, Darmstadt, 1812, Urkunden im Anhang.
[13]) Freiherr von Schenk zu Schweinsberg bringt die päpstliche Bulle (Urkunde) im Auszug in den Quartalblättern zur hessischen Geschichte, 1906, S. 19-20.
Vgl. auch Kieser Friedrich, Beiträge zur Geschichte des Klosters Lorsch. Beilage zum Jahresbericht des Großherzoglichen Gymnasiums zu Bensheim.
[14]) Dahl, S. 81 ff. und Urkunde VII (S. 39): Rachtung zwischen Mainz und Pfalz.

Auch zwischen Mainz und Hessen waren damals Auseinandersetzungen im Gange. Nach dem Tode Heinrichs von Raspe erlosch das thüringische Landgrafenhaus. Als Erben kamen in Betracht der Markgraf Heinrich von Meißen und Sophie, die Tochter der hl. Elisabeth, die Witwe des Herzogs von Brabant. Sophie, die sich am Grabe ihrer Mutter huldigen ließ, erkämpfte für ihren Sohn Heinrich I., das Kind, die hessische Herrschaft. Gegen Sophie trat der Mainzer Erzbischof Siegfried III. von Eppstein auf, doch Heinrich I. konnte seine Herrschaft von Kassel aus tief nach dem Süden Hessens erweitern.

Es sind etwa 1070 Jahre vergangen, seitdem am 17. November 892 Alolf und Huda dem Lorscher Klosterheiligen St. Nazarius ihr ganzes Hab und Gut in Kirdorf geschenkt haben. Es kam mit dieser großzügigen Schenkung in dem nordwestlichen Teile der Kirdorfer Gemarkung auch ein Waldstück an das Kloster Lorsch. Im Kirdorfer Volksmund hieß der Wald „Nazarius", wie das Kloster Nazariuskloster oder Nazarius genannt wurde. Auch in der Amtssprache war diese Kurzform gebräuchlich, wie das Aussteinungsprotokoll der Hohemark von 1547 bezeugt[15]).

So mancher Kirdorfer wird eine Wallfahrt nach Lorsch zu den verehrten Gebeinen des hl. Nazarius unternommen haben. Als aber im Hochmittelalter Lorsch sein Ansehen einbüßte, ließ auch der Andrang zum Grabe des Heiligen nach, und der Name Nazarius fiel allmählich der Vergessenheit anheim. Die Annahme wird kaum abwegig sein, daß wahrscheinlich zur Zeit der Reformation Nazarius in Lazarius umgewandelt wurde. Dies dürfte kein Einzelfall sein; es bedarf noch einer eingehenden Forschung, wie weit das evangelische Glaubensbekenntnis dem alten Flurnamenbestand kirchlicher Herkunft Abbruch tat. Der Wald wurde in Wiesen, Gärten und Äcker umgewandelt. Auf der Flurkarte von 1824/26 begegnen wir den Flurnamen „Lazariuswiesen", „Lazariusgärten", „Lazariusfeld" und „Weg durch das Lazariusfeld".

Hier klafft eine große Lücke in der urkundlichen Überlieferung. Mehr als drei Jahrhunderte hindurch lastet undurchdringliches Dunkel über der Dorfgeschichte. Kirdorf bestand, das Leben ging weiter, aber wir haben keine Kunde davon.

---

[15]) Staatsarchiv Wiesbaden, XVIII. gen. IV c/2, Nr. 102, Steinbuch der Hohemark von 1547.

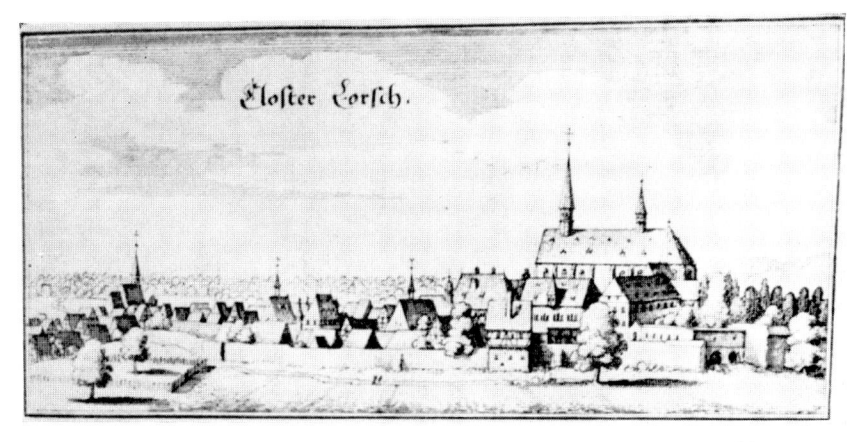

Stadt und Kloster Lorsch mit der Nazariuskirche. Aus Merians Topographia Hassiae. (zu S. 239).

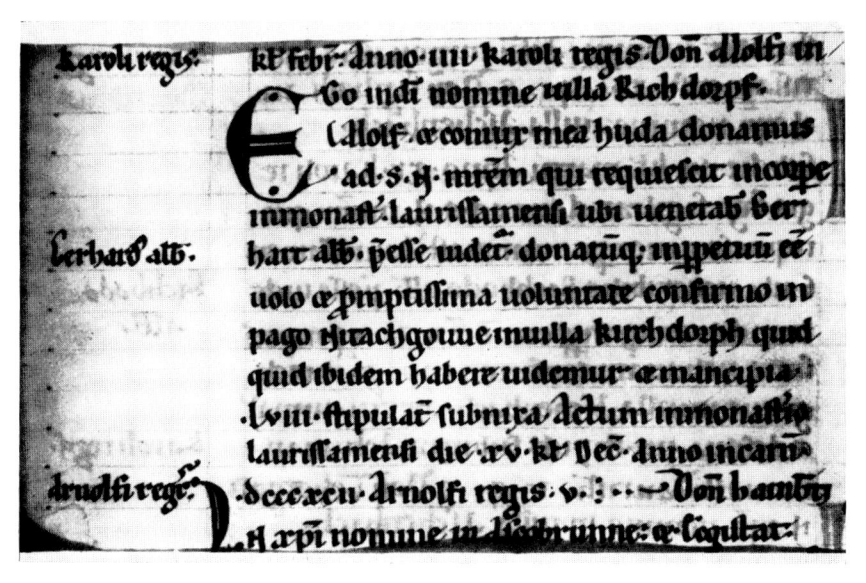

Schenkungsurkunde. Mit Genehmigung des Bayer. Hauptstaatsarchivs München (zu S. 234).

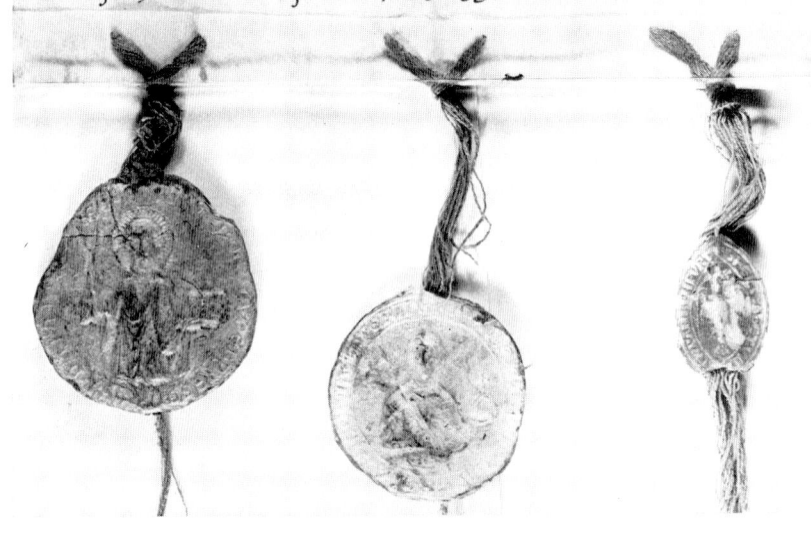

Schenkungsurkunde der Elisabeth. Original im Archiv des Fürsten zu Solms-Lich, Bestand Arnsburg, Nr. 24 (zu S. 42 und 241).

VI. Urkundliche Nachrichten über Kirdorf aus dem Mittelalter

1. Elisabeth von Hohenberg schenkt dem Kloster Arnsburg vier Hufen in Kirdorf (1223)

Kirdorf, das im Zuge des Landesausbaues in der karolingisch-fränkischen Zeit gegründet worden ist, verdankt sein Entstehen in erster Linie wirtschaftlichen Gründen. Politisch gehörte es zur Niddagaugrafschaft, dann eine kurze Zeit zum fränkischen Herzogtum der Konradiner und später zu der von Barbarossa errichteten Pfalzgrafschaft.

In der zweiten Hälfte des 12. Jahrhunderts saß auf der Homburger Ritterburg Wortwin von Hohenberg als Burgherr, der damals neben dem Kloster Lorsch in der Kirdorfer Gemarkung begütert war. Nach dem Tode Wortwins hat seine Tochter Elisabeth als die nächste Erbin diesen Grundbesitz mit anderen Allodialgütern des Vaters erbrechtlich erhalten.

Elisabeth war das Glück nicht hold; sie war zweimal verheiratet, doch ihre Ehemänner verstarben frühzeitig, und da sie keine Kinder hatte, stand sie allein im Leben. Nach dem vorzeitigen Tode ihrer Männer, Johannes und Konrad, erscheint sie uns in den zwanziger Jahren des 13. Jahrhunderts im vollen Licht der Urkunden. Sie war eine fromme Frau, von ihrer tiefen Religiosität zeugen ihre reichen kirchlichen Stiftungen. Im Jahre 1223 stiftete sie im Kloster Arnsburg für sich, für ihre verstorbenen Männer Johannes und Konrad und für ihre Eltern ein Seelgerät und übertrug an den Zisterzienser-Orden in Arnsburg, dessen Mönche von Armut und Hunger bedrängt waren, Güter in Kirdorf, Bergen und Rendele. Uns interessiert hier nur das in der Kirdorfer Feldmark geschenkte Gut. Nach dem Wortlaut der Originalurkunde, im Archiv des Fürsten zu Solms in Lich, handelte es sich um vier Hufen mit allem Zubehör in Kirdorf: „videlicet quator mansos in Kirchdorf cum omnibus attinentiis suis". Das lateinische Wort mansus ist gleichbedeutend mit Hufe, allgemein versteht man darunter ein Bauerngut, einen Bauernhof mit Wohnhaus, Wirtschaftsgebäuden und etwa 30 Morgen Land: Acker, Wiese, Weide und Wald.

Diese Kirdorfer Hufen blieben aber nicht lange im Besitz des Klosters Arnsburg. Das älteste Güterverzeichnis des Klosters aus der Mitte des 13. Jahrhunderts[16]) zählt die Hufen nicht mehr auf, die Mönche werden den etwas entlegenen Besitz, der vom Arnsburger Hof in Frankfurt aus nicht leicht zu bewirtschaften war, recht bald veräußert haben.

Die Herren von Eppstein, die die Homburger Burg gekauft hatten und ihre Territorialherrschaft nachher im Taunusvorland ausbauten, werden das Gut erworben haben. Der als Zeuge im Lehensverzeichnis Gottfrieds III. von Eppstein erwähnte „Anselmus de Kirchdorp", wird als eppsteinischer Lehensmann die Hufen innegehabt haben[17]).

Auch mit dieser Schenkung wollte man der Kirche dienen und neben dem eigenen Seelenheil auch das der verstorbenen Ehemänner, Eltern und Vor-

---
[16]) Universitätsbibliothek Gießen, Handschriften. Uffenbach-Senckenbergisches Kopiar.
[17]) Wagner, S. 92: „Anselmus de Kirchdorp" wird um 1280 erwähnt.

fahren sichern. Dies entspricht ganz den christlich-religiösen Anschauungen der Menschen jener Zeit. Aber der eigentliche Quellenwert der Urkunde liegt für uns in der Nachricht über Kirdorf.

Da die mittelalterliche Überlieferung lückenhaft ist, so bleibt das Geschichtsbild der Dörfer und Städte für die älteren Zeiten stets fragmentarisch. Außer den zwei erwähnten Lorscher Zeugnissen, die keine Originalurkunden, sondern nur Regesten sind, ist uns aus dem 9. Jahrhundert nichts erhalten geblieben. Nachher fehlt 331 Jahre hindurch jede Nachricht über Kirdorf. Erst aus dem Jahre 1223 besitzen wir diese vollwertige Quelle, die den Fortbestand des Dorfes bezeugt und es in Zusammenhang mit der Tochter des ersten Homburger Burgherren, Wortwin von Hohenberg, bringt, von dem schon oben die Rede war (vgl. S. 42).

2. Die Kirche von Kirdorf wird mainzisch (1229)

Im goldenen Mainz, wie einst die altehrwürdige Bischofsstadt allgemein genannt wurde, residierte Bonifatius, der unter dem Schutze der fränkischen Hausmaier seine Missionstätigkeit in Hessen durchführte. In Mainz sind schon in dem zweiten Jahrhundert frühchristliche Spuren nachweisbar, und in Hessen wirkten auch iroschottische Glaubensboten. Mit dem Einzug der merowingischen Franken kam dann um die Mitte des 6. Jahrhunderts das Christentum als Staatsreligion nach Hessen. Nur durch das Zusammenwirken von Staat und Kirche konnte das Christentum allmählich in die breiten Schichten des Volkes hineingetragen werden, denn der heidnische Glaube wurzelte tief in der Volksseele.

Wann das Christentum in Kirdorf Boden faßte, wissen wir nicht genau. Als das Dorf aus dem Dunkel der Vergangenheit 892 auftaucht, muß es schon ein Kirchlein gehabt haben, sonst wäre der Dorfname sinnlos. Einen schriftlichen Beleg dafür gibt es nicht; es fehlt uns leider aus der Missionszeit jede Nachricht.

Die Kirdorfer Kirche ist zum ersten Male am 4. September 1229 urkundlich greifbar[18]). An diesem Tag urkundet nämlich der Ritter Konrad von Erlenbach und bestätigt mit Zustimmung seiner Frau Christine, daß die Kirchen von Kirchdorf, Tulingen und Grunau der Klosterkirche Haina (nördlich von Marburg) geschenkt wurden. Kirchdorf ist unser Kirdorf. Tullingen ist identisch mit Dillingen, in Urkunden auch Dullingen geschrieben, eine ausgegangene Siedlung, die nördlich von Homburg im Obertaunus zwischen Friedrichsdorf und Köppern lag. Die Dorfstelle ist bei der Schnepfenburg zu suchen. Grunau ist Gronau, das nordwestlich von Hanau liegt.

Das Zisterzienserkloster Aulisburg-Haina, das ursprünglich Besitz der Grafen von Ziegenhain war, stand unter der Herrschaft des Erzbischofs von Mainz. In der Zeit, aus der unsere Urkunde datiert ist, entbrannte zwischen dem Landgrafen von Thüringen und dem Mainzer Erzbischof ein heftiger Streit um Haina. Es ging aber um mehr als um das Kloster allein, man kämpfte um die Machtstellung in Hessen überhaupt, und es ist wohl anzunehmen, daß gerade

---

[18]) Gudenus, V. F., Codex Diplomaticus, Frankfurt und Leipzig 1751, Nr. 195. Böhmer-Will, Regesta Archiepisvoporum Maguntinensium, Innsbruck XXXII, 1877, Nr. 586.

diese territorialpolitischen Bestrebungen Anlaß zur Besitzbestätigung der drei an Mainz geschenkten Kirchen gegeben haben.

Das Reichsministerialengeschlecht von Erlenbach saß auf der Burg Erlenbach und hatte dort das Vogteigericht inne. Konrad von Erlenbach wird in einer Ilbenstädter Urkunde vom 19. September 1229 „Conradus miles dictus advocatus de Erlenbach" genannt[19]).

3. Der Lorscher Gutshof kommt 1232 an Mainz

Das Lorscher Kloster war rund 340 Jahre hindurch — von 892 bis 1232 — Grundherr des von Alolf und Huda geschenkten Gutshofes in Kirdorf.

Im Jahr 1232 trat in der Grundherrschaft ein Wechsel ein, der Gutshof kam mit dem ganzen Lorscher Klosterbesitz an das Erzstift Mainz. Von nun an standen die Hoheitsrechte in Kirdorf dem Erzbischof zu (vgl. S. 242).

Wir haben einen urkundlichen Beleg dafür, daß der Mainzer Erzbischof Werner von Eppstein auf seiner Dienstreise Kirdorf am 29. Juni 1260 besuchte, wo er mit Gerlach III. von Isenburg-Limburg zusammentraf. Sie vereinbarten, daß dem Erzbischof das Recht zustehe, den Probst des Stiftes Limburg zu ernennen, die Einkünfte der Probstei jedoch sollten Heinrich II. von Isenburg zufallen. Besonders bemerkenswert ist, daß diese Verhandlungen am Peter und Paulustag im Feld bei „Kirchdorff" stattfanden, wo auch die Urkunde ausgestellt wurde. Die Datierungsreihe der Urkunde besagt ausdrücklich: „Actum in campo apud Kirchdorff, anno domini M CC sexagesimo, in vigilia sanctorum apostolorum Petri et Pauli"[20]). Der Ausdruck „Actum in campo apud Kirchdorff", gegeben im Feld bei Kirchdorff, kann erst durch die Annahme, daß die Urkunde an der Dingstätte ausgestellt wurde, einen richtigen Sinn bekommen. War es doch im Mittelalter und in der Neuzeit noch lange allgemein üblich, die Gerichtsverhandlungen unter freiem Himmel oder vor dem Dorfeingang bei der Gerichtsstätte unter der Linde oder unter einem anderen Gerichtsbaum abzuhalten.

4. Kirdorf war im Mittelalter dreiherrisch

Neben dem Mainzer Erzstift waren auch die Ganerben[21]) von Vilbel und die Herren von Eppstein in der Kirdorfer Gemarkung begütert. Während das Erzbistum von Mainz den Lorscher Gutshof und das halbe Dorfgericht besaß, gehörte den Ganerben von Vilbel die andere Hälfte des Dorfgerichts mit der alten Burg, und die Herren von Eppstein hatten den Gutshof zu eigen, der einst Besitz der Grafen von Nürings war.

Der Grundbesitz und die damit verbundenen grundherrschaftlichen Rechte blieben das ganze Mittelalter hindurch ungeschmälert bestehen, nur die Lehens-

---

[19]) Clemm, L., Die Urkunden der Prämonstratenserstifter Ober- und Nieder-Ilbenstadt, Hessische Regesten, Heft 2, Darmstadt, 1927.

[20]) Sauer, W., Nassauisches Urkundenbuch, I. 2, Nr. 700, S. 422. Vgl. Bayer. Staatsarchiv Würzburg, Mainzer Bücher, Nr. 19.

[21]) Das mittelhochdeutsche Wort Ganerben bedeutet Mit-an-erben und bezeichnet die erbberechtigten Familien- und Sippenangehörigen oder die Mitglieder einer Besitzgemeinschaft, denen eine Hinterlassenschaft gehört.

mannen wechselten, an die Rechte und Einkünfte ganz oder teilweise verliehen waren. Die Lehensleute waren treue Anhänger des Erzbistums und stammten meistens aus dem niederen Adel des Taunuslandes und der Wetterau. So trugen z. B. die Ganerben von Kronberg bis 1326 das halbe Gericht in Kirdorf von Mainz zu Lehen. Wann sie damit belehnt wurden, läßt sich nicht nachweisen. Am 7. August 1326 verzichtete Walter von Kronberg mit Zustimmung seiner Ganerben auf das halbe Dorfgericht, und Erzbischof Matthias von Mainz belehnt damit Heinrich Brendel und seine Kinder[22]).

Mit diesem erzbischöflichen Lehen fassen die Homburger Brendel Fuß in Kirdorf. Demnach war Kirdorf dreiherrisch. Gutsherren waren: 1. das Mainzer Erzbistum, als seine Lehensträger die Ganerben von Kronberg und nach ihnen die Brendel von Homburg; 2. die Herren von Eppstein besaßen den alten Gutshof der Grafen von Nürings, der an Wortwin kam, dessen Tochter ihn dem Kloster Arnsburg schenkte, und von dem Kloster erwarben ihn die Herren von Eppstein; 3. die Ganerben von Vilbel.

5. Die Ganerben von Vilbel und Kirdorf

Das Erzbistum Mainz, das über das Rhein-Main-Gebiet hinaus auch in Südhessen eine Vormachtstellung anstrebte, wurde durch den ansehnlichen Lorscher Klosterbesitz in seiner territorialen Machtpolitik erheblich gestärkt.

Die neugewonnenen und weit zerstreuten Lorscher Güter, die aus Dörfern, Häusern, Gemarkungen, Äckern, Wiesen, Weingärten, Mühlen usw. bestanden, wurden in die gemeinsame Mainzer Gutsverwaltungs- und Gerichtsorganisation einbezogen und als fester Bestandteil dem alten Herrschaftsgebiet eingegliedert. Der Erzbischof belehnte seinen erprobten Dienstadel mit den ihm neu zugewachsenen Gütern. Auf diesem Wege gelangte Kirdorf an die Ministerialen von Vilbel.

Das niedere Adelsgeschlecht von Vilbel, das in Beziehungen zu Arnsburg, Fulda, Mainz und Frankfurt stand, tritt in Urkunden wiederholt auf. Ihr Aufstieg beginnt im 13. Jahrhundert. Die Familienmitglieder werden als Edelknechte und Ritter bezeichnet. Sie saßen als Ganerben auf der Burg Vilbel und hatten Güter in Vilbel, Hausen bei Frankfurt, Niederbommersheim, Berstadt, Echzell usw. Sie besaßen auch das Patronatsrecht der Heiligen Kreuzkirche bei Kalbach als fuldisches Lehen, das ihnen die Eppsteiner streitig machten; der Streit wurde aber vom Abt Heinrich von Fulda in einer in Umstadt ausgestellten Urkunde am 12. März 1256 zu Gunsten des Ritters Walter von Vilbel entschieden, da Walter mit Lehensbriefen sein Recht nachgewiesen hatte[23]). Aus dem 13. Jahrhundert fehlen uns genaue urkundliche Nachrichten darüber, wann der Kirdorfer Gutshof mit Zubehör in die Hände der ritterbürtigen Ganerben von Vilbel übergegangen war; daß sie ihn besessen haben, davon legt die obige Verkaufsurkunde Zeugnis ab. Eine Familie der Ganerben von Vilbel war in Höchstadt („Hexstadt") = Ober- oder Niederhöchstadt nordwestlich von Frankfurt ansässig, die das Vogteiamt ausübte, das Hofgut verwaltete und den

---

[22]) Sauer, Bd. III, Nr. 1830 vom 7. August 1326, Staatsarchiv Würzburg, Abt. Mainzer Bücher, Nr. 21.
[23]) Sauer, Nassauisches Urkundenbuch, Bd. I. 1, Nr. 645.

Gerichtsversammlungen als stellvertretender Richter des Erzbistums vorstand. Freilich war der Vogt, wie damals allgemein üblich, in erster Linie Schutzherr der Untertanen. Dem Geschlecht von Vilbel gelang es, das halbe Dorfgericht in Kirdorf samt der alten Burg zu Lehen zu erwerben. Es ist bekannt, daß das Dorfgericht ein Niedergericht war, das nur über leichte Vergehen urteilte und nur kleinere Geldbußen verhängte. Die Gerichtsgebühren waren genau geregelt, ein Weistum des Kirdorfer Gerichts blieb uns nicht erhalten. Die Hälfte der Gerichtseinkünfte fielen dem Vogt und den Gerichtsschöffen zu, die andere Hälfte war dem Erzbistum als Grundherrn vorbehalten.

Im Jahre 1320 verpfänden die Ganerben von Vilbel, die Brüder Bertram, Konrad und Walter und die Brüder Johann, Werner und Hermann, alle Edelleute, „das halbe Teil des Gerichtes, des Dorf Kirchdorff bei Hoenberg mit allem recht, das ihnen zugehört, an der alten Burg in dem vorgenannten Dorff" Gottfried IV. von Eppstein für 36 Mark Kölner Pfennige (3 Heller für den Pfennig). Sie haben sich zwar das Wiedereinlösungsrecht des Pfandes auf 10 Jahre vorbehalten, aber das Gericht nicht mehr eingelöst.

Am 25. Juli 1359, dem Donnerstag nach dem Maria Magdalenentag, bekundet der Edelknecht Bechtram von Vilbel mit „genwartigem brife", daß er dem strengen Ritter, Herrn Franke von Kronberg, seiner Frau Lorette und ihren Leibeserben mit Einwilligung des Grundherrn, des Erzbischofs Gerlach von Mainz, und den Vilbeler Ganerben seines Bruders Ritter Richard und der Edelknechte Wernher, Johann und Wernher, Hermannsohn, 22 Achtel Korngülde, die ihm und seinen Ganerben vom Dinghof zu Höchstadt gebühren, wie „Korn nun Somern fallende sint zu Kirchtorf uf der mollen hube" (d. h. neun Simmern Korn von der Mühlhube zu Kirdorf), um 176 Gulden verkauft habe[24]).

Mit diesem Verkauf haben die Vilbeler Ganerben den letzten Rest ihrer Kirdorfer Einkünfte veräußert. Sie behielten sich zwar das Rückkaufsrecht vor, sie haben aber die Rente der Mühlhube nicht mehr erworben.

„Ich Bechtram von Vilwel edilknecht bekenen und verjehin offinliche an dysem geinwortigen brife allen den, de en ansehin adir horen lesin, daz ich verkauft han und verkeufin mit dysem genworigen brife dem strengin ritter hern Francken von Cronenberg, Loretten siner elihen frauwen und yren beyden libesz erbin, obe sy nit libesz erbin hetten, yren beiden nehisten erbin zwey und zwenzig achteil korn geldis dy mir zu Hexstat uf dem dinghove fallende sint zu Kirchtorf uf der mollen hube, mit willen und verhancnisze mines herren und minner ganerbin umme seis und sibenzig und hundirt gulden, der ich genzliche und gutlichen bezalit bin, also bescheidelich, daz ich und mine erbin her Francken, Loretten sine eliche frauwen und yre erbin gerowelich al ane alle hindernisze in der vorgescriben korngulde sollen laszin sitzen. Auch hat her Francke Lorette sine eliche frauwe und yre erbin mir und minen erbin de besundern furntschaft gedan, wanne ich adir mine erbin komen vor sente Waltpurge dage mit seis und sibenzig und hundirt gulden genger und guter werunge als dan zu Franckenfurd genge und gebe ist, so sulden de egenanten her Francke, Lorette sin eliche frauwe adir yre (erbin mir) adir minen erbin de egenant (Korn) gulde wider verk(eufin) ane alle (hindernisze und so han ich gebeden

---

[24]) Archiv des Fürsten Solms zu Lich, Abt. Licher Urkunden, Kasten 29, Nr. 34. Die „mollen hube" war das Hubfeld, das zur Mühle gehörte.

m)ine liben ganerbin hern Rich(arden) ritter von Vilwel minen broder Wernhern, Johan (und Wernhern h)ern Hermans son edile knechte von (Vilwel) daz sy vor sich und alle yre erbin eren willen und ver(hancni)sze zu dysem vorgescriben kaufe gedan han und don in dysem gewortigen brife und mit mir bidden unseren genedigen erwerdigen herren hern Gerlache erzebischoffin des heiligen stolis zu Mentze sint de vorgescriben korngulde von alder von der aptdye von Lors zu lehin roret und nu von dem erwerdigen unserm obgenanten herren von Mentze zu lehin roret, daz her zu dysem vorgescriben kaufe sinen willen und verhancnisze do und wir Gerlach von godes genaden erzebischof des heiligen stolis zu Mentze bekennen daz wir durch sliszlicher bede willen Berchtrames und Richard ritters gebr(uder), Wernhers, Johans und Wernhers, hern Hermans sones von Vilwel ediler knechte gedan han und don unsern willen und verhancnisze zu dysem vorgescriben kaufe in dysem genwortigen brife, und des zu orkunde han wir unser ingesigel mit den yren an dysen brif gehangen, der gegebin wart do man zalte nach Cristus geburte druzehin hundirt jar darnach in deme nun und funfzigesten jare uf den dontesdag um sente Marien Magdalenen dage."

Unter der Mühle ist hier nicht die Götzenmühle zu verstehen, denn die lag in der Homburger Gemarkung und war im Besitze der Familie Brendel. Im Kirdorfer Gebiet, vom Dorf nördlich gegen die Hohemark, stand am Bach eine Mahlmühle zwischen dem Affenberg und dem Teufelsbusch im Nesselbornfeld, südlich daneben lag das Hubfeld und nördlich die Mühlwiese.

6. Kirdorf im Besitz der Herren von Kronberg

In einer in Eltville am 16. April 1356 ausgestellten Urkunde belehnt der Mainzer Erzbischof Gerlach I. den Ritter Frank von Kronberg mit Dorf und Dinghof Schonenburg[25]), der Vogtei zu Höchst und „zu Kirdorf das Dorf und Gericht und waz darin gehört". In der Urkunde wird ausdrücklich hervorgehoben, daß Frank von Kronberg dies wegen seiner dem Erzstift Mainz geleisteten Dienste erhalten habe, und der Erzbischof dehnt die Lehnsfolge auch auf die weiblichen Nachkommen der Herren von Kronberg aus[26]).

Im Jahr 1359 kaufte Frank von Kronberg von den Vilbeler Ganerben die von der Mühlhube in Kirdorf alljährlich fällige Korngülde[27]).

Bis 1445 verblieben Dorf, Gericht und Zubehör samt der Kornrente von der Mühlhube im Besitze der Herren von Kronberg. Laut der nachstehend veröffentlichten Verkaufsurkunde übertrug Frank von Kronberg das Dorf Kirdorf, bei Homburg v. d. H. gelegen, mit Hoch- und Niedergericht, Herrlichkeit, Recht und Gewohnheiten, Feld, Wald, Marken, Wiesen, Wasser, Weide, Wildbann, Fischerei, Bede, Dienst, Atzung, Lager und allen Gefällen und Zubehör dem Junker Gottfried von Eppstein und seinen Nachkommen. Der Kaufpreis betrug die ansehnliche Summe von 2 500 Gulden Frankfurter Währung.

„1445 uf S. Steffanstag i. d. Weynacht."

---

[25]) Wohl Schönberg.
[26]) Mainzer Kopiare im Bayer. St.A. Würzburg, Liber Gerlaci I. Ingrossaturbuch Nr. 4. — Sauer l. 3, S. 300. Nr. 2813, Regest und die Urkunde.
[27]) Vgl. S. 248.

Ich Franke vonn Cronnberg der alte, bekenne für mich und alle meine erben inn crafft und urkund dieses briewes, daß ich mit willen wissen und verhendknuß des Ehrwürdigen in Gott Vatter und Herrn Dietrichs Ertzbischowen zu Meintz meines gnedigen lieben Herrn Peters von Udenheim Dechant und meiner Herrn vom Capitul[28]) im Dhum zu Meintz gemainlich dem edlen Junker Gottfried Herrn zu Eppstein, seinen Erben und Nachkommen erblich und ewiglich verkaufft hann und verkauffen Ine auch gegenwürtiglichen In und mit crafft diß briwes das Dorff Kirdorff bey Hoemberg gelegen vor der Hoe. Ich dann bis here von dem obgenanten mein gnedigen Herrn un seinen gn. Stift zu Meintz zu Lehen getragen empfangen und bishere Pracht[29]) hann und der obengenannt Junkher Gotfriedt und seine Erben und nachkommen das nur fürter mehr empfangen haben und tragen sollen. Inmaßen der obengenant Junkher Gotfriedt sollich darff itzund von meins obgenanten Herrn Gnade von Meintz empfangen hat. Solch obgenannt dorff mit Gericht hohe oder nieder, aller Herrlichkeit, Recht und Gewonnheit aldo und nunmehr herkommen mit felden, welden, marken, eckern, Wiesen, Wassern, waiden, Wilpannen, Fischereien, beden, dinsten, Atzungen, leger, gepackt verpack, Frondiensten mit allen und jecklichenn Zugehörungen und gefellen ersucht und unersucht, wie man das finden erdencken kann oder mag. Hann aber der obgenannte Junkher Gotfriedt mir von Dato dieses Briwes darumb gutlich und wohl bezahlt und gewert hat Dritthalbtausend[30]) Gulden guter Frankfurter Wehrung.

Und tragen hierumb den obgenannten Junkher Gotfrieden, seine erben und nachkommen für mich und meine Erben solicher obgenannter sommen dritthalbtausend Gulden quit, los und wohl bezahlt. Auch mit crafft und Urkund dieses briwes. Und ich und alle meine erben wollen noch sollen nimmer Einsprach oder Inntrag thun an den obgenannten Junkher Gotfriedt, seine erben oder nachkommen, als von des obgenannten Dorfe mit seiner Zugehörung und Kaufswegen.

Das zu urkundt und vhester stettigkeit aller vorgeschriebenen sachen, veste und stette ewiglichen zuhalten kann ich Franke von Cronberg der alte mein Insiegel für mich und alle meine Erben an diesem brif gehangen, der geben ist uff Sannt Steffanstag des heiligen Märtyrers gelegen in den vier heiligen feiertagen zu Weihnacht Anno Domini 1445"[31]).

7. Kirdorf und die Herren von Eppstein

In den dreißiger Jahren des 13. Jahrhunderts war Gottfried V. von Eppstein in finanzielle Schwierigkeiten geraten. Seine Vermögenslage war sicher arg zerrüttet, denn er verpfändete verschiedene Güter und Einkünfte, ja selbst die Homburger Burg an den Pfalzgrafen, um aus den Geldnöten herauszukommen. Die Gläubiger waren zuerst seine eigenen Burgmannen, die ihm aber nur kleinere Geldsummen geben konnten. So erhielt er z. B. vom Ritter Burkard Huser am 19. September 1333 dreihundert Pfund Heller und gab dafür als

---

[28]) Domkapitel.
[29]) bisher gebracht.
[30]) sind 2500 Gulden.
[31]) Auch im Stadtarchiv in Königstein liegt eine Urkunde über diesen Verkauf. Repertorium 173, Nr. 28.

haftenden Pfand den Gutshof und Zehnt zu Kirdorf[32]). Am 6. Dezember 1333 borgte er ebenfalls 300 Pfund Heller von Burkard Brendel, der von der Mühle genannt wurde, und überließ ihm für diese Forderung Einkünfte in Seulberg[32a]). Im Jahre 1334 erhielt Gottfried 1000 Pfund Heller vom Pfalzgrafen, für diesen hohen Betrag haftet er mit der Homburger Burg (vgl. Tafel XII).

Hier wollen wir den Kirdorfer Gutshof und Zehnt als Pfandobjekte ausführlicher behandeln. Die Originalurkunde, mit der Hof und Zehnt an den Pfandinhaber übertragen wurde, blieb uns nicht erhalten, nur die Kopie des Reverses (des Gegenbriefes, schriftliche Erklärung), den der Ritter Huser ausstellte. Dr. Sauer hat im Nassauischen Urkundenbuch diesen Revers im kurzen Auszug abgedruckt, die Eppsteinschen Kopialbücher im Staatsarchiv Wiesbaden und in der Universitätsbibliothek in Gießen enthalten ihn im Wortlaut.

1327

Die Ganerben von Vilbel, die Brüder Bertram, Konrad und Walter von Vilbel und die Brüder Johann, Werner und Hermann von Vilbel beurkunden, daß sie „mit guter vernunfft und mit bedachtem Mude han versatzt das halbe Teyle des Gerichts des Dorffes Kirchdorff by Hoenberg mit allem dem Rechten das uns zuehoret an der alden Borg in dem vorgenannten Dorff Kirchdorff" an den Herrn Gottfried ein Herr zue Eppinstein" für 36 Mark Kölner Währung, mit Vorbehalt des Wiederkaufsrechts. Die Verkäufer bekennen, daß sie die Kaufsumme erhalten haben und, sollten sie oder ihre Erben im Ablauf von 10 Jahren das Gericht nicht einlösen, so soll es Gottfried und seinen Erben ewiglich zufallen.

Es liegt nun einmal im Wesen der Lehensurkunden und Verkaufsbriefe, daß sie stets Spuren ältester Zustände, die oft über Menschengedenken zurückliegen, durchblicken lassen, indem sie die Vorbesitzer der Eigengüter und Lehen namhaft machen. Dies ist auch aus folgender Textstelle unserer Quelle ersichtlich:

„drinhundert Phönde Hellern guter Wernunge umb das Gut und den Hoff zu Kirchdorff das Nürincke hait und den Zehenden zu Kirchdorff."

Der in dieser angeführten Stelle genannte Name „Nürincke" kann nur eine verbalhornte Namensform des Geschlechts von Nürings sein; nur so bekommt diese Angabe einen Sinn. Damit ist auch der Beweis erbracht, daß es in Kirdorf schon zur Zeit der Hohenstaufen zwei Gutshöfe, Urhöfe, gab:

1. den Lorscher Klosterhof, der an Mainz kam, und
2. den Gutshof der Grafen von Nürings.

Die Grafen von Nürings waren die Gaugrafen des Niddagaues und der Wetterau. Sie saßen auf der Burg Königstein im Taunus; der Name Nürings soll neuer Ring (= neues Gericht) bedeuten. Das Geschlecht erlosch um 1170-1180 mit Gerhard von Nürings.

Der aus der nüringsschen Erbschaft stammende Gutshof darf wahrscheinlich als sehr alt angesprochen werden, wie der Lorscher Klosterhof. Der Gutshof der Nürings ist vermutlich identisch mit dem Allodialgut Wortwins von Hohenberg, der vier Mansen (Hufen) umfaßte. Von beiden Höfen wird die Entwicklung des Dorfes an der verkehrsgünstigen Friedberger Straße ihren Ausgang

---

[32]) Hauptstaatsarchiv Wiesbaden, Eppsteinsches Kopialbuch. — Uffenbach-Senckenbergisches Kopiar in der Universitätsbibliothek in Gießen, Handschriften.
[32a]) Sauer, I₃, Nr. 2017, S. 171.

genommen haben. Durch Rodung wurde der Wald allmählich zurückgedrängt, und Hand in Hand mit dem Wachsen des Pfluglandes stieg die Bevölkerungszahl an. Von der fortschreitenden Urbarmachung geben uns die alten Flurnamen, wie: Kälberhecke, Heidfeld, Lazariusfeld, das Neue Feld, die Neuen Stücke, usw. Auskunft.

8. Kirdorf und die Grafen von Sponheim, Walter von Londorf und Konrad von Eschbach

Die in der Überschrift genannten hatten in der Kirdorfer Gemarkung kleinere Güter, die die Brüder Brendel von Homburg allmählich aufgekauft haben. Gesicherte Nachrichten liegen auch darüber vor, daß die Grafen von Sponheim (Spanheim) ebenfalls in Kirdorf begütert waren. Das aus dem Wormsgau stammende Geschlecht, das sich um das Jahr 1000 die Burg Sponheim erbaute, dehnte seine Herrschaft im 13. Jahrhundert auch auf rechtsrheinisches Gebiet aus. Es erwarb den Zehnt in Bergen, das Patronatsrecht und die Vogtei in Niederliederbach, ferner das ausgegangene Dorf Baumrode. Mit diesen Einkünften, Rechten und dem Dorf waren die Eppsteiner belehnt[33].

In Kirdorf gehörte Graf Heinrich von Sponheim der Affenberg („affinberg"), ein Weingarten von 7 Morgen mit den dazugehörenden Äckern, „mit namen seben morgen wingarten und dye ellern, dye dar zu gehoret an dem affinberg in Kirtdorffer gerychte". Den Affenberg hatte Hartmut Huser zu rechtem Mannlehen. Der Graf verkaufte am 21. April (uff den oster abint) 1386 diesen Weinberg den Brüdern Konrad, Henne und Jorge Brendel von Homburg[34].

„Wir greff Heinrich von Spanheym irkennen vns in desem vffen bryeff vor vns vnd alle vnser irben und nach komende solichen kauff als Conrat Brendeln und Henne Brendeln und Jorge gebruder von Homberg gekaufft hant um Hartmut Huser von Homberg mit namen seben morgen wingarten und dy ellern dye dar zu gehoret an dem *affinberg* in Kirtdorffer gerychte den Hartmut Huser vorgenante von uns zu rechten manlehen hat gehabet daz wir zu dem selben wingarten wie der vorbenant ist von guden willen und virhenkenisse geben und gege bin han Conrat Brendeln und Henne Brendeln und Jorgen die vor genanten und eren rechten libes elichen lehens irbe und en zu besiczene an alle hindirsal unser und unser irben und nach komende. Des czu urkunde und vester stedekeit so han wir greff Heinrich von Spanheim unser eigen ingesigel an desen bryff gehangen für uns und alle unser irben und nachkomende czu eym wren geczuckenisse Datum anno dm m° ccc° xxxxvj jar gegebin uff den oster abint."

Walter von Londorf (Lundorff), Wigands Sohn, und seine Frau Gele verkauften am 18. September 1398 ihre Wiese, gelegen in der Kirdorfer Salzwiese („solczwesen"), an Konrad, Henne und Jorge Brendel von Homburg. Diese Wiese wurde vor dem Kirdorfer Gericht im Beisein von Schultheiß und Nach-

---

[33]) Wagner, P., S. 84, Abschnitt 161: „item a comite de Spainheim decimam in Berge, jus patronatus cum advocatia in inferiori Liderbach et villam unam, que dicitur Bouminrode —."

[34]) H H St. A., Wiesbaden, Abt. 310, Nr. 50, Repertorium.

barn („nachgeburn") den Brüdern Brendel übergeben.

Diese Salzwiese liegt im Quellengebiet der Audenwiese, denn ein Dorsalvermerk besagt, daß die Brendel gleichzeitig einen Weingarten gekauft haben: „uber die wieße der thommaß genandt"[35]).

Am 30. Oktober 1403 versetzten Konrad von Erlenbach und Anna, seine Frau und ihr Bruder für 40 Gulden ihren Berg und Weingarten mit Zubehör, „der da gelegen ist in deme gerecht zu Kirchdorff", mit Vorbehalt des Wiedereinlösrechts an Johann Brendel[36]).

So haben die Brendel ihren Besitz in Kirdorf durch Ankauf allmählich abgerundet, und spielten bald ab 1400 eine führende Rolle in Kirdorf.

„Ich Walter von Ludorff Wygant selgen son und Gele sine eliche husfrauwe irkennen uns in diesem uffen briffe vor uns und alle unsirn irben daz wir recht und redelich und eygenlich virkaufft han Conrad Henne und Jorgen Brendel von Hohinberg gebrudern und eren irben und uff geben in dem gerieche zu Kirtdorff vor schultheißen und nachgeburn als sie wiseten daz gewonlich und recht were unsirn wesen die gelegen ist in der solczwesen der sie uns gutlichen beczalt han und sen sie der vorgeschriben summe geldes quit ledig und los myt diesem uffen briffe. Des zu urkude und festerstedekeit so han ich Walter von Lundorff vorgenannt myn eygen insigel vor mych un alle myne irben an diesen briff gehangen und ich Gele des vorgeschriben Walters eliche Husfrauwe han gebeden den festen edelknecht Wolffen von Beldersheim daz he sin eygen insigel vor mych und alle myne irben an diesen briff gehangen hat des ich Wolff vorgenant mych irkenne daz ich durch bede willen der vorgeschriben Gelen myn eygen insigel vor sie und ere irben an diesen briff gehangen han zu geczugniße diezer dinge datu anno dm M° ccc° nonagesimo octavio quarta feria ante festum beati Mathei apostoli."

Eine Teilungsurkunde der Brüder Johann, Jorge und Konrad Brendel vom 16. März 1403 gibt uns Kenntnis über eine Steinwiese bei Kirdorf. „Auch sollen herr Johann und Jorge vorgenant Conrad irem bruder abgenant die wesen, die da heißen der Stein by Kirtdorff gelegen glich halb abscheiden und ym die sine lebetage lassin fulgen und der zue gebruchen."[37])

Die Wiese „Stein" wurde kaum nach ihrer Lage an einem hohen Grenzstein benannt. Vermutlich deutet der Name auf ein aus Steinen erbautes Haus hin; der Flurname „Steinhäuser — gärten" (Flur 11), wie später die in Gartenland umgewandelte Wiese heißt, hat die ursprüngliche ungekürzte Form beibehalten. Die Besitzer der Gärten auf der Steinwiese fanden alte Backsteine, sogenannte „Klötze" und Dachziegelbrocken, die von einem ehemaligen Gebäude herrühren können. Mündliche Mitteilung des Herrn Krack, der auf der Steinwiese zwei Gärten besaß.

9. Die Herren von Eppstein wieder im Besitz von Kirdorf

Wann und auf welche Art und Weise ist Kirdorf und sein geistlicher Gutshof wieder in den Besitz der Herren von Eppstein gelangt?

In Kirdorf war nach Lorsch seit 1232 das Mainzer Erzbistum der Grund-

---

[35]) H H StA., Wiesbaden, Reg. 310, Nr. 55.
[36]) Ebenda, Reg. 310, Nr. 65.
[37]) H H StA., Wiesbaden, Rep. 310, Nr. 63.

herr, und das Dorf blieb bis zur Säkularisation (1803) von Mainz grundabhängig. Es war demnach rund 570 Jahre hindurch mainzisch. Mittlerweile trugen es verschiedene Mainzer Dienstleute zu Lehen. Wie wir gesehen haben, waren die Herren von Kronberg, die Ganerben von Vilbel, die Brendel von Homburg, die Herren von Eppstein, die Grafen von Sponheim, Walter von Londorf und Konrad von Erlenbach in Kirdorf begütert.

Als im Jahre 1418 mit Graf Werner III., Erzbischof von Trier, das einst mächtige Adelsgeschlecht der Herren von Falkenstein im Mannesstamme erlosch, fiel ein großer Teil der Erbschaft an Eberhard I. von Eppstein, der mit Werners Schwester Luitgard verheiratet war. Dieser Ehe entsprossen zwei Söhne: Eberhard II. (nachweisbar von 1401-1443) und Gottfried VII. (1389-1437), die aus der Falkensteiner Erbschaft neben der Herrschaft Königstein Burg und Stadt Königstein mit 22 Dörfern und den Butzbacher Teil (die Ämter Butzbach und Gambach) erhielten. Die Brüder verwalteten ihre Familiengüter zunächst gemeinsam, später teilten sie ihr Erbe. Die erste Erbteilung fand 1424 und die zweite 1433 statt. Bei der zweiten Teilung erhielt Gottfried VII., der Begründer der Linie Eppstein-Münzenberg, außer der Herrschaft Homburg und anderen Besitzungen auch die Schäferei in Kirdorf. Der noch heute gebräuchliche Flurname der „Schäfergarten" (Flur 14), deutet auf diesen eppsteinischen Schafhof hin. Das Homburger Kopialbuch, „Copia Saal-Buch de 1580", berichtet über den Kirdorfer Schafhof, der damals schon den Landgrafen von Hessen gehörte, die das Weidegangrecht mit Schafen in Kirdorf allein besaßen, und alle Untertanen mußten daher den herrschaftlichen Schaftrieb benutzen; betont wird noch, daß man den Schafhof bloß wegen des Ackerbaues, d. h. wegen der Düngung der Äcker, aufrecht erhalten habe[38]). Damals war Kirdorf königsteinisch.

Als dann Dietrich von Wied-Runkel Mainzer Erzbischof wurde und Gottfried VIII. von Eppstein in zweiter Ehe die Schwester des Erzbischofs, Agnes von Wied-Runkel, heiratete, ließ der Eppsteiner, der damals schwer verschuldet war, sich von seinem Schwager Lehen übertragen, um seiner materiellen Notlage abzuhelfen. Am Sonntag nach dem Martinstag (11. November) 1445 belehnte Erzbischof Dietrich von Mainz seinen Schwager mit Kirdorf und dehnte gleichzeitig das Erbrecht des Lehens auch auf die eppsteinische weibliche Linie aus[39]). Aus dieser Urkunde geht einmal klar hervor, daß diese Verleihung an das Haus Eppstein bloß die engen verwandtschaftlichen Beziehungen bewirkt haben, sonst hätte man den altbewährten Lehensmann von Kronberg kaum abgestiftet. Es läßt sich daraus auch folgern, daß man dem Eppsteiner ganz besonders gewogen war.

Am 26. Dezember 1445 verkaufte dann Frank von Kronberg d. Ä.[40]) mit Willen (lies: auf Wunsch) des Erzbischofs Dietrich, des Mainzer Domdechanten von Udenheim und des Domkapitels dem Junker Gottfried VIII. von Epp-

---

[38]) Stadtarchiv Homburg, Copia Saalbuch 1580, S. 30.
[39]) H H StA., Wiesbaden, Abt. 331, Eppsteinische Urkunden, Nr. 188.
[40]) Es soll Frank der IX, Sohn des Walter aus zweiter Ehe gewesen sein, der der Reiche oder Alte genannt wurde. Ompteda nennt ihn einen „gewältigen Landerwerber". S. L. v. Ompteda, Die von Kronberg und ihr Herrensitz, Frankfurt, 1899, S. 159.

stein-Münzenberg für 2500 Gulden das vom Erzstift zu Lehen gehende Dorf Kirdorf bei Homburg.[41]).

Zwei Urkunden unterrichten uns darüber, wie im Jahre 1445 Gottfried von Eppstein mit dem Dorf Kirdorf belehnt wurde. Das erste Zeugnis ist eine Urkunde des Mainzer Erzbischofs Dietrich vom 11. November 1445, das zweite, datiert vom 26. Dezember 1445, wurde von Frank von Kronberg als Aussteller gesiegelt. Beide sind wichtige und aufschlußreiche Quellen, deren Inhalt und Bedeutung einer Erläuterung bedarf, gewähren beide doch einen Einblick in das Lehenswesen und zeigen deutlich, in welcher Form sich die Verleihung Kirdorfs vollzogen hat.

Die erzbischöfliche Urkunde wurde im Herbst 1445, als die ganze Ernte eingebracht war, ausgefertigt. Noch war am 11. November Frank von Kronberg im Besitz des Mainzer Ortes Kirdorf. Entsprechend der mittelalterlichen Gewohnheit übertrug der Lehensherr, der Mainzer Erzbischof Dietrich, zunächst dem neuen Lehensmann, Gottfried VIII. von Eppstein, das Lehen urkundlich. Dies geschah nach altem Brauch mit Mund (Wort) und Kuß. Betont wurde in der Urkunde, daß der Erzbischof seinen Schwager zum Mainzer Lehensträger machte, und dies reicht zur Begründung der Belehnung auch vollkommen aus. Gleichzeitig wurde das Erbrecht auch auf die weibliche Linie der eppsteinischen Nachkommen ausgedehnt, damit wollte der Erzbischof seiner Schwester eine besondere Gunst erweisen.

Am 26. Dezember 1445 stellte Frank von Kronberg die Verkaufsurkunde aus, der Lehensantritt des Eppsteiners fiel demnach mit dem Jahreswechsel zusammen. Diese Urkunde ist die Bestätigung dafür, daß der Kronberger mit Willen und Einverständnis seiner Lehensherren, des Erzbischofs, des Dechanten und des Domkapitels, den Ort Kirdorf, den er bisher vom Erzstift zu Lehen getragen hatte, an Junker Gottfried VIII. von Eppstein „erblich und ewiglich" um 2 500 Gulden verkaufte. Der Aussteller weist im Verkaufsbrief ausdrücklich darauf hin, daß der Eppsteiner das Lehen ohnehin schon „von meins obgenannten Herrn Gnade von Meintz" empfangen habe.

Aus der Urkunde ergeben sich für den Eppsteiner Lehensträger folgende Hoheits- und Nutzungsrechte. Als Vertreter des Dorfherren in Kirdorf stand ihm die Vogtei, die hohe und niedere Gerichtsbarkeit zu, die in der Urkunde an erster Stelle erwähnt wird. Um der Gerichtsbarkeit als Hoheitsrecht etwas Lokalfarbe zu geben, sei ergänzt, daß das Gericht aus dem Schultheiß und sechs Schöffen bestand, die der Eppsteiner in Kirdorf lebenslänglich einsetzte. Der Schultheiß war ein landesherrlicher Beamter, die Schöffen waren Kirdorfer Bauern, und alle Kirdorfer standen unter der Gerichtsuntertänigkeit des Eppsteiners.

Das Lehen gewährte dem Lehensmann in Kirdorf „Herrlichkeit, Recht und Gewonnheit alda". Diese Formel erstreckt sich sowohl auf Herrschaft, auf oberste Gewalt, überlieferten Anspruch, auf die Aufrechterhaltung der Ordnung, Ruhe und Sicherheit wie auf die althergebrachten Geld- und Naturalabgaben, die aber nicht in allen Einzelheiten angegeben werden. Der Ausdruck Herrlich-

---

[41]) H H StA., Wiesbaden, Abt. 331. Eppsteinische Urkunden, Nr. 90.

keit, Recht und Gewohnheit bedeutet die Gesamtheit der rechtlichen Beziehungen zwischen Kirdorf und dem Lehensträger.

Im Verkaufsbrief werden dann die Rechte des Eppsteiners angeführt. Dort heißt es „nunmehr herkommen mit felden, welden, marken, eckern, wiesen, wassern, waiden, Wilpann, Fischereien, beden, dinsten Atzungen, leger, gepack und verpack, frondinsten mit allen und jeklichem zugehorungen, und gefellen ersucht und unersucht." Das Wort nunmehr bedeutet hier von nun an, die Kirdorfer Ortsgeschichte blieb von Weihnachten 1445 bis 1535 mit dem Geschlecht der Eppsteiner verbunden. Der Begriff Herkommen ist hier mit Gewohnheitsrecht gleichzusetzen und bezeichnet in diesem Zusammenhang den Bestand an gültigen Rechten, die seit altersher im Dorfleben Kirdorfs wirksam waren und das Verhältnis zwischen Grundherren und Untertanen bestimmten. Gottfried VIII. von Eppstein war nun Herr über den Kirdorfer Grund und Boden und erhob nach alter Gewohnheit die Steuer (Bede) und alle Geld- und Naturalabgaben (Gefälle), die Jahrhunderte lang die gleichen blieben. Ihm gehörte das Wasser des Kirdorfer Baches und der See am Brendelsbusch, wie auch die Fischerei und der Mühlenzins. Ihm allein stand das Jagdrecht (Wildbann) zu, und ihm leisteten die Bauern Hand- und Spanndienste (Fron). Er, sein Gefolge oder seine Dienstleute hatten auf ihren Reisen Recht auf Speise und Trank, für die Pferde auf Futter (Atzung) und auf Lagerstätten für Troß und Gepäck. All dies wirft wohl einiges Licht auf die Herrenrechte, die dem Adelsgeschlecht der Eppsteiner auf dem Lehensgut Kirdorf zustanden.

Von 1445 bis 1535 blieb Kirdorf 90 Jahre hindurch beim Hause Eppstein. Nach dem Tode Gottfrieds VIII. († 1466) besaß das Dorf Gottfried IX. von Eppstein-Münzenberg, mit dem die männliche Linie seines Geschlechts 1522 erlosch. Der Wechsel der Grundherrn bedeutete für die Kirdorfer keinen besonderen Wandel, da ihr Grundzins und ihre anderen jährlichen Abgaben, die seit alters feststanden, zahlenmäßig die gleichen blieben.

Nach dem Tode Gottfrieds IX. kam Kirdorf an Eberhardt IV. von Eppstein-Königstein, mit dem 1535 der letzte Eppsteiner zu Grabe getragen wurde.

Kirdorf im Besitz der Grafen von Stolberg-Königstein (1535-1581)

Nach der Lehensurkunde des Erzbischofs Dietrich von 1445, der die Erbfolge auf die weiblichen Nachkommen ausdehnte, ging Kirdorf an Eberhards Erbtochter Anna über, die mit Graf Botho von Stolberg verheiratet war. Aus dieser Ehe stammte Ludwig von Stolberg-Wernigerode-Königstein, der 1535 den eppsteinischen Besitz antrat und dem von 1539-1559 auch die hessische Herrschaft Homburg v. d. H. vom Landgrafen Philipp dem Großmütigen verpfändet war.

Nur für kurze 46 Jahre blieb das kurmainzische Kirdorf in der Hand der Grafen von Stolberg-Wernigerode-Königstein. Mit Ludwigs Nachfolger und Bruder, Graf Christoph, starb das Geschlecht 1581 aus.

Kirdorf fiel nun als lediges Lehen an Kurmainz zurück, das mittlerweile auch die Lehensanwartschaft für die ganze Grafschaft Königstein erworben hatte.

VII. Die ersten Kirdorfer Bauernfamilien, die namentlich bekannt sind

Über die Dorfbewohner selbst fließen die mittelalterlichen Quellen nur spärlich, ihre Namen begegnen in den Urkunden äußerst selten. Bauernfamilien werden nur genannt, wenn sie eine Seelenmesse stifteten; ein Kloster oder eine Kirche stellte eine Urkunde darüber aus, und diese ist auf uns gekommen.

Johannes und Hildegundis Cremer aus Kirdorf schenkten dem Frauenkloster Thron 1290 Einkünfte von ihren Gütern, und zwar 51 Achtel Korn, 1 Malter Weizen, 4 Gänse, 2 Truthühner, 2½ Morgen Weingarten „in Hagin" und ½ Ohm Wein. Dafür haben die Äbtissin und der Konvent des Nonnenklosters ihnen eine Seelenmesse urkundlich zugesichert[42]). Dieses Dokument überliefert uns die ersten namentlich bekannten Eheleute, die in Kirdorf ansässig waren. Nicht nur Kaiser und Könige, der Adel und sozial hochstehende Stadtbürger, sondern auch Dorfleute stifteten Seelgeräte. Auch bei der bäuerlichen Bevölkerung unserer Heimat war echte, opferbereite Frömmigkeit zu Hause.

Das Kloster Thron, ein Frauenkloster des Zisterzienserordens, das im oberen Köppener Tal jenseits des Pfahlgrabens am Erlenbach lag, wurde 1243 vom Grafen Gerhard III. von Diez und seiner Gemahlin Agnes gegründet. Es bestand nur bis 1528. Zum frühen Ende des Klosters soll die Verbreitung der Reformation Anlaß gegeben haben, wie Dekan Dr. Karl *Jäger* in seiner Arbeit über das „Kloster Thron" nachgewiesen hat[43]).

Aufschlußreich ist eine Urkunde des Edelknechts Diedrich von Sterzelheim, der am 26. September 1372 an Johann Brendel im Gericht Kirdorf die Abgaben von fünf Leibeigenen verkaufte[44]). Die von Brendel erworbenen Einkünfte bestanden aus Geld und Hühnerzins, die aus der Leibeigenschaft herstammten. Die Urkunde zählt folgende Kirdorfer auf: Peter Wilner, neun Kölnisch Pfennige und anderthalb Hühner, Meister Johann Molner (Müller), ein halbes Huhn, Othilchen sieben Kölnisch Pfennige, Hebel Lergin, fünf Schilling Heller und Kefernberger mit dreizehneinhalb Schilling.

In einer Seelgerätstiftung der Brüder Ritter Johann Brendel und Edelknecht Jorge Brendel von Homburg, datiert vom 3. August 1417, wird ein Garten in Kirdorf erwähnt, den „Elsichen Craghauwern" inne hatte; von dem Garten war an den hl. Kreuzaltar in der Homburger Kapelle ein jährlicher Zins von 12 Schilling gefallen[45]).

Weitere wertvolle Aussagen über die Dorfbewohner machen die alten Bürgerbücher der Reichsstadt Frankfurt/M. Diese Quelle gibt uns über jene Kirdorfer Familien Auskunft, die nach Frankfurt übersiedelten, dort das Bürgerrecht erwarben und ansässig wurden. In Zeiten der Unsicherheit, Gewalt und Fehden suchten viele Familien auch aus Homburg und Gonzenheim im Schutz

---

[42]) Die Originalurkunde im Staatsarchiv Darmstadt, gedruckt in Baur, Hessisches Urkundenbuch, Bd. I. Nr. 268, Sauer, I. 2, S. 664/665, Nr. 1120.
[43]) Jäger, Karl, Kloster Thron, in: Nassauische Annalen, Bd. 64, 1953.
[44]) Hessisches Hauptstaatsarchiv Wiesbaden, Abt. 310, Nr. 34.
[45]) Hessisches Hauptstaatsarchiv Wiesbaden, Abt. 310, Nr. 75.

der Stadt ein besseres Fortkommen. Dem ältesten Frankfurter Bürgerbuch entnehmen wir folgende Einträge:

Am 15. Juli 1341 wurde Hannan Lange de Kyrchdorff als Bürger aufgenommen, am 2. April 1342 Sifridus Zimmermann de Kirchdorff, am 3. Januar 1349 Syfried von Kirchdorff und am 3. November 1397 Rucker Kirchdorff, der als Homburger Bürger nach Frankfurt zog[46]).

Kirdorfer Familien (1571-1581)

Für die Zeit von 1571-1581 sind 33 Kirdorfer Familien bezeugt, die 26 Geschlechtern angehören, darunter 3 Familien Horreß, 3 Wehrheim, je 2 Becker, Braun und Heil; die anderen Sippen sind nur einmal vertreten. Andere in Kirdorf ansässige Familien sind uns nicht überliefert. Von den Taufnamen war damals Johann der beliebteste, er kam insgesamt elfmal vor, allerdings nicht immer in der amtlichen Vollform, sondern meist in volkstümlichen Kurz- und Koseformen: Hans, Henne, Henn. Es gab ferner 3 Volmar, 2 Velten (Valentin) und 2 Reitz; nur einmal treten auf Adolf, Daniel, Endres (Andreas), Heinrich, Hermes (beim Namen des griechischen Götterboten stand wohl der Humanismus Pate), oder sollte es Hermen (Hermann) heißen?, ferner Jakob, Jost, Kaspar, Klos (Nikolaus), Kunz (Konrad), Peter, Seipel, Thomas, Thönges (Anton) und Wendel.

Die Namen sind zum Teil aus dem Salbuch ausgezogen[47]) und zum Teil aus den Homburger Gerichtsbüchern ergänzt. Ich zähle die Namen in alphabetischer Reihenfolge auf. Die Jahreszahl neben dem Namen gibt das Jahr der schriftlichen Überlieferung an.

Anspach, Peter, 1578
Apel, Kunz, 1580
Becker, Thomas, 1578
Becker, Thönges (Anton), 1580
5 Bleichenbachs Witwe von Sosenbach, 1578
Braun, Daniel, 1571, 1581
Braun, Johann, 1578
Diel, Henne, 1578
Fleisch, Hans, 1578
10 Fröhlich, Jost, 1578
Hansen, Hermes, 1578
Heil, Endres (Andreas), 1578
Heil, Velten (Valentin), 1578
Horreß, Hans, 1578
15 Horreß, Velten (Valentin), 1578
Horres, Volmar, 1578

Klein, Johann, 1578
Kling, Kaspar, 1578
Krantz, Wendels Erben, 1578
20 Krein, Volmar, 1578
Landen, Hans, 1578
Lempen, Hans, 1578
Mader, Johannes, 1578
Rosbach, Adolf, 1578
25 Rupel, Heinrichs Erben, 1578
Viel, Jakob, 1580
Wehrheim, Hans, 1578
Wehrheim, Reitz, 1581
Wehrheim, Seipel, 1578
30 Weigel, Volmar, 1578
Winter, Johann, 1578
Wolp (Melp), Reitz, 1578
33 Zimmer, Klos, 1578

---
[46]) Dr. Dietrich Andernacht und Dr. Otto Stamm, Die Bürgerbücher der Reichsstadt Frankfurt 1311-1400, Frankfurt a. M. 1955.
[47]) Stadtarchiv, Homburg, „Copia Saal-Buch de 1580", S. 169-188.

VIII. Kirdorf besaß bis 1438 in Frankfurt Burgrecht und gehörte seit 1493 zum Oberhof in Frankfurt

Der Frankfurter Gelehrte und Romantiker Johann Christian *Thomas* verfaßte ein rechtsgeschichtliches Buch „Der Oberhof zu Frankfurt am Main und das fränkische Recht", das Dr. *Euler* 1841 herausgab und zu dem kein Geringerer als Jakob *Grimm* das Vorwort schrieb.

Wie Johann Christian Thomas berichtet, besaßen die im weiten Umkreis um Frankfurt/M. gelegenen Dörfer seit altersher Burgrecht in der Reichsstadt. Martin Romeiß hat nachgewiesen, daß zwischen 1350-1500 insgesamt 103 Ortschaften im Schutze Frankfurts standen. Darunter auch Kirdorf. Die Bewohner dieser Dörfer fanden im Krieg mit Hab und Gut in Frankfurt Zuflucht, und im Frieden genossen sie Zollfreiheit für die in der Stadt verkauften und eingekauften Waren. Dafür leisteten diese Burgrechtsdörfer bestimmte Arbeiten und Abgaben; im Frondienst halfen sie bei der Instandsetzung der Stadtbefestigung, und am Gertrudstag (17. März) zahlten sie eine ganz geringe Gebühr. Die Historiker vermuten, daß dieses Schutzverhältnis bis in die Zeit der Karolingischen Pfalzbefestigung zurückreichen könnte.

Im Verzeichnis der Frankfurter Burgrechtsdörfer ist Kirdorf 1372, 1380 und 1438 nachweisbar. Im Jahre 1372 entrichtete Kirdorf an das Frankfurter Schultheißenamt den Betrag von 2 Denar und 1380 nur 3 Pfennig; im Jahre 1438 verlor es sein Burgrecht, weil es vermutlich seiner Obliegenheit nicht nachgekommen war.

Einbeziehung Kirdorfs in den Frankfurter Oberhof im Jahre 1493
(Stadtarchiv Frankfurt, Reichssachsen I. Nr. 6717.)

Nachdem Gottfried IX. von Eppstein 1487 Burg, Stadt und Amt Homburg an die Grafen von Hanau verkauft hatte, schied Kirdorf aus dem Homburger Gerichtsbezirk aus und trat dem Frankfurter Oberhof bei. Gottfried IX. von Eppstein, der damals Kirdorf als Mainzer Lehen besaß, schrieb selbst am 5. Juni 1493 einen Brief an den Frankfurter Schultheiß und bat ihn, Kirdorf beim Frankfurter Oberhof anzunehmen. Die Anschrift des Briefes lautet: „Dem Hochgelerten und Strengen Hern Ludwigen zum paradiß Doctor und Ritter Schultheiß zu Frankfurt unserem besonderen günstigen Freunde".

(Signatur) 6717
Gotfritt here zue Epstein und zue Mintzenberg
grave zu Ditz   5. Juni 1493
Unsern gunstigen grus sambt wes wir liebs und guts vermogen zuvor. Besonder gunstiger frunt,

Nach dem unser hindersaßen zue Kirtorffe bißhere iren oberhoffe zu Homburgk gehabt, dwill wir nu Hoenburg verkaufte, darumb sie egemelten oberhoffe hienforters mehr zubesuchen nit willens haben, dem nach wir uch gar mit fruntlichem ernste gutlich bitten, ir uff diß unser und hievor unsers amptmans gehane bericht mit dem radt zue Franckfort von unsern wegen reden und bitten wollent, damit sie die gemelten unsers gerichts verwanten zu Kirtorffe an sie mit der hoffe farte zu beruffen gunstiglichen annemen und den armen zu hanthabunge und erclerunge der gerechtigkeit ir wyßheit und bericht mityl-

XXIX

Das Siegel Johann von Vilbel liegt abgelöst bei der
Original-Pergamenturkunde im Archiv des Fürsten Solms
von Lich, Abt. Licher Urkunden, Kasten 29, Nr. 34. Im
Siegelschild eine Rose mit 6 Blütenblättern (zu S. 245).

Originalpergament von Feuchtigkeit stark beschädigt. Datum 1359 Juli 25. Archiv des
Fürsten Solms zu Lich, Abt. Licher Urkunden, Kasten 29, Nr. 34 (zu S. 245).

XXX

Siegel des Edelknechts Hartmann Huser von Hohenberg (1369). Im Archiv des Fürsten zu Solms in Lich, Bestand Arnsburg, Nr. 1245. Baur, Arnsburger Urkundenbuch, Nr. 977 (zu S. 211).

Brief Gottfrieds IX. an den Frankfurter Schultheiß wegen der Aufnahme der Untertanen zu Kirdorf in den Frankfurter Oberhof (zu S. 256).

ten und sich herin gutwillig erzeigen, als ich mich des und alles gutten zu sich vertrosten.

Sin wirs zu verdienen willig. Hiemit der almechtige in langewerender gesontheit gefristen woll.

Geben an Sanct Bonifatiustag   Anno XC III.[48]

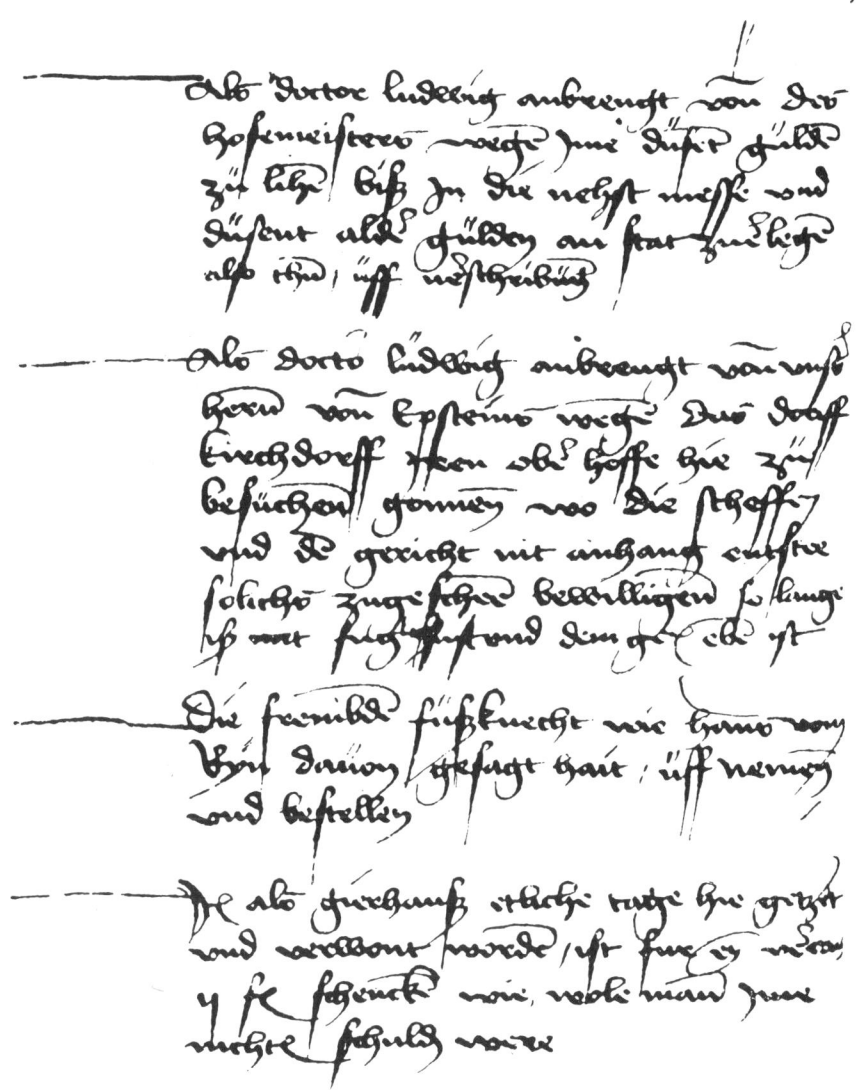

Aus dem Frankfurter Ratsprotokoll: Auf Dr. Ludwigs Antrag bewilligt der Rat, daß Kirdorf den Frankfurter Oberhof besuchen kann.

---

[48] 5. Juni 1493. Vgl. Andernacht, D., Beiträge zur Geschichte des Frankfurter Oberhofes, Sonderdruck, Festgabe für Paul Kirn zum 70. Geburtstag, dargebracht von Freunden und Schülern, S. 160-171.

IX. Die Dorfbefestigung

Die Kirdorfer Grabengasse ist nach dem Dorfgraben (Außengraben) benannt, der den gesamten mit Häusern bebauten Ortsbezirk umschloß und zur mittelalterlichen Dorfbefestigung gehörte. In der Grabengasse spiegelt sich ein Stück Dorfgeschichte.

Kirdorf zählte im Mittelalter zu den wehrhaften ländlichen Siedlungen; es war — wie die meisten hessischen Dörfer — von Graben, Erdwall und Gebück (Hecken) umgeben. Über das umwehrte Dorf liegen keine historischen Nachrichten vor, aber noch das Kartenblatt Nr. 12 vom Jahre 1821-1826 (Archiv des Katasteramtes Homburg) zeigt uns deutlich den Dorfgraben, der in Form einer großen Ellipse das Dorf umzog, vom Kirdorfer Bach gespeist wurde und noch in den zwanziger Jahren des 19. Jahrhunderts Wasser führte. Damit wäre die einstige Dorfbefestigung nachgewiesen. Da das Dorf 1828 über die Umwallung und die lebendige Dorfhecke (Hain) längst hinausgewachsen war, waren beide schon ganz verschwunden; sie erscheinen auf der Katasterkarte nicht mehr.

Daß Kirdorf eine Ringwehr besaß, davon überzeugt das Grundrißbild des alten Dorfes selbst, das am linken Bachufer lag; vom Bach war ein Nebenarm abgezweigt und rund um das Dorf herumgeleitet. Damit war die Form des Runddorfes bestimmt.

Die Dorfbefestigung bot freilich in Fehde- und Kriegszeiten keinen ausreichenden Schutz. Im Dreißigjährigen Krieg wurde Kirdorf schwer heimgesucht.

Der Dorfplan vom Jahr 1824/27 hält nicht nur die örtlichen Verhältnisse der ersten Hälfte des 18. Jahrhunderts fest, sondern überliefert auch weit ältere Zustände. Vor dem Ostrand des Dorfes, zwischen Dorfgraben, Kirdorfer Bach und seinem linksseitigen Nebenbächlein, lag ein weites unbebautes Grundstück, das auf der Katasterkarte (Flur 12) den Namen „Hostadtwiesen" trägt. Das Wort Hostadt bedeutet Hofstätte, ein Plaz, auf dem einst ein herrschaftlicher Gutshof stand, zu dem der Wiesengrund gehörte. Der Hof war nicht in die Dorfbefestigung einbezogen. Er wird der wasserumwehrte, mit Wall und Mauer umgebene Mainzer Fronhof gewesen sein. Die angrenzende Flur 7 trägt den Namen „In der Burggasse"; Gasse bedeutet hier ein mit Gebüsch eingezäunter Weg, der zum Hof (Burg) führte.

Der älteste Dorfteil lag am Westrand des Dorfes (Kirchgasse und Herrengasse); das Dorf entwickelte sich um die Kirche.

X. Die Zeit der Landgrafen von Hessen (1504-1622)

Kirdorf im Saalbuch 1580.
Am 29. April 1578 wurden die im Amt Homburg liegenden Güter der Landgrafen von Hessen, der Brüder Wilhelm und Philipp, gemessen und ausgesteint[49]). Laut dem „Copia Saal-Buch de Anno 1580"[50]) besaßen die Landgrafen in der Kirdorfer Gemarkung insgesamt 6 Huben, 13 1/2 Morgen und 43 3/4 Quadratruten Äcker und Wiesen. Davon entfielen 3 Huben und 9 1/2 Morgen Ackerland auf der „gnädigen fürsten und Herren eigen gelende ihm Kirtorffer gepiet". Neben dieser Mitteilung stehen im Saalbuch zwei aufschlußreiche Hinweise, die eine Auswertung verdienen. Es heißt dort, daß diese Huben „jederzeit zum Schlos Hombergk gehörten" und mittels Frondienst bestellt wurden. An diese geschichtlich überaus interessante Nachricht knüpft sich die Frage an, wieweit über diese Huben etwas Näheres ausgemacht werden kann. Einerseits aus der alten Burgzugehörigkeit und andererseits aus der Frondienstverbundenheit läßt sich entnehmen, daß es sich hier nur um den sogenannten „Herrnacker" handeln kann, der zwischen dem Lehmkautfeld, den Bettwiesen und der Friedrichsdorfer Straße am nordwestlichen Dorfrand lag. Das Bestimmungswort Herrn- in den zusammengesetzten Flurnamen wie Herrnhaus, Herrnwiese, Herrnweg, Herrnbrücke, Herrngarten, Herrnfaltor usw. bedeutet stets herrschaftlicher oder landesherrlicher Besitz. Vermutlich war der Herrnacker ursprünglich Besitz des Klosters Lorsch und ging nach 1232 an das Erzbistum Mainz über, die Herrn von Eppstein werden ihn erst später erworben und zum Besitz der Burg gemacht haben. Es könnte aber auch sein, daß es sich um den ebenfalls 4 Hufen umfassenden ehemaligen Besitz Wortwins von Homburg handelt, von dem die Rede war (vgl. S. 241).

Der Herrenacker gehörte nicht zum Kirdorfer Dreierfeld, er war aus dem Flurzwang der Dreifelderwirtschaft ausgenommen. Auch im Brach-, Hafer- und Kornfeld besaßen die Landgrafen Äcker, im Brachfeld 37 1/4[51]), im Haferfeld 42 1/2[52]) und im Kornfeld 38 1/2 Morgen[53]); insgesamt 118 1/4 Morgen. (Die Ruten und Enkel der Ruten sind hier weggelassen.) Auch das herrschaftliche Wiesenland ist genau überliefert. Die Götzenmühlwiese[54]), die größtenteils in der Homburger Gemarkung lag, umfaßte 40 Morgen 1 Viertel, die Audenwiesen 18 1/2[55]) und die Winkelwiese[56]) 4 Morgen.

Interessant und aufschlußreich ist das in der ausführlichen Güterbeschreibung vorkommende Namensgut der Flurnamen, das vom heimatlichen Standpunkt aus wichtig ist und daher nicht außer acht gelassen werden darf. Die Flurnamen sind altehrwürdige Denkmäler, denen im heimatlichen Raum ein bedeutender Aussagewert zukommt.

---

[49]) Stadtarchiv, Homburg, A. I., 4, Nr. 26.
[50]) Ebenda, S. 188.
[51]) Ebenda, S. 175.
[52]) Ebenda, S. 179.
[53]) Ebenda, S. 183.
[54]) Ebenda, S. 185.
[55]) Ebenda, S. 187.
[56]) Ebenda, S. 187.

XI. Die Flurnamen

Das Flurnamenmaterial, das bei der landgräflichen Güterbeschreibung in der Kirdorfer Gemarkung im Jahre 1578 im Saalbuch aufgezeichnet wurde, ist altüberliefert. Es wurzelt tief im Boden der heimatlichen Tradition und wurde von Geschlecht auf Geschlecht vererbt, wie das Bauernblut, wie die Äcker und Wiesen selbst. Flurnamen finden im Kreise der Heimatfreunde stets ein besonderes Interesse, denn sie haben nicht nur einen heimatkundlichen Wert für die philologische Forschung, sondern sind auch als geschichtliche Quellen bedeutend. Sie richten den Blick zurück in längst vergangene Tage und unterrichten über den Wandel der heimatlichen Fluren, auf denen Generationen Jahrhunderte hindurch gearbeitet haben, um Bruch, Heide und Wald in reichtragende Äcker und Wiesen umzuwandeln. Das Überlieferte zu bewahren und zu pflegen ist Aufgabe der Heimatgeschichte.

Das Flurnamenmaterial des Saalbuches vom Jahre 1578 ist bisher unveröffentlicht. Ich gebe es als Forschungsaufgabe an die Philologen weiter mit der Hoffnung, daß mit dieser Veröffentlichung nicht das letzte Wort darüber gesprochen ist.

„Brachfeld", Brache, das landwirtschaftlich genutzte Feld war der Dreifelderwirtschaft entsprechend in Sommer-, Winter- und Brachfeld eingeteilt und jedes dritte Jahr blieb eine Feldflur brach liegen.

„An den Luhen", „an den lohen" bedeutet Feld am Wald, am Hain, am Gehölz; das „Luhfeld" ist durch die Rodungen verschwunden.

„Auf der Bach", Acker am Kirdorfer oder Audenbach, das Wort Bach wird feminin gebraucht.

„Am obersten Placken", unbebautes Land, Rasenstück, Plagge.

„Leimkaut" = die Lehmgrube, Lehmkautfeld (Flur 14).

Acker auf dem Säugling, kleine Schweineweide.

„Auf dem Kesseldeich", „am Kesseler Born", „am Kesselgrund". Diese Flurnamen gehen wahrscheinlich auf den Familiennamen Kesseler zurück, der in Homburg und Oberstedten bezeugt ist; Rühl Kesseler war 1574 amtierender Bürgermeister in Oberstedten, und 1577 erscheint Baltheß Kesseler im Homburger Gerichtsbuch.

„Am Engelthor gut", damit wird wohl ein Gut des Nonnenklosters Thron gemeint sein.

„Nösselborn", „Nesselbornfeld", der von Brennesselkraut umgebene Born lag in Flur 16, an der Homburg-Kirdorfer Gemarkungsgrenze.

„Die Landwehr", Grenzgraben, der auf der Stumpf'schen Vermessungskarte (1824/27) noch deutlich sichtbar ist.

„Im Haferfeld", zweite Flur der Dreifelderwirtschaft.

„Acker am Steinhaus", lag zwischen der Landwehr und den Gärten.

„Acker am Berg obendig reitzen Placken", am Reisberg.

„Acker am Berg auf der Hagwiese".

„Kornfeld", neben der Brache und dem Haferfeld die dritte Flur.

„Am Schaftrieb", die Eppsteiner, die Grafen von Hanau und die Landgrafen von Hessen-Darmstadt hatten in der Kirdorfer Gemarkung eine Schäferei.

„Acker am ode weller", Personenname Odenweller.

„ein Acker, die Hueb genandt", die Hube, Hufe.

„Acker im Hoelfeld auf dem Stetter Pfad", Hohlfeld am Landgraben.

Rodung: Lazariusfeld.

Wiesen: Mollnwiese (Mühlwiese), „Gitzemoln"-Wiese, Märzgarten, Bocksreit (eine Waldwiese), Bett- und Böttwiese.

Waldname: Nazarius.

Bergnamen: Rabenstein, Höllstein.

Auf eine ehemalige Burg deuten: „In der Burggaß", „Weg durch die Burggasse", „Am Burgerberg" und „Burggaß".

XII. Kirdorfer Sagen

Nordöstlich von Kirdorf erhebt sich ein kleiner Ausläufer des Taunus, der Rabenstein oder Höllstein genannt wird. Daß es dort oben nicht geheuer sei, darüber wußten die alten Kirdorfer viel zu erzählen. Es ging das Gerücht um, Geister hausten auf dem Berg, die schon so mancher mit eigenen Augen gesehen haben wollte, und im Fels sei ein großer Goldschatz versteckt, nach dem beherzte Männer um Mitternacht schon des öfteren mit Spaten und Pickel gegraben hätten; doch alle Mühe, den Schatz zu heben, sei vergebens gewesen.

Die weiße Burgfrau vom Rabenstein

In ferner Vergangenheit soll eine Ritterburg den Rabenstein gekrönt haben. Unten im Tal schlängelte sich der Bach durch die herabgestürzten Steine und den Verwitterungsschutt, droben wachten rings um die Burgruinen mächtige Eichen, die im Winde geheimnisvoll raunten.

Um die Mittagszeit, wenn der Himmel blaute und der Sonnenschein Wald und Burgruine glänzend überstrahlte, schwebte oft um die Eichen und Ruine, wie ein wallender Dunstschleier, die schöne Burgfrau im weißen Totenhemd. Es war kein Nebelschwaden, keine Augentäuschung, denn die Frau trug um die Hüften einen Gürtel mit dem Schlüsselbund der Burg. Ging jemand vorbei, dann rasselte sie vernehmlich mit den Schlüsseln. Wer das Rasseln einmal gehört hatte, der vergaß es nicht mehr, es begleitete ihn sein Leben lang; denn die Burgfrau erwartete, daß jemand sie anrufe und erlöse. Doch niemand wagte es, eine Frage an die weiße Frau zu richten.

Der Schloßschatz auf dem Rabenstein

Es ging die Sage um, der kostbare Schloßschatz auf dem Rabenstein bestehe aus einer Menge blanker Goldtaler, die der große Fels, der eigentliche Rabenstein, wie ein dunkles Geheimnis verberge. Damit die Taler in der feuchten Felsenkammer ihren hellen Goldglanz nicht einbüßten, breite sie das Schloßfräulein, die Hüterin des Schatzes, von Zeit zu Zeit auf einem großen Laken in der Sonne zum Trocknen aus. Dies geschähe stets zu einer Zeit, da kein Mensch vorbeizugehen pflege. Seien die Goldtaler getrocknet, bringe sie das Schloßfräulein sogleich in ihr Felsversteck zurück.

Eines Tages lagen die Taler wieder wie flammendes Gelb im Sonnenglanz und sprühten tausendfach blitzende Fünkchen. Da kam entlang des alten Kirchpfades, der von Seulberg nach dem Rabenstein führte, unversehens ein Kirdorfer Bauer daher. Er schritt im Sonnenschein gemächlich dem Rabenstein zu. Hell blinkten die Taler vor seinen Augen auf, er aber dachte nicht an Gold, sondern nach Bauernart an schönen gelben Weizen. „Schau, da trocknet einer im Sonnenlicht seinen goldenen Weizen", sagte er zu sich, hielt den Schritt an, schaute flink umher, bückte sich dann verstohlen und steckte hastig vom vermeintlichen Weizen eine Handvoll in die Tasche. Dann setzte er seinen Weg ohne Eile fort. Zu Hause war er höchst erstaunt, als er statt Weizen blanke

Taler vor seine Frau auf den Tisch legte. Schleunigst begab er sich zum Rabenstein, jedoch vom Goldschatz war nichts mehr zu sehen. Das Schloßfräulein hatte den Schatz schon im Berg tief versenkt.

Es ging auch das Gerücht um, daß zwei fremde Schatzgräber dem Gold auf dem Rabenstein nachgespürt hätten. Durch einen Felsspalt glaubten sie, in der Dämmerung des Berginnern etwas vom Schimmern des verborgenen Schatzes gesehen zu haben. Als sie sich dann im blinden Eifer anschickten, nach dem Schatz zu graben, barsten schrill die Spaten, splitterten die Pickel, und die Frevler kamen fast ums Leben.

Seit diesem mißlungenen Versuch, den Goldschatz zu heben, wagte sich kein Schatzgräber mehr auf den Rabenstein.

Die Sagen haben einen wahren historischen Kern. Auf dem Rabenstein stand einst eine Burg. Alte Kirdorfer haben in ihrer Kindheit die letzten Reste der Burgruine noch gesehen. Die Flurnamen „Burggaß", „Am Burgerberg", „Weg durch die Burggasse", halten die Erinnerung an die Burg wach. Über die Burgherren liegen keine Urkunden vor.

XIII. Hohemark und Hardtwald

Aus dem Steinbuch der Hohenmark 1547
(Staatsarchiv Wiesbaden, XVIII. gen. IV c/2 Nr. 102.)

Als mit dem Amt Homburg die Hohemark an Graf Ludwig von Stolberg-Königstein kam, wurde er oberster Waldbot, und als solcher ließ er die Grenzen der Mark abgehen, bezirken und absondern, wie auch alle Rodungen, die an die Hohemark stoßen, absteinen. Über „Kirtorff" enthält das Steinbuch folgendes:

„Folgen weiter die gerothen gutter in das Kirttorffer gericht gehorigh. — Der jetztgemelt letzt stein im Homberger gericht ist der erst, darjegen uber 7 ruden, also briett ist deß ortts der driep, stehett der 2.—, hinuff, uff der lincken in Hogel Henß wisen den driep uffin 20 ruden stett der 3., hinuff 21 ruden stett der 4., neben zur rechten 36 ruden stett der 5., onschickß hinuff zur rechten 20 ruden stehett der 6., hinuff 25 ruden stehett der 7., neben zur rechten 14. ruden stet der 8., herab 32 ruden stett der 9. herab baß 25 ruden stett der 10., onschickß herab zur rechten 19 ruden stehett der 11. onschickß hinuff zur rechten unwendigk der landtgewehr 17 ruden stett der 12., uber die landtgewehr hinuff 6½ ruden stett der 13., neben zur rechten 18 ruden stett der 14. herab 5 ruden uff die landtgewehr stehet der 15. neben zur rechten auch an der landtgewehr 7 ruden stett der 16., hinuff 14 ruden stett der 17., neben zur rechten 24 ruden stett der 18., herab baß uber die landtgewehr 12 ruden stett der 19., neben zur rechten 30 ruden stett der 20., herab 24 ruden stett der 21., herab baß 16 ruden stett der 22 herab baß 19 ruden stett der 23., neben zur rechten uber die landtgewehr 19 ruden stehett der 24., onschickß zur rechten herab 24 ruden stett der 25., neben onschickß zur rechten 16 ruden stegett der 28., hinuff 25 ruden stett der 29., neben zur rechten 11 ruden stett der 30. baß neben 16 ruden stett der 31., baß neben 16 ruden stehett der 32., baß neben 22 ruden stett der 33., herab 24 ruden stett der 34., neben zur lincken onschickß herab 15 ruden stehet der 35., baß neben 9 ruden stehet der 36., herab 9 ruden stehet der 37, herab baß 15 ruden stett der 38., herab baß 6 ruden stehett der 39., herab 10 ruden biß an waldt genant der nazariuß stehett der 40.

Alß aber die vonn Kirttorff sagten, gemelter waldt wre inen zustendigk, uundt die gesandten der merker deß kein wissens hatten, hat man hie gestotzt uundt gedechtem stein zu rechten neben dem nazariuß hinuß gemessen 69 ruden uundt daselbst wider zum anfangk gesetzt 1. stein, der ist des ortts der erst, dron hinuff stehet der 3., neben onschickß hinuff 8 ruden stet der 4 bis 27 stein, der ist der letzt dießes ortts und seindt vom diesem stein zu rechten hant nach 14 ruden biß uff die hole, da die Kirtorffer und Sulberger marcken zusammen stoßen. Dieße obgeschreibene pflege zeigt an den bezirck uundt die absonderung deß Kirrtorffer gerichts termeney uundt grentzen irer gutter an die margk gemein waldt stoßendt."

66½ Steine standen an der Markgrenze im Kirdorfer Gericht, der ½ Stein geht ins Homburger Gebiet.

Der Hardtwald

Kirdorf hatte Märkerrecht im Hohen Markwald und bildete mit Obereschbach und Gonzenheim eine Hardtwald-Markgenossenschaft.

Der Hardtwald, der sich als flachgewölbte Kuppe aus dem Kirdorfer und Seulberger Bachtal heraushebt, ist ein östlicher Ausläufer des Taunus. Auf der Homburger Seite zeigen die Isohypsen des Meßtischblattes im Bachtal bei Kirdorf 184 m, in den Audenwiesen 170 m und im Kurpark in West-Ost-Richtung 192 bis 155 m auf. Seine höchste Höhe erreicht der Hardtwald im 228 m hohen Köhlerberg.

Der Hardtwald ist reich an Hügelgräbern aus der mittleren (1400-1200 v. Chr.) und späteren (1200-900 v. Chr.) Bronzezeit. Die Grabhügel liegen am West- und Ostrande und auf der Höhe des Hardtwaldes. Leider wurden die meisten Gräber schon in der Landgrafenzeit nicht fachgemäß freigelegt und die Beigaben verschleppt, dadurch sind die Fundstücke für die Archäologie verloren. Gewissermaßen leistet für diesen Schaden ein aus über 200 verschiedenen Bronzegegenständen bestehender Depotfund Ersatz, der 1880 bei der Evangelischen Kirche zutage gefördert wurde und im Saalmuseum aufbewahrt ist. Bronzezeitliche Siedlungsplätze sind auf dem Hardtwald und in seiner Umgebung bisher nicht nachgewiesen. Aus der Hallstatt- und Latènezeit fehlen ebenfalls Siedlungsspuren wie auch Einzelfunde. Den Römern waren die Salzquellen am Fuße des Hardtwaldes bekannt. Am Wingertsberg beim Dreikaiserhof (Marienstift) wurden die Fundamente einer römischen Villa entdeckt.

Mit der fränkischen Landnahme setzte in unserer Heimat die mittelalterliche Adelsherrschaft ein. Grund und Boden gelangten in den Besitz des Königs, des Adels und der Klöster, die den Waldbestand schützten und pflegten. Wie später die Waldgenossenschaften entstanden sind und der Hardtwald an die Bauernhöfe kam, darüber sind wir bisher nicht unterrichtet.

Am Hardtwald, der insgesamt etwa 1000 Morgen umfaßt, waren Seulberg und die Hardtwald Markgenossenschaft beteiligt. Der Bauwald und Holzplacken, etwa 26 Morgen, gehörten der Gemeinde Seulberg, der übrige Wald der Markgenossenschaft. Die ausgewählten Märkermeister leiteten die Markgenossenschaft nach der Markordnung, die im Wortlaut folgt.

Die Markordnung des Hardtwaldes von 1534

„In dem Namen unsers Herrn undt Seeligmachers Amen.

Uff Freitag nach des Neuen Jarstag, alß man schrieb nach der Geburt unsers Herrn und Seeligmachers Jesu Christi taußent funff hundert dreißig und vier Jahr sint die achbarn und Ersamen Männer nemblich Schultheiß und Bürgermeister und Marckmeister beieder Dörffer Ober-Espach und Kirtorff bei einander gewest, haben sich aller Notturft und radt ein gemein Nutz beider Dorff uff zurichten.

Demnach und dieweil jetzo in kurtzem Jahren gemelter Walt genant die Hart schwerlich und unnützlich verhauen, heinweg geführt und getragen, so befinden doch die obgemelten Schultheißen, Bürgermeister und Marckmeister, daß je und allwegen gemelter Walt, die Hart obganter beeder Dorf oder

Espach und Kirtorff leuteigen und sonst Niemandts anders ein solchen Walt zu bestellen und zu vasorgen hab, doch das den von Guntzzenheim einem jeglichen Haus daselbst soviel gebürt und gerochnet hat gleich einem jeglichen Haus zu Obern-Espach und Kirtorrf.

Am Andern so wollen und bestellen dieselbige obgemelte Schultheissen, Bürgermeister und Marckmeister mir sampt beider Dörfer gemeinem Reht, daß ein jeglicher Außmärker der freie gleich, wer er sei, der in der Hart begriffen würt und Holtz hauet, hienwegführet und traget, derselbig soll unserem gnedigen Herrn von Königstein zu verbiessen lieffert werden undt Pferd und Wagen mit allem Geschirr und den Dorffschafften zustendig sein; wer es aber sach, daß ein Außmärkler in der Hart Holtz hieb und damit hienweg und davon kheme, soll man ihm nachvolgen, bis uff zween schuh in den Rein uff einer und uff der andern seiten zweit an den Hessenfort und werde dann derselbige auch also begriffen, soll derselbige man in gleichermaßen auch unserm gnedigen Herrn von Königstein zu verbüessen lieffert werden undt uns den Märckhern Pferdt und Wagen wie oben, und ist insonderheit diese Bestellung wie nachfolgt.

Am Ersten sollen die abgemelten zwei torff Obern-Espach und Kirtorff den Walt die Hart genant bestellen und versorgen mit Marckhmeister und Förstern wie von Alters herkommen.

Am Anderen, wan dan die gemelte Marckmeister und Förster über gemelten Walt verordnet sein nach alter gewonheit, so soll ein jeglicher Märckher, der bauen will oder bauens vonnötten ist, die obangezeigte Marckhmeister zuvor ersuchen und anzeigen, was er bauen will.

Am Dritten sollen die gemelte Marckmeister solches berichtigen, des der bauen will, ehe daß er ihm erlaubt zu bauen und was sie dan also befinden vonnötten zu sein, sollen sie zimblicher Notturfft holtz zu hauen erlauben und doch in beisein der Förster.

Am Vierten ist beredt und beschlossen worden von den obangezeigten Schultheissen, Bürgermeister und Marckmeister, und den gantzen gemeinen, daß die gemelte verordnete Marckmeister nichts zu alten bauen sollen holtz erlauben zu hauen, alß nemblich zu schappen, Seustellen, Krippen oder Trögen, Källertromen, Thorposten, Stegen und jegliches und welcher Märckher das thet, der zu solchen verbottenem bauen erlaubt, soll gleich den in heimbschen gebüßet werden, nach raht der Märckher.

Am Fünften soll zu keinerlei Bauholtz zunhauen erlaubt werden, außgenommen zu Hauß und Scheuren, dasselbig zu Notturft.

Zum Sechsten. Ob Jemand begriffen oder befunden werde, der jungen Eichenstämm zu gorten oder anders, wie deß were, abhiebe, der soll jeden Stamm mit seinem gulden zu verbuessen schuldig sein.

Am Siebenten soll keiner der Holtz hauet, doch mit erlaubnuß die äst oder zail mit den Stammen heimführen oder tragen und welchen des thuet sonder Verwilligung der Förster, sollen sie ihn antragen und rügen, derselbig soll dan solches verbüessen gleich einem andern, der einen Stamm hauet.

Am Achten ist verbotten, daß Keiner uff die grüne Baum solt tretten und welcher des thuet, der soll das den Försters verbüessen undt den Märckhern, wie oblaut.

Item welcher Märckher die Förster in Untrauen befindet, soll solches bei seinem aydt auf einem gemeiinen Marckher Dienstag offentlich anzeigen. Könnte er sich dann den Förster des Anzeigens vor gemeinen Märckhern entschuldigen, soll gehört werden, wo nit sollen nach Raht des Märckhers an gut gestrafft werden.

Item es soll auch ein jeder Förster sein rueg zuwendig dreier wochen einmal uffschreiben lassen undt lenger nit verhalten, damit solche rueg in kein vergeß komme.

Dieß alles will der Märckher diesmal auß zugetragener Ursachen also geordnet haben, doch uff ab- und zuthun nach gestalt der zeit und gelegenheit der brieff auch in allweg Merem aigenthumb undt herkommen herdurch nicht begeben."

XIV. Aus der Kirchengeschichte

Kirdorf war schon im Mittelalter Pfarrdorf. Die erste Kirche stand oben auf dem Rabenstein, wo man im Jahr 1866 durch Ausgrabung die halbkreisförmige Grundmauer des Sanktuars freigelegt hat. Das alte Gotteshaus besaß zwei Kirchentürme, deren Fundamente ebenfalls ausgegraben wurden. Die vorreformatorische Kirche, die vermutlich auch Johannes dem Täufer geweiht war, gehörte bis zur Reformation zum Dekanat Eschborn des Archidiakonats Sankt Peter vor Mainz. Es ist überliefert, daß 1397 ein Pleban in Kirdorf tätig war und daß die Herren von Kronberg das Patronat der Kirche inne hatten. Wer die Geistlichen waren, die hier im Mittelalter die Seelsorge ausübten, entzieht sich unserer Kenntnis.

Die Quellenlage zur Kirchengeschichte ist ungünstig. Das ältere urkundliche Quellenmaterial für die Kirdorfer Kirchengeschichte fehlt; es ist zum Teil schon vor dem Dreißigjährigen Krieg verloren gegangen. Lediglich ein kleiner Rest der Urkundenbestände blieb in Abschriften im Bayer. Staatsarchiv in Würzburg erhalten. Diese Kopien reichen aber bei weitem nicht aus, um einen lückenlosen Überblick über die geschichtliche Entwicklung der Pfarre und Kirche schreiben zu können.

Aufschlußreich sind die Ausführungen Hugo Hofmanns zu der Kirdorfer kirchengeschichtlichen Quellenlage. Hofmann, der kurfürstlich-mainzischer Registrator (Archivar) war, hatte vor dem 30jährigen Krieg Gelegenheit, in den Mainzer und Königsteiner Archiven jene „geistlichen Sachen" einzusehen, die sich auf Kirdorf bezogen. Er spürte durchaus mit kirchengeschichtlichem Interesse den Urkunden nach, um im langjährigen Streit des Mainzer Erzbistums mit den Brendeln von Homburg Unterlagen über das Kirdorfer Patronats- und Zehentrecht beizubringen. Seine Forschungsergebnisse finden hier Verwertung.

Hofmann berichtete, es sei nicht mehr zu ergründen, wer die erste Kirche in Kirdorf erbaut habe, denn über die älteste Geschichte seien keine Urkunden vorhanden. Die vorliegenden Quellen könnten bloß soviel aussagen, daß die Herrn von Kronberg Kirdorf gekauft hätten. Hofmann fand noch einen ausgedehnten Briefwechsel vor, den die beiden letzten Grafen von Stolberg, Ludwig und Christoph, bereits 40 Jahre hindurch (etwa 1540-1581) mit den Brendeln von Homburg geführt hatten. Es handelte sich um einen wichtigen Briefwechsel aus der Reformationszeit, und es ist zu bedauern, daß diese Briefstücke, die sicher bunte Einzelheiten über das evangelische Kirchenleben berichteten, im 30jährigen Kriege verschollen sind.

Das Patronatsrecht von Kirdorf, so berichtet Hofmann weiter, stünde tatsächlich den Brendeln von Homburg zu. Sie seien jedoch zum protestantischen Glauben übergetreten und ließen daher die Pfarrstelle mit evangelischen Predigern bekleiden, mit denen sie die Pfarreinkünfte stets so vereinbarten, daß ihnen ein Teil des Zehnten übriggeblieben sei. Die Brendel sollen auch, so heißt es in Hofmanns Bericht weiter, ein Drittel des Mittelstedter Zehnten, der von ihren Vorfahren gestiftet worden sei, eigennützig eingezogen haben. Auch Gefälle, die dem Altar in Kirdorf zustünden, hätte das Schultheißenamt eingehoben. Hofmann beschuldigte ferner die Brendel, daß sie die Pfarrer willkürlich mit der Begründung absetzen, sie seien nur interimistisch präsentiert.

Die leidenschaftliche Reformationszeit war eben voller Spannungen und scharfer Gegensätze, wir haben daher Grund, an der Aufrichtigkeit der zeitgenössischen Nachrichten zu zweifeln. Ob Hofmanns Bericht unparteiisch ist und ob die Beschuldigungen gegen die Brendel zu Recht bestehen, läßt sich nicht mehr nachprüfen. Jedenfalls ist mit Hofmanns Bericht über die Kirdorfer Kirchengeschichte nicht alles gesagt.

Kirdorf war früher Mutterkirche und Pfarrsitz

Erstmalig wird die Kirche in Kirdorf am 4. September 1229 erwähnt (S. 234), dann kommt sie in einer Brendel-Urkunde vom 15. Juni (Vitustag) 1327 vor. Der Ritter Heinrich Brendel von Homburg bekundet, daß er ein Drittel des Mittelstedter Zehnten, den er bisher besaß, dem Vikar des Gotteshauses zu Kirdorf verleihe unter den Bedingungen, daß der Hilfspfarrer oder der Pastor selbst drei Messen in der Woche lese und am Lichtmeßtag eine drei Pfund schwere Kerze auf dem Liebfrauenaltar weihe[57].

In einem „offenen Brief" verspricht Heinrich Brendel zwischen Maria Himmelfahrt (15. August) und Maria Geburt (8. September) acht Achtel Korn, zwei Achtel Weizen und zwei Achtel Hafer, gute Kaufmannsware und Frankfurter Maß, auf seine Kosten in die Kirdorfer Pfarre zu liefern[58].

Mit diesen beiden Schenkungen an Kirche und Pfarre dürfte der Ritter Heinrich Brendel, der die Kircheneinkünfte so bedeutend vermehrte, das Patronatsrecht in Kirdorf erworben haben. Das Patronatsrecht bestand aus Präsentation und Kollatur. Die Präsentation bedeutete das Recht der Besetzung der Pfarrstelle. Im Vakanzfall schlug der Inhaber des Präsentationsrechts dem Erzbischof den zu ernennenden Priester vor. Der Begriff Kollatur, deutsch Kirchsatz, besagt, daß die Brendel dem eingeführten Priester die Pfarrpfründe übertrugen. Das Patronatsrecht war ein verbrieftes grundherrschaftliches Recht. Der Mainzer Erzbischof als Oberhirt seiner Diözese hat die Kirchenhoheit der Familie Brendel erblich übertragen, und Heinrich Brendel und seine Nachkommen haben Generationen hindurch in Kirdorf, weit über die Reformation hinaus, von 1324-1607, demnach 283 Jahre lang, dieses Recht ausgeübt. Wie Jost Eberhard Korth, Amtmann zu Königstein, berichtete, erklärte sich Rittmeister Jost Eitel Brendel erst am 25. November 1607 bereit, die Kirdorfer Pfarrkollatur dem Erzbischof gegen eine Entschädigung zu überlassen[59].

Eine bewegte Zeit ging damit in Kirdorf zu Ende. Wir wissen nicht, wie sich der Erzbischof mit J. E. Brendel geeinigt hat; die Quellen schweigen darüber.

Als in der Grafschaft Königstein um 1524/25 von den letzten Herren von Eppstein-Königstein (Georg † 1527 und Eberhard IV. † 1535) die Reformation eingeführt wurde, trat auch Kirdorf zum evangelischen Glaubensbekenntnis über. Erst 1603 wurde es wieder katholisch.

Die Reformation, die in Hessen schon um 1520 eifrige Verkünder und zahlreiche Bekenner besaß, fand nach der Synode zu Homberg a. d. Efze (1526) eine außerordentliche Ausbreitung.

---

[57] StA., Würzburg, Mainzer Archiv, Lade 641/A. 2407, Fol. 15.
[58] Ebenda.
[59] Ebenda, Lade 641/ 2407, Folio 13-.

Es sei kurz auf die reformatorischen Vorgänge im Taunusvorland hingewiesen, soweit sie einen Einfluß auf Kirdorf ausübten. In Frankfurt predigte schon 1522 der frühere Marburger Franziskanermönch Hartman Ibach, auf der Burg Kronberg saß Ritter Hartmut, ein begeisterter Anhänger Luthers, in Oberursel, wo der erprobte Kämpfer des Evangeliums Dietrich Sartorius im Pfarramt stand, wirkte von 1522-1527 der Humanist Erasmus Alberus als Lehrer, und im benachbarten Homburg wurde 1527 die Reformation eingeführt.

Pfarrer A. Wohlrabe und Pater B. Bender schreiben in ihrem Manuskript „Der Ort und die Pfarrei Kirdorf" (S. 16), daß nach dem Aussterben der Eppsteiner (1535) Kirdorf unter die Grundherrschaft der Grafen von Stolberg-Königstein gelangte. Graf Ludwig von Stolberg trat 1540 zum lutherischen Glauben über und befahl am 4. September 1563 allen seinen Untertanen, also auch den Kirdorfern, die evangelische Kirchenordnung des Grafen Wolfgang von Pfalz-Zweibrücken anzunehmen.

Das genaue Datum der Einführung des evangelischen Bekenntnisses in Kirdorf steht urkundlich nicht fest. A. Korf sagt dazu: „Als im Jahre 1525 die evangelische Lehre im Taunusgebiet sich allgemein Bahn brach und im Laufe der nächstfolgenden Jahre allerorts der evangelische Gottesdienst eingeführt wurde, da blieb auch Kirdorf nicht zurück. Die Einführung des evangelischen Gottesdienstes ging hier um so leichter vor sich, als Johann Brendel von Homburg als Patron der Kirche zu Kirdorf selbst zum evangelischen Glauben übergetreten war und mit dem übrigen Taunusadel für diesen nach Kräften wirkte"[60]).

Nach dem Tode Daniel Brendels ging das Patronat der Kirdorfer Kirche an Jorg Eiger Brendel über, der Amtmann zu Dieburg war. J. E. Brendel und seine Familie hatten sich mit dem Mainzer Erzbischof und Kurfürsten Johann Schweickard von Kronberg völlig überworfen. In einem Schreiben an den Erzbischof vom 9. 8. 1604 betont J. E. Brendel, daß in Kirdorf die protestantische Religion eingeführt sei und die Kollatur ihm gehöre; er beschwerte sich auch, daß der Erzbischof und seine Leute den lutherischen Pfarrer absetzen und die Religion ändern wollten[61]).

Darauf antwortete am 20. 8. 1604 der Erzbischof, er beabsichtige, Brendel von seinem Recht nichts zu nehmen, doch müßte er als Patronatsherr in kurzer Zeit einen katholischen Priester für Kirdorf namhaft machen[62]).

Diesem Verlangen des Erzbischofs gegenüber zeigte Brendel eine ablehnende Haltung. Als fast 4 Monate verstrichen waren und die Präsentation eines Geistlichen, auf die man in Mainz sehnsüchtig wartete, noch immer ausstand, erinnerte das erzbischöfliche Amt Brendel mit einem Brief vom 2. 12. 1605 daran,

---

[60]) A. Korf: Aus der Kirchengeschichte Kirdorfs erschienen in der Broschüre „Die Grundsteinlegung der Evangelischen Gedächtniskirche zu Homburg v. d. H. — Kirdorf", 1912, S. 13. Ich beziehe mich auf diese Arbeit Korfs. Um es vorweg zu nehmen. Korf hat seinen Aufsatz ohne Quellenangabe veröffentlicht. Seine Quellen konnte ich nur mehr z. T. auffinden; doch vertraue ich seinen glaubwürdigen Angaben, denn er war ein gewissenhafter Geschichtsschreiber, der sicher auch hier anhand des Archivmaterials verläßlich arbeitete.

[61]) B StA., Würzburg, Geistliche Lade 641/2407.

[62]) Ebenda.

daß die anberaumte Präsentationszeit verstrichen sei und er eine neue Frist bis zum Dreikönigstag 1606 festsetze. Ferner wurde Brendel aufgefordert, das baufällige Pfarrhaus in Kirdorf auszubessern, da er den Pfarrzehnt in Nutzung habe[63]).

Auf dieses Schreiben antwortete Brendel nach langem Zaudern erst am 27. 3. 1606, er sei krank, habe deshalb die Pfarrbestellung versäumt und bitte um weiteren Aufschub der Präsentation.

Mittlerweile erging auch an die anderen Zehntherren (Kondezimatoren), an Prior und Konvent der Kartäuser am Michelberg bei Mainz und an das Hospital zu Oberursel der Befehl, sie möchten sich über die Instandsetzung des alten Pfarrhofes in Kirdorf mit Brendel einigen[64]). Die Kartäuser erklärten sich bereit, ihren Anteil am Zehnt für das Pfarrhaus abzutreten[65]). Des Wartens überdrüssig ließ endlich das Erzbistum die Wohnung des Pfarrers auf eigene Kosten herstellen und verbaute 130 Gulden[66]).

Der älteste bekannte Schutzpatron der Kirche war Johannes der Täufer. Nach ihm wurde das Gotteshaus Johanneskirche genannt. Die Kirche besaß drei Altäre, der Hauptaltar war Johannes dem Täufer, der zweite mit dem Namen Liebfrauenaltar Maria geweiht, der dritte hieß „der kleine Altar".

Die Kirdorfer Kirche bestand bis 1622, als sie im Dreißigjährigen Krieg beim Durchzug der brandenburgischen Truppen einem Brand zum Opfer fiel. Damals wurde auch das Dorf in Asche gelegt.

Der Kirdorfer Zehnt

Der Zehnt, zehnte Teil von Getreide, Vieh, usw., ist eine sehr alte Abgabe, die schon im Altertum zu kirchlichen Zwecken in Geld oder Natura geleistet wurde. Die christlichen Völker haben den Zehnt von dem Orient übernommen. Im Mittelalter wurde er vielerorts zur Abgabe an die weltlichen Herrn, die davon den Kirchen, Klöstern und Geistlichen einen Teil überließen. Die Zehntverteilung war nicht immer gleich, sie wechselte vielmehr im Laufe der Zeit.

Die erste Nachricht vom Kirdorfer Zehnt haben wir aus dem Jahre 1472. Das Kopialbuch des Kartäuserklosters zu Mainz berichtet: „Zehenden zu Hoenberg, Mittelstedten und Kirdorf auch Dornholtzhausen sind dero Carthaußen bei Meintz worden von dem Grauen von Königstein"[67]).

Auf Folio 68 lesen wir: „In Kirdorfer Terminey gibts jährlich 3 Haufen, gebührt denen Carthäusern zu Meintz ahn dem drey Haufen zwei Theil". „Der Pfarr Kirchdorf gehört daß zwei Drittheil des Zehent zu Mittelstedten." Ebenfalls auf Folio 68 steht: „Die Zehenden zu Kirdorff und Mittelstedten sind Anno 1570 der Gemein daselbsten verliewen 1 Jar ides Jar umb fünffzehen

---

[63]) Ebenda.
[64]) Ebenda, Nr. 4, vom 21. II. 1606.
[65]) Ebenda, Akt. vom 31. 3. 1606.
[66]) H H StA., Wiesbaden, Abt. 310, Kirdorf 2.
[67]) H H StA., Wiesbaden, Abt. 61, Nr. 5a, Kopialbuch „Descriptiones et Renovationes antiquae, quorundam bonorum ab altera parte Rheni." 567—569. Vergleiche: StA., Darmstadt, Kopiar der Kartause St. Michaelsberg, N. 103, Nr. 367 und Status exterior universalis Cartusial montis S. Michaelis, Nr. 104, II. 120.

achtel korn Frankfurther Maiß und ein guldenn zuvor und ist ermeltes Jar also beszalt worden."

Wie der Zehnt 1578 abgeliefert wurde, darüber unterrichtet uns das Saalbuch auf Seite 139: „12 Achtel 4 Mesten sind dis Jahr vom Kirdorfer Zehnt ausgedroschen aus 2 Fudern 29 Sichling." Aus dieser Notiz entnehmen wir, daß die Zehntfrucht mit Halm nach dem Auszehnten vom Stoppelfeld in die herrschaftliche Scheune eingeliefert wurde. Es waren zwei Wagenladungen (Fuhren) und 29 Garben, die ausgedroschen 12 Achtel 4 Mesten in Korn ergaben.

Kirchenverhältnisse im Jahre 1603

Stadt- und Dorfgeschichten bleiben immer fragmentarisch, weil die Überlieferung lückenhaft ist. Auch die alte Kirdorfer Kirchengeschichte ist unvollständig. Nur ab und zu berichtet eine Quelle ausführlich über die kirchlichen Zustände.

Im Jahre 1603 hat der Mainzer Erzbischof die Grafschaft Königstein, zu der Kirdorf damals gehörte, mit Waffengewalt in Besitz genommen und den katholischen Glauben wieder eingeführt. Welche kirchlichen Zustände herrschten damals in Kirdorf? Anhand der einschlägigen Quellen läßt sich diese Frage ziemlich genau beantworten. Die Hauptquelle dazu bildet ein Aktenbündel, das den Titel „Acta Reformationis Catholica zu Königstein 1603" trägt. Aus diesem Faszikel, der im Bayer. Staatsarchiv zu Würzburg aufbewahrt ist[68]), erfahren wir vor allem genaue Einzelheiten über das jährliche Einkommen der Kirche, des Pfarrers und des Glöckners. 1603 hatte Kirdorf keinen Lehrer.

Der Pfarrer bezog von Ober-Eschbach ein Achtel Korn, aus dem Ackerbau zur Kirdorf 24 Albus Zins und aus Seulberg eine Meste Erbsen, ferner gebührte ihm von einigen Äckern der Zehnt, von anderen nur das Dreißigstel, beide ergaben zusammen 5 bis 6 Achtel verschiedenes Getreide. Das Pfarrfeld umfaßte 17 Morgen Ackerland, das in den drei Fluren zerstreut lag, und 24 Morgen teils gutes, teils schlechtes Wiesenland, das jährlich insgesamt 6 Fuhren Heu abwarf. Außerdem besaß der Pfarrer 3½ Morgen Gartenland und fünf Viertel „verdorbene" Weingärten. In der Flur „Fleming", in der Mittelstedter Gemarkung, hatte der Kirdorfer Pfarrer ein Drittel vom Zehnten, den er mit den Kartäusern von Mainz und mit dem Spital zu Ursel teilte. Gegen die Familie Brendel wird der Vorwurf erhoben, sie wäre ihrer Patronatspflicht in der Vergangenheit schlecht nachgekommen. Sie hätte an einige Pfarrherren nur 12 Achtel Getreide abgegeben und dem jetzigen Priester während seiner 17jährigen Dienstzeit bloß einmal 3 Achtel Korn auf den Pfarrhof geliefert. Dem Pfarrherrn gebührte auch der kleine Zehnt[69]).

Jeder Kommunikant entrichtete 3 Denar und für das Eheaufgebot bezahlte man einen halben Gulden. Auch der Kleinzehnten gebührte dem Pfarrer. Im Jahre 1603 war noch ein vergilbtes „Registerlein" vorhanden, in dem alle

---

[68]) B StA., Würzburg, Mainzer Urkunden, Geistlicher Schrank, Nr. 20/10. Folio 7, Kirdorf.
[69]) Der kleine Zehnten wurde auch Tafelzehnten genannt, er bestand aus Abgaben an Küchengartengewächsen, Lämmern, Ferkeln, Geflügel, Eiern, usw.

Die Brüder Reißel-Brendel stiften ein Seelgerät am 24. Februar 1437 (zu S. 287).

XXXII

Die älteste Urkunde, datiert vom 5. Mai 1368, die über den Gonzenheimer Gutshof berichtet (zu S. 290).

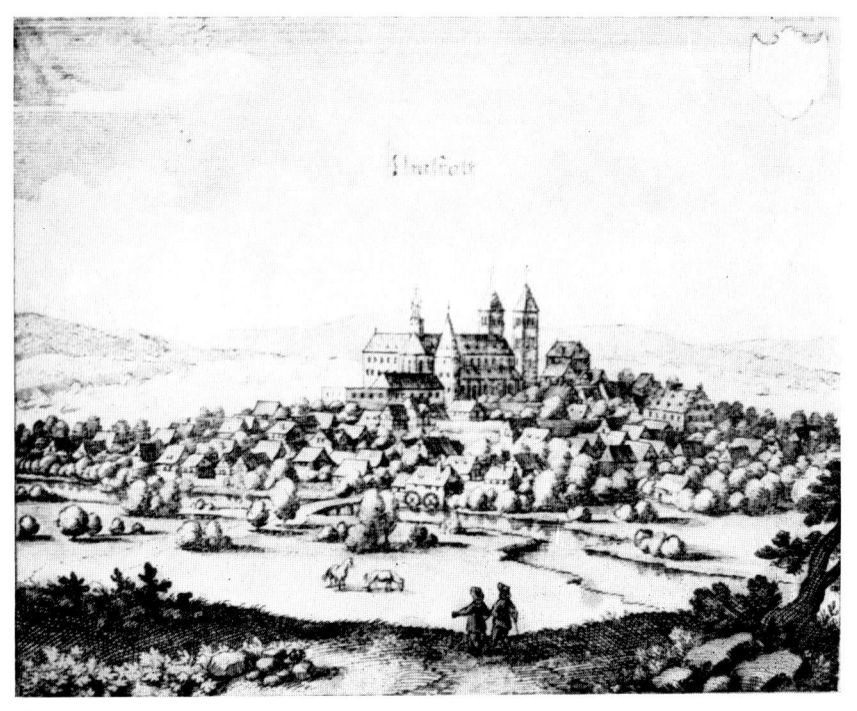

Ilbenstadt, Stadt und Kloster (zu S. 210).

herkömmlichen Pfarrgebühren aufgezählt waren, doch die Leute wollten von dem Brauch nichts mehr wissen.

Von dem kleinen Kirdorfer Altar fielen jährlich ein Gulden vierzehn Albus an das Kogelhaus nach Königstein.

Der Jahressold des Glöckners betrug von jedem Haus zwei Laib Brot oder 4 Denar je Laib, ferner von den „Glockensichlingen" (Garben) 1 Achtel Korn, dazu hatte er eine Wiese und einen Morgen Acker in Nutznießung, und für das Uhrstellen erhielt er zwei Gulden.

Der Pfarrer klagte, daß ihm ein gewisser Johann Jäger, ein gewesener Bereiter (herrschaftlicher Dienstmann der Grafschaft Eppstein-Königstein), 13 Jahre hindurch die „Pfar Register"[70]) vorenthalten habe. Der Oberamtmann der Grafschaft in Königstein überprüfte die Rechnungslegung des Kirchenrechners.

Dem Kirchenbaufonds fielen jährlich 4$^{1}/_{2}$ Gulden Pension (Zins) zu, der Weinzehnte betrug ein Gulden zwei Albus und der Zins 7 Gulden 5$^{1}/_{2}$ Albus.

Auf Folio 37 lesen wir, daß „ein Kirdorfer Altar durch meinen genedigen Herren gebraucht wurde". Das Verzeichnis der „Collatores der Pfarrherrn in der Herrschaft Königstein" nennt auf Folio 42 für Kirdorf die Herren Brendel von Homburg.

Protestantische Pfarrer

Placid Cratum
Johann Gernreich
Konrad Erlenbach
Jakob Klein 1540
Johann Werdener
Nikolaus Ziegler 1572
Tobias Stiefel bis 1586
Johann Horres 1587
Jonas Strauß 1588 bis 1606
Martin Geyer 1606

Katholische Pfarrer

Johannes Dolcherus 1607-1611
Johann Vogt 1611-1623

Aus vorreformatorischer Zeit sind uns keine Priester bekannt. In der vorzüglichen Kirchengeschichte „Hassia Sacra" des Prälaten Diel finden wir über die Kirdorfer Pfarrer keine Angaben. Der erste namentlich bekannte Pfarrer, der in Kirdorf eingesetzt wurde, war Placid Cratum, dem Johann Gernreich im Amt folgte. Sie waren die ersten evangelischen Prediger, über die allerdings nichts näheres bekannt ist. In der nachfolgenden Zeit wird die Überlieferung gründlicher. Nach Gernreich begegnet uns ein Konrad Erlenbach als Pfarrverweser. Wie lange er das Amt bekleidete, ist nicht genau festzustellen. Als die Pfarrstelle vakant wurde, hat der Kirchenpatron Johann Brendel am 22. 6. 1540 Jacob Klein aus Oberursel in die Pfarrstelle eingewiesen. Nach seiner Einsetzungsurkunde mußte er, wie Korf berichtet, „die Pfarrei und den Altar samt deren Gütern seines besten Vermögens und Verstandes verwalten". Nach Klein ist Johann Werdener als Pfarrer nachweisbar, der verheiratet war, drei Kinder

---

[70]) Gemeint sind wohl die Kirchenbücher, Tauf-, Heirats- und Todesmatrikeln.

hatte und mit seiner Familie in großer Armut lebte, da Brendel ihm den Kirchenzehnt drei Jahre hindurch vorenthalten hatte. Auf seine Bitte erhielt er von der Familie Stolberg-Königstein nicht nur eine namhafte Unterstützung, sondern auch die Pfarrstelle in Oberhöchstadt.

Im Jahr 1572 wurde von Brendel Nikolaus Ziegler als Pfarrer eingesetzt. Man legte damals großen Wert auf eine gute christliche Erziehungslehre, las in der Schule fleißig den Katechismus und pflegte den Chorgesang. Leider hielt es kein Pfarrer lange in Kirdorf aus, sie waren stets auf Stellensuche, der Hunger trieb sie dazu. Nach Ziegler setzte Brendel Tobias Stiefel ein, der nach kurzer Amtszeit 1586 nach der Grafschaft Sayn übersiedelte. Der Lehrer Johann Horres, ein geborener Kirdorfer, versah die verwaiste Pfarrei ein Jahr hindurch, bis der letzte protestantische Pfarrer, ein Anhänger Kalvins, Jonas Strauß, seine Stelle antrat, der bis 1603 der Gemeinde treu diente.

Zum Ortsplan von Kirdorf

(Tafel XXXV)

Aus dem Ortsnamen dürfen wir mit ziemlicher Sicherheit folgern, daß Kirdorf (= Kirchdorf) bereits in fränkisch-karolingischer Zeit eine Kirche hatte. Die heutige Marienkirche wurde nach den Plänen des Mainzer Dombaumeisters Opfermann 1858-1862 auf dem Kirchberg erbaut.

In der mündlichen Überlieferung haben sich alte Flurnamen erhalten, einige erscheinen auf dem Ortsplan, wie In der Boedt, Bennergärten, Herrenackergasse, Hofstattwiesen und Lehmkautfeld. Boedt ist der mundartliche Name für bede, der Steuer bedeutet. Die Bede war die älteste öffentlich rechtliche herrschaftliche Abgabe. In den Bennergärten wurde bei der Dorflinde, unter freiem Himmel, das Ortsgericht gehalten. Das mittelhochdeutsche Wort „bennen" bedeutete „vor Gericht laden", „strafen". Den Herrenacker mußten die Untertanen im Frondienst bestellen. Die Hofstattwiesen gehörten zum herrschaftlichen Gutshof.

Die Kettelerstraße ist zu Ehren des Mainzer Erzbischofs Wilhelm Emanuel Frhr. von Ketteler benannt, der die Kirche 1862 einweihte, und mit der Raabstraße hat man Bürgermeister Raab geehrt. In dem Weißkreuzweg stand ein Bildstock, und aus dem Lehmkautfeld, das der Gemeinde gehörte, holte man den Grund zum Hausbau.

DRITTER TEIL

Aus der alten Geschichte des Stadtteils Gonzenheim

Einleitendes

Die geschichtliche Dorfforschung muß über den engen Kirchturmhorizont hinausreichen, d. h. sie darf neben der notwendigen örtlichen Kleinkrämerei die weiten Zusammenhänge mit der geschichtlichen Landeskunde nicht außer acht lassen. In unserem Falle bedeutet dies methodisch gesehen nicht nur, daß die Gonzenheimer Ortsgeschichte mit dem Blick auf die Nachbarschaft, vornehmlich auf Burg und Amtsstadt Homburg zu betreiben sei. Damit ist es wahrlich nicht getan. Das Arbeitsgebiet muß räumlich weiter gefaßt werden, denn im Laufe der Jahrhunderte sind Fäden angeknüpft worden, die von Gonzenheim zu geistlichen und weltlichen Herrschaften und zu Städten führten.

Mich interessieren diese Zusammenhänge ganz besonders, und ich lege Wert darauf, sie aufzuhellen; gerade dies ist es, worauf es mir bei dieser Arbeit ankommt. Das Leben war auch in der Vergangenheit vielfältig. Die Lokalgeschichte trat im Mittelalter wie in der Reformations- und Gegenreformationszeit nicht als etwas in sich Versponnenes auf, im Gegenteil, das traditionsgebundene Leben in Gonzenheim wurde durch wirksame Kräfte von außen beeinflußt. Im örtlichen Hin und Her des Kräftespiels zwischen Territorial- und Ortsherren und anderen weltlichen und geistlichen Mitbesitzern, denen Güter, Einkünfte und Rechte zustanden, vollzog sich der Werdegang des Dorfes.

Dem Taunusvorland brachten im Neolithikum die Bandkeramiker aus dem Südosten eine bäuerliche Kultur, die starke Einflüsse über die Bronze-, Hallstatt- und Latènezeit hinausstrahlte. Von 83 bis 260 n. Chr. gaben die Römer unserem Heimatland seine politische, wirtschaftliche und kulturelle Prägung. Diese Kultur zerfiel z. T. in der Zeit der Völkerwanderung. Am Anfang des 6. Jahrhunderts wurde dann das Taunusland in das Reich der Franken eingegliedert. Gaugrafschaften, Königshöfe und neue Dörfer entstanden, und das Christentum behauptete sich siegreich gegenüber dem alten heidnischen Glauben. Politisch gehörte unsere Heimat damals zum Niddagau und kirchlich zum Mainzer Diözesansprengel. Im Hoch- und Spätmittelalter war die Gonzenheimer Dorfgeschichte mit der Homburger Herrschaft der Herren von Eppstein, mit der Hanauer Grafschaft, der Reichsstadt Frankfurt am Main und dem Kartäuserkloster auf dem Michelsberg bei Mainz aufs engste verbunden; ihr Erbe traten in der Neuzeit zunächst die Landgrafen von Hessen und später die von Hessen-Homburg an.

In diesem grob umrissenen landesgeschichtlichen Rahmen soll der Versuch unternommen werden, die eigenständige Gonzenheimer Dorfgeschichte in ihren Einzelzügen herauszuarbeiten.

Die Quellen für die ältere Geschichte bilden bandkeramische, römische und fränkische Bodenfunde, und für das Mittelalter stehen lediglich einige Urkunden und Regesten, die nur zum Teil gedruckt sind, der Forschung zur Verfügung. Gonzenheim tritt in der schriftlichen Überlieferung verhältnismäßig spät auf und ist urkundenarm. Erst ab 1437, als der Gonzenheimer Gutshof in die Hände der Kartäusermönche überging, fließen die Quellen reichlicher. Was von den Archivbeständen des Klosters am Michelsberg zu Mainz uns erhalten blieb, ist heute zerstreut in den verschiedenen hessischen Staatsarchiven aufbewahrt. Die Kopialbücher liegen in den Archiven Darmstadt und Wiesbaden und die noch vorhandenen Originalurkunden im Stadtarchiv Mainz. In Wiesbaden sind drei Güterbeschreibungen des Klosters aufbewahrt. Die Kopialbücher sind vollständig vorhanden. Diese wichtigen Quellen enthalten eine Fülle bisher unerschlossenen Materials zur Wirtschafts-Rechtsgeschichte wie auch zur Familienforschung Gonzenheims. Das Quellenmaterial würde eine monographische Behandlung des Gonzenheimer Kartäuserhofes ermöglichen, worauf ich hier, da sie den Rahmen dieser Arbeit sprengen würde, vorläufig verzichten muß; es darf hier mit den wichtigsten geschichtlichen Angaben sein Bewenden haben.

Die Geschichte des Gonzenheimer Vogteihofes lag bisher völlig im Dunkel. Mit dieser Studie soll über den Hof die erste geschichtliche Untersuchung vorgelegt werden. Sie ist auf dem einschlägigen Quellenmaterial aufgebaut.

Ich grenze mein Thema noch zeitlich ab. Die Arbeit umfaßt die Geschichte des Dorfes Gonzenheim von der bandkeramischen Zeit, Mitte des 3. Jahrtausends v. Chr., bis etwa zum Jahre 1622 (Beginn der hessen-homburgischen Landgrafschaft).

Es sei noch kurz darauf hingewiesen, daß die Gonzenheimer Heimatgeschichte im Argen liegt. Eine Geschichtsliteratur fehlt, man kann an keine Vorarbeiten anknüpfen, keine Forschungsergebnisse erweitern und vertiefen.

Der Mangel an Quellen muß bei der Ortsgeschichtsschreibung allerdings in Kauf genommen werden. Begreiflicherweise hat diese ungünstige Quellenlage die Forschung stark gehemmt; noch heute besitzt Gonzenheim kein geschichtliches Heimatbuch.

Auf das relativ späte Vorkommen des Ortsnamens Gonzenheim in den Urkunden hat schon Hofrat Friedrich Kofler hingewiesen. In seiner Arbeit, „Der Obereschbach-Kirdorfer Markwald genannt Hard", die 1885 erschienen ist, hegte er die Ansicht: „Gonzenheim wird meines Wissens im Jahre 1401 zum ersten Mal erwähnt"[1]. Doch diese Annahme ist nicht stichhaltig, denn bei gründlicher Durchsicht des Urkundenmaterials kann man manchen älteren Fund machen. So kommt man schon in der zweiten Hälfte des 13. Jahrhunderts im Eppsteiner Lehensbuch und in anderen Quellen des 14. Jahrhunderts Gonzenheim auf die Spur, worauf später näher eingegangen werden soll.

---

[1] Vierter Jahresbericht des Oberbayrischen Vereins für Localgeschichte, Vereinsjahr 1884-1885, Gießen, 1885, S. 65-89.
[2] Schudt, Georg, Homburg und seine Umgebungen, Homburg, 1869, S. 120-121.
[3] Feigen, Geschichte der Stadt Bad Homburg v. d. H., III. Ausgabe 1921.
[4] Jacobi, Heinrich, Zur Hundertjahrfeier des Heilbades Homburg. Verein für Geschichte und Altertumskunde zu Bad Homburg v. d. H. XVIII. Heft der Mitteilungen, 1935.

Schlagen wir bei Schudt[2]), Feigen[3]), Dr. Jacobi[4]), Steinmetz[5]) oder in anderen geschichtlichen Veröffentlichungen nach, das Ergebnis bleibt unbefriedigend, nirgends gewinnen wir einen Einblick in die ältere Dorfgeschichte, nirgends wurde bisher das Heimatbild der Vergangenheit herausgearbeitet, weil dazu die urkundlichen Zeugnisse fehlten.

Es gilt nun anhand des bisher unbekannten und unausgewerteten Urkundenmaterials, das ich in jahrelanger Sammelarbeit aus den verschiedenen Archiven zusammengetragen habe, über die bisherigen Kenntnisse hinauszukommen und die alte Dorfgeschichte erstmalig umfassender zu behandeln.

---

[5]) Steinmetz, E. G., Der Obertaunuskreis und seine Gemeinden, 1867-1927, S. 231-236.

I. Das vor- und frühgeschichtliche Siedlungsbild

Es kann hier nur der knappe Versuch unternommen werden, eine skizzenhafte Übersicht über die archäologischen Fundstellen und Funde des Homburger Raumes zu geben. Das ist aber nur der erste Schritt zu einer Vorgeschichte unserer Heimat. Eine genaue und sichere Aufarbeitung der Homburger Archäologie bedarf zunächst einer sorgfältigen Untersuchung und zuverlässigen Datierung des gesamten Fundmaterials. Diese wichtige Arbeit steht größtenteils noch aus. Überdies kann die Homburger Vorgeschichte nicht abgesondert behandelt werden, sie muß vielmehr im Zusammenhang mit dem ganzen Taunusvorland gesehen werden[6]).

Die ehemalige Gonzenheimer Dorfgemarkung, seit 1904 der Homburger Stadtgemarkung einverleibt, ist altbesiedelter Kulturboden, der schon in der Vor- und Frühgeschichte des Homburger Stadtgebietes eine bedeutende Rolle spielte.

Die sogenannten Bandkeramiker, ein vorgeschichtliches Volk der jüngeren Steinzeit, dessen Name unbekannt ist und das die Wissenschaft nach den Ornamenten ihrer Gefäße benannte, brachte im dritten Jahrtausend v. Chr. auf den Gonzenheimer Linsenberg die älteste Bauernkultur aus dem Südosten, wo damals der kulturelle Schwerpunkt lag. Der lateinische Satz: „Ex oriente lux" bedeutete ursprünglich, daß aus dem Osten das Licht der Sonne kommt; doch im übertragenen und erweiterten Sinne verstand man damit auch den Kultureinfluß des alten Orients.

Im Saalburg-Museum sind die Altertümer unserer Heimat aufbewahrt, und bieten einen vortrefflich geordneten Anschauungsunterricht, in erster Linie der römischen Funde. Doch das reiche Museum enthält auch so manches, was aus der Vorzeit in weiterer Umgebung von Bad Homburg ausgegraben wurde[7]). Einst war das Museum an wertvollen Gegenständen reicher, am Ende des zweiten Weltkrieges ist leider mancher bedeutende Fund verloren gegangen.

Mereschkowskij berichtet in seinem historischen Roman „Leonardo da Vinci" über Luigi Sacrobosco, einen Sammler erlesener Altertümer, der einmal auf die Frage, warum er sein Leben der Sammlerleidenschaft opfere, antwortete: „Ich muß die Toten auferwecken!" Die Altertumsforschung weckt die längst versunkene Vergangenheit. Die vor- und frühgeschichtliche Zeit ist nicht gestorben, sie schlummert in den Kulturresten verborgen unter der Erde, bis sie der Spaten des Archäologen zutage fördert.

Das alluviale Land des Homburger Beckens, besonders der Boden der hochgelegenen, lößbedeckten Randgebiete, ist alter Siedlungsboden. Bodenfunde aus der älteren Steinzeit fehlen. Die ersten Siedlungsspuren gehören der jüngeren

---

[6]) Herrmann, Fritz Rudolf, gibt in seiner Arbeit „Die vorgeschichtlichen Funde und die Geländedenkmäler der Kreise Obertaunus und Usingen" eine umfassende Übersicht über die Bad Homburger und Gonzenheimer Bodenfunde. Sonderdruck aus dem Saalburg-Jahrbuch XVII. 1958. S. 13-46 mit 11 Tafeln und Archäologischer Karte. Auf S. 19-26 sind die Bad Homburger und Gonzenheimer Funde und Geländedenkmäler aufgezählt.

[7]) Schönberger, Hans, Führer durch das Saalburgmuseum.

Steinzeit an (3000-1800 v. Chr.). Im Neolithikum, wie die jüngere Steinzeit heißt, besiedelten Menschen verschiedener Kulturkreise (Band-, Schnur- und Stichkeramiker) den Gonzenheimer Linsenberg, „Auf der Schanze", „Am Hang", Gärtnerei Pippert, Föllerweg, wo die Spuren der vermoderten Holzstämme, die das Dach der Häuser trugen, im lichtgelben Löß als dunkelbraune Kreise nachweisbar sind. Man fand auch Brocken von Hüttenlehm, Bewurf der aus Reisig geflochtenen Wände, in dem die Abdrücke der Ruten deutlich erkennbar sind. Neben den Wohnstätten entdeckte man die Abfallgruben. Gesammelt wurden zahlreiche Gefäßscherben von handgeformten, halbkugelförmigen Töpfen (Kürbisflaschen), die mit eingeritzten Spiral- und Mäander-Bändern verziert waren. Auch Tiefstichverzierungen zeigen manche Tonscherben aus späterer Zeit auf[8]). Jene Menschen siedelten in Zwergdörfern und umzäunten ihre Hofreiten.

Das jungsteinzeitliche Volk der Bandkeramiker beschäftigte sich mit Ackerbau und brachte die älteste Bauernkultur Europas in unsere Heimat. Vor etwa 4500 Jahren bebauten sie den Gonzenheimer Lößboden auf der Schanze.

Auch der Ferdinandplatz lag in der ehemaligen Gonzenheimer Mark. Dort wurden Hortfunde aus der Bronzezeit aufgedeckt. Man vermutet, daß ein Bronzegießer oder Händler seine Ware verborgen hatte. Der Hortfund bestand aus bronzenen Armspangen, Schmuck, Messern, Beilen usw. Die Bronzezeit dauerte etwa von 2000-800 v. Chr.

Aus der Hallstattzeit (1000-400 v. Chr.), der früheren Eisenzeit, wurden auf der Gonzenheimer Flur „Ewige Lohe" folgende Gegenstände gefunden: Tongefäße, zwei eiserne Schwerter, ein gebogenes Messer und zwei große Vorratstöpfe. Auf der Flur „Am Schützbrett" fand man ein tönernes Vorratsfaß und sonstige Reste der Urnenfelderzeit.

Aus der Spätlatène-Kultur (150 v. Chr. bis 83 n. Chr.) stammt ein Kriegergrab und Siedlungsreste aus der Frankenstraße, wie Scherben von Gefäßen, Randstücke von hohen Näpfen und von Schalen und einige Webergewichte.

Von 83 nach Chr. bis 260 war unsere Heimat in das römische Reich eingegliedert. Gradlinige Römerstraßen zogen durch das Land, die das ganze Mittelalter hindurch benutzt wurden. Die alte Weinstraße verlief an der Gonzenheimer-Obereschbacher Gemarkungsgrenze. Rechts und links der Römerstraße wurde der Boden urbar gemacht, der Wald gerodet. Landhäuser wurden erbaut, deren Fundamentmauern, Hypokastenanlagen, Badeeinrichtungen, Abzugskanäle östlich von Gonzenheim aufgedeckt wurden. Zahlreich sind die römischen Bodenfunde in Homburg, die im Limeskastel Saalburg im Homburger Stadtwald aufbewahrt sind.

Schon Dr. Ph. Dieffenbach, hat in seiner „Urgeschichte der Wetterau" (Darmstadt, 1843), die Vermutung ausgesprochen, daß in Homburg Römerstraßen und Bauten aufgedeckt werden können. Medizinalrat Dr. E. Trapp war der Überzeugung, daß die Homburger Salzquellen den Römern bekannt gewesen sein mußten. Beide Vermutungen wurden durch die Ausgrabungen in den Jahren 1880/81 bestätigt.

Es wurden schon 1852 römische Funde im Quellengebiet gemacht: Legion-

---

[8]) Die Funde sind im Saalburg-Museum, Abt. Funde aus der heimischen Ur- und Frühgeschichte, aufbewahrt.

steine der XXII. Legion, römische Estrichboden, Tongefäße, sogenannte Terra sigillata, rotes Tongeschirr mit figürlichen Verzierungen. 1880 nahm man die Grabungen wieder auf. Etwa 100 m vom Ludwigsbrunnen wurde eine Zisterne ausgehoben, man hat auch römische Tonscherben gefunden[9]).

Man darf mit genügender Sicherheit annehmen, daß die Gonzenheimer Salzquellen schon den Menschen der vor- und frühgeschichtlichen Zeit bekannt waren und von ihnen auch genutzt wurden. Diese Annahme wird durch prähistorische Bodenfunde, die im Quellengebiet zutage gefördert wurden, gestützt. Bereits im Jahre 1880, als die Kurverwaltung „104 Meter nordöstlich vom Ludwigsbrunnen" eine Zisterne ausheben ließ, fand man römische Gefäßscherben, und nachher bei einer fachgemäßen Ausgrabung an derselben Stelle stieß man „auch auf vor- und nachrömische Kulturschichten". So berichten uns Oberst Cohausen und Louis Jacobi in den „Annalen der Vereins für Nassauische Altertumskunde und Geschichtsforschung" vom Jahre 1882[10]).

Aus diesem Bericht geht weiter hervor, daß hier in vier übereinander liegenden Schichten Funde aus der Franken- und Römerzeit, aus der germanischen und keltischen Periode und aus der Hügelgräber-Bronzezeit geborgen wurden. Es müssen daher Bodenfunde ausgeprägter Art gewesen sein, die das Fundbild von Schicht zu Schicht änderten, daß man eine Einordnung in die verschiedenen aufeinander folgenden Perioden vornehmen konnte. Eine ausführliche Durchforschung des Geländes war an der baum- und strauchbestandenen Stelle, an der auch ein Verkehrsweg vorbeiführte, nicht möglich. Hatte doch Gartenbauinspektor Meyer nach den Plänen des Potsdamer Hofgärtners Peter Josef Lenne den Kurpark bereits 1856 angelegt.

Diese hervorgehobene Schichtung der Funde — leider kennt man das Fundinventar nicht näher — kann kaum als zufällig angesehen werden. Im Gegenteil, sie erlaubt den Schluß, daß hier von der Hügelgräber-Bronzezeit an bis herauf in die Frankenzeit, etwa von der Mitte des zweiten Jahrtausends v. Chr. bis zum 8. Jahrhundert n. Chr., in der Nähe der Quellen beständig Menschen lebten.

Unsere Gewährsmänner Cohausen und L. Jacobi berichten ferner in der angeführten Arbeit, daß 20 m östlich von obiger Fundstätte die Grundmauern eines römischen Gebäudes, 19,30 × 12,60 m, wahrscheinlich einer Villa, aufgedeckt wurden. Im Brandschutt fand man Schieferplatten, Gefäßscherben, Terra sigillata wie Ziegel ohne Stempel und Glasgegenstände. Die Töpfernamen der Terra sigillata Scherben (AVITVS.F. und PATERNUS F) wie die Silbermünze der Julia domina, der Gattin des Kaisers Septimus Severus, datieren die Funde in die Zeit um 200 n. Chr. Die Fundamente einer weiteren römischen Villa wurden gegen Gonzenheim zu freigelegt. Das Landhaus war 30×12 m groß, mit Ziegeln der XXII. Legion erbaut und mit Veranda, Hypokausten- und Badeanlage, Abzugsrohren, halbkreisförmiger Nische versehen und mit gemaltem Wandputz verziert. Im Quellgebiet wurden auch weitere römische Funde gemacht.

---

[9]) Schulz, Ernst, Die römischen Grenzanlagen in Deutschland und das Limeskastell, Saalburg, 1906.
Schönberger, Hans, Führer durch das Saalburgmuseum.
[10]) Bd. 17, Römische Bauwerke, S. 124.

II. Die fränkischen Bodenfunde

Der Mainzer Archäologe Prof. Dr. Kurt Böhner schrieb eine eingehende Untersuchung über „Die merowingerzeitlichen Altertümer des Saalburgmuseums"[11]. Böhner, „der genaueste Kenner der fränkischen Archäologie", — dies bescheinigt ihm schon Franz Petri[12] für die Rheinlande — gibt nicht nur eine Beschreibung und Datierung der Grabfunde des Gonzenheimer Totenfeldes, sondern bemüht sich auch um ihre siedlungsgeschichtliche Auswertung. Die streng wissenschaftlich fundierte Arbeit bietet daher nicht nur einen wesentlichen Beitrag zur Archäologie unserer Heimat, sondern will auch entscheidend zur Klärung ihrer Siedlungsgeschichte beitragen. Um hier nicht sehr ins Detail gehen zu müssen, sei auf die vorzügliche und diesen Zeilen zugrunde liegende Arbeit Dr. Böhners besonders hingewiesen.

Da das zutage geförderte archäologische Fundmaterial nur dürftige Kunde über die Entstehung und ältere Besiedlung von Gonzenheim gewährt, fällt Dr. Böhner in absichtlich vorsichtiger Formulierung kein abschließendes Urteil. Am Schluß des Kapitels „Siedlungsgeschichtliches" zieht er das Fazit seiner Untersuchung mit den Worten: „Wenn wegen der Lückenhaftigkeit des Fundmaterials auch kein lückenloser Beweis zu führen ist, so scheinen mir all diese Erwägungen doch dafür zu sprechen, daß Gonzenheim als eine alemannische Gründung anzusehen ist, die bei einer bereits bestehenden, aus der Limeszeit fortdauernden Ansiedlung von Provinzialen errichtet wurde und erst nach 496 unter fränkische Oberhoheit gekommen ist"[13].

Diese Feststellung Böhners ist von entscheidender Bedeutung. Der Fachgelehrte, der aus dem Fundmaterial Beleg an Beleg reiht, erkennt zum ersten Male den Rahmen, in dem sich die zeitlich aufeinander folgenden Siedlungsperioden in klarer Ordnung einfügen. Er gibt für Gonzenheim drei Siedlungsstufen an. Diese sind:

1. Die Limeszeit, römische Niederlassung, 2-3 Jahrhunderte n. Chr.
2. um 450 die Alemannensiedlung,
3. nach 496 Fortbestand des Dorfes unter fränkischer Hoheit.

Das Dorf Gonzenheim ist demnach sehr alt, es kann auf ein höheres Alter Anspruch erheben als die anderen bestehenden oder ausgegangenen Siedlungen der Homburger Gemarkung.

Die Gonzenheimer Lokalforschung war bisher anderer Meinung. Man nahm an, Gonzenheim sei keine alte Siedlung, habe ursprünglich mit Obereschbach ein Dorf gebildet, von dem es sich dann später loslöste. Man ging sogar so weit, daß man die Vermutung äußerte, auch die Gonzenheimer Salzquellen hätten einst zu Obereschbach gehört[14].

Als Hofrat Kofler 1885 eine historische Studie über die Hardtwald-Markgenossenschaft schrieb und unter anderem feststellte, daß Gonzenheim von den

---

[11] Sonderdruck aus dem Saalburg Jahrbuch XV. 1956.
[12] Petri, Fr. Zum Stand der Diskussion über die fränkische Landnahme und die Entstehung der germanisch-romanischen Sprachgrenze, in: Rheinische Vierteljahresblätter, Jg. 15/16, S. 50.
[13] Siehe Anm. 1. S. 137.
[14] Kofler, Friedrich, Die Hardtwald Markgenossenschaft.

Mitmärkern aus Kirdorf und Obereschbach stets benachteiligt worden sei, fragte er nach der Ursache. Er ging der Frage nach und kam zu weitgehenden Schlußfolgerungen. Gonzenheim erscheine urkundlich — so argumentierte man weiter — im Jahr 1401 zum erstenmal im Hohenmark-Weistum, das I. C. von Fischard 1828 im I. Band der Zeitschrift Wetteravia veröffentlichte[15]). Es sei wenigsoens keine ältere Urkunde bekannt, die sich auf Gonzenheim beziehe. Aus demselben Grund scheine auch verständlich — so folgerte man weiter —, warum die Gonzenheimer Salzquellen lange Zeit in den Urkunden als Obereschbacher Salzquellen vorkommen.

Ein kühner Bau von Ansichten, die Kofler denkrichtig aufstellte und denen sich Jacobi in seinem Buch „Zur Hundertjahrfeier des Heilbades Homburg" kritiklos anschloß[16]). Jacobi veröffentlichte zwei Urkunden, eine Lorscher Schenkungsurkunde von 773, die ausdrücklich von zwei Eschbacher Salzquellen berichtet, und eine Fuldaer Tradition von 817, die eine Salzquelle zwischen den Dörfern Harheim und Steten erwähnt[17]), und behauptet mit Sicherheit: „In beiden Fällen kann es sich nur um unsere Gonzenheim-Homburger Quellen handeln"[18]).

Regierungsarchivrat Dr. H. Struck berief sich in seinem im Hessischen Städtebuch erschienenen Artikel über Bad Homburg auf diese Urkunden; er sieht richtig in den Gonzenheimer Salzquellen die Veranlassung zur Besiedlung und sagt nur: „Die Quellen wurden von den Römern und zur Salzgewinnung in fränkischer Zeit (773, 817) benutzt"[19]).

Hier ist ein ganzer heimatgeschichtlicher Fragenkomplex zur Diskussion gestellt. Es ist wohl angebracht, auf diese Fragen kurz einzugehen:

1. War Gonzenheim ein selbständiges Dorf im Mittelalter?
2. Kommt es tatsächlich in Urkunden vor 1400 nicht vor?
3. Beziehen sich die zwei Lorscher Schenkungsurkunden auf die Gonzenheimer Salzquellen?

Die Homburger Heimatgeschichte hat diesen Fragen bisher nicht die Aufmerksamkeit geschenkt, die ihnen zukommt.

Gonzenheim gehörte nicht zu Obereschbach und war ein selbständiges Dorf. Der fränkische Friedhof bezeugt aber die Existenz eines merowingischen Dorfes. Böhner behauptet: „Da Gonzenheim nach dem Zeugnis unserer Gräberfelder aber zu den ältesten Orten der Umgebung gehört, besitzt m. E. die Annahme, daß hier auch frühzeitig eine Kirche erbaut und die Sepultur dann gleich zu dieser verlegt worden ist, die weit größere Wahrscheinlichkeit"[21]). Auch der Dorfname „Guncenheim" — „Guntzenheym" ist sehr alt; er besteht

---

[15]) Weisthum der hohen Mark bei Homburg an der Höhe von 1401, S. 139-143.

[16]) XVIII. Heft der Mitteilungen des Vereins für Geschichte und Altertumskunde zu Bad Homburg v. d. H., 1935.

[17]) Ebenda, S. 33 und 34.

[18]) Ebenda, S. 35.

[19]) Hessisches Städtebuch, Hrsg. v. Erich Kayser, Stuttgart, Kohlhammer, 1957, S. 258, Bad Homburg v. d. H., 3.

[20]) Böhner, K. S. 134.

[21]) Struck, Bad Homburg v. d. H. im: Hessischen Städtebuch S. 258.

aus dem Personennamen Gunco + der Endung heim, geht daher in die merowingische Zeit zurück[22]).

Mit der ersten Frage hängt die zweite eng zusammen. Wann begegnet in Urkunden zum ersten Mal der Ortsname Gonzenheim? Um 1270 wird im Eppsteiner Lehensbuch „Henricus de Guncenheim" als eppsteinischer Lehensträger erwähnt[23]). Hier tritt der Dorfname zuerst in Erscheinung. Heinrich saß auf dem Guncenheimer Gutshof der Eppsteiner und führte, wie es damals allgemein üblich war das Adelsprädikat nach seinem Wohnsitz. Wir dürfen ihn wohl als Verwalter des Hofes, als Meier und Hofschultheiß (villicus) ansprechen. Zu dieser Vermutung gibt uns der Name berechtigten Anlaß. Wie wäre sonst Heinrich zu dem Beinamen „de Guncenheim" (von Gonzenheim) gekommen. Denn Heinrich gehörte zum Geschlecht de Rumpenheim, das seinen Stammsitz im Dorf Rumpenheim bei Offenbach/Main hatte. Diese zum niedrigen Adel gehörende Familie stand schon früher im Dienste der Herren von Eppstein. Heinrich und sein Blutsverwandter („cognatus") Wilhelm de Rumpenheim besaßen beträchtliche eppsteinische Lehensgüter zu Appershofen, Kr. Friedberg[24]). Auch ihre Vorfahren, die Brüder Ebernandus und Johannes de Rumpenheim, waren schon eppsteinsche Lehensträger[25]). In einer Mainzer Urkunde vom 5. Mai 1368, die Heinrich und Merckelin, Brüder und Edelknechte von Bonames, ausgestellt haben, wird der „Dinghof zu Guntzenheim" mit Gericht, Gülten, Äckern und Wiesen erwähnt[26]).

Auch weitere Urkunden aus den Jahren 1346 und 1367, von denen man bisher keine Kenntnis hatte, bezeugen uns einwandfrei die Existenz Gonzenheims als selbständiges Dorf mit eigener Gemarkung.

Ritter Johann Vogt von Bonames gibt den Herren von Mainz in einer 1346 am Samstag nach St. Matthias Aposteltag (22. September) ausgestellten Urkunde das Versprechen, daß er den „dinghob" zu Gonzenheim (Gunzenheym), den er von Mainz zu Lehen trägt und verpfändet hat, wieder einlösen werde in der Frist von 4 Jahren[27]).

Der historische Begriff Vogt hatte eine mehrfache Bedeutung. Klöster und Kirchen konnten im Mittelalter das grundherrliche Recht des peinlichen Gerichts nicht selbst ausüben, da sie waffenunfähig waren und kein Blut vergießen sollten. Sie bedienten sich daher auf ihren Gütern eines weltlichen Richters, der Vogt (advocatus) hieß. Das Vogtamt war erblich, wurde von einem adligen Lehensträger bekleidet, der gleichzeitig auch die Schutzpflicht über die Vogteileute ausübte. Der Gonzenheimer Vogteihof wird von den Eppsteinern in den Besitz der Fleming übergegangen sein, kam dann durch Heirat

---

[22]) Förstemann, E., Die deutschen Ortsnamen. — Bach, A., Probleme deutscher Ortsnamenforschung, in: Rheinische Vierteljahresblätter, Jg. 15/16, 1950/51. — Bach, A., Die Siedlungsnamen des Taunusgebietes in ihrer Bedeutung für die Siedlungsgeschichte Bonn 1927.
[23]) Wagner, P., 104.
[24]) Ebenda, S. 104.
[25]) Ebenda, S. 61.
[26]) Stadtarchiv, Mainz, Erzstift, Gonzenheim III. 362.
[27]) Vogt-Otto-Vigener: Regesten der Erzbischöfe von Mainz 1289-1396, I. Nr. 5410, Bayer. Hauptstaatsarchiv zu München, Mainz, Nachtrag 31, Nr. 24. Kopie im Bayerischen Staatsarchiv Würzburg, Ingrossaturbuch I. Fol. 138, Liber reg. 5. fol. 28.

an die Vögte von Bonames, die Ritter von Bellersheim, Edelknechte Reyzel Brendel und ihren Ganerben.

Es ist uns eine Urkunde vom 5. Juni 1367 bekannt, deren Original in Wiesbaden verbrannt ist, die aber in einer Abschrift von G. E. Steinmetz im Homburger Stadtarchiv vorliegt. Dieses Dokument verdient ganz besonders unser lokalgeschichtliches Interesse, denn es handelt sich darin um Äcker und Wiesen, die teils in der Obereschbacher, teils in der Gonzenheimer Gemarkung lagen. Die Urkunde bietet einen weiteren Beweiß dafür, daß Gonzenheim als selbständiges Dorf bestand und seine Gemarkung von der Obereschbacher Feldmark getrennt war.

Hier genügt wohl eine kurze Inhaltsangabe.

Edelknecht Heinrich Fryß (Fritz) von Homburg und sein Sohn Hermann bekennen, daß sie mit diesem Brief an Edelknecht Wilhelm von Homburg und seine Frau 16 Achtel jährliche Kornrente um 100 Gulden Frankfurter Währung verkaufen und als Pfand dafür Äcker und Wiesen versetzen. Es folgt eine lange Aufzählung der einzelnen Äcker- und Wiesenstücke mit der Angabe ihrer Lage. Dann heißt es in der Urkunde: „vorgenant undirpand sint gelegen in der termenyen der dorffe ober Esschebach unde Gunczinheym"[28]).

Dieses einwandfreie Zeugnis bietet ausreichenden Beweis dafür, daß Gonzenheim im 14. Jahrhundert ein eigenständiges Dorf war, kein Ortsteil von Obereschbach.

Gegen das Ende des 13. Jahrhunderts erscheint das niedere Adelsgeschlecht der Brendel von Homburg im eppsteinischen Lehensdienst. Die Edelknechte Burkhard und Heinrich Brendel waren Burgmannen auf der Homburger Burg. Der Aufstieg des Geschlechts begann mit Ritter Johann Brendel, der dem Ritter Binthamer im Homburger Burggrafenamt folgte. Nach Johann Brendel von Homburg blieb das Geschlecht Lehensinhaber des Burggrafenamtes. Der oben erwähnte Heinrich Brendel hatte einen Bruder Reyßel, dessen Nachkommen in Gonzenheim begütert waren. Über die Reyßel wird noch im Zusammenhang mit Gonzenheim später ausführlich die Rede sein.

Nun zur Frage der Salzquellen. Die Annahme, daß Eschbach keine Salzquellen hatte, trifft nicht zu[29]). Es darf nicht übersehen werden, daß viele Dörfer, die am Taunusrand liegen, Salzquellen haben und auch im Mittelalter hatten, die aber versiegten. Hätten die Landgrafen die Gonzenheimer Quellen nicht mit großem Kostenaufwand fassen lassen, wären auch die genauso verschollen. Wurden nicht die Gonzenheimer Quellen immer wieder neuentdeckt?

Die Eschbacher Salzquellen sind in der ersten Hälfte des 14. Jahrhunderts urkundlich nachweisbar. Unter „Assebach" wird höchst wahrscheinlich Nieder Eschbach gemeint sein, wo im sogenannten Niederfeld gegen Bonames an zwei Stellen Salzwasser „Sulze" überliefert wird, demnach Salzquellen bezeugt sind.

---

[28]) Hessisches Hauptstaatsarchiv Wiesbaden, Abt. 310, Nr. 26, Original verbrannt. Die ungedruckte Urkunde hat Stadtarchivar G. E. Steinmetz abgeschrieben. Die Abschrift befindet sich im Homburger Stadtarchiv, Abt. Steinmetz Archiv, Urkunden. — Regest bei Sauer, I.3, S. 371, Nr. 3227.

[29]) Jacobi, H., Zur Hundertjahrfeier des Heilbades Homburg, in: Mitteilungen des Vereins für Geschichte und Altertumskunde zu Bad Homburg v. d. Höhe, Heft XVIII. 1935, S. 33.

In einem vor dem 27. September 1333 datierten Güterverzeichnis der Frau Rilind von Hohenhaus, die in Eschbach begütert war, heißt es: „hic signantur agri, siti in Eschebach. primo videlicet in inferio campo versus Ponamese: 2¹/₂ iugera in den Sulzen" und „2 iugera in der Sülzen"[30]).

Das Wort sulze (auch sülze, sulz) bedeutet nach Lexers Mittelhochdeutschem Taschenwörterbuch Salzwasser, Sole. Demnach ist der urkundliche Beleg erbracht, daß auch Niedereschbach Salzquellen hatte, deren Stelle heute noch bekannt ist.

Daher darf die Lorscher Urkunde von 773, nach welcher ein gewisser Warinus im Niddagau, im Dorf Aschebach (Eschbach) zwei Salzquellen zur Salzbereitung dem Kloster Lorsch geschenkt habe, für die Gonzenheimer Geschichte nicht in Anspruch genommen werden[31]). Es ist keine Gonzenheimer Urkunde, sie bezieht sich ausdrücklich auf Eschbach.

---

[30]) Boehmer-Lau, Urkundenbuch der Reichsstadt Frankfurt, Frankfurt 1905, Bd. II. Nr. 474, S. 361.
[31]) Glöckner, K., Nr. 3335: Donatio Warini in villa Aschebach.

III. Der Gonzenheimer Kartäuserhof

Vorgeschichte, Entstehung und Entwicklung

1. Lage des Hofes

Wer von Homburg kommend in Gonzenheim die Frankfurter Landstraße entlang gegen die untere Dornbachbrücke geht, wird linker Hand an der Straßenecke Alt-Gonzenheim eines auffallenden Baublocks gewahr werden, der aus den drei merkwürdig zusammengebauten Bauernhöfen Kling, Volk und Wagner (Frankfurter Landstraße Nr. 91, Alt Gonzenheim Nr. 2) besteht. Die meisten gehen hier jahrein-jahraus ahnungslos vorüber, ohne die ungewöhnliche Bauweise zu bemerken und sich darüber Gedanken zu machen. Dieser seltsame Block steht an der Stelle eines ehemaligen herrschaftlichen Gutshofes, dessen Geschichte weit ins Mittelalter zurückreicht.

Noch vor 64 Jahren stand auf diesem Fleck Heimaterde das alte Meierhofgebäude. Am ersten Adventssonntag 1899 steckte Georg Will, der damalige Besitzer der alten Hofanlage, in einem umnachteten Augenblick die Scheune in Brand, und alle Wirtschaftsgebäude gingen in Flammen auf. Allein das alte Wohnhaus an der Frankfurter Landstraße blieb von den Flammen verschont. Da es aber baufällig war, wurde es bald nach dem Brand abgebrochen, und damit war auch das letzte historische Denkmal aus dem Mittelalter aus dem Dorfbild weggewischt.

Erfreulicherweise blieb uns vom Gutshof eine Zeichnung von 1724-1726 erhalten, im Gonzenheimer Acker- und Steinbuch, das im Stadtarchiv Homburg aufbewahrt ist. Groß und breit hingelagert, repräsentativ und dominierend stand der wasserumwehrte Meierhof zwischen dem Dornbach (auch Stedteroder Seebach), dem Kirdorfer Bach (Auden- oder Mühlbach) und dem Mühlgraben. Die Gutshofanlage erhob sich auf viereckigem Grundriß. Auf allen vier Seiten von Gebäuden umschlossen, verkörperte er in seiner Gestalt den üblichen Typus mittelalterlichen Vierkanthofes. Das zweigeschossige Wohnhaus stand traufseitig an der Frankfurter Landstraße. Hier an der Südseite war das Einfahrtstor. Die langgestreckten Seitengebäude waren ebenfalls zweistöckig und erhielten neben den Gesindewohnungen auch Stallungen, Speicher, Scheunen und andere Wirtschaftsgebäude. An der Nordseite stand ein einstöckiger Bau, daneben in der Mauer war ein Eingang. Der Hof besaß eine freistehende Mühle (spätere Rühlsche Mahlmühle) am heute kanalisierten Mühlgraben, ungefähr an der Straßenecke „Zum Bornberg" und „Alt Gonzenheim", und eine Schmiede am Burgholzhäuser Weg. Außerdem gehörten noch zum Gutshof drei Wohnhäuser und der Schafhof, die an der gegenüberliegenden Straßenseite standen.

2. Vorgeschichte

In seiner vortrefflichen Mainzer Dissertation über „Die Kartause St. Michaelsberg bei Mainz 1320-1781" hat Johannes Simmert das Gonzenheimer

Klostergut kurz mitbehandelt[32]). Da er sich auf das Wesentliche beschränken mußte, konnte er im Kapitel über die Besitzgeschichte der Kartause nur einen knappen Geschichtsabriß über die Güter in Gonzenheim geben[33]). Bei Simmert lag der Akzent auf der allgemeinen Geschichte der Kartause. Hier in der Homburger Geschichte steht der Gonzenheimer Klosterhof der Kartause im Vordergrund als Aufgabe der Lokalforschung. Anhand des Archivmaterials lassen sich über den ehemaligen Kartäuserbesitz im Stadtgebiet von Bad Homburg, in der Gemarkung des Stadtteils Gonzenheim, bis ins Einzelne gehende Nachforschungen anstellen. Die Auswertung des in den verschiedenen Archiven zerstreut vorliegenden Quellenmaterials ergibt einige neue Ergebnisse.

Die Kartause, ursprünglich 1320 im Peterstal bei Eltville im Rheingau gegründet, wurde 1323 auf den Michaelsberg bei St. Alban vor Mainz verlegt[34]). Während des Priorates Heinrichs von Königstein (1428-1447) traten mehrere aus dem niederen Adel in die Kartause ein, die der agile Prior selbst angeworben hatte. In dieser Zeit nahmen auch Johann von Beldersheim[35]) und zwei Brüder Reißel-Brendel[36]) von Homburg das Mönchskleid. Sie waren alle in Gonzenheim und Umgebung begütert und brachten bei ihrem Eintritt in das Kloster ihre Güter mit.

Wann der Gutshof gegründet wurde, darüber fehlt jede urkundliche Nachricht. Allerdings lassen sowohl der Ortsname Gonzenheim als auch die Reihengräber auf der Flur „Am Schützbrett" auf fränkische Gründung schließen.

„Wir Johann und Brendeln liepliche gebrudere von Hoenburg, die man nennet Reißel, edelkneche bekennen uns offenlich mit diesem briefe vor uns und alle unser erben, daz wir hoffin von insprechen gotlicher gnaden deme almechtigem gotte unserm herren Ihesu Christo, von dem gnade flußet und in alle creaturen kommet, und der iungfrauwen Marien gottis muttir und allem hymmelschem here zu lobe und zu eren und durch unsere aldern vattir und muttir und vor alle die, da wir vor begern und die des auch dan(n) billichen sollent, deilhafftig sin, selenheil willen zu eyme rechten, ewigen, unwidterrufflichem selegerede, testamente und ewiger gedechtniss mit gudem wol und vorbedachtem mude, recht und retdelichen gegeben han und geben auch in crafft diess briefes in aller der besten forme und wise, in dem rechten, als wir daz billich gedun mogen, den erbern geistlichen herren prior und convent und alle yrn nachkommen des huses off sant Michelsberge bii Mentze gelegen Carthusern alle unsere habe, guder, eygen und erbe, die uns anersterben sint von unsern aldern vatter und muttir, den got, gnade; ez sin dann eckere, wiesen, wyngarten, zynse, renthe, gulte, molenwaßer, zehenden, gerichte, erden, huser und hoffe mit aller zugehorunge und anders, alle unsere guder ligende, fließende oder farnde ersucht und unersucht, in willichen dorffern, gerichten, steden, oder enden und sunderlichen zu Lychen, zu Rodeheym, zu Guntzenheym und anders-

---

[32]) Die unveröffentlichte Doktorarbeit habe ich in der Univ. Bibliothek in Mainz unter Signatur 4° 1951 Mainz Nr. 251 eingesehen. Sie ist 1958 in der Schriftenreihe „Beiträge zur Geschichte der Stadt Mainz", Band 16 im Druck erschienen. Vgl. die Besprechung in den Nass. Annalen, Nr. 64, S. 125 ff.
[33]) Ebenda, S. 111, S. 117 und Anm. 2, S. 124, 132, 133, 152.
[34]) Ebenda, S. 1-4.
[35]) Ebenda, S. 111-117 und Anm. 44.
[36]) Ebenda, S. 38, 40, 111, 151, 152.

wo, da sie dann gelegen sint, nust ußgescheiden in eyniche Wise, zu allem deme rechten, gewonheiden und fryheiden, als wir die bißher gehabt und beseßen oder sollten in dem rechtem beseßen, gebruchet und genutzet han. Und wollen wir Johann und Brendeln gebrudere vorgenante auch gerne, unbetwunge, mit gutem fryhen willen mit der egenanten herren der Carthuser scheffener, zu willicher ziit sie wollent, wann yn daz aller ebenst und gefugelichen ist, an alle die ende, gerichte, stedde und dorffer und anderswo, da solliche gude vorgenante hynne gehorent und gelegen sint, kommen mit unsern selbes liben genwertigclich und sie sollicher gude, wie sie vorbenant sint, zu ewigen tagen sicher machen mit offgabunge, werunge und' insetzunge als dann in iglichem gerichte, stedten, dorffern und enden recht und gewonlichen ist, und begern und biitden auch wir Johann und Brendeln gebrudere vorgenante demudeclichen die egenanten unsere lieben herren die Carthuser umb gots willen, daz sie sollich unser vorgeschriben ewig und unwiterrufflich selegerede und auch biit namen uns und unsere vatter und mutter und aile, die des billichen sollent, deilhafftig sind und, da wir vor begeren wollent, dun schriben in yre selebuch bii andere selgerede zu eyme ewigen gedechtniss, daz mann daz auch moge gelesen zu syner ziit in deme iare in irme capittel und begeen iargeziide nach yrs ordens gewonheide. Und des allez zu eyme waren urkunde so han wir Johann und Brendeln gebrudere vorgenante unser iglicher sin eygen ingesiegel an diesen brieff gehenckt, stede und feste zu halden alle vorgeschribene dinge und han wir darzu gebeden den festen Hennen von Erlebach, den mann nennet von Wilbach, daz er auch sin ingesiedel bii die unsern an diesen brieff hat gehenckt. Des ich Henne von Wilbach itzunt genant mich also erkenne von bede wegen. Datum anno domini millesimo quadringentesimo tricesimo septimo, in die beati Mathie apostoli." (1437 Februar 24.)

Nach der im Wortlaut abgedruckten Urkunde stifteten die Brüder Brendel, die beide den Taufnamen Johann führen und Reißel genannt werden, zu Ehre Gottes, Jesus, Maria und der himmlischen Heere ein Seelgerät, an dem auch ihre Voreltern teilhaftig werden. Die Brüder übertragen dem Prior und Konvent des Kartäuserklosters auf dem Michaelsberg bei Mainz ihre Güter in Lichen, Rodheim und Gonzenheim und anderswo mit allen Rechten und Freiheiten. Zur Sicherstellung des Besitzes möge der Klosterschaffner in die Städte, Dörfer und Gerichte kommen, in denen die geschenkten Güter liegen, um diese nach Recht und Gewohnheit zu übernehmen. Schließlich bitten die Brüder, die Mönche sollten die Seelenmesse in ihr Seelenbuch eintragen und das Seelgedächtnis zu seiner Zeit auch abhalten. Der Ausstellungsort der Stiftungsurkunde ist nicht angegeben. Zeuge dieser Schenkung und Siegler der Urkunde war Henne von Erlenbach, der auch Hannes von Wellbach (Wilbach) genannt wurde.

Die Reißel Brendel von Homburg stammen aus einer Nebenlinie der Brendel. Ein Reißel Brendel war in der zweiten Hälfte des 14. Jahrhunderts Burgmann in Homburg und später Amtmann in Frankfurt. Dessen Sohn Henne Reißel von Homburg heiratete 1412 die Tochter des Henne von Beldersheim[37]. Aus dieser Ehe stammen die obigen Brüder, die sich in der Schenkungsurkunde von 1437 „Wir Johann und Brendeln liepliche gebrudere von Hoenburg,

---

[37] H. H. St. A. W. Abt. 310, Urkunden, Repertorium Nr. 21, 38, 46, 49 und 106, Clemm, Nr. 241, 1365.

XXXIII

Ortsplan von Diedigheim. — Der schraffierte Teil zwischen Mußbachstraße und Hinter den Rahmen ist das Urdorf. Vom Untertor führt die Durchgangsstraße, Rind'sche Stiftsgasse (alter Name Untergasse), zur Obergasse und zum Obertor. Die Rind'sche Stiftsgasse ist nach dem Gründer des Bürgerhospitals, Johann Christian Rind, benannt; Denkmal vor seinem Haus. Zwischen der Alten und Neuen Mauerstraße lag die Weed, Dorfteich. In der Rathausgasse (alter Name Steingasse, erste gepflasterte Gasse) stand das Gemeindehaus mit der Bürgermeisterei, abgebrochen 1820; nur der alte Rathausturm blieb erhalten. Die Schloßgasse hieß im Mittelalter Herrengasse, sie führte zur Burg, an deren Stelle das Landgrafenschloß erbaut wurde. In der Schulgasse wurde 1737 das Gebäude der Stadtschule erstellt, bis 1975 Stadtbibliothek; auf diesem Platz stand das ehemalige Wohnhaus des Burggrafengeschlechts Brendel v. Homburg.

XXXIV

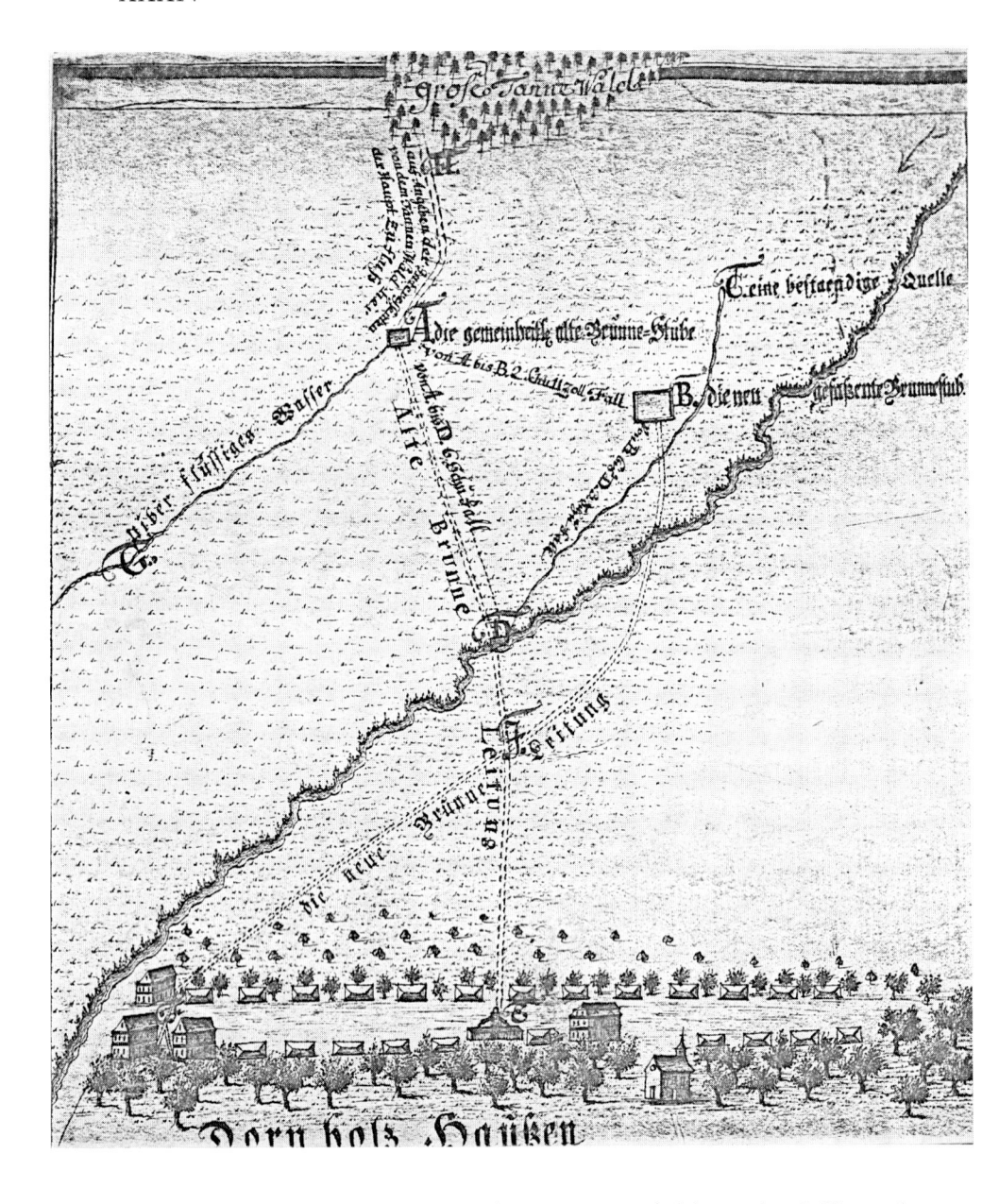

Ortsplan von Dornholzhausen. — Das Bild von Neu-Dornholzhausen hat J. Weygand gezeichnet, es ist vom 3. November 1787 datiert. Es stellt die Kirche, vier zweigeschossige Häuser, 23 kleine Fachwerkhäuser dar, die in zwei Reihen nebeneinander stehen. Durch die Gemarkung fließt der Heuchelheimer Bach. Zwei Leitungen führen aus den Brunnenstuben Wasser ins Dorf. Am oberen Bildrand ist ein Stück des großen Tannenwaldes sichtbar. — Original im Hessischen Hauptstaatsarchiv Wiesbaden, Abt. Kartensammlung.

die man nennt Reißel" bezeichnen. Diese Bezeichnung läßt an Genauigkeit zu wünschen übrig. Da der eine in Gonzenheim und Obereschbach und der andere in Rodheim und Lichen begütert war, können wir sie nach ihrem Besitz auseinander halten. Vermutlich gaben die Eltern deshalb zwei Söhnen den gleichen Namen, weil ihnen eben viel daran lag, daß der alte Leitname Johann in der Familie fortlebte. J. Reißel von Gonzenheim starb 1475 als Konverse (Laienbruder) des Kartäuserklosters, J. Reißel von Rodheim kam zunächst als Donat vor und wird später in den Konversenstand aufgerückt sein[39]).

An der Stiftungsurkunde hängen drei Siegel, deren Umschriften beschädigt sind.

Die Brüder Reyßel traten in das Kloster der Kartäuser als Laienbrüder ein und führten von den Chormönchen getrennt eine weniger harte Lebensweise.

3. Der Gonzenheimer Vogteihof

Im Jahre 1433 teilten die Söhne Eberhard I. von Eppstein, Eberhard II. und Gottfried VII. das ganze eppsteinische Hausgut unter sich auf. Laut dieser Erbteilung fiel Gonzenheim an Gottfried VII. von Eppstein, an den Begründer der Linie Eppstein-Münzenberg. Diese Linie verschuldete und verkaufte Stück um Stück des alten Allodialbesitzes. Das Hausgut zerrann unter den Händen Gottfrieds VIII. und Gottfrieds IX. In dieser Zeit erwarben die Brendel und ihre Verwandten Güter in der Gonzenheimer Gemarkung.

Doch schon viel früher bestand in der Gonzenheimer Gemarkung eine Vogtei mit Gericht, Renten und Zinsen. Der Vogteihof war ursprünglich Eigenbesitz des Vogtes von Bonames. Dafür finden wir aber in der zeitgenössischen Überlieferung keinen Anhalt; erst spätere Urkunden berichten darüber. So erklärt im Jahre 1441 Junker Henne von Bellersheim[40]) d. Ä. (Beldersheim), daß er und seine verstorbene Frau Margarete (Grede), als ihr Sohn Henne d. J. einer Eingebung des hl. Geistes folgend in das Kartäuser-Kloster eingetreten sei, ihren Anteil an der Gonzenheimer Vogtei („fodye") der Kartause am Michaelsberg in Mainz geschenkt hätten. Eigentlich stammten die Vogteigüter, so gab der alte Bellersheim weiter zu Protokoll, aus dem Erbe seiner Mutter, die diese Güter von ihren Brüdern Heinrich und Merkelen als Wittum[41]) erhalten habe. Zum Schluß bekundet er noch ausdrücklich, daß die Vogtei sein ererbtes, freies Eigentum gewesen sei, womit er seine Schwester Anna bewidmet habe, die, nachdem ihre Söhne Mönche des Kartäuserordens geworden seien, auf die Vogtei zu Gunsten des Klosters verzichtet habe[42]). Diese klare Aussage erhellt uns ein Stück des Gonzenheimer Vogteihofes und regt zur Forschung an.

Die wichtigsten Quellen zur Entstehungsgeschichte bildet das Marxheimer Kopialbuch: „Descriptiones et Renovationes antique quondam bonorum ab altera parte Rheni." Dieses Kopialbuch ist ein starker Foliband, der die Be-

---

[38]) Stadtarchiv Mainz, Kartause.
[39]) Simmerst, S. 39
[40]) Bei Lich in der Wetterau.
[41]) Wittum (widem) bedeutet ein Grundstück oder Hof (widemhof) mit dem ein Kloster, eine Kirche oder Person ausgestattet wurde.
[42]) Stadtarchiv Mainz, Handschriften, I. 103.

schreibung und Erneuerung der alten Klostergüter jenseits des Rheins enthält[43]). Ferner sind wir auf die Schenkungsurkunden, die das Kartäuser-Kloster mit Gütern in der Gonzenheimer Gemarkung ausstatten, angewiesen[44]). Auch die Kopialbücher im Staatsarchiv Darmstadt[45]), das Hessische Urkundenbuch[46]) und die Literatur[47]) geben Aufschlüsse.

Die älteste Urkunde, die uns über den Gonzenheimer Hof berichtet, ist vom 5. Mai 1368 datiert. Es ist eine gut erhaltene, deutlich geschriebene Urkunde, die jedermann lesen kann; ich bringe sie daher in Faksimile. Hier gebe ich eine kurze Inhaltsangabe: Die Brüder und Edelknechte Heinrich und Merckelin von Bonames übereignen ihrer Schwester Demud als rechtes Wittum den Dinghof zu Gontzenheim („Guntzenheim") mit allem Zubehör, das in derselben Gemarkung („termenie") liegt. Der Hof wird väterliches und mütterliches Erbe genannt, „daz uff uns irstorben ist". Zum Hof gehört das Gericht, Gülten, Äcker und Wiesen. Den Hof tragen die Brüder vom Mainzer Erzbistum zu Lehen. Der Lehensherr, Erzbischof Gerlach, hat seine Zustimmung gegeben mit dem Vorbehalt, daß die Brüder weiterhin Mainzer Lehensmannen bleiben. Die Aussteller haben gesiegelt, das erste Siegel fehlt, das zweite ist stark beschädigt[48]).

Zum näheren Verständnis müssen wir etwas Genealogie betreiben, um über die verwandtschaftlichen Verhältnisse der Personen, die in den Urkunden auftreten, ein klares Bild zu gewinnen. Auf Grund der Urkunden und mit Heranziehung der einschlägigen Literatur können wir folgende Ahnentafeln aufstellen:

Wir finden in der I. Ahnentafel die in der Mainzer Urkunde erwähnten Brüder Heinrich und Merkeln (Marquard) wie auch Demud als Geschwister und Kinder des Johann Vogt von Bonames und seiner Frau Syzele von Fleming. Wir sehen, daß zur Familie noch der älteste Sohn Johann und die jüngste Tochter Stille gehören. Uns interessiert die Linie der Stille, die Richard von Gönz heiratete. Dieser Ehe entsprossen zwei Töchter, Sezil II. und Margarete (Grede). Henn von Beldersheim nahm Sezil II. zur Frau und Grede ehelichte Konrad von Gulden. Aus der Ehe des Henne von Bellersheim mit Frau Sezil II. stammen: Henne Bellersheim II. und Anna; und aus der Ehe Grede und Gulden ging Mengoz hervor. Henne von Bellersheim II. heiratete Grede Waise von Feuerbach, ihr Sohn trat in das Kartäuserkloster ein. Anna ging mit Henne Reißel von Homburg die Ehe ein, sie hatten drei Kinder: 1. Anna, die Heinrich von Büdingen heiratete; 2. Henne Reyßel von Homburg und Henne Reyßel von Rodheim, die beide die Mönchskutte nahmen.

---

[43]) Hessisches Hautstaatsarchiv, Wiesbaden, Abt. 61, Nr. 51.

[44]) Von den Schenkungsurkunden liegen im Stadtarchiv Mainz, Abt. Kartause, Urkunden, folgende vor: U. 442, UIV 439 und UVI 18 UIV 341, U.v. 74.

[45]) Staatsarchiv Darmstadt, Handschriften I. 103 Kopiar der Kartause St. Michelsberg; Handschriften I. 104, Status exterior universalis Cartus montis St. Michaelis prope Moguntiam, 3 Bände.

[46]) Reimer, H., Hessisches Urkundenbuch, 2. Abt. Bd. 1-4, Leipzig 1891-1897.

[47]) Dr. Römer-Büchner, Bonames, Burg und Flecken, in Archiv für Frankfurts Geschichte und Kunst, N. F. Bd. 2. Frankfurt/M. 1862, Draudt, Familie von Bellersheim, 1880.

[48]) Stadtarchiv Mainz, Erzstift, Gonzenheim III. 362.

Tafel I

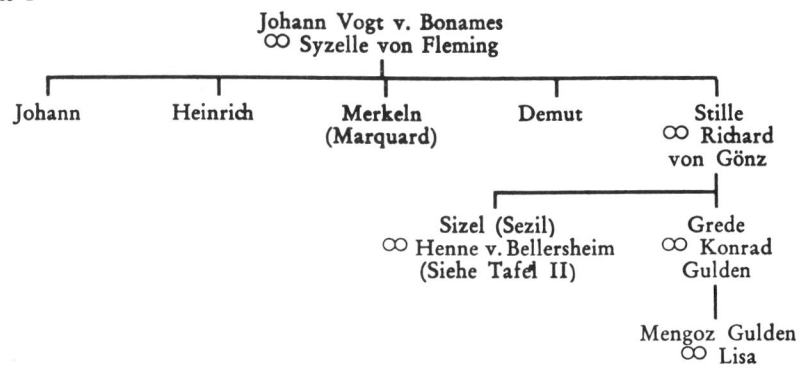

```
              Johann Vogt v. Bonames
              ∞ Syzelle von Fleming
   ┌───────┬──────────┬──────────┬──────────┐
 Johann  Heinrich   Merkeln    Demut      Stille
                   (Marquard)            ∞ Richard
                                          von Gönz
                        ┌──────────────────┴──────┐
                   Sizel (Sezil)              Grede
                   ∞ Henne v. Bellersheim     ∞ Konrad
                   (Siehe Tafel II)           Gulden
                                                │
                                           Mengoz Gulden
                                           ∞ Lisa
```

Tafel II

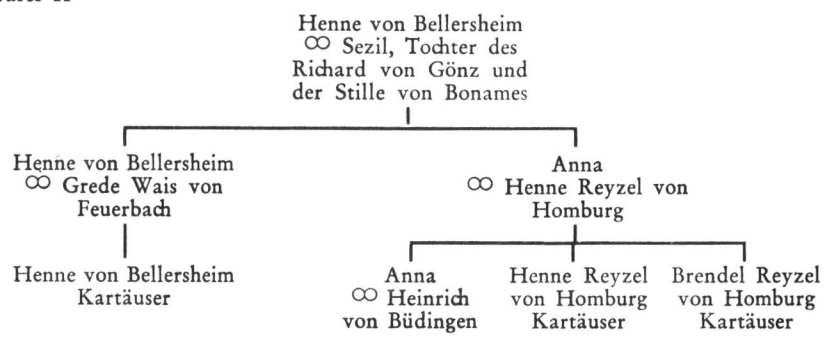

```
              Henne von Bellersheim
              ∞ Sezil, Tochter des
              Richard von Gönz und
              der Stille von Bonames
        ┌──────────────────────┴─────────────────┐
  Henne von Bellersheim                     Anna
  ∞ Grede Wais von                          ∞ Henne Reyzel von
    Feuerbach                                 Homburg
        │                       ┌─────────────┼──────────────┐
  Henne von Bellersheim       Anna         Henne Reyzel   Brendel Reyzel
  Kartäuser                   ∞ Heinrich   von Homburg    von Homburg
                              von Büdingen Kartäuser      Kartäuser
```

Abstammungstafel der Ganerbschaft Bellersheim und Reyzel von Homburg

Allen aufgezählten Personen, die eine Ganerbschaft bildeten, begegnen wir in den Urkunden, die sich auf den Gonzenheimer Kartäuserhof beziehen. Die männlichen Nachkommen, Enkelkinder des Henne von Beldersheim d. Ä., traten alle in das Kloster ein, und der Gonzenheimer Vogteihof wurde zum Klosterhof, da die weiblichen Mitglieder der Ganerbschaft auf ihr Anteil zu Gunsten des Klosters verzichteten.

Kehren wir nochmals zu Sezile Fleming, zur Urgroßmutter der drei Kartäuser, zurück. In ihr vermute ich einen unebenbürtigen Sprößling aus der Ehe Gottfried III. von Eppstein mit Sezile, der Tochter des Ritters Heinrich Flemmig. Wahrscheinlich kam der Gonzenheimer Vogteihof als eppsteinsches Erbe an die Vögte von Bonames und gelangte durch Erbgang an die von Bellersheim und die Reißel Brendel von Homburg.

Zur Nachprüfung dieser Angaben steht uns ein Gerichtsprotokoll als Quelle zur Verfügung. Im Jahr 1447 tagte das höfische Gericht zu Gonzenheim „uf dem hoefe und stat da man solich hoefe gericht pleget von alter here". Der Streit um die Vogtei zwischen dem Hause Eppstein und den Kartäusern sollte beigelegt werden. Gegenwärtig waren Jakob Welder, Dechant des Liebfrauenstiftes zu Mainz, Peter Rodeheym, Schultheiß des Hofgerichtes, Bruder Johann von Rockenberg, der als Gerichtsschreiber fungierte und viele andere. Verhört wurden der Gonzenheimer Pfarrer Peter Knorr und der eppsteinische Schultheiß Henne Wolf. Von den Zeugen wurde der Eid abverlangt. Sie sagten aus: „das die fauthie von althere uf die von beldersheym erstorben sy und zwar vom alten Stamm der vögte von Bonames." Beide Zeugen waren vor etwa dreißig Jahren dabei, als Junker Henne von Bellersheim, Vogt von Obereschbach an den das Vogtgericht in Gonzenheim mit Zinsen und Renten im Erbgang von seiner Mutter übergegangen war, in den Besitz vor Gericht eingesetzt wurde[49]).

So führte uns die Besitzgeschichte der Vogteigüter von Gonzenheim zum alten Rittergeschlecht von Bonames, das neben der Vogtei Bonames auch Obereschbach inne hatte. Zur Vogtei Obereschbach gehörte auch das Hofgericht zu Gonzenheim, wofür wir einen urkundlichen Beleg haben[50]). Henne Reyßel von Homburg (Hoinberg) und seine Frau Anna übertragen zu Landsiedelrecht 1413 ihren Anteil an Äckern und Wiesen, „in obim Eschebacher gerichte in Guntzenheymer felde und in dem Hoff zu Guntzenheym gehörig", dem Homburger Bürger Witzigin Fulder und seiner Frau Meckele und Contze Krake und seiner Frau Meckeln. Von den Hofgütern steht die andere ungeteilte Hälfte Henne von Bellersheim zu.

Das Geschlecht der Bonameser und Obereschbacher Vögte, das zum niederen Adel, zum sogenannten Dienstadel gehörte, bekleidete einflußreiche Ämter und war berufen, auch in die Geschichte unserer Heimat mitgestaltend einzugreifen. Die Bonameser Vögte versahen die Jurisdiktion, waren nebenbei Verwaltungsbeamte und erhoben von den Vogteileuten die Vogtsteuer, wofür sie ihnen Schutzdienst leisteten. Sie führen im dreieckigen Schild zwei bogenförmige Sparren, gehörten demnach zum Dienstmanngeschlecht derer von Praunheim-Bommersheim und besaßen den Dinghof (Gerichtshof) von Bonames, der dem Erzbistum zu Mainz gehörte, ursprünglich Eigentum der hl. Kreuzkirche, der Bonifatiuskirche, „Crutzen", war. Es gab aber nicht nur Kirchen- und Klostervögte, sondern auch weltliche Vögte, die von Adeligen als Stellvertreter auf ihre Güter eingesetzt wurden. Solche Herrenhöfe wurden auch Vogteihöfe genannt; der Vogt war demnach auch Inhaber von staatlichen (Reichsvogt) und weltlichen grundherrschaftlichen Rechten. Die Vogteigüter sind mitunter durch Kauf, Tausch und Pfandschaft oder auf andere Art und Weise in den Besitz der Vogtfamilie übergegangen. Es ist anzunehmen, wie ich schon angedeutet habe, daß der Gonzenheimer Vogteihof aus eppsteinischem Besitz in die Hand der Familie von Flemmig gelangte. Die Flemmig (auch Fleming) waren eppsteinische Burgmannen auf der Burg Homburg und Lehensträger. Die Vogtei in Gonzenheim war ein Muttererbe, das die Fleming-Tochter Sezil dem Ritter und Vogt von Bonames in die Ehe brachte. Sie ging an die Tochter Stille über und vererbte sich in der mütterlichen Linie als Mitgift und Wittum weiter. Sezil war die Mutter von Henne von Bellersheim d. Ä., der seinen Anteil seiner Schwester Anna überließ. Die Nachricht stammt aus dem Kopiar Hs. T. 104[51]).

---

[49]) H. H. Staatsarchiv, Wiesbaden, Abt. 61, Nr. 5a, fol. 99-101.
[50]) Stadtarchiv Mainz, Kartause, Gonzenheim, Urkunde vom 23. 11. 1413.
[51]) Staatsarchiv Darmstadt, Urkunde von 1441.

4. Das Hubrecht oder Hofrecht

Die Hofordnung des Gonzenheimer Kartäuser-Wirtschaftshofes ist uns überliefert. Im Marxheimer-Kopialbuch, auf Folio 98 und a, stehen weistumartige Aufzeichnungen, die uns einen Einblick in die Verfassung des Kartäuserhofes geben[52]). In 10 Punkten oder Artikeln sind die üblichen Rechtsgewohnheiten in deutscher Sprache, mitunter mit lateinischen Fachausdrücken gespickt, aufgezählt und der Kanon der grundherrlichen Abgaben festgesetzt.

Der Gutshof war mit den dazugehörigen Feldern, Wiesen, Gärten und Wohnhäusern, mit Schafshof, Mühle und Schmiede eine selbständige kleine Herrschaft für sich. Eigentümer der Hofgüter war nicht das Kloster allein, sondern auch der Vogt, und zwar gehörten zwei Drittel des Besitzes dem Vogt. Kloster und Vogt hatten gemeinsam die Landeshoheit über die höfischen Güter inne.

Die Hubgüter, oder wie das Hofrecht sagt: „die hübische vogdeien güttern", waren verlehnbar und wurden an die Hofsleute erblich, auf ewige Zeiten („perpetuam") als Zinsland verliehen. Die Hofsleute, Bauern, die Inhaber eines Hofslehens waren, werden im Hofrecht mit dem Ausdruck „hübisch genossen" bezeichnet. Die Güter waren in Erbpacht ausgetan, sie vererbten sich innerhalb einer Familie mehrere Generationen hindurch bis zum Aussterben des Geschlechtes und wurden auch auf die weiblichen Familienmitglieder übertragen. Vor 1437, also in der Zeit, als noch die Brendel und ihre Ganerben die Gutsherren waren, gab es zweierlei Leihformen: zeitbedingte Pacht (Landsiedellehen) und unbegrenzte Erbpacht (Bauernlehen).

Als Vertreter der Kartäuser erscheinen die Vögte, Junker Dietz von Rosenbach und seine Erben. Ihr Stellvertreter war der Schultheiß des Vogtgerichts.

Starb ein „Hofgenosse", so hatten seine Erben zunächst dem Schultheiß des Hofgerichts drei alte Turnos zu geben, dann sich mit den Kartäusern über das Besthaupt zu einigen und dies so an das Kloster wie an den Vogt abzuliefern. Artikel 3 und 4 der Satzung enthalten Bestimmungen über das Hubgericht oder Hofgericht, das jährlich einmal, am Gerichtstermin, Donnerstag nach Martini, im Namen des Priors und Konvents als obersten Vogtherren, vom Schultheiß gehegt wurde. Die Gerichtsstätte befand sich „in dem dorffe Guntzenheim, Mainzer Bistums, in dem garten do man von alten herkommen und loblicher gewohnheit bißher bracht"[53]). Es kann hier nur der Heimgarten gemeint sein, der am Friedhof lag und im Gonzenheimer Acker- und Steinbuch auf Folio 14 unter Nr. 15 als zehentfreier „Habergarten" bezeichnet wird. Habergarten hat mit Hafer nichts zu tun, sondern ist von Hub-, Huob-, Habgarten abzuleiten, in dem die Huober, die Erblehnbauern ihr Gericht abgehalten haben. Jeder Hofmann hatte dem Gerichtstage beizuwohnen, wer nicht erschien, wurde mit einer Buße von 20 Pfennig bestraft.

Laut Punkt 5 umfaßten die Hubgüter im Jahr 1575 300 Morgen, die Erb und Eigen der Kartäuser und des Vogts Dietz von Rosenbach waren. Dieser Punkt betont noch ausdrücklich, daß es sich nicht um Lehensgüter handelt.

Artikel sechs, auf Folio 98a des Marxheimer Kodex, setzt die Abgabenpflicht der Hubbauern summarisch fest. Alle zusammen entrichten jährlich 39 1/2

---

[52]) Hessisches Hauptstaatsarchiv, Wiesbaden, Abt. 61, Nr. 51.
[53]) Anm. 49.

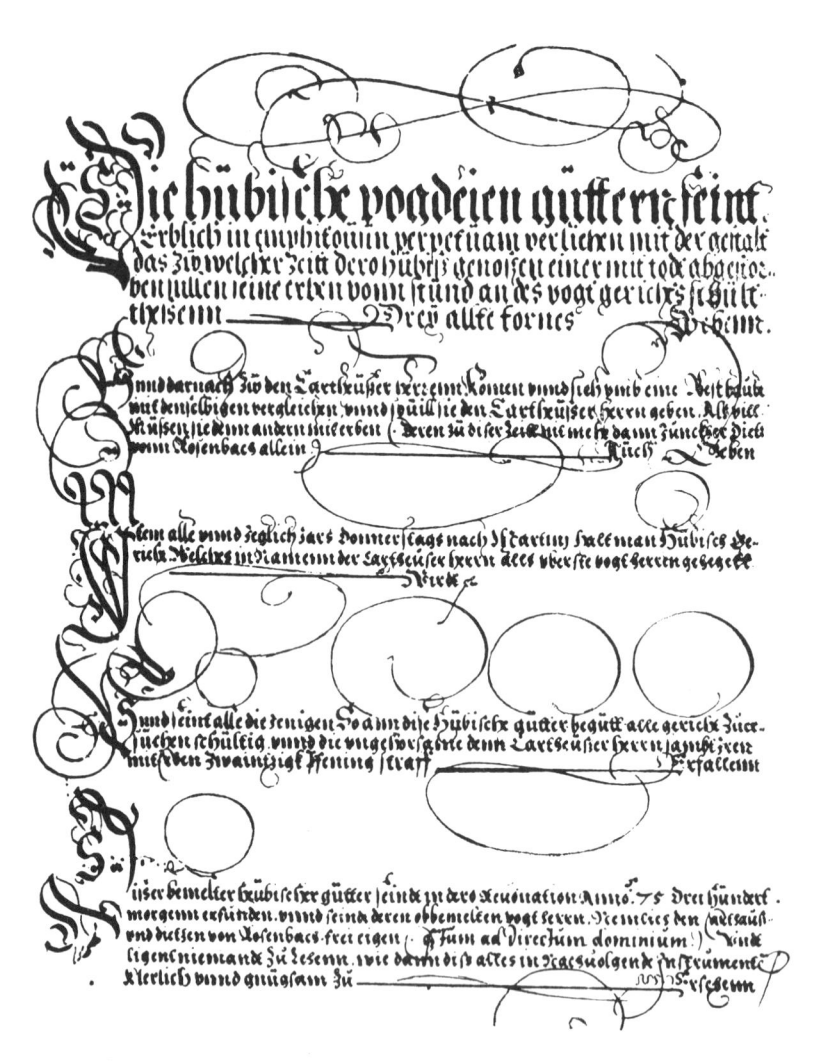

Aus der Hofverfassung des Gonzenheimer Vogteihofes. Hessisches Hauptstaatsarchiv Wiesbaden, Abt. 61, Nr. 51, Marxheimer Kopialbuch, Fol. 98.

Achtel Weizen, 22½ Achtel Hafer gehäuft, 65 Gulden und 7½ Pfennig, 10 Gänse, 18½ Hühner und 119 Eier. Dies ist der Kanon (Richtschnur) der grundherrlichen Abgaben. Die Überwachung der Äcker und Wiesen, der Nachfolge in der Pacht und der ganzen Wirtschaft gehörte zum Aufgabenkreis des Gutsverwalters, des sogenannten Klosterschaffners. Die Abgaben waren nach alter Gepflogenheit an den zwei Marientagen, an Maria Himmelfahrt (15. August) und an Maria Geburt (8. September) einzuliefern. Es ist höchst merkwürdig, daß die Abgaben im Laufe der Jahrhunderte von 1437 bis 1618 unver-

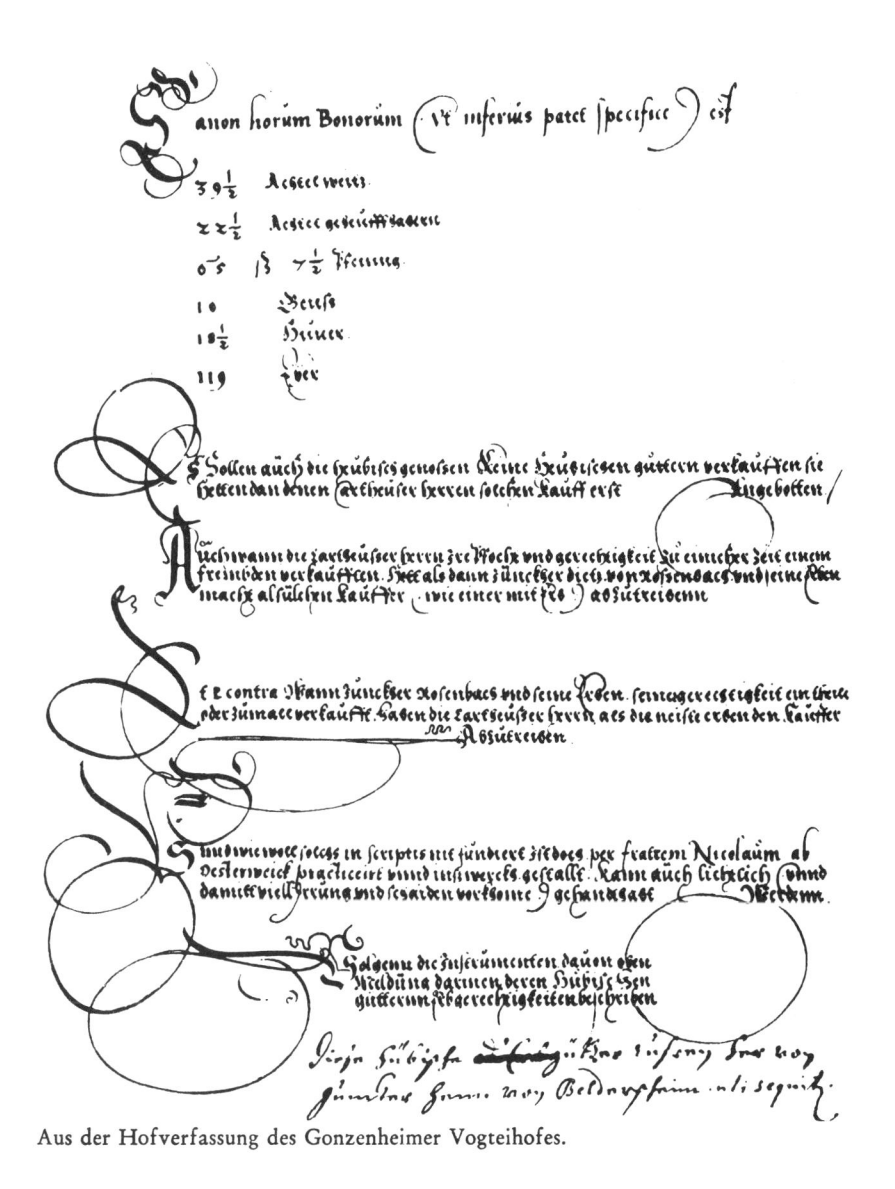

Aus der Hofverfassung des Gonzenheimer Vogteihofes.

ändert blieben, trotzdem die Hofgüter von 100 Morgen auf 300 Morgen angewachsen waren.

Die Artikel 7, 8 und 9 befassen sich mit der Unveräußerlichkeit der Hubgüter. Wenn ein Bauer seinen Pachtvertrag auflösen wollte, mußte er die Äcker und Wiesen dem Klosterhof (der Vogtei) zurückgeben, d. h. es galt das Heimfallrecht. Nur mit Zustimmung beider Grundherren konnte ein neuer Pächter eingesetzt werden. Beide Grundherren, Kartäuser und Vogt Dietz von Rosenbach, besaßen gleiche Rechte bei der Verleihung der Güter. Der Grundsatz der Gleichheit war durch die Wechselhaftigkeit gewährleistet, falls ein Grundherr ohne Wissen und Einwilligung des anderen einen Pächter einsetzte, hatte der andere Grundherr das Recht, den Pächter zu vertreiben.

Schließlich heißt es: was in den Vorschriften nicht niedergelegt ist, wird vom Klosterschaffner Pater Nikolaus von Oesterweick nachsichtlich mit Bedacht durchgeführt, daß kein Streit noch Schaden entstehe.

5. Das älteste Urbar der Gonzenheimer Vogteigüter

Im Hessischen Haupt-Staatsarchiv Wiesbaden liegt ein spätmittelalterliches Urbar über die Gonzenheimer Vogtei und Kartäusergüter vor. Es ist die älteste erhaltende Güterbeschreibung, die bisher weder bearbeitet noch abgedruckt wurde.

Das Urbar ist uns mit anderen Güterverzeichnissen der Kartäuser in der „Descriptio antiqua" in Buchform überliefert und trägt den Titel „Guntzenheim Daß sint die Ecker inne die faudy[54]) zu Guntzenheim". Die schöne große Schrift des Verzeichnisses ist stellenweise sehr verblaßt und mitunter nur schwer lesbar. Eine Datierung fehlt leider. Die Abfassungszeit kann wohl kurz nach der Schenkung der Brüder Reyzel-Brendel (1437) angesetzt werden. Dafür spricht die große Zahl der darin vorkommenden Personennamen, des Ortsadels wie der Bauern, die uns um diese Zeit auch im ersten Gerichtsbuch der Stadt Homburg entgegentreten.

Das Urbar A bildet eine Quelle zur spätmittelalterlichen Agrargeschichte und Familienforschung unserer Heimat, so muß hier kurz darauf eingegangen werden.

Da die Gonzenheimer Vogtei- und Kartäusergüter zu einem Wirtschaftshof gehörten, sind wir geneigt anzunehmen, daß sie einen möglichst geschlossenen Besitzkomplex bildeten, der unter Eigenbewirtschaftung gestanden hat. Doch das Urbar A zeigt uns klar, daß es hier kein Saalland mehr gegeben hat, das in eigener Regie der Vogtei durch Frondienst bestellt worden wäre. Längst hatte sich die alte Fronhofwirtschaft aufgelöst. Die Villikation, — um den entsprechenden Fachausdruck zu benützen — die wir bereits im Lorscher Kodex in der Karolingerzeit am Beispiel des Höchster Oberhofes noch teilweise nachweisen konnten[55]), hatte mittlerweile vor der Zinslandwirtschaft völlig das Feld geräumt. Aus dem Urbar A geht deutlich hervor, daß der ganze Besitz des Klosters und der Güterbestand der Vogtei um 1440 in viele einzelne Leihgüter zersplittert an Bauern um Zehnt und Zins ausgetan waren. So erfuhr die Landwirtschaft und die klösterliche Gutsverwaltung im Hochmittelalter mannigfache Veränderungen. Wir können den Wandel selbst aber für Gonzenheim mangels Quellen urkundlich nicht nachweisen.

---

[54]) faudy = Vogtei, Kirchen und Klöster waren im Mittelalter Grundbesitzer, konnten aber nicht alle Rechte der Grundherren ausüben; so z. B. nicht die persönliche Gerichtsbarkeit, weil die Geistlichkeit waffenunfähig war und kein Blut vergießen durfte. Sie bedienten sich deshalb eines weltlichen Richters, der Vogt (advocatus) hieß. Sein Amt war erblich. In Gonzenheim bekleidete vor der Familie Dietz die Familie von Bellersheim das Vogtamt.

[55]) Siehe I. Teil, S. 25.

Die Vergabe der Lehngüter geschah in der Form des Erbrechts. Diese Leihform bot für die Bauern eine vorteilhafte wirtschaftliche Nutzung und gewährleistete gleichzeitig für die Grundherrschaft sichere Einnahmen. Die einzelnen Hofleute besaßen größere und kleinere zinspflichtige Bauernlehen, dementsprechend schwankten die Zinssätze. Der höfische Bauer Kappus z. B. zinste 1/2 Achtel Weizen (weyß), 3 Simmern gehäuft Hafer und 3 Mesten Korn; er leistete demnach nur Naturalzins. Die Wagnerschen Äcker gaben 5 Simmer gehäuft, 9 Mesten Weizen, 22 Heller an Geld, 1 Huhn, eine halbe Gans und 5 1/2 Eier. (Vgl. die abgedruckte Hofverfassung.) Die Abgaben blieben die gleichen.

Das Dorf Gonzenheim hat seinen rein agrarischen Charakter das ganze Mittelalter hindurch und auch noch lange in der Neuzeit bewahrt. Eine wirtschaftliche Verflechtung mit der nachbarlichen landesherrlichen Amtsstadt Homburg läßt sich nicht feststellen, wie z. B. bei Kirdorf und Oberstedten. In Gonzenheim deckte der Getreidebau und die Viehzucht den Eigenbedarf. Auf die Homburger Märkte oder die Frankfurter Messen kam nur ein ganz geringer Teil der landwirtschaftlichen Produktion. Die Schafzucht und Wollproduktion führte hier nicht zur Tuchweberei für den Export, wie in Homburg, Kirdorf und Oberstedten. Die Wollweberei hat in dieser Zeit weit mehr eingebracht als der Getreidebau, zumal im 15. Jahrhundert die Preise für Korn und Weizen stark zurückgingen. Dies gilt für Frankfurt/M. und die weite Umgebung, wie W. Abel nachgewiesen hat[56]).

---

[56]) W. Abel, Agrarkrisen und Argrarkonjunktur in Mitteleuropa vom 13. bis zum 19. Jahrhundert, Berlin, 1935.

IV. Aus der Geschichte der Pfarre

Die alte Pfarrkirche stand oben auf dem Kirchenhügel, wie üblich inmitten des Friedhofes, an der Stelle, wo die heutige im Jahre 1876 erbaute evangelische Kirche steht. Sie war geostet, und wie das Bild zeigt, ein bescheidenes Gotteshaus mit einem im Barockstil gehaltenen Glockenturm[57]). Schon im Mittelalter stand an dieser gottesdienstlichen Stätte ein Kirchlein. Gonzenheim ist schon in vorreformatorischer Zeit eine selbständige Pfarre gewesen, die dem Archidiakonat St. Peter zu Mainz unterstellt war. Die Volksüberlieferung weiß zu berichten, daß das alte Dorf auf der Flur „Hofstadt" gestanden sei, wo römische Fundamente im Boden stecken; auch die alte Kirche soll dort gestanden haben. Doch diese Vermutung ist ebenso ungenau wie die Benennung der Gasse „Alt Gonzenheim".

Im Jahr 1687 bat die Kirchengemeinde das landgräfliche Amt um die Erlaubnis, die Renovierung der alten Kirche durchführen zu dürfen, da der Kirchturm schon so schadhaft war, daß Einsturzgefahr drohte. Auf die Bitte hat Landgraf Friedrich II. als Patronatsherr zu Gonzenheim für die Instandsetzung eine Kollekte gestattet, diese Pergamenturkunde wird im Pfarrarchiv in Gonzenheim aufbewahrt.

Der Kirchenplatz ist wohl der einzige feste Punkt im großen Wandel der Jahrhunderte geblieben; die ganze heimatliche Umwelt hat ihr Antlitz gründlich geändert, nur an diesem ehrwürdigen stillen Kirchenwinkel reichen sich noch heute Vergangenheit und Gegenwart die Hand.

Wann und zu wessen Ehre die erste Kirche erbaut und geweiht wurde, läßt sich leider nicht mehr ermitteln. Die kirchengeschichtliche Überlieferung ist dürftig, in die Urkundentexte eingesprengt finden sich hie und da Hinweise auf die Pfarre und Geistlichen. In der Urkunde der zweiten Erbteilung, die 1433 die Brüder Gottfried und Eberhard von Eppstein ausstellten, hören wir zum ersten Mal von der Gontzenheimer Pfarre. Gontzenheim fiel Gottfried VII. von Eppstein-Münzenberg zu. Diese Textstelle lautet: „Guntzenheim mit aller zugehoridge als wyt des pastors zehenden begriffen ..."[58]). Wyt bedeutet hier die Pfarrpfründe. Da der Kirchensatz damals den Eppsteinern gehörte, waren sie auch die Patronatsherren der Kirche, und das bedeutet, daß ihnen das Vorschlagsrecht des Geistlichen für die Besetzung der Pfarrstelle zustand. In diesem Teilungsvertrag wird der Name des Pfarrers nicht erwähnt.

Die älteste urkundliche Nachricht über den ersten namentlich genannten Gontzenheimer Pfarrer Peter Knorr stammt vom Jahr 1447. Knorr begegnet uns als Zeuge am 18. April mit dem damaligen Gontzenheimer Schultheißen Henne Wolf in dieser Urkunde. Der Name steht im starken Genitiv („Wolfshenne").

Beide machen vor Gericht unter Eid die Aussage, daß sie vor 30 Jahren (1417) dabei waren, als Junker Henne von Bellersheim, Vogt von Obereschbach, in den Besitz des Gonzenheimer Vogteihofes gerichtlich eingesetzt wurde

---
[57]) Siehe das Dorfbild auf S. 300.
[58]) Bayer. Staatsarchiv Würzburg, Mainzer Bücher, Nr. 71, Fol. 29.

und sie bezeugen auch, daß der Hof ein mütterliches Erbteil war[59]). Dieser Gutshof ist in den Besitz des Mainzer Kartäuserklosters am Michelsberg übergegangen.

Der zweite namentlich bekannte Pfarrer hieß Johannes Hartrudt. Er tritt erstmalig 1470 als „Pastor" zu Gonzenheim auf und wird vom Probst des Ilbenstädter Prämonstratenserklosters als Altarist des hl. Kreuzaltars zu Homburg eingesetzt. Hartrudt begegnet auch am 3. Februar 1476 in einer Ilbenstädter Urkunde mit dem Armiger Johann Brendel und am 22. April 1476 bei einer Schenkung des Edelknechts Burghard Huser[60]).

Hartrudt ist noch 1485 im Homburger Gerichtsbuch (Bd. I. Fol. 21, Eintrag 71) als Pastor von Gonzenheim bezeugt. Im Jahr 1497 und 1500 scheint sein Nachfolger auf „her johann Butzbach Pastor zu Gonzenheim" im Homburger Gerichtsbuch als Zeuge (Bd. I. Fol. 25a, Eintrag 60 und Bd. I Fol. 33, Eintrag 88).

Die Reformation faßte in Gonzenheim früh Fuß. Sie wurde allerdings vom Landgrafen Philipp dem Großmütigen gefördert. Gleich als die Lehre Luthers nach Hessen Eingang fand, ordnete der Landgraf eine Inventarisierung der Kirchengeräte an, da die Gefahr bestand, daß die Kleinodien verschleudert werden könnten. Das Gonzenheimer Inventar hat der Amtmann Helwig Lauerbach 1525 aufgestellt[61]). Es enthält folgende Kirchengeräte aus katholischer Zeit:

„Ein silbern Kelch, übergult.
Ein silbern buchs zum sacrament[62]), ist übergult.
Vier alt wüln caseln[63]) mit ihrer zugehörde.
Funf alt arreß[64]) und zwilchen caseln.
Vier alt geweben altartucher.
Zwen missing leuchter.
2 gulden 4½ schilling jerlicher zins.
2 achtel 3 somers korns jerlicher gult.
1 somern frucht, gefelt järlich.
4½ lb.[65]) 1 virtl wachszins.
4½ lb. oley gefelt jerlich.
4 lb. von den kamern uff der Kirchen."

Am Sonntag nach Michaelis 1548 haben Henne Scheboldt und Heinz Molnhußin, als sie in Friedberg dem Burggrafen Brendel die Homburger Kirchen- und Altarrechnung vorlegten, auch über „die Kirchengezierd zu Guntzenheim" verhandelt[66]).

---

[59]) Hessisches Hauptstaatsarchiv, Wiesbaden, Abt. 61, Nr. 5a, fol. 99.
[60]) Clemm, L. Hessische Regesten, Heft 2, Die Urkunden der Prämonstratenserstifter Ober- und Nieder-Ilbenstadt, Darmstadt 1927, S. 349.
[61]) Steinmetz, E. G. Das Kircheninventar der Ämter Eppstein, Cronberg und Homburg von 1525 und die Einführung der Reformation in Homburg vor der Höhe.
[62]) Behälter für die Hostie (Ziborium)
[63]) Kasel, wollenes Meßgewand (vom lat. casula).
[64]) Arras, flämische Stadt, hier gemustertes Gewebe mit durchbrochenem Grund.
[65]) lb. Abkürzung für libra = Pfund.
[66]) Homburger Stadtrechnung, 1548, S. 40.

Die Dorfansicht von Gonzenheim aus dem Jahr 1726 mit dem Kartauserhof.

Protestantische Pfarrer in Gonzenheim

Der erste evangelisch-lutherische Pfarrer war Anton Fabricius, der von Oberursel stammte. Wann er in Gonzenheim den Dienst antrat, entzieht sich unserer Kenntnis. In Gonzenheim übte er die Seelsorge bis 1555 aus, als er dem Ruf nach Homburg folgte, wo er die Stelle des Oberpfarrers bis 1576 bekleidete.

Der zweite Pfarrer hieß Peter Glypurg, der aus Treysa nach Gonzenheim kam. Er studierte Theologie in Marburg, war dann Lehrer in Homburg und 1571 bis zu seinem Tode Pfarrer in Gonzenheim, wo er am 5. Januar 1598 starb.

Der dritte Seelsorger, Johann Horresius, stammte aus Kirdorf. Nach seinem Studium in Halle und Leipzig (1581-1584) diente er zunächst als Lehrer (1585-

1588), dann als Diakonus bis 1598 in Homburg. Den Pfarrdienst trat er in Gonzenheim erst 1598 an und diente bis 1624[67]).

Die Pfarre hat erst seit 1631 eine Matrikelführung.

Die Gonzenheimer Volksschule ist 1557 nachweisbar. Da in Homburg die Lehrerstelle damals vakant war, unterrichtete der Gonzenheimer Schulmeister aushilfsweise und erhielt dafür vom Stadtrat 1 Gulden Belohnung[68]).

---

[67]) Nach Diehl, Hassia sacra, Bd. IV. Pfarrer und Schulmeisterbuch, S. 248.
[68]) Homburger Stadtrechnung, 1557, S. 34.

V. Einwohnerlisten

Die Personennamen dienen zur notwendigen Unterscheidung der Menschen voneinander. Etwa bis zum 14. Jahrhundert hat sich in Hessen neben den Taufnamen zur genaueren Bezeichnung auch der Gebrauch der Familiennamen durchgesetzt. Vor 1300 herrschte auf den Dörfern allgemein die Einnamigkeit; damals war allein der Taufname in Verwendung. In der Stadt Frankfurt führten die Bürger schon früher Vor- und Zunamen. Anfangs des 14. Jahrhunderts treten dann auch auf dem Land neben den Taufnamen schon Beinamen als Familiennamen auf. Doch die Einträge in dem Urbarium zeigen, daß vielfach nur ein Name benutzt wurde. „Item IX viertl obin an Sifrid Hessen und unden zu wigeln. Item $^1/_2$ morgen uf Eberthen auch da selbst. Item 1 morgen inne den frowen echern obin ane Rodeheymern[69])".

Im Jahr 1312 übersiedelten zwei Gonzenheimer nach Frankfurt, sie wurden als Stadtbürger angenommen und nach ihrer Huldigung in das Frankfurter Bürgerbuch eingetragen, das in der lateinischen Amtssprache geführt wurde. Die Einträge lauten:

„Wernerus dictus Stumelweke de Gunzinheym
Heylmannus dictus Pote de Gunzinheym."[70])

Die deutschen Vornamen Werner und Heylmann erscheinen in latinisierter Form. Der Zusatz „dictus" bedeutete soviel wie genannt oder mit Namen. Die Gonzenheimer trugen 1312 nachweislich schon Doppelnamen. Stumelweke und Pote sind Familiennamen. Offenbar ist der eigenartige Name Stumelweke ein Übername, vermutlich war Werner ein kleiner, dicker Mann; ähnliche boshafte Bennungen waren im Mittelalter gang und gäbe. Pote (Bote) kann wohl als Berufsbezeichnung angesehen werden.

Wenden wir uns nun den im Urbar A des Gonzenheimer Kartäuserhofes erwähnten Namen zu. In unserer Quelle wird allerdings nur ein Teil der Gonzenheimer Einwohner genannt. Von dem in der Gonzenheimer Gemarkung begüterten Homburger Stadtadel, der die Burghut bildete, treten uns folgende entgegen: die Jungherren Eberhard Riedesel (Rietesel), Fritze Cleme (Jungherr Fritzen), Gerlach von Lundorf, Philipp von Karsbach und Jungfrau Else Brendel, die spätere Frau von Riedesel. Ein Teil der Bauern trägt Herkunftsnamen: Clas von Erlenbach, Wigel von Gonzenheim, Peter Rodeheimer, Henne Dauerheim, usw. Berufs-, Beschäftigungs- und Amtsnamen führten: Peter Schneider, Hans Schuchart, Cles Zimmermann, Contz Becker, Contz Schultheiß, gemeint ist Kunz Kappus, der damalige Gonzenheimer Schultheiß. Einen Gewerbenamen als Beinamen, sicher zwecks Unterscheidung, führt Clos Kuhn der Wollweber, auch kurz „Cleß kun der Weber" genannt. Sifrid Hesse, trägt einen Stammnamen. „Christians henne", „Hoppe kind" und „contzen

---

[69]) S. 276.
[70]) D. Andernacht und O. Stamm, Die Bürgerbücher der Reichsstadt Frankfurt, I. B. 1311-1400, S. 2.
[71]) Jacobi, H., Hessisches Städtebuch, S. 258. 2 b.

Katran" sind Verwandtschaftsbezeichnungen. Der Name „Clemen der groiß"
weist auf körperliche Eigenschaft hin, die ja bei der Namensgebung oft den
Ausschlag gab. Die Bennung „Adelhen" wird vom Volksmund spöttisch gemeint sein. Was die Schreibweise der Namen anlangt, so steht mitunter z für
s, Cappuz hen und s für sch, Hermann Slingen.

Einwohnerliste von Gonzenheim

1575

Hans Kaiser 19.M. 1 Viertel
Balthasar Müller 46 M 1/2 Viertel
Peter Büten 11 M 1 Hofreit
Johann Reysell 21 Morgen 3 V.
† Johann Wentzell 5 M. 1 V.
Klaren Kaspers Margredt 3 1/2 M.
Johann Wentzel 5 V.
Johann Peterweill 4 M.
Jakob Reysell 10 M. 15 M., 1 V.
Lorenz Hans Erben 6 V., 1 V.
Adolf Müller 7 M. 3 V.
Anton Schuchard (Eschbach) 7 1/2 M.,
  1 V.,
Reysels Barbara 23 M., 1 V.
Henne Lindestrudt 9 M.
Johann Peterweil 4 M., 3 V.
Martin Mauß Stamm 11 M., 1/2 M.
Lorenz Hens Erben 10 1/2 M.

† Johann Wentzel, Johann Petterweil, Lorenz Sens Erben 10 M., 1 V.

1617

Heinrich Kaiser, Acker, Wiesen,
  Garten, 28 M., 18 1/2 R.
Johann Reyssell, 6 M., 1 V., 11 R.
Martin Stumpf 14 M., 3 V.
5 Johann Wentzel 9 M., 3 V.,
Thiel Reyssel 5 1/2 M., 13 R.
Bernhard Uhnrath 5 M., 3 V.
Melchior Kaiser 2 M., 3 V.,
Konrad Schmarr 4 M., 1 V.,
10 Johann Sommer 2 M., 3 V.,
Peter Schoffer
Hans Schneider
Gebhard Schwarzenborn
Johann Becker
15 Thöngs
Anton Karl
Veltin Becker
Henns Lauvers Witwe
Johann Homme
20 Hans Lindenstruth der Alt
Heinrich Hännsels Tochter Eva
Melchior Klese alias Hofreit Hecke
Liebmann Judt hofischer Hofreit
Hans Boß Hofr.
25 Hermann Lindenstruht 3 M., 1 V.,
Heinrich Kronberger 2 M., 3 1/2 V.

Die ersten Gonzenheimer Einwohnerverzeichnisse

Eine überaus wichtige Quelle „Copia Saal-Buch 1580" zählt auf Seite 152 in
Gonzenheim insgesamt 47 „Haus Gesees" (= Ansäßige, Einwohner) auf. Diese
sind:

Philipp Becker
Hans Kaiser
Johann Klehe
Beifuß Jud
Heinrich Bender
Dilg Isenbach

Simon Desch
Hans Dork
Jorg Dorkeweil

10 Adolf Moller
Jud Gut

Schreiner Eksa
Jokob Kraker
Elsa Hermes
Krein Korber
Jonas Pfeiffer
Hans Zimmermann
Johann Hükel
Merten Mortz

20 Abraham Jud
Merten Schäfer (Scheffer)
Kasper Stok
Machael Korber
Hans Wentzel
Henn Schmidt
Hans Heosol
Quirin Zimmer
Johann Lindenstrut
Johann Nornbergk

30 Johann Geßer
Diel Maubach
Hans Schnatz
Heintz Bauer
Hans Mutz
Peter Mahnbauch
Wendel Möller
Michael Kai
Adam Chriffell
Hermann Lindenstrut

40 Ewald Jung
Kain Kronberger
Johann Homberg
Dietrich Becker
Nikolaus Erlenbach
Magdalena
Heinz Fiedel

47 Hermann Mörle

Ortsplan von Kirdorf (zu Seite 274).

Barockkirche in Kirdorf. — Anstelle der mittelalterlichen Kirdorfer Kirche, die 1622 im 30jährigen Kriege zerstört wurde, erbaute man 1650 ein provisorisches Kirchlein. Erst im Jahr 1751 wurde im Barockstil ein größeres Gotteshaus erbaut, das 1858 abgetragen wurde. Nach einer Zeichnung von Johann Friedrich Voigt hat im Auftrag von Rektor Denfeld der Kunstmaler Eberhard Quirin 1937 von der Kirche das hier abgebildete Aquarell gemalt. Viele schöne Heimatbilder zeichnete und malte der Kunstmaler Quirin (* 24. 12. 1864 in Oberursel, † 6. 1. 1951 in Gonzenheim). Nach ihm ist in Gonzenheim bei der U-Bahn-Haltestelle die Quirinstraße benannt.

VIERTER TEIL

Aus der alten Geschichte der Stadtteile Dornholzhausen, Ober-Erlenbach und Ober-Eschbach

Vorbemerkung

Viele Orte des Taunusvorlandes und der Wetterau haben vom Glück begünstigt ein hohes Alter erreicht, manche dörfliche Siedlung aber ist eingegangen. Man soll das Alter ehren, sagt eine Redensart. Die alten ländlichen Siedlungen verdienen gebührende Achtung, ehrwürdige Zuneigung, und man soll ihre Geschichte pflegen. Was sich seit den Ahnentagen ereignete, muß erforscht und sachkundig dargestellt werden, daß die Heimatgeschichte wie ein aufgeschlagenes Buch vorliegt. Es ist ein tiefes menschliches Bedürfnis, die Heimatgeschichte kennenzulernen.

Die heimatliche Vergangenheit darf nicht der Vergessenheit anheimfallen.

Es ist merkwürdig und stimmt gleichzeitig nachdenklich, warum die geschichtlichen Quellen zu den einzelnen Ortsgeschichten so unterschiedlich fließen, manchmal reichlich, vielmals aber dürftig, mitunter recht klar, doch nicht selten trübe und unzuverlässig. Oft fehlt sogar fast ganz der Urkundenbestand zur mittelalterlichen Geschichte. Dazu einige Beispiele. Der Ortsname Dornholzhausen wird erstmals 1222 und der von Gonzenheim zuerst 1270 urkundlich erwähnt, hingegen kommt Eschbach — fraglich, ob Ober- oder Nieder-Eschbach — im Lorscher Codex von 772 bis 855 insgesamt 35mal vor. Der Historiker ist von der Quellenlage abhängig, dies muß berücksichtigt werden. Alt-Dornholzhausen wurde 1580 zerstört, und sein Ortsarchiv wird in Flammen untergegangen sein. Bei dem Dorf Gonzenheim liegt der Fall anders, der Ort hatte sehr lange Zeit kein Rathaus, die Kanzlei des jeweiligen Schultheißen befand sich in dessen Wohnung, und da die Schultheißen häufig wechselten, wurde das Ortsarchiv stets umgesiedelt; infolgedessen ging viel Material verloren. Dies ist zu bedauern. Daraus erklärt sich, daß die Heimatgeschichtler Ernst Georg Steinmetz, Louis und Heinrich Jacobi für Gonzenheim sich nicht interessierten, die ältere Vergangenheit blieb daher im Schatten der historischen Forschung liegen. Ober-Eschbach besitzt überhaupt kein Archiv, Ober-Erlenbach hat ein mustergültig geordnetes, reiches neuzeitliches Archivmaterial, die mittelalterlichen Archivbestände hingegen fehlen ganz und gar.

Wann begann die alte Geschichte der Siedlungen des Bad Homburger Raumes? Auf diese Fragen können wir keine genaue Antwort geben, denn über die Gründungsjahre der heutigen Dörfer haben wir keine gesicherten schriftlichen Belege. Nach dem heutigen Stand der Geschichtswissenschaft, die von den Ortsnamen ausgeht, gehören die -ingen-Orte der alemannischen Zeit an, so die Bad Homburger Altstadt „Ditincheim", die Diedigheim hieß. Dieser Ortsname bildet eine Ausnahme, denn wahrscheinlich haben die Franken der alemannischen Endung -ingen die Silbe -heim hinzugefügt. Der fränkischen Siedlungstätigkeit verdanken wir die -heim-Orte, wie Gonzenheim und das ausgegangene Heuchelheim; diese Ortsnamen sind aus Personennamen und der Endungssilbe -heim zusammengesetzt, Gonzo+heim, Huchilo+heim. Sie entstanden schon im 6. Jahrhundert, sind daher merowingisch-fränkische Gründungen. Die -dorf-, -bach- und -hausen-Orte sind jünger, sie wurden in der karolingischen Ära gegründet als Ausbausiedlungen, Rodungsdörfer, wie Kirdorf, Ober-Erlenbach, Ober-Eschbach und Alt-Dornholzhausen.

Im Zuge der im Jahre 1972 durchgeführten Gebiets- und Verwaltungsreform wurden drei mit Bad Homburg benachbarte Gemeinden: Dornholzhausen, Ober-Erlenbach und Ober-Eschbach in die Stadt Bad Homburg eingemeindet. Mit den neuen Stadtteilen umfaßt das Stadtgebiet heute insgesamt 2 619 Hektar mit über 52 500 Einwohnern.

Die folgenden Kapitel sind der alten Geschichte der Stadtteile Dornholzhausen, Ober-Erlenbach und Ober-Eschbach gewidmet.

Vorausgeschickt sei noch, daß in einer Arbeit, in der die Heimatgeschichte mehrerer Dörfer einer Landschaft dargestellt wird, sich Wiederholungen kaum vermeiden lassen, denn jede Siedlung hat eine prähistorische, heidnisch-germanische, römische, mittelalterlich-christliche Zeit erlebt, die gleiche Merkmale aufzeigen. Freilich hat jede Ortsgeschichte auch ihre eigenen charakteristischen Züge. Man muß zwar so manches Übereinstimmende wiederholen, doch man kann nicht alles unter einen Hut bringen.

I. Alt-Dornholzhausen

Zunächst muß ich eine erklärende Bemerkung vorausschicken.

Zwischen dem heutigen Dornholzhausen und der mittelalterlichen Siedlung „Holzhusen juxta Hoenberch", das urkundlich auch „Durreholzhusen" genannt wird, bestand kein fortdauernder geschichtlicher Zusammenhang. Alt-Dornholzhausen, ein Walddorf im Taunus, das unterhalb des Reisberges lag, war ein Weiler ohne Kirche und ist um 1580 ausgegangen. Es wurde wahrscheinlich in einer Fehde zerstört und nicht mehr aufgebaut. Seine Einwohner mußten sich der Anordnung ihres Landesherrn fügen und sich wohl oder übel in der Homburger Altstadt als Ackerbürger niederlassen[1]). So blieb die Dorfstelle 120 Jahre hindurch wüst.

Historische Ereignisse haben mitunter weite Kreise gezogen und sich über Grenzen hinweg in fernen Ländern ausgewirkt. Dafür ist gerade Neu-Dornholzhausen ein typisches Beispiel.

Als der Franzosenkönig Ludwig XIV. im Jahre 1685 das Toleranzedikt von Nantes (1598) aufhob und darauf eine leidenschaftliche Verfolgung der Protestanten einsetzte, sind zahlreiche Réfugiés über die Schweiz nach Deutschland geflohen. Viele kamen nach Hessen. Aufschlußreiches Material darüber liegt in Wiesbaden im Hessischen Hauptstaatsarchiv vor[2]). Herzog Friedrich von Sachsen, Markgraf Friedrich III. von Kurbrandenburg, Wilhelm III. König von Großbritannien und andere wandten sich an den Homburger Landgrafen Friedrich II. mit der Bitte, er möge die Glaubensflüchtlinge in seinem Lande aufnehmen, ihnen den nötigen Unterhalt gewähren und sie ansiedeln.

Im August 1699 waren in Oberstedten Réfugiés, wie man die Glaubensflüchtlinge nannte, angekommen. Der Landgraf, als Waldbot der Hohenmark-Waldgenossenschaft, erhielt vom Schultheißen des Markwaldes, Freiherrn v. Bettendorf, die Meldung, daß Waldenser aus dem Piemontischen am Waldrand beim Reisberg im Freien kampieren. Die Stelle der Gemarkung hat sich im Flurnamen „Lagerplatz" bis in unsere Zeit erhalten. Friedrich II. faßte den Beschluß, die Heimatvertriebenen auf der Gemarkung des ausgegangenen Dorfes Dornholzhausen mit Privilegien anzusiedeln und ihnen das Märkerrecht in der Hohemark zu gewähren; sie erhielten aus dem Wald Bau- und Brennholz. Anfang Oktober 1699 betraute er seinen Amtsrat v. Böhler im Beisein der Landgeschworenen Johann Jacobi, Kaspar Schneider, Nikolaus Müller und Hans Georg Birkenstock, die Gemarkung aufzumessen. Doch das Oberamt Königstein, die mainzische Siedlung Kirdorf, die Stadt Frankfurt und andere Märker, von denen das Vorhaben des Landgrafen als Eingriff in ihr Märkerrecht empfunden wurde, erhoben scharfen Protest. Sie befürchteten, die Dorfgründung könnte für sie nachteilige Folgen haben, und argumentierten, daß dem Markwald Ackerland und Weidegang widerrechtlich entzogen werde. Der souverän herrschende Landgraf aber lehnte alle Einwände entschieden ab. Noch bevor das winterliche Wetter

---
[1]) Siehe auf S. 16: Lokalisation der Wüstungen.
[2]) Signatur: Abteilung 310, Hessen-Homburg, Ortschaftsarchiv, Dornholzhausen, Nr. 2. Siehe Bd. II, S. 100. — Stadtarchiv Bad Homburg, Signatur B. III. Dornholzhausen, und Brigitta Duvenbeck, Die Waldensersiedlung Dornholzhausen. In: Mitteilungen des Vereins f. Geschichte u. Landeskunde, Bad Homburg, XXXII. Heft, 1974.

einbrach, standen auf dem zugewiesenen Dorfplatz die notdürftigen Behelfsheime, Holzbaracken, in zwei Reihen.

So entstand das heutige Dornholzhausen. Näheres über die Dorfgründung von 1699, über Namen und Herkunft der Ansiedler und über die wirtschaftliche und kulturelle Entwicklung der Gemeinde Neu-Dornholzhausen bleibt einer späteren Arbeit vorbehalten.

Vorgeschichte

Nachweislich lebten Menschen schon in der vorgeschichtlichen Zeit in den Taunuswäldern. Bodenfunde aus der Bronze- und Urnenfelderzeit beweisen dies. Es sind spärliche Reste, Zufallsfunde; am Wohnplatz von Alt-Dornholzhausen hat man keine archäologischen Ausgrabungen durchgeführt. Um den Reisberg fand man einige einfache und doppelte Arm- und Halsdrahtringe, bronzenen Schmuck, darunter etliche in Spiralform[3]), alles Importware, die auf den Kult des Sonnengottes Mithras hindeuten, der auch in der Römerzeit in unserer Heimat verehrt wurde. Schon die Menschen der Jungsteinzeit hatten das Bedürfnis, sich zu schmücken und ihre Gefäße mit Ornamenten zu verzieren. Der Schmuck, den der Mensch der Vorzeit trug, war Amulett, Schutzfetisch, der mit seiner magischen Kraft die dämonischen Mächte abwehren sollte. Der Aberglaube spielte sicher auch mit.

Nordwestlich des Dorfes am Reisberg fand man im Garten der Villa Vahle 1930 einen Topf aus Ton, der mit Pech beschmiert war. Der vorgeschichtliche Mensch harzte, er zapfte Harz aus den Bäumen und wird damit die Spalten seines Fachwerkhauses verdichtet haben.

Kurz sei noch darauf hingewiesen, daß der Mensch der Bronzezeit (um etwa 1000-700 v. Chr.) Salzsieder war, man trieb Handel mit Salz. Daher die zahlreichen Bronzefunde in der Nähe der Gonzenheimer Salzquellen: Hortfunde am Ferdinandsplatz, Streufunde auf den Fluren „Auf der Schanze", „Am Schützbrett", Grabhügel im Hardtwald, usw. Es ist zu hoffen, daß Ausgrabungen noch weitere Funde zutage fördern und in die Vorgeschichte unserer Heimat mehr Klarheit bringen werden. In der auf die Bronzezeit folgenden Eisenzeit haben Kelten die größeren und kleineren Ringwälle (Altkönig, Altenhöfe, Goldgrube, Bleibeskopf, Gickelsburg) aus Trockenmauern mit Holzeinlagen errichtet, es waren Wehrbauten, die einst bewohnt waren[4]). In der römischen Kaiserzeit des Taunusvorlandes entstand oben im Taunus der Pfahlgraben (Limes) mit Stützpunkten, zuerst Holzkastellen, dann das große Limeskastell Saalburg mit dem Lagerdorf. An dieser Grenzbefestigung leisteten die Legionen Widerstand gegen die anstürmenden Chatten. Die Römer herrschten hier von 85 n. Chr. bis 260[5]). Ihnen folgten die Alemannen, die um die Wende vom 5. zum 6. Jahrhundert von den Franken unterjocht wurden.

---

[3]) Herrmann, Fr.-R., Die vorgeschichtlichen Funde und Geländedenkmäler der Kreise Obertaunus und Usingen. Saalburg Jahrbuch XVII (1958), S. 26. — Schönberger, H., Ur- und Frühgeschichte der Kreise Obertaunus und Usingen, Bad Homburg, 1952, S. 9.

[4]) Führer zu vor- und frühgeschichtlichen Denkmälern, Bd. 21, S. 149, 186 ff.

[5]) Baatz, D., Das Stadtgebiet von Bad Homburg in römischer Zeit. In: Führer zu vor- und frühgeschichtlichen Denkmälern. Bd. 21. Hochtaunus, Bad Homburg, Usingen, Königstein, Hofheim. Mainz 1972, S. 126 ff.

Mittelalter

Als die Franken unsere Heimat besetzten, wurde das ganze Land zum Reichsgut erklärt und dem König unterstellt, die alte germanische Gaueinteilung blieb aber eine Zeit lang weiter bestehen. Der Gau (lateinisch pagus) bedeutete bei den Alemannen nicht nur eine Landschaft, sondern auch einen größeren Verwaltungsbezirk, zu dem mehrere Hundertschaften gehörten. Die Hundertschaft bestand aus 10-12 blutsverwandten Familien mit gleichen Sitten und Brauchtum. Aus dem Lorscher Codex (alte Handschrift) erfahren wir, daß Diedigheim („villa Ditincheim") im Niddagau („in pago Nitachgouwe") lag, Erlenbach („Arilbach") und Eschbach („Aschebach") aber zur Wetterau („Wettereiba") gehörten. Im besetzten alemannischen Land entstanden unter den Franken aus den Gauen die Gaugrafschaften. Der Sitz des Grafen war ein Königshof mit hoher Gerichtsbarkeit und Urkirche, die meistens dem hl. Martin geweiht war.

Der Wildbann und die Nutznießung der Taunus-Waldlandschaft wurden königliche Regale, Hoheitsrechte. Die damaligen Forstämter stellten Jäger und Forstknechte an, der Wald wurde bewirtschaftet, Jäger pirschten mit der Armbrust und lieferten das erlegte Wild an die Forstämter ab. Die Förster überwachten den Holzschlag, Viehtrieb und die Köhlerei.

In der fränkischen Zeit spielte die Besiedlung der Waldgebiete eine bedeutende Rolle. Im Taunus wie in den bewaldeten Bachtälern des Vorlandes wurden Rastorte, Weiler und Dörfer angelegt. Professor Helmut Weigel nennt diese neuen Siedlungen Forestis-Orte, deren Namen mit den Nachsilben -hausen, -bach, -stetten, -reut, -tal usw. gebildet sind[6]). Mit der Kolonisation setzte auch die Rodung ein; so schaffte man Ernährungsraum.

Wann das alte Dornholzhausen gegründet wurde, wissen wir nicht; eine urkundliche Überlieferung darüber fehlt. Die natürliche Lage einer Siedlung ist ausschlaggebend für ihr Dasein und Gedeihen. Das Taunusvorland mit seinem fruchtbaren Lößboden und weiträumigen Ackerland warf reiche Ernten ab; es wurde daher früh besiedelt und kultiviert. Die hier im Altsiedelland angelegten Dörfer konnten sich wirtschaftlich gut entwickeln. Schon im Mittelalter zahlten Gonzenheim 37 Gulden und Seulberg 47 Gulden jährliche Bede dem Grundherrn. Schwer hatten es hingegen die Dörfer in der Hanglage des Taunus, wo die Tonschiefer und Lehmböden nur karge Ernten ergaben. Die Höhenlage hat sich klimatisch ausgewirkt. Die bäuerlichen Rodedörfer, deren Wirtschaftsfläche auch klein war, blieben arm. Oberstedten wurde mit 13 Gulden und Dornholzhausen nur mit 9 Gulden landesherrlicher Steuer belegt[7]).

Wenn wir die Spuren der alten Dorfvergangenheit von Dornholzhausen im Mittelalter verfolgen wollen, müssen wir fragen, welchem Adelsgeschlecht der Ort gehörte. Die Antwort lautet: den Herrn von Eppstein. Daher müssen wir in unserer Forschungsarbeit vom eppsteinschen Archivmaterial ausgehen.

Die erste bekannte Urkunde, die sich auf „Holzhusin" — ohne Zweifel auf unser Holzhausen — bezieht, legt gleichzeitig vom Bestehen des Ortes Zeugnis ab. Das Dokument ist vom 30. Dezember 1222 datiert[8]). Der Mainzer Erzbischof

---

[6]) Weigel, H., Zur Organisation des karolingischen Reichsgutes zwischen Rhein, Main und Sieg, in: Nassauische Annalen, Bd. 58/1957.
[7]) Vgl. das Kapitel X: Das Amt Homburg, S. 89 ff.
[8]) Sauer, W., Codex diplomaticus Nassoicus, Nassauisches Urkundenbuch, Wiesbaden, 1886-1887, Bd. I, Teil 1, S. 268, Nr. 380.

Siegfried II., der zum Geschlecht der Eppsteiner gehörte und das Kloster Retters[9]) und dessen Besitz unter seinen persönlichen Schutz nahm, zählt in dieser Urkunde die Klostergüter der Reihe nach einzeln auf. Nach Kirdorf folgt Holzhausen mit zwei Hofstellen (mansen). In diesem Dokument werden auch Eschbach und Erlenbach mit je einem Gehöft erwähnt.

Auch in einer zweiten Mainzer Urkunde, datiert vom 17. März 1278[10]), haben wir Kunde von Holzhausen. Als damals Erzbischof Werner mit seiner Nichte Elisabeth, Tochter seines verstorbenen Bruders Gerhard II. v. Eppstein, über verschiedene eppsteinsche Familiengüter einen Vertrag abschloß, wird neben dem Schloß Homburg Holzhausen genannt.

Diese zwei Urkunden bezeugen, daß Holzhausen in eppsteinschem Besitz war und als Burgdorf zu Homburg gehörte.

Im Hessischen Hauptstaatsarchiv in Wiesbaden liegt weiteres Quellenmaterial vor[11]), das zum Teil schon gedruckt ist[12]). In den eppsteinschen Lehensverzeichnissen finden wir die ersten Nachrichten und die Belege dazu. Doch die Auswertung erfordert Vorsicht, das Lehensbuch ist zwar eine zuverlässige Quelle, doch es kommen darin mehrere Dörfer namens Holzhausen vor.

Wir verdanken dem ehemaligen Wiesbadener Archivdirektor Paul Wagner eine sorgfältige Edition mit Erklärungen, Regesten und Register, die uns gute Hilfe leisten. Die Herren von Eppstein waren ein bedeutendes Hochadelsgeschlecht, das in mehreren hessischen Kreisen begütert war. Ihr Stammsitz war die Burg Eppstein im Taunus. Wie das Lehensbuch bezeugt, übten sowohl Gerhard III. v. Eppstein (1222 bis etwa 1247) wie auch Gottfried III. v. Eppstein (1247-1293) grundherrliche Rechte aus und belehnten ihre treuen Lehensträger mit Gütern, Höfen, Äckern, Wiesen, Bede (Steuer), Zehnten und Zinsen.

Wollen wir zu neuen Erkenntnissen gelangen, so müssen wir auch das Original studieren, um den Tatbestand der Aussagen aufzuhellen und zu beleuchten. Es scheint mir zweckmäßig, vorher als Einführung in diese Lehensverzeichnisse eine Photokopie von einer Stelle zu bringen.

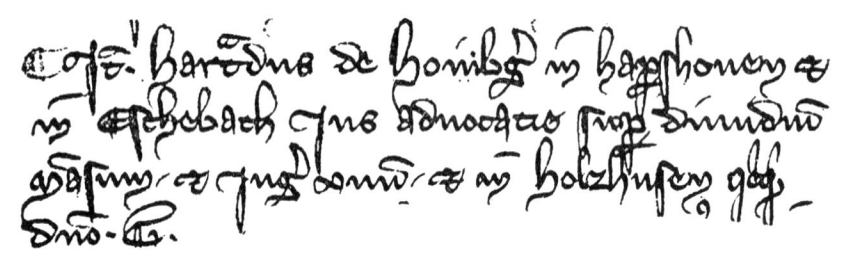

Transkription:
Item Hartradus de Hoinberg in Hapershoven et in Eschebach jus advocatie super dimidum mansum et juger unum et in Holzhusen quicquid domino G. (G. = Gerhard III. v. Eppstein † vor 1249).

---

[9]) Das ehemalige Kloster Retters lag von Eppstein nordöstlich.
[10]) Sauer, W., Ebenda, Bd. I, Teil 2, Nr. 935.
[11]) Handschriftensammlung, Signatur C 23.
[12]) Wagner, P., Die Eppsteinschen Lehensverzeichnisse und Zinsregister des XIII. Jahrhunderts, Wiesbaden und München, 1927.

In den zwei Lehensregistern kommen drei verschiedene Holzhausen und Dornholzhausen vor. Welches ist unser Holzhausen? Das Dunkel, das über dieser Frage lastet, muß zunächst aufgehellt werden, so schaffen wir uns eine sichere Ausgangsbasis.

Ein Holzhausen wird mit Bad Schwalbach und Bonbaden erwähnt, es lag im Kreis Wetzlar[13]). Das zweite wird als „castrum Holzhusen" bezeichnet und ist mit Burgholzhausen, Stadtteil von Friedrichsdorf, identisch, das eine Wehranlage hatte[14]). Neben diesen beiden ist noch ein drittes Holzhausen im Lehensbuch bezeugt. Im Verzeichnis Gerhard III. steht folgender Eintrag: „Item Richwinus Meisa habet in feodo a domino G. 5 solidos de exactione in Holzhusen iuxta Hoenberch"[15]). Übersetzt ins Deutsche: Desgleichen hat Richwinus Meisa als Lehen von Herrn Gerhard fünf Solidi von der Bede in Holzhusen bei Homburg. — Das ist außer Zweifel unser Holzhausen. Dieser Lehensbucheintrag kann etwa mit 1230 datiert werden.

Das mittelalterliche deutsche Reich war ein Lehensstaat. Lehen bedeutet ein Gut oder Recht (Feld, Geld, Kirchen- oder Vogteirecht usw.), das vom Kaiser, König oder einem adeligen Grundherrn für Dienste gegen Verpflichtungsschein (Lehensrevers) dem Lehensmann übertragen wurde. Richwinus Meisa war Lehensträger. Sein latinisierter Name bedeutet Mundschenk (mittelhochdeutsch rihe = reiche, Win = Wein), exactione (= Bede, Steuer) bedeutet Grundzins in Geld- oder Naturalabgabe. Solidus (Schilling) war eine Münze, die von den Römern eingeführt, unter den Franken als gesetzliches Zahlungsmittel galt und im Mittelalter weiter in Umlauf war.

Zur Burghut in Homburg gehörten noch mehrere Edelknechte, die in der Gemarkung von Holzhausen ein eppsteinisches Lehen hatten. So besaß „Hartradus de Hoinberg" ein juchart[16]) (juger unum) und zwei Hofstellen („duos mansus") in Holzhausen von Gerhard III. v. Eppstein. Ferner erhielten Eckehard Ronnesac und Friedrich v. Stedten Geldbeträge aus den Einkünften in Holzhausen von Gottfried III. v. Eppstein (1247-1293) als Burglehen. Der Text des Lehensbucheintrages lautet im Original[17]):

Transkription:

Item Ekehart Ronnesac quatuor uncias in Aprecheshoven, in Lichen 10 solidus, in Holzhusen duas uncias, istos denarios prescriptos habet dominus Fridericus de Steden in feodo castrensi, quod dicitur burklehen in Hoenberch a domino G. (G. = Gottfried III. v. Eppstein).

Zur Erklärung: Aprecheshofen ist Oberhofen, nördlich von Friedberg in Hessen, Lichen ist die Stadt Lich. Unze ist ein altes Feingewicht von etwa 30 Gramm; das Geld wurde damals gewogen. Ein Solidus (= Schilling) waren 12 Denar (= Pfennig). Feudum (Lehen) war im Mittelalter kein Eigentum, sondern nur ein vom Lehensherrn zur Nutznießung geliehenes Gut; hier erhielt der zur

---

[13]) Wagner, P., S. 63, Absatz 83 und S. 80, Abs. 153.

[14]) Ebenda, S. 52, Abs. 10, und S. 57, Abs. 45.

[15]) Handschrift, Signatur C 23, S. 43. Wagner, P., S. 53, Abs. 11.

[16]) Juchart war ein Feldstück, das man mit einem Joch Rinder (Gespann) in einem Tag umpflügen konnte.

[17]) Hessisches Hauptstaatsarchiv Wiesbaden, Handschriftensammlung C 23, S. 25. Wagner, P., S. 70, Abs. 119.

Homburger Burghut gehörende Burgmann Friedrich v. Stedten ein Burglehen für seinen Militärdienst auf der Burg.

In der Belegreihe von unserem Holzhausen kommt der Ortsname in der Form Dornholzhausen in einer Urkunde von 1401 vor. Ein gewisser Heilmann und sein Sohn Dieter aus Praunheim (heute Frankfurt-Praunheim) versetzen 1/6 Teil des Dorfes und Gerichtes von Burgholzhausen und ihren Zehnt zu Dornholzhausen um 200 Gulden den Brüdern Konrad und Jorg (Georg II.) Brendel von Homburg. Es ist bekannt, daß die Brendel Homburger Burggrafen waren. Die Urkunde ist ein Pfandschein, versetzen bedeutet verpfänden. Heilmann und sein Sohn überlassen ihren Gläubigern einen Teil ihres Vermögens, bis sie ihre Schulden bezahlt haben[18]. Den Zehnt, zehnten Teil der Ernte, haben die Franken für die Kirche eingeführt, später haben ihn die weltlichen Grundherren eingehoben.

Im Jahre 1433 ist Dornholzhausen in einer Eppsteiner Teilungsurkunde bezeugt. Die Brüder Gottfried VII. und Eberhard II. von Eppstein teilen ihr Erbe. Burg, Stadt und Amt Homburg fielen mit den Amtsdörfern Gonzenheim, Dornholzhausen, Kirdorf, Köppern, Oberstedten, Seulberg und dem höfischen Gericht in Ober-Erlenbach an Gottfried VII.[19].

Am 10. Februar 1487 wurde Dornholzhausen hanauisch[20]. Damals verkaufte Gottfried IX. von Eppstein dem Grafen Philipp von Hanau um 19 000 Gulden Stadt, Schloß Homburg samt den sechs Amtsdörfern mit allem Zubehör und Rechten. Der Eppsteiner entließ seine Untertanen aus ihrer Verpflichtung und sie huldigten dem Grafen von Hanau[21].

Holzhausen, das oben im Taunuswald lag, gehörte zur Hohemark-Waldgenossenschaft, an der viele andere Dörfer und Städte als Mitglieder, sogenannte Märker, mitbeteiligt waren. Die Hohemark entstand aus einem fränkischen Königsforst. Die Waldgenossenschaft zeigt in ihrer Organisation demokratische Züge auf, die Märker hatten Mitspracherecht, was für das Hoch- und Spätmittelalter mit ihrer landesherrlichen Organisation höchst auffallend ist und Staunen

---

[18] Staatsarchiv Marburg, Hanauer Lehensarchiv, Repertorium 310.
[19] Bayer. Staatsarchiv Würzburg, Mainzer Bücher verschiedenen Inhalts, Königsteinsches Kopialbuch, Nr. 70, S. 29 ff.
[20] Staatsarchiv Marburg, Abt. Hanau, Auswärtige Beziehungen, Nr. 1659.
[21] Stadtarchiv Bad Homburg, Gerichtsbuch I, fol. 18.

erweckt. Der Hohemarkwald gehörte zur Burg Homburg. Wer als Herr auf der Burg saß, war oberster Märker, Waldbot, er gebot über die Waldgenossenschaft, hegte alljährlich das Märkerding, wie das Waldgericht hieß, das später nach den Gerichtsstühlen der Schöffen urkundlich als „comitia in Stule", Grafschaft zu den Stulen, genannt wurde im Eppsteiner Lehensbuch[22]). Früher hieß es Grafschaft von Nürings, auch Grafschaft Rickbert, war dann Lehen Wortwins von Homburg, später Urseler Grafschaft genannt, weil das Waldgericht auf der Aue zu Oberursel abgehalten wurde.

Man hat den Schultheißen von Holzhausen auf dem Märkerding aufgerufen, und die Dorfbewohner, wie alle anderen Märker, bekamen aus dem Markwald ihr Brenn- und Bauholz. Dies war althergebrachtes Recht, an dem sich bis 1813 nichts änderte, als der Wald unter den Märkergemeinden aufgeteilt wurde. Damals erhielt Dornholzhausen das Waldstück Balzerhöhlchen mit allen Rechten als Gemeindewald zugeteilt; er umfaßt 168 Morgen und liegt zwischen den Obersten Röderwiesen und den Braumannswiesen.

Der fleißige Bad Homburger Stadtarchivar Ernst Georg Steinmetz hat viel gearbeitet und auch einige geschichtliche Daten über Dornholzhausen zusammengetragen, die er nicht mehr aufarbeiten konnte, weil er in französischer Gefangenschaft gestorben ist. Ich habe diese Materialsammlung benützt, sie liegt im Bad Homburger Stadtarchiv[23]). Diese Notizen enthalten brauchbare Einzelheiten. Steinmetz bestimmte die Lage von Alt-Dornholzhausen, es lag nach ihm nicht an der Stelle, wo das heutige Dorf steht, also nicht an der Saalburg-Chaussee, sondern an der Wegkreuzung, wo der am Bad Homburger Untertor beginnende „Waldweg" oben im Taunus sich mit dem Kirdorf-Stedter-Weg kreuzt.

Steinmetz hat aus dem Archivmaterial erschlossen, daß Alt-Dornholzhausen zwei kleine, schmale Gassen hatte: die Spital- und Hellengasse. Ich versuche hier, beide Gassennamen zu deuten. Wir sind berechtigt, mit Sicherheit anzunehmen, daß in der Spitalgasse ein altes Hospital, eine Herberge, stand, in der die Reisenden auf dem Wege über den Taunuswald, aus dem Homburger nach dem Usinger Becken, Unterkunft fanden. Vielleicht bestand hier schon in fränkischer Zeit eine Raststätte oder hat das Kloster Retters, das in Dornholzhausen begütert war, dort ein Hospiz erstellt; dem Kloster könnte der Besitz in der Gemarkung dazu Anlaß gegeben haben. Es war üblich im Mittelalter, daß die Klöster Herbergen erstellten. So z. B. hat das Kloster Hersfeld, das Ortsherr in Ober-Erlenbach war, im Dorf ein Hospital unterhalten. Nun zum Namen Hellengasse. Das mittelhochdeutsche Wort „hellen" bedeutet nach Lexers Mittelhochdeutschem Wörterbuch „Licht machen". Man hat im dunklen Wald eine Schneise geschlagen, den Wald gelichtet und auf der Lichtung eine Gasse angelegt. So könnte der Name Hellengasse entstanden sein und der Sinn des Begriffes gedeutet werden. Wir stehen in der mittelalterlichen Dorfgeschichte vor vielen ungelösten schwierigen Problemen, mit denen wir heute nicht mehr fertig werden. Geben wir zu, daß auch der Geschichtsforschung Grenzen gesetzt sind.

Der bereits mehrmals erwähnte Stadtarchivar Steinmetz hat in seinen lokalen Überlieferungen über Dornholzhausen weitere Einzelheiten aufgegriffen, die

---

[22]) Wagner, P., Abs. 148, S. 77.
[23]) Signatur B. III. Dornholzhausen 2.

einer Erwähnung wert sind. Es erscheinen in den Notizen neben Getreidefeldern auch Weingärten und neben den Hausgärten auch ein Würzgarten, in dem neben Würzpflanzen auch Heilkräuter geblüht haben. Wir hören auch von einigen Hofreiten und Namen ihrer Besitzer: Hans Becker, Hans Bauersheim, Reitz Bommersheim, Johann Becker der Schmied, Michael Benders Erben, Konrad Fiedler, Hermann und Veltin Knock, Johann Niklas Erben, Michael Steden, erwähnt wird ferner der kleine Müller namens Kunz, „Mole Cuntzchen", der eine Mahlmühle am Bach besaß. Begütert waren in der Gemarkung die Ritter Brendel und einige Edelknechte, die auf der Burg Homburg Burgmanndienst leisteten. Ausführlich berichtet Steinmetz über die Schäferei und das Weiderecht in der Holzhäuser Gemarkung.

Im Jahre 1372 tritt ein Mann zu Dornholzhausen auf, der „des riches burger", also Reichsbürger war, dessen Name leider nicht deutlich lesbar ist. Dieser stand nämlich unter dem Schutze der Reichsstadt Frankfurt am Main. Er besaß einen Schutzbrief für seine Person und hatte das Recht, sich bei drohenden Gefahren in der ummauerten Stadt in Sicherheit zu bringen. Für dieses Privilegium entrichtete er jährlich dem Stadtschultheißen einen Schilling und ein Martinshuhn. Viele Dorfbewohner waren Pfahlbürger, die in Notlagen Asylrecht in den Städten hatten.

Das Mittelalter war eine recht unsichere Zeit, mit der Gerechtigkeit stand es nicht gut, denn es herrschte oft Faustrecht. Feindseligkeiten der Territorialherren, wilde Fehden und besonders habgierige Raubritter störten den Frieden, die Ordnung und gefährdeten die Sicherheit. Vor allem lebten die Dorfbewohner in bedrohlicher Situation für Hab und Gut, Leib und Leben. So manche wurden ermordet, ausgeraubt, zahlreiche Höfe gingen in Flammen auf, und ganze Wohnplätze wurden zerstört. Mit Bestimmtheit wissen wir, daß Alt-Dornholzhausen zugrunde gerichtet wurde, wahrscheinlich wurde das Walddorf in einer Fehde zerstört. Diesen Untergang bestätigt das Saalbuch im Stadtarchiv, das auf S. 47 besagt, daß Dornholzhausen „zerstört" wurde, und da seine Einwohner nach Homburg übersiedeln mußten, wurde der Wohnplatz wüst. Diesen traurigen Untergang kann man auf den S. 16 und 17 dieses Buches im Kapitel „Wüstungen des Homburger Stadtgebietes" nachlesen[24]).

Im Untergang von Alt-Dornholzhausen offenbart sich rohe, mittelalterliche Gewalt. Die Geschichte ist Werden und Vergehen, Wandel ohne Unterlaß, einmal zum Guten und Großen, ein andermal zu Not und Niedergang. Fast vierhundert Jahre sind seit der Zerstörung des Walddorfes vergangen, zahlreiche Generationen lösten sich ab, doch im Gedächtnis der bodenständigen Bevölkerung lebt das traurige Schicksal fort. Es steht zu hoffen, daß die Erinnerung daran auch weiterhin bewahrt bleibt.

---

[24]) Stadtarchiv Bad Homburg, Copia Saalbuch, S. 47.

II. Ober-Erlenbach

Es ist lobenswert, daß Heimatfreunde sich aus eigener Initiative mit der Ortsgeschichte von Ober-Erlenbach beschäftigt haben, z. B. die Lehrer und Pfarrer. So hat Lehrer Michael Weil ein umfangreiches heimatgeschichtliches Material zusammengetragen und ein nicht vollendetes Manuskript verfaßt, das nicht gedruckt wurde. Die Arbeit ist im Besitze seines Sohnes, des Küsters Julius Weil. Benützt wurde diese Materialsammlung von den Lehrerinnen Elisabeth Ohmeis und Dorothea Knobloch, die einen Beitrag zur Ober-Erlenbacher Dorfgeschichte geschrieben haben, der 1943 im Druck erschienen ist[1]). Auch Wissenschaftler haben sich aus historischem Interesse mit der Ortsgeschichte befaßt. L. Jacobi[2]), G. Wolf[3]), A. Behagel[4]) und Chr. L. Thomas[5]), die archäologische Ausgrabungen unternahmen und lehrreiche vorgeschichtliche Beiträge verfaßten, sie alle haben sich um die Ober-Erlenbacher Heimatgeschichte verdient gemacht. Die Kirchengeschichte hat A. Ph. Brück erforscht, seine quellenmäßig gut unterbaute Arbeit wurde im „Archiv für hessische Geschichte und Altertumskunde" veröffentlicht und liegt auch als Sonderdruck vor[6]). Brück erwähnt in seiner Kirchengeschichte, daß der Ober-Erlenbacher Lehrer und Gerichtsschreiber Johann Ulrich Strohecker sowohl in seinem „Kirchenschuldbuch" als auch im „Kirchenregister" heimatgeschichtliche Daten gesammelt habe. Diese waren die Hauptquellen für die ungedruckte Heimatgeschichte von Michael Weil und der gedruckten Arbeit von Ohmeis-Knobloch. Stroheckers Aufzeichnungen sind leider verschollen.

Dekan Augustin Kling aus Oppershofen, Kreis Friedberg, trat seine Pfarrstelle am 31. Juli 1900 in Ober-Erlenbach an. Sogleich nach seinem Amtsantritt interessierte er sich für die Dorfgeschichte. Da er aber keine Ortschronik vorfand und laut Erlaß des Ministeriums des Innern vom 29. Juni 1857 jeder Ortsgeistliche verpflichtet war, eine Heimatgeschichte zu verfassen, beauftragte er mit dieser Arbeit seinen Neffen, den Studenten der Rechtswissenschaft Jacob Keller. Dieser sammelte das einschlägige Archivmaterial und schrieb eine kleine Studie, die unter dem Titel „Notamina zur Chronik" in das Buch der Rosenkranzbruderschaft (Kirchenarchiv) eingetragen ist.

Lage, Gemarkungsgrenzen, Geologie, Ortsname und Wappen

Als Ober-Erlenbach 1972 infolge der hessischen Gebietsreform zu Bad Homburg v. d. H. eingemeindet wurde, brachte der neue Stadtteil 4 000 Einwohner und ein Areal von 904 ha mit. Von der Gemarkung umfaßte die Feldflur 719 ha (Äcker, Wiesen, Weide) und ein Waldgebiet von 185 ha; davon hat Ober-Erlen-

---

[1]) Titel: Aus der Geschichte von Ober-Erlenbach, E. Ohmeis, 1948.
[2]) Saalburg Jahrbuch, 3. Folge (1912), S. 112 ff.
[3]) Die südliche Wetterau in vor- und frühgeschichtlicher Zeit, Frankfurt, 1913, S. 174.
[4]) Eisenzeit, Saalburg-Jahrbuch, 11. Folge (1952), S. 37, 54.
[5]) Ringwälle im Taunusgebiet, in: Nassauisches Heimatbuch, Wiesbaden, 1913, S. 521 ff.
[6]) Anton Ph. Brück, Geschichte der Pfarrei Ober-Erlenbach. Archiv f. hess. Gesch. u. Altertumskd. NF 30. Bd. Darmstadt 1969/70, S. 323 ff.

bach das 179 ha große Waldstück mit der keltischen Gickelsburg im Taunus der Stadt überlassen und behielt für sich nur das Wäldchen von 6 ha bei der Steinmühle, den Lohwald.

Ober-Erlenbach liegt seit 1048 in der Wetterau, früher gehörte es zum Niddagau, dies bezeugen die Traditionsurkunden des Benediktiner-Klosters Lorsch. Die Gemarkung grenzt an acht Nachbargemeinden: im Norden an Rodheim v. d. H., im Nordosten an Petterweil, im Osten an Kloppenheim, im Südosten am Nieder-Erlenbach, im Süden an Nieder-Eschbach, im Südwesten an Ober-Eschbach, im Nordwesten an Seulberg und Burgholzhausen.

Geologisch gesehen ist der Heimatboden nicht einheitlich, er besteht vielmehr aus drei verschiedenen Bestandteilen, die aus unterschiedlichen Formationen der Erdgeschichte stammen. Einmal aus alttertiären Schichten, Meeresablagerungen (Mergel, Sand), zum anderen aus jüngeren miozäntertiären Ablagerungen aus Seen und Sümpfen (Tonschichten, Braunkohle), und zum dritten überlagerte den Boden der Löß, der in der Zeit des trockenen Steppenklimas der Nacheisperiode vom Winde hierher getragen wurde[7]. Die Braunkohlenflöze stammen von Sträuchern und Laubbäumen, die im Sumpfwasser unter Luftabschluß vermoderten[8]. Dem nährstoffreichen Lößboden (gelbe Erde) ist die Fruchtbarkeit der Wetterau zu verdanken.

Der Ortsname ist aus Erlen+bach zusammengesetzt. Der Erlenbach, ein altgermanischer Bachname, stand Pate bei der Benennung des Dorfes. Der Bach entspringt oben im Taunus zwischen dem Weißeberg und Ringenkopf, durchfließt das Dorf und seine Gemarkung und mündet bei Massenheim in die Nidda. Der Bach und die Erle stehen als Wahrzeichen im Wappen von Ober-Erlenbach, am unteren Rand des Wappenschildes wirft der Bach seine Wellen, am Ufer ragt die hohe, grüne Erle empor, und rechts und links von der Baumkrone leuchtet je ein roter Stern. Die Wassernähe war hier von ausschlaggebender Bedeutung bei der Anlegung der Siedlung. Die Bachtäler waren die Leitlinien der fränkischen Kolonisation im Taunusvorland sowohl in merowingischer wie auch in karolingischer Zeit.

Aus der vor- und frühgeschichtlichen Vergangenheit

Schon in der jüngeren Steinzeit (3000–1800 v. Chr.) müssen Menschen auf der Ober-Erlenbacher Gemarkung gelebt haben, dies bezeugen die Geländefunde, geschliffene Steinbeile mit Öhren und Schneide zur Bearbeitung der Holzstämme, davon ein Ober-Erlenbacher Exemplar im Wetterau-Museum in Friedberg aufbewahrt ist. Doch von der bedeutendsten Kultur der neolithischen Zeit, von der Band- und Schnurkeramik, so benannt nach den Gefäßornamenten, haben wir nur spärliche Beweise. Der Mensch dieser Zeit war nicht nur Jäger und Fischer, sondern seßhafter Ackerbauer und Viehzüchter, der die Kulturlandschaft geschaffen hat.

Der Ober-Erlenbacher Gemeindewald hat in der Gickelsburg ein bedeutsames vorgeschichtliches Denkmal aus der Eisenzeit. Diese prähistorische Zeit ist

---

[7]) Martin, G., Kleine Erdgeschichte der Taunuslandschaft, Bad Homburg v. d. H., 1963, S. 14 ff.
[8]) Martin, G., Die Braunkohle in der Gegend um Bad Homburg v. d. H., 1960, S. 49.

nach der Stein- und Bronzezeit die dritte Epoche, die man in zwei Abschnitte teilt, in die Hallstattzeit (von etwa 800 bis 500 v. Chr.) und in die Latènezeit (von 500 v. bis 50 n. Chr.). Die Gickelsburg ist eine ovale Wehranlage, die aus Trockenmauer mit Pfosten (Holzeinlagen) erbaut wurde. Das Innere des Bauwerkes war bewohnt, dies beweisen neben dem Kellerraum die Feuerstelle und Aschengrube. Der Frankfurter Historiker Thomas machte hier Ausgrabungen, und Dr. K. Dielmann hat die zahlreichen Gefäßscherben von Schalen, Töpfen und Vorratsgefäßen in die Späthallstatt-Frühlatènezeit datiert. Sie gehören der Keltenkultur an, neben Grobkeramik finden sich auch Bruchstücke von Feinkeramik, die Tupfen-, Strich- und Kammstrichverzierungen aufweist[9]).

In der Römerzeit unserer Heimat (85-260 n. Chr.) entstand der Limes. Diese Grenzbefestigung wurde von den Römern zum Schutze gegen die Chatten errichtet, die damals die hessische Heimat bewohnten. Die Gemarkung von Ober-Erlenbach liegt unweit vom Limes, zwischen der Saalburg und Kapersburg einerseits und der Civitas Nida (heute Frankfurt-Heddernheim-Römerstadt) andererseits. Nachdem die Römer unsere Heimat besetzt hatten, begann die Provinzialverwaltung das Land neu zu besiedeln. Sowohl Zivilbevölkerung, Gallier aus dem heutigen Frankreich, wie Soldaten des Heeres, ließen sich nieder im vom Pfahlgraben geschützten Dekumatland (agri decumates). Es entstanden römische Gutshofsiedlungen (Villae Rusticae), deren Bewohner nach der Dreifelderwirtschaft (Sommer-, Winter- und Brachfeld) Ackerbau betrieben, Haustiere züchteten, Weingärten anlegten und Handwerk ausübten. Die Forschung hat auf Grund von Ausgrabungsberichten in der Ober-Erlenbacher Gemarkung an zwei Stellen römische Besiedlung festgestellt. In der Flur „Auf der Burg" fand man römische Fundamentmauern, Terra Sigillata-Gefäße von glänzender roter Farbe und ein Geldstück aus der Zeit des Kaisers Antoninus Pius (von 138-161 n. Chr.). Hier, südlich vom Dorf, am Abhang zum Erlenbach, stand keine Burg, nur ein befestigter, mit Mauern umwehrter Gutshof, zu dem ein Wohnplatz (vicus) gehörte[10]). G. Schell führt diesen vicus auf einen benachbarten Gutshof zurück[11]). „Auf'm Teich", einer Ober-Erlenbacher Flur, zwischen dem „Holweg" und der kleinen Brückenstraße gelegen, wurden 1911 ebenfalls Überreste eines römischen Einzelhofes ausgegraben, im Lößboden fand man römische Scherben und starke Grundmauern[12]). Im Jahre 1931 ist die Familie Natale bei Gartenarbeiten auf einen römischen Steinsarg gestoßen.

Im Jahre 260 endete die römische Herrschaft in Hessen, der westgermanische Volksstamm der Alemannen besiegte die Legionen und besetzte unsere Heimat. Die Spatenforschung hat über die Alemannen bisher nur wenig ermitteln können, so ist diese Zeit nach 260, da die urkundliche Überlieferung erst später einsetzt, nur dürftig erschlossen.

---

[9]) Herrmann, Fr.-R., Die vorgeschichtlichen Funde und die Geländedenkmäler der Kreise Obertaunus und Usingen, Saalburg-Jahrbuch XVII (1958), S. 34-37.

[10]) Kofler, F., Archäologische Karte des Großherzogtums Hessen, Darmstadt, 1890, S. 36. Wolf, G., Die südliche Wetterau in Vor- und Frühgeschichtlicher Zeit, Frankfurt, 1913, S. 174.

[11]) Schell, G., Die römische Besiedlung vom Rheingau und Wetterau, in: Nassauische Annalen, Bd. 75, 1964, S. 57 u. 98.

[12]) Dieffenbach, Ph., Auszug aus dem Tagebuch einer im Auftrag des Historischen Vereins unternommenen Reise, 1846/48, S. 179.

Die Römerzeit hingegen ist gut aufgehellt. Eine Besichtigung der römischen Funde im Saalburgmuseum vermittelt ein anschauliches Bild von der Kultur der Römer und ihrem praktischen Sinn. Sie hatten zahlreiche Länder erobert, von den verschiedenen Völkern viel dazugelernt und sich in erster Linie für das Nützliche im materiellen Leben interessiert.

Mittelalter

Das abendländische Mittelalter umfaßt drei Epochen: die fränkische Zeit (500-919), die deutsche Kaiserzeit (919-1250) und das Spätmittelalter (1250-1519). Humanismus und Renaissance, Entdeckungen, Erfindungen, Frühkapitalismus wie Reformation und Gegenreformation (1519-1648) leiten zur Neuzeit über.

Ober-Erlenbach — eine karolingische Gründung

Der Dorfname erscheint im Lorscher Codex[13]), im Güterverzeichnis des Benediktiner-Klosters Lorsch, in drei verschiedenen Namensformen. Zweimal als Arilbach[14]), die Datierung dieser Urkunde ist problematisch, worauf ich noch zu sprechen komme, dann am 9. 4. 804 als Erilbach[15]) und am 23. 3. 816 als Elirbach[16]). Der Wortstamm Aril-, Eril- ist der altdeutsche Name der Erle. Der Ortsname deutet auf ein Dorf hin, das am Erlenbach angelegt wurde. Freilich war eine vorausgegangene Waldrodung die Voraussetzung für die Dorfgründung. Ein Teil des Waldes wurde abgeschlagen, auf der entstandenen Rodung das Dorf angelegt und die Gemarkung urbar gemacht. Durch Rodung und Kolonisation haben die Franken um die Wende vom 5. zum 6. Jahrhundert unsere Heimat erschlossen. Das neu angelegte Dorf mit seiner Gemarkung war Königsgut und die Bauern der auf Rodungsland entstandenen Dörfer waren Königsbauern. Nach Professor H. Weigel[17]) waren diese Dörfer Forstsiedlungen, die mit den dazugehörenden Waldungen einen bewirtschafteten Forstbezirk, Forestis genannt, bildeten. Ober-Erlenbach ist eine typische karolingische Gründung, die Kirche ist seit altersher dem hl. Martin geweiht, und das Martinspatrozinium erhob den Ort zum fränkischen Königsdorf. Die erste Urkunde, die sich auf Erlenbach (fraglich, ob Ober- oder Niedererlenbach) bezieht, steht hier in originalgetreuer Wiedergabe.

Diese Photokopie zeigt eine lateinische Schenkungsurkunde aus dem Lorscher Codex[18]), dem Güterverzeichnis des Benediktiner-Klosters Lorsch. Sie enthält die erste schriftliche Nachricht vom Bestehen eines Dorfes namens Arilbach, heute

---

[13]) Glöckner, K., Codex Laureshamensis, Darmstadt, 1936.
[14]) Ebenda, Urkundennummer 3017.
[15]) Ebenda, U. Nr. 3403.
[16]) Ebenda, U. Nr. 3386.
[17]) Weigel, H., Zur Organisation des karolingischen Reichsgutes zwischen Rhein, Main und Sieg, in: Nassauische Annalen, Bd. 68 (1957) und Bd. 69 (1958).
[18]) Bayerisches Hauptstaatsarchiv, München, Abt. Bestand Mainz, Lit. 19, Fol. 180. Glöckner, K., a. a. O., S. 233. — Minst, K. J., Lorscher Codex, deutsch, Lorsch, 1971, S. 57/58.

Erlenbach. Dieses Dokument eröffnet die urkundliche Ortsgeschichte, daher kommt ihr ein großer Quellenwert zu. Da die Urkunde mehrere Abkürzungen (z. B. Xpi = Christi, Don = Donatio, kl = kalendas, usw.) enthält, die das Lesen und Verstehen erschweren, gebe ich zunächst eine Transkription und Übersetzung des Textes.

Transkription:
In Christi Nomine Donatio Meginburc in Rantwilre et Arilbach sub die III Kalendas novembris anno XII Karoli regis. Ego Meginburc pro remedio anime mee dono ad Sanctum Nazarium martyrem qui requiescit in corpore in monasterio Laurissamensi, ubi venerabilis Gundelandus abbas preesse videtur donatumque in perpetuum esse volo et promptissima voluntate confirmo in pago Wettereiba in villa Rantwilre et Arilbach quidquid ibidem habere visa sum in mansis, campis, pratis, siluis, domibus, edificiis et mancipia IIII perpetualiter ad possidendum stipulatione subnixa. Actum in monasterio Laurissamensi tempore quo supra.

Übersetzung:
Schenkung der Meginburc in Rendel und Erlenbach
Im Namen Christi, am 30. Oktober im 12. (?) Jahr des Königs Karl. Zu meinem Seelenheil schenke ich Meginburc dem heiligen Märtyrer Nazarius, dessen Leib im Kloster Lorsch ruht, dem der ehrwürdige Abt Gundeland vorsteht. Die Zuwendung soll, wie ich wünsche, immerdar erhalten bleiben, und ich stelle fest, daß ausschließlich mein freier Wille dafür bestimmend war. Als Eigentum für ewige Zeiten schenke ich im Gau Wetterau im Dorf Rendel und in Erlenbach

alles, was ich dort an Hofreiten, Feldern, Wiesen, Wäldern, Wohnhäusern und Wirtschaftsgebäuden bisher besessen habe, und vier Leibeigene. Die Schenkung ist rechtskräftig. Geschehen im Kloster Lorsch. Zeit wie oben.

Das Datum der Urkunde mit der Ersterwähnung des Dorfes Erlenbach ist problematisch und kann heute nicht mehr einwandfrei geklärt werden. Eine gewisse Meginburc (Meginburg), wohl eine fränkische Edelfrau, war in Rantwilre (heute Rendel, zur Stadt Karben) und Erlenbach begütert und schenkte für ihr Seelenheil (pro remedio anime mee), Verheißung der ewigen Seligkeit, dem Kloster Lorsch, dem damals der Abt Gundeland vorstand („Gundelandus abbas preesse"), am 30. Oktober im 12. Regierungsjahr König Karls, alles was sie an Allodialbesitz, an Hofreiten, Äckern, Feldern, Wiesen, Wäldern, Wohnhäusern und Wirtschaftsgebäuden besaß, dazu vier Untertanen. König Karl ist Kaiser Karl der Große, der von 768 bis 800 als Frankenkönig regierte und Weihnachten 800 von Papst Leo III. zum Kaiser gekrönt wurde. Demnach wäre 779/780 sein zwölftes Regierungsjahr. Doch die Urkunde besagt auch, daß im Schenkungsjahr Gundeland Abt in Lorsch war. Bearbeitet man textkritisch die widersprüchliche Zeitangabe der Urkunde, so ergibt sich, daß Gundeland von 765 bis 778 dem Kloster vorstand, er starb nämlich 778, so ist es unmöglich, daß er im 12. Regierungsjahr des Königs Karl noch Abt gewesen sei. Es ist mit Sicherheit anzunehmen, daß gerade der Schreiber der Abtei, der die Schenkungsurkunde in den Codex eingetragen hat, genau wußte, wer zur Zeit dem Kloster vorstand. Doch der Schreiber könnte sich im Regierungsjahr geirrt haben. Die zeitliche Differenz beträgt ja nur ein Jahr; man könnte daher getrost 778 als die Zeit der Ersterwähnung von Erlenbach annehmen.

Es gibt auch eine andere Version. Da in dem Lorscher Codex alle Zahlen und Zeitangaben mit römischen Ziffern eingetragen sind, nimmt man auch an, daß im Original der Handschrift vielleicht anstatt XII. Regierungsjahr VII. Regierungsjahr gestanden habe, die Zahl VII aber zur Zeit der Abschrift nicht mehr genau erkennbar war und so leicht ein Schreibfehler beim Kopieren unterlaufen sein könnte. Würde diese Vermutung zutreffen, so wäre 774 das Schenkungsjahr. Man versuchte diese Version damit zu unterbauen, daß Meginburg ihre Güter dem Kloster deshalb 774 geschenkt habe, weil Karl d. Gr. damals zum Krieg aufrief; es ging nämlich um die Christianisierung der Sachsen mit Waffengewalt. Doch alle Versionen sind nur bloße Vermutungen, glaubwürdige Beweise haben wir keine. Das Datum der Schenkungsurkunde, damit auch das Jahr der Ersterwähnung der drei Dörfer (Ober- und Nieder-Erlenbach wie Rendel) und ihre 1200-Jahrfeier bleibt problematisch. Das Problem wird der heimatgeschichtlichen Forschung noch viel Kopfzerbrechen bereiten.

In der zweiten Lorscher Urkunde, die Arilbach erwähnt, wiederholt Meginburc ihre obige Schenkung und ergänzt sie mit den Wasserrechten. In der dritten Schenkungsurkunde vom 9. April 804 übergibt Anthoch im Dorf „Erilbach im Nitachgowe" (Erlenbach im Niddagau) fünfzig Morgen Land, eine Wiese und einen Knecht. Am 23. März 816 schenkt Adalgoz in „Elirbach" (Erlenbach), was er im Dorf besitzt, dem Kloster[19]).

Es gab in unserer Heimat in der fränkischen Zeit neben dem Reichsgut (Königshöfe und königliche Bannwälder) auch zahlreiche weltliche und geistliche

---

[19]) Diese Urkunden haben die Nr. 3017, 3403 und 3386.

Gutsherrschaften, die aus dem Krongut Eigenbesitz (Allod) und Lehen (Feudum) erhalten haben. Solche Gutsbesitzer waren Meginburc, Anthoch und Adalgoz.

Zu den Königshöfen gehörten Äcker, die nach der Landgüterordnung des Kaisers Karl d. Gr., der „Capitulare de villis vel curtis imperii" von den Hofuntertanen in Frondienst bestellt wurden. Das althochdeutsche Wort frono bedeutet Staatsgut und das mittelhochdeutsche vrone Herrschaft[20].

Ich erwähnte schon, daß die Ober-Erlenbacher Gemarkung in fränkischer Zeit Reichsgut war und sagte auch, dies bestätigt das Martinspatrozinium der Kirche. Sankt Martin, der Bischof von Tours (* 316, † 397), war der fränkische Reichsheilige, dessen Kult in Hessen zur fränkischen Zeit aufblühte. Franken haben den Ort erbaut und dem hl. Martin die Kirche geweiht. Dörfern mit Martinspatrozinium kam eine besondere Bedeutung zu. Weigel sagte in seiner wissenschaftlichen Studie „Zur Organisation des karolingischen Reichsgutes": „Unter den Patrozinien bleibt auch weiterhin, wie schon erwähnt, St. Martin der Besitzanzeiger für Königsgut"[21].

Am 11. November, am Martinstag, feiert Ober-Erlenbach das herkömmliche Fest seines Kirchenpatrons, Schutzheiligen. An diesem Volksfest ging es oft hoch her. Es fanden feierliche Umzüge statt, und dabei wurde mitunter die überlieferte legendäre Szene aufgeführt, wie der Heilige seinen Mantel mit einem frierenden Bettler geteilt hat. Über dem Hauptportal der Ober-Erlenbacher Kirche ist dieser Vorgang mit einem schönen Relief eindrucksvoll dargestellt. (Taf. XL).

Ursprünglich wird der Erlenbacher Oberhof, der ehemalige Königshof, sicher bei der Kirche gestanden haben, er wird aus wirtschaftlichen Gründen erst später an seine heutige Stelle, außerhalb des Dorfes, verlegt worden sein. Es war nämlich für die fränkischen Dorfgründungen typisch, daß der Gutshof, die Kirche mit dem Friedhof (Kirchhof) und der Gerichtsstätte beisammen im Mittelpunkt der angelegten Siedlung ihren maßgeblichen nachbarlichen Platz hatten. Diese Dreiheit vereint in sich den religiösen, wirtschaftlichen und gerichtlichen Ordnungsbereich des Dorfes, der heilig war, man sprach ihm göttliche Kraft zu, er galt sowohl als Sinnbild der Schöpfung (Himmel, Erde, Hölle), wie auch der christlichen Dreieinigkeit (Vater, Sohn und hl. Geist) und fand im Wort „Tribur" seinen Ausdruck. Dieses Wort lebt als Relikt im hessischen Ortsnamen Tribur fort, heute Trebur im Kreis Groß-Gerau; diese Gemeinde war einst Königspfalz.

Das alte Dorf Ober-Erlenbach wurde am linken Bachufer auf der leicht ansteigenden Anhöhe angelegt, man war bei der Auswahl der Dorfstelle vorsichtig, denn im Frühling zur Zeit der Schneeschmelze im Taunus und bei anhaltenden Regengüssen überschwemmte der Bach die Uferlandschaft. Es steht aber auch zu vermuten, daß man die Kirche nach Möglichkeit auf höher gelegener Stelle erbauen wollte, wie dies im Mittelalter allgemein üblich war. Um die Kirche wuchs allmählich der Ort und dehnte sich im Laufe der Zeit in allen Richtungen aus. Aus dem heutigen Dorfbild läßt sich die mittelalterliche Dorfanlage verhältnismäßig gut rekonstruieren. Um die Kirche lag der ummauerte Friedhof, der in gefahrvollen Fehden oder Kriegszeiten Zufluchtsort war. Bei der Kirche lag der

---

[20]) Lexers, Mittelhochdeutsches Taschenwörterbuch, 21. Auflage, 1936.
[21]) Nassauische Annalen, Bd. 68 (1957), S. 11: „Immer beweist St. Martin fränkisches Königsgut im Umkreis des Ortes."

Herrenhof und die Gerichtsstätte. Das Gericht wurde unter freiem Himmel gehegt. Die von dem Ortsmittelpunkt ausgehenden winkeligen Gassen, die enge Kirchen-, Schul-, Hain- und Borngasse, bildeten den mittelalterlichen Ortskern, den alte malerische Fachwerkhäuser umstanden. Hier hat sich der alte Baubestand lange erhalten.

Die heutige Kirche mit ihrem schönen Portal und stattlichen Turm beherrscht weithin sichtbar das Dorf- und Landschaftsbild. Das Gotteshaus wurde 1765 erbaut an der Stelle, wo das alte Kirchlein stand. Als im Jahre 1764 die mittelalterliche Kirche abgetragen wurde, fand man im Fundament den Grundstein mit der Jahreszahl 1160. Leider ist dieser Grundstein nicht mehr auffindbar. Die alte Kirche wurde laut eines Eintrages in der Sterbematrikel vor 800 Jahren erbaut unter der Regierung Barbarossas, des Stauferkaisers Friedrich I. (* um 1120, † 1190)[22]. (Taf. XXXIX).

Wird ein Volk besiegt und sein Land besetzt, so erhebt der Sieger Herrschaftsansprüche; er erläßt neue Gesetze, die das kulturelle und materielle Gefüge des unterworfenen Volksstammes einschneidend verändern. So ein gründlicher Strukturwandel vollzog sich bei den Alemannen und Chatten in unserer hessischen Heimat nach der fränkischen Okkupation.

Schon irisch-schottische (keltische) Mönche predigten in Hessen das Christentum, doch erst Bonifatius, dem „Apostel Deutschlands", gelang es im Auftrag des Papstes und von den Frankenherrschern unterstützt, den christlichen Glauben zu befestigen. Damit traten tiefgreifende Änderungen ein, die allmählich die seelische Struktur umgewandelt haben. Glaubensboten, Missionare, durchzogen unter königlichem Schutz das Land und bekehrten die Heiden. Man gründete Klöster und Kirchen; Mönche, die lateinisch schreiben konnten, schenkten uns die ersten schriftlichen Nachrichten, die heute als wertvolle Geschichtsquellen dienen. Karl dem Großen schwebte als Ziel ein vereinigtes „Imperium Christianum" vor, eine Gemeinschaft der christlichen Völker, die er im Laufe der Zeit auch verwirklichte; er eroberte nach Osten vorstoßend ein Land nach dem anderen und dehnte das Ostfranken-Reich über Pannonien (Westungarn) aus, wo er die karolingische Ostmark gründete. Durch planmäßige Reformen wurde überall eine politische, religiöse, soziale und wirtschaftliche Neuordnung eingeführt. Im fränkischen Machtbereich wurden Verwaltungsbezirke (comitia = Grafschaften) errichtet, aus denen die gräflichen Standesherrschaften mit Burgbezirken entstanden. Die adeligen Grundherren gelangten zu Würden, hohem Ansehen; ihre Felder bestellten die grundhörigen Untertanen, die keine Freizügigkeit hatten. Der einst freie germanische Bauer sank in die Knechtschaft herab, leistete Frondienst und entrichtete Abgaben.

Auch das Gerichtswesen wurde reformiert. Das alte Thing, das Volksgericht, hat Kaiser Karl abgeschafft. An der Malstatt (Dingort) tagte das Schöffengericht, beeidete Schöffen waren die Urteilsfinder, der vom Grundherrn ernannte Richter hegte das Gericht, verkündete das Urteil und ließ es am Galgenberg vollstrecken[23].

---

[22]) Pfarrarchiv Obererlenbach, Liber Defunctorum, Bd. I, S. 344/345.
[23]) Weiterführende Literatur zur fränkischen Zeit:
Dopsch, A., Die Wirtschaftsentwicklung der Karolingerzeit, vornehmlich in Deutschland, Bd. I, 1912, Bd. II, 1921. (Fortsetzung auf S. 323.)

Deutsche Kaiserzeit

Nach dem fränkischen Zeitabschnitt (nach 919) wurde Ober-Erlenbach Kaisergut. Kaiser, Könige wie adelige Grundherren verliehen ihren treuen Gefolgsleuten (Lehnsmann, Vasall) Güter. Fiel aber einer in Ungnade, dann wurde sein Lehnsgut konfisziert. Mitunter wurden sogar alte Reichsrechte und Güter beschlagnahmt, die noch auf karolingischen Fiskalbesitz zurückgingen. So hat z. B. Kaiser Otto I., der Große (936-973), den Besitz Eberhards, aus der Linie des fränkischen Grafengeschlechts der Konradiner, wegen Überheblichkeit eingezogen und übergab sie dem Benediktiner-Kloster Hersfeld gegen Wormleben in Tausch. In der am 27. 3. 948 in Magdeburg ausgefertigten Urkunde ist der Ortsname Erlenbach entstellt als „Herlibach" angeführt[24]. So gelangte das Hersfelder Stift erneut in Besitz von Erlenbacher Gütern, denn nach dem Breviarium Sancti Lulli hatte es dort schon im 9. Jahrhundert 10 Hufen (300 Morgen) Land zu eigen[25]. Kaiser Heinrich III. hat am 8. Februar 1048 seinem getreuen Ritter Swigger und dessen Ehefrau Coniza („milites nostro Swiggero et uxori eius") mit Erlenbach („Erelbach") und Eschbach („Askebach") belehnt[26]. Swigger gehörte zu den Reichsministerialen (Reichsdienstleuten). Coniza stammte aus dem angesehenen Wetterauer Adelsgeschlecht der Münzenberger, so ist verständlich, daß die Lehnsgüter später an Cuno v. Münzenberg übergingen[27], der als Reichskämmerer sowohl in Erlenbach als auch in Eschbach Dienstlehen besaß.

Auch Wortwin, der als Herr auf der Homburger Burg saß, hatte von dem ehemaligen Besitz des Grafen Gerhard Nüring sowohl in Ober-Erlenbach wie auch in Ober-Eschbach Lehnsgüter[28].

In Ober-Erlenbach und Ober-Eschbach hatten die Münzenberger Besitzungen und alte Rechte, die nach ihrem Aussterben ihre Verwandten, die Falkensteiner, erbten. Das Grafengeschlecht der Falkensteiner, das seinen Stammsitz in der Rheinpfalz hatte, saß auf der stolzen Burg Münzenberg, die eine glänzende

---

Mayer, Th., Staat und Hundertschaft in fränkischer Zeit, Rheinische Vierteljahresblätter, Jg. 17 (1952), S. 344 ff.

Verhein, Kl., Studien zu den Quellen zum Reichsgut der Karolingerzeit, in: Deutsches Archiv für Erforschung des Mittelalters, Jg. 10 (1954), S. 314-394.

Kötzschke, R., Karl der Große als Agrarpolitiker, im besonderen auch für deutsche Landschaften, in: Festschrift E. E. Stengel, 1952.

[24] Original im Staatsarchiv Marburg. Gedruckt Böhmer-Lau, Frankfurter Urkundenbuch, Nr. 154.

[25] Hörle, J., Breviarium S. Lulli, S. 18. Das lateinische Wort Breviarium bedeutet eigentlich Gebetbuch der Geistlichen, hier Verzeichnis der Güter, die dem Kloster geschenkt wurden. Der Mainzer Bischof Lullus gründete das Kloster Hersfeld 769 und ließ das Güterverzeichnis anlegen (Original im Hess. Staatsarchiv Marburg). Im III. Teil des Verzeichnisses kommt auf S. 5, Z. 5 v. unten Erlenbach (= Ober-Erlenbach) vor: „In Erlibahe hub. x. m. trad." Zu deutsch: In Erlenbach 10 Hufen, 10 Gehöfte geschenkt.

[26] Monumenta Germaniae Historica Diplomata, Bd. I, S. 62, Nr. 119. Diese Urkunde wurde in Regensburg ausgestellt.

[27] Kropat, W. A., Reich, Adel und Kirche in der Wetterau von der Karolinger- zur Stauferzeit, Bd. 28 der Schriftenreihe des hessischen Landesamts für geschichtliche Landeskunde, Marburg, 1965, S. 79, 134 ff.

[28] Ebenda, S. 49, 90.

Vergangenheit hat. Sie nannten sich von Falkenstein-Münzenberg. Es war im Mittelalter Gepflogenheit, daß die Burgherren sich nach ihrem Burgsitz benannten. Auch die Falkenstein-Münzenberger, wie alle anderen Adelsgeschlechter, waren bestrebt, ihren Herrschaftsbereich auszudehnen. Sie erwarben 1271 die Grafschaft „zu den Stulen" (comitia in Stulen), das Hohemark-Waldgericht im Taunus mit dem Amt des Waldboten. Zu dieser Waldgenossenschaft gehörte auch Ober-Erlenbach und neben zahlreichen Siedlungen auch die Reichsstadt Frankfurt am Main. Die Märkergemeinden bezogen aus dem Markwald alljährlich ihren Brennholzbedarf[29].

Im vorgeschichtlichen und frühmittelalterlichen Dorf herrschte vorwiegend die Naturalwirtschaft, d. h. jedes Bauernhaus befriedigte selbst seine Lebensbedürfnisse, erzeugte Nahrung, Kleidung, Geräte usw. Jeder war sein eigener Handwerker, er besserte selber sein Haus aus, schärfte die Pflugschar und reparierte den schadhaften Wagen. Auf dem Dorf durfte kein Meister sein Gewerbe ausüben. Nebenbei war auch der Tauschhandel üblich ohne Geld. Mit der Zeit trat ein allmählicher Wandel ein. Mit dem Aufschwung der Lebenshaltung entfaltete sich zuerst in den Städten die Geldwirtschaft. Die Städte erhielten Marktrecht, der Güterkreislauf vollzog sich nun durch Verkauf und Kauf der Waren, für die man mit barer Münze bezahlte.

Freilich hatte auch das Feudalsystem des Mittelalters seine Schattenseiten. Der adelige Grundherr lebte mit seiner Familie in Saus und Braus, ohne zu arbeiten; ihm gehörte auf seiner Territorialherrschaft Grund und Boden, Wald, Wasser, Fischerei, Jagd, und die Untertanen leisteten ihm Frondienst. Er übte die Hoheitsrechte aus, war Gerichtsherr und heimste verschiedene Abgaben ein. Der leibeigene Bauer mußte sich in die Knechtschaft fügen, lebte in Armut und Unfreiheit, hatte keine Freizügigkeit, war an die Scholle gebunden. Demnach herrschte ein großer, durchaus unzufriedenstellender sozialer und wirtschaftlicher Unterschied in der mittelalterlichen Gesellschaftsordnung. Das ist der wahre historische Tatbestand, den die christliche Kirche auch beanstandete. Genannt seien einige bedeutende Vertreter, die Kritik übten, so der hl. Ambrosius, Papst Gregor I., Papst Gregor II., ferner die Scholastiker, mittelalterliche Theologen, besonders ihr Repräsentant der hl. Thomas v. Aquino. Sie verkündigten, daß die menschliche und wirtschaftliche Freiheit und Gleichheit gottgewollt sei und laut Naturrecht die Güter der Erde für alle da seien. Auch die Leibeigenen haben einen Anspruch auf Eigentum. Man predigte die „Nachfolge Christi"; das Hauptziel im Sinne der christlichen Idee sei die seelische Vollkommenheit, um den Gottesstaat auf der Erde verwirklichen zu können. Mit diesen Thesen hatte das christliche Mittelalter seinen Höhepunkt erreicht.

Doch die frommen, gutgemeinten Sentenzen verhallten ohne Erfolg, niemand versuchte ernsthaft die Abschaffung der drückenden Leibeigenschaft. Die Bauernaufstände wurden im Keim erstickt oder blutig niedergeschlagen.

Nach dem bestehenden Feudalrecht war im Mittelalter die Bauernbefreiung oder soziale Erneuerung nicht möglich. Dazu fehlte jede geschichtliche Voraussetzung. Die privilegierten, edelfreien weltlichen und geistlichen Geschlechter waren hochangesehen, reich begütert, sie bildeten von jeher die Herrenschicht, die Stütze

---

[29] Wagner, P., Das eppsteinsche Lehensbuch, 1927, S. 77-78. — Sauer, W., Codex diplomaticus. Nassauisches Urkundenbuch, Wiesbaden, 1886-1887, Bd. I, S. 480, Nr. 816.

der Kaisersmacht war. Der Adel bekleidete hohe Staatsämter und verteidigte im Krieg mit seiner ritterlichen Gefolgschaft das Land, daher resultierten seine grundherrschaftlichen Vorrechte. Der Ständestaat mit der Leibeigenschaft überdauerte nicht nur das Mittelalter, sondern bestand mit Erleichterungen für die Untertanen bis ins 19. Jahrhundert herauf.

Die Ober-Erlenbacher Bauern waren im Mittelalter jahrhundertelang Grundhörige des Benediktinerklosters Hersfeld, das eine sehr bedeutende Abtei war, die sich durch ihr Wirken verdient gemacht hat. Die Benediktiner waren Mitbegründer und Anhänger der Scholastik. Es ist daher einzuräumen, daß sie ihre Hörigen als ebenbürtig ansahen und duldsam behandelten. Es ging in der Feudalzeit die Redensart um: Unter dem Krummstab ist gut zu leben. Der Krummstab bedeutete den Bischofs- und Abtsstab, ein Amtszeichen, das am oberen Ende in einem Bogen endete. Es besteht wohl zu Recht die Annahme, daß die Hersfelder Mönche ihren Ober-Erlenbacher Klosteruntertanen gemäß des Bibelwortes: du sollst deinen Nächsten lieben (Matthäus 5, 43) in jeder Hinsicht mit Rat und Tat Beistand leisteten und sich ihnen gegenüber in milder Gesinnung gütig erzeigten.

Im Bayerischen Staatsarchiv Würzburg sind die „Mainzer Bücher verschiedenen Inhalts" aufbewahrt, in dem Band Nr. 71 ist ein altes Ober-Erlenbacher Gültenverzeichnis mit den Namen der Zinspflichtigen aus dem 15. Jahrhundert eingetragen. Im Dorf hatten damals zwei adelige Familien die Gutshöfe inne und teilten sich den Natural- und Geldzins; die Herren von Eppstein-Königstein und die Grafen von Hanau, die damals auch Homburg besaßen. In Ober-Erlenbach gab es 30 „Hausgesesse" (Wohnsitze), drei Häuser standen leer, sie waren zinsfrei, auch der Pastor und Glöckner. Es folgen die Namen der Zinspflichtigen:

```
    Clais der Schultheiß        Friedrich Kappus
    Henne Ronn                  Henne Fuß
    der junge Henne             Seyfried
    Henne Kuddel                Heinz Filder
 5  Henne Schneider          20 Dielmanns Erben
    Clais Harp                  Henne Schuchwart
    Henn Budes                  Henne Mans
    Heinz Hofmann               Keddesmengen Erben
    Diele Moller                Halbacher Erben
10  Konrad Reinhard          25 Henne Pfaff
    Lukel Fulgern               Clais Kudderhenne Sohn
    Henne Wonne                 Conze Schwarz
    Kedder Moller               Heinz Schwab
    Henne Schmidt               Henne Seulberger
15  Henne Guden              30 Henne Kydel.
```

Die Häufigkeit des Vornamens Henne, Kurzform für Johann, fällt auf. Heinz ist die mundartliche Kurzform für Heinrich, Conz, Kunz für Konrad und Clais, Klaus für Nikolaus.

In der Kaiserzeit wie auch im Spätmittelalter bis 1403 war das Kloster Hersfeld Ortsherr in Ober-Erlenbach. Es besaß das ganze Dorf mit allem Zugehör und den Einkünften als rechtes Eigentum. Es verfügte nicht nur über den Kirchensatz (Kirchensteuer) und die Kollatur, d. h. das Recht, den Pfarrer anzustellen, sondern besaß auch rechtmäßig das Vogteirecht, das Dorfgericht. Dazu sei folgendes bemerkt. Das Kloster als geistliche Grundherrschaft durfte kein Todesurteil fällen, kein Blut vergießen. Es übte deshalb die Gerichtsbarkeit nicht selbst aus, sondern ernannte einen Beamten, Vogt genannt, der das Dorfgericht unter freiem Himmel an der alten Gerichtsstätte hegte und das Urteil vollstrecken ließ. Das Wort Vogt ist vom lateinischen advocatus abzuleiten. Vogt Heinrich „advocatus de Erlebach" (Ober-Erlenbach) wird mit seiner Burg im eppsteinschen Lehensbuch erwähnt[30]), er ist urkundlich von 1262 bis 1303 nachweisbar. Er verkaufte seine Burg (castri sui in Erlenbach) mit Einwilligung seiner Frau und Mutter an Gottfried III. von Eppstein. Es wird keine Burg im wahren Sinne des Wortes gewesen sein, sondern ein Herrenhof mit stattlichem Steingebäude, das wegen der gefahrvollen Fehdezeit mit einer Mauer befestigt war. Der Ober-Erlenbacher Flurname „Auf der Burg", südlich vom Dorf, gibt ihre ehemalige Lage genau an. Auf dieser Flur, wie schon erwähnt, hat man römische Fundamentmauern ausgegraben. Vermutlich war der umwehrte Gutshof auf römischem Fundament erbaut. Das in Ober-Erlenbach ansässige Vogtgeschlecht gehörte dem Niederadel an und bildete in seiner Eigenschaft als Vertreter der Grundherrschaft den Ortsadel. Paul Wagner hat richtig erkannt, daß schon der Vater Heinrichs in Ober-Erlenbach Vogt war. Es scheint mir nicht abwegig, wenn im Zusammenhang mit dem Martinspatrozinium der Kirche vermutet wird, daß in fränkischer Zeit in Ober-Erlenbach ein Zentgericht (hohe Gerichtsbarkeit) bestanden haben könnte.

Die Hersfelder Abtei, nach den Regeln des hl. Benedikt im Hessischen Bergland gegründet, hatte in der Ober-Erlenbacher Gemarkung ansehnlichen Besitz: Wald, Äcker, Wiesen, Weiden, Gemüse- und Weingärten. Trotz Entfernung stand das Kloster in enger Verbindung mit dem Dorf. Als Grundherren besaßen die Mönche, ebenso wie die weltlichen Herrschaften, Leibeigene und Zehntrechte. Die Bauern waren Erbpächter, die das Feld bestellten und Abgaben in Natura und Geld leisteten. Die Ordensbrüder, Mönche (das griechische Wort monachos bedeutet Alleinstehender) haben sich im Mittelalter nicht nur der Seelsorge, Krankenpflege und Wissenschaft gewidmet, sie belehrten auch die Bauern in Ober-Erlenbach, wie man in der Landwirtschaft und im Obstbau reichere Ernten erzielen kann. Die jährlichen Zehntabgaben: Fruchtgefälle, Weinabgaben, Gartenzins, Bienenzehnt (Wachs und Honig), Hühner, Gänse, Lämmer usw. haben das Stift 450 Jahre hindurch mit Lebensmitteln versorgt. Auch Ordensbrüder haben bei ihrem Eintritt in das Kloster ihre Güter mitgebracht, so waren die Lebensbedürfnisse gesichert, denn auch milde Gaben flossen stetig dem Kloster zu.

Wahrscheinlich wurde schon in der Hersfelder Zeit der Ortsgeschichte in der Borngasse der erste „Schüttkasten" (Fruchtmagazin) erbaut, der später vergrößert wurde[31]). Seine Ausmaße überraschen. An diesem historischen Baudenkmal gehe man nicht gleichgültig vorbei. Wo steht noch sonst in unserer Heimat in

---

[30]) Wagner, P., Das eppsteinsche Lehensbuch, S. 91, Abs. 200 und 201.
„cum domino Heinrico advocato de Erlebach, de castro suo. ..."
„Heinricus iste cum manu et cum consensu uxoris et matris sue dedit mihi proprietatem castri sui in Erlebach ..." Erlebach ist Obererlenbach.
Reimer, H., Hessisches Urkundenbuch, Bd. I, S. 277, Nr. 380.
Böhmer-Lau, Urkundenbuch der Reichsstadt Frankfurt am Main, Bd. I, S. 415, Nr. 825.
[31]) Dehio, G., Handbuch der Deutschen Kunstdenkmäler, Band Hessen, S. 645.

irgendeinem Dorf ein solches Gebäude? Seine hohen Mauerwände ohne Mörtelverputz sind in ihrer Schlichtheit eindrucksvoll. Sie künden von der alten Bodenpolitik, von einer Zeit, in der nur der Staat, Adel und die Kirche Grundbesitzer waren, die Bauern kein eigenes Feld besaßen, den Boden der Grundherrn bearbeiteten und alljährlich ihren Getreidezehnt und andere Gefälle im herrschaftlichen Lagerhaus abliefern mußten. Bei der Übernahme führte der Kastner Buch. Der Grundzehnt war bis ins 19. Jahrhundert herauf Naturalabgabe. (Taf. XL).

Die Benediktinerabtei Hersfeld erfüllte getreu die ihr auferlegten kirchlichen und sozialen Pflichten und gewann immer größere Bedeutung. Erwähnt sei noch, daß sie in Ober-Erlenbach ein Hospital (Herberge) errichtete, das Kranken pflegte, reisende Kaufleute und wandernde Handwerksgesellen aufnahm. Im Jahre 1372 wurde das Herbergsrecht zwischen dem Ober-Erlenbacher Vogt und dem Kloster strittig[32]). Der Abt bestand auf seinem begründeten Recht.

Auch Klöster hatten ihre Glanzzeiten und Notjahre. Gegen Ende des 14. Jahrhunderts geriet das Stift in eine ungünstige wirtschaftliche Lage, und zu Beginn des 15. Jahrhunderts stand es vor der Auflösung. Abt und Mönche traten zusammen und beratschlagten, was getan werden sollte, um das Ordenshaus zu retten. Man beschloß den Verkauf der Ober-Erlenbacher Besitzungen und Rechte einschließlich des Kirchenpatronats an Graf Philipp III. v. Falkenstein für 3 500 Gulden[33]). Der Abt Hermann v. Altenburg gibt ganz offen zu, daß er wegen der schlechten finanziellen Situation gezwungen war, zu verkaufen, man habe das Geld „zur Notdurft gewannt"[34].

Das Geschlecht der Falkensteiner ist schon 1418 ausgestorben. Sehr rasch haben sich jetzt die Grundherren in der Herrschaft von Ober-Erlenbach abgelöst. Bei der Erbteilung fiel das Dorf zunächst an die Grafen v. Solms, an Solms-Lich und Solms-Laubach, ging aber schon 1420 an Eberhard II. v. Eppstein[35]) über. Unter den Herren v. Eppstein und der Linie Eppstein-Königstein verblieb Ober-Erlenbach 110 Jahre. Als 1535 mit Eberhard IV. v. Eppstein-Königstein das Geschlecht erlosch, gelangte das Erbe dem Testament gemäß an den Grafen Ludwig v. Stolberg-Königstein, der 1538 in seinem Land die Reformation einführte; so wurde auch Ober-Erlenbach evangelisch-lutherisch. Der Mainzer Kurfürst Daniel Brendel, aus dem Homburger Burggrafengeschlecht, belagerte 1581 die Burg Königstein und zwang die besiegten Grafen v. Stolberg zum Verzicht auf ihre Güter und Rechte außer dem Gederner und Ortenberger Besitz[36]). Kurmainz ließ sich in den stolbergischen Ortschaften huldigen, auch die Ober-Erlenbacher leisteten den Treueid, so wurde das Dorf wieder katholisch. Der Rechtsstreit zwischen Kurmainz und Königstein dauerte noch lange an; es herrschten damals, in der Zeit der Reformation und Gegenreformation, heftige religiöse Wirren, man stellte gerechte und ungerechte Ansprüche auf Land, Leute, Besitz und Ein-

---

[32]) Staatsarchiv Würzburg, Mainzer Bücher 70, Fol. 219.
[33]) Ebenda, Mainzer Bücher 70, Fol. 242. Kleinfeldt-Weirich, Kirchenorganisation, S. 72.
[34]) Weirich, H., Urkundenbuch der Reichsabtei Hersfeld I., Marburg 1936, Nr. 38, 48.
[35]) Siehe Brück, S. 326.
[36]) Picard, B., Eppstein im Taunus, 1968, S. 86.

künfte; die ungeordneten Verhältnisse hatte das Reichskammergericht zu schlichten.

Ober-Erlenbach blieb bis zum Ausgang des 17. Jahrhunderts im unmittelbaren Besitz von Kurmainz. Am 20. Oktober 1691 stimmte das Domkapitel zu Mainz dem Verkauf des Dorfes an Anselm Franz v. Ingelheim zu, weil dieser aus privaten Mitteln zum Unterhalt der Mainzer Miliz und zum Garnisonsbau große Summen beisteuerte. Kurmainz hat sich sowohl die Landeshoheit wie auch das Rückkaufsrecht vorbehalten. Am 27. März 1695 fand die Übergabe des Dorfes an die Herren v. Ingelheim statt[37]). Unter den neuen Herren erlebte Ober-Erlenbach seine Blütezeit. Eine neue Epoche der Ortsgeschichte brach an. Laut der Urkunde wurde Ober-Erlenbach mit aller landesfürstlichen Jurisdiktion (Rechtssprechung), Dorf und Flur, Nutzungen, welche das Erzstift Mainz in diesem Orte „exerzierte" (ausübte) und genossen habe, als Mannlehen übergeben, doch unter dem Vorbehalt der Wieder-Einlösung (Rückkaufrecht) binnen 30 Jahren. Diese Bedingung wurde 1737 aufgehoben, als Kaiser Karl VI. die Ingelheimer Freiherren in den Grafenstand erhoben hat.

Das Dorf und die Flurnamen

Vom Dorfnamen, von der Kirche, der „Kronzeugin" der Dorfgeschichte, sowie vom Friedhof beim Gotteshaus, der ummauert war, weil er einst als Wehranlage diente, war schon die Rede. Auch der alte Siedlungskern und seine Gassennamen wurden erwähnt. Hier soll das vom Dorf Gesagte ergänzt und einige Bemerkungen über Flurnamen hinzugefügt werden.

Die Dörfer des Vortaunuslandes sind allmählich aus dem Gelände um die mittelalterlichen Gutshöfe herausgewachsen. Sie liegen alle — Dornholzhausen, Kirdorf, Diedigheim, Gonzenheim, Ober-Eschbach, Ober-Erlenbach, usw. — in der Nähe eines Taunusbaches, denn das Wasser ist eine unentbehrliche Grundbedingung des menschlichen Lebens. Das Dorf — das Wort wird vom lateinischen „turba" abzuleiten sein — entstand aus den einfachen Häusern der Untertanen, den Fronbauern, die den Wald rodeten, den Boden kultivierten und das Ackerland bestellten. Schon im Urdorf waltete ein bevorrechteter Machtfaktor; in germanischer Zeit der Hundertschaftsführer, in der fränkischen Ära ein verdienter Kriegsmann, ein Edeling, und im Mittelalter der adelige Gutshofbesitzer. Die Ursiedlungen waren kleine Haufendörfer, alemannische Sippendörfer; erst in der fränkischen Zeit entstanden Straßendörfer. Am Fahrweg entlang hat man rechts und links parallele Hausreihen erbaut; man legte geschlossene, viereckige Gehöfte an, deren Vorbild der Fronhof war. Die fränkische Hofreite bestand aus Wohnhaus, Stallungen und Schuppen, die den Hofraum von drei Seiten umstanden, gegen die Straße war er ebenfalls abgesperrt durch das Wagentor und die Gassentür für Fußgänger.

Der Wald, auch das Vortaunusland war in alter Zeit von Bäumen dicht bestanden, lieferte das Baumaterial. Das Holz bestimmte die Bautechnik, aus Holzstämmen entstand der Rahmenbau des Fachwerkhauses. Dieser Haustyp war ein bodenständiges Bauwerk des ländlichen Gewerbes, an dem man in unserer hessischen Heimat jahrhundertelang festgehalten hat.

---

[37]) Staatsarchiv Darmstadt, Abt. V. A 3, Konvolut 75, Fasz. 6.

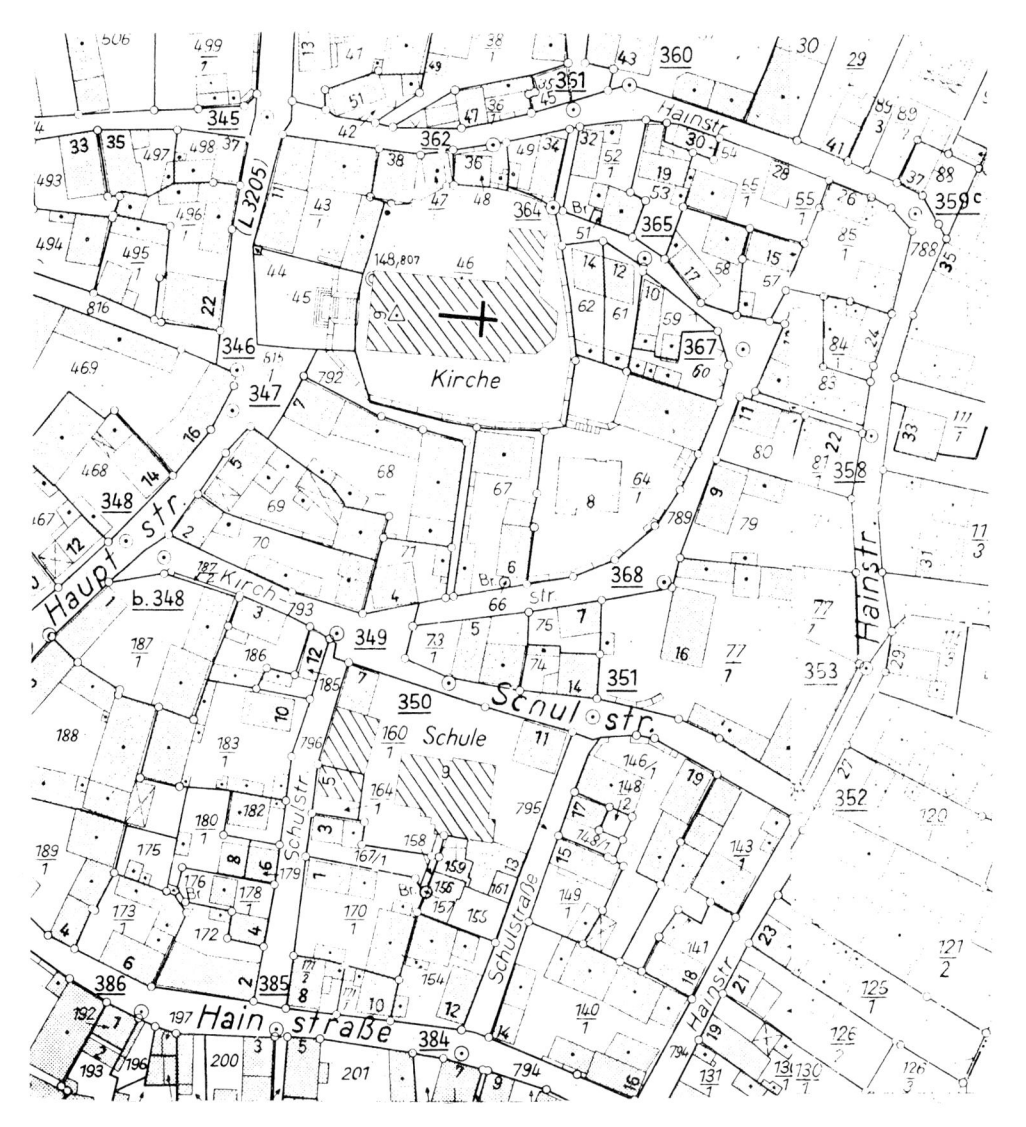

Der Ausschnitt aus dem Ober-Erlenbacher Ortsplan zeigt den alten Dorfkern, den die Hainstraße hufeisenförmig umschließt. Das Urdorf lag um die Kirche. Die Hainstraße erinnert an die mittelalterliche Dorfbefestigung, die aus Graben und Wall, auch Damm genannt, bestand. Der Wall war mit Hainbuche (Birkengewächs) und dornigen Sträuchern (Weißdorn) bepflanzt, deren Äste und Zweige verflochten waren. Dieses dichte Buschwerk (Hecke, Gebück genannt) bildete Schutz gegen Eindringlinge. Diese mittelalterliche Dorfbefestigung wurde nach dem Dreißigjährigen Krieg abgeholzt, der Graben zugeschüttet, das Gelände parzelliert und verkauft; so entstanden die Haingärten und Pfortgärten. Die Dorfbefestigung hatte ein Ober- und Untertor, auch Pforten genannt. Die heutige Hauptstraße war früher eine Durchgangsstraße, sie führte von der alten Erlenbachbrücke am Untertor zum Obertor an der Burgholzhäuser Straße. Heute bildet die Wetterauer Straße mit der neuen Bachbrücke die Durchgangsstraße. In fränkisch-karolingischer Zeit wurde das Dorf gegründet und die dem hl. Martin, dem fränkischen Nationalheiligen geweihte Kirche erbaut. In der Regierungszeit des Stauferkaisers Friedrich I. Barbarossa (= Rotbart), um die Mitte des 12. Jahrhunderts, wurde die zweite Kirche erstellt. Damals gehörte Ober-Erlenbach dem Benediktiner-Kloster Hersfeld.

XXXVIII

Hochaltar der Kirche in Ober-Erlenbach. — Der barocke Hochaltar (um 1679-1700) stammt ebenso wie die beiden Seitenaltäre aus dem ehem. Nonnenkloster Nieder-Ilbenstadt. Das Altarbild stellt den hl. Martin, den Schutzpatron der Kirche, dar.

Die kath. Pfarrkirche Sankt Martin in Ober-Erlenbach mit dem dreistufigen barocken Kirchturm, erbaut 1765. Photo K. Lederer.

Ausschnitt aus der Ober-Erlenbacher Gemarkungskarte (zu S. 329).

XL

Relief über dem Hauptportal der Pfarrkirche in Ober-Erlenbach, die dem hl. Martin geweiht ist. — Photo K. Lederer.

Der „Schüttkasten", die alte grundherrschaftliche Zehntscheune in der Borngasse in Ober-Erlenbach. — Photo K. Lederer.

Wie man das Haus unter Dach und Fach brachte, sei hier angedeutet. Das Bauholz wurde waldkantig, später immer vierkantig, behauen. Den tragenden Unterbau bildete die massive Schwelle, die aus sehr starken, waagerecht auf dem Boden liegenden, langen Stämmen bestand und ein zusammengefügtes, rechteckiges Fundament darstellte. In die Schwelle waren die Eckpfeiler (Still genannt) und auf allen Seiten mehrere Pfosten und schräge Streben verzapft, die oben mit querliegenden Balken (der Fachausdruck lautete Hohn oder Kappbaum) ganz fest verbunden waren. Auf den Holmen ruhten die Deckenträger, Holzbalken, in die man die Dachsparren verzapfte und oben im First mit Holznägeln befestigte. Die Fächer, den Zwischenraum der Pfosten, füllte man mit Flechtwerk aus Ruten aus und dichtete es mit einer dicken Lehmschicht innen und außen ab. So entstanden die Wände. Das Satteldach wurde mit Stroh eingedeckt.

Diese Grundform des Bauernhauses hat im Laufe der Zeit eine bedeutende Entwicklung durchgemacht. Die einfachen Fachwerkhäuser und ihre Toranlagen wurden unter dem Einfluß des Renaissance- und Barockstils immer dekorativer. Das Bauernhaus erhielt ein massives Bruchsteinfundament, wurde unterkellert, mit einem Obergeschoß ausgebaut, das Einfahrtstor wurde mit einem Bogen überspannt und mit Schnitzereien verziert.

Flurnamen erzählen Geschichte

Der nachstehende Kartenausschnitt stellt das Dorf und historisch wichtige Flurnamen dar, die einer Erklärung bedürfen.

Die Karte (Taf. XXXIII) zeigt die Lage des Dorfes, das der Erlenbach schlängelnd durchfließt, und einen Teil der Gemarkung, die uns Anlaß zur Vertiefung der ortsgeschichtlichen Kenntnisse gibt. Dies dürfte jedem Heimatfreund willkommen sein. Der Boden und seine Flurnamen sind nicht stumm, sie erzählen interessante Einzelheiten aus der Vergangenheit der Orts- und Flurgeschichte, die gewichtig genug sind, in Erinnerung zu bringen und ihre Bedeutung ins rechte Licht zu rücken.

An der oberen linken Kartenecke lesen wir „Der Lohwald", das ist ein Doppelname, denn das altdeutsche Wort Loh allein bedeutet Gehölz, Hain, Wald. Nahe beim Lohwald liegt die Flur „Am Almei"; das Wort Almeinde, Almende bedeutet Gemeindetrift, die Wald, Weide und Wiese umfaßte und von allen Dorfbewohnern gemeinschaftlich benützt wurde. Diese knappe Erläuterung wirft die Frage nach der Beschaffenheit des germanischen Urdorfes auf, das ursprünglich ein von Blutsverwandten bewohntes Sippendorf war und dem Sippenhaupt, auch Hundertschaftsführer genannt, unterstand. Die Hundertschaft war die kleinste Verwaltungs-, Gerichts-, Heeres- und Wirtschaftseinheit im Gauland. Dem Hundertschaftsführer gehörte der Herrenhof, und alle freien Familien des Dorfes besaßen auf der Feldflur ihr eigenes Ackerland. Es gab auch Unfreie und Knechte, denen kein Bodennutzungsrecht zustand, sie dienten als Taglöhner. Diese Ordnung blieb bis zur karolingischen Zeit aufrecht erhalten. Unter den Franken wurden die freien Bauern grundhörige Untertanen.

Im Taunus liegt die Ruine der keltischen „Gickelsburg". Der Name hat mit dem mundartlichen Gickel (= Hahn) nichts zu tun, er ist vielmehr eine volksetymologische Ableitung von Hüneburg, nicht von Hühner, sondern von Hüne (Riese). Unterhalb des Dorfes liegt die Flur „Am Hühnerstein"; auch dieser Flurname deutet auf einen großen Stein hin.

Auf dem „Galgenberg", in der Nähe der Kloppenheimer Gemarkungsgrenze, war die Richtstätte des Dorfes, dort wurden im Mittelalter die zum Tode Verurteilten am Galgen hingerichtet oder gerädert (aufs Rad gebrochen). Auch die Hexen wurden auf Grund eines Todesurteils hingerichtet oder verbrannt. Der Aberglaube, daß Menschen vom Teufel besessen, unheimliche Macht auf Mensch und Tier ausüben können, war einst verbreitet und ist heute noch nicht ganz ausgerottet.

Mit dem Flurnamen „Gutenmannsborn" hat es seine eigentümliche Bewandtnis. Es handelt sich dabei nicht — wie man leicht annehmen würde — um einen guten, wohltätigen Mann. Der mittelhochdeutsche Begriff „guote liute" bezeichnete im Mittelalter auch sieche Menschen[38]), vornehmlich Aussätzige, Leprakranke, deren es damals auch in Hessen viele gab. Den Aussatz, eine gefährliche Infektionskrankheit, hatten die römischen Legionen in unsere Heimat eingeschleppt. Die vom Aussatz Befallenen wurden aus dem Dorf isoliert, sie haben sich an der Quelle in einer Hütte aufgehalten. Die kirchliche Wohltätigkeit betreute diese Kranken. Dies liegt alles weit zurück und ist längst aus dem Gedächtnis der Einwohner entschwunden. In Frankfurt bestand das erste „Guteleutehuss", auch „Guden Ludenhusse" oder „Krätzspital" genannt, in der Altstadt, es wurde bald vor die Pforte am Bockenheimer Weg zum Bornhof verlegt und kam später an den Main zum „Gutleuthof"[39]).

Der Oberhof, der in die Karte als „Oberer Hof" eingetragen ist, besteht heute noch, es ist der ehemalige Mainzer, spätere Ingelheimer Gutshof, der jetzt hessische Staatsdomäne ist. Dieser alte Fronhof (Salhof) geht wahrscheinlich auf einen fränkischen Reichshof (Königshof) zurück, der in karolingischer Zeit öffentlich-rechtliche Aufgaben hatte; er wurde von Amtsleuten verwaltet, lieferte Proviant für das Heer, leistete Abgaben, beherbergte und verköstigte die Reichsboten. Seine Wirtschaftsführung wurde kontrolliert, die Amtsleute mußten abrechnen.

Der Oberhof, an höherer Stelle gelegen, bildete das Gegenstück zum Unterhof, der sich niedriger am Bachufer befindet. Beide sind alte Gutshöfe, zu ihnen gehörte das große Getreidemagazin, in den die Zehntfrucht eingeliefert wurde.

Der Flurname „An der Landwehr" an der Ober-Erlenbach-Petterweiler Flurscheide bedeutet Grenzwehr. Es war im Mittelalter üblich, daß entlang der Gemarkungsgrenze ein Graben ausgehoben und ein Wall aufgeworfen wurde. Diese Landwehr diente zum Schutz der Äcker und Ernte und sollte die streifenden ritterlichen Räuber abhalten, die den Landfrieden störten.

In dieser geschichtlichen Skizze versuchte ich, die alte Ortsgeschichte von Ober-Erlenbach festzuhalten, die vorgeschichtliche Zeit, wie sie sich aus den spärlichen Bodenfunden wiederspiegelt; ich erwähnte flüchtig die Römer und Franken, die als Roder und Ansiedler hierherkamen, ferner stellte ich das bewegte Mittelalter dar, wie es sich in Urkunden kündet. Vieles, was vergangen und überstanden ist, klingt dabei auf, hat seinen Gedenkstein zur Erinnerung gesetzt. Wir begegneten zahlreichen Menschen, die alle das Dorf und seine Umwelt mitgeprägt haben. Bewahren wir ihnen in stiller Ehrfurcht ein ehrendes Andenken.

---

[38]) Lexers, M., Mittelhochdeutsches Taschenwörterbuch, 21. Auflage, Leipzig 1936, S. 78.

[39]) Battonn, J. G., Oertliche Beschreibung der Stadt Frankfurt am Main, Frankfurt, 1875, Bd. V, S. 188 und Bd. VI, S. 232.

III. Ober-Eschbach

Auch in Ober-Eschbach, wie in Ober-Erlenbach, haben zwei Heimatforscher mir vorgearbeitet, Lehrer Lengfelder sogar erheblich. Er betrieb Jahre hindurch emsig Archivforschung und trug zur Ortsgeschichte viel wertvolles Material zusammen, das er auch aufarbeitete. Lengfelder hat einige historische Probleme gelöst und manche Frage angeschnitten. Sein umfangreiches Manuskript, das neben einer Fülle interessanter Feststellungen auch Unzulänglichkeiten enthält, wurde jedoch nicht gedruckt.

Ich bin Lengfelder für seine große Materialsammlung schon deshalb dankbar, weil in Ober-Eschbach das ganze Ortsarchiv fehlt; ich habe dort allein sein Manuskript gut erhalten vorgefunden. Da der Heimatforscher seine Untersuchungen mitunter mit Quellenzitaten unterbaute, aber nicht immer genaue Quellenangaben machte, mußte ich seine Ausführungen in den Staatsarchiven und an Hand von Urkundenbüchern überprüfen.

Weniger verdienstlich ist die gedruckte Jubiläumsschrift, die zur 1200-Jahrfeier (1953) erschienen ist. In dieser anspruchslosen Arbeit schlägt der Lokalpatriotismus allzustark über die Stränge. Ein näheres Eingehen auf Einzelfragen des geschichtlichen Teiles erübrigt sich.

Ortsnamenformen

Der Dorfname Eschbach erscheint im Lorscher Codex vom Jahre 772 bis 885 insgesamt in 35 Schenkungsurkunden in den verschiedenen Namensformen: Aschebach (772), Aschenbach (773), Aschenbac (779), Aschenbacher Dorf (779), Aschenbacher marca (790), Ascobach (790 oder 793) usw.[1]). In den Urkundenbüchern zerstreut finden wir weitere Varianten: Askebach, Essebach, Eschebach, Eschbach, superiori Essebach, Eschebach superiori, Obirn Eschebach, Obern Espach. Doch es bleibt fraglich, und in den meisten Fällen ist es heute nicht mehr klar festzustellen, ob mit Eschbach Ober- oder Nieder-Eschbach gemeint ist. Der Ortsname Ober-Eschbach kommt zum erstenmal in lateinischer Sprache als „superiori Askebach" vor, in einer Urkunde, die in Frankfurt am 14. Juli 1219 vom Mainzer Propst Gerbodo ausgestellt wurde, der das damals strittige Patronatsrecht (Schutzherrschaft der Kirche) mit allen Rechten Ulrich v. Münzenberg zuerkannt hat[2]).

Die Deutung des Ortsnamens liegt klar auf der Hand: der Bachname ging als Siedlungsname auf das Dorf über, das im Eschbachtal angelegt wurde. Im Anfang des 13. Jahrhunderts setzte man zwecks Unterscheidung beider gleichnamigen Dörfer die Bestimmungswörter Ober- und Nieder- davor, zuerst in lateinischer Sprache superiori und inferiori. Die Esche (fraxinus), gemeint ist hier die gemeine Esche, die mundartlich als „Asch" bezeichnet wurde, kommt sowohl

---

[1]) Glöckner, K., Codex Laureshamensis, Darmstadt, 1936, Kopialbuch, Bd. II, S. 121 ff. Das Original des Codex liegt im Bayerischen Hauptstaatsarchiv in München, Abt. Bestand Mainz, Lit. 19.

[2]) Böhmer-Lau, Urkundenbuch der Reichsstadt Frankfurt, Bd. I, S. 22, Urkundennummer 45.

in Bachtälern als auch in Flußauen häufig vor. Der Gerbsäuregehalt der Baumrinde wurde schon in vorgeschichtlicher Zeit bei der Verarbeitung von Häuten und Fellen zu Leder verwendet; man ist bei archäologischen Ausgrabungen auf Gerbgruben gestoßen.

Vor- und Frühgeschichte

Beim Bau der Reichsautobahn 1935 wurden in der Ober-Eschbacher Gemarkung auf der Flur „Am Pfingstbrunnen"[3]) jungsteinzeitliche (von 3000 bis 1800 v. Chr.) Streufunde (polierte Steinbeile mit Öhr und geschliffener Schneide, Feuersteinbrocken, Schleudersteine, Pfeilspitzen) zutage gefördert[4]). Diese Funde kamen in das Senckenbergische Museum nach Frankfurt. Eine steinzeitliche Ansiedlung soll nach Ansicht des Heimatforschers, Lehrer Jakob Lengfelder, auf der Flur „im Hinteren Grund", auf dem Feld gegen Oberursel bestanden haben[5]). Dieses Gelände wurde bisher archäologisch nicht durchforscht. Im Ober-Eschbacher Hardtwald gab es früher mehrere Grabhügel mit Beigaben aus der Bronzezeit (seit etwa 1800 bis 800 v. Chr.). Diese vorgeschichtliche Kulturstufe folgte auf die Jungsteinzeit. Die Menschen dieser Zeit kannten die Bronze, eine Metallmischung (Legierung) aus Kupfer und Zinn, sie haben daraus Schwerter, Dolche, Messer, Sicheln, Spangen, Ringe, Nadeln und andere Gebrauchsgegenstände hergestellt. Diese Gegenstände kamen in unsere Heimat als Importwaren. Bekanntlich war in vorangegangenen Perioden der Feuerstein schon Handelsware. Der bronzezeitliche Mensch war Jäger, Hirte und Ackerbauer, er pflanzte Weizen, Roggen, Hafer und Hirse, ackerte mit Rindern, das Pferd war noch kein Haustier. Es entstand der Handwerkerstand.

Römerzeit

Nach dem Ausbau des Pfahlgrabens (Limes) von 83 bis 85 n. Chr. unter Kaiser Domitian und nach den Feldzügen gegen die Chatten schien den Römern das Dekumatland (agri decumates), wie sie das Main-Taunusvorland nannten, militärisch gesichert, so setzte eine Neubevölkerung ein. Neben römischen Soldaten wanderten viele lateinisch sprechende Gallier ein. Die Römerherrschaft währte 170 Jahre lang; 254 und 260 stürmten die Alemannen den Limes und besiegten die Legionen, die sich nach Frankreich zurückzogen.

---

[3]) Im Namen Pfingstbrunnen ist ein altheidnischer Volksbrauch erhalten. Pfingsten war ursprünglich ein Frühlingsfest, das mit dem Pfingstlümmelsingen verbunden war und heute ganz vergessen ist. Der Pfingstlümmel (auch Pfingstbutze oder Laubmann genannt) war Frühlingskünder, Sinnbild des Erdsegens, Wachstums und der Fruchtbarkeit; er vertrieb die dämonischen Kräfte des Winters. Die Burschen des Dorfes verbrachten die Nacht vor Pfingsten mit ihren Pferden auf der Weide beim Pfingstbrunnen. In der Früh wurde einer der Burschen mit Stroh eingehüllt, und man ritt mit ihm durch die Dorfgassen zum Gaudium der Zuschauer und sang das Pfingstlümmellied.

[4]) Kofler, F., Archäologische Karte des Großherzogtums Hessen, in: Archiv für Hessische Geschichte und Altertumskunde, Neue Folge, 1, Darmstadt, 1890.

[5]) Ungedruckte Ortsgeschichte von Ober-Eschbach. In Anerkennung von J. Lengfelders Verdiensten wurde in Ober-Eschbach eine Straße nach ihm benannt.

Die Römer legten gerade Steinstraßen an, so die Weinstraße, im Mittelalter ein bedeutender Handelsweg, auch alte Mainzer Straße genannt, die zwischen Gonzenheim und Ober-Eschbach die Gemarkungsgrenze bildet. Auch ein Teil des Massenheimer Weges ist ein Stück Römerstraße, die in gerader Linie von der Saalburg nach Heddernheim-Römerstadt führte. Wo der Massenheimer Weg die Autobahn kreuzt, wurden römische Funde zutage gefördert, darunter zwei langhalsige Tonkrüge. In der Nähe, auf dem Acker „hinter der Mühle", liegen die Grundmauern einer Raststätte. Die Rohrleitung, die die Bad Homburger Abwässer zur Kläranlage auf dem Rodenberg (Ober-Eschbacher Flur VIII) ableitet, ist in den Massenheimer Weg versenkt. Die Römer bauten Steinhäuser, deren rechteckige Fundamente in den Fluren „auf dem Steinkritz", an der Gonzenheimer Flurscheide, „auf dem Krämersrain", am Erlenbacher Weg und „auf den Daunengärten", im Feld gegen Frankfurt, in dem Boden stecken. Wenn beim Ackern der Pflug auf die Grundmauern dieser Siedlungsspuren stieß, hörte der Bauer ein knirschendes, kratzendes Geräusch, der Flurname „Steinkritz" ist eine lautmalende Bezeichnung. Einer der ersten, der auf die römischen Fundamente auf dem Steinkritz hingewiesen hat, war Römer — Büchner[6]) und nach ihm Hammeran[7]). Louis Jacobi hat 1882 „auf dem Steinkritz" Ausgrabungen durchgeführt, die er 1883/84 dann „auf Krämersrain" fortsetzte[8]). Seine Mühe lohnte sich, er fand auf beiden Feldstücken große Mengen Mauerreste, römische Ziegelsteine, Terra Sigillata, Gefäßscherben aus rotem Ton, Schieferplatten, Fundamente eines römischen Landhauses mit Bad und anderes Material aus der Römerzeit. Die römischen Gebäude, Landhäuser (villae rusticae), teilt man in Luxusvillen, Gutshöfe, Bauernhäuser und Raststätten ein. Erstere waren mit großem Aufwand erbaut, die Gutshöfe bestanden aus Wohnungen und Wirtschaftsgebäuden, die einfachen Bauernhäuser bewohnten die landwirtschaftlichen Arbeiter (Bauern, Knechte, Sklaven), und die Raststätten waren Gasthöfe, bei denen Fuhrwerke und Truppen Ruhepause hielten. In seiner umfassenden Studie hat Günther Schell das Bestehen der römischen Gutshöfe im „Steinkritz" und in den „Daunengärten" bestätigt und in das 2. und 3. Jhr. datiert[9]).

Mittelalter

Ober-Eschbach ist ein karolingisches Dorf.

Die fränkische Ära unserer Heimat wird in zwei Zeiträume eingeteilt, in merowingischen (500-751) und karolingischen (751-919) Abschnitt. Die Ortsnamen machen eine Aussage über die Entstehungszeit der Dörfer, denn in den verschiedenen Phasen der Geschichte waren kennzeichnende Ortsnamentypen üblich. Während man in merowingischer Zeit die Dorfnamen hauptsächlich aus Personennamen+heim zusammensetzte, wurden sie in Karolingerzeit aus zwei Sachnamen, z. B. Esche+bach, gebildet.

---

[6]) Römer-Büchner, Beiträge zur Geschichte der Stadt Frankfurt, Frankfurt, 1853.
[7]) Hammeran, A., Urgeschichte von Frankfurt a. M. und der Taunusgegend, Frankfurt, 1882, S. 55.
[8]) Jacobi, L., Nassauische Annalen, Jg. XVIII, 1883/84, S. 217.
[9]) Die römische Besiedlung von Rheingau und Wetterau, in: Nassauische Annalen, Jg. 75, 1964, S. 21 und 57.

Als die Franken Anfang des 6. Jahrhunderts unsere Heimat eroberten und besetzten, begann im Taunusvorland eine Neubevölkerung, viele Franken wanderten in den neuen Lebensraum ein. Wälder wurden gerodet, Land urbar gemacht und fränkische Straßendörfer angelegt. Im Ackerbau ist man von der Feldgraswirtschaft zur ertragreicheren Dreifelderwirtschaft übergegangen. Nach fränkischer Ansicht galt das besetzte Land als Krongut, das unmittelbar dem König unterstand, der seinen treuen Vasallen Güter schenkte, woraus die Pflicht zum Kriegsdienst resultierte. So entstanden die Grundherrschaften. Im Laufe der Zeit waren in Eschbach (Ober- und Nieder-Eschbach) viele fränkische Edelinge begütert. Dies erfahren wir aus dem Lorscher Codex, der noch keinen Unterschied zwischen Ober- und Nieder-Eschbach macht. Einige Eschbacher Gutsherren führe ich namentlich an mit der Jahreszahl: Adelhart (772), Warin (773), Erchenswind (774), Gerhart (779), Eigilrat (788), Folcbert (791), Reginolf (805), Nitbert (850), Willigart (855). Die urkundliche Überlieferung im Lorscher Codex über die zwei Eschbach ist sehr reich. Neben der Fülle von Belegen für die Gutsherren, die für ihr Seelenheil dem Kloster Schenkungen machten, erscheinen die vielen Güter, Hofreiten, Äcker, Wälder, Wiesen, Weiden, Weingärten, Wasserrechte, Kirchen, Leibeigene, Zins, Hühner, Eier usw., die aus freiem Entschluß ohne Entgelt übereignet wurden.

Der Dorfname Eschbach (Ober- oder Nieder-Eschbach) wird im Lorscher Codex erstmals in der Namensform Aschebach im Jahre 772 erwähnt[10]). Am 1. Juni 772 stiftete Adelhard 5 Morgen Land in Aschebach an Lorsch. Eine weitere Schenkungsurkunde ist vom 15. März 782 datiert. Salcho wandte dem Kloster ein Vermächtnis von 7 Morgen Ackerland, einer Wiese und einem Waldstück zu. Über diese zwei einwandfreien Urkundenbelege dürfen wir nicht leicht hinweglesen, denn sie sind geschichtlich bedeutsam. Wir entnehmen ihnen, daß die Siedlung Eschbach im Niddagau bestanden hat. Der 1. Juni 772 ist der Kalendertag der Ersterwähnung des Ortes. Mit diesem Datum setzt die urkundlich überlieferte Ortsgeschichte von Eschbach ein. Die Urkunde ist aber kein Geburtsschein, denn sie besagt nicht, wann Eschbach gegründet wurde, der Text läßt diese Frage völlig offen, er bescheinigt bloß die Existenz des Dorfes Eschbach. Damals stand unsere Heimat unter der Regierung Karls des Großen, des Frankenkönigs, der am Weihnachtstag 800 von Papst Leo III. zum Kaiser gekrönt wurde. So gesehen erweitert sich der Sinn der Zeitangabe.

Wenn wir von den zwei erwähnten Urkunden ausgehen und die weiteren Nachrichten über Eschbach im Lorscher Codex verfolgen, so begegnet uns eine wichtige Schenkungsurkunde, die am 26. September 773 ausgestellt wurde[11]). Warin bestätigt, daß er dem Kloster alles geschenkt habe, was er in Aschebach (Eschbach) besaß; eigens werden in der Urkunde erwähnt: zwei Quellen zur Salzgewinnung und ein Leibeigener. Kochsalz war für die Klosterküche sicher ein erwünschtes Geschenk, und der mitgeschenkte Leibeigene wird die Arbeitsweise beherrscht haben, wie aus der eingedampften Sole das Speisesalz gewonnen wird. Ich bringe von dieser Originalurkunde[12]) eine Photokopie und lasse dann zum Verständnis eine Transkription und deutsche Übersetzung folgen.

---

[10]) Glöckner, K., Codex Laureshamensis, Kopialbuch II, S. 120, Nr. 3328 und 3330.
[11]) Ebenda, Urkunde 3335. Minst, S. 155.
[12]) Bayerisches Hauptstaatsarchiv, München, Mainz, Lit. 19, Fol. 197. — Glöckner, S. 121.

Transkription:

Donatio Warin in villa Aschebach:

In Christi nomine sub die VI Kalendas octobris anno V Karoli regis. Ego Warinus dono ad Sanctum Nazarium martyrem qui requiescit in corpore in monasterio Laurissamensi, ubi venerabilis Gundelandus abbas praeesse videtur, donatumque in perpetuum esse volo et promptissima voluntate confirmo in pago Nitachgowe in villa Aschebach quidquid habere videor et II fontes salsos ad salem faciendum et mancipium I stipulatione subnixa. Actum in monasterio Laurissamensi, tempore quo supra.

Übersetzung:

Schenkung des Warin im Dorf Eschbach unter Abt Gundeland und König Karl.

Im Namen Christi, am 26. September im 5. Jahr (773) des Königs Karl. Ich, Warin, schenke an den heiligen Nazarius, dessen Leib im Lorscher Kloster ruht, das vom ehrwürdigen Abt Gundeland verwaltet wird. Es ist mein Wille, daß meine Gabe für ewige Zeiten dargereicht sei, und bestätige, daß sie durchaus freiwillig geboten wurde. Ich schenke im Niddagau in Aschebach (Eschbach) alles, was ich habe, zwei salzhaltige Quellen, geeignet zur Salzgewinnung und einen Leibeigenen. Geschehen im Kloster Lorsch, Zeit wie oben.

Noch eine kurze Erklärung zur Zeitangabe der Urkunde. Sie ist noch nach dem Julianischen Kalender datiert, den die Römer bei uns einführten. Das lateinische Wort calendae bedeutet den ersten Tag im Monat, hier den 1. Oktober, von dem wurden 6 Tage zurückgerechnet und der 1. Oktober mitgezählt, so ist der 26. September der Tag, an dem die Urkunde ausgestellt wurde. Kaiser Karl regierte von 768 bis 814, sein 5. Regierungsjahr war demnach 773.

Am 18. September gab das erstrebte Seelenheil Anlaß zu einer weiteren milden Gabe an das Kloster Lorsch. Erchenswind schenkte dem Benediktinerstift 10 Morgen Land in Aschebach, 1 Hofreite samt der darauf stehenden Kirche; in dieser Urkunde wird in Eschbach zum erstenmal eine Kirche erwähnt[13]). Seit der fränkischen Okkupation, seit Anfang des 6. Jahrh., hat sich in unserem Land, wie bereits bei der Behandlung von Ober-Erlenbach angedeutet, eine tiefe Umschichtung angebahnt sowohl auf dem politischen wie auch auf dem wirtschaftlichen und sozialen Sektor. Ferner wurde die heidnische Bevölkerung zum Christentum bekehrt, Kirchen erbaut und eine Kirchenorganisation eingeführt. Diese Entwicklung ist der Einwohnerschaft, wenn sie sich auch nur widerwillig und allmählich umstellen konnte, meistens zugute gekommen.

Die Kirche, die Erchenwind schenkte, war sicher ihr Eigentum, sie hat sie erbauen lassen; sie war wohl die Begräbniskirche ihrer Familie. Doch zum Gottesdienst stand sie selbstverständlich dem ganzen Dorf offen. Ich lenke die Aufmerksamkeit der Leser noch auf eine Textstelle der Urkunde: „ecclesiam S. Lamberti". Das bedeutet, daß der Altar der Kirche dem hl. Lambert geweiht war. Wer war der hl. Lambert? Es kann nicht der Hersfelder Mönch Lambert gemeint sein, der als Verfasser aufschlußreicher Annalen bekannt ist, denn er war kein Heiliger und lebte erst im 11. Jahrhundert. Es besteht kein Zweifel, daß der Kirchenpatron der ersten Ober-Eschbacher Kirche Sankt Lambert, der Bischof von Maastricht (672-705) war, ein Volksheiliger und Märtyrer. Das Lambertpatrozinium kündet Geschichte, die Franken brachten es mit dem Christentum aus den Niederlanden hierher, als sie unsere Heimat besetzten, hier gesegneten Siedlungsboden fanden und das Dorf Ober-Eschbach an der alten Weinstraße (Mainzer Straße) gründeten. Vermutlich waren Erchenswind und ihre Leute Niederländer, die aus der Provinz Limburg im ehemaligen Ostfrankenreich einwanderten.

Reichlich fließen über Eschbach die Nachrichten aus einer langen Urkundenkette, die überraschend aus 35 Gliedern besteht. Welch ein Überfluß! Die Schenkungsurkunden berichten über Güter im inneren Dorfbereich und in den Feldfluren der Gemarkung, über Wald, Wiesen, Mühlen, Zehnt usw., sie rufen die längst vergangene fränkische Zeit wach. Die Freunde der Heimatgeschichte sehen beim Lesen der Urkunden vor ihren geistigen Augen die Siedlung Aschebach mit ihrem frühmittelalterlichen Leben, mit dem auf einem aufgeschichteten Hügel stehenden Kirchlein, den Gutshöfen, Menschen, fränkischen Edelingen und Untertanen. Doch eins stört sehr, man weiß nicht, welches Eschbach gemeint ist, Ober- oder Nieder-Eschbach, die Urkunden sprechen nur von Eschbach.

Ich schalte hier das Faksimile der Originalurkunde ein und füge eine Transkription und Übersetzung hinzu.

---

[13]) Bayerisches Hauptstaatsarchiv, München, Mainz, Lit. 19, Fol. 197. — Glöckner, K., S. 121. Nr. 3334, Minst, S. 155.

Transkription:
In Christi Nomine Erchenswind Aschebach sub die XIIII Kalendas octobris Anno VI Karoli regis Erchenswint pro remedio anime mee dono ad Sanctum Nazarium martyrem qui requiescit in corpore in monasterio Laurissamensi, ubi venerabilis Gundelandus abbas praeesse videtur, donatumque in perpetuum esse volo et promptissima voluntate confirmo in pago Nitachgouwe in Aschenbach X iurnales et mansum et ecclesiam Sancti Lamberti in eodem manso et quidquid ad ipsam pertinet, stipulatione subnixa. Actum im monasterio Laurissamensi, tempore quo supra.

Übersetzung:
Schenkung der Erchenswind in Eschbach.
Im Namen Christi, am 18. September im 6. Jahr (774) des Königs Karl. Zu meinem Seelenheil schenke ich, Erchenswind, dem heiligen Märtyrer Nazarius, dessen Leib im Kloster Lorsch ruht, das unter der Leitung des ehrwürdigen Abts Gundeland steht. Die Schenkung erfolgt nach meinem Wunsch für immer und wie ich ausdrücklich betone, aus freien Stücken. Ich schenke im Niddagau in Aschenbach zehn Morgen Land, eine Hofreite darauf die Kirche des hl. Lambert, und alles, was zu derselben gehört. Geschehen im Kloster Lorsch, Zeit wie oben.

Die mittelalterliche Kirche aus der frühgotischen Bauzeit steht heute noch auf dem alten Kirchplatz, abseits vom lärmenden Straßenverkehr. Sie dient aber heute weltlichen Zwecken. Einige verwitterte Grabsteine, Sinnbilder irdischer Vergänglichkeit, sind in die Außenwand eingelassen. Der Altar dieser Kirche war der Gottesmutter Maria geweiht, die von den Gläubigen um Fürbitte bei Gott angerufen wurde. Die Schutzheiligen der Kirchen wechselten im Laufe der Zeit, besonders wenn eine neue Kirche erbaut wurde, änderte man gern das Patrozinium. Vermutlich ließen die Münzenberger die alte Kirche abtragen und eine neue bauen, denn sie waren die Dorfherren und Inhaber des Patronats, Kollatur genannt, d. h. sie hatten das Recht zur Besetzung der Pfarrstelle. Die Pfarrei („superiori Askebach") wird urkundlich am 14. Juli 1219 erwähnt. Damals hat der Mainzer Probst Gerbodo über das Ernennungsrecht des Pfarrers, das zwischen Ulrich v. Münzenberg und Eberhard Waro strittig war, zu Gunsten Ulrichs entschieden. Nach dem Tode des Pastors Burkard hat Ulrich das vakante Amt mit Gerlach („Gerlacus sacerdos de Ascebach") besetzt[14]). Der Altar der Kirche hieß „Unser lieben Frauen Altar", er wird im Jahre 1293 erwähnt[15]); sicher hat ihn ein Muttergottesbild geschmückt. Das Pfarrgehalt, sieben Achtel Korn Frankfurter Maß und die Hälfte des großen Zehnten, war alljährlich am Liebfrauentag fällig. Dies hat Pastor Nikolaus von „Obern-Eschpach" 1455 vertraglich mit der Kirchengemeinde vereinbart[16]).

Man kann gewiß neben dem Urkundenmaterial der Archive und den bodenständigen Flurnamen auch die alten, noch bestehenden Dorfkirchen als Kronzeugen der Ortsgeschichte heranziehen, denn sie haben die heimatliche Vergangenheit miterlebt.

Wer nach Ober-Eschbach kommt und in der Dorfmitte vor dem Hügel steht, den das alte Gotteshaus mit seinem Turm krönt, den spricht nicht nur das Mittelalter an, sondern auch die Zeit der germanischen Völkerwanderung. Der Kirchenhügel ist keine natürliche Bodenerhebung. Er könnte vielmehr, wenn nicht alles trügt, eine heidnische Bestattungsstätte, ein Erbbegräbnis der Sippenhäuptlinge gewesen sein. Auf dieser heidnischen Kultstätte, so darf man mit Recht vermuten, wurde die erste christliche Kirche erbaut. Dies war in fränkischer Zeit allgemein üblich. Doch ohne archäologische Ausgrabungen, die hier bisher nicht durchgeführt wurden, kann man das nicht mit Sicherheit behaupten.

Hier war das Herzstück des alten Dorfes, denn hier stand der Oberhof (Taf. XLII), der alte Salhof, Fronhof als Zeuge und dabei lag die herkömmliche Gerichtsstätte. Die Kontinuität zwischen heidnischer und christlicher Zeit drängt sich merklich auf. Wo gibt es sonst noch in unserer engeren Heimat ein Stück historischen Bodens mit einer erhaltenen Dorfkirche, die im Laufe der Zeit so tiefgreifende bauliche Wandlungen durchmachte, ihr Gesicht so oft änderte und daher verschiedene Baustilelemente aufzuweisen vermag?

Die mittelalterlichen Kirchen waren nicht nur Gotteshäuser, sondern auch Wehrbauten. Der Kirchturm war der Bergfried, die Kirche die Burg und der ummauerte Friedhof, in dem die Kirche stand, war die Vorburg. Die Kirche diente einst als Wehranlage, in der die Dorfbewohner in Gefahr Schutz fanden.

Der einfachen Ober-Eschbacher alten Dorfkirche kommt auch eine kunstgeschichtliche Bedeutung zu. Sie steht unter Denkmalschutz (Taf. XLII). Die Bauzeit reicht in die karolingische Zeit zurück. Romanisch ist der niedere runde Türbogen am Kirchturm, ferner läuft die einschiffige Kirchenhalle in eine halbrunde Apsis aus. Die spitzbogigen Türrahmen aus Stein wurden in gotischer Bauzeit in die Nord- und Südwand eingebaut, es sind getrennte Männer- und

---

[14]) Böhmer-Lau, Urkundenbuch der Reichsstadt Frankfurt, Bd. I, S. 22, Nr. 45.
[15]) Bayerisches Staatsarchiv Würzburg, Mainzer Bücher verschiedenen Inhalts, Nr. 70, S. 181.
[16]) Ebenda, Mainzer Urkunden, Geistlicher Schrank, 10/73, Nr. 271, S. 1455.

Frauentüren. Gotisch sind auch die vier Doppelarkaden am Kirchturm und ein Strebepfeiler auf der Südseite des Schiffes. (Taf. XLIII).

Der Dreißigjährige Krieg ging verheerend über unsere Heimat hinweg, zerstörte die alten Gutshöfe und die Kirchen. Nach dem Krieg wurde die Kirche in der Barockzeit erneuert und das Schiff mit hochliegenden kreisrunden Fenstern versehen; die Barockzeit liebte den düsteren Kirchenraum, das natürliche Licht ersetzten die brennenden Kerzen. Als man dann 1728 bis 1731 die neue protestantische Kirche unter Graf Reinhard von Hanau neben dem Oberhof erbaute (Taf. XLII), wurde die alte Kirche weltlichen Zwecken zugeführt; sie nahm neben der Gemeindeverwaltung auch einen Schulsaal und später das Postamt auf. Jetzt wurden in die Wände an Stelle der kleinen Barockfenster große viereckige Fenster eingebaut; nur ein Barockfenster blieb erhalten.

Ober-Eschbach war mit einem Mauerring umwehrt, der zwei verschließbare Tore hatte, die Ober- und die Unterpforte. Über der Oberpforte war ein Raum, „die Stubb uf der Pforten" genannt, in der Gemeindesitzungen und nach der Reformation lutherische Gottesdienste abgehalten wurden. Von der ehemaligen Mauer bestehen heute noch brüchige Reste.

Nach dem Dreißigjährigen Krieg erwarb Johann Ochs, ein reicher Frankfurter Kaufmann, den Oberhof, ließ das Wohnhaus stattlich aufbauen, neue Stallungen und Wirtschaftsgebäude erstellen. Am Giebel des Hauses, das heute ein moderner Gasthof ist, steht in großen Lettern der historische Name: Oberhof. Er bewahrt die Erinnerung an den ehemaligen Gutshof. Den Unterhof hat die Gemeinde Ober-Eschbach käuflich erworben und das große Hofgebäude in eine Schule umgestaltet.

Die Dorfherrschaft mit dem Patronatsrecht ging 1255 an die Falkensteiner über, fiel 1416 an das Erzbistum Mainz, das 1419 die Herrn v. Eppstein damit belehnte. Im Jahre 1433, gelegentlich der Teilung des Familienerbes zwischen den Brüdern Gottfried VII. und Eberhard II. v. Eppstein, kam Ober-Eschbach an Eppstein-Königstein[17]). Die Pastoren von Ober-Eschbach waren nach „aldem lobelichem herkommen" verpflichtet, auf der Vorburg zu Königstein zu wohnen und in der Burgkapelle die Messe zu lesen; ihnen gebührte der Kirchenzehnt von Königstein[18]).

Die Franken traten in Deutschland mit hohen Zielen an und erreichten unter Karl d. Gr. einen geahnten Aufstieg. Doch das Glück blieb ihnen nicht treu. Nach dem Tode Karl d. Gr. war der Höhepunkt überschritten, auf die Blütezeit folgte der Verfall, es ging steil bergabwärts. Die Söhne Ludwig des Frommen bildeten drei Linien, die Macht zersplitterte sich, und alle möglichen Umstände haben am Niedergang mitgewirkt. Die Dynastie der Karolinger ist 911 in Ostfranken ausgestorben.

Die Kirche, unter den Franken gefördert und reich beschenkt, erstarkte. Die Klöster waren Mittelpunkte des religiösen und geistigen Lebens. Die Mönche widmeten sich — wie schon oben angedeutet — auch hilfsbereit den armen Volksschichten, die ihre Hilfe brauchten und pflegten in christlicher Nächstenliebe die Kranken. Die angestammten adeligen Familien, die zu Feudalherren empor-

---

[17]) Ebenda, Mainzer Bücher verschiedenen Inhalts, Königsteinsches Kopialbuch, Nr. 70, S. 29.
[18]) Ebenda, Mainzer Bücher, Nr. 71, S. 117.

stiegen, haben mit dem Lehenswesen das politische, wirtschaftliche und soziale Leben geprägt bis in die Neuzeit herauf, als die ständische Gesellschaft von der bürgerlichen abgelöst und die Bauernbefreiung gesetzlich durchgeführt wurde. Aus den grundhörigen Bauern aber machten sie Leibeigene, die in persönliche Abhängigkeit, in Knechtschaft herabsanken; sie hatten keine Freizügigkeit, leisteten auf dem herrschaftlichen Gutshof verschiedene Frondienste und zahlten Kopfzins (census capitalis). Ihr Los war traurig, sie waren recht- und besitzlos, durften keine Waffen tragen und konnten sich nur mit ihren Fäusten verteidigen. All dies erscheint uns heute sonderbar, doch es entsprach den Gepflogenheiten der Zeit.

Die herrschaftlichen Gutshöfe ragten selbstbewußt aus den armseligen Bauernhütten des Dorfes heraus, sie waren Herrensitze. In Ober-Eschbach standen seit dem Mittelalter zwei Gutshöfe, wie auch in Ober-Erlenbach, der Ober- und Unterhof. Es waren herrschaftliche landwirtschaftliche Betriebe mit Wohnhaus, Stallungen, Wirtschaftsgebäuden, Arbeitskräften und Betriebsvorrichtungen. Zu jedem Gutshof gehörten Äcker, Wiesen- und Weidegründe, Wildbann, Vogteirecht, ferner Wald, Wasserrecht, Gartenland, Weinberg, Vieh- und Bienenhaltung. Diese Hofgüter sind auf Rodland entstanden. Sie waren ursprünglich kleine karolingische Domänen, deren Verwaltung Edelingen, Grafen oder Centenaren unterstand, später in die Hände eines Klosters, Bistum, ritterlichen Grundbesitzers übergingen oder Zinsgüter wurden. Die Forschung hat erwiesen, daß Gutshof, Kirche und Gerichtsstätte ursprünglich in der Dorfmitte beisammen lagen. Dies war altüberlieferte Gepflogenheit, die sich lange gehalten hat. Aus Zweckmäßigkeit verlegte man den Gutshof später aus dem Inneren des Dorfes nach außen, auf die Feldflur.

Das Dorf Ober-Eschbach hat sich im Laufe der Zeit aus den Wirtschaftshöfen entwickelt, aus dem Oberhof bei der Kirche und dem Unterhof am Eschbach. Kaiser Karl der Große (768-814) hat in seinen Capitularien angeordnet, daß bei den Gutshöfen Wassermühlen erbaut werden sollen. Zum Wirtschaftshof gehörte das Wasserrecht. In Ober-Eschbach lag die Mühle am Mühlgraben beim Unterhof, sie wurde im 30jährigen Krieg zerstört. (Taf. XLI).

Die fränkischen Urhöfe bildeten den Ausgangspunkt zur Gutsherrschaft. Die Höfe in Ober-Eschbach wechselten im Laufe der Zeit mehrfach ihre Besitzer und Lehensträger. Die Ortsgeschichte ist heute noch nicht bis in alle Ecken und Winkel ausgeleuchtet. Nicht alles läßt sich mehr in der urkundlichen Überlieferung erfassen, dennoch müssen Archivreisen unternommen, Quellenforschung betrieben und urkundliche Belege gesammelt werden, um die heimatgeschichtlichen Kenntnisse vertiefen und archivalisch unterbauen zu können. J. Lengfelder macht in seinem hinterlassenen Manuskript viele Andeutungen und gibt Anhaltspunkte, die genau überprüft werden müssen; seit seiner verdienstvollen Arbeit ruht in Obereschbach die Forschungsarbeit.

Die Anfänge des Oberhofes reichen bis in die fränkische Zeit zurück. Nach den Franken wurde der Hof Klosterbesitz, es ist auch möglich, daß er schon im 9. Jahrhundert der Benediktinerabtei Lorsch gehörte. Diese Frage bleibt noch offen. Sicher ist, daß die Grafen von Nürings, die als Gaugrafen im Niddagau mit staatlicher Vollmacht regierten, in der Gemarkung im 11. und 12. Jahrhundert grundherrliche und vogteigerichtliche Rechte besaßen. Die Nürings sind 1171 ausgestorben, ihre Lehensrechte fielen an das Reich zurück. Die Nürings hegten das Hohemark-Waldgericht, Ober-Eschbach war eine der vielen Märkergemeinden, der Holzrecht und Dingpflicht zustand[19]). Auch Wortwin von Stedten und Homburg, der als Herr auf der Homburger Burg saß, war in Ober-Eschbach mit 5 Mansen (Hofreiten) und einem Weinberg belehnt. Wortwin war Waldbot der Hohemark-Waldgenossenschaft, die — und das ist höchst merkwürdig — in der feudalen mittelalterlichen Zeit in ihrer Verfassung demokratische Züge aufweist, das Volk hatte auf dem Märkerding Mitspracherecht. So das Lehensverzeichnis Gerhards III.[20]) wie auch das Gottfrieds III.[21]) besagen: „villam in Diedenheim (das Dorf Didingheim) et quinque mansus et vineam unam in Aschebach". Lengfelder könnte mit seiner Vermutung wohl recht haben, daß mit dem Weinberg der heutige Wingertsberg am Hardtwald gemeint sei[22]).

Wortwin hat die Homburger Burg am Ende des 12. Jahrhunderts an Gottfried I. v. Eppstein verkauft[23]). Das hochadelige Geschlecht der Eppsteiner, das sich nach der Burg Eppstein nannte, bekleidete hohe weltliche und geistliche Ämter, es stellte vier Mainzer Erzbischöfe, besaß ansehnliche Besitzrechte, Eigengüter und Reichslehen, verfügte auch über viele Dienstmannen, sogenannte Ministerialen. Als reiche Grundherren belehnten sie Klöster und ihre treuen Vasallen mit Gütern, Vogteien (Gerichten) und Einkünften, denn sie selbst konnten auf ihrem großen Herrschaftsgebiet nicht alle wirtschaftliche und gerichtliche Belange wahren. Eine Urkunde vom 8. 10. 1269 bestätigt, daß Gottfried II. von Eppstein und seine Söhne einen Ober-Eschbacher Gutshof als Allodialbesitz zu eigen hatten. Von diesem Hofgut überließen sie dem Kloster Fulda 9 Hufen (270 Morgen) als Lehen[24]). Diese Güter gehörten zu dem Oberhof, der bei der Kirche lag; sein Ursprung wird in die fränkische Zeit zurückreichen.

In der ersten Hälfte des 16. Jahrhunderts ist das Hofgut in den Händen der Freiherren Hans und Eberhard von Ingelheim, die alle Oberhofgüter 1526 nach dem damals geltenden Rutenmaß von den Feldgeschworenen vermessen und aussteinen ließen; sie legten auch ein Ackerbuch an. Die Herren Riedesel von Bellersheim, die Besitzer des Unterhofes, haben 1547 ebenfalls ihre Landgüter ausmessen und die einzelnen Parzellen, nach Lage und Größe, registrieren lassen. Beide Bücher hat Lengfelder noch eingesehen[22]); heute sind sie samt dem ganzen Ortsarchiv verschollen.

Als die Ingelheimer den Oberhof zum Verkauf anboten, erwarb ihn Johann von Walderdorf. Im Dreißigjährigen Krieg wurden beide Gutshöfe arg mitgenommen. In der langen furchtbaren Kriegszeit haben die Dorfbewohner bittere Not und schweres Leid ertragen. Den Gemeinden wurden Einquartierungen von Soldaten auferlegt, sie verschuldeten alle. Überall im Lande herrschte Elend, das Dasein war so unerträglich, daß es höchstes Mitleid erregt, wenn darüber berichtet wird.

---

[19]) Zu Nürings siehe P. Wagner, Die Eppsteinschen Lehensverzeichnisse ... S. 34 und Anmerkung 1; ferner Abs. 87 und 68. — Draudt in Forschungen zur deutschen Geschichte, XXIII, S. 433-436.
[20]) Wagner, S. 62, Abs. 81.
[21]) Ebenda, S. 76, Abs. 147.
[22]) Lengfelder, J., Manuskript im Stadtarchiv, Beiträge zur Geschichte des Oberhofes.
[23]) Siehe in diesem Buch das Kapitel IV, S. 47. Die Herren von Eppstein und Homburg.
[24]) Sauer: Nassauisches Urkundenbuch, Bd. I. S. 470, Nr. 801.

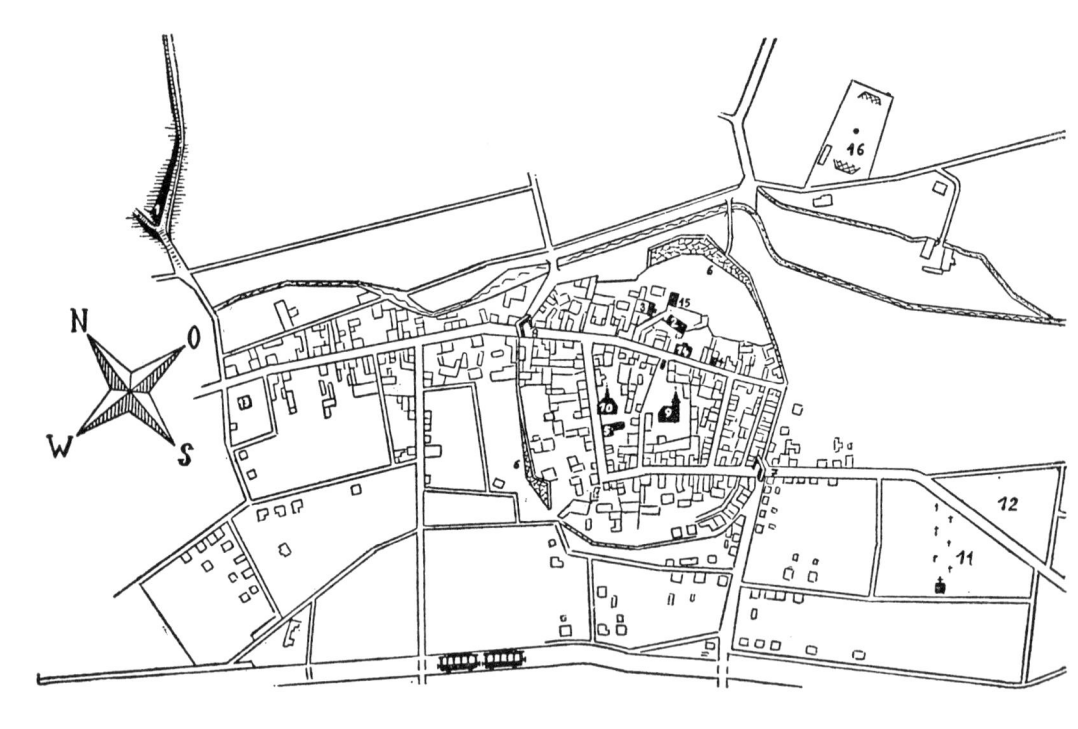

Erklärungen zum Ober-Eschbacher Dorfplan

1. Die „Hohl", die tiefeingeschnittene alte Straße, ein Rest der alten Mainzer Straße, auch Weinstraße genannt.
2. Der Unterhof, Herrenhaus; ehemaliger Gutshof der adeligen Familie Riedesel von Bellersheim (s. Tafel XLI).
3. Gesindehaus des Unterhofes (s. Tafel XLI).
4. Jahnstraße 22, mittelalterlicher Almosenkasten, der an Arme milde Gaben verteilte.
5. Oberhof, fränkisch-karolingischer Gutshof (s. Tafel XLII).
6. Dorfmauer, Befestigungsanlage des alten Siedlungskerns, von der heute noch Mauerreste bestehen.
7. Stelle der einstigen verschließbaren Oberpforte, über dem Tor nach Gonzenheim hin befand sich die „Stubb uff der Pforte", in der einst die Gemeindeverwaltung untergebracht war; 1824 abgebrochen.
8. Unterpforte, Tor gegen Nieder-Eschbach, abgebrochen.
9. Mittelalterliche katholische Kirche, steht unter Denkmalschutz. Am Gotteshaus sind romanische, gotische und barocke Stilelemente erhalten. Nach der Reformation reformierte Kirche, sie dient heute weltlichen Zwecken (s. Tafel XLII und XLIII).
10. Evangelische Kirche.
11. Neuer Friedhof.
12. Alter Gottesacker, der älteste Friedhof lag um die alte katholische Kirche.

13. Ehemaliges Forsthaus, abgebrochen.
15. Neues Schulgebäude.
16. Sportplatz.

Nach der Blütezeit der Eppsteiner folgte der Niedergang. Gottfried IX. von Eppstein verkaufte die Stadt, Burg und das Amt Homburg v. d. Höhe seinem Schwager Graf Philipp d. Ä. von Hanau. Laut der Verkaufsurkunde, die vom 10. 2. 1487 datiert ist, gingen damals auch die Eppsteiner Exklaven in rechtmäßigen Besitz der Hanauer Grafen über. Exklaven nannte man jene Güter, die außerhalb des eigentlichen Herrschaftsgebietes lagen; Ober-Eschbach gehörte damals zum Amt Rodheim. Die Urkunde besagt unmißverständlich „die Gerechtigkeit auf alle Einwohner zu Ober-Eschbach"[25]. Demnach waren die Ober-Eschbacher Dorfbewohner alle Eppsteiner Untertanen, Leibeigene, die ihrem Leibherrn Kopfzins zahlen mußten. Dies bestätigen die Rechnungen der Amtskellerei Homburg. Der Eppsteiner sagte seine Leibeigenen von ihrem Treueid los, und sie huldigten dem Hanauer Grafen.

Im Hessischen Staatsarchiv in Marburg sind die Musterungslisten der wehrdienstfähigen Männer der ehemaligen hanauischen Dörfer vom Jahr 1587 aufbewahrt. „Verzeichnis der Mannschaften, wieviel bewehrter Mann in der Grafschaft Hanaw erfunden wurden"[26]. Unter diesen listenmäßigen Aufstellungen befindet sich auch ein Ober-Eschbacher Namensregister. Es ist wohl das älteste Einwohnerverzeichnis, das wir besitzen, in dem die Familienväter mit ihren „Wehren und Rüstungen" aufgezählt sind. Dieses amtliche Dokument ist ortsgeschichtlich wichtig, es führt 52 Namen auf, 28 Schützen, 22 Federspießer und 2 Zimmerleute. Ober-Eschbach zählte damals insgesamt 260 Einwohner. Die Schützen waren mit Feuerwachen, sogenannten Vorderladern, die Federspießer mit Hellebarden, Hieb- und Stoßwaffen und die Zimmerleute mit ihren geschliffenen Holzäxten ausgerüstet. Alle trugen als Kopfbedeckung Helme, Pickelhauben, auch Sturmhüte genannt. Ich führe die Namen an.

An erster Stelle steht der Schultheiß (Ortsvorsteher).

„Cuntz Brost (Brust)"

Es folgen die Büchsenschützen, die mit (A) bezeichneten gehörten zum „Auszug", d. h. sie wurden in Notfällen in die Nachbardörfer als Hilfstruppe entsandt. Die Nachbarorte bildeten ein Schutz- und Trutzbündnis.

„Thönges Lang der Alt (A)
Thönges Schuchardt (A)
Johann Wentzill (A)
Hartmann Fellinger (A)
Bernhardt Dam (A)
Henn Carlenn
Diederich Melchior
Frobenn Müller

Es folgen die Hellebarden:

„Cunradt Franck
Gebhards Henn
Hannß Wentzell
Henn Gebhardt
Peter Hoffmann
Theißen Jacob

---
[25]) Siehe Kapitel VIII., S. 79 und die Anmerkungen.
[26]) Staatsarchiv Marburg, Abt. 86, Hanauer Nachträge, Nr. 1081.

Jacob Becker
Hannß Schutt (A)
Johann Hoffmann
Jacob Kirdorff
Hardt Reitz (A)
Johann Finsell
Johann Breckersheim (A)
Diedrich Reitz
Hannß Heß (A)
Kilian Becker
Johann Beuern (A)
Ebert Heylmann (A)
Peter Möller (A)
Weyell Strohdecker (A)
Johann Weber
Hannß Becker
Lentz Möller (A)
Stoffel Cremer
Hannß von Langinß
Thönges Metzger"
Ludwig Strohschneider
Velten Reitz
Philips Irlenbach
Ambrosius Hardertt
Theiß Scherer
Carlenn Pfeiffer
Jacob Kemmerer
Steffann Strohschneider
Martin Friede und Johann Friede
eine Axt und ein Faustling
(Hammer) dabei
Henn Möller
Thönges Schuhmacher
Hannß Kalbach
Peter Finsell (A)
Hermann Clor
Velten Crammett
Niclaß Sinder
Peter Jung".

Den gesamten „Auszug" bildeten 15 Mann, 14 Schützen und 1 Federspießer. Die Wehrmannschaft wurde von Zeit zu Zeit vom Hanauer Oberamtmann zu Rodheim inspiziert, der auch im Namen der Hanauer Grafen die „Erbhuldigung" (Treueid) von den Untertanen abnahm.

Offenbar reicht die Gründungszeit des Unterhofes auch in die fränkische Zeit zurück. Der Hof wird urkundlich spät genannt. Nachweislich besaß ihn im Mittelalter die adelige Familie der Riedesel von Bellersheim, die der mittelrheinischen Ritterschaft angehörte, und in unserer engeren Heimat in Bellersheim, Ober-Eschbach und Homburg begütert war. Ihr Gutshof in Ober-Eschbach umfaßte 7 Hufen (210) Morgen, die 1547 vermessen und von den Feldgeschworenen ausgesteint wurden[27]). Damals spalteten sich die Riedesel v. Bellersheim in zwei Linien und die Brüder Heinrich und Johann teilten den Familiensitz. Heinrich behielt den Stammsitz, den Gutshof in Bellersheim, an Johann fiel der Unterhof zu Ober-Eschbach samt den Gütern in der Homburger Gemarkung.

Johann Eberhard v. Riedesel verpachtete 1572 seine Güter in Ober-Eschbach an den Frankfurter Postmeister Lamoral v. Hoeswinkel[28]), der wegen Beeinträchtigung des Jagdrechts und der katholischen Religionsübung in Ober-Eschbach eine Klage gegen die evangelischen Grafen von Hanau erhob. Zur Zeit der Reformation und Gegenreformation waren hierzulande religiöse Streitigkeiten gang und gäbe in zwei- oder dreiherrischen Dörfern.

Ober-Eschbach war im Mittelalter zweiherrisch, dies bezeugen eindeutig die zwei alten Fronhöfe. Sowohl der Oberhof wie auch der Unterhof bestanden aus einem adeligen Gehöft, Hofstatt auch Hofreit genannt, das eine große räumliche

---
[27]) Hessisches Staatsarchiv Darmstadt, B. III. Angelegenheiten einzelner Familien, Konv. 138, Fasz. 1.
[28]) Ebenda, Konv. 138, Fasz. 3.

Der Unterhof in Ober-Eschbach, Herrenhaus, erbaut 1560. Diese Jahreszahl war in den steinernen Türsturz eingemeißelt, bei der Renovierung wurde sie mit schwarzer Farbe nach dem alten gravierten Muster über den Eingang gemalt. — Photo K. Lederer.

Unterhof in Ober-Eschbach, Gesindehaus. — Photo K. Lederer.

Der Oberhof in Ober-Eschbach, daneben die 1728-1731 erbaute ev.-luth. Kirche.

Die ehemalige ev.-ref. Kirche in Ober-Eschbach.
Photos K. Lederer.

Zwiebelhaube mit Spitzhelm,
erbaut 1767.

Die gotische Kirchentür der Männer. Auf der Nordseite ist auch die gotische „Frauentür" erhalten.

Die Südseite der mehrfach baulich veränderten Kirche in Ober-Eschbach läßt drei Bauepochen deutlich erkennen: über der gotischen Kirchentür ein ovales Barockfensterchen, beiderseits des gotischen Strebepfeilers mehrere Rundbogen- und Rechteckfenster aus neuerer Zeit. — Zu S. 338/339. — Photos K. Lederer.

Ausdehnung hatte. Jeder Hof war von einer umfangreichen Ringmauer umschlossen. In die Ummauerung war der große Hofgarten (Baum-, Gemüse-, Gras- und Lustgarten mit Pavillon) einbezogen, ja sie diente sogar als Dorfbefestigung mit den zweiflügeligen, verschließbaren Toren, der Ober- und Unterpforte, die der Pförtner bediente. Ein großer Torbogen überspannte die Fahrstraße, darüber im Stockwerk befand sich auf der Oberpforte die Gemeindestube. Von der ehemaligen Dorfbefestigung bestehen heute noch ziemlich lange Mauerreste. Die Pforten wurden anfangs des 19. Jahrhunderts abgebrochen.

Der herrschaftliche Gutshof war ein geschlossenes fränkisches Gehöft, ein kastellartiger Wehrbau. Im Wohngebäude hauste der Maier, der das Hofgut verwaltete und die Natural- und Geldabgabe einhob. Die grundherrlichen Fronäcker waren in Erbpacht an die Hofbauern ausgegeben, sie entrichteten dafür bestimmte Bede, Zins; Getreide, Geflügel, Eier, Gemüse, Rüben, Obst, Lein, Hanf, Wein, Öl, usw. Die aus dem Ölsamen des Rapses erzeugte Flüssigkeit diente damals neben dem Schmalzlicht allgemein als Leuchtstoff, das Petroleum war noch nicht in Gebrauch. Nicht zu vergessen ist als letzte Abgabe, Besthaupt genannt, das beste Stück Vieh aus dem Stall oder das Sonntagskleid aus dem Schrank beim Todesfall des Familienhauptes. Der Pfarrer, Ortsvorsteher und die Feldschützer waren von Abgaben befreit. Die Zehntscheuer in der Zehntgasse in Ober-Eschbach erinnert heute noch an die bäuerliche Abgabenpflicht. Jeder Hof hatte einen ausgemauerten Brunnen mit Einfassung, Dach, Haspelrad (Förderwelle), auf dem die Kette mit zwei Schöpfeimern lief. Ferner besaßen die Gutshöfe ein Gesindehaus für die bediensteten Hofleute, Stallungen, Scheuern, Brauhaus mit Bottichen und Malzkübeln, Backofen, Keller und Obstdörre waren freilich unentbehrliche Bestandteile. Zum Oberhof gehörte die Mahlmühle, eine oberschlächtige Wassermühle, sie stand am vom Eschbach abgeleiteten Mühlgraben und war eine Bannmühle, d. h. alle Untertanen waren verpflichtet, ihr Getreide dort mahlen zu lassen. Zu den Gutshöfen gehörten ferner auch große Schafzuchtbetriebe. Diese Schäfereien waren notwendig, denn man trug nicht nur leinene und hänfene, sondern auch wollene Kleiderstücke. Das Spinnen war in früheren Zeiten eine Hauptbeschäftigung der fleißigen Frauen und Mädchen in den Wintermonaten bis Lichtmeß. Das gesponnene Garn kam zum Weber, der Webwaren herstellte, aus denen Kleider, Tisch- und Handtücher, usw. gefertigt wurden. Auch die Dorfsitte der Spinnstube, wie vieles andere, gehört der Vergangenheit an. Damit wäre in Umrissen ein flüchtiges Bild der Fronhöfe entworfen, die in der Dorfgeschichte einst eine ausschlaggebende Rolle gespielt haben.

Nun zurück zu den weiteren historischen Ereignissen. Es brach 1618 der grausame Dreißigjährige Krieg aus, der ursprünglich konfessionelle Ursachen hatte, in dem später aber auch politische Gründe mitspielten, so daß er sich allmählich zu einem großen westeuropäischen Krieg ausweitete. Unsere Heimat wurde arg in Mitleidenschaft gezogen. Von der Soldateska wurden die Häuser geplündert, zerstört, die Menschen getötet, man hat ganze Geschlechter ausgelöscht, und viele Familien sind abgewandert. Auch Ober-Eschbach traf ein unabwendbares, katastrophales Schicksal, auch hier hauste das Kriegsvolk wie Wilde, das Dorf wurde verheert und die Gutshöfe zugrunde gerichtet. Dieser entsetzliche Krieg dauerte mit Unterbrechungen bis 1648, er reichte weit in die Hessen-Homburger Landgrafenzeit hinein, die mit 1622 begann. Diese traurigen Kriegsereignisse, der Wiederaufbau und die neuzeitliche Dorfgeschichte bleiben einer weiteren Arbeit vorbehalten, die in einem folgenden Band der Stadtgeschichte Bad Homburg veröffentlicht wird. Hier stand nur die alte Dorfgeschichte zur Forschungsaufgabe.

Mit Interesse und Wißbegier suchen wir heute nach den Unterlagen zur alten heimatlichen Geschichte, von denen das Dunkel der Vergangenheit leider viel verschlungen hat; der aufgewandte Forscherfleiß vermag davon nur mehr wenig aufspüren und auswerten. Zuviel von dem, was in den fernen Jahrhunderten vor uns geschah, ist heute für immer vergessen. Verschollen sind zahlreiche Bodenfunde der Vorzeit, nur spärliche Reste, die von Archäologen zutage gefördert wurden, sind in den Museen erhalten. Ebenso fehlen wertvolle mittelalterliche Urkunden, in den Orts-, Kirchen- und Staatsarchiven liegt nur lückenhaftes geschichtliches Quellenmaterial vor. Das Wenige aber, das an Dokumenten und Literatur noch vorrätig ist, soll den nachkommenden Generationen als kostbares Erbe übergeben werden, sie mögen es bewahren, pflegen und in ihren Büchern neu gestalten.

Anhang

Habent sua fata libelli — sagt eine lateinische Redensart: auch Bücher haben ihre Schicksale. Die Drucklegung des I. Bandes der Bad Homburger Stadtgeschichte, so der Erstausgabe 1962 wie auch dieser Neuauflage, hat das Mißgeschick verfolgt. Bei der Erstausgabe mußte das Manuskript unausgereift in Druck gehen, dies forderte der Bürgermeisterwechsel. In der vorliegenden verbesserten und erweiterten Neuauflage, die in fotomechanischem Nachdruck nach der ersten Ausgabe hergestellt wurde, konnten leider nicht alle Mängel und Druckfehler beseitigt werden, daher die folgende Richtigstellung.

Für die mir erwiesene Unterstützung sage ich an dieser Stelle herzlichen Dank, vor allem Herrn Bürgermeister Dr. Armin Klein, dem Magistrat der Stadt und dem Kulturausschuß. Besonderer Dank gebührt der Stadtarchivarin Dr. Hilde Miedel, die mir bei dieser Neuauflage mit Rat und Tat beistand.

Ich werde mich auch weiterhin der stadtgeschichtlichen Aufgabe meiner Wahlheimat widmen, trotz meines biblischen Alters (87); ich brauche diese Beschäftigung, sie macht mir Freude und gibt meinem Leben Inhalt.

Friedrich Lotz

Richtigstellung von Sach- und Druckfehlern; Ergänzungen und Erklärungen

(Bei der Zeilenangabe sind Überschriften mitgezählt, Anmerkungen dagegen weggelassen)

Es muß heißen:

S. 16, Z. 18 v. oben:	Hindenburgring statt Hessenring
S. 17, Z. 23 v. oben:	eingegangenes statt eingeganges
S. 19, Z. 17 v. unten:	Capitulare de villis statt de Villis
S. 22, Z. 6 v. unten:	sub die II Nonas Aprilis statt sub di II Nonasaprilis
Z. 3 v. unten:	promptissima statt propmtissima
S. 23, Z. 11 v. unten:	In den zweiten Nonen des April statt Am zweiten Nona Aprilis
Z. 7 v. unten:	Nonae Aprilis statt Nona Aprilis
S. 24, Z. 3 v. oben:	defuncto statt defunctio
Anm. 21, Z. 4:	Gluckensteinweg statt Gluckensteinstraße
S. 25, Z. 20 v. oben:	una statt uni
Z. 8 v. unten:	eine Zinshufe statt reine Zinshufe
S. 27, Z. 5 v. oben:	aus statt auf
S. 27, Absatz 3:	zu ergänzen: (Taf. V)
S. 29, Z. 13 v. oben:	Heinrici statt Henrici
S. 31, Z. 3 v. oben:	Der statt Den
S. 32, Anm. 35:	Ebenda, S. 132 statt S. 312
S. 33, Z. 10 v. unten:	Mainz statt Main
S. 34, Z. 12 v. oben:	Heinrich VI. statt Heinrich IV.
S. 36, Anm. 51:	staufischer Zeit statt Stauferzeit. In: Hess. Jahrbuch f. Landesgeschichte 5, 1955, S. 52 f. und Anm. 19

S. 40, Z. 10 v. oben:	† vermutlich um 1207/08 statt * vermutlich um 1207/08
Z. 11 v. oben:	Schultheiß von Frankfurt († vor 1216) statt († vor 1119)
Z. 14 v. oben:	(† 1225) statt († 1212)
Z. 10 v. unten:	Heinrich VI. statt Heinrich IV.
S. 42, Z. 14 v. oben:	aus den zwanziger Jahren statt aus den dreißiger Jahren
Z. 14 v. unten:	(S. 241) statt (S. 242)
Z. 12 v. unten:	zu ergänzen: (Text S. 43)
Z. 4 v. unten:	zu ergänzen: (Taf. VI, Text S. 45)
S. 43, Z. 12 v. oben:	muß heißen: Regest: Baur, Urkundenbuch des Klosters Arnsburg, S. 201, Nr. 16
S. 44, Z. 5 v. oben:	zu ergänzen am Schluß des Satzes: (Tafel VII)
Z. 17 v. unten:	aliis bonis statt allis bonis
S. 46, Z. 4 v. unten:	totam terram statt totum terram
S. 47, Anm. 73, Z. 4:	Gottfried III. von Eppstein statt Gottfried II.
S. 48, Z. 12 v. oben:	Gerhard (1289—1305) statt Gerhard (1288—1305)
S. 49, Anm. 87, Z. 3:	beati Martini statt beati Martine
S. 50, Z. 1 v. oben:	Interregnum (= Zwischenherrschaft); der latein. Begriff bedeutet eigentlich herrscherlose Zeit: nach dem Ableben des Staufer-Herrschers Konrad IV. 1254 wurde erst nach 19 Jahren (1273) Rudolf von Habsburg zum König gewählt
S. 53, Anm. 105:	St. A. Ffm statt St. A. F.
S. 55, Z. 4 v. unten:	im Lehensbuch statt in das Lehensbuch
S. 56, Z. 10 v. oben:	jurisdictionem statt jurisdictionen
S. 57, Z. 23 v. oben:	Römerkastell statt Römerkastel
Anm. 114, Z. 2:	Nass. Ann. statt Nass. Anm.
Anm. 115, Z. 2:	Nass. Ann. statt Nass. Anm.
S. 59, Z. 15 v. oben:	Stadtansichten von Dilich, Eberhard Kieser ...
Z. 17 v. oben:	Dilichs Stich statt Kiesers Stich
S. 60, Z. 13 v. unten:	oppido statt opido
S. 61, Z. 18 v. oben:	Karl E. Demandt statt Demand
Z. 24 v. oben:	E. G. Steinmetz statt G. E. Steinmetz
Z. 14 v. unten:	Herrengasse statt Schloßgasse
Z. 13 v. unten:	Schloßgasse statt Herrengasse
S. 61, Absatz 4:	(Ergänzung) Der breite, tiefe Burggraben oben auf dem Schloßhügel vor dem Burgeingang kann ein Trockengraben gewesen sein, über den einst eine Brücke führte. Auch beim Schloßbau im 17. Jahrhundert hat man den alten Burggraben nicht zugeschüttet; Andrich baute hier 1680 eine neue Brücke (vgl. Bd. II, S. 112, Abs. 4)
S. 69, Z. 21 v. oben:	Doleritstein statt Doloritstein
Z. 22 v. oben:	Saalburg-Museum statt Saalburg Museum
Z. 5 v. unten:	Britannischen statt Brittanischen
Z. 2 v. unten:	siebte Cohorte statt vierte Cohorte
S. 78, Z. 3 v. unten:	ältesten Sohn des Oheims statt ältesten Oheim
S. 79, Z. 12 v. unten:	Das nachstehende Faksimile auf S. 81 statt Das nebenstehende Faksimile

S. 79, Anm. 183:	Badisches Generallandesarchiv statt Badenisches Generallandesarchiv
S. 88, Anm. 190:	Zinsregister statt Lehensregister
S. 94, Z. 13 v. oben:	Johann Fryen von Dehrn statt von Dern
Z. 26 v. oben:	Landgraf Philipps statt Landgraf Philipp
S. 95, Z. 4 v. oben:	Schicht statt Schichte
S. 97, Anm. 208, Z. 2 v. unten:	Die Strupp statt die Strupp
S. 99, Anm. 216 u. 219:	tom II/a statt tim II/a
S. 106, Z. 2 v. oben:	Camburg statt Kamberg
S. 107, Anm. 237:	Liste der Keller, S. 98. statt Liste der Schultheißen, S.
S. 108, Z. 4 v. oben:	Nomadenleben statt Normadenleben
S. 111, Z. 4 v. unten:	virg. statt wirg.
S. 127, Z. 10 v. unten:	kertzenmeister statt kretzenmeister
S. 128, Z. 8 v. oben:	spinnen statt spinneb
S. 129, Z. 13 v. oben:	auslendische statt auselndische
S. 130, Z. 8 v. oben:	bekandnuss statt bekandnusch
S. 142, Anm. 345, Z. 4:	Karl E. Demandt statt Demand
S. 143, Anm. 438, Z. 6 u. 12:	Oberpforte statt Oberforte
S. 147, Z. 9 v. oben:	(siehe Taf. XVII) statt (siehe Abb.)
Z. 13 v. unten:	das Siegel statt des Siegels
S. 154, Z. 9/10 v. oben:	Niedere Grafschaft Katzenelnbogen statt Niedere-Grafschaft-Katzenelnbigen
Anm. 392, Z. 2:	Karl E. Demandt statt Demand
S. 155, Z. 25 v. oben:	„salbuoch" statt „salbouch"
S. 156, Anm. 398, Z. 5:	Es statt Er
S. 159, Anm. 405, Z. 1:	muß heißen: Hessisches Städtebuch Bd. IV, S. 258; Boehmer, Regesta Imperii, Regesten des
S. 163, Z. 9/10 v. oben:	wirtschaftlicher statt wissenschaftlicher
S. 164, Anm. 410, Z. 2:	kosten statt vosten
Anm. 410, Z. 4:	Hausmarken vgl. unten S. 197 ff., statt Hausmarken folgt ein Aufsatz
S. 165, Z. 15 v. oben:	damals statt damas
S. 168, Z. 5 v. unten:	Michael Roth statt Roch
S. 169, Z. 22 v. oben:	Michael Roth statt Wilhelm Roch
S. 170, Z. 10 v. oben:	zur statt zu
S. 172, Z. 15 v. unten:	1544 statt 1554
S. 175, Z. 15 v. oben:	(siehe S. 59 u. Taf. X) statt (siehe S. 60)
S. 177, Z. 6 v. oben:	24. 8. 1393 statt 24. 8. 1397
S. 179, Z. 6 v. unten:	Richter statt Richer
S. 182, Z. 8 v. oben:	Rechten statt Linken
Z. 9 v. oben:	Linken statt Rechten
S. 189, Z. 22 v. oben:	jocunditatis statt iucunditatis
S. 192, Z. 24 v. oben:	Spielhuß statt Spielhußhß
S. 193, Z. 4 v. unten:	zu ergänzen: , der das ganze Stockwerk einnahm. Über dem Ratssaal erhob sich der Glockenturm.
Z. 1 v. unten:	zu ergänzen: , eigentlich Hessenturm
S. 203, Z. 2 v. unten:	Oberpfarrer Winter statt Weber

S. 207, Z. 8 v. oben:	Montecassino statt Monte Casino
Z. 16 v. unten:	U-Bahnlinie Frankfurt—Bad Homburg statt Frankfurt-Homburger Straßenbahnlinie 25
S. 208, Anm. 479, Z. 7:	jerlicher Zinß statt jelrchier Zinß
S. 209, Z. 1 v. oben:	1545 statt 1945
Anm. 480:	Kleinfeldt-Weirich statt Kleinfeld Weirich
Anm. 481, Z. 2:	Hessische Regesten statt Hessische Regenstenz
Anm. 485:	ortu statt orto
S. 212, Anm. 495, Z. 2:	Valentini ist der hl. Valentin (statt der hl. Wendelin). Der zweite Teil des Satzes entfällt.
S. 220, Z. 4 v. oben:	in bar statt in Bar
Anm. 530:	S. 261 statt S. 245
Anm. 532:	zu ergänzen: Bd. IV, S. 246
S. 221, Z. 2 v. oben:	„gesteupt" statt „ausgestaupt"
Anm. 541:	Hassia sacra, Bd. IV, S. 246 statt S. 243
S. 222, Anm. 546:	Diehl, Hassia sacra, Bd. IV, S. 246 statt S. 243
S. 234, Z. 12 v. oben:	zu ergänzen: (Taf. XXVII)
S. 242, Anm. 18, Z. 2:	Archiepiscoporum statt Archiepisvoporum
S. 247, Z. 7 v. unten:	14. Jahrhunderts statt 13. Jahrhunderts
S. 249, Z. 22 v. oben:	1346 statt 1386
S. 250, Anm. 35 u. 36:	Repertorium statt Reg.
S. 258, Z. 8 v. unten:	Platz statt Plaz
S. 259, Z. 19 v. oben:	Herrnfalltor statt Herrnfaltor
S. 263, Z. 15 v. oben:	letzter Satz muß heißen: Zu den Burgherren siehe Urkunde von 1327 (S. 248)
S. 265, Z. 17 v. oben:	Englischen Kirche statt Evangelischen Kirche; Saalburg-Museum statt Saalmuseum
S. 273, Z. 12 v. unten:	Diehl statt Diel
S. 274, Z. 2 v. unten:	Calvin statt Kalvin
Z. 1 v. unten:	1606 statt 1603
S. 275, Z. 4 v. unten:	(Ergänzung) Die Gonzenheimer Gemarkung wurde in vier Abschnitten der Bad Homburger Feldmark einverleibt. Das alte Bahnhofgelände an der Louisenstraße ging laut Verträgen vom 30. April und 14. Juni 1865 in das Eigentum der Stadt über. Im Jahre 1888 hat die Stadt das Quellengebiet mit dem angrenzenden Hardtwaldgelände — zusammen 63 ha Land — um 80 000 Mark käuflich erworben. Nun wurde das Kaiser-Wilhelm-Bad von Louis Jacobi erbaut und am 1. 4. 1900 feierlich seiner Bestimmung übergeben. Ferner wurde die Promenade mit den in Gärten stehenden Villen ausgebaut. Zur Erbauung des neuen Bahnhofs hat die Stadt 1903 von der Gonzenheimer Gemarkung eine Fläche von 22 ha zum Stadtbereich gemacht, dafür in Gonzenheim die Kanalisation angelegt und das Dorf mit Wasser versorgt. Als dann am 1. April 1937 Gonzenheim als Stadtteil eingemeindet wurde, kam die ganze Gemarkung an Bad Homburg v. d. Höhe.

S. 276, Anm. 1:	Oberhessischen statt Oberbayrischen Vereins
S. 279, Z. 11 v. unten:	Hypokaustenanlagen statt Hypokastenanlagen
S. 280, Z. 7 v. unten:	Julia Domna statt Julia domina
S. 284, Z. 4 v. oben:	E. G. Steinmetz statt G. E. Steinmetz
Anm. 28, Z. 2:	E. G. Steinmetz statt G. E. Steinmetz
S. 289, Anm. 39:	Simmert statt Simmerst
S. 290, Z. 8 v. unten:	Bellersheim statt Beldersheim
S. 291, Z. 15 v. unten:	Bellersheim statt Beldersheim
S. 293, Z. 3 v. oben:	Marxheimer Kopialbuch, auf Folio 98 und 98 a statt 98 und a